세법의 논점

논점

• 백제흠

박영사

머 리 말

    2001년 법원을 사직한 후 미국에서 세법 공부를 마치고 귀국하여 조세실무
가로 일한 지도 10여년이 지났습니다. 법원에 근무하던 시절 본격적으로 조세사
건을 담당할 기회는 많지 않았으나 서울대에서 세법을 전공한 인연으로 미국으
로 유학을 떠나 조세법을 연구하게 되었고 그 계기로 조세전문 변호사의 길을 걷
게 되었으니 이는 모교의 이태로·이창희 지도교수님의 학은이 있었기에 가능한
일이었습니다. 이 자리를 빌어 다시 한번 감사 드립니다.

    조세실무가로서 근무하면서 글을 쓴다는 것은 적지 않은 부담이 되었지만
그래도 학연에 몸 담은 인연으로 기고의 자리가 있으면 마다하지 않았고, 이 책
은 지난 10년 동안 그러한 결과물을 모아 가다듬어 정리한 것입니다. 그 동안 세
법적 관점에서 조세실무의 쟁점을 다룬 글이 많지 않아 그에 대한 논의의 단초를
제공하고 세법의 실무지식을 공유하는 차원에서 부족하지만 이 책을 발간하게
되었습니다. 조세실무가로서 조세불복의 현장에서 벌어지는 세법의 법리에 의한
분쟁의 해결과 그에 대한 의미 및 평가를 충실하게 전달하는 데 보탬이 되었으면
하는 기대를 가져봅니다.

    이 책의 대부분 글은 매달 정기적으로 세정신문에 기고한 판례평석과 한국
세법학회, 특별실무연구회에서 발표한 논문으로 구성되어 있습니다. 서울대학교
등지에서 여러 조세법 과목을 강의한 경험을 바탕으로 내국세법 외에 지방세법
과 관세법 분야도 섭렵하여 세목별로 균형을 맞추고자 하였으나 주로 국제거래
에 관한 업무를 담당하다 보니 국제조세법 분야의 글이 다수를 차지하게 되었습
니다. 그러한 사정으로 이 책의 구성은 '국내세법'과 '국제세법'의 두 편으로 큰
줄거리를 잡았고 각 편에서는 개별 세법에 따라 관련 논문과 판례평석을 구분하
여 배치하였습니다. '국제세법'이라는 용어는 다소 생소하지만 국제거래에 관련된
국제조세법과 관세법을 포괄하는 개념으로 사용하였습니다. 판례평석과 논문은
최대한 새로운 쟁점이 되었던 주제를 선정하여 작성하였는데, 오래 전에 발간된

글은 최근의 법령 개정사항과 판례를 반영하고 일부 내용을 수정하여 현 시점에서도 의미를 가질 수 있도록 보완하였습니다.

이 책이 발간되기까지 여러 분들의 도움이 있었습니다. 먼저, 실무와 학계의 선배로서 유익한 조언을 해 주신 한국세법학회의 한만수 고문님, 안경봉 학회장님, 그리고 김·장 법률사무소의 정영민 공인회계사님께 감사를 드립니다. 특히 이 책은 지난 2년여 동안 매달 대폭적인 지면을 할애해 주신 세정신문사의 서채규 편집국장님의 적극적 지원이 없었으면 발간할 엄두를 내지 못했을 것입니다. 다시금 감사 말씀을 드립니다. 아울러 이 책의 발간에 적극 힘써 주신 박영사의 안종만 회장님, 조성호 이사님 그리고 수고스러운 편집작업에 최선을 다해 주신 마찬옥 편집위원님께도 사의를 표합니다.

끝으로 항상 격려와 애정을 아끼지 않으신 모친과 한결같이 성원해 준 처, 두 딸 재연, 지민과 이 책 발간의 기쁨을 같이 하고자 합니다.

2016. 8.

백 제 흠

목 차

제 1 편 국내세법

제 2 편   국제세법

5. 관 세 법

부   록

제1편 국내세법

1

국세기본법

가산세 면제의 정당한 사유와 세법의 해석

- 미국과 일본의 판례와의 비교 · 분석을 중심으로 -

I. 문제의 제기

조세법은 원활한 조세행정과 공평한 조세부담을 실현하기 위하여 납세자에게 본래적 의미의 납세의무 이외에 과세표준의 신고의무, 과세자료의 제출의무, 원천징수의무 등 여러 가지의 협력의무를 부과하고 있다. 본래적 납세의무와 이러한 협력의무의 이행을 담보하기 위해서 세법은 그 적법한 의무이행에 대하여는 세제상의 혜택을 부여하고 그 의무위반에 대하여는 제재를 가하게 되는데[1] 가산세[2]는 후자에 속하는 세법상의 제재 수단이다.[3]

국세기본법은 이 법 또는 세법에 따라 가산세를 부과하는 경우 그 부과의 원인되는 사유가 제6조 제1항에 따른 기한연장 사유에 해당하거나 납세자가 의무를 이행하지 아니한 데 대한 정당한 사유가 있는 경우에는 해당 가산세를 부과하지 아니한다고 규정하고 있다.[4] 위 기한연장의 사유로서는 납세자가 화재, 전

---

1) 조세법의 실효성과 의무이행을 담보하기 위하여 과하여지는 제재에는 가산세와 조세벌이 있는데, 조세벌은 세법상의 의무위반에 대하여 일반통치권에 기하여 형벌의 형식으로 과하여진다는 점에서 가산세와 구별된다.

2) 신고 · 납부기한 경과 후 과세관청의 부과처분이 이루어지는 경우 일반적으로 본세의 30% 이상의 금액이 가산세로 부과된다. 법인세의 예를 들면 어느 법인이 법인세법에서 정한 과세표준에 미달하게 신고하였다가 그 미신고사실이 적발되어 과세관청으로부터 부과처분을 받는 경우에는 그 의무불이행의 형태에 따라 과소신고금액에 대하여 20~40%의 금액이 과소신고가산세로서 부과되고 미납부세액에 대하여는 연 10% 이상의 납부불성실 가산세가 부과된다. 통상 사후 부과처분이 당해 세금의 신고 · 납부기한이 상당하게 경과한 후에 이루어지는 점을 고려하면 납세의무자의 가산세 부담이 본세에 육박하는 경우도 충분히 예상된다.

3) 대법원 1989. 4. 25. 선고 88누4218 판결.

4) 국세기본법 제48조 제1항.

화, 그 밖의 재해를 입거나 도난을 당한 경우, 납세자 또는 그 동거가족이 질병으로 위중하거나 사망하여 상중인 경우 등을 들 수 있다.[5] 종전에는 납세자에게 정당한 사유가 있는 경우를 가산세 면제사유로 규정하지 않고 있었으나 판례는 오래 전부터 국세기본법에 정한 감면사유가 없는 경우에도 '납세자의 의무해태에 있어서 정당한 사유가 있다고 인정되는 때에는 가산세를 부과할 수 없다.'는 일관된 입장이었는데,[6] 2006. 12. 30. 국세기본법의 개정에 의하여 납세자에게 정당한 사유가 있는 경우가 가산세 면제의 사유로 정식으로 규정되게 되었다.

　　납세자의 세법의 부지나 오해, 과세관청의 언동에 의한 세법의 착오도 세법 해석의 문제로 본다면 가산세 면제의 정당한 사유는 대부분 세법 해석에 관한 것이라고 할 수 있다. 이러한 세법의 해석과 관련하여 판례는 세법의 단순한 부지 또는 착오는 정당한 사유에 해당하지 않으나,[7] 예외적으로 과세관청의 언동에 따라 세법의 착오가 발생한 때나 세법 해석상의 의의가 있는 때에는 사안에 따라 납세자에게 정당한 사유가 있다고 보기도 하였다.[8] 가산세 면제의 정당한 사유에 관하여 판례는 개별 사안에서의 구체적 타당성에 바탕을 두고 발전하였으므로 특정 사안에 있어 납세자의 사정이 세법의 단순한 부지나 오해 또는 착오인지, 아니면 정당한 사유가 인정되는 세법 해석상의 의의가 있는 경우인지를 판단하는 것은 쉽지 않다. 그렇지만 정당한 사유의 문제를 구체적 타당성만으로 해결하는 것은 조세법의 형평성을 저해할 수 있고 납세자의 가산세 부과에 대한 예측가능성을 보장하지 못하게 된다. 어느 거래에 대한 세법 해석에 의문점을 가진 납세자에게 무조건 당해 거래를 과세거래로 보아 세금을 부담하도록 요구할 수는 없는바, 특히 이러한 상황에 있는 납세자에게 어느 정도의 주의의무를 기울인 경우에 최소한 가산세의 부담만이라도 피할 수 있는 것인지에 대한 지침을 제공할 필요가 있다고 하겠다. 그러한 지침은 특정의 거래를 앞둔 납세자로 하여금 가산세 부담의 위험을 낮출 수 있게 함으로써 납세자의 거래비용을 절감하는 효과를 가져올 수 있다.

　　이 글에서는 세법 해석과 관련하여 우리 판례가 정당한 사유를 긍정한 경우와 부정한 경우를 유형별로 분류하고, 그 유형과 관계되는 미국과 일본의 세법

---

5) 국세기본법 제6조 제1항, 국세기본법 시행령 제2조 제1항.
6) 대법원 1987. 10. 28. 선고 86누460 판결 외 다수.
7) 대법원 1985. 6. 11. 선고 84누502 판결 외 다수.
8) 그러한 사례에 대하여는 뒤에서 자세히 설명한다.

해석에 관한 제도와 판례를 상호 비교·분석하기로 한다. 나아가 이러한 가산세 감면의 정당한 사유에 관한 유형별 비교·분석을 통하여 세법 해석과 관련한 우리나라 가산세의 정당한 사유의 해석론에 대하여 시사점을 제공하고자 한다.

Ⅱ. 가산세와 그 감면사유

1. 가산세의 의의

가. 가산세의 개념

가산세는 세법에서 규정하는 의무의 성실한 이행을 확보하기 위하여 세법에 의하여 산출된 세액에 가산하여 징수하는 금액으로서 가산금9)이 아닌 것을 말한다.10) 정부는 당해 세법에 규정하는 의무를 위반한 자에 대하여 세법이 정하는 바에 따라 가산세를 부과할 수 있고, 가산세는 당해 세법이 정하는 국세의 세목으로 한다.11) 가산세는 이를 가산할 국세의 납세의무가 성립하는 때에 성립하며,12) 그 과세표준과 세액을 정부가 결정하는 때에 확정된다.13)

나. 가산세의 종류

개별 세법인 법인세법, 소득세법, 상속세 및 증여세법, 부가가치세법, 특별소비세법, 교통세법, 인지세법, 증권거래세법, 주세법, 교육세법, 농어촌특별세법, 국제조세조정에관한법률, 지방세법은 다양한 종류의 가산세 조항을 두고 있다. 국세기본법과 법인세법의 예를 들면 무신고 가산세, 과소신고 가산세, 납부불성실 가산세, 원천징수납부 불성실가산세, 무기장 가산세, 주주 등의 명세서제출 불성실가산세, 증빙불비가산세, 지급명세서제출 불성실가산세, 계산서·계산서합계표·매입처별세금계산서합계표 불성실가산세, 기부금영수증 불성실가산세, 신용카드매출전표발급 불성실가산세, 현금영수증발급 불성실가산세, 특정외국법인의

---

9) 가산금이란 국세를 납부기한까지 납부하지 아니한 때에 국세징수법에 의하여 고지세액에 가산하여 징수하는 금액과 납부기한 경과 후 일정기한까지 납부하지 아니한 때에 그 금액에 다시 가산하여 징수하는 금액을 말한다. 국세기본법 제2조 제5호.

10) 국세기본법 제2조 제4호.

11) 국세기본법 제47조 제1항, 제2항.

12) 국세기본법 제21조 제1항 제11호.

13) 국세기본법 제22조, 국세기본법시행령 제10조의2 제1호.

유보소득계산명세서제출 불성실가산세 등이 있다.[14] 이와 같이 가산세는 그 종류가 다양하나, 본래적 납세의무의 이행과 직접 관련되는 신고불성실 가산세, 납부불성실 가산세와 납세의무의 근거가 되는 과세자료의 제출과 관련되는 보고불성실 가산세로 크게 구분된다.

2. 가산세의 법적 성질

가. 학 설

통설은 가산세를 행정벌적 성격을 가진 것으로 이해하고 있는데,[15] 행정질서벌인 과태료라는 견해, 행정상의 제재라는 견해, 행정질서벌과 별개의 조세행정상의 특별과벌이라는 견해로 구분된다. ① 행정질서벌이라는 견해[16]는, 가산세란 조세법상의 의무불이행에 대하여 가하는 행정상의 제재로서 구체적으로는 조세질서벌의 성격을 지니는 것이나 일반 행정질서벌의 경우 과태료라는 금전적 제재를 과하는데 가산세의 경우에는 세금의 형태로 제재를 가한다는 점에서 차이가 있다고 한다. ② 행정상의 제재[17]라는 견해는, 가산세는 법률에 의하여 부과하여진 의무위반을 예방하기 위하여 그러한 의무위반자에 대하여 과하여지는 불이익인 행정상의 제재라고 설명한다. ③ 조세행정상의 특별과료라고 하는 견해[18]는, 가산세는 형법상의 형종에 의하지 않는다는 점에서 소외 행정형벌과도 다르고 과태료를 과하는 행정질서벌과도 다른 조세법상 특별한 과료라고 설명한다.

그 밖에 가산세의 법적 성격을 다른 각도에서 파악하고자 하는 견해도 있다. 그러한 견해의 하나인 특별부담설[19]은 가산세를 신고의무 및 납부의무의 적정한

---

14) 국세기본법 제47조의2 내지 제47조의4(무신고·과소신고·납부 불성실가산세), 제47조의5(원천징수납부 불성실가산세), 법인세법 제76조 제1항(무기장 가산세) 제3항(주주 등의 명세서제출 불성실가산세), 제5항(증빙불비가산세), 제6항(주식 등 변동상황명세서 제출 불성실가산세), 제7항(지급명세서 제출 불성실 가산세), 제9항(계산서·계산서합계표·매입처별세금계산서합계표 불성실가산세), 제10항(기부금 영수증 불성실 가산세), 제11항(신용카드매출전표발급 불성실가산세), 제12항(현금영수증발급 불성실가산세), 제13항(특정외국법인의 유보소득계산명세서제출 불성실가산세). 위 각 가산세에 따라 가산세율과 계산기준에 차이가 있다.
15) 전정구, 한국 조세법의 제문제, 조세통람사, 1989, 192면; 최명근, 세법학총론, 세경사, 1986, 505면.
16) 김두천, 세법학, 박영사, 1989, 577면.
17) 田中二朗, 租稅法, 有斐閣, 1990, 387면.
18) 小川英明·松澤智, 租稅爭訟法, 靑林書院, 1988, 490－499면.
19) 金子宏, 租稅法, 弘文堂, 2005, 610면.

이행을 확보하고 나아가 신고납부제도 및 징수납부제도의 정착을 도모하기 위한
특별한 경제적 부담으로 설명하고 있다.[20] 손해배상설[21]은 가산세에 의무위반에
대한 제재라는 요소가 있음은 긍정하되 신고납부제도 하에서 국가의 세입을 확
보하고 아울러 납세의무를 정당하게 이행한 자와의 공평부담을 도모하기 위한
행정상의 조치이고 동시에 침해된 국고이익의 회복수단인 손해배상적 성격을 갖
고 있다고 설명한다. 가산세가 과세권자의 손해를 전보하는 손해배상으로서의 성
격 등 복합적 성격을 가진다는 점을 감안하여 세법상의 의무이행을 확보하기 위
한 경제적 부담이라는 견해도 있다.[22]

나. 판 례

판례는 가산세의 법적 성격을 행정질서벌[23]이라고 하는 경우도 있고 행정상
제재[24]라는 표현을 사용하는 경우도 있다. 헌법재판소는 구 취득세에 대한 가산
세 규정에 대하여 비례원칙을 적용하여 헌법불합치 결정을 선고하면서 가산세를
행정적 제재라고 보았다.[25]

가산세의 법적 성격을 행정상의 제재로 보는 경우에도 이는 가산세의 경우
기존의 과태료와는 다른 형식에 의한 제재가 이루어지는 점을 중시한 것이고 가
산세에 행정벌적 성격을 부정하는 것은 아니라고 이해된다. 통상 행정질서벌과
단순한 행정상의 제재, 특별과료를 구분하는 실익은 그 부과, 징수 및 불복절차
에 있어서의 차이에 있으나 가산세의 경우에는 세법이 정한 바에 의하여 부과,
징수, 불복이 이루어지므로 가산세의 법적 성질에 대한 이해는 가산세의 감면사
유를 파악하는 데 보다 더 의미가 있다고 할 것이다.

---

20) 이에 대하여 특별한 경제적 부담이라는 말로 행정벌이 아니라는 소극적 방법의 규명을 하는 것
   은 가산세의 본질론으로서는 무내용한 것이라는 비판이 있다. 이철송, "현행 가산세제의 합리
   화", 조세법의 논점, 1992, 188면.
21) 池本征男, "加算稅制度に關する若干の考察", 稅大論叢 第14號, 1982, 167면.
22) 이태로·안경봉, 조세법강의, 박영사, 2001, 96면.
23) 대법원 1977. 6. 7. 선고 74누212 판결 등.
24) 대법원 1995. 11. 14. 선고 95누10181 판결 등.
25) 헌법재판소 2003. 9. 25. 선고 2003헌바16 결정.

3. 가산세 면제의 정당한 사유

가. 법정의 면제사유

국세기본법은 가산세의 일반적 면제사유를 제한적으로 규정하고 있는데 이는 신고, 납부 등의 기한연장사유와 동일하다. 구체적인 사유를 보면, ① 천재·지변의 경우, ② 납세자가 화재·전화 기타 재해를 입거나 도난을 당한 경우, ③ 납세자 또는 그 동거가족이 질병으로 위중하거나 사망하여 상중인 경우, ④ 납세자가 그 사업에서 심각한 손해를 입거나, 그 사업이 중대한 위기에 처한 경우(납부의 경우만 해당한다), ⑤ 정전, 프로그램의 오류 기타 부득이한 사유로 한국은행(그 대리점을 포함한다) 및 체신관서의 정보통신망의 정상적인 가동이 불가능한 경우, ⑥ 금융기관 등(한국은행 국고대리점 및 국고수납대리점인 금융회사 등만 해당한다) 또는 체신관서의 휴무 그 밖에 부득이한 사유로 인하여 정상적인 세금납부가 곤란하다고 국세청장이 인정하는 경우, ⑦ 권한 있는 기관에 장부·서류가 압수 또는 영치된 경우, ⑧ 세무사법 제2조 제3호에 따라 납세자가 장부 작성을 대행하는 세무사(같은 법 제16조의4에 따라 등록한 세무법인을 포함한다) 또는 같은 법 제20조의2에 따른 공인회계사(공인회계사법 제24조에 따라 등록한 회계법인을 포함한다)가 화재, 전화, 그 밖의 재해를 입거나 도난을 당한 경우, ⑨ 기타 ②, ③, ⑦에 준하는 사유가 있는 경우를 말한다.[26][27] 법정사유에 의한 가산세 면제는 납세자의 신청을 요건으로 허용하고 있다.[28]

---

26) 국세기본법 제48조 및 제6조, 국세기본법시행령 제2조.

27) 한편, 국세기본법은 법정면제사유 이외에도 수정신고 등에 의한 감면을 인정하고 있다. 즉, ① 법정신고기한이 지난 후 2년 이내에 수정신고를 한 경우, ② 법정신고기한이 지난 후 6개월 이내에 기한 후 신고를 한 경우, ③ 과세전적부심사 결정통지기간에 그 결과를 통지하지 아니한 경우, ④ 세법에 따른 제출, 신고, 가입, 등록, 개설의 기한이 지난 후 1개월 이내에 해당 해법에 따른 제출 등의 의무를 이행한 경우에는 국세기본법 또는 세법에 따른 해당 가산세액의 50%에 상당하는 금액을 감면한다. 다만, ①, ②의 경우에는 그 신고시기별로 가산세의 감면비율이 차등적용된다. 수정신고 또는 기한 후 신고한 과세표준 및 세액에 대하여 경정이 있을 것을 미리 알고 수정신고 또는 기한 후 신고를 한 경우에는 경감혜택이 없다. 국세기본법 제48조 제2항. 여기서 경정이 있을 것을 미리 안다는 것은 당해 국세에 관하여 세무공무원이 조사에 착수한 것을 알고 수정신고서 또는 기한후 신고서를 제출한 경우와 관할 세무서장으로부터 과세자료 해명통지를 받고 수정신고서를 제출한 경우를 말한다. 국세기본법시행령 제29조.

28) 국세기본법 제48조 제2항.

나. 가산세 면제사유로서의 정당한 사유

가산세의 법정면제사유는 그 자체가 제한적이고 납세자의 신청을 요건으로 하고 있으므로 개별적인 사안에서 가산세의 면제사유로서 작용하기에는 한계가 있다. 또한, 의무위반에 대한 제재의 성격을 가지는 가산세의 성격에 비추어 의무위반에 대한 비난가능성이 전혀 존재하지 않는 경우에도 가산세를 물리는 것은 부당하다. 그리하여 판례는 정당한 사유가 국세기본법에 도입되기 이전부터 법정면제사유에 해당하지 않는 경우라도 '납세자의 납세의무의 해태에 있어서 정당한 사유가 있다고 인정되는 때'에는 가산세를 면제할 수 있다는 입장을 견지하여 왔다.

정당한 사유의 존재를 이유로 하여 가산세 부과처분이 위법하다고 본 최초의 판결은 대법원 1976. 9. 14. 선고 75누255 판결이다. 이 판결은 법인세법에 규정된 영수보고서 제출의무를 해태함에 있어 그 보고의무자에게 정당한 사유가 있다고 인정되는 경우에는 가산세를 부과할 수 없다고 설시하고 있으나 정당한 사유가 무엇을 의미하는지에 관하여는 설명이 없다. 가산세 면제의 정당한 사유의 개념을 최초로 밝힌 판결은 대법원 1977. 6. 7. 선고 74누212 판결이다. 이 판결은 납세의무자가 그 의무를 알지 못한 것이 무리가 아니었다고 할 수 있어서 그를 정당시할 수 있는 사정이 있을 때 또는 그 의무이행을 그 당사자에게 기대하는 것이 무리라고 하는 사정이 있을 때 등에는 정당한 사유가 있다고 판시함으로써 가산세의 정당한 사유의 개념을 제시하였다. 그 후 판례는 납세자에게 고의·과실이 없다고 하여 가산세를 부과할 수 없는 것은 아니다라고 판시하여[29] 정당한 사유를 고의·과실과 구분되는 개념으로 파악함으로써 정당한 사유의 개념을 보충하였다. 결국 판례의 기본적 입장은 가산세의 정당한 사유를 납세자의 고의·과실과는 구별되는 개념으로 이해하면서 납세자에게 정당시할 수 있는 사정이 있어 그 납세의무를 알지 못한 것이 무리(無理)[30]가 아니고 납세의무자에게 그 의무이행을 기대하는 것이 무리(無理)인 경우에 정당한 사유가 있다는 것이

---

29) 대법원 1969. 9. 29. 선고 69마400 판결, 대법원 1979. 2. 13. 선고 78누92 판결, 대법원 1984. 12. 26. 선고 84누323 판결, 대법원 1985. 11. 26. 선고 85누660 판결, 대법원 1989. 10. 27. 선고 88누2830 판결 등. 한편 납세자에게 과실이 없는 경우에도 가산세를 부과하는 것은 너무 가혹하므로 과실이 있는 경우에 한하여 가산세를 부과하여야 한다는 견해가 있다. 안경봉, "가산세 면제사유로서의 정당한 사유(I)", 월간조세 제123호, 1998. 8., 158면; 한편 정당한 사유에 관한 초기 판결 중에는 납세자의 과실을 거론한 경우도 있다. 대법원 1977. 6. 7. 선고 74누212 판결.

30) 국어사전에 의하면 무리란 도리나 이치에 맞지 않거나 정도에서 지나치게 벗어나는 것을 말한다.

다.[31] 여기서 무리(無理)의 의미는 납세자에 대한 기대가능성으로 볼 수 있고 이는 납세자가 납세의무를 알지 못한 부분에 대한 것과 그 의무를 이행하지 못한 부분에 대한 것으로 구분해 볼 수 있다. 전자의 경우에 판례가 납세의무를 알지 못한 데에 정당시할 사정을 요구하고 있으므로 납세자의 세법해석과 관련한 특정의 사정이 그러한 납세의무를 알지 못하게 된 정당시할 사정이 되는지가 문제된다. 정당한 사유란 가산세의 면제사유이므로 납세자가 그 존재에 대하여 주장·입증책임을 부담한다.

다. 정당한 사유와 고의·과실과의 관계

판례가 가산세의 정당한 사유를 납세자의 고의·과실과 구분되는 개념으로 보고 있으므로 그 관계가 문제가 된다. 판례가 과실 유무를 불문한다고 판시한 사안은 주로 납세자가 의무위반에 대하여 과실이 없다고 주장하거나 법령의 부지를 주장한 경우에 그 주장을 배척한 사안인 점을 고려하면 판례의 취지는 과실이 있어도 정당한 사유가 인정될 수도 있는 반면에, 고의·과실이 없어도 정당한 사유가 인정되지 아니할 수 있다는 뜻의 판시로 이해되고 고의·과실의 유무가 정당한 사유의 존부 판단에 중요한 요소로 작용하는 것을 부정하는 취지는 아니라고 이해된다. 결국 가산세 면제의 정당한 사유가 있는지 여부는 당사자의 고의·과실의 존부, 관계 규정의 해석, 의무이행을 게을리한 경위 등 각 사안의 구체적 사실관계에 따라 개별적으로 판단할 수밖에 없다고 할 것이다.

라. 정당한 사유와 신의성실의 원칙과의 관계

신의성실의 원칙 또는 신의칙이란 사람이 공동생활을 영위함에 있어서 상대방의 신뢰를 헛되게 하지 않도록 성의를 가지고 행동하는 것을 말한다. 이러한 신의칙은 본래 사법관계를 적용대상으로 하였으나 오늘날에는 거의 모든 법 영역에서 원용하게 되었고 조세법 분야에서도 신의칙이 적용된다고 할 것이다. 국세기본법도 신의칙에 관한 규정을 두고 있다.[32]

---

31) 이러한 대법원 판례의 입장을 납세자의 의무불이행의 기대가능성에 중심을 둔 입장이라는 견해로서 김영식, "가산세에 있어서의 정당한 이유", 특별법연구 제4권, 1994, 33면; 기대가능성을 핵심적 요소로 하는 추상적 법률론을 사용하고 있다는 견해로서 윤지현, "가산세 면제사유로서의 정당한 사유의 개념 및 해석", 조세판례백선, 2005, 86면.

32) 국세기본법 제15조.

가산세에 있어서 정당한 사유는 조세법상 협력의무의 불이행이나 해태에 대한 행정상의 제재를 면제해 주는 사유임에 반하여, 조세법관계에서의 신의칙은 조세행정의 합법성의 요청과 국민의 신뢰보호의 요청 사이에서 이익형량에 의하여 형평적 정의를 실현함으로써 조세채권·채무관계의 구체적 타당성을 기하는 것을 목적으로 하는 국세의 일반원칙이라는 점에서 양자는 구별된다. 가산세의 적법성을 다투는 납세자는 경우에 따라서 정당한 사유나 신의칙을 선택적으로 주장할 수 있고 양자를 동시에 주장할 수도 있다. 다만, 신의칙은 그 적용요건이 매우 엄격하기 때문에[33] 사실상 가산세만에 있어서 신의성실이 원칙을 적용한 경우는 거의 없다.[34] 가산세에 신의칙이 적용되는 경우는 보통 본세의 부과처분까지도 위법하게 될 가능성이 높기 때문이다.

Ⅲ. 일본과 미국의 가산세 면제사유

1. 일본의 가산세 제도

일본의 가산세는 신고의무와 납세의무가 적정하게 이행되지 않는 경우에 과세되는 부대세의 일종이다. 부대세로는 가산세 이외에도 연체세나 이자세가 있다. 연체세는 국세를 법정기한 내에 납부하지 않는 경우에 그 미납세액에 대하여 부과되고, 이자세는 소득세, 상속세 및 증여세의 연납제도 및 법인세 신고서의 제출기한 연장제도를 이용하는 경우에 그 연납세액이나 기한연장에 관련된 확정세액에 대하여 부과된다. 연체세와 이자세는 지연배상금이나 약정금리의 성격을 가진다는 점에서 가산세와 구분된다. 가산세에는 과소신고가산세, 무신고가산세, 미납부가산세, 중가산세의 4종류가 있다.

---

33) 판례는 과세관청이 납세자에게 신뢰의 대상이 되는 공적인 견해 표시를 하였을 것, 과세관청의 견해 표시가 정당하다고 신뢰한 데에 대하여 납세자에게 귀책사유가 없어야 하며, 납세자가 그 견해표시를 신뢰하고 이에 따라 어떤 행위를 하여야 하고, 과세관청이 위 견해 표시에 반하는 소급적인 적법한 처분을 하여야 하며, 그 처분으로 인하여 납세자의 이익이 침해되는 결과가 초래되었을 것을 신의칙의 적용요건으로 요구한다. 대법원 2002. 3. 29. 선고 99두1861 판결.

34) 대법원 1987. 4. 28. 선고 85누419 판결은 가산세의 부과가 위법하다는 것을 신의칙에 기하여 설시하였다. 이에 대하여는 신의칙보다는 정당한 사유의 문제로 보는 것이 타당하다는 견해가 있다. 김영식, "가산세에 있어서의 정당한 사유와 신의성실의 원칙", 법조 제39권 제6호, 1987, 127면.

가. 과소신고가산세

과소신고가산세란 기한 내에 신고서가 제출된 경우, 환급신고서가 제출된 경우 등에 있어서 수정신고서의 제출 또는 경정 등이 있는 때에 그 수정신고나 경정에 기초해 납부해야 할 세액의 일정 비율로 부과되는 가산세를 말한다.35) 요컨대, 기한내 신고서를 제출한 다음 수정신고서의 제출 또는 경정이 있었을 때 수정신고 또는 경정으로 납부하게 된 세액의 10%에 상당하는 금액이 과소신고가산세로 부과된다. 다만, 수정신고서의 제출 등으로 납부하게 된 세액 계산의 기초가 되는 사실의 전부 또는 일부가 기한내 신고서에 포함되지 않은 것에 대해 정당한 이유가 있을 때에는 이와 관련된 세액에 대한 과소신고가산세는 부과되지 않는다.36) 우리나라의 가산세 면제의 정당한 사유와는 별다른 차이가 없는 개념으로 보인다.

나. 무신고가산세

무신고가산세란 기한 후 신고서의 제출 또는 결정이 있었던 경우, 기한 후 신고서의 제출 또는 결정이 있은 다음에 수정신고서의 제출 또는 경정이 있었던 경우 납부세액에 일정 비율로 부과되는 가산세를 말한다.37) 현재 신고, 경정 또는 결정에 기초하여 납부하게 된 세액의 15%에 상당하는 무신고가산세가 부과되고 있다. 그러나 기한 내 신고서를 제출하지 못한 것에 대해 정당한 이유가 있다고 인정되는 경우에는 무신고가산세가 부과되지 않는다.38)

다. 미납부가산세

미납부가산세란 원천징수 등으로 징수하여 납부해야 하는 국세가 그 법정기한까지 완납되지 않은 경우, 법정기한까지 납부하지 않은 세액에 일정 비율로 부과되는 가산세이다.39) 현재 미납부가산세로서 납세의 고지에 의한 세액의 10%에 상당하는 금액을 징수하고 있다. 다만, 그 국세를 법정기한까지 납부하지 못한데 대해 정당한 사유가 있는 경우에는 미납부가산세가 부과되지 않는다.40)

---

35) 國稅通則法 제65조 제1항.
36) 國稅通則法 제65조 제4항.
37) 國稅通則法 제66조 제1항.
38) 國稅通則法 제66조 제1항 단서.
39) 國稅通則法 제67조.
40) 國稅通則法 제67조 제1항 단서.

라. 중가산세

중가산세란 위 각 가산세가 부과되는 사유가 있는 경우 그 사유의 기초가 되는 사실의 전부 또는 일부를 은폐, 가장하여 신고서를 제출하거나 또는 법정기한까지 납부하지 않는 경우 일반 가산세를 대신하여 일정 비율로 부과되는 가산세를 말한다.[41] 예를 들면 허위장부를 만들어 그 허위장부에 기초하여 신고를 한 경우가 여기에 해당한다. 중가산세의 세율은 35% 또는 40%이고 중가산세의 적용을 받는 경우에도 정당한 이유가 있는 경우에는 가산세가 부과되지 않는다.

마. 가산세 면제의 정당한 이유

이와 같이 일본에서는 국세통칙법에 납세자에게 정당한 이유가 있다고 인정되는 경우에는 가산세를 부과하지 아니한다고 규정하여 정당한 이유가 가산세 면제의 요건임을 명문으로 인정하고 있다.

일본 판례는 가산세 면제의 정당한 이유가 있는 경우란 신고 당시 적법하다고 보이던 신고가 그 후의 사정 변경에 의해 납세자의 고의, 과실에 근거하지 않고 당해 신고액이 과소로 된 경우와 같이 당해 신고가 참으로 어쩔 수 없는 이유에 의한 것이고 이러한 납세자에 과소신고가산세를 부과하는 것이 부당 혹은 가혹하게 되는 경우를 지칭하는 것이라고 판시하고 있다.[42] 나아가 일본 판례는 과소신고가산세의 본질에서 정당한 이유를 설명하고 있는바,[43] 정당한 이유란 부대세인 과소신고가산세의 본질이 조세신고의 적정을 확보하고 신고납세제도의 질서를 유지하는 것이며 조세채권 확보를 위해 납세의무자에 과해진 세법상의 의무불이행에 대한 일종의 행정상의 제재라고 하는 것에서 본다면 이러한 제재를 가하는 것이 부당 혹은 가혹하다고 생각되는 사정이 있을 것을 가리키는 것으로 해석된다고 판시하고 있다. 이러한 판례에 대하여 일본에서는 정당한 사유를 가산세 부과에 따른 결과적 부당성이나 가혹성에 더 중점을 두고 있다는 견해가 있다.[44] 정당한 사유를 납세자의 비난가능성이나 납세의무 이행의 기대가능성으로 파악하고 있는 우리나라의 경우와 비교되나 우리나라의 경우에도 그 기대가

---

41) 國稅通則法 제68조.
42) 東京高裁 昭和 51. 5. 24. 判決(稅資 88호, 841면), 神戶地裁 昭和 58. 8. 29. 判決(稅資 133호, 521면).
43) 神戶地裁 昭和 54. 8. 20. 判決(稅資 106호, 256면).
44) 김영식, "가산세에 있어서의 정당한 이유", 인권과 정의 168호, 1990. 8., 81면.

능성을 정당, 무리 등의 정의관념에 따라 판단하므로 별 차이는 없다고 본다. 일본에서도 정당한 이유는 가산세를 과하지 아니하는 예외규정이므로 납세의무자가 이를 주장, 입증할 책임이 있다.[45]

2. 미국의 가산세 제도

미국 세법은 원활한 조세행정의 집행과 납세자의 세무협력을 위하여 세법상의 의무불이행에 대하여 민사적 제재수단(Civil Penalty)과 형사적 제재수단(Criminal Penalty)을 두고 있다. 가산세는 이러한 민사상의 제재수단의 하나이다. 미국에서도 여러 가지 형태의 가산세가 있으나 세법해석상의 정당한 사유와 관련하여서는 다음의 미이행 가산세와 세액의 정확성 관련 가산세가 주로 문제된다. 미국 가산세 제도에 있어 특이한 점은 미국에서는 납부기한 전이라도 미납세액에 대하여는 미납부 가산세가 부과되는 외에 법정의 신고일(Due Date)부터 납부일까지 이자(Interest)가 부과된다.[46] 우리나라의 경우에는 납부기한 전에는 미납부 가산세가 부과되고 그 후에는 가산금이 부과된다는 점에서 차이가 있다.

가. 미이행 가산세(Delinquency Penalty)[47]
(1) 미신고 가산세(Late Filing Penalty)

법정의 신고일까지 신고서를 제출하지 않는 납세자에게는 미신고세액에 대하여 25%를 한도로 신고일까지 매월 5%의 가산세가 부과된다.[48] 만일 사기적 방법으로 신고를 하지 않았다면 매월 15%, 최대 75%의 중가산세가 부과된다.[49] 법정기일로부터 60일 이내에 신고를 하지 않는 경우 납부하여야 할 가산세가 100달러에 미달하더라도 최소한 100달러는 납부하여야 한다. 납세자가 신고를 연기받은 경우에는 그 기간까지는 가산세가 부과되지 않는다.

중가산세를 부과하기 위해서 과세관청은 명백하고 납득할 만한 증거(Clear and Convincing Evidence)에 의하여 납세자에게 사기적 방법이 있었음을 입증하여야 한다. 과세관청이 신고의 일부에 사기가 있었음을 입증하면 납세자는 사기적

---

45) 横濱地裁, 昭和 51. 11. 26. 判決(税資 90호, 640면).
46) IRC §6611(b)(2).
47) IRC §6651.
48) IRC §6651(a)(1).
49) IRC §6651(f).

방법으로 전체 금액을 미신고한 것으로 추정된다. 그러므로 납세자는 나머지 부분에 대한 중가산세를 피하기 위해서는 사기적 방법으로 모든 금액을 미신고한 것은 아니라는 점을 증거의 우위(Preponderance of Evidence)에 의하여 입증하여야 한다.[50]

(2) 미납부 가산세(Late Payment Penalty)

미납부 가산세는 최대 25%를 한도로 미납세액에 대하여 납부일까지 매월 0.5%씩 추가로 부과되는 가산세이다.[51] 과세관청으로부터 신고의 연기를 받더라도 미납부 가산세는 여전히 부과된다. 다만, 신고를 연기받은 납세자가 추가로 납부하여야 할 세금이 총세액의 10%를 초과하지 않는 경우에는 미납세금에 대하여 가산세가 면제된다.[52] 미신고 가산세가 미납부 가산세보다 10배 높기 때문에 납세자의 입장에서는 사정상 기한 내에 납부를 할 수 없는 경우에도 미리 신고를 하는 것이 바람직하다.

(3) 면제사유

납세자는 미신고와 미납부에 합리적 이유(Reasonable Cause)가 있음을 입증하면 가산세를 면제받을 수 있다. 이 경우에도 납세자에게 의도적 태만(Willful Neglect)이 있는 경우에는 가산세가 면제되지 않는다.

미국 국세청(Internal Revenue Service, IRS)은 납세자 또는 가족의 갑작스러운 사망 또는 심각한 질병, 납세자의 주거, 영업소 또는 영업기록의 화재 또는 기타 다른 사고로 인한 훼손, 납세자의 과실이 아닌 사유로 신고를 위하여 필요한 기록을 확보하지 못한 경우 등에는 납세자에게 합리적 이유가 있는 경우로 보고 있다.[53]

세금의 미납에 관하여는 납세자가 분별있게 정상적인 영업을 해왔음에도 납세가 불가능하거나 납세를 하는 경우 과도한 곤궁에 빠지게 된다면 그러한 사정도 정당한 사유가 된다.[54] 그러나 납세자의 낭비와 사치스러운 생활 등으로 인한 세금미납은 합리적 사유가 될 수 없다.

---

50) IRC §6663(b).
51) IRC §6651(a)(2).
52) Reg. §301.6651−1(c)(3).
53) The Internal Revenue Manual 8(11)[13].
54) Reg. §301−6651−1(c)(1).

나. 세액의 정확성 관련 가산세(Accuracy Related Penalty)[55]

미이행 가산세는 납세자의 세무신고의 미이행에 따른 가산세인 반면 세액의 정확성 관련 가산세는 신고서가 제출된 경우 정확하게 신고되지 못한 세액에 적용되는 가산세이다. 세금의 신고에 있어 중요한 것은 적시의 신고만이 아니라 정확한 세액을 신고하는 것이다. 납세자의 정확한 세액에 미달하는 미납부세액에 대하여 다음과 같은 사유가 있으면 그 세액에 대하여 20%의 가산세가 부과된다. 세액의 정확성 관련 가산세는 미이행 가산세에 추가로 부과될 수 있다.

(1) 납세자의 과실과 세법규정의 무시(Negligence or Disregard of Rules)[56]

납세자의 과실이란 납세자가 합리적인 근거를 결하는 것, 세법 규정에 순응하겠다는 합리적인 시도를 하지 않는 것, 영업장부를 유지하지 않는 등 정상적이고 합리적인 활동을 하지 않는 것 또는 소득이나 비용의 정확성을 확인하지 않고 그 소득을 누락하거나 비용으로 공제하는 것 등을 포함한다.[57] 납세자의 세법 규정의 무시란 고의, 부주의, 경솔에 의한 것을 포함하는 개념이다.[58] 부부합산신고를 해야 하는 납세자가 그러한 신고의 위헌성을 주장하기 위하여 부부 각자 단독신고를 하는 경우가 그 예에 해당한다.[59]

납세자의 과실에 대하여는 납세자가 증거의 우위에 의하여 과실이 없다는 사실을 직접 입증하거나 납세자의 세법해석에 합리적 근거(Reasonable Basis)가 있거나 또는 납세자에게 선의(Good Faith)와 합리적 이유(Reasonable Cause)가 있음을 입증하면 가산세를 면제받을 수 있다.[60] 과실의 경우 납세자가 정확한 납세의무를 파악하기 위하여 한 노력의 정도가 중요한 요소가 된다.

세법의 무시에 대하여는 충분한 공개와 납세자의 합리적 근거를 입증하면 가산세를 면제받을 수 있다. IRS에 당해 세무처리에 관하여 충분히 공개한 경우에는 면책될 수 있는데,[61] 납세자 신고서의 완벽하고 구체적인 공개는 일반적으로 납세자가 의도적으로 규정을 무시하지 않았다는 것을 보여준다. 납세자의 입장에 합리적인 근거가 있고 납세자가 각 항목을 실증할 수 있는 충분한

---

55) IRC §6662(b).
56) IRC §6662(b)(1).
57) Reg. §1.6662−3(b)(1).
58) Reg. §1.6662−3(b)(1).
59) Druker v. CIR, 697 F2d 46(2d Cir. 1982).
60) IRC §6664(c).
61) Reg. §1.662−3(c)(1).

영업장부를 보유하고 있는 경우가 이에 해당할 수 있다. 납세자에게 선의(Good Faith)와 합리적 이유(Reasonable Cause)가 있음을 입증하여도 가산세를 면제받을 수 있다.62)

(2) 상당한 금액의 과소신고(Substantial Understatement Penalty)63)

납세자가 정확한 세액보다 과소신고한 금액이 전체세액의 10%나 5,000달러를 초과하는 경우를 말한다. 회사의 경우에는 최소금액이 10,000달러이다.

납세자가 중요한 전거(Substantial Authority)에 의지하였다면 면제될 수 있다. 납세자가 의지할 수 있는 전거는 미국세법 통칙(Revenue Ruling, Revenue Procedure), 판례, 연방의회 위원회 보고서의 입법 및 개정취지, 조세공동위원회(Joint Committee on Taxation)의 세법개정에 관한 일반 설명서, 예규(Private Letter Ruling), IRS의 기술적 조언메모(Technical Advice Memorandum)가 이에 해당한다. 그러나 법률논문, 정기간행물이나 세무자문의견서 등은 전거가 될 수 없다.64) 그러한 전거는 중요(Substantial)하여야 한다. 어느 조항을 지지하는 전거의 중요성은 그 반대의 전거와의 관계에서 판단되어야 한다. 30% 이상의 비중이 있으면 중요한 것으로 볼 수 있다.65) 비록 대부분 주의 입장과 비교하여 그 비중이 낮다고 하더라도 납세자의 관할 항소 법원의 선례는 중요한 전거가 될 수 있다.66)

또한, 납세자는 합리적 근거(Reasonable Basis)와 충분한 공개(Disclosure)를 입증하면 면책될 수 있다. 신고서에 당해 세무처리에 관한 자료가 충분히 공개되어야 하고 그러한 세무처리에 합리적인 근거가 있어야 한다. 공개는 보통 특정의 문서(Form 8275)에 의하거나 신고서에 첨부된 진술서를 통해 사실관계를 설명하고 그 진술서가 공개서임을 밝히는 방법에 의한다. 그 밖에 납세자는 선의(Good Faith)와 합리적 이유(Reasonable Cause)가 있음을 입증하는 경우 가산세를 면제받을 수 있다.67)

---

62) IRC §6664(c).
63) IRC §6662(b)(2).
64) Reg. §1.6662-4(d).
65) Reg. §1.662-4(d)(3)(i). Bittker & Lokken, *Federal Taxation of Income, Estates and Gifts*, Warren Gorham & Lamont (1989), pp. 114-137.
66) Reg. §1.662-4(b).
67) IRC §6664(c).

Ⅳ. 가산세 면제의 정당한 사유와 세법의 해석에 관한 사례의 유형화

1. 개   설

가산세 면제의 정당한 사유와 관련한 세법의 해석 문제를 보면 우선, 당해 거래에 특정 세법조항이 적용됨에는 객관적으로 의문이 없으나 납세자가 세법의 부지와 착오로 인하여 그 납세의무를 알지 못한 경우, 특히 세법의 착오가 과세관청의 언동[68]이나 조세전문가의 조언에 기인한 경우에 납세자에게 가산세 면제의 정당한 사유가 있다고 보아야 할 것인지가 문제된다. 나아가, 세법의 해석상의 다툼의 여지가 있거나 의문이 있어 납세자가 세법조항을 과세관청과는 달리 해석하여 납세의무를 이행하지 않는 경우에 납세자에게 가산세 면제의 정당한 사유가 있는 것으로 볼 수 있는지도 문제가 된다. 뿐만 아니라 어떠한 경우에 단순한 세법의 부지나 오해를 넘어서 세법의 해석상의 의의가 있는 것으로 볼 것인지도 문제이다.

우리나라의 판례는 납세자의 세법의 단순한 부지와 착오는 정당한 사유가 될 수 없다는 입장이고 예외적으로 세법 해석상의 의의가 있는 경우에는 납세자에게 정당한 사유가 있는 것으로 보고 있다. 과세관청의 언동에 의한 세법의 오해나 착오에 대하여는 사안에 따라 차이가 있으나 납세자에게 정당한 사유가 없다고 본 경우가 많다. 요컨대, 우리나라 판례는 가산세 면제의 정당한 사유가 인정되는 경우를 상당히 제한적으로 보고 있는 점이 특색이다. 아래에서는 이러한 판례의 사례를 유형별로 분류하여 정당한 사유에 관한 미국과 일본의 판례와 비교하도록 한다.

2. 세법 해석상의 의의(疑意)와 법률의 부지

가. 우리나라의 경우

우리나라 판례는 단순한 법률의 부지나 오해에 해당하는 경우는 가산세 면제의 정당한 사유가 없다고 하였는데, 대부분의 사안이 법률의 부지나 오해의 경우로 인정되었다. 다만, 예외적으로 법률의 오해나 부지를 넘어서는 세법해석상

---

68) 법령의 부지가 잘못된 세무공무원의 납세지도 등에 의한 경우 적법행위에의 기대가능성이 적다고 보아 가산세는 성립하지 않는다고 볼 가능성이 있다는 견해로는 안경봉, "가산세 면제사유로서 정당한 사유(Ⅱ)", 월간조세 124호, 1998. 9., 159면.

의 의의가 있는 경우에는 납세자에게 정당한 사유가 있다고 보았다. 판례상으로
도 어떠한 경우가 법률의 오해나 부지를 넘어서는 세법해석상의 의의가 있는 경
우인지는 명확하지 않다.

(1) 세법해석상의 의의가 있다고 본 경우

1) 원고의 분양손익에 대한 배분, 귀속방법이 잘못되었다고 하더라도 이는
손익의 귀속시기를 정하고 있는 기업회계기준상의 공사진행기준에 대한 견해의
대립에 기인한 것인데 본래 광범위하고 항상 변동하는 경제적 현상과 거래를 그
규제대상으로 하고 있는 세법은 기술적이어서 그 해석이 극히 어렵다 할 것이고,
특히 손익의 귀속시기에 대하여는 그러하다 할 것이어서 이에 대하여는 단순한
법률상의 부지나 오해의 범위를 넘어 세법 해석상 의의로 인한 견해의 대립이 생
길 수 있다 할 것이고, 이 경우 납세의무자가 정부의 견해와 다른 견해를 취하였
다 하여 가산세의 부과요건에 해당하게 된다고 본다면 납세의무자에게 너무 가
혹하다는 점 등을 감안하여 볼 때 원고에게 그 의무해태를 탓할 수 없는 정당한
사유가 있다고 봄이 상당하다고 한 경우[69]

2) 납세자의 토지양도에 따른 특별부가세가 문제가 된 사안에서 부칙의 경
과규정의 해석과 관련하여 토지의 양도차익이 종전과 마찬가지로 비과세 소득인
것으로 이해할 여지가 상당하였던 점이나 그 해석과 관련하여 전문가로부터 자
문과 세무조정을 받아 비과세로 신고한 점, 과세관청 역시 관계 규정의 해석에
있어서 확실한 견해를 가지지 못하였던 점, 부과경위에 비추어 가산세를 부과하
는 것이 가혹하다고 인정되는 점 등 여러 사정을 종합하면, 관계 세법규정에 대
한 해석상 의의로 인해 납세의무자에게 그 의무를 게을리 한 점을 탓할 수 없는
정당한 사유가 있다고 한 경우[70]

3) 주택은행은 1999. 2. 8. 주택건설촉진법이 개정되기 전까지는 주택복권을
발행할 권한을 가지고 자신의 업무로서 주택복권을 발행하였으나, 그 개정 이후
에는 건설교통부장관이 주택복권의 발행권한을 가지게 되었고 주택은행장은 단
지 건교부장관의 위탁을 받아 주택복권의 발행업무를 대행하고 그에 따른 수수
료를 받는 관계로 변경되어 주택은행의 주택복권업무가 부가가치세 과세거래 용
역의 공급에 해당하게 된 사안에서, 주택은행이 1969.경부터 그 자신의 업무로서

69) 대법원 1992. 10. 23. 선고 92누2936 판결.
70) 대법원 2002. 8. 23. 선고 2002두66 판결.

주택복권을 발행하여 왔는데, 주택건설촉진법의 개정을 전후하여 국민주택기금 운용관리사무 위탁수수료에 관한 규정이 변경된 바 없고, 주택복권의 발행금액과 발행조건 등에 관하여 건교부장관의 승인을 얻어야 한다는 점 등 실무상의 업무처리에도 아무런 변화가 없었으며, 한편 위 주택건설촉진법의 개정 이후에도 건교부장관은 물론 과세관청까지도 이 사건 거래가 과세관청 내부에서 면세대상인지 여부를 놓고 갑론을박을 벌이다가 2000. 12. 29. 부가가치세법 시행령이 개정되면서 그 제33조 제4항으로 복권의 판매대행 등 용역은 금융, 보험용역으로 보지 아니한다는 규정이 신설된 이후인 2001. 3.말경에야 과세방침을 확정한 점 등을 고려하여 주택은행이 주택복권의 발행에 대하여 그 세금계산서 발행의무나 신고, 납부의무를 알지 못한 것에 그 의무해태를 탓할 수 없는 정당한 사유가 있다고 한 경우[71]

(2) 법률의 부지나 오해로 본 경우

1) 과세관청이 호의적으로 세밀히 검토하였다면 이를 밝혀내어 시정할 수 있는 사정이 있는 경우라도 납세자측의 과실로 원천징수영수증에 소득자의 주소나 주민등록번호를 기재할 의무를 제대로 이행하지 않은 경우[72]

2) 양도인이 양도차익 예정신고를 함에 있어 당해 부동산의 취득직전연도의 기준시가를 적용하여 취득가액을 산정하여야 함에도 취득연도의 기준시가를 적용하여 산정함으로써 양도차익이 없다 하여 양도소득세를 납부하지 않고, 과세관청도 또한 이를 그대로 인정하여 양도소득세를 부과하지 않은 경우[73]

3) 납세의무자가 처음에 과세표준을 신고하면서 간접외국납부세액의 공제와 이를 위한 익금 산입을 하지 않아 그 신고 과세표준금액이 과세관청에 의하여 정당하게 계산된 과세표준금액에 미달하여 그 미달금에 대하여 과소신고가산세가 부과된 경우[74]

4) 계속적인 거래로 인한 세금계산서를 발행함에 있어서 편의상 수회분을 합산하여 1장으로 발행하여 세금계산서 불명가산세가 부과된 경우[75]

---

71) 대법원 2005. 1. 27. 선고 2003두13632 판결.
72) 대법원 1980. 12. 9. 선고 80누83 판결.
73) 대법원 1999. 12. 28. 선고 98두3532 판결. 이에 대하여는 과세관청이 법률에 규정한 자신의 의무를 이행하였다면 원고로서는 가산세를 부과당하지 않았을 것이므로 과세관청의 이러한 부작위를 신뢰한 원고의 믿음은 보호할 가치가 있다고 볼 여지도 충분하다는 견해가 있다. 김성진, "가산세 부과 예외사유로서의 정당한 사유", 국세월보 제409호, 2001. 3., 27면.
74) 대법원 2004. 4. 26. 선고 2002두10643 판결.
75) 대법원 1988. 12. 20. 선고 87누1133 판결.

5) 가구제작용 합판 수입상들인 납세자가 수입대상 합판에 조정관세의 적용 대상인 목재로 제작된 합판 외에 조정관세 적용대상에서 제외되는 목재로 제작된 합판이 포함되어 있을 가능성이 충분히 있다는 것을 인식하고도 과세율이 상이한 합판을 따로 분류하여 수입신고를 하거나 신고시 그와 같은 사실을 적시하지 않은 경우[76]

6) 상속재산가액의 평가방법이나 자산의 장부가액과 시가평가액과의 차액에 대하여 법인세가 부과되는지의 여부 등을 알지 못하여 상속재산가액을 과소신고한 경우[77]

7) 주민세 납부기간의 기산일을 구 지방세법의 규정과 달리 양도소득세 예정신고일이 아닌 신고기간의 만료일 또는 실제 납부일로 잘못 알아 주민세 납세의무를 해태한 경우[78]

8) 당해 토지가 1992. 1. 1. 이후에는 등록세 과세대상으로 되었으므로 원고가 당해 토지의 등기시 지방세법 제130조 제2항에 규정된 과세표준의 신고를 하지 아니한 이상 위 법 제151조에 의한 가산세의 과세대상이 된다 할 것이고, 당시 실제 새해연휴 등 사유로 인하여 1991. 12. 31.자 관보가 늦게 도달되었다거나 납세자 등이 납세의무 있음을 늦게 알았다 하더라도 관보가 이미 발행되어 개정된 같은 법 시행령의 효력이 생긴 이상 이를 고려할 수는 없다고 한 경우[79]

9) 정리회사가 자기 나름의 해석에 의하여 특별부가세가 면제된다고 잘못 판단한 것은 단순한 법령의 부지 내지 오해에 불과하다고 본 경우[80]

10) 납세의무자가 대법원과 다른 견해에 선 국세심판소의 결정취지를 그대로 믿어 법에 규정된 신고, 납부의무 등을 해태한 경우[81]

11) 원고가 이 사건 공사부담금을 교부받은 사업연도에 이를 익금 및 손금 산입하여야 함에도 불구하고 원고 나름대로 해석하여 고정자산을 취득한 사업연도에 익금 및 손금산입한 것은 단순한 법령의 부지 내지는 오해에 불과하고 여기에 원고의 회계처리방법에 따르더라도 익금에 산입되는 금액에는 차이가 없으나

---

76) 대법원 1998. 7. 24. 선고 96누18076 판결.
77) 대법원 1998. 11. 27. 선고 96누16308 판결.
78) 대법원 1999. 3. 9. 선고 98두2379 판결.
79) 대법원 1994. 8. 26. 선고 93누20467 판결.
80) 대법원 2004. 6. 24. 선고 2002두10780 판결.
81) 대법원 1999. 8. 20. 선고 99두3515 판결.

원고 주장의 손금이 받아들여지지 아니하여 이를 기초로 하여 산정되는 소득금액에 현격한 차이가 있는 점 등을 종합하여 보면 그 의무해태에 정당한 사유가 있다고 하기 어렵다고 본 경우[82]

12) 대전광역시와 폐기물 처리시설의 운영·관리업무 등을 대행하기로 하는 계약을 체결하고 폐기물 처리업무를 수행하여 온 원고가 부가가치세를 신고하면서 대전광역시에게서 지급받은 사업비, 인건비, 경비, 대행수수료 등의 대행사업비를 면세대상으로 신고하였는데, 과세관청이 대행사업비를 부가가치세 과세대상으로 보아 신고불성실 등을 가산한 부가가치세 부과처분을 한 사안에서, 사업장폐기물 처리용역의 제공은 부가가치세 면제대상이 아님에도 착오로 부가가치세 면제대상에 해당한다고 보아 세금계산서를 교부하지 아니하고 부가가치세도 신고·납부하지 아니하였으므로 원고에게 가산세를 부과할 수 없는 정당한 사유가 없다고 본 경우

13) 건축물이 있는 토지를 취득하여 그 건축물을 철거하고 토지를 신축건물의 부지로 사용하면서 기존 건축물의 취득가액, 철거비용, 소유권이전비용에 관한 매입세액을 환급받는 사안에서 이는 부가가치세법 시행령 제60조 제6항 제2호의 규정에 대한 원고의 착오나 오해에 기인한 것으로 가산세를 부과할 수 없는 정당한 사유에 해당하지 않는다고 한 경우

나. 일본의 경우

일본 판례도 납세자의 세법에 대한 부지, 착오로 인하여 조세법상 협력의무를 이행하지 않은 경우는 정당한 이유에 해당하지 않는 것으로 보고 있으나[83] 세법해석상의 의의가 있는 경우에는 납세자에게 정당한 이유가 있다고 하였다. 어떠한 경우에 세법해석상의 의의가 있는가, 달리 말하면 세법해석에 대한 과세관청에의 도전이 정당한 사유로 인정되는가는 어려운 문제이나 이를 대체로 네 가지 기준에 의하여 파악하는 견해[84]가 있다. 위 견해에 의하면, 과세관청에의 도전이 정당한 이유로 인정되기 위해서는 첫째, 그 도전이 정당한 이유로 인정되는 것은 궁극적으로는 세무행정의 적정한 유지를 위하여 납세자의 주체적인 행

---

82) 대법원 2002. 11. 13. 선고 2001두4689 판결.

83) 東京地裁 昭和 51. 7. 20. 判決(訟務月報 22권 9호, 2295면).

84) 佐藤英明, "過少申告加算稅を免除する正當な理由に關する一考察", 總合稅制硏究 No.2, 1993. 12., 105면.

동이라고 생각할 수 있는 것이어야 하므로 이는 당당하게 행하여져야 한다. 둘째, 납세자의 태도는 당당해야 하고 행정해석을 다투는 데 잘 어울려야 한다. 셋째, 당당하고 생각지도 않은 해석을 한다는 것만으로는 제재의 면제사유로 된다고는 생각할 수 없고 관련 제규정에 비추어 그것이 주장되는 시점에 있어서 충분히 유지될 가능성이 있어야 한다. 넷째, 정보의 개시가 제재의 면제사유가 되기 위해서는 그 개시를 뒷받침하는 충분한 장부서류 등을 납세자가 갖추고 있어야 한다.

(1) 세법해석상의 의의가 있다고 본 경우

1) 재일미대사관에서 지급된 급여에 관하여 상당한 부분을 신고에서 제외하는 것이 관행으로 되어 있는 경우[85]

2) 어느 지출이 손금에 포함되는지 여부에 관하여 과세관청의 해석이 확정되어 있지 않고 일반적으로 이를 손금으로 해석하는 경향이 있어 납세자가 법인세의 확정신고에 있어서 이를 손금으로 계상한 경우[86]

3) 과세물품에 해당하는가 아닌가에 대하여 세무당국 사이에 견해가 다른 경우[87]

(2) 법률의 부지나 오해로 본 경우

1) 동족회사 출자자의 그 회사에 대한 다액의 무이자 대부에 관하여 동족회사의 행위계산의 부인규정을 적용하여 이자상당액의 소득을 인정한 경정처분에 관계되는 과소신고가산세의 부과결정 사안에서 개인으로부터 법인에의 무이자대부에서는 소득은 생기지 않는다는 취지의 국세직원의 해설서는 무이자대부에 사회적, 경제적으로 상당한 이유가 있는 경우를 전제하는 것이고 불합리, 부자연한 대부인 본건의 과소신고의 정당사유는 되지 않는다고 한 경우[88]

2) 관계회사의 부채변경에 관한 기부금처리 등을 오해하여 과소신고를 한 경우[89]

3) 미수중개수수료를 수익으로 계상하지 아니한 경우[90]

---

85) 東京地裁 平成 16. 4. 19. 判決(判時 1876호, 13면).
86) 名古屋地裁 昭和 37. 12. 8. 判決(行集 13권 12호, 2229면; 税資 36호, 1075면).
87) 廣島地裁 昭和 60. 3. 7. 判決(税資 144호, 364면).
88) 最高裁 平成 16. 7. 20. 判決(判時 1873호, 123면).
89) 東京地裁 昭和 39. 4. 21. 判決(行集 15권 4호, 263면).
90) 東京地裁 昭和 48. 1. 30. 判決(税資 69호, 193면).

4) 드라이브인 경영자가 관광버스의 운전수들에게 교부한 팁이 교제비 등에 해당하지 아니한다고 해석하여 손금불산입의 대상으로 하지 않은 경우[91]

5) 세무사가 법령 등을 정사한 다음 냉방기를 직물설비에 해당된다고 하여 특별상각을 하여 신고한 경우[92]

6) 청부공사의 완성물의 인도시기에 관한 판단을 오인한 경우[93]

7) 상속인 간에 상속재산의 범위, 유증의 효과 등에 관하여 분쟁이 있어서 상속재산의 전모가 파악되지 않는 경우에도 상속재산이 기초공제액을 넘어서는 것을 상속인이 인식하고 있는 때에는 미신고에 관하여 정당한 사유가 없다고 한 경우[94]

8) 소유부동산이 공매된 경우에 소유자가 공매대금의 배당액을 기준으로 양도소득의 신고를 하면 된다고 생각하고 있는 것은 법률의 착오이어서 과소신고의 정당한 이유에 해당하지 않는다고 한 경우[95]

9) 납세자가 세무지도에 응하지 않고 자기의 잘못된 견해를 고집하여 여비 및 숙박료를 수입에 계상하지 아니하고 과소신고한 경우[96]

10) 증여세담당 세무서 계원이 납세의무자에 대하여 확정신고를 하도록 하였는데도 납세자가 법을 오해하여 신고서를 제출하지 않은 경우[97]

11) 산림의 교환에 의한 양도소득을 확정신고의 세액계산의 기초로 하지 않은 경우[98]

12) 소득세의 확정신고시의 첨부서류 중의 하나인 양도내용 겸 계산명세서의 "대체 매입(교환)한 자산의 가액"이라는 난의 의미를 잘못 알고 신고한 경우[99]

---

91) 東京地裁 昭和 50. 6. 24. 判決(税資 82호, 222면).
92) 神戸地裁 昭和 54. 8. 20. 判決(税資 106호, 256면).
93) 水戸地裁 平成 8. 2. 28. 判決(月報 43권 5호, 1378면).
94) 大阪高裁 平成　5. 11. 19. 判決(行裁例集 44권 11, 12호, 1000면).
95) 神戸地裁 昭和 60. 12. 16. 判決((税資 147호, 559면).
96) 最高裁 昭和 62. 6. 14. 判決.
97) 東京高裁 昭和 48. 3. 9. 判決(訟務月報, 19권 10호, 139면).
98) 千葉地裁 昭和 51. 6. 7. 判決(税資 88호, 991면).
99) 神戸地裁 昭和 58. 8. 29. 判決(税資 133호, 521면).

3. 과세관청의 언동에 의한 법률의 착오

가. 우리나라의 경우

(1) 과세관청의 세무지도

판례는 납세자가 단순히 세무공무원의 잘못된 설명을 듣고 이에 따라 의무를 해태한 경우에는 납세자에게 대체로 정당한 사유가 없다고 보았는데, 그 사례를 보면 다음과 같다.

1) 납세자가 세무공무원이 작성하여 준 상속세 신고납부서에 의하여 상속세를 신고납부하면 증여받은 토지에 대한 증여세를 별도로 신고납부할 필요가 없는 것으로 알고서 증여세를 신고납부하지 아니한 경우[100]

2) 세무공무원이 취득세 중과대상인지 여부에 관한 납세자의 문의를 받고 일반 세율에 따라 취득세를 신고납부하도록 세무지도한 경우[101]

3) 납세자가 자신의 출연행위에 대하여 세무당국에 비공식적으로 자문을 한 결과 그 출연의 경우 증여세 과세대상이 아니라는 응답을 받았고 이에 따라 출연재산에 관하여 증여세 신고를 하지 아니함과 아울러 이를 전제로 세무당국에 출연재산 명세서와 출연재산사용계획서를 제출하였으며 세무당국도 감사원의 시정요구가 있기 전까지 위 출연재산에 대한 증여세부과처분을 하지 아니한 경우[102]

4) 납세자가 현물출자에는 양도소득세가 부과되지 않는다는 세무직원의 설명을 듣고 과세표준확정신고 및 소득세액 납부를 하지 아니한 경우[103]

5) 납세자가 세무공무원의 잘못된 설명을 믿고 그 신고·납부의무를 이행하지 아니하였다 하더라도 그것이 관계 법령에 어긋나는 것임이 명백한 때에는 그러한 사유만으로 정당한 사유가 있는 경우에 해당하지 않는다고 한 경우[104]

다만, 부가가치세법 부칙 제4조 제1항에 따라 재고상품에 포함된 간접세 공제신고를 함에 있어서 할부판매 미수금의 원가도 포함하여 기재한 것이 사실상 같은 법 제3항의 허위신고에 해당하지만 이를 탈세의 고의에서가 아니라 담당공무원의 권장지도에 따른 것이라는 등의 이유로 위 허위신고에 정당한 사유가 있

---

100) 대법원 1997. 8. 22. 선고 96누15404 판결.
101) 대법원 1993. 11. 23. 선고 93누15939 판결.
102) 대법원 2003. 1. 10. 선고 2001두7886 판결.
103) 대법원 1985. 11. 26. 선고 85누660 판결.
104) 대법원 2004. 9. 24. 선고 2003두10350 판결.

다고 본 사례가 있다.[105]

(2) 과세관청의 질의회신 등

판례는 납세자의 질의회신 등 서면에 의한 언동에 관하여는 과세관청의 세무지도보다 납세자에게 정당한 사유를 인정하는 경우가 상대적으로 많다. 이러한 질의회신 등은 과세관청의 진지한 검토를 거쳐 얻어진 공적 견해의 표명이라는 점에서 납세자가 납세의무를 알지 못한 데에 보다 더 무리가 없다고 본 것이다.

(가) 긍정한 경우

1) 부동산의 양도가 양도소득세 부과대상인지의 여부에 관하여 행한 납세자의 질의에 대하여 국세청장이 부득이한 사유로 인하여 폐업 또는 휴업한 상태에서 공장을 양도한 사실이 객관적으로 명백하게 확인되는 경우에는 계속하여 가동하던 공장의 이전으로 본다는 취지의 회신을 하였고 이에 따라 납세자가 양도소득세 등의 감면신고서를 첨부하여 자산양도 차익 예정신고를 하였으며 과세관청도 납세자의 감면신청을 받아들여 위 양도소득세 등에 대하여 전액을 감면세액으로 하여 예정결정한 경우[106]

2) 피고는 원고가 양도차익 예정신고를 하지 아니하자 원고에게 기준시가에 의하여 산출한 양도소득세 및 방위세를 사전안내서에 의하여 통지하면서 그 사전안내서에 이를 받은 날로부터 15일 이내에 동봉된 양도소득세 자진납부서에 기재된 세액을 납부하면 양도소득세는 종결된다는 내용의 문구를 부동문자로 기재하였고 원고는 그 안내서 기재내용에 따라 과세표준 확정신고 기한 전인 1982. 4. 14. 그 세액을 자진납부하였으며 피고는 위와 같은 사전안내서에 의한 자진납부에 대하여 특단의 사정(세액계산의 착오 등)이 없는 한 납세의무자의 양도소득세는 종결되는 것으로 업무처리를 하여 온 경우[107]

(나) 부정한 경우

1) 국세청장의 회신을 자신의 귀책사유로 인하여 자신의 재산취득에 관한 증여세 비과세 회신으로 믿은 경우[108]

2) 원고가 환입된 수수료 일부를 법인세법령의 위임을 받은 행정규칙인 소

---

105) 대법원 1979. 12. 11. 선고 79누286 판결.
106) 대법원 1995. 11. 14. 선고 95누10181 판결.
107) 대법원 1987. 4. 28. 선고 85누419 판결.
108) 대법원 1992. 4. 28. 선고 91누9848 판결. 위 판례에 대한 자세한 해설로는 정재훈, "가산세부과원인인 의무위반에 정당한 사유의 존부", 대법원 판례해설 제17호, 1992. 4.

득금액조정합계표 작성요령 및 적정 유보초과소득조정명세서(을) 작성요령에 의하여 기타사외유출로 처리한 사안에서 당해 행정규칙이 모법의 취지에 반하는 것이었음을 납세자가 알 수 있었다는 이유로 정당한 사유를 인정하지 않은 경우[109]

(3) 과세관청의 관련 선행행위

판례는 과세관청의 선행행위가 있다고 하더라도 단순한 사무적 행위만으로는 정당한 사유가 있다고 보지 않았고 과세관청의 진지한 검토가 수반된 경우에 한하여 납세자에게 정당한 사유가 있다고 보았다.

(가) 긍정한 경우

1) 원고가 적법한 기간 내에 자산양도차익 예정신고를 하면서 자산양도차익 예정신고 산출세액을 전부 자진 납부하였음에도 불구하고 피고가 이 사건 토지의 취득시기와 양도시기 사이에 토지등급의 변화가 없어 양도차익이 발생할 여지가 없다는 이유로 직권으로 원고에게 예정신고자진납부세액을 전부 환급해 준 경우[110]

2) 이 사건 제1, 2 부동산은 당초 유증을 원인으로 하여 원고회사 명의로 소유권이전등기가 경료되었고 원고회사도 장부상으로 위 부동산을 유증받은 재산으로 처리하였으며, 이후 원고회사가 위 제1부동산을 제3자에게 양도하고 양도차익에 관하여 특별부가세 및 방위세를 신고납부하였는데 과세관청은 이를 유증받은 재산으로 보지 않고 망 소외인의 사망으로 인하여 그 상속인들이 상속받은 재산이라고 인정하여 원고회사가 기납부한 세액을 환급하였으며 그 후 원고회사는 위 제2부동산을 양도하고 제1부동산에 대한 과세관청의 견해에 따라 양도차익에 대한 특별부가세의 과세표준 및 세액을 신고하지 아니하였으나 과세관청은 위 제1, 2 부동산에 관한 상속세 부과처분취소사건 판결에서 위 부동산이 원고회사의 유증재산으로 판명되었으므로 위 제2부동산의 양도차익에 관하여 신고가 누락되었다고 하여 가산세를 부과한 경우[111]

(나) 부정한 경우

1) 보험조사용역을 주된 사업으로 하는 법인이 보험조사용역이 면세사업에 해당하는 것이라 알고 그에 대한 부가가치세 신고를 하지 아니하였는데, 과세관

---

109) 대법원 2003. 9. 5. 선고 2001두403 판결.
110) 대법원 1989. 10. 27. 선고 88누2830 판결.
111) 대법원 1989. 4. 25. 선고 88누4218 판결.

청이 납세의무자에게 면세사업자등록증을 교부하고 수년간 면세사업자로서 한 부가가치세 예정신고 및 확정신고를 받아들인 경우112)

나. 일본의 경우

과세관청의 세무지도를 신뢰한 납세자에 대하여 정당한 이유가 있다고 본 사례가 상당수 있다는 점이 특색이다. 우리나라의 판례가 과세관청의 세무지도를 단순하게 믿은 납세자에게 정당한 사유를 인정하지 않은 것과 비교된다. 공무원의 부작위나 납세자와의 대화수준의 언동에 대하여는 정당한 사유를 인정하지 않고 있다.

(1) 긍정한 경우

1) 신고지도를 하는 세무공무원이 양도소득의 귀속연도에 관하여 잘못 지도하였기 때문에 납세자가 신고기한까지 신고서를 제출하지 않은 경우113)

2) 집행관이 수령한 여비, 숙박료를 수입금액에 가산한 경정처분은 종래 잘못 신고한 것을 시정하는 것이고 그 자체 적법한 것이며 당해 납세자도 세법상 각별한 불이익을 받는 것은 아니기 때문에 신의칙 위반으로 무효가 되지 않지만 이러한 수입계상누락은 고의로 은폐한 것은 아니고 담당직원의 조언에 따른 것이므로 정당한 이유가 있다고 인정한 경우114)

(2) 부정한 경우

1) 담당공무원은 본건 보상금을 과세의 대상이 되지 않는다고 지도한 것은 아니고 오히려 수입으로서 계상하여야 한다고 설명한 후에 그 처리를 납세자의 판단에 맡긴 것에 불과한 경우115)

2) 과세관청이 보다 조기에 원천소득세의 불납부를 지적하였더라면 불납부의 발생, 확대를 방지할 가능성이 있다고 하더라도 과세관청이 불납부를 지적하지 않은 사실은 정당한 이유의 유무 판단에 관하여 영향을 주지 아니한다고 한 경우116)

---

112) 대법원 2002. 9. 4. 선고 2001두9370 판결.
113) 長崎地裁 昭和 44. 2. 5. 判決(訟務月報 15권 3호, 366면).
114) 札幌地裁 昭和 50. 6. 24. 判決.
115) 東京地裁 昭和 54. 12. 12. 判決(稅資 109호, 689면).
116) 東京地裁 昭和 51. 7. 20. 判決(訟務月報 22권 9호, 2295면).

다. 미국의 경우

신고미이행의 경우 납세자가 세무공무원의 조언에 따라 그러한 신고가 필요하지 않다고 믿고 신고를 하지 않은 경우에는 가산세의 부과를 면할 수 있다.[117) 그러나 납세자가 세무공무원의 그릇된 조언을 실제로 받았다는 사실을 입증하는 것은 어려울 것이다.[118) 미국 세법은 IRS의 서면 조언을 믿고 행동한 납세자에 대하여 가산세를 경감시키는 별도 조항을 두고 있다.[119)

4. 조세전문가의 조언에 따른 법률의 착오

가. 우리나라의 경우

명시적으로 조세전문가의 조언에 따라 세무처리를 한 것만을 이유로 납세자에게 가산세 면제의 정당한 사유가 있다고 본 판례는 없는 것으로 보인다.[120) 다만, 세법해석상의 의의를 이유로 가산세의 정당한 사유를 인정하면서 납세자가 세법의 해석에 관하여 전문가로부터 자문과 세무조정을 받은 점을 그 근거의 하나로 들고 있는 판례가 있다.[121)

학설로서는 세법상의 견해의 대립이 있고 세법관계 전문가들이 이를 취급하였다는 사실만으로 세법상 협력의무의 불이행이나 해태를 모두 정당한 사유가 있다고 인정한다면 결과적으로 탈법을 조장할 우려가 있고 조세전문가들은 일반적으로 통상인보다 세법을 더 잘 알고 있기 때문에 도리어 면책을 쉽게 허용하여서는 안 된다는 견해가 있다.[122)

나. 일본의 경우

앞서 본 東京地裁 昭和 48. 1.30. 判決과 神戸地裁 昭和 54. 8. 20. 判決에서 납세자는 공인회계사나 세무사 등 세법관계 전문가에게 의뢰하여 세무처리를 하

---

117) IRS의 조언을 신뢰하여 면제된 경우로는 Haley v. CIR, 36 TCM 1379(1977).
118) IRS의 자문을 신뢰하였다는 확증이 되지 않은 납세자의 주장을 기각한 예로는 Lust v. CIR, 34 TCM 69(1975).
119) IRC §6404(f).
120) 감정평가법인의 감정평가액에 대하여 판례는 그 감정평가액이 공정성과 합리성을 갖추지 못하여 구 부가가치세법 시행령 제48조의2 제4항 제3호 소정의 실지거래가액으로 볼 수 없는 경우 그 감정평가액에 따라 부가가치세를 과소 신고·납부한 데에 가산세 배제사유인 정당한 사유가 없다고 보았다. 대법원 2001. 1. 30. 선고 99두7876 판결.
121) 대법원 2002. 8. 23. 선고 2002두66 판결.
122) 김영식, 전게 특별법연구 논문, 38면.

였으므로 정당한 이유가 있다고 주장하였으나 법원은 이를 받아들이지 않았다.

이에 대하여 그러한 업무상 처리를 비난하여 가산세를 부과하는 것은 너무 가혹하다고 보이고 또 세무사 등의 정당한 업무수행을 제약하는 결과를 초래할 수도 있기 때문에 그러한 경우 세법전문가들의 의견에 따른 세무처리를 정당한 이유가 있는 것으로 보아야 한다는 견해가 있다.[123]

다. 미국의 경우

(1) 미이행가산세의 면제사유(합리적 이유)

많은 사안에서 조세전문가의 의견을 신뢰하였다는 납세자의 주장이 제기되었는데 종전의 판례[124]는 일반적으로 이러한 형태의 주장에 대하여 동정적인 (Sympathetic) 입장에 있었으나 미국 대법원은 Boyle 사건에서 그러한 종전 입장에 제동을 가하였다. 즉, 미국 대법원은 납세자가 변호사에게 세금신고를 의뢰하였으나 당해 변호사가 그 신고기한을 도과하여 가산세가 부과된 사안에서 만일 납세자가 세금 납부 여부 등 실체적 문제에 대하여 변호사를 성실하게 신뢰하였다면 가산세를 부담하지 않는다고 할 것이나 이 사건과 같이 신고기한 등 단순 절차적인 문제에 대하여 변호사를 믿은 데에는 납세자에게 합리적 이유가 없다고 판시하였다.[125] 미국 항소법원은 납세자가 세법에 친숙하지 않고 모든 관련사실을 변호사에게 완전히 공개하고 변호사와 정기적으로 접촉하였으며 납세자가 일반적인 사업상의 주의를 한 경우에 당해 변호사의 조언을 신뢰하였다면 납세자에게 지연신고에 대한 합리적 이유가 있다고 판시하였다.[126] 조세전문가가 납세자에게 실수로 상속세 신고의무를 이행할 필요가 없다고 하였는데 납세자가 이를 성실하게 믿은 경우,[127] 세무신고가 필요없다는 공인회계사의 조언을 외국회사가 믿은 경우[128] 등에는 납세자에게 합리적인 이유가 있다고 보았으나 납세자가 세무신고의 필요성을 알고 있었으나 그러한 신고가 필요없다는 회계사의

---

123) 三本義一, "加算税における 正當な理由の 再檢討", 稅理 30卷 14호, 10면.
124) 여자상속재산관리인이 상속세 신고일에 관한 전문변호사의 의견을 믿은 때에 합리적 이유가 있다고 한 경우로는 Rohrabaugh v. US, 611 F2d 211(7th Cir. 1979); 변호사가 하루 늦게 신고한 데에 책임이 있는 때에는 납세자의 가산세의 부과가 면제된다고 한 경우로는 Fisk's Est. v. CIR, 203 F2d 358(6th Cir. 1953).
125) United States v. Boyle, 469 U.S. 241(1985).
126) Rohrabaugh v. United States, 611 F.2d 211(CA7 1979).
127) Paxton's Est. v. CIR, 86 TC 785(1986).
128) Coldwater Seafood Corp. v. CIR, 69 TC 966(1978).

그릇된 조언을 받아들여 신고를 하지 않은 경우129) 등에는 합리적 이유가 없다고
보았다. 또한, 납세자가 조세전문가의 의견을 오인하여 신고를 미이행한 경우에
도 합리적인 이유가 없다고 보았다.130) 이와 같이 미국 법원은 미이행 가산세의
합리적 이유를 판정함에 있어 조세전문가의 조세실체법에 대한 의견을 성실하게
신뢰한 납세자에 대하여는 일정한 요건을 충족하면 미이행 가산세의 부과를 면
제하기도 한다.

(2) 세액의 정확성 관련 가산세의 면제사유(납세자의 무과실)

변호사의 자문을 받은 사실이 납세자의 무과실을 증명하는 가산세 면제사유
가 될 수 있는지 여부가 문제된다. 미국 조세법원은 Coleman 사건에서 납세자가
변호사의 자문의견만을 믿은 것만으로는 과실이 없다고 인정하기에 부족하다고
하였다.131) 위 사건의 변호사 의견서에는 납세자의 세무처리가 유지되지 않을 가
능성이 있다는 경고도 있었다. 한편, 미국 조세법원은 West 사건에서 납세자가
변호사의 조언을 신뢰하는 데에 과실이 없기 위해서는 납세자는 변호사가 당해
문제에 대하여 적절한 의견을 제시할 수 있는 전문가이고 당해 사실관계에 관한
지식을 가지고 있음을 증명하여야 한다고 판시하였다.132) 이와 같이 미국 법원은
조세전문가의 의견이 있다고 곧바로 납세자의 무과실이 인정되는 것이 아니고
그러한 의견이 있더라도 이를 납세자가 신뢰한 데 대하여 과실이 없어야 가산세
면제사유가 될 수 있다.

5. 법률의 소급적용

가. 우리나라의 경우

신고 당시 적법하다고 보이던 신고가 그 후의 사정 변경에 의해 납세자의
고의, 과실에 근거하지 않고 당해 신고액이 과소로 된 때이다. 가산세의 정당한
사유가 인정되는 대표적인 경우이다.

1) 구 법인세법 제26조의6에 따라 녹색신고법인의 자격이 취소된 경우에는
자격취소요건이 발생한 사업연도의 개시일부터 녹색신고법인의 자격이 소급적으
로 취소되고 녹색신고법인에 부여된 특전도 박탈된다고 하겠으나 그로 인하여

---

129) McKissack v. CIR, 28 TCM 557(1969).
130) Brittingham v. CIR, 66 TC 373, 415(1976).
131) Coleman v. Commissioner, T.C. Memo 1990 – 511.
132) West v. Commissioner, T.C. Memo 2000 – 389.

추징되는 가산세에 대하여는 당연히 소급하여 부과할 수 있는 것은 아니라고 한 경우[133]

　　2) 토지양도 후 개별공시지가가 경정되어 소급적용되는 사안에서, 양도소득세 납세의무자에게 토지양도 후에 경정된 개별공시지가를 기준으로 양도소득세를 신고, 납부할 것을 기대하는 것은 사회통념상 무리가 있고 납세의무자가 종전 개별공시지가를 기준으로 신고, 납부함으로써 결과적으로 과소신고납부하게 된 데에는 정당한 사유가 있다고 한 경우[134]

　　3) 납세의무자가 포합주식의 취득가액을 피합병법인의 청산소득에 포함시켜 법인세를 신고·납부하고, 그 청산소득은 구 조세감면규제법상 비과세대상이라는 판결이 확정된 후, 과세관청이 청산소득을 법인세 과세대상으로 보았던 종전의 입장을 변경하여 그 감면세액을 과세표준으로 한 농어촌특별세와 그 미납부가산세까지 부과한 사안에서, 납세의무자에게 농어촌특별세 납부의무의 해태를 탓할 수 없는 정당한 사유가 있다고 한 경우[135]

　　이와 달리, 2000. 1. 27. 헌법불합치결정이 선고된 구 법인세법 제59조의2 제1항의 '특별부가세의 과세표준' 규정 외에 특별부가세의 양도시기나 세율에 관하여는 모두 구 법인세법의 규정이 적용되고, 과세표준에 관해서만 위 불합치결정 이후 개정된 구 법인세법이 적용되는 사안에서, 1994. 10. 25.에 이루어진 부동산 양도에 대하여도 여전히 특별부가세를 부과할 수 있으므로, 그 특별부가세의 미납부가산세와 관련하여 납세의무자에게 납세의무의 불이행을 탓할 수 없는 정당한 사유가 있다고 보기도 어렵다는 판례가 있다.

나. 일본의 경우

　　세법의 해석에 관하여 신고 당시 공표되어 있던 견해가 그 후 변경됨에 따라 수정신고하거나 경정을 받은 경우 또는 재해 또는 도난 등에 관하여 신고 당시 손실을 받은 것을 상당하다고 하였는데 그 후에 예기하지 않았던 보험금의 지급을 받거나 도난품의 반환을 받았기 때문에 납세자가 수정신고를 하거나 경정을 받은 경우[136]

---

133) 대법원 1987. 10. 28. 선고 86누460 판결.
134) 대법원 1995. 4. 28. 선고 94누3582 판결.
135) 대법원 2008. 12. 11. 선고 2006두17840 판결.
136) 東京高裁 昭和 51. 5. 24. 判決(稅資 88호, 841면).

V. 비교평가와 시사점

이상과 같이 우리나라와 미국, 일본의 가산세 제도와 그 면제사유를 살펴보았고, 세법해석과 정당한 사유에 관한 우리나라의 판례를 유형화하여 그와 관련된 일본과 미국의 판례와 비교하여 보았다. 우리나라와 일본은 정당한 사유 혹은 정당한 이유라는 단일 기준에 의하여 가산세 면제사유를 파악하고 있는 반면, 미국의 가산세 제도는 미이행가산세에 대하여는 합리적 이유, 세액의 정확성 관련 가산세에 대하여는 중요한 전거나 납세자의 무과실, 합리적 근거와 공개 등을 그 면제사유로 보고 있다.

유형별 사례를 비교하여 보면, 세법의 부지나 오해에 대하여는 일본이나 우리나라 판례 모두 원칙적으로 정당한 사유를 구성하지 않는 것으로 보았고, 다만, 단순한 세법의 오해나 부지를 넘어서는 세법해석상의 의의가 있는 경우에는 납세자에게 정당한 사유가 있다고 판단하고 있다. 과세관청의 언동에 따른 세법의 착오에 대하여 일본은 우리나라보다 비교적 폭넓게 정당한 사유를 인정하는 것으로 보인다. 미국에서는 그러한 착오가 가산세 면제사유가 된다고는 하고 있으나 그 입증상의 어려움을 지적하고 있다. 조세전문가의 자문에 따른 법률의 착오에 대하여는 우리나라와 일본의 경우 그 인정례를 찾기 힘든 반면 미국의 경우에는 일정한 요건 하에서 가산세 면제사유로 보고 있다.

세법해석과 관련한 이러한 미국과 일본의 가산세 제도와 판례의 입장은 가산세 면제의 정당한 사유로서의 세법해석 문제에 대하여 다음과 같은 시사점을 줄 수 있다고 사료된다.

첫째, 일본의 사례 등에 비추어 과세관청의 언동에 의한 세법의 착오가 정당한 사유를 구성하는 경우를 종전보다 다소 넓게 볼 여지가 있다고 생각된다. 우리나라의 판례는 과세관청의 세무지도상의 잘못은 원칙적으로 정당한 사유를 구성하지 않는다는 입장이다. 그러나 세무공무원의 납세지도와 다른 내용으로 납세자가 그 의무를 이행하는 것에 대한 기대가능성이 있는 경우는 실제로 많지 않을 것이다. 그렇다고 무조건 세무공무원의 지도상의 잘못이 있다고 납세자에게 정당한 사유가 있다고 한다면 실무상으로도 여러 가지 문제가 있을 수 있으므로 납세자가 세무공무원의 세무지도를 성실하게 신뢰하였고 그러한 신뢰에 잘못이 없는 경우에 한하여 정당한 사유를 인정하여야 할 것이다. 그러한 경우에는 납세자의 의무인식에 대한 기대가능성이 없을 것이다. 결국 구체적인 사안에서는 납세자의 세법에 대한 이해, 납세자의 경제적 지위 등의 주관적 요소가 고려되어야 할 것이다. 그 밖에 과세관청의 질의회신 등 다른 형태의 언동에 대하여도 납세자의 기대가능성이 없는 경우에는 정당한 사유를 좀 더 넓게 인정할 필요성이 있다. 종전의 사례에 비추어 과세관청의 다른 형태의 언동은 세무공무원의 단순 세무지도보다는 정당한 사유의 인정가능성이 보다 높을 것이다.

둘째, 조세전문가의 조언이나 자문도 과세관청의 언동과 마찬가지로 정당한 사유를 구성하는 하나의 요소로 파악할 필요가 있다. 위 두 경우 모두 납세자의 납세의무에 대한 기대가능성에 상당한 영향을 미칠 수 있다는 점은 동일하기 때문이다. 세법상 견해의 대립이 있는 경우에 납세자가 당해 거래가 과세거래에 해당하는지 여부에 대하여 모든 사실관계를 밝히고 조세전문가에게 의견을 구한 다음 그 의견을 성실하게 신뢰하여 그에 따른 세무신고를 하였다면 그러한 사정은 납세자의 정당한 사유를 판정함에 있어 실질적으로 고려되어야 할 것이다. 구체적 사안에서는 납세자의 세법이해의 정도, 조세전문가와의 신뢰관계, 자문의견서 논리의 합리성 등이 고려사항이 될 것이다. 다만, 실무상 조세전문가의 의견은 특정의 사실관계에 터잡은 조건부 형태를 띠거나 다른 의견의 가능성을 열어두는 경우가 일반적이므로 납세자에게 추가적인 다른 사정이 없다면 조세전문가의 자문의견만에 의하여 정당한 사유가 인정되는 경우는 많지 않을 것이다.

셋째, 세법해석상의 의의와 단순한 세법의 부지나 오해의 구분에 대하여는 미국의 가산세 면제사유와 일본의 학설을 참고할 필요가 있다. 미국에서는 세법해석에 다툼의 소지가 있어 납세자가 과세되지 않는 의견을 택하였다가 추후에 과세가 되더라도 납세자에게 중요한 전거(Substantial Authority)가 있거나 그러한 사정을 과세관청에 공개(Disclose)하고 그에 대한 합리적 근거(Reasonable Basis)가 있는 경우에는 가산세의 면제를 받을 수 있다. 그러한 점에서 미국의 면제사유는 과세관청에 대한 도전이 정당한 사유로 인정되기 위해서 납세자는 당당하여야 하고 주장 당시 충분한 근거를 가지고 있어야 하며 제반 장부를 갖추고 있어야 한다는 앞서 본 일본 학자의 견해와 일맥상통한다. 이러한 미국의 중요한 전거 및 합리적 근거와 공개에 관한 규정이나 일본 학자의 기준은 우리나라의 세법해석상의 의의와 세법의 부지를 구분함에 있어 유용하게 이용될 수 있다고 할 것이다. 특히, 대법원 판례도 없는 상태에서 세법해석에 견해가 대립되는 경우이거나 비록 과세관청의 유권해석이 있다고 하더라도 이에 대한 다른 판단의 여지가 있는 경우에 납세자가 과세되지 않는 쪽으로 세무신고를 하였더라도 이에 대하여 합리적인 근거를 가지고 있고 관련 사실관계를 신고서나 관련 자료에서 그대로 공개하고 있다면 세법해석상의 의의가 있는 것으로 볼 여지가 많다고 하겠다. 더욱이 납세자의 그러한 세무처리가 일본의 판례[137]가 중시하는 기존의 관행에 따른 처리였다면 더더욱 그러할 것이다.

넷째, 미국에서는 가산세 면제사유로서 미이행가산세의 경우에는 합리적 이유만을 요구하고 있으나 세액의 정확성 관련 가산세에 있어는 중요한 전거라든지 납세자의 공개 등 납세자에게 보다 높은 수준의 면제요건을 요구하고 있다. 우리나라의 경우 가산세의 종류는 수십 가지가 존재하나 그 면제는 정당한 사유라는 하나의 개념에 의하여 판정하고 있다. 우리나라의 가산세를 대별하더라도 미신고가산세와 과소신고가산세, 납부불성실가산세, 보고불성실가산세로 분류되고, 각 가산세에 따라 의무불이행의 계기와 형태도 다르다고 할 것인바, 그러한 의무불이행의 형태를 고려하여 그 위반에 대한 비난가능성의 상대적 다과에 따라 미국의 다양한 면제기준을 참조하여 가산세 면제의 정당한 사유의 범위를 다르게 볼 여지가 있을 것이다. 가산세의 종류에 따라 위반의 형태도 다르므로 그 면제사유를 달리 보는 것이 보다 합리적이기 때문이다.

가산세는 세법상 납세의무자에게 부과된 협력의무이행에 대한 제재로서 발전한 것으로 세법상 이러한 협력의무 불이행에 대하여는 가산세 이외에도 별도로 조세벌에 의한 처벌이 있다는 점, 본세에 대하여 신의성실 원칙이 적용되는 사례는 거의 없다는 점, 미국, 일본에서도 가산세 면제는 일반적인 제도로서 합리적인 기준에 따라 상당 범위에서 그 면제가 인정되고 있다는 점 등을 고려해 볼 때 앞서 언급한 바와 같이 우리나라의 가산세의 정당한 사유의 범위를 다소 넓게 해석하더라도 가산세의 기본취지에 반하지는 않을 것이다. 다만, 그러한 해석은 판례가 정당한 사유의 핵심요소로 삼고 있는 납세의무의 기대가능성의 개념 범위 내에서 이루어져야 할 것이다.

이상의 가산세 면제의 정당한 사유에 관한 유형화와 시사점에 관한 논의가 개별사안에서의 형평성과 가산세 부담의 예측가능성을 제고하는 데 조금이라도 도움이 되었으면 한다.

---

137) 東京地裁 平成 16. 4. 19. 判決(判時 1876호, 13면).

당초처분과 증액경정처분의 관계

-국세기본법 제22조의2 제1항의 해석을 중심으로-
〈대법원 2009. 5. 14. 선고 2006두17390 판결[1]〉

I. 대상판결의 개요

1. 사실관계의 요지

가. 원고의 종합소득세 신고

원고는 '정경어패럴'이라는 상호로 여성의류를 제조하거나 매수하여 현대백화점 매장 등에서 이를 판매하다가 2000. 10.경 동 업체를 폐업하였고, 2000년 귀속 종합소득세로서 2001. 5. 31. 2000년도 매출액 2,689,239,466원에서 소외 금보교역을 통해 매입한 원단 등에 대한 매입세금계산서 8장의 공급가액 253,145,080원(이하 '이 사건 원가') 등 매출원가와 판매·일반관리비 등을 공제하고 중소제조업 특별세액 감면을 적용하여 105,670,307원을 신고하였다.

나. 피고의 증액경정과 원고의 불복 청구

그런데 피고는 2001. 10. 4. 중소제조업 특별세액 감면을 배제하여 2000년 귀속 종합소득세 16,095,578원을 고지하였으나 원고는 이에 대해 불복을 하지 않았고, 2000년 귀속 종합소득세의 경정청구 기간 내에 별도의 경정청구를 제기하지 않았다.

그 후 피고는 금보교역이 위장·가공사업자임을 적발하고 원고의 이 사건 원가 전액을 가공경비라고 보아 필요경비에 불산입하여 2003. 10. 10. 원고에 대하여 2000년 귀속 종합소득세 147,358,095원을 증액경정·고지하였다(이하 '이 사건

---

1) 대법원 2009. 5. 14. 선고 2008두17134 판결과 동지의 판결이다.

증액경정 처분').

이에 대하여 원고는 국세심판청구를 제기하였고 국세심판원은 2004. 11. 25. 이 사건 원가 중 9,090,909원만 그 지급사실이 인정된다는 이유로 이 금액을 소득금액에서 제외하여 경정하였으나, 원고의 나머지 금액 부분에 대해서는 국세심판청구를 기각하였으며, 이에 원고는 2005. 3. 29. 국세심판결정에 따른 감액경정 후의 이 사건 증액경정 처분의 잔존세액 141,454,750원의 취소를 구하는 행정소송을 제기하였다.

2. 당사자의 주장 및 제1심2) 및 원심판결3)의 요지

가. 당사자의 주장

(1) 원고의 주장

2000년도 판매사원들의 인건비로 502,467,769원을 실제로 지급하였으나 2000년 귀속 종합소득세를 신고하면서 판매사원들에 대한 고용보험료, 건강보험료 등의 부담을 줄이고자 인건비 중 179,125,000원만을 필요경비에 계상하였는데, 필요경비로 계상하지 않은 나머지 인건비 323,342,769원도 2000년 귀속 종합소득세의 필요경비에 산입되어야 한다.

(2) 피고의 주장

국세기본법 제22조의2는 세법의 규정에 의하여 당초 확정된 세액을 증가시키는 결정은 확정된 세액에 관한 이 법 또는 세법에서 규정하는 권리·의무관계에 영향을 미치지 않는다고 규정하고 있는바, 그 권리·의무 관계라 함은 확정된 세액에 관한 과세표준 및 그 과세표준을 산정하기 위한 사실관계·법률적용 등을 모두 포함하는 것이므로, 원고는 이 사건 증액경정처분에 대한 행정소송에서 이 사건 증액 사유와 관계없는 이 사건 인건비에 대한 위법사유를 주장할 수 없다.

나. 제1심 및 원심의 판단

제1심은 다음과 같은 근거에서 원고의 주장을 받아들여 피고의 이 사건 증액경정처분을 취소하는 판결을 선고하였고 원심은 제1심 판결을 그대로 인용하였다.

---

2) 서울행정법원 2005. 9. 20. 선고 2005구합9941 판결.
3) 서울고등법원 2006. 10. 24. 선고 2005누25549 판결.

(1) 이 사건 소송에서의 이 사건 인건비에 대한 위법사유의 주장 여부

증액경정처분이 있는 경우 그 증액경정처분은 당초처분을 그대로 둔 채 당초처분에서의 과세표준과 세액을 초과하는 부분만을 추가로 확정하는 것이 아니라 당초처분에서의 과세표준과 세액을 포함시켜 전체로서 하나의 과세표준과 세액을 다시 결정하는 것이므로, 당초처분은 증액경정처분에 흡수되어 당연히 소멸하고 그 증액경정처분만이 쟁송의 대상이 되는바(대법원 2000. 9. 8. 선고 98두16149 판결 등), 신고납세방식의 경우도 세액 확정을 그 내용으로 하는 '신고·납부'를 '당초처분'으로, 그 후 증액하는 경정결정을 '증액경정처분'으로 보아 증액경정처분을 쟁송대상으로 삼을 수 있으므로 과세방식에 따라 위와 같은 법리를 달리 풀이할 것은 아니고, 또는 감액경정청구제도가 마련되어 있다 하여 위와 같은 증액경정처분에 대한 쟁송을 방해하는 것도 아니다.

또한 국세기본법 제22조의2의 규정은 증액경정처분이 당초처분으로 확정된 세액에만 영향을 미치지 않는다고 규정하고 있을 뿐 당초처분의 전제가 되는 사실관계나 법률상 근거의 존부에 관하여도 이를 다툴 수 없도록 규정하고 있는 것은 아니다(다만, 납세의무자의 주장이 받아들여진다고 하더라도 취소되는 세액의 범위는 증액경정된 범위에 한정될 뿐이다).

(2) 원고의 인건비의 지출 여부

원고는 2000. 1.경부터 같은 해 7.경까지 인건비로 381,599,813원을 지출하였음에도 당초 인건비로 179,125,000원만 신고하여 필요경비로 공제받았으므로 이를 초과하는 202,474,813원은 필요경비로 추가 공제되어야 한다.

3. 피고의 상고이유 및 대법원의 판단

가. 피고의 상고이유의 요지

(1) 증액경정처분의 심판대상에 대하여

국세기본법 제22조의2는 종래 당초처분과 경정처분의 관계에 관한 여러 견해 중 병존설을 수용한 것으로 원심이 국세기본법 제22조의2가 신설되기 전의 대법원 판결 등에 기하여 당초처분이 증액경정처분에 흡수된다고 보는 것은 국세기본법 제22조의2의 효력에 관한 법리오해의 위법이 있다. 즉, 동조의 입법취지는 경정처분의 효력을 그 경정에 의하여 증감된 세액 부분에만 미치도록 함으로써 확정된 세액부분에 대하여는 그 효력이 미치는 것을 차단하는 데 있고, 이

사건 증액부분은 가공경비의 필요경비 불산입을 사유로 한 것으로서 아무런 하자가 없으므로 원고로서는 이 사건 당초처분에 대해서는 경정청구 또는 그 거부처분에 대한 취소소송의 형태로 다툴 수 있을 뿐 이 사건 증액부분을 취소소송의 대상으로 할 수 없음에도 원심이 이와 달리 판단한 것은 소송요건에 관한 법리오해의 위법이 있다.

(2) 증액경정처분의 심리범위에 대하여

국세기본법 제22조의2의 입법취지가 불복제기기간이 경과하여 이미 확정된 당초처분에 대해서는 그 하자를 다툴 수 없게 하는 것이고, 원심이 경정청구기간 내에 경정청구 등을 하지 아니함으로써 불가쟁력이 발생한 이 사건 당초처분에 대한 위법사유로써 이 사건 증액부분을 취소한 것은 국세기본법 제22조의2 소정의 경정 등의 효력에 관한 법리를 오해한 위법이 있다.

나. 대법원의 판단

증액경정처분은 당초 신고하거나 결정된 세액을 그대로 둔 채 탈루된 부분만을 추가하는 것이 아니라 증액되는 부분을 포함시켜 전체로서 하나의 세액을 다시 결정하는 것인 점, 부과처분취소소송 또는 경정거부처분취소소송의 소송물은 과세관청이 결정하거나 과세표준신고서에 기재된 세액의 객관적 존부로서 청구취지만으로 그 동일성이 특정되므로 개개의 위법사유는 자기의 청구가 정당하다고 주장하는 공격방어방법에 불과한 점, 국세기본법 제22조의2 제1항의 주된 입법 취지는 증액경정처분이 있더라도 불복기간의 경과 등으로 확정된 당초 신고 또는 결정에서의 세액만큼은 그 불복을 제한하려는 데 있는 점 등을 종합하여 볼 때, 국세기본법 제22조의2의 시행 이후에도 증액경정처분이 있는 경우 당초 신고나 결정은 증액경정처분에 흡수됨으로써 독립된 존재가치를 잃게 된다고 보아야 할 것이므로, 원칙적으로는 당초 신고나 결정에 대한 불복기간의 경과 여부 등에 관계없이 증액경정처분만이 항고소송의 심판대상이 되고, 납세의무자는 그 항고소송에서 당초 신고나 결정에 대한 위법사유를 함께 주장할 수 있다고 해석함이 타당하다.

Ⅱ. 대상판결의 평석

1. 문제의 소재

가. 증액경정처분의 흡수설 입장과 국세기본법 제22조의2의 신설

종전에는 당초처분과 증액경정처분의 관계에 대하여 세법상 아무런 규정을 두고 있지 아니하여 그 의미가 학설과 판례에 맡겨져 있었는데, 대법원은 증액경정처분에 대해서 소위 흡수설의 입장을 취하고 있는 것으로 이해되었고,[4] 따라서 당초처분은 증액경정처분에 흡수되어 소멸하고 증액경정처분만이 존재하므로 증액경정처분이 항고소송의 대상이 되고 당초처분의 위법사유를 증액경정처분의 항고소송에서 제한 없이 함께 주장할 수 있었다.

그런데 2002. 12. 18. 개정된 국세기본법 제22조의2(경정 등의 효력) 제1항에서 "세법의 규정에 의하여 당초 확정된 세액을 증가시키는 경정은 당초 확정된 세액에 관한 이 법 또는 세법에서 규정하고 있는 권리·의무관계에 영향을 미치지 아니한다"고 규정하여 당초처분과 증액경정처분의 관계에 대하여 명문규정을 신설하였다. 그러나, 위 규정만으로는 당초처분과 증액경정처분의 관계에 관하여 여전히 불분명한 부분이 있었기 때문에 국세기본법 제22조의2의 해석 및 당초처분과 증액경정처분의 관계에 대한 학설상의 논란이 계속되었고, 국세기본법 제22조의2 신설 이후의 대법원 판례의 입장이 주목되어 왔다.

나. 대상판결의 의미와 논의의 순서

대상판결은 당초처분과 증액경정처분의 관계에 대한 최초의 대법원의 입장을 보여주고 있는바, 대상판결은 국세기본법 제22조의2의 시행 이후 당초 과세처분에 대한 증액경정처분이 있는 경우에도 증액경정처분만이 항고소송의 심판대상이 되고, 납세의무자는 그 항고소송에서 당초 신고나 결정에 대한 위법사유를 함께 주장할 수 있다고 판시하여 심판대상 및 심리범위에 관한 기존 대법원 판례의 입장을 유지한 반면, 당초처분의 불가쟁력이 발생한 세액의 경우 증액경정처분의 불복절차에서 그 취소를 구할 수 있는지 여부에 관하여 명백한 입장을 밝히지는 않으나 국세기본법 제22조의2 제1항의 주된 입법 취지가 증액경정처분이

---

4) 대법원 2001. 6. 26. 선고 99두11592 판결, 대법원 2000. 9. 8. 선고 98두16149 판결 등.

있더라도 불복기간의 경과 등으로 확정된 당초 신고 또는 결정에서의 세액만큼은 그 불복을 제한하려는 데 있다고 판시하여 취소 세액의 범위가 증액경정된 범위에 한정된다는 것을 간접적으로 긍정한 것으로 보인다.

이하에서는 우선 당초처분과 경정처분과의 관계 및 당초 과세처분에 대한 증액경정처분이 있는 경우의 항고소송의 심판대상, 심리범위 및 취소 세액의 범위를 중심으로 기존 학설 및 판례의 입장을 정리하고 국세기본법 제22조의2의 해석과 관련하여 대상판결의 의미와 타당성에 대하여 살펴본다.

2. 당초처분과 증액경정처분의 관계

가. 납세의무의 확정과 경정처분의 필요성

조세채무는 각 세법이 정한 과세요건이 충족된 때, 즉 각 법령에 정한 바에 따라 과세표준을 계산하고 세율을 적용하여 과세할 수 있는 상태가 되었을 때 성립하고 조세채무의 확정은 이와 같이 추상적으로 성립된 조세채권의 내용을 구체적으로 확정하는 것으로서 원칙적으로 납세의무자의 신고나 과세관청의 부과처분에 의하여 확정된다. 과세관청은 과세처분에 오류 또는 탈루가 있는 경우 부과권의 제척기간 등 장애사유가 없는 한 그 횟수에 제한 없이 종전의 처분을 시정하기 위한 경정처분5)을 할 수 있다.6)

추상적 납세의무의 내용을 실체적 진실에 맞도록 단 1회로써 조세채무를 확정하는 것이 바람직하다고 하겠으나 조세법규는 전문적, 기술적이고 복잡하기 때문에 세법의 해석 적용상의 차이, 사실인정에 있어서의 차이 등으로 말미암아 추상적으로 성립한 납세의무와 납세의무자의 신고 또는 과세관청의 과세처분에 의하여 확정된 납세의무 사이에 차이, 즉 탈루 또는 오류가 발생하는 경우가 있기 마련이므로 납세의무자는 신고내용에 탈루 또는 오류가 있는 경우 일정한 기간 내에 한하여 수정신고나 경정 등의 청구가 허용되며 과세관청 역시 탈루 또는 오류를 시정하기 위한 경정처분을 행하게 되는데, 이미 확정된 과세표준과 세액에 탈루 또는 오류가 있는 경우 그 시정을 위하여 당초처분을 취소하고 처음부터 다

---

5) 경정처분은 납세의무자에게 통지하여야 효력이 발생하며 이러한 경정제도는 부과과세방식의 세목은 물론 신고납세방식의 세목의 경우에도 모두 인정된다. 소득세법 제80조 제2항, 제4항, 법인세법 제66조 제2항, 제4항, 부가가치세법 제57조 제1항, 제3항 등은 경정처분 등에 관하여 규정하고 있다.

6) 임승순, 조세법, 박영사, 2004, 314면; 대법원 2002. 4. 12. 선고 2000두5944 판결.

시 과세처분을 하는 것은 당초처분에 기하여 성립된 법률관계를 원상회복시켜야 하는 등 불편하고 복잡한 문제를 야기하게 된다.[7]

나. 당초처분과 증액경정처분의 관계에 따른 세법상의 주요 쟁점

이러한 납세의무자의 신고 또는 과세관청의 과세처분과 경정처분은, 형식으로 보면 별개의 행위이나 실질적으로는 1개의 추상적인 납세의무의 내용을 구체화하기 위한 일련의 행위이므로 이들 복수의 행위는 상호 밀접, 불가분의 관계에 있다.[8] 이러한 경정처분은 종전의 처분을 취소하지는 않되,[9] 당초처분에 의한 과세표준과 세액을 그대로 둔 채 탈루된 부분만을 추가하는 것이 아니라 증액되는 부분을 포함시켜 전체로서 하나의 과세표준과 세액을 다시 결정하는 처분[10]으로서 증액경정처분은 납세고지방식의 측면에서는 당초 신고에서의 과세표준과 세액을 포함하여 각 해당사업연도의 소득에 대한 법인세의 과세표준과 세액을 산정한 후 당초 신고에 따른 기납부세액 등을 공제한 나머지 세액을 고지세액으로 산정하고, 세액계산방식의 측면에서는 증액경정처분에 있어 전체적으로 당초처분의 내용을 포함하여 새롭게 과세표준 및 세액산정이 이루어진다.

이와 같이 당초처분과 증액경정처분과의 관계를 파악함에 있어 형식적인 면과 실질적인 면 중 어느 면을 중시하느냐에 따라 그 관계에 대한 해석이 달라지게 되는바, 이에 따른 세법상의 중요한 문제들을 정리하면 다음과 같다. 우선, 소송대상을 당초처분으로 할 것인지, 아니면 증액경정처분으로 할 것인지의 문제(소송대상 문제)가 있고, 둘째, 증액경정처분의 당부를 판단함에 있어 증액경정처분에 존재하는 하자만을 심리할 것인지, 아니면 당초처분에 존재하는 하자도 함께 심리, 판단할 수 있는지의 문제(심리범위 문제)가 있다. 셋째, 과세처분취소소송에서 요구되는 전심절차의 경유와 제소기간의 준수가 당초처분과 증액경정처분에 불복하여 이를 소송대상으로 삼을 경우 증액경정처분에 대하여도 예외 없이 전심절차 등의 경유가 요구되는지의 문제(전심절차의 경유 및 제소기간의 준수 문제)가 있다. 넷째, 징수권의 소멸시효는 당초처분과 증액경정처분 중 어느 처분

---

7) 정광진, "당초의 신고행위와 증액경정처분과의 관계", 조세법연구 제10-1집, 2004. 7., 206면; 류용호, "당초처분과 경정처분의 법률관계에 대한 재검토", 행정재판실무편람(IV), 2004, 153면.
8) 이문재, "조세부과처분에 있어서의 당초처분과 경정처분의 법률관계 및 그 구체적 적용", 사법논집 제15집, 1984, 477면.
9) 대법원 1993. 12. 21. 선고 93누14059 판결.
10) 대법원 2005. 6. 10. 선고 2003두12721 판결.

의 것을 기산점으로 하여 그 진행을 개시할 것인지의 문제(소멸시효 등 문제)가 있고, 다섯째, 당초처분을 전제로 한 납부, 체납처분이나 제2차 납세의무자에 대한 처분 등은 증액경정처분에 의하여 어떠한 영향을 받을 것인지, 증액경정처분에 대하여도 별도의 체납처분 등을 하여야 하는지의 문제(제2차 납세의무자에 대한 처분 등 문제)가 있다.

3. 개정 국세기본법 제22조의2 신설 이전의 학설 및 판례의 입장

가. 학설의 대립

① 당초처분은 경정처분에 흡수되어 소멸하고 경정처분의 효력은 당초처분에 의하여 확정된 과세표준 및 세액을 포함하여 다시 고쳐 확정한 과세표준 및 세액의 전체에 미친다고 보는 흡수설, ② 경정처분의 효력은 당해 경정처분으로 인하여 증감된 세액부분에만 미치며, 경정처분은 당초처분과는 서로 독립하여 별개의 과세처분으로 병존한다고 보는 병존설, ③ 경정처분은 당초처분에 흡수되어 소멸되나 당초처분에 의해 확정된 과세표준 및 세액을 그 경정된 내용에 따라 증감시키는 효력을 발생시킨다고 보는 역흡수설, ④ 당초처분은 경정처분에 흡수되어 소멸하지만 그 효력은 그대로 존속하여 경정처분의 효력은 이에 의하여 증감된 과세표준 및 세액 부분에만 미친다고 보는 병존적 흡수설, ⑤ 경정처분은 당초처분과 결합되어 일체로서 존재하면서 당초처분에 의하여 확정된 과세표준과 세액을 증감시킨다고 보는 역흡수병존설 등이 있다.[11]

나. 대법원 판례의 기본적 입장

대법원은 당초처분과 증액경정처분에 대하여 명시적으로 흡수설의 입장을 취하고 있다고 판시한 적은 없지만 예를 들어 상속세 과세표준과 세액을 결정한 후 그 과세표준과 세액의 탈루 또는 오류가 있는 것이 발견되어 그 과세처분과 세액을 증액하는 경정처분이 있는 경우 그 경정처분은 당초처분을 그대로 둔 채 당초처분에서 과세표준과 세액을 초과하는 부분만을 추가 확정하는 처분이 아니고 재조사에 의하여 판명된 결과에 따라서 당초처분에서의 과세표준과 세액을 포함시켜 전체로서의 과세표준과 세액을 결정하는 것이므로 증액경정처분이 되면 먼저 된 당초처분은 증액경정처분 속에 흡수되어 당연히 소멸하는 것으로 보

---

11) 이문재, 전게논문, 484면.

아야 한다고 판시12)하는 등 흡수설의 입장에 있는 것으로 판단된다.

이러한 대법원 판례에 대하여 통설은 경정처분이 있는 경우 대법원이 흡수설에 의하여 당초처분에 따른 납부, 체납처분, 제2차 납세의무자 지정처분 등이 모두 무효로 된다고 보는 입장을 취하고 있다는 견해가 다수이다.13) 이에 대하여 당초처분이 경정처분에 흡수되어 소멸되는 것으로 보더라도 그것은 다만 소송대상으로서의 당초처분이 소멸한다는 취지이고 이미 당초처분에 기하여 이루어진 그 뒤의 절차 자체가 무로 돌아가는 것으로 볼 것은 아니라는 소수설이 있다.14)

다. 흡수설과 병존설에 따른 세법상 주요 문제의 차이와 판례의 태도

당초처분과 경정처분과의 관계에 대해서는 다수의 견해가 존재하지만 주된 견해가 병존설과 흡수설이므로 위 두 견해에 따른 세법상의 주요문제의 차이점에 대하여 설명하면 다음과 같다.

(1) 소송물(심판대상)

흡수설에 의하면 당초처분은 경정처분에 흡수되어 소멸하고 경정처분의 효력은 처음부터 다시 조사결정한 과세표준과 세액 전체에 미쳐 소송대상은 경정처분만이 되므로 경정처분이 행하여진 경우 당초처분의 취소를 구하는 소는 소의 이익이 없게 되며, 당초처분에 대한 소송계속 중 경정처분이 있는 경우 반드시 그 소송대상을 경정처분으로 변경하는 내용의 소변경절차를 취하여야 한다.

병존설에 의하면 경정처분의 효력은 당해 경정처분으로 인하여 증감된 세액 부분에만 미치며 경정처분은 당초처분과는 서로 독립하여 별개의 과세처분으로 병존한다고 보므로 당초처분과 경정처분의 양 처분을 별개의 소송대상으로 삼아야 하고 당초처분에 대한 소송계속 중 경정처분이 있는 경우 경정처분에 대하여

---

12) 대법원 1984. 4. 10. 선고 83누539 판결.

13) 최명근, 세법학총론, 세경사, 2006, 388면; 임승순, 전게서, 316면; 정덕모, "증액경정처분이 있는 경우 당초처분에서 정한 납부기한의 도과로 인하여 발생한 가산금 징수처분의 효력 유무", 대법원 판례해설 제32호, 1999. 10., 578－579면; 류용호, 전게논문, 175면; 이종채, "증액경정처분이 있은 경우 당초처분에서 정한 납부기한의 경과로 인하여 발생한 가산금 징수처분의 효력", 재판과 판례 제12집, 2004, 855－856면; 정계선, "당초처분과 경정처분의 법률관계", 행정재판실무편람(II), 2002, 207－208면; 정해남, "당초처분과 경정처분과의 법률관계 재고－증액경정처분을 중심으로", 경기법조 제11호, 2004, 492, 518면.

14) 정해남, "당초의 과세처분과 경정처분의 법률관계", 재판자료 제60집, 1993. 10., 130면; 고영구, "감액경정청구 거부처분에 대한 취소소송이 제기된 후 증액경정처분이 이루어져서 그 증액경정처분에 대하여 취소소송이 제기된 경우 감액경정청구 거부처분에 대한 취소소송의 소의 이익이 있는지 여부(소극)", 대법원 판례해설 제58호, 2006. 7., 467면.

추가로 불복신청을 할 것인지의 여부는 불복신청을 한 납세자의 선택에 따라 임의로 결정할 수 있으며 경정처분을 당초처분과 같이 소송대상으로 삼을 경우 소의 병합절차를 밟아야 한다.

　판례는 흡수설의 입장에서 과세처분 취소소송에서의 소송물은 그 취소원인이 되는 위법성 일반[15] 또는 과세관청의 처분에 의하여 인정된 과세표준 및 세액의 객관적 존부[16]이므로[17] 청구취지만으로 그 동일성이 특정되고 과세표준 및 세액의 인정이 위법이라고 내세우는 개개의 위법사유는 자기의 청구가 정당하다고 주장하는 공격방어방법에 불과하다[18]고 판시하면서 과세관청이 과세표준과 세액을 결정한 후 그 과세표준과 세액에 탈루 또는 오류가 있는 것이 발견되어 이를 증액하는 경정처분을 하는 경우, 그 증액경정처분은 당초처분을 그대로 둔 채 당초처분에서의 과세표준과 세액을 초과하는 부분만을 추가확정하는 처분이 아니고 재조사에 의하여 판명된 결과에 따라서 당초처분에서의 과세표준과 세액을 포함시켜 전체로서의 과세표준과 세액을 결정하는 것이어서 원칙적으로 증액경정처분이 되면 당초처분은 증액경정처분에 흡수되어 당연히 소멸하므로 그 증액경정처분만이 쟁송의 대상이 되고,[19] 당초처분의 취소를 구하는 소는 그 대상이 없는 것으로 이를 각하하여야 한다고 하였다.[20]

　다만, 감액수정신고와 확정판결과 관련하여서는 당초처분이 예외적으로 흡수 소멸되지 않는다는 입장이다. 즉, 판례는 납세자의 감액수정신고 후 세무관서의 증액경정처분이 있었다고 하더라도 이 경우에는 납세자의 당초신고나 감액수정신고는 그 후에 이루어진 세무관서의 증액경정처분에 흡수·소멸되지 아니하므로 세무관서가 감액수정신고에 대하여 법정기한 내에 조사결정하거나 통지를 하지 아니하였다면 역시 납세자는 이를 세무관서의 거부처분으로 보아 불복의 대상으로 삼을 수 있고[21][22] 또한 당초의 과세처분에 대한 취소소송에서 청구기각

---

15) 대법원 1989. 4. 11. 선고 87누647 판결.
16) 대법원 2004. 8. 16. 선고 2002두9261 판결, 대법원 2002. 3. 12. 선고 2000두2181 판결.
17) 이창희, 세법강의, 박영사, 2008, 221－231면.
18) 대법원 2004. 8. 16. 선고 2002두9261 판결, 대법원 1997. 5. 16. 선고 96누8796 판결 등.
19) 대법원 1995. 11. 10. 선고 95누7758 판결 등.
20) 대법원 1984. 4. 10. 선고 83누539 판결.
21) 대법원 1987. 1. 20. 선고 83누571 판결.
22) 다만, 대법원 2005. 10. 14. 선고 2004두8972 판결은 납세자가 감액경정청구 거부처분에 대한 취소소송을 제기한 후 증액경정처분이 이루어져서 그 증액경정처분에 대하여도 취소소송을 제기한 경우에는 특별한 사정이 없는 한 동일한 납세의무의 확정에 관한 심리의 중복과 판단의

판결이 확정된 후 과세관청이 증액경정처분이 있는 경우 당초처분이 재처분에 흡수되어 소멸된다고 할 수 없다고 하였다.[23]

(2) 심리의 범위와 취소세액의 범위

흡수설에 의하면 경정처분을 대상으로 하는 취소소송에 있어서 경정처분에만 한하지 아니하고 당초처분에 관한 절차상 및 내용상의 일체의 하자를 주장할 수 있고 그 하자가 받아들이는 경우 경정처분상의 세액만이 아니라 당초처분의 세액의 취소를 구할 수 있는 반면 병존설에 의하면 경정처분에 대한 취소소송에서는 당해 경정처분의 하자만을 주장할 수 있고 당초처분의 하자를 주장하는 것은 허용되지 아니하고 따라서 당초처분상의 세액의 취소를 구할 수 없다.

판례는 흡수설의 입장에서 납세자는 증액경정처분으로 증액된 과세표준과 세액에 관한 부분만이 아니고 당초처분에서의 과세표준과 세액에 관한 부분에 대하여도 그 처분의 하자를 주장하여 심리를 받을 수 있고,[24] 과세처분이 불복기간의 경과나 전심절차의 종결로 확정되어 이른바 불가쟁력 또는 불가변력이 발생하였다고 하여도 이러한 확정의 효력은 그 처분이 유효하게 존속하는 것을 전제로 한 것이므로 그 뒤의 경정처분에 의하여 처음의 과세처분이 위 경정처분에 흡수됨으로써 독립된 존재가치를 상실하고 소멸한 이상 그 불가쟁력이나 불가변력을 인정할 여지가 없고, 따라서 경정처분에 대한 소송절차에서 당사자는 이미 확정된 처음의 과세처분에 의하여 결정된 과세표준과 세액에 대하여도 그 위법 여부를 다툴 수 있고 법원은 이를 심리판단하여 위법한 때에는 취소할 수 있다[25]고 판시하고 있다.

다만, 확정판결이 있는 경우와 제척기간 도과 후 증액경정처분이 있는 경우에는 심리가 제한되는데, 대법원은 당초처분에 대한 취소소송에서 청구기각판결이 확정된 경우 당초처분은 그 적법성이 확정되어 효력을 유지하게 되므로 그 후 증액경정처분이 있는 경우 증액된 부분 외에 다시 당초처분 부분의 취소를 구하는 것은 확정판결의 기판력에 저촉되고,[26] 증액경정처분이 제척기간 도과 후에

저촉을 피하기 위하여 감액경정청구 거부처분의 취소를 구하는 소는 그 취소를 구할 이익이나 필요가 없어 부적법하다고 판시하여 소송절차에서 두 처분에 대한 불복이 병행 진행하는 경우에는 증액경정처분에 대한 불복에 대해서만 실체판단을 하도록 하였다.

23) 대법원 2004. 12. 9. 선고 2003두4034 판결.
24) 대법원 1984. 4. 10. 선고 83누539 판결 등.
25) 대법원 1984. 12. 11. 선고 84누225 판결.
26) 대법원 2004. 12. 9. 선고 2003두9971 판결.

이루어진 경우에는 증액부분만이 무효로 되고 제척기간 도과 전에 있었던 당초처분은 유효한 것이므로, 납세의무자로서는 그와 같은 증액경정처분이 있었다는 이유만으로 당초처분에 의하여 이미 확정되었던 부분에 대하여 다시 위법 여부를 다툴 수 없다[27]고 판시하였다.

(3) 전심절차의 경유와 제소기간 준수여부 등

흡수설에 의하면 과세처분이 있은 후에 증액경정처분이 있는 경우 당초 과세처분은 경정처분에 흡수되어 독립적인 가치를 상실하므로 전심절차의 경유 여부도 그 경정처분을 기준으로 판단하는 것이 원칙이고[28] 원칙적으로 제소기간 준수 여부도 증액경정처분을 기준으로 하여야 한다.[29] 다만, 당초처분에 대한 소송계속 중 경정처분이 행하여져 그 경정처분을 소송대상으로 삼을 경우 당초처분과 경정처분의 위법사유가 공통되고 당초처분에 대하여 적법한 전심절차를 거친 경우에는 그 경정처분에 대하여 별도로 전심절차를 경유하고 제소기한을 준수할 필요가 없다고 보고 있다.[30] 반면 병존설에 의하면 증액경정처분에 대하여 전심절차의 경유와 제소기간의 준수는 별도로 요구되고 나아가 당초처분에 대한 소송계속 중 경정처분이 행하여져 그 경정처분을 소송대상으로 삼을 경우 그 경정처분에 대하여 별도의 전심절차를 경유하고 제소기간을 준수할 필요가 있다고 본다.

흡수설은 경정처분이 있는 경우 경정처분에 따른 징수권만 존재하므로 그 소멸시효도 경정처분에서 정한 납부기일을 기산일로 하여 그 진행을 개시한다고 보게 되며, 당초처분은 경정처분에 흡수되어 소멸된다고 보게 되므로 당초처분의 존재를 전제로 한 납부, 체납처분 등은 경정처분에 의하여 그 효력을 상실한다고 한다. 당초의 신고 또는 처분 이후에 증액경정처분이 있는 경우의 법정기일은 증액경정처분시를 기준으로 한다. 반면 병존설은 징수권의 소멸시효도 각 처분에 의하여 정하여진 납기를 기산일로 하여 별개로 진행을 개시하며 당초처분을 전제로 한 납부, 체납처분 등은 경정처분으로 인하여 아무런 영향도 받지 않는다고 한다. 판례는 과세관청이 당초처분을 한 다음 증액경정처분을 한 경우 당초처분에서 정한 납부기한을 전제로 한 가산금 징수처분은 효력을 상실하는 것으로 판

---

27) 대법원 2004. 2. 13. 선고 2002두9971 판결.
28) 대법원 2000. 9. 22. 선고 98두18510 판결.
29) 대법원 1999. 5. 28. 선고 97누16329 판결, 정해남, 전게 경기법조 논문, 491면.
30) 대법원 2006. 4. 14. 선고 2005두10170 판결.

시하였다.31)

4. 개정 국세기본법 제22조의2 신설 이후의 학설 및 하급심 판례의 입장

가. 국세기본법 제22조의2의 도입과 흡수설의 수정 문제

국세기본법이 2002. 12. 18. 법률 제6782호로 개정되면서 제22조의2에서 당초처분과 경정처분의 효력에 관한 규정이 신설되었는바, 국세기본법 제22조의2 제1항은 "세법의 규정에 의하여 당초 확정된 세액을 증가시키는 경정은 당초 확정된 세액에 관한 이 법 또는 세법에서 규정하는 권리·의무관계에 영향을 미치지 아니한다", 제2항은 "세법의 규정에 의하여 당초 확정된 세액을 감소시키는 경정은 그 경정에 의하여 감소되는 세액 외의 세액에 관한 이 법 또는 세법에서 규정하는 권리·의무 관계에 영향을 미치지 않는다"고 규정하고 있다. 정부의 2002. 11. 심사보고서에 의하면, 그 입법취지는 경정처분의 효력에 관한 명문의 규정이 없는 가운데 당초처분이 경정처분에 흡수되어 당초처분에 근거한 가산금 결정이나 체납처분의 선행절차가 재판에 의하여 무효가 되는 선례가 발생하고, 납세의무자가 고의적으로 소액의 경정사유를 제공하여 증액경정처분을 받아 이미 불복제기기간이 도과한 당초처분에 대해서도 불복하는 사례가 발생하고 있으므로 이러한 것을 방지하기 위하여 당초처분과 경정처분을 별개로 분리하는 데 있다고 한다.32)

위 조항의 신설로 인하여 당초처분과 증액경정처분의 관계에 대한 종전 판례이론은 수정이 불가피하게 되었는데, 국세기본법 제22조의2를 해석함에 있어서 기본적으로 국세기본법 제22조의2 소정의 '확정'의 개념을 납세의무 확정의 의미로 해석하여 당초처분에서 정한 납부기한과 경정처분에서 정한 납부기한 모두 유효하므로 당초처분에서 정한 납부기한을 전제로 한 가산금 징수처분도 유효하고 징수권의 소멸시효도 각각으로 진행한다고 볼 것인지, 아니면 불가쟁력의 의미로 해석하여 종전의 판례 이론에 따르되 당초처분이 확정되어 불가쟁력이 생기면 그 불가쟁력이 발생한 세액을 초과하는 범위의 세액만 취소할 수 있는 특별규정으로 볼 것인지 여부가 문제된다. 구체적으로는, 국세기본법 제22조의2 제1항의 해석과 관련하여 종전과 같이 원칙적으로 증액경정처분만을 심판의 대상

---

31) 대법원 1999. 5. 11. 선고 97누13139 판결. 원고가 가산금 부분에 대해서만 불복한 사안이다.
32) 김완석, "국세기본법 제22조의2의 해석론", 중앙법학 제5집 제2호, 2003. 10., 33면.

으로 삼아야 하는지, 아니면 동 조항이 병존설을 도입한 것으로 보고 당초처분과 증액경정처분은 각각 별개의 처분으로서 그 각각을 심판의 대상으로 보아야 하는지, 또 증액경정처분의 당부를 판단함에 있어 증액경정처분에 존재하는 하자만을 심리할 것인지, 아니면 당초처분의 하자도 심리할 것인지와 당초처분상의 불가쟁력이 발생한 세액에 대해서도 그 취소를 구할 수 있는지 여부도 문제된다.

나. 학   설

(1) 학설의 대립

이상의 구체적 쟁점과 관련해서는 ① 병존설의 입장에서 당초처분과 증액경정처분 모두 소송의 대상이 될 수 있고, 심판의 범위는 총액주의에 의하여 당초처분과 경정처분 중 어느 처분에 불복이 있든지 간에 실체적 사유를 모두 심리할 수 있다고 해석하는 견해, ② 기존의 판례 입장을 유지하면서 기본적으로 흡수설을 취하여 경정처분을 쟁송의 대상으로 삼되, 양 처분을 전체적으로 보아 과세표준과 세액을 다시 심리, 결정하더라도 종전의 확정된 세액을 변경할 수 없고, 당해 세액에 관하여는 체납처분 등의 효력을 유지하는 것으로 해석하는 견해, ③ 당초처분은 증액경정처분에 흡수되어 소멸되는 것이지만(다만, 징수처분의 측면에서는 당초처분과 증액경정처분이 병존), 이미 확정된 당초처분에 근거하여 이루어진 과세관청의 납부고지나 체납처분의 효력에 있어 발생할 수 있는 불합리한 결과를 방지하기 위하여 당초처분과 증액경정처분을 분리하여 법률효과를 결정할 필요가 있다는 점을 고려하여 병존적 흡수설을 취하고 있다고 보는 견해, ④ 위 조항의 신설로 당초의 신고나 처분에 기초를 둔 징수처분 등의 효력에 관하여서는 입법적 해결을 이루었다고 보고, 쟁송절차에서의 경정처분과 당초처분과의 관계에 관하여서는 쟁송 도중 혹은 불복기간 도과 전에 증액경정처분이 이루어진 경우 당초처분의 심리절차에서 통일적으로 심리함이 타당하지만 법적 안정성, 납세자에 의한 악용가능성, 입법취지와 문언에 비추어 이미 형식적 확정력이 발생한 당초처분은 경정처분에 대한 쟁송절차에서 재차 다툴 수 없다고 보는 병존설의 입장을 취한 것으로 해석하는 견해, ⑤ 당초신고·당초결정·경정결정의 효력은 그에 대한 증액확정에도 불구하고 그 효력을 계속 유지하는 병존설에 입각한 것이나, 쟁송에서는 당초확정 및 증감확정을 한 일련의 처분을 통일적·일체적으로 심리하여야 하므로 쟁송관계에서는 흡수설의 입장이 지속될 수밖에 없으며 당초 확정처분에 대하여 쟁송이 계속되고 있는 중에 후행 증감확정처분에 대하여서도 쟁송이 제기된 경우에는 병합심리하여야 한다고 보는 견해, ⑥ 개정조항은 흡수설의 입장을 유지하면서 당초처분에 대하여 불복을 제기하지 아니한 이상 다툴 수 없게 하고 가산세나 가산금의 효력을 그대로 유지하기 위하여 예외를 인정한 창설적 규정으로 보는 견해 등이 있다.[33]

국세기본법 제22조의2 소정의 '확정된 세액'의 개념이 납세의무의 확정인지 불복기간이 경과하여 불가쟁력의 발생에 의한 확정인지 여부는 명확하지 않은 바,[34] 이러한 문제는 국세기본법 제22조의2 소정의 확정의 개념을 어떻게 파악할 것인지에 따라 좌우되므로 이하에서는 국세기본법 제22조의2 소정의 확정의 개념에 대하여 학설의 입장을 중심으로 우선 검토하고 이어서 하급심 판결과 선결례의 입장에 대하여 살펴본다.

(2) 국세기본법 제22조의2 소정의 확정의 개념

(가) 납세의무 확정설

국세기본법 제22조의2 소정의 확정의 개념을 납세의무의 확정으로 보는 견해이다.[35] 증액경정처분은 당초처분에 의하여 확정된 세액에 영향을 미치지 못하므로 당초처분에 기초한 납부·체납처분·제2차 납세의무자 지정처분에는 아무런 영향이 없고, 이미 당초처분에 의하여 납세의무가 확정된 세액에 대한 징수권은 당초처분에서 정한 납부기한이 기산일이 되고 증액된 부분은 별도로 정한 납부기한부터 기산되며, 가산금도 각 납부기한을 기준으로 계산하므로 당초처분에서 정한 납부기한을 전제로 한 가산금 징수처분도 유효하다.

(나) 불가쟁력설

국세기본법 제22조의2 소정의 확정의 개념을 납세의무의 확정이 아니라 당초처분이 불복기간의 경과나 전심절차의 종결로 불가쟁력이 발생하는 확정[36]으로 해석하여 종전의 판례이론인 흡수설에 따르되, 다만 당초처분에 대하여 불가쟁력이 발생되어 확정된 세액을 초과하는 범위의 세액만 취소할 수 있다고 보는 견해이다.

---

33) 소순무, 조세소송, 영화조세통람, 2008, 312면.
34) 백승재, "국세기본법 제22조의2에 대한 합리적 해석", 조세연구 제5집, 2005. 10., 361면.
35) 임승순, 전게서, 317−319면; 최명근, 전게서, 389−394면; 소순무, 전게서, 315−320면; 이창희, 전게서, 226−228면 등.
36) 대법원 1999. 5. 28. 선고 97누16329 판결, 대법원 1984. 12. 11. 선고 84누225 판결.

다. 국세심판원 결정과 하급심 판례의 입장

국세심판원은 심리범위 및 취소범위와 관련하여 "불복청구의 이유로서는 당초 확정행위의 하자를 포함한 모든 과세요건사실의 하자를 그 대상으로 하여야 하지만 청구세액은 당초의 확정된 세액을 초과하는 부분만이 그 대상이 되어야 할 것이다"라고 설시하였다. 다만, 위 결정은 위 '확정'의 의미가 소송법상의 확정을 뜻하는 불가쟁력을 의미하는 것인지, 추상적으로 성립한 조세채무를 구체적으로 확정하는 것을 의미하는지는 밝히지 않았다.[37]

한편, 하급심 판결은 국세기본법 제22조의2의 신설에도 불구하고 종전 대법원 판결의 입장이 유지되어야 한다는 판결례[38]와 당초처분의 불가쟁력이 발생한 경우 경정처분에서 그 세액부분은 다툴 수 없다는 판결례[39]가 있었다.

5. 대상판결의 시사점과 검토

가. 대상판결의 의미

대상판결은 그동안 해석상의 논란이 분분했던 국세기본법 제22조의2에 관하여 대법원의 최초 입장을 보여주었다는 점에서 중요한 의미가 있다. 대상판결은 심판대상 및 심리범위에 있어서 종래 대법원 판례의 흡수설의 입장을 그대로 유지하였고, 다만, 취소세액의 범위에 관하여 명시적인 판단을 하지 않았으나 그 이유에서 "국세기본법 제22조의2 제1항의 주된 입법 취지는 증액경정처분이 있더라도 불복기간의 경과 등으로 확정된 당초 신고 또는 결정에서의 세액만큼은 그 불복을 제한하려는 데 있는 점"이라고 설시하여 당초처분에 대하여 소송법상 불가쟁력이 발생한 경우 취소되는 세액의 범위는 증액경정된 범위에 한정된다는 취지로 해석될 수 있는 여지를 남겼다.

국세기본법 제22조의2가 당초의 신고나 처분에 기초를 둔 납부·징수유예·체납처분 등의 징수 관련 처분의 효력, 경정처분이 취소된 경우의 신고의 효력, 결정고지에 의한 시효중단의 효력 등은 증액경정처분에 관계없이 그대로 유지되어야 한다는 것을 규정하였다고 보는 점[40]에 대해서는 학설이 대체로 일치하고

37) 국세심판원 2003중556, 2003. 10. 18.
38) 서울고등법원 2008. 4. 30. 선고 2007누16846 판결, 서울행정법원 2004. 12. 2. 선고 2004구합14939 판결.
39) 의정부지방법원 2009. 11. 24. 선고 2009구합60 판결, 서울행정법원 2006. 11. 3. 선고 2006구합16489 판결, 서울행정법원 2005. 9. 20. 선고 2005구합9941 판결.
40) 종래 대법원 1999. 5. 11. 선고 97누13139 판결은 증액경정처분이 있으면 당초처분에서 정한 납

있으나,[41] 다만, 대상판결은 이 점에 대한 명시적인 입장을 밝히지는 않았다.

이하에서는 대상판결의 판시와 관련하여 당초처분과 경정처분과의 관계에 관한 외국의 입법례와 판례를 검토하고 대상판결의 의미와 시사점 및 타당성에 대하여 분석하도록 한다.

나. 외국의 입법례와 판례

(1) 독   일[42]

독일에서는 세법상 당초처분과 경정처분과의 법률관계에 관한 직접적인 규정을 두고 있지 않고, 조세기본법 제351조에서 불가쟁력이 있는 행정행위는 특별한 규정이 없는 한 행정심판절차에서 당해 변경이 미치는 범위 안에서만 다툴 수 있으며, 후속결정에 대한 다툼에서 기초결정에 있어서의 하자를 다툴 수 없도록 제한하고 있으며, 재정법원법 제42조는 취소소송의 절차에서도 조세기본법에 의하여 행하여진 변경결정 및 후속결정은 재판 외의 전치절차에서 다툴 수 있는 범위를 넘어서 다툴 수 없도록 제한하고 있다.

당초처분과 경정처분의 관계에 관하여 종전의 독일 연방재정법원 제4부는 1970. 1. 29.자 판결에서 당초처분 이후 경정처분이 있으면 증액경정인지 감액경정인지 여부에 관계없이 경정처분이 조세의 징수에 대한 유일한 법적 기초를 형성하므로 당초처분은 그 규율내용을 상실하고 감액경정처분은 당초 과세처분의 일부 취소가 아니라고 하면서 다만 경정처분이 취소되어지면 그에 내재되어 있는 당초처분을 취소하는 효력이 소급적으로 소멸하고 그 결과 당초처분에서 행하여진 규율이 다시 효력을 발생한다고 보았다. 그와 반대로 연방재정법원 제5부는 당초처분과 변경처분은 상호 별개의 처분으로서 양자간에 영향을 미치지 않으며 병존한다고 보았다.

그 후 연방재정법원 대합의부는 1972. 12. 25.자 판결에서 경정처분은 당초처분을 포괄하게 되고 경정처분이 존속하는 한 당초처분은 효력이 생기지 않는다고 판시한 바 있다. 즉, 당초처분은 그것이 경정처분 안에 수용된 범위 내에서 정지되어지고, 이와 같은 상태는 변경처분이 효력을 발생하는 동안 계속된다고

부기한을 전제로 한 가산금 징수처분의 효력이 소멸한다고 판시하였는바 위 판결은 폐기될 것으로 보인다.

41) 소순무, 전게서, 314면.

42) 김완석, 전게논문, 35-36면.

하였다. 경정처분이 취소되면 당초처분은 다시 효력을 발생한다. 경정처분에 관한 절차가 우선권을 갖고 당초처분에 관한 절차의 속행 여부가 경정처분에 관한 절차의 결론에 달려 있다면 당초처분에 관한 절차는 경정처분에 관한 확정적인 판단이 행하여질 때까지 종국적으로 결정되어져서는 안 되므로, 경정처분에 관한 확정적 판단이 존재할 때까지 당초처분에 관한 절차는 정지되어야 한다고 보았다.[43] 즉, 대합의부 판결은 당초처분의 효력은 흡수·소멸되지 아니하고 다만 경정처분과 동시에 당초처분은 그 효력을 정지하고 경정처분시점부터는 경정처분만이 효력을 발생한다는 의미이다.[44] 경정처분이 행하여졌다고 하더라도 경정처분 시점까지의 과거에 있어서의 조세채권채무관계는 당초처분에 의하여 유효하게 규율된 것으로 보고 경정처분시점 이후의 장래의 조세채권채무관계는 경정처분에 의하여 규율되게 된다. 또한 경정처분에 수용되어 있지 않은 당초처분의 효력은 여전히 유지된다. 또 경정처분은 과세대상에 관한 전체 세액에 대한 확정처분으로서 당초처분에 대하여 우월적 지위를 가지므로 경정처분이 유효하게 존속하는 한 경정처분만이 현재의 시점에서 유일하게 유효한 과세처분이 되며 이는 경정처분 역시 과세대상에 관한 전체 세액확정으로서의 처분이라는 전제 위에 서있는 것이다.

(2) 일   본[45]

일본 국세통칙법 제29조 제1항은 "제24조(경정) 또는 제26조(재경정)의 규정에 의한 경정으로 납부해야 할 세액을 증가시키는 것은 이미 확정되어 납부하여야 할 세액에 관계된 부분의 국세에 관한 납세의무에 영향을 미치지 아니한다"고 규정하고 있다.[46]

국세통칙법 제29조 신설 이전에 일본에서 학설은 당초처분과 증액경정처분의 상호관계를 어떻게 이해할 것인지와 관련하여 크게 병존설과 흡수설이 있었다. 병존설은 증액경정처분의 효력은 증가한 부분의 세액에 대해서만 생기고, 증액경정처분은 당초처분과는 별개의 행위로서 병존한다는 것이고, 흡수설은 증액경정처분의 효력은 전체 세액에 미치고 따라서 당초처분은 그 효력을 상실한다

---

43) 김창석, "과세처분에 있어서 당초처분과 경정처분의 관계", 사법논집 제38집, 2004, 219－223면; 김연태, "당초의 과세처분과 경정처분의 관계", 안암법학 제12호, 2001, 125면.

44) 김창석, 전게논문, 222－223면.

45) 김완석, 전게서, 36－38면.

46) 1962. 4. 2. 법률 제66호로 제정된 국세통칙법에서 규정되어 현재에 이르고 있다.

는 것이다. 병존설을 취할 경우 당초처분은 그 효력을 유지하기 때문에 그에 기한 납부, 압류 기타 처분의 효력을 유지시키는 데 도움이 되지만 쟁송에 있어서는 하나의 납세의무에 대한 수개의 당초처분과 증액경정처분을 통일적으로 심리하는 데 지장이 생기고 흡수설의 경우에는 그와 반대된다. 최고재판소는 1957. 9. 19. 선고 52년 제1058호 제1소법정 판결에서 흡수설을 취하고 있다.[47]

국세통칙법 제29조의 신설 규정은 병존설과 흡수설의 장점을 취한 절충설의 입장에서 당초처분과 증액경정처분을 별개의 행위로 병존시킴으로써 증액경정처분의 효력은 증액된 세액에 관한 부분에만 효력이 생기지만, 당초처분과 증액경정처분은 어디까지나 하나의 납세의무의 내용을 구체화시키기 위한 행위이므로 당초처분은 증액경정처분에 흡수되어 일체로 된다는 견해를 전제로 하고 있다.[48]

국세통칙법 제29조 신설 이후 학설은 병존설이 통설이나[49] 최고재판소는 흡수설을 취하고 있다. 최고재판소는 1957. 9. 19. 선고 52년 제1058호 제1소법정 판결을 시작으로 1980. 11. 20. 선고 77년 제67호 제1소법정 판결에 이르기까지 흡수설을 취하고 있음을 분명히 하고 있다.[50] 즉, 위 1980. 11. 12. 판결은 증액경정처분이 이루어진 경우 당초처분의 취소를 구하는 소는 소의 이익이 없어 부적법하다고 판시하고 있고, 그 제1심인 히로시마 지방재판소 1976. 10. 27. 선고 75년 제6호 판결은 증액경정처분은 당초처분을 그대로 둔 채 탈루한 부분만을 추구하는 것이 아니라 재조사에 의하여 판명된 결과에 기초하여 과세표준 및 세액을 새로이 확정하는 것이므로 증액경정처분이 있는 경우 당초처분은 증액경정처분에 흡수되어 독립한 처분으로서의 존재를 잃게 되므로 그 후의 당해 과세의 당부는 오로지 증액경정처분에 관하여 다투어야 하고 당초처분의 취소를 구하는 것은 소의 이익이 없다고 판시하였다.

증액경정처분의 취소를 구하면서 당초처분의 위법을 다툴 수 있는지 여부에 관하여 도쿄지방재판소 1968. 6. 27. 63년 제97호 판결은 당초처분 이후 증액경정처분이 이루어진 경우 납세자는 증액경정처분을 대상으로 한 취소소송에서 증액경정처분에 한하지 않고 당초처분에 대해서도 하자를 주장하여 심리를 받을

47) 金子宏, 租稅法, 弘文堂, 2005, 669면.
48) 최명근, 전게서, 391-394면; 武田昌輔, コンメンタール, 國稅通則法 1, 第一法規, 1654면.
49) 김완석, 전게논문, 37면.
50) 1962. 4. 2. 법률 제66호로 제정된 국세통칙법 제29조의 규정에도 불구하고, 최고재판소는 흡수설을 유지하고 있다. 武田昌輔, 전게논문, 1659면.

수 있다고 판시하였다. 이와 관련하여 당초처분에 대한 불가쟁력이 생긴 후에도
증액경정처분 취소소송에서 당초처분의 하자를 이유로 세액 전체에 대하여 불복
할 수 있다고 여겨지고 있다.

위와 같이 국세통칙법 신설 이전부터 일본 최고재판소는 흡수설의 입장에
서 있었는데, 위 조항 신설 이후에도 최고재판소는 위 조항에 관한 명시적인 해
석론을 밝힌 바는 없지만 흡수설에 입각한 원판결을 지지하는 판단을 제시함으
로써 계속적으로 흡수설의 입장을 견지하고 있다. 일본 하급심 판결들도 마찬
가지로 위 조항의 신설이 반드시 흡수설에서 병존설로의 변경을 의미하는 것은
아니며 경정처분은 증액재경정처분에 흡수되어 소멸한다는 점을 명확히 하고
있다.

다. 대상판결의 평가
(1) 심판대상과 심리의 범위

대상판결은 심판대상에 있어서 종래 대법원 판례의 흡수설의 입장을 그대로
유지하였고, 이는 아래와 같은 이유에서 타당하다고 본다. 신설 국세기본법 규정
은 증액경정처분이 당초처분상의 세액에 관한 국세기본법 또는 세법상의 권리·
의무관계에 영향을 미치지 아니한다고 규정하여 그 문언 상 당초처분과 증액경
정처분을 소송절차에서 별도의 쟁송대상으로 하는 병존설의 입장을 취한 것으로
보기는 어렵고, 이는 위에서 살펴본 바와 같이 국세기본법 제22조의2와 비슷한
조문을 둔 일본 국세통칙법 제29조의 해석에 관해서 일본 최고재판소가 위 조항
신설 이후에도 여전히 흡수설을 취하는 점을 보아도 그러하다.

금전급부인 세액은 하나의 과세단위에 대하여 불가분적으로 계산되며, 이에
대한 과세처분은 이미 객관적, 추상적으로 성립되어 있는 납세의무의 내용을 구
체적으로 현실화하여 확정하는 준법률행위적 행정행위이다. 그러므로 과세처분
에 대한 불복청구가 있을 때에는 동 세액의 정당성 여부를 기준으로 과세처분의
적법 여부를 심판하는 것이 조세소송이라고 할 것이고, 과세처분에 의하여 확정
된 세액이 조세실체법에 의하여 객관적으로 존재하는 세액을 초과하는지 여부가
심판의 대상 및 범위가 된다고 봄이 타당하다. 대법원 판례는 일관되게 조세소송
의 심판범위에 관하여 하나의 과세처분에 대하여 일부분의 불복청구가 있더라도
과세처분의 대상이 되는 세액 전부에 대하여 심판할 수 있다는 총액주의의 입장

을 취하여 왔다.51)

과세관청의 당초처분과 증액경정처분은 형식적으로 보면 별개의 행정행위이나 실질적으로는 1개의 객관적, 추상적인 납세의무의 내용을 구체화하기 위한 일련의 행위로서 이들 복수의 행위는 상호 밀접·불가분의 관계에 있으므로, 증액경정처분은 당초 신고하거나 결정된 세액을 그대로 둔 채 탈루된 부분만을 추가하는 것이 아니라 증액되는 부분을 포함시켜 전체로서 하나의 세액을 다시 결정하는 것으로 보아야 한다.

따라서 앞서 본 조세소송의 심판범위에 관한 대법원의 일관된 입장, 1개의 객관적, 추상적인 납세의무의 내용을 확정하기 위한 일련의 행위로서의 증액경정처분의 성질, 분쟁의 일체적·통일적 심리 및 소송경제의 필요성의 측면을 종합적으로 고려하면, 당초처분이 있은 후 증액경정처분이 있는 경우 당초처분은 증액경정처분에 흡수되어 소멸하므로 증액경정처분만이 취소소송의 심판대상이 되고, 납세의무자는 그 취소소송에서 당초 신고나 결정에 대한 위법사유를 함께 주장할 수 있다고 봄이 타당하다.

(2) 취소 세액의 범위

대상판결은 명시적으로 취소세액의 범위가 제한된다고 판시하지 않았으나 해당 부분의 이유에서 당초처분에 대하여 소송법상 불가쟁력이 발생한 경우 취소되는 세액의 범위는 증액경정된 범위에 한정된다는 취지로 해석될 수 있는 여지를 남겼다.

그러나 취소되는 세액의 범위를 증액경정된 범위에 국한하는 것은 다음과 같은 점에서 의문이 있다. 즉, 국세기본법 제22조의2는 국세기본법 제3장 제1절 '납세의무의 성립과 확정' 부분에 규정되어 있고, 제22조는 납세의무의 확정이라는 제목으로 제1항에서 "국세는 당해 세법에 의한 절차에 따라 그 세액이 확정된다"고 규정하고 있으며, 제22조의2 제2항은 "세법의 규정에 의하여 당초 확정된 세액을 감소시키는 경정은 그 경정에 의하여 감소되는 세액 외의 세액에 관한 이 법 또는 세법에서 규정하는 권리의무관계에 영향을 미치지 아니한다"고 규정하고 있는바, 국세기본법 제22조의2가 '납세의무의 성립과 확정'의 제1절 부분에 위치하고 있는 점 및 납세의무의 확정을 의미하는 국세기본법 제22조, 제22조의2

---

51) 총액주의는 행정처분 취소소송의 소송물을 처분에 대한 취소사유의 존부, 즉 위법성 일반이라고 보는 점에도 부합한다.

제2항의 소정의 확정과는 달리 제22조 제1항의 확정에서는 이를 다른 의미인 불가쟁력으로 파악하는 것은 그 조항의 위치나 구조상 무리가 있다는 점 등에 비추어 제22조의2 제1항 소정의 확정은 동조 제2항과 같이 납세의무의 확정으로 해석하는 것이 타당하다고 할 것이다.

특히 대법원은 조세법률주의 원칙상 조세법규의 해석은 특별한 사정이 없는 한 법문대로 해석할 것이고 합리적인 이유 없이 확장해석하거나 유추해석하는 것은 허용되지 않는다는 일관된 입장을 취하고 있다.[52] 국세기본법 제22조의2는 종래 대법원 판례가 당초처분 및 증액경정처분의 심판대상 및 심리범위에 관한 흡수설의 입장을 유지함으로써 체납처분 등의 효력과 관련하여 발생할 수 있는 기존의 불합리한 점을 보완하기 위하여 신설된 창설적·예외적 규정이라 할 것인바, 동법 제22조의2 제1항의 '이 법 또는 세법에서 규정하는 권리·의무관계'에 동법 제22조의 조세채무의 확정에 따른 법률효과와는 무관한 쟁송법적 관계인 납세의무자의 불복청구기간 준수의무 불이행의 효과까지도 포함된다는 전제하에 '영향을 미치지 아니한다'는 의미를 당초처분에 불가쟁력이 발생한 경우 취소 세액의 범위를 제한하는 것으로 해석하는 것은 동항의 확정의 문언상 가능한 범위를 벗어난 것으로서 대법원 판례의 태도 및 조세법률주의에 반하는 결과를 초래한다. 동조의 입법취지가 아무리 소액의 경정사유를 고의로 제공하여 증액경정처분을 받아 불복기간이 도과한 당초처분에 대해서도 불복하는 것을 방지하기 위한 것이라고 하더라도 그 문언에 반하는 해석을 하는 것은 타당하지 않다고 하겠다.

뿐만 아니라, 위 대법원 판례가 심판의 대상과 범위에 있어서는 당초처분이 증액경정처분에 흡수된다는 흡수설의 입장을 취하면서, 동항의 확정의 의미를 불가쟁력으로 이해하는 것은 논리적으로 모순되는 측면이 있다. 즉, 불가쟁력이란 행정행위가 유효하게 성립하는 경우에 제소기한 등 일정한 기간 경과 등의 사유로 그 효력을 다툴 수 없도록 하는 것인데, 당초처분이 증액경정처분에 흡수되어 소멸하는 경우 당초처분은 유효하게 성립한 행정행위로 볼 수 없다는 점에서 당초처분에 대해서 불가쟁력을 인정하는 것은 문제가 있다고 하겠다. 요컨대, 대상 판결이 심판의 대상과 범위에서는 당초처분이 경정처분으로 흡수·소멸된다는 흡수설을 취하면서 취소세액의 범위에 있어서는 그에 반하여 당초처분의 유효한

---

52) 대법원 2004. 5. 27. 선고 2002두6781 판결, 대법원 2004. 3. 12. 선고 2002두5955 판결 등.

성립을 전제로 이에 대해서 불가쟁력을 인정하는 것은 상호 모순된다고 사료
된다.

　　나아가 행정행위의 하자의 승계와 관련하여 학설과 판례53)는 선행 행정행위
와 후행 행정행위가 상호 밀접한 관계를 가지며 하나의 법적 효과나 동일한 목적
을 달성하는 경우, 국민의 권리구제를 법정 안정성보다 우위에 두면서 선행 행정
행위에 불가쟁력이 발생한 경우에도 일정한 요건 하에서 선행 행정행위의 위법
을 후행 행정행위의 취소소송에서 주장할 수 있다고 하며, 대상판결 또한 "당초
신고나 결정에 대한 불복기간의 경과 여부 등에 관계없이 증액경정처분만이 항
고소송의 심판대상이 되고, 납세의무자는 그 항고소송에서 당초 신고나 결정에
대한 위법사유를 함께 주장할 수 있다"고 판시하였다.54) 이처럼 불가쟁력이 발생
한 선행 행정행위에 관하여도 후행 취소소송에서 그 위법성을 다툴 수 있도록 하
는 판례의 입장에 비추어 후행 증액경정처분에 흡수 소멸하는 선행 당초처분에
대해서는 더더욱 당초처분의 위법사유를, 취소세액의 범위의 제한 없이 경정처분
의 취소소송에서 주장할 수 있도록 하는 것이 바람직하다. 이러한 제반 사정을
고려해 볼 때 국세기본법 제22조의2 제1항을 불가쟁력이 발생한 세액의 취소범
위를 제한하는 규정으로 해석하는 것은 문언의 범위를 벗어나는 확장해석이고,
위 대법원 판례의 흡수설의 관점과도 배치되는 것으로서 종국적으로는 위법한
행정행위에 대한 납세자의 권리구제에도 역행하는 것이므로 취소세액의 범위를
제한하지 않는 기존 판례의 입장은 유지되어야 할 것이다.

6. 결　론

　　이상에서 논의한 바와 같이 대상판결은 당초처분과 증액경정처분의 관계에
있어서 신설된 국세기본법 제22조의2 규정과 관계없이 심판대상 및 심리범위에
관한 기존 대법원 판례의 흡수설의 입장을 유지하였으나, 위 신설 규정의 입법취
지가 불가쟁력이 발생한 세액에 대한 불복을 제한하려는 데 있다고 설시하여 기
존 대법원 판례의 입장과 달리 국세기본법 제22조의2 제1항이 불가쟁력이 발생한

---

53) 대법원 1999. 4. 27. 선고 97누6780 판결 등.
54) 대상판결은 기본적으로는 당초처분과 증액경정처분의 관계에 관한 흡수설의 관점에서 설시한
　　것이나, 당초처분과 증액경정처분이 1개의 객관적, 추상적인 납세의무의 내용을 구체화하기 위
　　한 일련의 행위로서 이들 복수의 행위는 상호 밀접·불가분의 관계가 있다는 점에서 보자면 행
　　정행위의 하자의 승계의 관점에서 납세자의 권리구제를 법적 안정성보다 우위에 둔 취지로 해
　　석할 수 있을 것이다.

세액의 취소 범위를 제한하는 것으로 해석될 수 있는 여지를 남겼다. 대상판결이 선고된 후 대법원은 증액경정처분이 있는 경우 확정된 당초신고나 결정에서의 세액에 관하여는 취소를 구할 수 없고 증액경정처분에 의하여 증액된 세액을 한도로 취소를 구할 수 있다고 판시하여 취소세액의 범위를 명확히 하였다.[55] 그러나 이러한 판례의 태도는 위에서 살펴본 바와 같이 그 타당성에 의문이 있다.

---

55) 대법원 2011. 4. 14. 선고 2008두22280 판결, 대법원 2011. 4. 14. 선고 2010두9808 판결 등.

법인세에 있어서의 매매대금의 감액과 후발적 경정청구

〈대법원 2013. 12. 26. 선고 2011두1245 판결〉

Ⅰ. 대상판결의 개요

1. 사실관계의 요지와 부과처분의 경위

원고는 부동산 등의 인수·매각 등을 사업목적으로 하는 외국법인으로서 부산 사상구 소재 화물터미널 부지(이하 '이 사건 부지')를 보유하고 있었는데 2004. 3. 29. 소외회사와 사이에 추후 이 사건 부지의 용도변경이 이루어질 것을 전제로 이 사건 부지에 대한 매매계약을 체결하면서 그 매매대금을 1,460억 6,500만원으로 정하였다.

그 이후 원고는 용도변경의 여부가 불투명해지자 일부 계약조건을 변경하는 제2차 매매계약을 체결하였다가 2004. 11. 30. 소외회사와 사이에 최종적으로 제3차 매매계약을 체결하면서 일단 용도변경이 안 된 상태에서 이 사건 부지를 양도하되 매매대금은 1,100억원으로 하고, 용도변경이 되는 경우에는 당초 약정한 1,460억 6,500만원을 기준으로 매매대금을 사후 정산하며, 원고의 책임 아래 2005. 5. 30.까지 이 사건 용도변경이 완료되도록 추진하되 용도변경이 안 되는 것으로 최종 결정되거나 약정기한까지 용도변경이 이루어지지 않는 경우에는 소외회사는 원고에게 매매계약의 해제 등을 요청할 수 있고 원고는 소외회사에 발생하는 금융비용을 일부 부담하기로 약정하였다. 위 제3차 매매계약에 따라 원고는 2004. 12. 2. 소외회사로부터 위 매매대금 1,100억원을 수령함과 동시에 소외회사에게 이 사건 부지에 대한 소유권이전등기를 경료하여 주었다.

그런데, 부산시가 2004. 9.경 이 사건 부지에 대한 용도변경안을 포함하여 상정한 도시기본계획안 중 용도변경부분이 2004. 12. 28. 구 건설교통부 중앙도

시계획심의위원회에서 특혜 논란으로 심의안건으로 상정조차 되지 아니하자 원고는 2005. 3. 22. 소외회사와 사이에 제3차 매매계약에서 정한 기한 내에 이 사건 부지의 용도변경이 불가능한 것으로 판단하고 그러한 사정 등을 감안하여 매매대금을 1,030억원으로 감액하는 합의(이하 '이 사건 감액합의')를 하면서 매매계약서를 2004. 12. 31.자로 소급하여 작성하였고 원고는 2005. 3. 28. 소외회사에 그 감액분 70억원을 지급하였다.

원고는 2005. 3. 31. 피고에게 2004 사업연도 법인세를 신고하면서 이 사건 부지의 양도가액을 위 감액분을 제외한 1,030억원으로 하였는데, 피고는 이 사건 부지의 양도가액을 당초 매매대금 1,460억 6,500만원으로 보아 2007. 6. 1. 원고에게 그 부분에 대한 2004 사업연도 법인세 104억원 상당을 부과고지하였다(이하 '이 사건 부과처분').

2. 원심의 판단

원고가 2004. 12. 2. 소외회사로부터 이 사건 부지에 대한 매매대금 1,100억원을 지급받고 그에 대한 소유권이전등기까지 마쳤으므로 이 사건 부지의 매각으로 인한 원고의 소득은 그 무렵 확정되어 귀속되었다. 따라서 2004 사업연도가 지난 2005. 3. 22. 원고가 소외회사와 사이에 이 사건 부지의 매매대금 1,100억원을 1,030억원으로 감액하는 합의를 하여 매매계약서를 2004. 12. 31.자로 소급하여 작성하고 위 감액분을 반환하였다고 하더라도, 이는 2005 사업연도에 발생한 사실로서 2004 사업연도에 귀속된다고 볼 수 없다. 만약 2004 사업연도에 귀속된 이 사건 매매대금 중 위 감액분 상당의 소득이 소급적으로 소멸된다고 한다면 이미 과세요건이 충족되어 유효하게 성립한 조세법률관계를 당사자의 사후 약정에 의해 자의적으로 변경함으로써 법인세 과세를 면할 수 있는 조세회피행위를 용인하는 결과가 되어 부당하다. 그러므로 원고가 주장하는 이 사건 감액합의는 2004 사업연도에 이미 귀속된 법인세 납세의무에 아무런 영향을 미칠 수 없으므로 이 사건 부과처분은 적법하다.

3. 대상판결의 요지

법인세법 제40조 제1항은 내국법인의 각 사업연도의 익금과 손금의 귀속사업연도는 그 익금과 손금이 확정된 날이 속하는 사업연도로 한다고 규정하여 현실적인 소득이 없더라도 그 원인이 되는 권리가 확정적으로 발생한 때에는 그 소득이 실현된 것으로 보고 과세소득을 계산하는 이른바 권리확정주의를 채택하고 있다. 이러한 권리확정주의란 소득의 원인이 되는 권리의 확정시기와 소득의 실현시기와의 사이에 시간적 간격이 있는 경우에는 과세상 소득이 실현된 때가 아닌 권리가 확정적으로 발생한 때를 기준으로 하여 그 때 소득이 있는 것으로 보고 당해 사업연도의 소득을 산정하는 방식으로, 실질적으로는 불확실한 소득에 대하여 장래 그것이 온전히 실현될 것을 전제로 하여 미리 과세하는 것을 허용하는 것이다. 따라서 소득의 원인이 되는 권리가 확정적으로 발생하여 과세요건이 충족됨으로써 일단 납세의무가 성립하였다 하더라도 일정한 후발적 사유의 발생으로 말미암아 소득이 실현되지 아니하는 것으로 확정되었다면, 당초 성립하였던 납세의무는 그 전제를 상실하여 원칙적으로 그에 따른 법인세를 부과할 수 없다고 보아야 한다. 이러한 해석은 권리확정주의의 채택에 따른 당연한 요청일 뿐 아니라 후발적 경정청구제도를 규정한 국세기본법 제45조의2 제2항의 입법 취지에도 부합한다. 다만, 대손금과 같이 법인세법이나 관련 법령에서 특정한 후발적 사유의 발생으로 말미암아 실현되지 아니한 소득금액을 그 후발적 사유가 발생한 사업연도의 소득금액에 대한 차감사유 등으로 별도로 규정하고 있거나, 경상적·반복적으로 발생하는 매출에누리나 매출환입과 같은 후발적 사유에 대하여 납세의무자가 사업연도의 소득금액을 차감하는 방식으로 법인세를 신고해 왔다는 등의 특별한 사정이 있는 경우에는, 그러한 후발적 사유의 발생은 당초 성립하였던 납세의무에 영향을 미칠 수 없다고 할 것이다.

나아가 관련 규정의 문언 내용과 취지 및 체계 등에 비추어 본다면, 여기에서 말하는 후발적 사유에는 사업상의 정당한 사유로 당초의 매매대금이나 용역대금을 감액한 경우도 포함된다고 봄이 타당하므로, 특별한 사정이 없는 한 그 감액분을 당초의 매매대금이나 용역대금에 대한 권리가 확정된 사업연도의 소득금액에 포함하여 법인세를 과세할 수는 없다.

위 법리에 비추어 원고가 제3차 매매계약에서 정한 기한 내에 이 사건 부지에 대한 용도변경이 이루어지는 것이 불가능하다고 보고 소외회사와 사이에 매매대금을 1,100억원에서 1,030억원으로 70억원을 감액하기로 합의하였고, 이에 따라 원고는 2005. 3. 28. 소외회사에게 위 감액분 70억원을 반환한 사실 등을 종합적으로 고려하면 원고가 이 사건 부지의 매매대금을 감액하기로 합의한 것은 원고의 주장대로 매매계약의 해제 등으로 인한 불이익을 피하기 위한 것으로서 사업상 정당한 사유가 있었다고 볼 여지도 있으므로 원심으로서는 이 점에 관하여 심리한 다음 위 감액분을 익금에 산입한 부분의 위법여부를 판단하였어야 함에도 원심이 이 점에 관하여 심리하지 않은 것은 권리확정주의나 익금의 차감사유인 대금 감액의 사업상 정당한 사유에 관한 법리 등을 오해하여 필요한 심리를 다하지 아니함으로써 판결 결과에 영향을 미친 위법이 있다.

Ⅱ. 대상판결의 평석

1. 이 사건의 쟁점과 문제의 소재

원고는 2004 사업연도에 소외회사로부터 이 사건 부지의 매매대금을 지급받고 그 법인세 납세의무 성립일과 법정신고기한 사이에 소외회사와 그 매매대금의 일부를 감액하는 약정을 하였는바, 이 사건의 쟁점은 납세의무 성립 후 매매대금의 감액과 같은 후발적 사유로 소득이 실현되지 않는 경우 그 감액분을 후발적 사유가 발생한 사업연도의 소득금액에 반영을 하여야 하는지, 아니면 당초 사업연도의 소득금액에 반영하여야 하는지 여부이다. 기간과세인 법인세에 있어서 소득금액의 귀속사업연도를 정하는 문제는 매우 중요하다. 손익의 귀속을 어느 사업연도로 확정하는지에 따라 세법 개정에 따른 납세의무의 범위, 국세부과의 제척기간의 기산점, 국세징수권 소멸시효의 기산점, 조세범처벌법상 조세포탈범의 기수시기 및 이에 따른 공소시효의 기산점, 이월결손금공제와 결손금소급공제의 대상기간계산 등이 각각 달라진다.

대상판결이 명시적으로 판시하지는 않았지만 매매대금의 감액분의 귀속 사업연도의 확정은 그 매매대금의 감액분이 소득금액의 차감사유가 된다는 것을 전제하고 있으므로 이 부분에 대해서도 논의의 필요성이 있다. 소득금액의 차감사유가 된다면 이를 특정의 사업연도의 소득금액에 반영을 하여야 하는데 이는 그 차감사유의 발생을 후발적 사유로 보아 당초 사업연도의 소득금액을 변동시킬 것인지 아니면 그 사유가 발생한 사업연도의 소득금액의 조정사유로 삼을 것인지의 판단으로서 결국 이 사건 쟁점 즉, 차감사유의 발생을 후발적 경정청구의 사유로 인정할 것인지의 문제로 귀결되는 것이다.[1]

---

1) 조윤희, "법인세와 후발적 경정청구", 사법 27호, 2014. 3., 308면.

이하에서는 사후적 매매대금의 감액을 소득금액의 조정사유로 삼을 수 있는지를 우선 살펴보고 이어서 매매대금의 사후적 감액이 후발적 경정청구의 사유가 될 수 있는지를 검토한다. 특히 이 사건 감액합의는 후발적 사유이지만 법정신고기한이 지나기 전에 이루어졌는바, 이 부분이 후발적 경정청구에서 별도의 의미를 가질 수 있는지도 아울러 살펴본다.

2. 매매대금의 감액과 소득금액의 조정

대상판결은 성립된 납세의무를 상실시키는 후발적 사유에는 사업상의 정당한 사유로 당초의 매매대금이나 용역대금을 감액한 경우도 포함된다고 하면서 특별한 사정이 없는 한 그 감액분을 당초의 매매대금이나 용역대금에 대한 권리가 확정된 사업연도의 소득금액에 포함하여 법인세를 과세할 수 없다고 판시하였는바, 이는 매매대금의 감액이 인정되면 소득금액의 조정사유가 된다고 당연히 전제한 것이다.

법인세법 시행령 제11조 제1항 제1호는 법인세법 제15조 제1항의 규정에 의한 수익의 범위에서 기업회계기준에 따른 매출에누리액 및 매출할인금액을 제외한다고 규정하고 있고, 법인세법 시행령 제68조 제5항도 법인이 매출할인을 하는 경우 그 매출할인금액은 상대방과의 약정에 의한 지급기일(그 지급기일이 정하여 있지 아니한 경우에는 지급한 날)이 속하는 사업연도의 매출액에서 차감하는 것으로 규정하고 있다. 법인세법에 매출환입금액을 익금에 산입하지 아니한다는 명문의 규정이 없지만 매출액의 사후조정으로 익금에서 제외된다는 점에는 별다른 이견이 없다. 또한, 소득세법 시행령 제51조 제3항은 제1호의2에서 환입된 물품의 가액과 매출에누리는 해당 과세기간의 총수입금액에 산입하지 아니한다고 규정하고 제1호의3에서는 외상매출금을 결제하는 경우의 매출할인금액은 거래상대방과의 약정에 의한 지급기일(지급기일이 정하여져 있지 아니한 경우에는 지급한 날)이 속하는 과세기간의 총수입금액 계산에 있어서 이를 차감한다고 규정하고 있다. 부가가치세법 제29조 제5항은 부가가치세 과세표준인 공급가액에 포함되지 아니한 것으로 에누리액, 환입된 재화의 가액, 할인액 등을 규정하고 있다. 대법원도 양도소득의 매매대금 등의 감액을 수입금액의 차감사유로 보았다. 즉, 대법원 2010. 10. 14. 선고 2010두7970 판결은 "총수입금액이란 양도재산의 객관적인 가액을 가리키는 것이 아니고, 구체적인 경우에 있어서 현실의 수입금액을 가리키는 것으로 해석함이 상당하므로 부동산을 매매계약에 의하여 양도한 경우 당초 약정된 매매대금을 어떤 사정으로 일부 감액하기로 하였다면 그 총수입금액, 즉 양도가액은 당초의 약정대금이 아니라 감액된 대금이다"라고 판시하였다.

법인세법, 소득세법, 부가가치세법 및 기업회계의 관련 규정과 양도소득세의 양도가액에 관한 위 대법원 판례에 비추어 볼 때 정당한 사유에 의한 매매대금의 감액은 소득금액의 조정항목으로 보는 것이 타당하다. 앞서 본 매출에누리와 매출할인, 그리고 매출환입은 매출액의 사후조정항목으로서 사업상의 정당한 사유가 있는 경우들이다. 따라서 사업상의 정당한 사유로 인한 매매대금 감액분을 매출에누리 등과 구분하여 세법상 소득금액의 조정항목에서 배제할 합리적 이유가 없다.

다만, 매매대금의 감액은 매도인이 당초 확정된 매매대금에서 일부 매매대금을 받지 못한다는 점에서 채권의 일부 포기와 유사하다. 세법상 채권의 포기는 일반적으로 거래처에 대한 접대비 또는 기부금으로 보되 정당한 사유가 있는 경우에는 대손금으로 손금산입하고 있다. 정당한 사유를 기준으로 익금의 차감여부나 손금 산입여부를 판정한다는 점에서는 매매대금의 감액과 소득금액의 계산상 차이가 없다고 볼 수 있으나 매매대금의 감액이 후발적 경정청구의 사유로 인정되면 당초 사업연도의 소득금액을 조정하게 되는 반면 채권의 포기는 그 포기된 사업연도의 소득금액의 차감사항이 된다는 점에서 귀속시기에 차이가 있다.[2]

매매대금의 감액과 채권의 포기의 구별기준은 명확하지 않으나 앞서 본 바와 같이 매출에누리나 매출할인은 공급조건이나 품질 또는 그에 준하는 사유로 대금이 감액되는 경우이고 매매대금의 감액을 소득금액의 조정사항으로 보는 것은 매출에누리나 매출할인과 같이 정당한 사유가 있다는 점에 근거하고 있으므로 채권의 포기가 아니라 매매대금의 감액으로 인정되기 위해서는 당초 계약과 관련되거나 그 연장선에서 계약조건의 조정 등의 사유로 감액이 이루어져야 할 것이다. 채권의 포기는 계약조건의 조정 이외의 사실상의 사유로 인한 매매대금의 감액의 경우로서 예컨대 신속한 대금회수, 상대방과의 친분관계 등을 고려하여 매매대금 일부를 포기하는 경우를 상정해 볼 수 있다.[3]

---

2) 조윤희, 전게논문, 310면.
3) 조윤희, 전게논문, 315면.

3. 매매대금의 감액과 법인세의 후발적 경정청구

가. 논의의 범위와 순서

국세기본법은 일정한 후발적 사유가 발생하는 경우 납세자가 과세표준과 세액의 경정을 청구할 수 있도록 하는 후발적 경정청구 제도를 두고 있다. 즉, 국세기본법 제45조의2 제2항은 과세표준신고서를 법정신고기한 내에 제출한 자 또는 국세의 과세표준 및 세액의 결정을 받은 자는 다음 각호의 1에 해당하는 사유가 발생한 때에는 제1항에서 규정하는 기간에 불구하고 그 사유가 발생하는 것을 안 날로부터 2월 이내에 결정 또는 경정을 청구할 수 있다라고 하면서 제1호에서는 최초의 신고·결정 또는 경정에서 과세표준 및 세액의 계산근거가 된 거래 또는 행위 등이 그에 관한 소송에 대한 판결에 의하여 다른 것으로 확정되었을 때, 제2호에서는 소득이나 그 밖의 과세물건의 귀속을 제3자에게로 변경시키는 결정 또는 경정이 있을 때, 제3호에서는 조세조약에 따른 상호합의가 최초 신고·결정 또는 경정의 내용과 다르게 이루어졌을 때, 제4호에서는 결정 또는 경정으로 인하여 그 결정 또는 경정의 대상이 되는 과세기간 외의 과세기간에 대하여 최초에 신고한 국세의 과세표준 및 세액이 세법에 따라 신고하여야 할 과세표준 및 세액을 초과할 때, 제5호에서는 제1호 내지 제4호와 유사한 사유로 대통령령이 정하는 사유가 당해 국세의 법정신고기한 경과 후에 발생한 때를 후발적 경정청구사유로 규정하고 있다. 제1호 내지 제4호의 사유는 엄격한 의미에서는 최초 신고에 오류가 있는 경우로 볼 수 있지만 당초에는 그러한 오류를 주장·입증하기 어려웠으나 추후에 그러한 오류가 판결이나 결정 등에 의하여 확인된 경우로서 이를 후발적 경정청구로 인정한 것인 반면 제5호는 순수하게 계약의 해제나 매매대금의 감액 등 후발적 사정이 발생하여 조세법률관계에 변동이 생긴 경우를 말한다는 점에서 차이가 있다.[4] 제2호의 예로서 갑이 자신에게 귀속된 소득으로 신고하였는데 과세관청이 이를 을에게 귀속되는 것으로 판명하여 을에게 소득세를 부과하는 경우와 같이 제1호 내지 제4호의 사유는 통상의 경정청구의 사유로서도 주장될 수 있다. 이와 달리 제5호의 사유는 납세의무가 성립된 이후 후발적으로 발생한 사정에 터잡아 이미 성립한 조세채권을 소멸시키는 것으로 후발적 사유의 발생 전에는 이를 이유로 한 통상의 경정청구는 허용되지 않는다. 제5호는

---

4) 조윤희, 전게논문, 316면.

이미 성립한 납세의무가 후발적 사유로 소멸되는 경우라는 점에서 소득의 원인이 되는 권리가 실현가능성에서 상당히 높은 정도로 성숙되지 않아 납세의무 자체가 성립하였다고 볼 수 없는 경우와 구별된다.

대상판결의 사안에서 문제가 되는 것은 국세기본법 제45조의2 제2항 제5호의 위임을 받은 국세기본법 시행령 제25조의2 제2호와 제4호이다. 제2호는 최초의 신고·결정 또는 경정에 있어서 과세표준 및 세액의 계산근거가 된 거래 또는 행위 등의 효력에 관계되는 계약이 해제권의 행사에 의하여 해제되거나 당해 계약의 성립 후 발생한 부득이한 사유로 인하여 해제되거나 취소된 때, 제4호는 기타 제1호 내지 제3호에 준하는 사유에 해당하는 때를 후발적 경정청구사유로 규정하고 있다. 다만, 당초 오류를 정정하는 국세기본법 제45조의2 제2항 제1호 내지 제4호 소정의 후발적 경정청구사유와는 달리 사후 매매대금의 감액이나 계약해제 등 순수한 후발적 사정으로 조세법률관계의 변동을 가져오는 경우에 이를 전면적으로 후발적 경정청구의 사유로 인정해야 할 것인지는 법문상 명확하지 않다. 국세기본법 시행령 제25조의2는 제2호에서 계약해제의 경우에는 해제권의 행사에 의하여 해제되거나 해당 계약의 성립 후 발생한 부득이한 사유로 해제되거나 취소된 경우라고 하여 그 후발적 사유를 제한하고 있고 나아가 매매대금의 감액 등에 대해서는 명시적으로 언급하고 있지 않으며 단지 제4호에서 제1호부터 제3호까지의 규정에 준하는 사유에 해당하는 경우 후발적 사유가 될 수 있다고 규정하고 있을 뿐이다.

상속세나 증여세와 같은 1회성의 기간과세의 세목이 아닌 경우에는 후발적 사유가 생긴다면 후발적 경정청구를 통하여 구제를 받아야 하겠지만 계속기업을 전제로 경상적·반복적 거래를 수행하는 법인에 대하여 적용되는 법인세에 있어서는 매매대금의 감액 등과 같은 후발적 사유는 후발적 경정청구 제도에서 이를 인정하는 명시적 규정이 없는 이상 그 사유가 생긴 그 사업연도의 법인세 과세표준에서 해당 금액을 차감하여 신고하여야 하는 것은 아닌지 문제된다.

이에 대해서는 긍정설과 부정설이 대립하고 있는바, 이에 대한 논거와 대상판결의 평가와 의미를 살피기에 앞서 대상판결은 후발적 경정청구의 사유를 그 거부처분의 취소를 구하는 사안이 아니라 부과처분의 취소를 구하는 사안에서도 주장 가능하다는 전제하에서 논의를 전개하고 있으므로 우선 이 부분의 타당성을 살펴보되, 여기에서는 법인세에 있어서 매매대금의 감액이 후발적 경정청구

사유가 될 수 있는지의 법리적 문제 이외에 그 각론에 해당하는 국세기본법 시행령 제25조의2 제2호 소정의 부득이한 사유와 제4호 소정의 각호에 준하는 사유가 무엇을 의미하는지, 그 판단기준은 무엇인지에 대해서는 별도로 검토하지 않는 것으로 한다.

나. 부과처분 취소소송에서의 후발적 경정청구 사유의 주장

후발적 경정청구 사유를 부과처분 취소소송에서도 위법사유의 하나로 주장할 수 있는지 여부에 대하여 대법원 2002. 9. 27. 선고 2001두5989 판결은 "매매계약의 해제 전에 부과처분이 이루어졌다고 하더라도 해제의 소급효로 인하여 매매계약의 효력이 소급하여 상실되는 이상 부가가치세의 부과대상이 되는 공급은 처음부터 없었던 셈이 되므로 당초의 부과처분은 위법하다 할 것이며 납세자가 과세표준신고를 하지 아니하여 과세관청이 부과처분을 한 경우 그 후에 발생한 계약의 해제 등 후발적 사유를 원인으로 하는 경정청구제도가 있다고 하여 그 처분자체에 대한 쟁송의 제기를 방해하는 것은 아니므로 경정청구와 별도로 위 부가가치세 부과처분을 다툴 수 있다"고 판시하여 과세관청의 부과처분이 있은 후에 후발적 사유가 발생한 경우 이를 원인으로 한 경정청구와는 별도로 그 처분자체에 관하여 다툴 수 있다고 보았다.

절차적인 측면에서도 "납세자가 감액경정청구 거부처분에 대한 취소소송을 제기한 후 증액경정처분이 이루어져 그 증액경정청구에 대해서도 취소소송을 제기한 경우에는 특별한 사정이 없는 한 동일한 납세의무의 확정에 관한 심리의 중복과 판단의 저촉을 피하기 위하여 감액경정청구 거부처분 취소를 구하는 소는 그 취소를 구할 이익이나 필요가 없어 부적법하다"는 것이 대법원 2005. 10. 14. 선고 2004두8972 판결의 입장인바, 이는 부과처분 취소소송에서 감액경정청구의 사유를 주장할 수 있음을 전제하는 것으로서 여기에는 후발적 경정청구도 포함하는 것이 타당하다. 또한 부과처분취소소송이 먼저 제기되고 이어서 감액경정청구 거부처분 취소소송이 제기된 경우에도 마찬가지로 보아야 할 것이다. 심리의 중복과 판단의 저촉을 피하여야 하는 사정은 동일하기 때문이다. 만일 부과처분 취소소송에서 별도의 거부처분을 받은 경우에만 감액경정청구의 사유를 주장할 수 있도록 한다면 납세자로서는 부과처분 취소소송의 진행 중에 별도의 감액경정청구를 하고 거부처분을 받아야 하는 무익한 절차만을 강요받는 셈이 된다. 이러한 점만 보더라도 후발적 경정청구의 사유가 존재하면 이를 부과처분 취소소송에서 주장할 수 있다고 할 것이다. 또한, 납세의무 성립 후 일정한 후발적 사유의 발생으로 말미암아 과세표준과 세액의 산정 기초에 변동이 생긴 경우 납세자로 하여금 그 사실을 증명하여 감액을 청구할 수 있도록 하여 납세자의 권리구제를 확대하려는 후발적 경정청구의 취지5)에 비추어 보아도 당연히 허용되어야 한다.

다. 법인세에 있어서도 후발적 경정청구를 인정하자는 견해

긍정설은 법인세에 있어서도 후발적 경정청구를 인정하는 것이 권리의무확정주의와 후발적 경정청구제도의 취지 등에 부합한다는 입장이다.

(1) 사후조정을 전제하는 권리확정주의에의 충실

소득세법과 법인세법은 소득의 귀속시기에 관하여 권리확정주의를 채택하고 있다. 대법원은 권리확정주의에 대하여 "소득이 원인이 되는 권리의 확정시기와 소득의 실현시기와의 사이에 시간적 간격이 있을 때 과세상 소득의 실현된 때가 아닌 권리가 확정적으로 발생한 때를 기준으로 하여 그 때 소득이 있는 것으로 보고 해당 연도의 소득을 산정하는 방식으로, 실질적으로 불확실한 소득에 대하여 장래 그것이 실현될 것을 전제로 하여 미리 과세하는 것을 허용하는 것이며 납세자의 자의에 의하여 과세연도의 소득이 좌우되는 것을 방지함으로써 과세의 공평을 기함과 함께 징세기술상 소득을 획일적으로 파악하여 징수를 확보하고자 하는데 의의가 있다"고 한다(대법원 1984. 3. 13. 선고 83누720 판결, 대법원 2003. 12. 26. 선고 2001두7176 판결 등 다수 참조). 따라서 소득의 원인이 되는 권리가 확정적으로 발생하여 과세요건이 충족됨으로써 일단 납세의무가 성립하였다 하더라도 일정한 후발적 사유의 발생으로 말미암아 소득의 전부 또는 일부가 실현되지 아니하는 것으로 확정되었다면 당초 성립하였던 납세의무는 그 전제를 상실하므로 그에 따른 소득세나 법인세를 부과할 수 없다고 보는 것이 자연스럽고 논리적이다. 대상판결의 판시사항이기도 하다. 권리확정주의는 후발적 경정청구에 의한 사후조정 또는 사후시정을 당연한 전제로 하고 있으므로 법인세에 있어서도 후발적 경정청구를 인정하여야 한다는 입장이다.

---

5) 고은경, "조세법상 경정청구제도에 관한 연구", 중앙대학교 박사학위논문, 2008. 6., 53－54면.

(2) 국세기본법 문언의 해석론과 납세자의 권리구제 필요성

통상적 경정청구와 후발적 경정청구에 관하여 규정하고 있는 국세기본법 제45조의2 제1항 및 제2항, 국세기본법 시행령 제25조의2의 문언상으로도 법인세에 대하여 이를 배제하는 문언이 없는 이상 후발적 경정청구를 허용하지 않을 이유가 없다. 종합소득세를 구성하는 사업소득의 경우에도 법인의 소득과 별 다른 차이가 없는데 소득세에 대해서는 후발적 경정청구를 인정하면서 법인세를 달리 취급하는 것은 국세기본법상의 경정청구 조항의 문언에 반한다. 특히 법인세법 시행령 제69조 제3항은 작업진행률에 의한 익금 또는 손금이 공사계약의 해약으로 인하여 확정된 금액과 차액이 발생한 경우에는 그 차액을 해약일이 속하는 사업연도의 익금 또는 손금에 산입한다는 별도의 규정을 두고 있는데, 이는 법인세에 있어서 원칙적으로 후발적 경정청구가 가능함을 전제로 하면서 작업진행률을 적용한 건설공사에 있어서 그 예외를 규정한 것이다.[6] 따라서 이러한 예외조항이 없는 이상 법인세에 있어서도 후발적 경정청구는 일반적으로 인정되는 것이다.

또한, 후발적 경정청구를 인정하지 않는다면 후발적 사유가 발생한 사업연도에 법인이 휴·폐업하거나 후발적 사유에 따른 손금을 상쇄하는 익금이 없는 경우에는 그 손금산입의 효과가 충분하게 반영되지 않아 납세자의 권리구제에 부정적인 측면이 있다. 나아가 당초 사업연도와 비교하여 후발적 사유가 발생한 사업연도에 법인세율이 낮아진 경우 등에는 납세자에게 불리한 결과가 발생한다.

라. 법인세에 있어서는 후발적 경정청구를 부정하자는 견해

법인세의 특수한 성격을 고려하여 후발적 경정청구는 부정하자는 견해로서 그 논거는 아래와 같다.

(1) 계속기업에 대한 기간과세원칙을 채택하는 법인세의 특성

계속기업을 전제로 일정 기간을 단위로 손익을 계산하는 기간과세원칙을 채택하고 있는 법인세의 경우는 후발적 경정청구사유를 인정하지 않더라도 후발적 사유가 발생한 사업연도의 소득금액의 조정사유가 되기 때문에 상대적으로 매매대금의 감액 등을 후발적 경정청구사유로 인정할 필요성이 적다.

통상의 경정청구와 후발적 경정청구를 규정한 국세기본법 제45조의2 제1항

---

6) 김완석, "법인세의 후발적 경정청구", 세무와 회계연구 제2권 제1호, 2013. 6., 38-39면.

과 제2항은 일종의 절차 규정으로 볼 수 있으므로 후발적 경정청구 조항의 문언에 해당한다고 하더라도 전부 후발적 경정청구 사유가 되는 것이 아니라 그 사유가 조세 실체법적으로 과세표준 및 세액의 변동을 가져와야 후발적 경정청구를 할 수 있다. 매매대금의 감액과 같은 사정이 후발적 경정청구사유가 되기 위해서는 그 사정의 발생으로 당초 신고하거나 부과받은 과세표준과 세액이 정당한 과세표준 및 세액을 초과하여야 하는데 법인세법은 계속기업을 전제로 일정 기간을 단위로 손익을 계산하는 기간과세원칙을 채택하면서 소멸시효 완성으로 인한 대손금에 관하여 그 시효가 완성된 사업연도의 손금으로 계상하도록 규정하고 있는바, 이러한 점들에 비추어 보면 법인세에 있어서는 당초 사업연도가 아니라 그 후 사업연도에 매매대금 등의 감액과 같은 후발적 사유가 발생하더라도 원칙적으로 당초 사업연도의 과세표준은 변동하지 않는다고 봄이 타당하다.

더욱이 영리법인의 경우 특히 대량으로 경상적·반복적으로 행해지는 상품판매 등에 있어서 매출에누리나 대금감액 등이 매 사업연도에 빈번하게 발생할 수 있는데, 납세자에게 크게 불리하지 않은 상황에서 이러한 사유가 발생할 때마다 그 매매대금 등이 익금에 산입된 당초 사업연도의 소득금액을 조정하도록 하는 것은 비경제적이고 번거롭다.

(2) 법인세법과 국세기본법 문언의 해석론

매출에누리금액은 조세법률관계에 변동을 가져오는 후발적 사유의 하나로서 사업상의 정당한 사유로 인한 매매대금의 감액과 유사한 것으로 볼 수 있는데 법인세법 시행령 제11조 제1호는 매출에누리금액을 수입금액에서 제외한다고만 규정하였지 어느 사업연도의 수입금액에서 제외하는지에 관하여 명문으로 규정하고 있지 않다. 다만, 소득세법 시행령 제51조 제3항 제1호의3은 외상매출금을 결제하는 경우의 매출할인금액은 거래상대방과의 약정에 의한 지급기일이 속하는 과세기간의 총수입금액 계산에 있어서 이를 차감한다고 규정하고 있는바, 매매대금의 감액도 위 매출할인금액 규정을 유추 적용하여 당초 매출이 이루어진 사업연도가 아니라 감액이 발생한 사업연도로 해석하는 것이 타당하다.

긍정설은 국세기본법상 경정청구제도에 관한 규정이 법인세를 배제하고 있지 않다는 이유로 부정설의 견해가 문언에 반한다고 비판하나 부정설이 위 조항의 문언에 반드시 배치된다고 할 수 없다. 예컨대, 증여계약 합의해제의 경우에도 국세기본법상 경정청구사유에서 제외된다고 볼 문언상의 근거가 없음에도 상속세 및 증여세법 제31조 제4항이 우선 적용되어 법정신고기한 이후의 해제는 후발적 경정청구사유가 될 수 없다고 해석하는 것이 일반적이다. 따라서 국세기본법상의 경정청구사유에 관한 문언만으로 부정설을 배척할 수는 없고 오히려 앞서 본 바와 같이 조세실체법의 해석론에서 부정설의 결론이 도출될 수 있다.

(3) 부가가치세법상 수정세금계산서 규정과의 조화로운 해석

부가가치세법은 사업자가 재화 또는 용역을 공급하는 때에는 공급가액과 작성일자 등의 필요적 기재사항이 기재된 세금계산서를 그 공급을 받는 자에게 발급하도록 하면서 세금계산서 발급 후 그 기재사항에 관하여 착오 또는 정정 등 대통령령이 정하는 사유가 발생한 경우에는 대통령령이 정하는 바에 따라 세금계산서를 수정하여 발급할 수 있다고 규정하고 있다. 이와 관련하여 후발적 사유가 발생하여 수정세금계산서를 발급하는 경우 수정세금계산서의 작성일자를 당초 재화의 공급시기로 볼 것인지 아니면 후발적 사유가 발생한 날로 볼 것인지가 문제되는데 매매대금의 감액에 의하여 공급가액이 차감되는 경우에는 부가가치세법 시행령 제70조 제1항 제3호에 따라 그 차감사유가 발생한 날이 수정세금계산서 작성일이 된다. 매출환입의 경우는 제1호에 의하여 재화가 환입된 날이 수정세금계산서 작성일자이고 따라서 매출에누리의 경우에도 매출에누리가 발생한 날을 그 작성일자로 보는 것이 타당하다. 재화나 용역의 공급시기는 소득의 귀속시기와 일치시키는 것이 바람직한데 위와 같은 사정에 비추어 보면 매매대금 등의 감액이 매출에누리나 일부 합의해제와 유사하다고 본다면 후발적 경정청구를 인정하지 않는 부정설을 취하는 것이 부가가치세법상 후발적 사유에 의한 수정세금계산서 발급조항과 조화로운 해석이 된다.[7]

(4) 권리확정주의의 개념과 배치

권리확정주의를 소득의 원인이 되는 권리의 확정시기와 소득의 실현시기와의 사이에 시간적 간격이 있는 경우 과세목적상 소득이 현실적으로 실현된 때가 아닌 권리가 확정된 때를 기준으로 하여 그때 소득이 있는 것으로 보고 당해 연도의 소득을 산정하는 방식으로 정의하면서 후발적으로 소득이 실현되지 아니하였다고 하여 당초 권리의 확정으로 성립한 납세의무가 다시 성립되지 아니한 것으로 보는 것은 논리적으로 모순이다. 또한 이러한 법리가 소득세법에서 회수불가능한 채권의 경우 권리의 실현가능성이 성숙·확정되지 않았다는 이유로 소득

---

7) 조윤희, 전게논문, 328면.

이 성립하지 아니하였다는 권리확정주의 판례의 연장선에서 나온 것이라고 한다면 현실적으로 소득이 실현되지 아니하는 것으로 확정되는 후발적 사유가 언제까지 발생해야 과거 사업연도의 납세의무가 그 전제를 상실하였다고 보아야 하는지도 불분명하다. 후발적 사유의 시점에 제한을 두지 않는다면 조세법률관계의 안정을 심히 저해하는 것이 되고 법인세에 있어서는 그 피해도 크지 않으므로 후발적 경정청구를 부인하는 것이 바람직하다.

4. 두 견해에 대한 평가와 대상판결의 의미

가. 긍정설에 대한 추가적인 논거

결국 법인세에 있어서의 후발적 경정청구의 인정 여부는 관련규정의 문언 및 체계와 각 견해의 장단점의 분석 등을 거쳐 판단되어야 할 것인바, 앞서 본 국세기본법 문언의 해석론과 다음과 같은 논거에 비추어 국세기본법 문언해석에 보다 충실한 긍정설의 입장이 타당하다고 사료된다.

국세기본법 제3조는 국세기본법과 다른 세법과의 관계에 관하여 국세기본법은 다른 세법에 우선하여 적용하되, 다른 세법에서 후발적 경정청구제도에 대한 특례 규정을 두고 있는 경우에는 그 세법이 정하는 바에 따른다고 규정하고 있다. 그 특례규정의 예로서 상속세 및 증여세법 제79조를 들 수 있는데, 제1항은 상속재산에 대한 상속회복청구소송 등 대통령령이 정하는 사유로 상속개시일 현재 상속인 간에 상속재산가액이 변동된 경우와 상속개시 후 1년이 되는 날까지 상속재산의 수용 등 대통령령이 정하는 사유로 상속재산의 가액이 크게 하락한 경우에는 그 사유 발생일로부터 6개월 내에 경정청구를 할 수 있고, 제2항은 부동산 무상사용에 따른 이익의 증여로 증여세의 결정을 받은 자가 부동산 소유자로부터 해당 부동산을 상속 또는 증여받는 등의 경우, 특정법인과의 거래를 통한 이익의 증여로 증여세 결정을 받은 자가 대부기간 중 대부자로부터 해당 금전을 상속 또는 증여받는 등의 경우에 3개월 이내에 경정청구를 할 수 있다고 규정하고 있다. 또한, 소득세법 제46조의2는 종합소득세 과세표준 확정신고 후 예금 또는 신탁계약의 중도해지로 이미 지난 과세기간에 속하는 이자소득금액이 감액된 경우 그 중도해지일이 속하는 과세기간의 종합소득금액에 포함된 이자소득에서 그 감액된 이자소득금액을 뺄 수 있고, 다만, 국세기본법 제45조의2에 따라 과세표준 및 세액의 경정을 청구하는 경우에는 그러하지 아니한다고 규정하여 중도해지로 인한 이자소득금액계약의 특례 규정을 두고 있다. 이는 중도해지라는 후발적 사유에 대해 국세기본법상 경정청구 규정에 따라 후발적 경정청구를 하게 되면 과세표준 및 세액의 경정 또는 환급절차에 번거로움이 발생할 수 있으므로 예외적인 특례규정을 두어 중도해지일이 속하는 과세기간에서 직접 이자소득금액을 감액하여 간편하게 경정 또는 환급이 가능하도록 하기 위한 것이다.

　　이와 같은 세법의 특례조항은 후발적 사유에 관한 것으로서 후발적 경정청구의 적용을 배제하거나 수정하기 위한 것이고 법인세법의 경우에도 앞서 본 바와 같이 작업진행률에 의한 공사계약에 관하여 특례규정을 두고 있는바, 위에서 언급한 후발적 경정청구의 적용을 배제하거나 수정하는 특례조항의 적용이 없는 부분에서는 계속기업을 전제하는 법인세라고 하더라도 원칙적으로 대금감액으로 인한 후발적 경정청구는 특별한 사정이 없는 한 허용되어야 할 것이다.

나. 종전 대법원 판례의 태도와 대상판결의 평가

　　대상판결 이전에도 대법원은 법인세에 있어서 후발적 경정청구의 인정 여부 등에 대하여 대상판결과 유사한 입장을 표명하였다. 즉, 대법원 2014. 3. 13. 선고 2012두10611 판결은 원고가 2006 사업연도와 2007 사연연도에 아파트와 상가를 신축 분양한 후 작업진행률로 분양률을 적용하여 분양수입금액 등을 계산하여 법인세를 신고 납부한 후 2008 사업연도부터 2009 사업연도까지 사이에 위 아파트와 상가의 분양계약이 수분양자의 분양계약조건 미이행 등을 이유로 해제된 사안에서 "후발적 경정청구 제도는 납세의무 성립 후 일정한 후발적 사유의 발생으로 말미암아 과세표준과 세액의 산정기초에 변동이 생긴 경우 납세자로 하여금 그 사실을 증명하여 감액을 청구할 수 있도록 함으로써 납세자의 권리구제를 확대하려는 데 그 취지가 있는 것으로서 개별 세법에 다른 규정이 없는 한 그 적용범위를 함부로 제한할 것은 아니다라고 하면서 법인세에 있어서도 구 국세기본법 시행령 제24조의2 제2호에서 정한 해제권의 행사나 부득이한 사유로 인한 계약의 해제는 원칙적으로 후발적 경정청구의 사유가 된다"고 판시하거나 대법원 2014. 1. 29. 선고 2013두18810 판결도 소외회사가 2007. 3. 19. 주주총회에서 주주인 원고들에게 이익잉여금을 현금배당하기로 결의하여 원고들이 그 배당금 전액을 배당소득으로 하여 2007년 및 2008년 귀속 종합소득세를 신고 납부하였으나 그 후 2010. 2. 소외회사가 파산선고를 받은 사안에서 "납세의무의 성립 후 소득의 원인이 된 채권이 채무자의 도산 등으로 인하여 회수불능이 되어 장래 그 소득이 실현될 가능성이 전혀 없게 된 것이 객관적으로 명백하게 되었다면 이는 국세기본법 시행령 제25조의2 제2호에 준하는 사유로서 특별한 사정이 없는 한 국세기본법 시행령 제25조의2 제4호가 규정한 후발적 경정청구사유에 해당한다고 봄이 타당하다"고 판시하여 후발적 경정청구를 긍정하는 입장이었다. 전자는 국세기본법 시행령 제25조의2 제2호에서 명문으로 규정하는 계약의 해제의 사안으로 위 조항의 문언에 직접 부합하지 않는 대금감액에 관한 대상판결의 사안과는 다소 차이가 있고 후자는 위 조항의 제2호 소정의 '부득이한 사유'와 제4호 소정의 '제2호에 준하는 사유'를 넓게 해석하여 소득세에 관하여 후발적 경정청구의 범위를 확대한 사안으로 법인세의 후발적 경정청구가 문제되는 대상판결의 사안과는 구분된다.

대상판결은 법인세에 있어서의 대금감액이 원칙적으로 후발적 경정청구의 사유에 해당한다고 판단하였고, 다만, 경상적·반복적으로 이루어지는 상품 판매 등에 있어서 매출에누리나 대금감액이 빈번하게 이루어지는 경우에는 후발적 사유가 발생한 사업연도의 소득금액을 조정하게 되면 납세자에게 크게 불리하지 않은 상황에서 그때마다 매출이 이루어진 사업연도의 과세표준과 세액을 경정해야 하는 번거로운 점이 있다는 것을 고려하여 그 예외를 인정하는 절충적 입장을 택하였다. 그동안 법인세에 있어서 대금감액 등의 사유로 후발적 경정청구가 인정되는지에 관하여 법인세법의 문언상 불분명한 부분이 있었는데, 대상판결은 긍정설의 입장에서 대금감액으로 인한 후발적 경정청구를 명확하게 인정하였고 그 후발적 경정청구가 제한되는 경우를 경상적·반복적으로 발생하는 후발적 사유에 대하여 납세의무자가 사업연도의 소득금액을 차감하는 방식으로 법인세를 신고해 오는 예외적인 경우, 즉 결국 납세자가 스스로 후발적 경정청구사유로 선택하지 아니한 경우로 제한함으로써 납세자의 권리구제의 범위도 확대하였다는 점에서 의미가 크다.

또한 대상판결이 명시적으로 언급하고 있지는 않지만 국세기본법 제45조의2 제2항 제5호는 법인세의 법정신고기간 이후의 사정으로 그 후발적 사유를 제한하고 있음에도 대상판결은 법정신고기한 이전에 발생한 사정도 후발적 사정으로 인정하였다는 점에서도 의미를 가진다. 즉, 대상판결의 사안의 경우 이 사건 감액합의가 2004 사업연도 법인세의 법정신고기한 경과 전인 2015. 3. 22.에 이루어졌음에도 후발적 경정청구의 사유로 판단하였다. 이와 같이 법정신고기한 경과 전에 후발적 사유가 발생한 경우에는 국세기본법 제45조의2 제2항 제5호의 문언상 후발적 경정청구로 구제받을 수 없다는 의견이 가능하나 이 경우에도 후발적 경정청구를 할 수 있다고 보아야 한다. 경정청구제도는 납세자의 과다신고에 대한 권리구제수단이므로 후발적 사유의 발생시점이 법정신고기한의 전후에 따라 경정청구의 허용여부를 달리할 이유가 없기 때문이다.[8] 가사 그 사유가 후발적 경정청구사유가 아니라고 보더라도 국세기본법 제45조의2 제1항은 통상적 경정청구 사유를 포괄적으로 규정하고 있고 그 경정청구기간 내에는 후발적 사유로 인한 통상적 경정청구도 가능하다고 보이는 점[9]에 비추어 적어도 통상적 경정청구는 허용되어야 하고, 이는 후발적 경정청구를 인정하는 경우와 비교하여 결론에 차이가 없다.

나아가 대상판결은 후발적 경정청구 사유를 부과처분 취소소송에서 과세권의 소멸사유 즉 부과처분의 위법사유로 주장할 수 있다고 전제함으로써 권리확정주의에 대한 오해를 불식시켰다는 점에서도 긍정적으로 평가되어야 한다. 권리확정주의는 납세자의 자의에 의하여 과세연도의 소득이 좌우되는 것을 방지함으로써 과세의 공평을 기함과 동시에 소득을 사전적으로 파악하려는 데 그 취지가 있을 뿐 소득이 종국적으로 실현되지 아니한 경우에도 그 원인이 되는 권리가 확정적으로 발생한 적이 있기만 하면 무조건 납세의무를 지우겠다는 취지는 전혀 아니다. 그럼에도 종전에는 원심과 같이 소득의 원인이 되는 권리가 일단 확정적으로 발생하여 납세의무가 성립한 후에 계약해제 등을 이유로 납세의무의 소멸

---

8) 심경, "경정청구 사유에 관한 고찰", 사법논집 제40집, 2005. 12., 128면.
9) 과세관청도 임야를 소유하고 있는 갑이 아파트를 건축하는 을 회사에 아파트신축용으로 임야를 양도하면서 매매대상 임야가 아파트의 건축이 가능한 토지인지 여부를 알 수가 없어 건축이 불가능한 경우에는 매매계약을 당연히 취소하고 수령한 매매대금을 반환하여 주기로 하는 조건부 매매계약을 체결한 뒤 소유권이전등기는 하지 않고 취득세 및 양도소득세는 신고·납부를 하였는데 을 회사가 건축허가를 받기 위하여 3년 동안 노력하였으나 결국 위 임야에 아파트 건축이 불가능한 것으로 확정되어 갑이 당초 약정대로 수령한 매매대금을 회사에 반환한 사안에서 신고·납부한 양도소득세를 경정청구를 통하여 환급받을 수 있는지에 대하여 현행의 소득세법상 양도소득에 대한 과세요건을 판단함에 있어 부동산을 조건부로 거래하는 경우에는 그 조건을 성취한 날이 양도 또는 취득시기가 되는 것이므로 조건이 성취되기 전에 양도소득세를 신고·납부하였으나 그 조건이 성취되지 아니하여 거래가 성립되지 아니한 경우에는 납부한 양도소득세를 국세기본법 제45조의2 제1항 제1호의 규정에 따라 법정신고기한 경과 후 1년 이내에 결정 또는 경정청구를 할 수 있다고 하였는바(재일 46014-3051, 1995. 11. 17.), 위 사정이 후발적 경정청구의 사유에도 해당할 수 있다는 점에 후발적 사유를 통상의 경정청구의 사유로 인정한 것으로 보인다.

을 주장하는 것은 권리확정주의에 배치되는 것으로 보는 경향이 있었다. 그러나 이는 소득귀속시기를 앞당기는 방편인 권리확정주의를 실체적인 소득의 발생근 거로 보는 것으로서 타당하지 않다. 그보다는 계약해제와 같은 후발적 사유를 해당 납세의무의 소급적 소멸사유로 보는 것이 적절한지, 권리확정주의에서의 사후 조정을 인정하여야 하는지를 따지는 것이 바람직한바, 대상판결은 이러한 접근방법을 시사하였다는 점에서도 주목할 만하다.[10]

---

10) 조윤희, 전게논문, 331-332면.

소득의 귀속자에 대한 소득금액변동통지의 처분성

〈대법원 2014. 7. 24. 선고 2011두14227 판결〉

I. 대상판결의 개요

1. 사실관계의 요지와 부과처분의 경위 등

피고 전주세무서장은 소외회사가 수취한 세금계산서가 가공의 매입세금계산서라는 이유로 세금계산서상의 매입금액을 손금불산입하고, 이를 그 대표이사인 원고에 대한 인정상여로 소득처분하고 그 귀속자인 원고에게 소득금액변동통지를 하는 한편 원고의 주소지를 관할하는 피고 정읍세무서장에게 그 과세자료를 통보하여 피고 정읍세무서장은 원고에게 종합소득세 부과처분을 하였다.

이에 대하여 원고가 피고 정읍세무서장에게 위 종합소득세 부과처분에 대하여 이의신청을 제기하자, 피고 전주세무서장은 원고에 대한 위 소득금액변동통지를 취소하고, 피고 정읍세무서장도 그 무렵 원고의 이의신청을 받아들여 위 종합소득세 부과처분을 직권으로 취소하였다.

그 후 피고 전주세무서장은 동일한 금액에 대하여 다시 원고에 대한 인정상여로 소득처분하고 원고에게 소득금액변동통지(이하 '이 사건 소득금액변동통지')를 하였으며,[1] 이에 따라 피고 정읍세무서장은 원고에게 다시 종합소득세 부과처분(이하 '이 사건 부과처분')을 하였다.

2. 제1심 및 원심의 판단

이에 원고는 피고 전주세무서장을 상대로 이 사건 소득금액변동통지의 무효

---

1) 피고 전주세무서장은 그 후 원고에게 소득금액을 일부 감액하는 내용의 소득금액변동통지를 하였다.

확인을 구하는 한편 피고 정읍세무서장을 상대로 선택적으로 이 사건 부과처분의 무효확인이나 그 처분의 취소를 구하는 행정소송을 제기하였는데, 제1심 법원은 소득금액변동통지의 처분성에 대해서는 판단하지 않은 채, 피고 전주세무서장과 정읍세무서장이 법률에서 정한 부과절차에 따라 새로운 소득금액변동통지와 이 사건 부과처분을 한 것은 일사부재리 원칙에 반한다고 할 수 없으므로 원고의 청구를 모두 기각하였다.

    그러나 원심에서는 이 사건 부과처분에 대해서는 제1심과 같은 이유로 원고의 항소를 기각하였으나 소득금액변동통지에 대해서는 원천징수의무자인 법인에 대한 소득금액변동통지와는 달리 소득의 귀속자인 원고에 대한 이 사건 소득금액변동통지처분 자체만으로는 원고의 종합소득세 납세의무의 존부나 범위에 어떠한 영향을 미치지 아니하므로 이 사건 소득금액변동통지를 원고에 대한 행정처분으로 볼 수 없어 그 무효 확인을 구하는 원고의 청구가 부적법하다는 이유로 이 부분 제1심 판결을 취소하고 원고의 청구를 각하하였다.

3. 대법원의 판단

    대법원은 소득의 귀속자에 대한 소득금액변동통지의 처분성에 대하여 구 소득세법 시행령 제192조 제1항은 본문에서 원칙적으로 원천징수의무자인 법인에게 소득처분에 따른 소득금액변동통지를 하도록 규정하면서, 단서에서 '법인의 소재지가 분명하지 아니하거나 그 통지서를 송달할 수 없는 경우 또는 법인이 국세징수법 제86조 제1항 제1호, 제2호 및 제4호의 규정에 해당하는 경우'에는 원천납세의무자인 소득의 귀속자에게 소득금액변동통지를 하도록 규정하고 있는데, 위 단서 규정은 법인에게 소득금액변동통지서를 송달할 수 없는 경우에 소득의 귀속자에게 보충적으로 송달을 이행함으로써 법인의 원천징수의무를 발생시키기 위한 규정이 아니라, 소득의 귀속자에게 구 소득세법 시행령 제134조 제1항에 따른 종합소득 과세표준의 추가신고 및 자진납부의 기회를 주기 위하여 마련된 특칙으로 이해되고, 소득처분에 따른 소득 귀속자의 원천납세의무는 위 규정에 따른 소득금액변동통지가 송달되었는지 여부와 상관없이 국세기본법 또는 소득세법 등에 의하여 그 소득이 귀속된 과세기간이 종료하는 때에 성립한다고 하면서, 위와 같은 구 소득세법 시행령 제192조 제1항 단서의 취지, 소득처분에 따른 원천납세의무의 성립요건 및 성립시기, 소득의 귀속자는 소득세 부과처분에 대한 취소소송은 물론 구 국세기본법 제45조의2 제1항 등에 따른 경정청구를 통해서도 소득처분에 따른 원천납세의무의 존부나 범위를 충분히 다툴 수 있는 점 등에 비추어 보면, 구 소득세법 시행령 제192조 제1항 단서에 따른 소득의 귀속자에 대한 소득금액변동통지는 원천납세의무자인 소득 귀속자의 법률상 지위에 직접적인 법률적 변동을 가져오는 것이 아니어서, 항고소송의 대상이 되는 행정처분이라고 볼 수 없다고 판단하였다.

Ⅱ. 대상판결의 평석

1. 이 사건의 쟁점

이 사건의 쟁점은 소득의 귀속자에 대한 소득금액변동통지가 항고소송의 대상이 되는 행정처분인지 여부이다. 소득금액변동통지의 행정처분성의 인정 여부는 소득금액변동통지의 실체적 성격에 따라 결정되어야 하는 것이 원칙이지만, 소득금액변동통지를 받고 불복하고자 하는 납세자의 입장에서 그 불복절차를 어떻게 구성할 것인가라고 하는 절차적 정의의 실현과도 밀접한 관계를 가지고 있다.2)

대법원은 종래 소득금액변동통지에 대하여 처분성을 인정하지 않다가 법인에 대한 소득금액변동통지의 처분성이 인정된다고 입장을 변경하였으나 소득 귀속자에 대한 소득금액변동통지의 처분성에 대해서는 그동안 대법원의 명시적인 판단이 없었는바, 대상판결에서는 원천징수의무자인 법인과 달리 소득의 귀속자에 대한 소득금액변동통지는 처분성이 인정되지 않는다는 입장을 분명히 하였다. 이하에서는 먼저 소득처분과 소득금액변동통지의 법적 성격과 이에 대한 그동안의 판례 입장을 자세히 살펴보고, 이어서 대상판결의 의미에 대하여 검토하기로 한다.

2. 소득처분 및 소득금액변동통지의 의의

가. 소득처분의 개념

소득처분이란 법인이 각 사업연도의 법인세 과세표준 신고를 위한 세무조

---

2) 강석규, "소득금액변동통지의 행정처분성 – 대법원 2006. 4. 20. 선고 2002두1878 전원합의체 판결 –", 판례연구 제18집, 2007, 800면.

정을 하거나 과세관청이 탈루소득을 적발하여 법인세 과세표준을 경정함에 있어 익금에 산입한 금액에 대해 그 귀속관계를 추적하여 상여, 배당, 기타사외유출, 사내유보 등으로 귀속자와 귀속소득의 종류를 정하는 것을 말한다(법인세법 제67조).

　　법인 스스로 또는 과세관청에 의해 소득처분이 이루어지는 경우 해당 금액을 어떠한 종류의 소득으로 하는지의 기준은 법인세법 시행령 제106조에 의하도록 되어 있는바, 익금에 산입한 금액이 사외에 유출된 것이 분명한 경우에는 그 귀속자에 따라 배당(귀속자가 주주 등인 경우), 이익처분에 의한 상여(귀속자가 임원 또는 사용인인 경우), 기타사외유출(귀속자가 법인이거나 사업을 영위하는 개인인 경우), 기타소득(그 이외)으로 하고, 귀속이 불분명한 경우에는 대표자에게 귀속된 것으로 보며, 사외에 유출되지 아니한 경우에는 사내유보로 하고(제1항), 추계조사에 의하여 결정된 과세표준과 법인의 대차대조표상의 당기순이익과의 차액도 대표자에 대한 상여로 본다(제2항). 이 중 사외유출금액의 귀속이 불분명한 경우에 그 금액이 대표자에게 귀속된 것으로 간주하여 상여로 소득처분하는 것을 통상 '인정상여', '대표자 상여간주' 또는 '귀속불분명형 소득처분'이라고 하여, 귀속자가 밝혀진 경우에 배당이나 상여로 소득처분하는 것과 개념상 구별하고 있다.[3]

나. 소득금액변동통지의 의의

　　구 소득세법 시행령 제192조 제1항에 따르면 과세관청이 법인소득금액을 결정 또는 경정하면서 소득처분을 하는 경우에는 그 결정일 또는 경정일부터 15일 이내에 배당·상여 및 기타소득에 관하여 소득금액변동통지서에 의하여 당해 법인에게 통지하여야 한다. 다만, 당해 법인의 소재지가 분명하지 아니하거나 그 통지서를 송달할 수 없는 경우에는 당해 주주 및 당해 상여나 기타소득의 처분을 받은 거주자에게 통지하여야 한다.

　　과세관청의 소득처분과 그에 따른 소득금액변동통지가 있는 경우 원천징수의무자인 법인은 소득금액변동통지서를 받은 날에 그 통지서에 기재된 소득의 귀속자에게 당해 소득금액을 지급한 것으로 의제되어 그 때 원천징수하는 소득

---

3) 이의영, "소득처분에 따른 소득금액변동통지의 법적 성질 — 대법원 2006. 4. 20. 선고 2002두1878 전원합의체 판결에 대한 비판적 검토 —", 조세법연구 제12-2집, 2006. 11., 132-133면.

세의 납세의무가 성립함과 동시에 확정되고, 원천징수의무자인 법인으로서는 소
득금액변동통지서에 기재된 소득처분의 내용에 따라 원천징수세액을 그 다음 달
10일까지 관할 세무서장 등에게 납부하여야 할 의무를 부담한다. 원천납세의무자
인 소득의 귀속자는 소득금액변동지서를 받은 날이 속하는 달의 다음다음 달 말
일까지 종합소득세 과세표준 추가신고 및 자진납부의무를 부담한다(구 소득세법
시행령 제134조 제1항, 소득세법 기본통칙 135－192…3). 이러한 의무를 이행하지 않
을 경우 법인 및 소득 귀속자 모두 신고·납부 불성실가산세의 제재를 받게 된다.

3. 소득금액변동통지의 처분성에 대한 판례 입장의 변화

가. 소득금액변동통지의 처분성 부정과 전치절차상의 완화

종래 대법원은 법인에 대한 소득금액변동통지 자체는 독립하여 항고소송의
대상이 되는 행정처분이라 할 수 없고 다만 당사자가 소득금액변동통지 후에 필
연적으로 뒤따르게 될 납세고지처분을 예견하여 미리 심사청구를 한 경우 국세
청장이 이를 수리하였다가 납세고지처분이 있은 후에 그 처분에 대한 심사청구
로 전환하여 그 납세고지처분의 당부에 관하여 심리판단한 것이라고 볼 만한 사
정이 있는 경우 등에 한하여 위 납세고지처분에 대하여 적법한 전심절차를 거친
것으로 볼 수 있다고 판단하였다.[4]

그러다가 대법원 1993. 1. 19. 선고 92누8293 전원합의체 판결은 소득금액변
동통지에 대한 전심절차이행이 납세고지처분에 대한 불복절차의 이행으로 볼 수
있는지가 문제된 사안에서 소득금액변동통지가 있으면 그 통지를 받은 날에 그
소득금액이 지급된 것으로 간주되어 원천징수할 갑종근로소득세에 대한 납세의
무가 성립·확정되고 필연적으로 이에 대한 부과처분이 뒤따를 것이 예견되는 것
이므로, 납세자가 소득금액변동통지가 있은 후에 이에 불복하여 국세기본법 제55
조의 규정에 따른 심사청구 등을 한 경우에는 특별한 사정이 없는 한 필연적으로
뒤따를 것이 예견되는 부과처분의 취소를 구하는 취지가 포함되어 있다고 보아
야 할 것이므로, 심사관청이 위 심사청구에 따라 부과처분의 근거가 되는 납세의
무의 존부 즉 인정상여처분 등의 당부에 관하여 심리판단한 이상, 그 심사결정이
있은 뒤에 부과처분이 되었다고 하여도 위 심사청구로 위 부과처분에 대한 불복
전치절차를 거친 것으로 보는 것이 타당하고, 위 부과처분에 대하여 다시 심사청

---

4) 대법원 1986. 2. 25. 선고 85누168 판결.

구를 하여야 한다고 볼 것이 아니라고 판시하였다. 즉, 종전에는 소득금액변동통지에 대한 심사청구에서 그 결정 전에 납세고지처분이 존재하였다는 점에 터잡아 그 심사결정에서 그 납세고지처분의 당부까지 실질적으로 판단하였다고 보아 소득금액변동통지에 대한 심사청구를 납세고지처분에 대한 전심절차의 이행으로 인정한 데 반하여, 위 대법원 판결에서는 이러한 제한조차도 철폐하여 전심절차인 감사원의 심사결정시까지 소득금액변동통지와 관련된 부과처분이 없었음에도 추후의 부과처분에 대한 전심절차의 이행으로 인정함으로써 소득금액변동통지에 대하여 완화된 입장을 취했다는 점에서 의미가 있다.[5] 다만, 위 판례에서 언급된 바와 같이 이 역시 소득금액변동통지의 처분성을 인정하는 것은 아니었다.

나. 법인에 대한 소득금액변동통지의 처분성 인정

당시 대법원이 소득금액변동통지의 처분성을 인정하지 않았기 때문에 소득금액변동통지 자체를 쟁송의 대상으로 삼아 불복청구를 할 수는 없었고, 다만 납세자가 소득금액변동통지에 따른 원천징수의무를 이행하지 않아 과세관청이 징수처분을 하면 그 징수처분을 쟁송대상으로 삼아 그 징수처분에 대한 취소소송절차에서 소득처분의 당부(원천징수의무의 존부 및 그 범위)에 관해서도 함께 다투는 방식으로 진행되었다. 따라서 납세자가 소득금액변동통지에 따른 원천징수의무를 이행하여 해당 소득세를 자진 납부하는 경우에는 과세관청의 징수처분 자체가 존재할 여지가 없어, 이와 같은 경우에는 납세자의 불복수단이 전혀 없게 되는 결론에 이르게 되었다. 이와 같은 판례의 태도에 관하여는 그동안 납세자의 권리구제에 소홀하다는 비판이 있었다.[6]

이러한 사정 등을 고려하여 대법원 2006. 4. 20. 선고 2002두1878 전원합의체 판결은 법인에 대한 소득금액변동통지의 처분성을 인정하게 되었다. 위 판결은 과세관청의 소득처분과 그에 따른 소득금액변동통지가 있는 경우 원천징수의무자인 법인은 소득금액변동통지서를 받은 날에 그 통지서에 기재된 소득의 귀속자에게 당해 소득금액을 지급한 것으로 의제되어 그 때 원천징수하는 소득세의 납세의무가 성립함과 동시에 확정되고, 원천징수의무자인 법인으로서는 소득금액변동통지서에 기재된 소득처분의 내용에 따라 원천징수세액을 그 다음달 10

---

5) 강석규, 전게논문, 818-819면.
6) 강석훈, "소득금액변동통지의 처분성", 행정판례평선, 2011, 1235면.

일까지 관할 세무서장 등에게 납부하여야 할 의무를 부담하며, 만일 이를 이행하지 아니하는 경우에는 가산세의 제재를 받게 됨은 물론이고 형사처벌까지 받도록 규정되어 있는 점에 비추어 보면, 소득금액변동통지는 원천징수의무자인 법인의 납세의무에 직접 영향을 미치는 과세관청의 행위로서, 항고소송의 대상이 되는 조세행정처분이라고 봄이 상당하다고 판시하여 법인에 대한 소득금액변동통지의 처분성을 인정하였다. 다만, 법인에게 통지할 수 없는 사정으로 인하여 소득의 귀속자에게 통지된 소득금액변동통지에 대한 처분성에 대해서는 대법원의 명확한 판단이 없었다.

4. 대상판결의 의의

소득 귀속자의 소득금액변동통지의 처분성 여부에 관하여 이를 긍정하는 견해는 법인에 대한 소득금액변동통지와 소득 귀속자에 대한 소득금액변동통지의 법률적, 경제적, 행정제재적 효과가 동일하다는 관점에서 소득 귀속자에 대한 소득금액변동통지가 있는 경우 원천징수의무자인 법인은 그 통지서를 받은 날에 원천징수하는 소득세의 납세의무가 성립함과 동시에 확정되고, 소득금액변동통지서에 기재된 소득처분의 내용에 따라 원천징수세액을 그 다음 달 10일까지 관할세무서장 등에게 납부하여야 할 의무를 부담하는 것과 같이 원천납세의무자인 소득귀속자는 그 통지서를 받은 날이 속하는 달의 다음다음 달 말일까지 종합소득세 과세표준 추가신고 및 자진납부의무를 부담하며, 이러한 의무를 이행하지 않는 경우 법인과 같이 모두 신고·납부불성실 가산세의 제재를 받게 되고, 나아가 이와 같이 늘어난 세금을 납부하지 못하면 관허사업의 제한, 출국금지, 재산 압류 등의 후속조치가 따르므로 소득 귀속자에 대한 소득금액변동통지를 법인의 그것과 구별할 필요가 없고 특히 소득 귀속자에 대한 소득금액변동통지는 법인으로부터 원천징수세의 납부를 기대할 수 없는 경우에 한하여 이루어지는 것이므로 실질적으로 소득 귀속자가 해당 법인보다 이해관계가 더욱 절실하다고 할 것이므로, 소득금액변동통지의 직접 상대방인 소득 귀속자에 대한 소득금액변동통지의 처분성을 인정해야 한다는 입장이었다.

이와 관련하여 대법원 2013. 9. 26. 선고 2010두24579 판결은 법인이 소득 귀속자의 소득금액변동통지를 다툴 수 있는지가 문제된 사안에서, 구 소득세법 시행령 제192조 제1항 단서의 규정은 법인에게 소득금액변동통지서를 송달할 수 없는 경우에 소득처분을 받은 거주자에게 보충적으로 송달을 이행함으로써 법인에게 원천징수의무를 발생시키기 위한 규정이 아니라, 소득처분을 받은 거주자에게 종합소득 과세표준의 추가신고 및 자진납부의 기회를 주기 위하여 마련한 특칙이라고 보아 이를 법인에 대한 행정처분으로 볼 수 없다고 판단하여 소득 귀속자에 대한 소득금액변동통지의 특칙적 성격을 언급하면서 그 처분성 인정에 다소 부정적인 여운을 남겼지만 그 처분성에 대한 명시적 판단이 없었는데 대상판결은 법인에 대한 소득금액변동통지와는 달리 소득 귀속자에 대한 소득금액변동통지는 처분성이 인정되지 않는다는 법원의 입장을 분명히 하였다는 점에서 의의가 있다.

그와 같은 입장의 근저에는 소득 귀속자의 소득금액변동통지에 따라 그 소득의 귀속자가 추가신고를 하였다가 경정청구에 의하여 그 납부금액의 반환을 구할 수 있으므로 소득 귀속자에 대한 소득금액변동통지의 처분성을 부정하더라도 납세자의 권리 구제의 기회가 박탈되는 것은 아니라는 인식이 자리잡고 있다고 보인다. 다만, 그러한 판단이 실효적이기 위해서는 소득 귀속자에 대한 소득금액변동통지가 그 소득귀속일로부터 상당 기간이 경과한 이후에 이루어진다는 점을 고려하면 추가신고에 대한 경정청구의 기산일을 추가신고·자진납부기한 다음날로 인정하는 전제에서 가능하다. 이러한 전제는 최근 대법원 판례에 의하여 명확하게 뒷받침되었는바, 대법원 2011. 11. 24. 선고 2009두20274 판결은 종합소득 과세표준 확정신고기간 경과 후에 소득처분에 의하여 소득금액에 변동이 발생하여 구 소득세법 시행령 제134조 제1항에 따라 과세표준 및 세액을 추가신고·자진납부한 경우 그 경정청구의 기산일이 당초 사업연도의 신고·납부기한 다음 날인지 아니면 추가신고·자진납부기한 다음 날인지가 문제된 사안에서 구 소득세법 시행령 제134조 제1항의 입법취지는 종합소득 과세표준 확정신고기한이 경과한 후에 소득처분에 의하여 소득금액에 변동이 발생한 경우에는 구 소득세법 제70조 등에서 정한 원래의 종합소득 과세표준 확정신고기한 내에 그 변동된 소득금액에 대한 과세표준 및 세액을 신고·납부하는 것이 불가능하므로 그 과세표준 및 세액의 확정신고 및 납부기한을 소득금액변동통지서를 받은 날이 속하는 달의 다음달 말일까지 유예하여 주려는 데 있는 점, 따라서 위 규정에 의한 추가신고·자진납부기한도 구 국세기본법 제45조의2 제1항 제1호 소정의 '법정신고기한'의 의미에 포함된다고 볼 수 있는 점, 그리고 구 국세기본법 제45조의2 제1항 소정의 감액경정청구제도의 취지 등을 종합하여 보면, 종합소득 과세표준 확정신고기한이 경과한 후에 소득처분에 의하여 소득금액에 변동이 발생하여 구 소득세법 시행령 제134조 제1항에 따라 과세표준 및 세액을 추가신고·자진납부한 경우 그에 대한 구 국세기본법 제45조의2 제1항 제1호 소정의 경정청구기간은 구 소득세법 시행령 제134조 제1항에서 정하는 추가신고·자진납부기한 다음 날부터 기산된다고 판시하였다.

납세자의 권리구제의 절차적 정의실현의 측면에서 위 추가신고에 따른 경정청구 기산일에 관한 위 대법원 판결은 대상판결의 결론에 상당한 영향을 미쳤을 것이고, 소득 귀속자에 대한 소득금액변동통지의 처분성을 인정하자는 주장에 대한 주요한 반대논거가 되었을 것으로 사료된다. 대상판결의 입장에 따르면, 법인이 그에 대한 소득금액변동통지가 위법함에도 이를 다투지 않는 경우 원천납세의무자로서는 가산세의 제재를 감수하고서라도 과세관청의 종합소득세 부과처분을 기다려 이에 불복하거나, 종합소득세를 추가 신고·납부한 후 경정청구하고 과세관청이 이를 거부처분하면 해당 거부처분에 대하여 불복하거나, 원천징수의무자가 원천징수세를 납부한 후 소득 귀속자에 대하여 제기한 구상금 청구소송에 가서야 비로소 소득처분 및 그에 따른 소득금액변동통지의 당부를 다투는 등 우회적인 절차를 거쳐야 할 것이다.

참고로, 실무적으로는 소득금액변동통지의 적법성을 다투어 납세자가 권리구제를 받는 경우를 네 가지 방식으로 구분해 볼 수 있다.[7] ① 첫째 방식은 법인이 법인용 소득금액변동통지를 다투려는 경우로서 이는 대법원 2006. 4. 20. 선고 2002두1878 전원합의체 판결에서 그 처분성이 긍정되어 그 취소를 구하는 청구의 적법성이 인정되었다. ② 둘째 방식은 법인이 소득귀속자용 소득금액변동통지의 취소를 구하는 경우로서 판례[8]는 소득귀속자용 소득금액변동통지를 법인에 대한 처분으로 볼 수 없다는 이유로 그 취소를 구하는 소는 부적법하다고 보았다. ③ 셋째 방식은 소득의 귀속자가 법인용 소득금액변동통지의 취소를 구하는 경우로서 판례[9]는 소득귀속자가 법인의 소득금액변동통지의 취소를 구할 법률상 이익이 없다고 보아 그 방식의 적법성을 인정하지 않았다. ④ 마지막 방식은 소득의 귀속자가 소득귀속자용 소득금액변동통지의 취소를 구하는 경우로서 대상

---

7) 조윤희·하태흥, "2013년 조세 분야 판례의 동향", 특별법연구 제11권, 2014, 713-714면.
8) 대법원 2013. 9. 26. 선고 2010두24579 판결.
9) 대법원 2013. 4. 26. 선고 2012두27954 판결.

판결은 앞서 본 바와 같이 소득의 귀속자에 대한 소득금액변동통지는 항고소송의 대상이 되는 행정처분이라고 볼 수 없다고 하여 그 적법성을 인정하지 않았다. 이로써 대상판결에 의하여 실무상 소득금액변동통지에 관한 네 가지의 권리구제방식의 적법성이 최종적으로 정리·확인되었다고 할 것이다.

장기부과제척기간의 적용요건으로서의 사기 기타 부정한 행위와 조세포탈 결과의 인식

〈대법원 2014. 2. 27. 선고 2013두19516 판결〉

Ⅰ. 대상판결의 개요

1. 사실관계의 요지와 부과처분의 경위

원고는 부동산 신축 및 매매업을 하는 사업자로서 총 연면적이 일정 규모 이상일 경우 종합건설업 면허가 없으면 건축공사를 시행할 수 없는 규제를 피하기 위하여 당해 면허를 가진 소외회사의 명의를 빌려 자신이 직접 이 사건 건물의 건축공사를 시공하기로 하였다. 이에 따라, 원고는 2001. 5.경 소외회사와 사이에 형식적으로 이 사건 건물의 신축공사를 소외회사에게 공사금액 7억 1,000만원(부가가치세 별도)에 도급을 주는 내용의 공사도급계약서를 작성하였고, 이 사건 건물의 신축공사 대부분을 직접 다른 공사업체에 도급을 주면서 그 도급인 명의를 소외회사로 하여 공사하도급계약을 체결하였다.

원고는 2001. 6.경부터 7.경까지 소외회사의 은행계좌로 4억 7,000만원 상당을 송금하였는데, 그 중 4억 2,000만원 상당은 원고와 그의 처의 은행계좌 등으로 다시 반환받았고, 하도급 공사업체에 대한 공사대금은 소외회사 명의로 입금하는 방식으로 지급하였다.

위 공사도급계약에 기하여 원고는 소외회사로부터 7억 1,000만원의 이 사건 세금계산서를 수취하였고, 위 세금계산서의 매입세액을 공제하여 2001년도 제1, 2기분 부가가치세를 신고·납부하였다.

피고는 원고와 소외회사 사이의 공사도급계약서가 허위이고, 이 사건 세금계산서 역시 가공의 세금계산서이므로 매입세액으로 공제될 수 없고, 나아가 이러한 원고의 매입세액 공제행위는 사기 기타 부정한 행위에 해당하여 10년의 부과제척기간이 적용된다는 이유로 2010. 1.경 원고에 대하여 2001년도 제1기분 부가가치세 1억 1,000만원 상당, 제2기분 부가가치세 7,000만원 상당을 부과·고지하였다(이하 '이 사건 부과처분').

2. 판결의 요지

가. 원심판결의 요지

원심은 원고가 실제로는 이 사건 건물을 직접 신축하였으면서도 마치 소외회사에 이 사건 건물의 신축공사를 도급한 것처럼 허위의 도급계약서를 작성한 다음, 소외회사로부터 공급가액 7억 1,000만원의 이 사건 세금계산서를 교부받고 그 매입세액을 공제하여 부가가치세를 신고한 행위는 '사기 기타 부정한 행위로 부가가치세를 환급·공제받은 경우'에 해당한다는 이유로, 피고의 부가가치세 부과처분에 대하여는 구 국세기본법(2007. 12. 31. 법률 제8830호로 개정되기 전의 것) 제26조의2 제1항 제1호 소정의 10년의 부과제척기간(이하 '장기부과제척기간')이 적용된다고 판단하였다.

나. 대상판결의 요지

대법원은 "납세자가 허위의 계약서를 작성한 다음 그에 따라 교부받은 허위의 세금계산서에 의하여 매입세액의 공제 또는 환급을 받은 경우 그러한 행위가 구 국세기본법 제26조의2 제1항 제1호가 규정한 '사기 기타 부정한 행위로써 국세를 포탈하거나 환급·공제받은 경우'에 해당하여 장기부과제척기간이 적용되기 위하여는, 납세자에게 허위의 세금계산서에 의하여 매입세액의 공제 또는 환급을 받는다는 인식 외에, 허위의 세금계산서를 발급한 자가 그 세금계산서상의 매출세액을 제외하고 부가가치세의 과세표준 및 납부세액을 신고·납부하거나 또는 그 세금계산서상의 매출세액 전부를 신고·납부한 후 경정청구를 하여 이를 환급받는 등의 방법으로 그 세금계산서상의 부가가치세 납부의무를 면탈함으로써 납세자가 그 매입세액의 공제를 받는 것이 결과적으로 국가의 조세수입 감소를 가져오게 될 것이라는 점에 대한 인식이 있어야 한다"고 판시하였다.

II. 대상판결의 평석

1. 이 사건의 쟁점

'사기 기타 부정한 행위'라 함은 조세의 부과와 징수를 불가능하게 하거나 현저히 곤란하게 하는 위계 기타 부정한 적극적인 행위를 말한다. 사기 기타 부정한 행위로 국세를 포탈하는 경우에는 기본적으로 세 가지의 규정의 적용이 문제된다. 우선, 국세기본법 제26조 제1항의 10년의 장기부과제척기간 규정과 다음으로 국세기본법 제47조의2 제2항의 부당무신고가산세 규정, 제47조의3 제2항의 부당과소신고가산세 규정, 그리고 조세범처벌법 제3조[구 조세범처벌법(2010. 1. 1. 법률 제9919호로 전부 개정되기 전의 것) 제9조)]의 조세포탈죄 규정이 그것이다. 지방세의 경우에도 지방세 기본법 제38조의 장기제척기간 규정, 지방세법 제58조의2, 3의 부당무신고와 부당과소신고가산세 규정, 지방세기본법 제129조의 지방세포탈죄 규정, 관세의 경우에도 관세법 제21조의 장기부과제척기간 규정, 관세법 제270조의 관세포탈죄 규정 등이 적용될 수 있다.

대상판결에서는 사기 기타 부정한 행위와 관련한 위 세 가지의 규정 중에 장기부과제척기간 규정의 적용 여부가 판단의 대상이 되었다. 대상판결의 사안은 원고가 소외회사로부터 수취한 이 사건 세금계산서에 의하여 부가가치세 매입세액을 공제받았으나 이 사건 세금계산서를 교부한 소외회사는 부가가치세 매출세액을 납부할 것으로 보여 전체적으로는 국가의 조세수입의 감소가 예상되지는 않는 경우인바, 이 사건의 쟁점은 그와 같이 전체적인 조세수입의 감소가 예상되지 않는 경우에도 납세자의 부정행위를 이유로 구 국세기본법 제26조의2 제1항 제1호의 장기부과제척기간 규정을 적용할 수 있는지, 달리 말하면 납세자의 부정행위가 있다고 하더라도 장기부과제척기간 규정을 적용하기 위해서는 추가로 전체적인 조세포탈의 결과가 발생한다는 점에 대한 납세자의 주관적 인식, 즉 조세포탈의 인식 내지 고의가 필요한지 여부이다. 형사범인 조세포탈죄에 있어서는 오래 전부터 고의범으로 보아 납세자에게 조세포탈의 인식이 없으면 범죄가 성립하지 않는다는 것에는 이견이 없었는바,[1] 결국 장기부과제척기간의 적용요건을 조세포탈죄의 구성요건과 실질적으로 동일하게 해석하여야 하는지가 이 사건

---

[1] 대법원 1983. 11. 8. 선고 83도510 판결 등.

의 쟁점이다.

2. 장기부과제척기간의 부정행위와 조세포탈죄의 부정행위

가. 문제의 소재

구 국세기본법 제26조의2(2011. 12. 31. 법률 제11124호로 개정되기 전의 것) 제1항의 장기부과제척기간의 적용요건과 구 조세범처벌법(2010. 1. 1. 법률 제9919호로 개정되기 전의 것) 제9조 제1항의 조세포탈죄의 구성요건은 그 문언 등에 다소 차이가 있었다. 즉, 장기부과제척기간의 적용요건은 납세자가 사기 기타 부정한 행위(이하 '장기부과제척기간의 부정행위')로써 국세를 포탈하는 등의 경우로 규정하고 있었는데, 구 조세범처벌법 제9조 제1항은 조세포탈죄의 구성요건을 사기 기타 부정한 행위(이하 '조세포탈죄의 부정행위')로써 조세를 포탈하는 경우로 하면서 같은 법 제9조의2는 소득금액경정에 있어서 세무회계와 기업회계의 차이로 인하여 생긴 금액과 법인세의 과세표준을 법인이 신고하거나 정부가 결정 또는 경정함에 있어서 그 법인의 주주 등 기타 특수한 관계에 있는 자의 소득으로 처분된 금액은 사기 기타 부정한 행위로 생긴 소득금액으로 보지 않는다고 규정하고 있었다. 그 후 조세범처벌법이 2010. 1. 1. 법률 제9919호로 전부 개정되면서 같은 법 제3조 제1항은 종전의 '사기 기타 부정한 행위' 대신 '사기나 그 밖의 부정한 행위[2]'를 조세포탈죄의 구성요건으로 규정하였고 같은 조 제6항에서는 이중장부의 작성 등 장부의 거짓 기장, 거짓 증빙 또는 거짓 문서의 작성 및 수취 등을 '사기나 그 밖의 부정한 행위'의 예시로 제시하게 되었다. 그 당시까지는 장기부과제척기간의 부정행위와 조세포탈죄의 부정행위가 사기 기타 부정한 행위라는 동일한 문구를 사용하였지만 양자의 의미가 동일한 것인지 등에 관한 명문의 규정은 없었다.

그러다가 2011. 12. 31. 이후 국세기본법 제26조의2 제1항 제1호가 '납세자가 대통령령으로 정하는 사기나 그 밖의 부정한 행위(이하 '부정행위')로 국세를 포탈하거나 환급·공제받은 경우'로 개정되었고 2012. 2. 2. 그 위임을 받은 국세기본법 시행령 제12조의2 제1항이 신설되면서 "법 제26조의2 제1항 제1호에서 '대통령령으로 정하는 사기나 그 밖의 부정한 행위'란 조세범 처벌법 제3조 제6항

---

2) 현행 조세범처벌법 제3조의 '사기 그 밖의 부정한 행위'는 구 조세범처벌법 제9조의 '사기 기타 부정한 행위'와 동일한 개념으로 이해되고 있다

각 호의 어느 하나에 해당하는 행위를 말한다"고 규정하게 되었다. 이와 같이 국세기본법 제26조의2 제1항 제1호 및 같은 법 시행령 제12조의2 제1항이 '부정행위'의 구체적인 내용을 조세포탈의 부정행위에 관한 예시에 따르도록 개정됨으로써 국세기본법상의 부정행위와 조세포탈죄의 부정행위가 명문의 규정에 의하여 동일한 의미를 가지게 되었다.

이와 같이 2012. 2. 2. 국세기본법 시행령 제12조의2 제1항의 신설에 따라 장기부과제척기간의 부정행위를 조세포탈죄의 부정행위와 동일한 것으로 규정함으로써 입법적으로 양자의 의미를 명확하게 하였으나, 장기부과제척기간 규정을 적용하기 위해서는 조세포탈죄와 같이 부정행위에 대한 인식 외에 추가로 납세자에게 조세포탈 결과의 인식이 필요한지는 불분명한 측면이 있고, 특히 그 이전의 기간에는 장기부과제척기간의 부정행위와 조세포탈죄의 부정행위가 과연 동일한 의미를 가진 것인지, 양자가 그 적용요건과 성립요건을 같이 하는 것인지가 여전히 문제된다.

나. 구 국세기본법[3]상 장기부과제척기간의 부정행위의 의미

이에 대해서는 장기부과제척기간의 부정행위와 조세포탈죄의 부정행위를 동일한 의미로 해석하는 견해와 각기 다른 의미로 해석하는 견해가 대립되어 왔다.

전자의 견해는 장기부과제척기간 규정과 조세포탈죄 규정의 법문언이 사기 기타 부정한 행위로서 동일할 뿐만 아니라 위 양 규정의 입법취지 역시 조세를 포탈하는 행위에 대해 불이익을 준다는 점에서 기본적으로 같다고 볼 수 있으므로, 법령의 통일적 해석이라는 측면에서 장기부과제척기간의 부정행위와 조세포탈죄의 부정행위를 동일하게 해석해야 한다는 것이다.[4]

반면, 후자의 견해는 장기부과제척기간의 부정행위와 조세포탈죄의 부정행위를 동일하게 해석하게 되면 소득세의 경우 미신고시의 7년의 부과제척기간이 적용되는 것과 비교할 때 허위로 신고한 경우에는 오히려 5년의 단기부과제척기간이 적용될 수 있는바, 이는 허위신고로 인해 국가의 세무행정이 더 혼란스러워지고 단순 무신고의 경우보다 과세관청의 조사 및 부과절차에 보다 많은 시간과 노력이 소요될 수 있다는 점을 감안할 때 결코 합리적이지 않은 결과가 발생한다

---

3) 구체적으로는 국세기본법 시행령 제12조의2가 신설되기 전의 기간을 말한다.

4) 이용우, "국세기본법 제26조의2 제1항 제1호에 따른 국세의 부과제척기간에 관한 연구", 조세법연구 제20-2집, 2014, 84면.

는 점을 지적한다. 이에 민법과 형법상 '사기'가 같은 개념의 용어임에도 불구하고 민법에서는 보다 광의로, 그리고 형법에서는 보다 협의로 해석 및 운용되는 것과 마찬가지로, 조세법의 경우에도 장기부과제척기간에 있어서의 '사기 기타 부정한 행위'와 조세포탈죄의 성립요건으로서의 '사기 기타 부정한 행위'는 그 구체적 해석 및 운용 범위를 달리할 필요가 있다는 입장이다.[5]

3. 장기부과제척기간의 부정행위에 있어서 조세포탈 결과의 인식이 필요한지 여부

가. 조세범처벌법 상의 조세포탈죄 구성요건으로서의 조세포탈 결과에 대한 인식

조세범처벌법 제3조 제1항은 "사기나 그 밖의 부정한 행위로써 조세를 포탈하거나 조세의 환급·공제를 받은 자는 2년 이하의 징역 또는 포탈세액, 환급·공제받은 세액의 2배 이하에 상당하는 벌금에 처한다"고 규정하고 있어 조세포탈죄는 법문상 고의범임이 명백하므로, 그 성립에 있어 조세포탈의 구성요건에 해당하는 사실에 대한 인식이 필요하다.[6] 즉, 조세포탈죄가 성립하기 위해서는 납세의무, 사기 그 밖의 부정행위, 조세포탈의 결과 및 인과관계에 대한 인식이 필요하다. 따라서, 납세자의 부정행위로 인해 조세포탈의 결과가 발생하였다는 사실만으로는 조세포탈죄가 성립할 수 없고, 납세자가 자신의 부정행위로 인해 조세포탈의 결과가 발생한다는 점을 주관적으로 인지하여야 한다.

대법원 역시 이러한 견지에서 조세포탈에 대한 인식이 인정되지 않는 사안에 대하여 무죄 취지로 판결하였다. 피고인이 상가건물 임대업을 경영함에 있어 사실은 A건설로부터 일반건설업 면허를 대여받아 상가건물을 직접 시공하였음에도 해당 건물을 A건설이 시공한 것처럼 허위의 도급계약서를 작성하고 A건설로부터 세금계산서를 교부받아 매입세액을 공제받은 것에 대하여 부가가치세를 포탈하였다고 하여 공소제기된 사안에서, 원심은 "허위의 세금계산서를 교부받아 이를 세무서에 제출하여 매입세액을 환급받은 이상 사기 기타 부정한 행위로써 위 매입세액을 환급받는 데 대한 고의가 있다"고 판단하였다. 그러나 대법원은 "피고인에게 구 조세범처벌법 제9조 소정의 조세포탈죄의 고의가 있다고 하려면, 피고인에게 허위의 세금계산서에 의하여 매입세액의 환급을 받는다는 인식 이외

---

5) 김영심, "조세법상의 '사기 기타 부정한 행위' 관련 소고", 법학연구 제19권 제1호, 2009, 118면.
6) 고성춘, 조세형사법, 삼일인포마인, 2013, 395면.

에 허위의 세금계산서상의 부가가치세 납부의무를 면탈함으로써 결과적으로 피고인이 허위의 세금계산서에 의한 매입세액의 공제를 받는 것이 국가의 조세수입의 감소를 가져오게 될 것이라는 인식이 있어야 한다"고 보았다. 그러면서 "피고인에게 허위의 세금계산서상의 부가가치세 납부의무를 면탈함으로써 결과적으로 피고인이 위 허위의 세금계산서에 의한 매입세액의 공제를 받는 것이 국가의 조세수입의 감소를 가져오게 될 것이라는 인식이 있었는지 여부에 관하여는 심리하지 않은 채 피고인에게 위 허위의 세금계산서에 의하여 매입세액의 환급을 받는다는 인식이 있었다고 하여 곧바로 피고인에게 조세포탈 등 죄의 고의가 있었다고 인정한 원심판결에는 조세포탈 등 죄에 있어서의 고의에 관한 법리를 오해함으로써 심리를 다하지 않은 위법이 있다"고 판시하여 조세포탈의 결과에 대한 인식이 조세포탈범의 성립을 위한 구성요건에 해당한다고 판단하였다.[7]

이후 대법원은 피고인이 유류도매업체로부터 실제 유류를 공급받은 사실이 없음에도 불구하고 유류를 공급받은 것처럼 허위의 매입세금계산서를 교부받은 다음 그 세금계산서의 공급가액을 매입금액에 포함시켜 부가가치세 신고를 함으로써 매입세액을 공제받는 방법으로 부가가치세를 포탈하였다는 공소사실에 대하여도 부가가치세 납부의무를 면탈함으로써 결과적으로 피고인이 위 허위의 세금계산서에 의한 매입세액의 공제를 받는 것이 국가의 조세수입의 감소를 가져오게 될 것이라는 인식이 있어야 한다고 판시하여,[8] 조세포탈죄로 의율하기 위해서는 조세포탈의 결과에 대한 인식이 필요하다는 점을 다시 한번 확인하였다.

나. 국세기본법상 장기부과제척기간 적용요건으로서의 조세포탈 결과에 대한 인식
대법원은 국세기본법의 개정 이전에도 장기부과제척기간의 부정행위의 의미를 엄격하게 해석하는 태도를 취하여 왔다. 대법원은 국세기본법상 장기부과제척기간이 문제된 사안에서, 구 국세기본법(2007. 12. 31. 법률 제8830호로 개정되기 전의 것) 제26조의2 제1항 제1호 소정의 '사기 기타 부정한 행위'의 의미에 대하여 "조세의 부과와 징수를 불가능하게 하거나 현저히 곤란하게 하는 위계 기타 부정한 적극적인 행위를 말하고, 다른 어떤 행위를 수반함이 없이 단순히 세법상의 신고를 하지 아니하거나 허위의 신고를 함에 그치는 것은 여기에 해당하지 않는

---

7) 대법원 2001. 2. 9. 선고 99도2358 판결.
8) 대법원 2010. 1. 14. 선고 2008도8868 판결.

다"고 하여 조세포탈죄의 '사기 기타 부정한 행위'와 동일한 내용으로 판시하였다. 대법원은 위 판결에서 국세기본법상 장기부과제척기간의 적용 요건인 부정행위와 조세포탈죄의 구성요건인 부정행위의 관계에 대하여 명시적인 입장을 밝히지 않았으나, 그 판시취지에 비추어 볼 때 같은 의미로 해석한 것으로 보인다.[9]

이후 대법원은 지방세법의 장기부과제척기간이 문제된 사안에서, "조세범처벌법 제3조 제1항, 지방세기본법 제129조 제1항, 특정범죄가중처벌 등에 관한 법률 제8조 제1항 및 제2항 등에서는 사기나 그 밖의 부정한 행위로써 지방세를 포탈하거나 지방세를 환급·공제받은 경우 포탈세액 등의 다과에 따라 2년 이하의 징역 또는 포탈세액 등의 2배 이하에 상당하는 벌금부터 최고 무기 또는 5년 이상의 징역과 포탈세액 등의 2배 이상 5배 이하에 상당하는 벌금에 처하도록 규정하고 있어 '사기 기타 부정한 행위'는 형사처벌의 구성요건으로 되어 있으므로, 어떠한 행위가 조세법상 '사기 기타 부정한 행위'에 해당하는지 여부를 가림에 있어서도 형사처벌 법규의 구성요건에 준하여 엄격하게 해석하여야 할 것이다"라고 판시[10]하여 조세범처벌법, 국세기본법 및 지방세법 등 조세법상의 '사기 기타 부정한 행위'가 동일 개념임을 명확히 하였다.

장기부과제척기간의 부정행위와 조세포탈죄의 부정행위를 동일한 개념으로 본다고 하더라도 전자의 적용요건으로서 부정행위에 대한 인식과 별도로 조세포탈의 결과에 대한 인식이 필요한지는 다른 입장이 가능하지만 주류적 견해에서는 장기부과제척기간을 적용하기 위해서는 조세포탈과 동일하게 조세포탈의 결과에 대한 인식이 필요하다고 해석하여 왔다. 그와 같은 견해의 연장선에서 대상판결은 앞서 제시한 대법원 2001. 2. 9. 선고 99도2358 판결의 전제가 된 사실관계와 매우 유사한 사안에서 "장기부과제척기간의 적용여부와 관련하여 부가가치세 납세의무를 면탈함으로써 납세자가 그 매입세액의 공제를 받는 것이 결과적으로 국가의 조세수입 감소를 가져오게 될 것이라는 점에 대한 인식이 있어야 한다"고 판시하였다. 즉, 종전에도 대법원은 국세와 지방세에 있어서의 장기부과제척기간의 부정행위와 조세포탈죄의 부정행위가 동일한 개념으로 보았는데, 대상판결은 이에 더 나아가 납세자가 자신의 부정행위로 인해 조세포탈의 결과가 발생한다는 점을 주관적으로 인식하여야 장기부과제척기간이 적용될 수 있으며, 이

---

9) 대법원 2013. 12. 12. 선고 2013두7767 판결, 이용우, 전게논문, 84-85면.
10) 대법원 2014. 5. 16. 선고 2011두29168 판결.

는 조세포탈죄의 구성요건으로서 '조세포탈의 결과에 대한 인식'이 장기부과제척기간의 적용요건으로서도 필요함을 명확히 하였다. 그러한 점에서 대상판결은 주류적 견해와 그 입장을 같이 한다고 할 것이다.

4. 대상판결의 평가

앞서 본 바 같이, 국세기본법 제26조의2 제1항 제1호를 개정하고, 같은 법 시행령 제12조의2 제1항의 내용을 신설한 것은 장기부과제척기간의 적용요건과 조세포탈죄의 구성요건을 동일한 것으로 인식하는 것이 입법자의 의사임을 표현한 것이라고 할 수 있다. 대법원 역시 개정 이전부터 장기부과제척기간의 부정행위와 조세포탈죄의 부정행위를 동일한 개념으로 인식하여 왔지만, 조세포탈의 구성요건에 해당하는 조세포탈 결과의 인식이 필요한지에 대해서는 명시적인 판단이 없었는데, 대상판결은 장기부과제척기간의 적용을 위해서는 조세포탈의 결과에 대한 인식이 필요하다고 판시하여 장기부과제척기간의 적용요건과 조세포탈죄의 구성요건을 동일하게 해석함으로써 장기부과제척기간 규정이 형사처벌법규의 구성요건에 준하는 엄격한 요건을 충족하는 경우에 예외적으로 적용되는 규정이라는 점을 명확히 하였다는 점에서 의의가 있다. 그러한 의미에서 위 국세기본법 시행령의 신설은 확인적 의미의 개정이라고 할 것이다.

이러한 대상판결의 입장은 부당과소신고가산세에 관하여도 그대로 이어졌다. 대법원은 "납세자가 세금계산서상의 공급자와 실제 공급자가 다르게 적힌 '사실과 다른 세금계산서'를 교부받아 매입세액의 공제 또는 환급을 받은 경우 그러한 행위가 국세기본법 제47조의3 제2항 제1호가 규정한 '부당한 방법으로 과세표준을 과소신고한 경우'에 해당하기 위하여는, 납세자에게 사실과 다른 세금계산서에 의하여 매입세액의 공제 또는 환급을 받는다는 인식 외에, 사실과 다른 세금계산서를 발급한 자가 그 세금계산서 상의 매출세액 전부를 신고, 납부한 후 경정청구를 하여 이를 환급받는 등의 방법으로 그 세금계산서상의 부가가치세 납부의무를 면탈함으로써 납세자가 그 매입세액의 공제를 받는 것이 결과적으로 국가의 조세수입 감소를 가져오게 될 것이라는 점에 대한 인식이 있어야 한다"고 판시하였다.[11] 결국 장기부과제척기간의 적용요건과 부당무신고가산세, 부당과소신고가산세의 부과요건, 그리고 조세포탈죄의 구성요건은 그 행위태양의 측면

---

11) 대법원 2015. 1. 15. 선고 2014두11618 판결.

에서뿐만 아니라 조세포탈의 결과에 대한 인식이 필요하다는 점에서도 차이가 없게 되었다.

이러한 대법원의 입장에 대해서는 형사범인 조세포탈죄의 경우 구성요건 사실인 부정행위에 대한 인식 외에 조세포탈의 결과에 대한 인식이 필요함은 당연하지만 조세부과에 관한 장기부과제척기간 규정의 적용이나 부당무신고나 과소신고가산세 규정의 적용에 있어서는 당해 납세의무자의 부정행위에 대한 인식만 있으면 되는 것이지 거래상대방의 조세부담까지 고려하여 전체적인 조세포탈의 결과에 대한 인식까지 요구하는 것은 조세법과 형사법을 동일시하여 조세사건의 특성을 이해하지 못한 것이라는 주장이 가능하지만 각 규정의 핵심에 해당하는 사기 기타 부정한 행위의 문언을 동일하게 사용하는 조세포탈죄나 장기부과제척기간 규정을 적용함에 있어서 다른 잣대를 적용하는 것은 납세자의 예측가능성과 거래의 안정성을 저해할 뿐만 아니라 전체적인 조세수입의 감소가 초래되지 않는다면 편취 의사를 요체로 하는 사기 기타 부정한 행위의 범의가 있다고도 보기 어려우므로 이를 동일하게 파악하는 대법원의 입장에 찬동한다.

대상판결은 전단계세액공제제도를 취하고 있는 우리나라의 부가가치세제 아래에서 납세자가 그 전의 거래단계에서 징수당한 부가가치세를 매입세액을 공제받는 것 그 자체로는 국가의 조세수입 감소가 없고 납세자로부터 부가가치세를 징수한 거래상대방이 이를 국가에 납부하지 않을 때에 비로소 국가의 조세수입의 감소가 이루어진다는 점을 고려한 것으로 사료된다. 이러한 대상판결의 입장은 거래 상대방의 조세납부에 의하여 전체적인 세수의 감소가 초래되지 않는 부가가치세의 사안에서 주로 적용이 될 것이지만 조세포탈의 결과의 주관적 인식의 필요성을 강조한 부분은 다른 세목에서의 장기부과제척기간의 판단에 있어서도 부정행위의 의미에 대한 엄격해석의 유의미한 기준을 제시한 것으로 평가할 수 있다. 향후 다른 세목에서의 대법원의 판단이 주시된다.

2

소득세법 · 법인세법

사택보조금의 무상대여와 부당행위계산부인

〈대법원 2006. 5. 11. 선고 2004두7993 판결〉

I. 대상판결의 개요

1. 사실관계의 요지와 과세처분의 경위 등

원고는 청량음료 제조 및 판매를 목적으로 하는 법인으로서 판매량을 증대시키기 위하여 전국적으로 다수의 영업지점을 설치하여 지점장 등(이하 '이 사건 지점장')을 파견하면서, 원고의 사택보조금지급규정에 따라 1996년부터 2000년도까지 무연고지에 파견된 직원에 대하여 사택보조금을 무상으로 대여하였다(이하 '이 사건 사택보조금'). 그런데 피고는 이 사건 사택보조금의 지급이 특수관계자에 대한 금전의 무상대여로서 부당행위계산 부인의 대상으로 보아 그 인정이자 상당액을 익금산입하고, 동시에 업무 관련성도 없다고 판단하여 그 차입금의 지급이자 상당액을 손금불산입하여 해당 사업연도의 법인세를 부과하였다.

원고는 위 법인세 부과처분에 대하여 국세심판청구를 하였고, 국세심판원은 이 사건 사택보조금의 업무관련성을 인정하여 차입금의 지급이자 상당액을 손금으로 판단하였으나 인정이자 부분에 대해서는 원고의 청구를 기각하였다. 이어 인정이자 부분에 대하여 원고가 제기한 조세소송에서 서울행정법원은 조세법률주의상의 엄격해석의 원칙 하에서 부당행위계산 부인에서 제외되는 구 법인세법 시행령 제46조 제2항 제7호 단서 및 개정 법인세법 시행령 제88조 제1항 제6호 단서의 요건을 구비하지 못하였고 그 보조금 지급에 일부 경제적 합리성이 인정된다고 하더라도 부당행위계산 부인의 대상에서 제외된다고 단정할 수 없다는 이유로 원고의 청구를 기각하였으나 서울고등법원은 이 사건 사택보조금 대여행위는 위 부당행위계산 부인의 제외 사유에는 해당하지 않으나 경제적 합리성이 있어 부당행위계산 부인의 대상이 되지 않는다며 위 부과처분을 취소하였다. 이에 대해 피고는 상고를 제기하였는데 대법원은 이 사건 사택보조금의 대여는 부당행위계산 부인에 해당하지 않는다며 피고의 상고를 기각하였다.

2. 판결요지

대법원은 청량음료 제조판매회사가 무연고지에 근무하는 직원들에게 사택보조금을 지급한 것은 부당행위계산 부인의 적용대상에서 제외되는 사택의 제공에 갈음하여 행하여진 것으로서 그 실질에 있어서는 사택의 제공과 동일시할 수 있기 때문에, 위 사택보조금의 지급이 건전한 사회통념이나 상관행에 비추어 경제적 합리성을 결한 비정상적인 거래라고 할 수는 없으므로 부당행위계산 부인의 대상이 아니라고 판시하였다.

Ⅱ. 대상판결의 평석

1. 문제의 소재

조세법규의 해석과 관련하여 대법원은 조세법률주의 원칙상 과세요건이나 비과세요건 또는 조세감면요건을 막론하고 조세법규의 해석은 특별한 사정이 없는 한 법문대로 해석할 것이고, 합리적 이유 없이 확장해석하거나 유추해석하는 것은 허용되지 아니하며 특히 감면요건 규정 가운데 명백히 특혜규정이라고 볼 수 있는 것은 엄격하게 해석하는 것이 조세공평에 부합한다고 판시하고 있다.[1) 부당행위계산 부인규정의 적용에 관하여도 판례는 특수관계자 및 부당행위 또는 부당계산은 법인세법 시행령에 열거되어 있는 경우에 한하며, 그 부인의 대상이 되는 기초적 사실관계는 진실로서 존립하는 것이어야 하고, 이는 조세법령해석의 일반원칙에 따라 유추해석이나 확대해석이 허용될 수 없다는 입장이다.[2)

대상판결의 사안에서 원고가 무주택자가 아닌 이 사건 지점장에게 사택보조금을 지원해 준 것이 감면규정적 성격의 부당행위계산 부인의 제외사유로서 규정하고 있는 사용인에 대한 사택의 제공에 해당하는지가 문제인바, 대상판결은 이 사건 사택보조금의 지급이 그 실질에 있어서는 부당행위계산 부인의 적용대

---

1) 대법원 2004. 5. 28. 선고 2003두7392 판결 등.
2) 대법원 1982. 11. 23. 선고 80누466 판결, 대법원 1985. 5. 28. 선고 84누337 판결 등.

상에서 제외되는 사택의 제공과 동일시할 수 있기 때문에, 위 사택보조금의 지급
이 건전한 사회통념이나 상관행에 비추어 경제적 합리성을 결한 비정상적인 거
래라고 할 수는 없으므로 부당행위계산 부인의 대상이 아니라는 것이다. 대상판
결이 사택보조금의 지급이 실질적으로 사택의 제공과 동일시할 수 있다고 보고
있는 것은 부당행위계산 부인의 적용제외 사유인 사택의 제공의 문언의 의미를
넘어서 사실상 유추해석이나 확대해석을 한 것으로 보여지는 점이 없지는 않은
바, 대상판결이 기존의 엄격해석의 원칙을 벗어나는 입장을 택한 것인지 의문이
있을 수 있다.

　한편, 판례는 부당행위계산 부인에서의 부당성 즉, 법인의 소득에 대한 조세
의 부담을 부당히 감소시킨 것으로 인정되는 경우의 의미에 관하여 당해 법인이
법인세법 시행령 각호에서 열거한 제반 거래형태를 빙자하여 남용함으로써 조세
부담을 부당하게 회피하거나 경감시킬 것을 기도하는 경우 또는 이와 같은 의도
가 없더라도 그 거래형태가 경제적 합리성을 무시하였다고 인정되는 경우를 의
미한다고 판시하였는바,[3] 이는 부당행위계산 부인 규정을 적용하기 위해서는 단
순히 어느 거래가 법인세법 시행령에 열거된 행위유형에 해당한다는 것을 넘어
다시 그와 같은 거래형태를 빙자하여 이를 남용한 것이거나 그 거래형태가 경제
적 합리성을 무시하였다고 인정되어야 한다는 것으로 부당성을 별도의 고려요건
으로 보는 것으로 이해된다.[4]

　부당행위계산 부인의 부당성의 요건과 엄격해석의 원칙과의 관계에 대하여
그동안 대법원은 명시적인 입장 표명을 하지 않은 채 부당성은 경제적 합리성이
없는 경우를 의미하는 것으로 경제적 합리성 유무에 대한 판단은 거래행위의 제
반 사정을 구체적으로 고려하여 과연 그 거래행위가 건전한 사회통념이나 상관
행에 비추어 경제적 합리성을 결여한 것인지 여부에 따라 판단하여야 한다는 입
장[5]이었는바, 대상판결에서는 이 사건 사택보조금의 지급이 사택의 제공과 실질
적으로 동일하다는 이유로 경제적 합리성이 있는 것으로 보았다. 즉, 대상판결은
이 사건 사택보조금의 지급이 실질적으로 부당행위계산 부인의 제외 사유인 사
택의 제공에 해당하기 때문에 이 사건 사택보조금의 지급이 경제적 합리성이 있
다는 취지인바, 이러한 제외사유의 유추해석에 따른 경제적 합리성의 판단이 부

---

　3) 대법원 1979. 2. 27. 선고 78누457 판결, 대법원 1985. 5. 28. 선고 84누337 판결 등.
　4) 정인진, "부당행위계산부인에 있어서 부당성의 요건", 조세판례백선, 2005, 326면.
　5) 대법원 1996. 7. 26. 선고 95누8751 판결.

당성을 별도의 요건으로 보는 종전의 대법원 판례와 어떠한 관계에 있는지를 추가적으로 검토해 볼 필요가 있다.

2. 법인세법상 부당행위계산 부인의 제외사유로서의 사택의 제공 및 사택보조금의 대여 부분에 대한 엄격해석

부당행위계산 부인이란 납세자가 정상적인 경제인의 합리적인 거래형식을 취하지 아니하고 우회행위, 다단계행위 그 밖의 이상한 거래 형식을 취함으로써 통상의 합리적인 거래형식을 취할 때 생기는 조세의 부담을 경감 내지 배제시키는 행위계산을 조세법적으로 부인하여 재구성하여 과세하는 것6)으로 법인세법은 부당행위계산의 유형을 그 시행령에 규정하면서 일정한 요건을 충족하는 경우에는 부당행위계산 부인의 적용을 배제하고 있다.

부당행위계산의 유형 중 사택 제공과 사택보조금의 대여와 관련된 부분은 1998. 12. 28.자 법률 제5581호로 법인세법이 전면 개정됨에 따라 법인세법 시행령도 1998. 12. 31.자 대통령령 제15970호로 전면 개정되면서(이하 그 개정 전의 법인세법 시행령을 '구 법인세법 시행령', 그 개정 후의 것을 '개정 법인세법 시행령') 다음과 같이 변경되었다. 즉, 부당행위계산의 유형에 관한 구 법인세법 시행령 제46조 제2항은 그 제7호 본문에서 '법인이 출자자 등에게 금전 기타 자산 또는 용역을 무상 또는 낮은 이율·요율이나 임대료로 대부 또는 제공한 때'를 부당행위계산의 한 유형으로 규정하면서 그 단서에서 '다만, 법인이 무주택사용인에게 주택건설촉진법에 규정하는 국민주택규모 이하의 주택(그 주택에 부수된 토지를 포함한다)의 취득·임차에 소요된 자금(재정경제부령이 정하는 금액을 한도로 한다)을 대부하는 경우를 제외한다'라고 하여 주택의 취득임차 자금의 대여행위를 부당행위계산의 유형에서 제외시키고 있었다. 한편, 이와 별도로 구 법인세법 시행령 제46조 제2항 제7호의2에서는 '법인의 출자자나 출연자인 임원 및 그 친족에게 사택을 적정임대료에 미달되는 금액으로 제공한 때'를 부당행위계산의 다른 한 유형으로 규정하고 있었다. 이 규정의 반대해석으로 법인이 그 출자자나 출연자인 임원이 아닌 일반 종업원에게 사택을 적정임대료에 미달하는 금액으로 제공하더라도, 이러한 행위는 부당행위계산으로 부인되지 않는다고 해석된다. 위 2개의 규정을 합하여 보면, 법인이 무주택 종업원에게 주택의 취득·임차에 소요되는

---

6) 대법원 1997. 5. 28. 선고 95누18697 판결.

자금을 대여하는 행위와 출자자나 출연자가 아닌 일반 종업원에게 사택을 무상이나 저가로 제공하는 행위 모두 부당행위계산에서 제외되었다.

한편, 종업원에 대한 주택 취득임차 자금의 대여와 사택의 제공에 대한 부당행위계산 부인의 적용에 관한 위와 같은 구 법인세법 시행령의 이원적 규정은 개정 법인세법 시행령에서 제88조 제1항 제6호, 즉 '금전 기타 자산 또는 용역을 무상 또는 시가보다 낮은 이율·요율이나 임대료로 대부하거나 제공한 경우. 다만, 주주 등이나 출연자가 아닌 임원(제87조 제2항의 규정에 의한 소액주주인 임원을 포함한다) 및 사용인에게 사택을 제공하는 경우를 제외한다'는 하나의 규정으로 통합되었다. 구 법인세법 시행령 규정과 비교해 보면, 법인이 출자자나 출연자가 아닌 일반 종업원에게 적정 임대료를 받지 않고 사택을 제공하는 행위는 개정 전·후를 불문하고 부당행위계산에서 제외되지만, 법인이 종업원에게 자금을 무상 또는 저리로 대여하는 행위는 개정 전에는 국민주택 규모 이하의 주택의 취득임차에 소요되는 자금의 대여에 해당하는 경우에는 부당행위계산에서 제외되었으나, 개정 후에는 어떠한 형태의 자금의 무상 또는 저리의 대여에 해당하든 예외 없이 부당행위계산으로 분류되는 것이다.

이와 같이 개정 전·후 법인세법 시행령이 사택을 제공하는 경우와 주택임차 자금을 대부하는 경우를 준별하여 그 구체적 요건을 규정하고 있으므로 엄격해석의 원칙에 따르면 대상판결의 사안은 종업원에게 사택보조금을 무상대여한 경우로서 구 법인세법 시행령 제46조 제2항 제7호 단서 소정의 요건 및 개정 법인세법 시행령 제88조 제1항 제6호 소정의 요건을 충족하지 않은 이상 그 과세 제외의 혜택을 받을 수 없다고 할 것이다. 대상판결에서는 원고로부터 사택보조금을 대여받은 이 사건 지점장이 모두 주택을 소유하고 있어 이 사건 사택보조금을 무상으로 대여한 행위는 구 법인세법 시행령 제46조 제2항 제7호 단서에 해당하지 않을 뿐만 아니라 개정 법인세법 시행령 88조 제1항 제6호 단서가 정한 주주 등이나 출연자가 아닌 임원 및 사용인에게 사택을 제공한 경우에도 해당하지 않으므로 부당행위계산 부인의 대상이 될 여지가 있다는 원심의 판단을 정당한 것으로 수긍한 점에 비추어 기존의 엄격해석의 원칙을 견지한 것으로 보인다.

3. 부당행위계산 부인의 제외사유에 대한 실질적 파악을 통한 부당성의 판단

법인세법 제52조 제1항은 내국법인의 행위 또는 계산이 특수관계에 있는 자와의 거래로 인하여 그 법인의 소득에 대한 조세의 부담을 '부당하게' 감소시킨 경우에 부당행위계산 부인을 할 수 있다고 규정하고 있을 뿐 구체적 행위 유형에 대해서는 따로 언급하고 있지 않다. 행위계산의 부당성을 정형화하여 규정하는 것이 불가능하다는 점을 고려한 것으로 보인다. 반면, 법인세법 시행령 제88조 제1항에서는 전형적인 법인의 조세회피행위에 대하여 규정하고 있는바, 판례는 거래의 부당성을 부당행위계산 부인의 핵심요소로 파악하여 당해 법인이 법인세법 시행령 각호에서 열거한 제반 거래에 해당하더라도 그 거래형태에 부당성이 없다면 부당행위계산부인 규정을 적용할 수 없다는 것이다.

나아가 판례는 경제적 합리성의 결여 여부를 부당성의 판단기준으로 삼고 있는데[7] 경제적 합리성을 판단하는 기준으로 사회통념, 상관행 외에 특수관계자 간의 거래가격,[8] 거래 당시의 특수사정[9] 등도 고려하고 있다. 거래 당시의 특수사정으로는 당해 거래가 당사자간의 합리적 경제의사에 따라 자발적으로 행하여진 것인지 여부, 정부의 정책지침이나 행정지도 또는 관계회사의 압력, 거래처와의 관계 등에 의해서 타율적으로 행하여진 것인지 여부,[10] 당해 거래가 당해 거래 자체로서 직접 달성하고자 하는 경제적 목적 외에 다른 외부적 목적을 가지고 있는지 여부 등을 들 수 있다. 이와 같이 판례는 경제적 합리성이라는 개념으로 포섭하기 어려운 정부 관여 거래 등에 대하여 부당성이 없다고 봄으로써 각 사안의 구체적 사정을 고려하여 판단하여 왔다.[11]

대상판결은 이러한 판례의 연장선 하에서 경제적 합리성 유무에 대한 판단은 당해 거래행위의 대가관계만을 따로 떼내어 단순히 특수관계자가 아닌 자와의 거래형태에서는 통상 행하여지지 아니하는 것이라 하여 바로 이에 해당되는 것으로 볼 것이 아니라, 거래행위의 제반 사정을 구체적으로 고려하여 과연 그

---

7) 대법원 1993. 5. 27. 선고 92누9012 판결, 대법원 1997. 2. 14. 선고 96누9966 판결 등.

8) 대법원 1986. 11. 11. 선고 85누986 판결, 대법원 1997. 6. 13. 선고 95누15476 판결.

9) 대법원 1997. 2. 14. 선고 96누9966 판결, 대법원 2000. 2. 11. 선고 97누13184 판결.

10) 대법원 1990. 5. 11. 선고 89누8095 판결, 대법원 1992. 3. 31. 선고 91누8555 판결.

11) 또한 법인세법 기본통칙 52−88…3도 특수관계자간 거래에서 발생한 외상매출금 등의 회수가 지연된 경우에도 사회통념 및 상관습에 비추어 부당함이 없다고 인정하는 때에는 부당행위로 보지 않는다고 규정하고 있다.

거래행위가 건전한 사회통념이나 상관행에 비추어 경제적 합리성을 결한 비정상적인 것인지의 여부에 따라 판단하여야 한다는 종전의 판시를 다시 한번 확인하면서 비록 이 사건 사택보조금의 지급이 엄격해석의 원칙 하에서 부당행위계산부인 제외사유에 해당하지 않지만 여러 가지 사정을 들어 청량음료 제조·판매회사가 무연고지에 근무하는 직원들에게 사택보조금을 지급한 것은 부당행위계산부인의 적용대상에서 제외되는 사택의 제공에 갈음하여 행하여진 것으로서 그 실질에 있어서는 사택의 제공과 동일시할 수 있기 때문에, 위 사택보조금의 지급이 건전한 사회통념이나 상관행에 비추어 경제적 합리성을 결한 비정상적인 거래라고 할 수는 없다는 이유로 이 사건 사택보조금의 지급에 경제적 합리성이 있다고 판단함으로써 부당행위계산 부인의 제외사유의 취지를 폭넓게 파악하여 이를 부당성 판단의 근거로 삼았다.

4. 대상판결의 의의

대상판결은 경제적 합리성의 판단에 관한 종전 판례의 입장에 한 걸음 더 나아가 엄격해석의 원칙에 의하면 부당행위계산 부인의 제외사유에 해당하지 않는 거래라고 하더라도 그 실질에 있어서 부당행위계산 부인의 제외사유와 동일시할 수 있는 경우에는 경제적 합리성이 있다고 보아 부당행위계산 부인의 대상이 될 수 없다고 하였는바, 대상판결은 기존의 조세법규 해석에 관한 엄격해석의 원칙을 견지하면서 부당행위계산 부인의 제외사유에 해당하지 않는 거래라도 그 경제적 합리성이 있는 경우에는 적용대상에서 제외하도록 함으로써 부당행위계산 부인에서의 부당성이 별도의 과세요건에 해당한다는 점을 보다 분명히 하였다고 할 것이다. 한편, 대상판결의 입장은 그동안 제한적으로 적용하여 왔던 부당성의 의미를 그야말로 문언에 충실하게 해석한 것으로서 엄격해석의 원칙에 연장선상에 있는 것으로도 이해된다. 그동안 부당행위계산 부인 규정의 엄격한 집행이 납세자의 사적 자치와 경제활동을 위축시킨다는 지적이 누차 있어온 마당에 이와 같이 부당성의 의미를 탄력적으로 해석한 대상판결의 판시는 중요한 의미를 가진다고 판단된다.

신주의 고가인수가 주주와 발행법인 사이에서 부당행위계산부인의 대상이 되는지 여부

〈대법원 2014. 6. 26. 선고 2012두23488 판결〉

Ⅰ. 대상판결의 개요

1. 사실관계의 요지와 부과처분의 경위

원고는 지분율 53%의 소외회사의 최대주주로서 2003년경 소외회사의 금융기관 대출금채무에 대하여 180억원을 한도로 지급보증을 하였다. 소외회사는 2004. 10. 15. 1주당 발행가액을 5,000원으로 하는 유상증자(이하 '이 사건 유상증자')를 실시하였는데 원고는 당초 자신에게 배정된 주식 및 특수관계자인 다른 주주들이 포기한 실권주(이하 '이 사건 실권주') 합계 300만주(이하 '이 사건 신주')를 인수하면서 합계 150억원의 인수대금을 납입하였고 이에 원고의 지분율은 75%로 증가되었다. 소외회사는 원고로부터 지급받은 유상증자 대금으로 원고가 지급보증한 위 대출금 채무를 상환하였다.

원고는 2004 사업연도 법인세를 신고하면서 이 사건 실권주에 대하여는 법인세법 제52조 제1항, 동법 시행령 제88조 제1항 제8호 나목(이하 '시행령 제8호')에 따라 부당행위계산부인을 하여 그 인수가액과 시가의 차액을 익금 산입하여 기타사외유출로 처분함과 동시에 손금산입하여 유보로 처분하였다. 이후 원고는 2005. 9. 1. 및 2006. 11. 15. 이 사건 신주 전부를 매각하고 그 처분손실을 손금산입하고 위 유보금액을 익금산입하여 2005 사업연도 및 2006 사업연도 법인세를 신고하였다.

그런데 과세관청은 원고가 이 사건 유상증자에 참여한 것은 소외회사로부터 신주를 고가로 매수한 것이고 이는 소외회사에게 부당하게 이익분여를 한 것이라는 이유로 법인세법 제52조 제1항, 동법 시행령 제88조 제1항 제1호(이하 '시행령 제1호')를 적용하여 이 사건 신주 전부에 대하여 1주당 인수가액 5,000원에서 과세관청이 산정한 유상증자 후 1주당 평가액 499원을 차감한 차액에다가 원고가 신고한 위 인수가액과 시가의 차액을 공제하여 분여이익을 산정한 다음 2005 사업연도 및 2006 사업연도 소득금액계산시 그 분여이익을 익금 산입하여 법인세를 부과하는 이 사건 처분(이하 '이 사건 부과처분')을 하였다.

2. 판결 요지

대법원은, "부당행위계산의 유형에 관하여 제1호에서 '자산을 시가보다 높은 가액으로 매입 또는 현물출자받았거나 그 자산을 과대상각한 경우'를, 제8호에서 '다음 각목의 1에 해당하는 자본거래로 인하여 주주 등인 법인이 특수관계자인 다른 주주 등에게 이익을 분여한 경우'를 들면서 나목에서 '법인의 증자에 있어서 신주를 배정받을 수 있는 권리의 전부 또는 일부를 포기(그 포기한 신주가 증권거래법 제2조 제3항의 규정에 의한 모집방법으로 배정되는 경우를 제외한다)하거나 신주를 시가보다 높은 가액으로 인수하는 경우'라고 정하고 있는 법인세법 제52조 제1항, 같은 법 시행령 제88조 제1항의 부당행위계산부인 규정의 내용, 자본거래로 인한 순자산의 증가나 감소를 익금 또는 손금에 산입하지 아니하도록 정하고 있는 구 법인세법 제15조, 제17조, 제19조, 제20조의 익금과 손금의 계산의 규정 내용과 취지 등을 종합하여 보면, 주주인 법인이 특수관계자인 다른 법인으로부터 그 발행의 신주를 시가보다 높은 가액으로 인수하였다고 하더라도 이를 '자산을 시가보다 높은 가액으로 매입하는 경우' 또는 '그에 준하는 경우'에 해당한다고 보아 구 법인세법 시행령 제88조 제1항 제1호(또는 제1호에서 정하는 행위에 준하는 행위에 관한 제9호)를 적용하여 부당행위계산부인을 할 수는 없고, 다만 신주의 고가인수로 인하여 이익을 분여받은 다른 주주가 특수관계자인 경우에 법인세법 시행령 제88조 제1항 제8호 나목을 적용하여 부당행위계산부인을 할 수 있을 뿐이다"고 판시하였다.

Ⅱ. 대상판결의 평석

1. 이 사건의 쟁점

위 사실관계와 이 사건 부과처분의 경위 등에 의하면 이 사건의 쟁점은 신주의 고가인수가 주주와 발행법인 사이에서의 이익분여행위로서 부당행위계산부인의 대상이 되는지 여부, 달리 말하면, 이 사건 신주인수가 이 사건 부과처분의 근거법령인 시행령 제1호의 '자산의 고가매입'에 해당하는지 여부이다.

신주의 고가인수는 종종 도산 상태에 있는 발행법인의 채무에 대하여 지급보증을 한 주주가 직접 그 채무를 대위변제하여 구상채권을 취득하는 경우에는 그 대손금이 손금불산입되므로 대위변제 대신 우회적으로 발행법인에 유상증자를 하고 그 발행법인으로 하여금 직접 채무를 변제하도록 하는 과정에서 행하여진다. 발행법인이 도산상태에 있으므로 통상 주당 인수가액이 정당한 평가가액보다 높게 된다. 이 경우 신주인수법인은 유상증자에 참여하여 취득한 신주에 대해서 추후 그 처분손실 등을 손금에 산입할 수 있다. 과세관청에서는 이러한 조세회피 목적의 신주인수에 대해서는 발행법인과 신주인수법인 사이의 이익분여의 문제로 보아 법인세법의 부당행위계산부인 규정을 적용하는 경우가 적지 않은바, 학계와 실무계에서 그 부과처분의 적법성에 대한 논란이 꾸준히 제기되어 왔다. 이하에서는 먼저 신주 인수의 법적 성격을 살펴보고 신주의 인수가 주주와 발행법인 사이에서 법인세법의 부당행위계산 부인대상에 해당하는지를 중심으로 논의한다.

2. 신주인수와 법인세법의 부당행위계산부인 규정

가. 신주의 인수와 그 법적 성격

신주의 인수란 주식회사가 설립 후 신주를 발행하는 경우에 이를 인수하는 것으로서 상법상 사원관계의 발생을 목적으로 하는 입사계약이다. 신주를 우선적으로 인수할 수 있는 권리가 신주인수권인데 상법은 주주의 신주인수권을 원칙적으로 법적인 권리로 규정하고 다만 예외적으로 일정한 경우에 한하여 제3자에게 신주인수권을 부여하는 등 주주 이외의 자에게 신주를 배정할 수 있음을 규정하고 있다(상법 제418조). 회사가 유상증자를 실시하는 경우 주주는 원래 가지고 있던 주식 수에 비례하여 신주인수권을 갖게 되고 그가 청약기일까지 청약을 하고 납입기일까지 발행가액의 전액을 납입하면 납입기일의 다음 날로부터 신주의 주주가 된다. 해당 주주가 청약기일까지 주식인수의 청약을 하지 않거나 납입기일까지 발행가액을 납입하지 않으면 신주인수권을 상실하게 된다(상법 제419조). 신주의 유상증자과정에서 인수되지 않거나 납입되지 않아서 발생한 잔여주식이 실권주이다. 실권주는 이사회에서 처리하는데 이사회는 실권주에 대해서 다시 주주를 모집하거나 제3자에게 배정할 수 있다. 다만 자본시장과 금융투자업에 관한 법률 제165조의6은 주권상장법인이 신주를 배정하는 경우 실권주가 발생하면 발행을 철회하는 것을 원칙으로 하면서 다만 일정한 경우 금융위원회 고시에 따라 산정한 가격 이상으로 신주를 발행하면 예외적으로 절차를 계속할 수 있도록 하였다.

신주의 인수는 기업회계와 법인세법상 자본거래이다. 기업회계상 기업의 거래는 자본거래와 손익거래로 구분되는데, 자본거래는 기업과 그 소유주 간에 자산의 이전이 발생하는 거래로서 기업 소유자가 기업에 대하여 하는 투자와 기업이 소유주에게 하는 재산의 분배를 말한다. 손익거래는 기업의 경영활동에 따라 수익과 비용이 발생하는 거래이다. 법인세법은 기업회계기준에 따라 기업이익을 산정함에 반영된 수익과 비용을 가감, 조정하여 과세소득을 산정하므로 그 자본거래의 개념은 기업회계상 자본거래와 거의 일치한다. 따라서 법인세법상 자본거래도 법인의 자본에 변동을 초래하는 것으로서 주주가 법인에 하는 출자와 법인이 주주에 하는 재산의 분배를 의미하는데, 신주의 인수는 법인세법상 전자의 자본거래이다.

나. 신주의 인수에 관한 부당행위계산부인 규정

법인세법은 제52조 제1항에서 납세지 관할세무서장 또는 관할지방국세청장은 내국법인의 행위 또는 소득금액의 계산이 대통령령이 정하는 특수관계자와의 거래로 인하여 그 법인의 소득에 대한 조세의 부담을 부당하게 감소시킨 것으로 인정되는 경우에는 그 법인의 행위 또는 소득금액의 계산에 관계없이 그 법인의 각 사업연도의 소득금액을 계산할 수 있다고 규정하여 부당행위계산부인 규정을 두고 있다. 신주의 인수에 대해서는 법인세법 제52조 제1항의 위임을 받은 동법 시행령 제1호와 제8호의 적용이 문제되는데, 시행령 제1호는 '자산을 시가보다 높은 가액으로 매입 또는 현물출자받았거나 그 자산을 과대상각한 경우', 시행령 제8호는 '법인의 자본을 증가시키는 거래에 있어서 신주를 배정, 인수받을 수 있는 권리의 전부 또는 일부를 포기하거나 신주를 시가보다 높은 가액으로 인수하여 주주 등인 법인이 특수관계자인 다른 주주 등에게 이익을 분여하는 경우'를 부당행위계산 부인의 유형으로 정하고 있다. 제8호 나목 전단의 '신주를 배정받을 권리를 포기하거나' 부분은 그로 인한 실권주를 특수관계자인 다른 주주가 저가로 인수함으로써 그 다른 주주에게 이익을 분여하는 경우, 제8호 나목 후단의 '신주를 시가보다 높은 가액으로 인수하는' 부분은 실권주를 고가로 인수함으로써 특수관계에 있는 다른 실권주주에게 이익을 부여하는 경우에 관한 규정이다.

한편, 구 법인세법(1998. 12. 28. 법률 제5581호로 전문개정되기 전의 것, 이하 '구 법인세법') 제20조도 정부는 대통령령이 정하는 바에 의하여 내국법인의 행위 또는 소득금액의 계산이 대통령령이 정하는 특수관계에 있는 자와의 거래에 있어서 그 법인의 소득에 대한 조세의 부담을 부당히 감소시킨 것으로 인정되는 경우에는 그 법인의 행위 또는 소득금액의 계산에 불구하고 그 법인의 각 사업연도의 소득금액을 재계산할 수 있다고 규정하여 부당행위계산부인 규정을 두고 있었다. 다만, 구 법인세법 제20조의 위임을 받은 동법 시행령(1998. 12. 31. 대통령령 제15970호로 전문개정되기 전의 것, 이하 '구 법인세법 시행령') 제46조 제2항은 현행 시행령 제1호와 같이 제4호에서 출자자 등으로부터 자산을 시가를 초과하여 매입하거나 출자자 등에게 자산을 시가에 미달하게 양도한 때를 부당행위계산의 유형으로 규정하였으나 현행 시행령 제8호와 같은 신주의 인수 등의 자본거래에 관한 내용을 규정하고 있지는 않았다.

3. 신주의 고가인수가 법인세법 시행령 제88조 제1항 제1호의 부당행위계산 부인의 대상이 되는지 여부

가. 문제의 소재

법인세법에 의하면 신주의 고가인수는 실권주를 인수한 주주와 특수관계에 있는 다른 주주에게 이익을 분여하게 되는 자본거래로서 문언상 주주들 사이에서 시행령 제8호가 적용된다. 그런데 이러한 신주의 고가인수에 대하여 주주와 발행법인 사이에 이익분여로 보아 시행령 제1호가 별도로 적용되는지, 나아가 만일 적용된다면 시행령 제8호에 우선하여 적용되는 것인지, 아니면 추가적으로 중복하여 적용되는지가 문제된다. 다만, 발행법인에 신주를 인수한 주주 이외에 다른 주주가 없는 경우에는 시행령 제1호의 적용 여부만이 쟁점이 된다. 신주인수로 인한 주주간의 이익분여에 대해서 적용되는 시행령 제8호와는 달리 시행령 제1호는 자산을 시가보다 높은 가액으로 매입한 경우에 대하여 적용되는 것으로서 기본적으로 이익의 분여가 자산의 매매당사자 사이에서, 즉 신주인수의 경우에는 그 매매당사자에 해당하는 발행법인과 신주인수법인 사이에서 이루어지는 것을 전제한다.

시행령 제1호가 적용되는 경우인지, 아니면 제8호가 적용되는 경우인지, 달리 말하면 신주인수로 인한 이익분여의 상대방이 발행법인인지 아니면 다른 주주인지에 따라 우선, 부당행위계산부인의 특수관계자 판정대상이 달라진다. 즉, 이익분여의 상대방이 주식발행법인이면 신주인수법인과 발행법인 사이에서 특수관계를 판단하여야 하고 그 상대방이 다른 주주이면 신주인수법인이 다른 주주의 특수관계자인지를 따져야 한다. 또한, 부당행위계산부인의 대상이 되는 이익분여의 금액이 달라지고 그에 따라 과세금액에서도 차이가 발생한다. 이익분여의 상대방을 특수관계자인 다른 주주로 보면, 실권주식의 평가액과 인수가액과의 차액 중 특수관계자가 실권한 주식수에 비례하는 부분만큼이 이익분여액이 되고 이와 달리 그 상대방을 발행법인으로 보면 인수주식의 평가액과 인수가액의 차액 전부가 이익분여액이 된다. 즉, 시행령 제1호가 적용되는 경우에는 법인세법 시행령 제89조 제5항에 의하여 소득금액을 계산하는 반면 시행령 제8호가 적용되는 경우에는 법인세법 시행령 제89조 제6항에 의하여 상속세 및 증여세법(이하 '상증세법') 제39조를 준용하여 소득금액을 산정한다. 예를 들면, 신주인수법인이 실권주 1,000주를 고가로 인수하였는데 특수관계에 있는 다른 주주가 실권한 주식은 200주이고 나머지 800주는 특수관계가 없는 주주의 실권주라고 가정하면 우선 이익분여의 상대방을 다른 주주로 보는 경우 신주인수법인이 인수한 실권주 1,000주의 인수가액과 평가액의 차액 중 특수관계에 있는 다른 주주의 실권주 200주에 해당하는 부분만이 부당행위계산부인의 대상이 된다. 반면에, 이익분여의 상대방이 발행법인이 된다면 실권주 1,000주의 인수가액과 평가액 차액 전부가 그 적용대상이 되는 것이다.

나. 긍 정 설

긍정설은 신주인수법인과 발행법인 사이에서도 이익분여가 발생한다는 견해로서 그 주된 논거는 다음과 같다.

첫째, 법인세법 제52조의 부당행위계산의 부인은 법인이 특수관계에 있는 자와의 거래에 있어 정상적인 경제인의 합리적인 방법에 의하지 아니하고 우회행위, 다단계행위, 기타 이상한 거래형식을 취함으로써 통상의 합리적인 거래형식을 취할 때 생기는 조세의 부담을 부당하게 회피하거나 경감시켰다고 인정되는 경우에 과세권자가 이를 부인하고 법령에 정해진 방법에 의하여 객관적이고 타당하다고 보이는 소득이 있는 것으로 의제함으로써 과세의 공평을 기하고 조세회피행위를 방지하기 위한 제도이다. 법인세법 시행령 제88조 제1항 제1호는 부당행위계산의 유형의 하나로서 '자산을 시가보다 높은 가액으로 매입한 경우'를 들고 있는데, 신주인수행위는 신주를 발행하는 법인의 자본을 형성하는 단체법적, 회사법적 행위로서 그 인수대금이 발행법인의 자본을 구성한다는 점에서 이미 발행된 주식의 거래와는 차이가 있으나, 발행법인에 신주인수대금을 납입하고 발행법인으로부터 주식을 취득하여 그 법인의 주주가 된다는 점에서 이미 발행된 주식을 매수하는 것과 실질적인 차이가 없으므로 이를 이미 발행된 주식이나 유가증권의 거래 등과 마찬가지로 자산을 매입한 경우에 해당하는 것으로 볼 수 있고, 신주인수행위에 대해서도 신주발행 당시 발행법인의 자산 및 수익상태 등의 평가에 의한 신주의 정당한 평가가액과 신주인수가액과의 차액을 비교하여 고가매입 여부를 따질 수 있다.

둘째, 어느 법인이 신주인수 당시 발행법인의 자산 및 수익상태 등을 고려한 신주의 정당한 가격보다 높은 가격으로 신주를 인수하였다면, 신주를 부당히 고가로 인수한 그 법인으로서는 향후 인수한 신주를 그 정당한 평가액에 매도하고 그 취득가액과 정당한 평가액과의 차액을 손금에 산입함으로써 그 법인의 소득에 대한 조세의 부담을 감소시킬 수 있으므로 일반적인 다른 자산의 고가인수와 구별하여 달리 취급할 이유가 없다.

셋째, 구 법인세법의 전면 개정에 의하여 시행령 제8호에 자본거래로 인하여 주주 등인 법인이 특수관계자인 다른 주주 등에게 이익을 분여한 경우의 하나로서 '법인의 증자에 있어서 신주를 시가보다 높은 가액으로 인수한 경우'를 부당행위계산의 구체적인 유형에 추가하였으나 이는 신주의 고가인수로 다른 주주에게 이익이 분여되는 경우에 적용되는 조항이고 신주인수로 인하여 발행법인에게 이익을 분여한 것으로 인정되는 경우에는 시행령 제1호를 적용할 수 있다.

긍정설의 논거로서 직접 거론되는 것은 아니지만 신주인수법인이 발행법인의 채무를 연대보증한 상태에서 발행법인이 그 채무를 변제하지 않고 청산한다면 신주인수법인이 연대보증인으로서 채무를 대위변제할 수밖에 없고 그러한 경우 신주인수법인이 취득한 구상채권의 대손금은 법인세법상 손금불산입되기 때문에 신주인수법인이 유상증자라는 우회적인 방법을 통하여 사실상 청산이 예정된 발행법인의 신주를 인수하여 발행법인으로 하여금 그 채무를 변제하도록 한 다음 그 주식처분손실을 손금산입하는 것이므로 이러한 조세회피행위에 대해서는 부당행위계산부인 규정에 의한 과세필요성이 있다는 생각이 그 이면에 자리잡고 있는 것으로 사료된다.

판례도 그동안 다수의 사안에서 신주의 고가인수에 대하여 시행령 제1호의 적용이 적법하다고 판단하였는바, 대법원 1989. 12. 22. 선고 88누7255 판결은 세무회계상 타법인 발행의 신주인수는 투자자산의 매입에 해당한다고 하면서 그 주주가 발행법인으로부터 신주를 고가 매입한 것으로 보았는데, 위 판결은 구 법인세법 시행령 제46조 제1항의 특수관계의 존부를 발행법인과의 관계에서 판정하여야 한다고 판시하여 명시적으로 신주의 고가인수에 따른 이익분여의 상대방을 다른 주주가 아니라 발행법인이라고 보았다는 점에서 주목된다. 대법원 2004. 2. 13. 선고 2002두7005 판결도 같은 논지에서 신주인수행위와 같은 자본거래도 소득금액에 영향을 미치는 한 그 행위가 부당행위계산의 거래유형에 해당하거나 이에 준하는 행위 또는 계산으로 부당행위계산 부인의 대상이 된다고 판시하였다.

다. 부 정 설

부정설은 신주인수법인과 발행법인 사이에서는 이익분여가 존재하지 않는다는 견해이다. 그 근거로 다음과 같은 점이 제시된다.

첫째, 기업회계기준상 자본거래로부터는 그 당사자인 법인에게 어떠한 손익도 발행할 수 없고, 기업회계기준상의 손익에 기초한 법인세법상의 소득도 손익거래에서 발생할 수 있을 뿐 자본거래로부터는 생길 수 없다. 기업회계기준에서 재무제표 기재의 편의상 출자에 의한 신주의 취득을 투자유가증권의 매입으로 표시한다고 하여 신주의 발행이라는 자본거래로부터 그 신주발행법인에게 출자액의 일부에 상당하는 소득이 발생한다고 보는 것은 소득과세의 기본원리에 반하는 것이다.

둘째, 발행법인이 신주의 발행가액을 높인다거나 낮춘다고 해서 신주인수법인과의 관계에서 이익이 발생하거나 손해가 발생하지 않는다. 발행법인이 신주인수법인으로부터 발행시점에 인수가액을 출자받았다가 곧 바로 청산하는 경우를 전제한다면 발행법인은 그 인수가액을 그대로 반환하면 되는 것이고 그 과정에서 발행법인에게 손익이 발생한다고 볼 수 없고, 따라서 신주인수로 분여된 이익은 없는 것이다. 신주인수법인이 그 자산을 다른 법인의 자본으로 이전하는 경우 발행법인으로부터 그 반환권을 표창하는 지분증권을 교부받으므로 그 이전하는 행위 자체로부터는 손익이 발생하지 않는다. 자신이 가지고 있던 자산을 창고에 임치하고 반환증서를 받은 경우와 다를 바 없다.

근자에 들어 부정설의 입장을 취하는 듯한 판례가 등장하기 시작하였는데, 대법원 2009. 11. 26. 선고 2007두5363 판결은 회사 및 그 계열회사가 대주주인 특수관계자가 신주인수를 포기한 실권주 등을 비롯하여 그 계열회사가 발행한 신주 전부를 인수한 경우 회사가 특수관계자로 하여금 기존 보유주식의 실질적 가치가 증가하는 이익을 얻게 한 이상 구 법인세법 제20조, 구 법인세법 시행령 제4조 제2항 제4호에서 정한 출자자 등으로부터 자산을 시가를 초과하여 매입한 경우에 준하는 행위라고 하면서 실권주의 고가인수의 경우 그 분여이익의 상대방은 발행법인이 아니라 실권주주라고 판시하였다. 구 법인세법상의 부당행위계산부인 규정에서는 시행령 제8호와 같은 신주의 인수 등의 자본거래에 관한 조항이 없었는데 위 판례는 신주의 고가인수를 제4호의 출자자 등으로부터 자산을 시가를 초과하여 매입한 경우에 준하는 행위로 보면서도 이익의 분여가 발행법인이 아니라 실권주주에 대하여 이루어지는 것으로 판단하였고, 시행령 제8호와 같은 명문 규정이 없었음에도 이를 부당행위계산부인의 대상으로 삼았다는 점이 특징이다. 대법원 2010. 11. 11. 선고 2008두8994 판결도 유가증권의 매매·위탁매매·인수 등을 목적으로 하는 법인이 특수관계자의 유상증자 시 발생한 실권주를 1주당 5,000원에 인수하였으나 그 당시 특수관계자의 결손금이 누적되어 1주당 평가액이 유상증자를 전후하여 모두 음수임이 명백한 사안에서, 그 실권주를 고가로 인수하였다 하더라도 특수관계자인 실권주주에게 분여한 이익이 없다는 이유로 시행령 제8호의 부당행위계산부인의 대상이 되지 않는다고 판시하였는바, 실권주의 고가인수에 있어서 이익분여의 대상은 실권주주임을 전제로 하였다는 점에서 부정설의 입장에 있다고 보인다.

라. 논거의 추가와 정리

이상에서 이익분여의 대상이 실권주주인지 아니면 발행법인인지에 대한 긍정설과 부정설의 주요 논거를 살펴보았다. 대법원 판례의 추이를 보면 초기에는 실권주의 고가인수에 따른 이익분여에 의하여 신주발행법인이 이익분여의 당사자가 되는 것으로 판단하였다가 근자에 들어와서는 실권주주를 이익분여의 당사자로 파악하고 있으나 시행령 제1호의 적용 여부에 대해서는 명확한 입장을 밝히지 않고 있다. 이하에서는 긍정설과 부정설의 입장을 평가하고 부정설의 입장에서 종전의 논거를 보완하면서 추가적 논거를 제시한다.

우선, 긍정설의 직접적인 논거는 아니지만 부당행위계산부인 규정의 우회적인 조세회피행위에 대한 대응방안으로서의 기능과 역할을 중시하여 그 적용범위를 확대하는 것이 바람직하고 이러한 관점에서 신주의 고가인수를 시행령 제1호의 적용범위에 포함시킬 수 있다는 생각은 입법론으로서는 타당할 수 있으나 이는 문언의 해석 범위를 벗어나는 것으로 보인다. 연대보증인의 대위변제로 인한 구상채권 손금불산입의 규제를 피하기 위하여 유상증자를 통한 채무변제 후 신주의 처분손실 인식행위가 조세회피 성격의 우회적 행위이기는 하지만 이를 규제하기 위하여 시행령 제1호의 적용을 인정하면 주주가 정당한 평가액을 초과하는 액면가액으로 출자대상 법인의 신주를 인수하는 모든 경우에 부당행위계산부인 규정이 적용되는 불합리한 결과가 초래된다.

통상 기존 주주에 대한 주식배정을 통한 증자는 주식발행가액이 얼마이든 주주의 손익에 영향이 없기 때문에 시가에 구애받지 않고 주식발행가격을 책정한다. 또한 무상증자를 하는 경우에는 발행가격을 어떻게 책정하든 기존주주들의 주식 보유가치에는 아무런 영향이 없다. 그런데 이 사건에서와 같이 기존 주주의 신주 인수를 발행법인으로부터의 자산 매입거래로 취급하면 주주배정 방식의 일반적인 증자 시에도 '주식발행가액'과 '세법상 주식평가금액'이 일치하지 않을 경우 모두 고가 매입 내지 저가 양도의 부당행위가 있게 된다. 즉 기존 주주와 발행법인은 당연히 특수관계에 있으므로, 예컨대, 기존 주주에게 세법상 주당 100원의 주식을 주식발행가액 50원에 100% 유상증자하는 경우에는, 발행법인이 저가 양도를 한 것으로 보아 그 차액을 익금산입하여 과세하고, 기존 주주에게 세법상 주당 100원의 주식을 주식발행가액 200원에 100% 유상증자하는 경우에는, 기존 주주가 고가 매입을 한 것으로 보아 그 차액만큼 취득원가를 부인하여 과세하게 되는, 부당한 결과가 발생하게 되는 것이다. 우회적인 조세회피행위를 특정하여 규제하고자 한다면 별도의 개별적 부인규정을 입법화하여 대처하는 것이 바람직하고 특정사안의 규제를 위하여 부당행위계산부인 규정의 적용범위를 확대하는 방식은 적절하지 않다고 할 것이다.

둘째, 법인세법상 법인이란 출자자 내지 주주의 집합을 의미하는데, 주주자격의 취득을 위한 신주인수는 법인의 내부사건인 자본거래로서, 그 인수조건이 어떠하든 신주인수를 통하여 발행법인의 과세소득(이익)에 영향을 미친다는 개념은 성립할 수 없다. '주주 전체와 법인 사이의 행위'란 '주주 전체와 주주 전체 사이의 행위'이기 때문이다. 또한, 법인세법은 법인의 과세소득 자체를, 법인의 사업연도말 순자산이 주주의 출자금액을 얼마나 초과하느냐를 기준으로 정하고 있으므로, 1주의 출자금액을 얼마로 정하든, 증자법인의 과세소득에 영향을 미치는 것은 이론상 불가능한 것이다. 자본거래의 성격상, 발행법인에게 소득이 발생하는 것으로 볼 수는 없으므로 부당행위계산부인 규정 적용으로 발행법인의 소득금액을 증액시키는 것은 불가하고, 다만 주주간 또는 주주와 제3자간 부의 무상이전이 문제될 뿐이다. 법인세법 역시 이러한 전제에 있는 다수 규정을 두고 있는바, 법인세법 제15조는 '자본 또는 출자의 납입'을 익금에서 제외하고, 제17조는 자본거래로 인한 수익의 익금불산입을 유형별로 규정하며, 제19조에서는 '자본 또는 출자의 환급'을 손금에서 제외하고, 제20조에서는 자본거래로 인한 손비의 손금불산입을 유형별로 규정하여, 자본거래는 증자법인의 손익에 영향이 없음을 명시하고 있다.

대법원 역시, 자본거래인 감자의 당해 법인의 소득금액에 대한 영향을 직접 다룬 사안인 대법원 1989. 1. 7. 선고 89누901 판결에서, "법인이 당해 법인의 기본자산으로 일정량의 자기주식을 액면금액에 취득하여 그 주식을 유상소각하였다면 이는 자본거래인 자본의 환급에 해당되는 것으로서 법인세법상 그 자체로서는 법인의 손익 내지 소득금액계산에 영향이 없는 것이므로 비록 자본감소 당시 그 주식시가가 액면금액에 미달하는 것으로 평가되는 데도 이를 액면금액으로 매입하여 자본환급을 하였다 하더라도 이로써 위 초과자본환급액이 손금화하여 법인의 소득금액계산에 영향을 미치지 아니한다"고 하여, 자본거래로 당해 법인의 손익에 영향이 있을 수 없음을 명확히 판시하고 있다. 나아가 대법원 2009. 5. 29. 선고 2007도4949 판결은 형사법적으로도 이 사건과 같은 '기존 주주에 대한 주주배정 방식'의 신주 인수에 있어서는 발행법인에 손해나 이익이 발생할 수 없음을 확인하고 있다. 법인세법과 판례가 출자, 증자, 감자 등 다양한 형태의 자본거래에 대하여 발행법인의 과세소득에 영향이 없는 것으로 규정하고, 판단하고 있는데 유독 신주의 고가인수만을 따로 떼어내어 주주의 발행법인에 대한 이익의 분여로 보아 시행령 제1호를 적용할 합리적 이유가 없다고 할 것이다.

셋째, 구 법인세법의 전문개정을 통하여 시행령 제8호가 신설되었다는 점에 주목할 필요가 있다. 구 법인세법 하에서도 신주의 고가인수에 대하여 부당행위계산부인 규정을 적용하였는데, 앞서 본 대법원 2009. 11. 26. 선고 2007두5363 판결은 원고가 실권주를 인수함으로써 다른 주주의 기존 보유주식의 실질적 가치가 증가하여 이익을 얻게 한 이상 이는 구 법인세법 제20조, 동법 시행령 제46조 제2항 제4호 소정의 '출자자 등으로부터 자산을 시가를 초과하여 매입한 경우'에 준하는 행위로서 건전한 사회통념이나 상관행에 비추어 경제적 합리성이 있다고 볼 수 없으므로 제9호 소정의 부당행위계산 부인대상에 해당한다고 판시한 반면, 대법원 2004. 2. 13. 선고 2002두7005 판결은 신주의 고가인수를 투자자산의 매입으로 보아 위 제4호(현행 시행령 제1호)가 적용되는 발행법인에 대한 이익의 분여에 해당한다고 판시하여 구 법인세법 하에서 신주의 고가인수에 대한 부당행위계산 부인규정의 적용에 혼선이 있었다.

이러한 상황에서 재정경제부는 시행령 제8호를 신설하면서 그 개정이유로 '그간 명확한 규정이 없어 적용상의 혼란이 있었던 자본거래와 관련한 특수관계자간의 이익분여행위에 대한 부당행위계산부인방법을 명확화'와 '동일 거래에 대한 개인 주주의 증여세 과세와 형평 유지'를 들고 있다(재정경제부 '98 간추린 개정세법 196면). 즉, 시행령 제8호는 신주 인수와 같은 자본거래가 본질적으로 주주들간의 손익 문제이고, 이에 따라 개인 주주들에게 증여세가 과세되고 있으므로, 이러한 자본거래의 성격 및 세법상 과세체계에 맞추어 자본거래와 관련된 부당행위계산부인방법을 특정하여 과세하기 위하여 도입한 조문이라는 것이다.

우선, 자본거래 관련 부당행위계산부인 규정의 명확화에 대하여 보면, 시행령 제8호는 본문에서 '각목의 1에 해당하는 자본거래로 인하여 주주 등인 법인이 특수관계자인 다른 주주 등에게 이익을 분여한 경우'를 부당행위계산 유형으로 규정하면서, 나.목에서 '법인의 증자에 있어 신주를 시가보다 높은 가액으로 인수하는 경우'를 그 적용 대상으로 명시하고 있는바, 이와 같이 시행령 제8호가 구체적으로 적용대상을 명시하고 과세방법을 정비한 점에 비추어 신주의 고가인수가구 법인세법상으로는 동법 시행령 제2항 제4호(발행법인에 대한 이익분여) 또는 제9호(제4호에 준하는 행위로서 다른 주주에 대한 이익분여)의 적용대상이 되는 것으로불분명하게 해석되었다고 하더라도 법인세법의 전문개정에 따른 시행령 제8호의도입으로 주주간의 이익분여의 문제로 일단락되었다고 할 것이다.

다음으로, 개인주주에 대해서 적용되는 상증세법의 증여이익 조항과의 관계에 비추어 보더라도 시행령 제1호의 적용은 부정되어야 한다. 시행령 제8호에 따른 부당행위계산부인과 관련된 조항을 살펴보면, 먼저, 이익분여의 상대방에 관하여는 법인세법 시행령 제11조 제9호가 제8호의 자본거래로 특수관계자인 주주로부터 이익을 분여받은 주주에 대하여 과세하도록 규정하고 있다. 또한 법인세법 시행령 제89조 제6항은, 위 제8호가 규정하는 부당행위에 있어 익금에 산입할금액의 계산에 관하여 그 유형에 따라 상증세법 제39조에 의한 규정을 준용하도록 규정하고 있다. 상증세법상 개인주주의 증여세 과세의 경우에 '증자에 따른 이익의 증여'(상증세법 제39조)와 '저가·고가양도에 따른 이익의 증여 등'(상증세법 제35조)은 엄격히 구분되어 있으므로, 증자시 개인주주가 신주를 고가로 인수한 것에 대하여 상증세법 제39조가 적용되어야 함은 당연하며, 이와 달리 과세관청이고가 매입에 해당한다고 하면서 상증세법 제35조를 적용할 수는 없다. 이러한 상증세법상의 자본거래를 통한 이익분여에 대한 개인주주의 과세구분을 법인주주에 대해서도 그대로 유지하는 것이 법인세법 부당행위계산부인 규정의 적절한체계적인 해석이고 이러한 상증세법 규정과의 균형적 관계에 비추어 보더라도법인세법상 자본거래에 대하여는 시행령 제1호의 적용이 인정되지 않아야 할 것이다.

넷째, 시행령 제1호를 적용하는 경우에 발생하는 문제점을 보더라도 부정설이 타당하다고 할 것이다. 즉, 제1호를 적용하면 전액 자본잠식된 결손법인에 대한 유상증자는 세법상 부당행위가 되어 결손법인의 회생가능성을 빼앗는다. 결손법인의 경우 이를 그대로 방치하여 부도나 파산에 이르게 하기보다는 추가투자를 하는 것이 바람직하다고 판단하더라도 상증세법상 보충적 평가액과 같은 금액으로만 신주의 인수가액을 정하여 유상증자를 하여야 한다면, 사실상 결손법인들의 유상증자가 매우 어려워지게 될 것이고, 총주주가 균등하게 신주를 인수받는 경우 주당 신주인수가액은 아무런 의미가 없음에도 불필요하게 액면 미달 발행을 위해 주주총회 특별결의와 법원의 인가를 받는 절차를 거치게 함으로써 적시에 자금을 조달받아야 하는 결손법인의 어려움을 가중시키며, 회사가 성립한 날로부터 2년이 경과하지 않은 법인은 애초에 액면미달 발행이 가능하지 않아(상법 제417조) 파산의 위험을 증가시키게 되는 것이다. 특히, 재정상황이 매우 악화되어 자본잠식 상태에 있는 법인의 경우 주식의 시가가 0원일 수 있는데, 이런 경우 액면미달발행의 절차를 거치더라도 시가로 주식을 발행할 수는 없으므로 불가피하게 시가보다 훨씬 높은 가액으로 주식을 발행할 수밖에 없으므로 언제나 부당행위계산부인 규정이 적용되어 사실상 추가 자금 조달이 어려워지는 결과가 초래된다. 이로써 결손법인은 추가적인 사업활동을 할 기회를 상실하게 되는 것이다.

다섯째, 시행령 제1호와 제8호가 중복 적용되는 경우 양자의 관계를 조정하는 조항이 없다는 점에 비추어 보더라도 시행령 제1호의 적용은 부정되어야 한다. 시행령 제1호는 신주인수법인과 발행법인 사이에서의 이익분여를, 제8호는 신주인수법인과 다른 주주 사이에서의 이익분여를 각 전제하고 있는데, 시행령 제8호는 문언상 당연시 신주의 인수로 인하여 기존 주주에게 이익이 분여되는 경우에 적용되는 조항으로 해석된다. 문제는 시행령 제8호가 적용되는 사안에서 시행령 제1호가 추가적으로 적용될 수 있는지, 설령 추가 적용되더라도 시행령 제1호를 우선 적용할 수 있는지 여부인데, 이는 기본적으로 신주의 고가인수를 자본거래로 보아 주주 간에 분여이익을 과세하고, 또 다시 손익거래로 보아 신주인수법인과 발행법인 간에 분여이익을 과세하여야 한다는 점, 각 거래에서의 분여이익이 귀속되는 당사자가 전혀 다르고 이익분여액의 일부는 이중으로 과세됨에도 이를 조정하는 별도의 규정이 없다는 점 등에 비추어 법인세법은 신주의 고가인수 등 자본거래에 대하여 시행령 제1호와 제8호를 중복적용은 상정하고 있지 않다고 보인다. 과세목적에서 어느 이익이 복수의 당사자에게 중복하여 귀속된다고는 볼 수 없고, 따라서 실권주의 고가인수의 경우에도 분여이익의 상대방은 실권주주이고 발행법인에 그 분여이익이 이중으로 귀속되는 것은 아니라는 생각이 전제되어 있다고 할 것이다. 참고로 세법은 이와 같은 중복적용이 발생하는 경우에는 그 적용방법이나 순위에 관한 구체적인 규정을 두고 있다. 예컨대, 국제조세조정에 관한 법률 제14조의 지급이자 손금불산입조항과 법인세법 제28조의 지급이자 손금불산입조항이 중복 적용되는 경우 국제조세조정에 관한 법률 제16조는 그 적용순위에 대한 규정을 두고 있다. 상증세법 제2조 제3항도 증여재산에 대하여 수증자에게 소득세나 법인세가 과세되는 경우에는 증여세를 과세하지 않는다고 규정하고 있다.

나아가 시행령 제1호가 시행령 제8호에 우선적으로 적용되는지에 관하여도 법인세법은 아무런 규정을 두고 있지 않다. 이에 대하여 다른 주주가 존재하지 않는 100% 자회사에 대해서만은 시행령 제1호의 적용만이 문제되므로 그 경우에는 시행령 제1호의 적용을 긍정하여야 한다는 견해도 가능하나 예컨대, 100% 자회사와 99% 자회사 사이에서 그와 같은 과세상의 차이를 둘 합리적인 이유가 없다는 점에서 그와 같은 주장은 설득력이 적어 보인다. 요컨대, 만일 법인세법이 시행령 제1호와 제8호의 중복 적용이나 시행령 제1호의 우선적 적용을 전제하였다면 그에 관한 규정을 두었을 것인바, 법인세법에 이러한 조정 규정이 없다는 점에 비추어 보더라도 시행령 제8호가 명확하게 적용되는 신주의 고가인수에 대하여 시행령 제1호를 확대해석하여 적용해서는 안될 것이다.

4. 대상판결의 의미

대상판결은 법인세법의 전문개정에서 부당행위계산유형으로 규정한 법인세법 시행령 제88조 제1항 제8호의 신설 이후의 신주의 고가인수에 대하여 시행령 제1호의 부당행위계산부인 대상이 되지 않는다고 명확하게 판시한 최초의 판결이다. 그동안 신주인수의 이익분여의 상대방이 발행법인이 아니라 다른 주주임을 전제로 부당행위계산부인 규정의 적용 여부를 판단하는 대법원 판례들이 있었지만 대상판결은 신주의 고가인수가 시행령 제1호의 적용대상이 되지 않는다고 명시적으로 판시하였다는 점에서 그 의미가 크다. 이로써 그동안 학계와 실무계에서 논란이 되어 왔던 신주의 고가인수에 대한 부당행위계산부인 규정의 적용방법과 범위의 문제는 사법적으로 해결되었다고 할 것이다. 신주인수의 법적 성격상 신주인수인과 발행법인 사이에 이익을 분여한다는 개념이 성립할 수 없는 점, 자본거래와 관련한 특수관계자간의 이익분여행위에 대한 부당행위계산부인 방법을 명확화하기 위해 제8호가 신설된 점, 신주인수에 제1호 규정을 적용한다면 '주식발행가액'과 '세법상 주식평가금액'이 일치하지 않는 경우에는 모두 부당행위계산부인의 대상이 되는 점 등을 고려했을 때, 신주의 고가인수행위는 주주와 발행법인 사이에서 법인세법상 부당행위계산부인 대상이 되지 아니한다는 대상 판결의 결론은 정당하고 이에 찬동한다. 다만, 시행령 제8호 신설 이전 대법원은 신주인수인의 발행법인에 대한 이익분여를 인정하였으므로 대상판결이 신주인수로 인한 이익분여의 상대방을 다른 주주로 본 것과 양립하지 않는 측면이 있으므로 대상판결의 사안은 전원합의체에서 판단을 내리는 것이 보다 바람직하였다고 사료된다.

유형적 포괄주의 과세조항의 해석과 그 한계

– 이자소득에 관한 구 소득세법 제16조 제1항 제13호의 해석론을 중심으로 –

I. 서   언

경제적으로 유사한 거래라고 하더라도 당해 거래의 법적 형식에 따라 그 거래에서 생기는 이익에 대한 조세 부담의 유무 및 차이가 발생한다. 종래 거래대상의 이질성 때문에 과세할 수 없었던 경제적으로 유사한 거래들을 조세부담 공평의 차원에서 포괄적으로 과세대상으로 삼고자 하는 요청이 증가하고 있다. 특히 소득세법은 법인세법과는 달리 소득원천설의 입장에서 법률에 규정된 소득에 대해서만 납세의무가 생기는 열거주의 과세제도를 택하고 있어 기존에 열거되지 않아 과세에서 제외되었던 유사한 소득에 대해서 동일한 과세를 하자는 의견들이 제기되어 왔고, 그러한 배경 아래에서 입법의 수단으로서 등장한 것이 소득세법의 유형적 포괄주의 과세조항이다. 동 과세조항의 대표적인 예로는 소득세법상 이자소득이나 배당소득에 대한 유형적 포괄주의 과세조항이나 소득세법과 법인세법의 부당행위계산 부인규정의 기타 이익분여 조항을 들 수 있다. 유형적 포괄주의 과세조항은 개별집단의 특수성들을 무시한 채 다양한 형태의 경제생활로 인하여 발생한 유사한 결과에 대하여 동일한 조세법적 잣대를 적용할 수 있는 규정을 비교적 넓게 형성하고자 하는 입법자의 의사를 반영한 것이다.

그러나 조세법의 해석에 있어서 유사성의 범위를 폭넓게 인정하는 경우 조세부담의 형평성을 제고하는 긍정적 측면은 있지만 서로 다른 법적 거래와 사실관계를 동일하게 다루어 납세자가 의도하지 않은 조세법상의 결과가 초래되어 조세법률주의 원칙을 훼손하고 납세자의 예측가능성과 법적 안정성을 침해할 수 있다. 조세법상 이와 같은 포괄적 과세조항들의 현실적인 입법 필요성은 존재하나 엄격해석의 원칙을 근간으로 하는 조세법률주의의 원칙 또한 존중되어야 한다.

그동안 이러한 유형적 포괄주의 과세조항에 대한 조세법 해석상 명확한 기준의 제시가 없었는데, 지난 2011년 세간의 관심을 끌었던 엔화스왑예금 사건에서 이자소득에 관한 유형적 포괄주의 과세조항의 해석문제를 정면으로 다룬 대법원 판결이 선고되었다(이하 '대상판결').[1] 대상판결의 쟁점은 소득세법상 유형적 포괄주의 과세조항을 적용하여 엔화스왑예금거래로 인하여 고객이 얻게 되는 비과세 선물환차익을 과세대상 이자소득으로 볼 것인지 여부였다. 엔화스왑예금거래에 대한 과세처분은 당시 다수의 개인 고객을 대상으로 하는 시중은행의 파생금융상품에 대하여 시도된 최대 금액의 과세로서 2005년경부터 수십여 건의 행정소송이 전국적으로 진행되어 수년 동안 실무 및 학계에서 위 과세처분의 적법성에 대한 논쟁이 계속되어 왔다. 그 논쟁의 이면에는 종래 대법원의 이자소득의 범위에 대한 제한적 해석론이 그 후 유형적 포괄주의 과세조항의 도입 이후에 어떻게 변경될 것인지도 관심사였는데, 이번에 대상판결이 유형적 포괄주의 과세조항에 대한 해석 문제를 정면으로 다루고 그 기준을 어느 정도 제시하였다는 점에서 큰 의미가 있다. 본 논문에서는 소득세법상 이자소득의 유형적 포괄주의에 관한 대상판결의 평석을 중심으로 조세법의 유형적 포괄주의 과세조항을 해석하는 기준과 그 한계를 논하고자 한다.

Ⅱ. 대상판결의 개요

1. 사실관계의 요지

가. 원고와 고객 사이의 엔화스왑예금거래

원고는 시중은행으로서 2003년부터 2006년 초반까지 사이에 주로 고액의 예금고객 등을 상대로 엔화정기예금의 이자(약 연 0.05%)는 과세대상에 포함되지만, 소득세법상 선물환차익(약 연 3.6%)은 비과세되어 금융소득 종합과세를 피할 수 있고 원화정기예금이자율보다 높은 연 4.31%의 세후이익을 확보할 수 있다는 점을 내세워 다수의 고객과 엔화스왑예금거래를 하였다.[2]

---

1) 대법원 2011. 5. 13. 선고 2010두3916 판결.
2) 위 금융상품은 S은행이 2002년경부터 고액의 예금고객을 유치할 목적으로 처음 개발한 것으로
   서 고객들에게 일반정기예금과 비교하여 세후 수익률에서 높다고 홍보·판매하면서 '엔화스왑예

엔화스왑예금거래는 ① 고객이 원고에게 원화를 주고 엔화를 현물환으로 매입하는 엔화현물환계약, ② 고객이 매입한 엔화를 원고의 엔화정기예금으로 예치하는 엔화정기예금계약, ③ 엔화정기예금 만기일에 찾은 엔화를 사전에 약정한 선물환율로 원고에게 다시 매도하는 엔화선물환계약3)으로 구성되어 있다. 원고는 엔화선물환계약의 이행을 담보하기 위하여 고객의 엔화정기예금에 질권을 설정하였다. 만기 전에 고객으로부터 재약정에 관한 별도의 의사표시가 없는 경우 만기에 엔화정기예금계약과 선물환계약이 종료되도록 하였고, 만기 전에 엔화정기예금계약이 해지되는 경우 선물환계약도 같이 해지되도록 하였다. 한편, 원고는 고객과의 엔화선물환거래로 인한 환율위험을 헷지하기 위하여 외국의 금융기관과 커버거래를 하였다.

엔화현물환거래에서는 거래당일 시장의 현물환율을, 엔화정기예금거래에서도 거래당일 시장의 엔화예금이자율을 각 적용하였고, 엔화선물환거래의 선물환율은 현물환율에 직전일 선물환시장에서 형성된 스왑 포인트(선물환율과 현물환율의 차이를 말하며 여기에 고객별 사정 등에 따라 스프레드를 가감·조정한다)를 가산하여 사전에 정해졌는데, 2002년경부터 2005년경까지 대부분 엔/원 스왑 포인트가 (+)의 수치를 계속 유지하고 있어4) 고객들은 스왑 포인트 상당의 선물환차익을 얻을 수 있었다.

나. 원고의 세무신고와 피고의 과세처분

원고는 고객에게 엔화스왑예금거래에 따른 엔화정기예금의 이자를 지급하면서는 이자소득으로 보아 원천징수를 하였으나 선물환거래로 발생한 선물환차익에 대해서는 비과세소득으로 보아 원천징수를 하지 않았다.

이에 대하여 피고는 실질과세원칙상 엔화스왑예금거래에 따라 원고에게는 금전의 사용기회가 제공되고 고객에게는 이에 따른 대가가 지급되었다고 보아, 엔화정기예금거래에 의한 이자뿐만 아니라 선물환거래로부터 발생한 이익까지도

금'이라는 명칭을 사용하였는데, 원고 등 다른 시중은행도 이를 모방하여 전국적으로 고액의 자산가들의 절세금융상품으로 광범위하게 판매되었다.

3) 이러한 장외 선물환거래를 외환시장에서의 장내에서 거래되는 선물환거래와 구분하여 '선도거래'라고 칭하는데, 당시 선물환시장에서는 원/엔 선물은 거래대상이 아니었고, 원/달러, 엔/달러 선물만이 거래대상이었다.

4) 강석규, "엔화스왑예금거래의 선물환차익이 이자소득세 과세대상인지 여부", 대법원 판례해설 제87호, 2011, 893면.

포함한 전체 소득이 소득세법 제16조 제1항 제13호 소정의 이자소득에 해당한다며 원고에게는 선물환차익 부분에 대한 이자소득세 원천징수처분을 함과 동시에 금융소득 종합합산대상 고객들에 대해서는 선물환차익을 합산한 전체소득에 대하여 누진세율을 적용하여 종합소득세 과세처분을 하였다.

2. 관련 소송 경과 및 하급심의 판단

가. 관련 소송의 경과

피고 외에 다른 과세관청에서도 엔화스왑예금거래를 한 다른 은행과 고객에 대하여 동일한 논리로 과세를 하였고 이에 대해서 원고를 포함한 다수의 은행과 고객들이 불복하여 전국적으로 60여건의 행정소송을 제기하였다. 대상판결의 사안이 선행사건으로 진행되어 제1심과 항소심에서 원고 승소판결이 선고되었으나 다른 사건에서는 재판부의 판단이 엇갈렸다. 제1심에서는 원고 패소가, 항소심에서는 원고 승소가 우세하였는데, 항소심에서 각기 다른 4건의 판단이 나오자 관련 사건들의 재판부는 모두 재판 기일을 추정하고 대법원의 최종적인 판단을 기다렸다.

나. 하급심의 판단

하급심에서의 납세자 승소판결과 과세관청 승소판결의 요지를 정리하면 다음과 같다.

(1) 원심판단 및 납세자 승소판결의 요지

납세자 승소판결은 실질과세원칙에 의한 본건 거래의 실질 판단과 소득세법 제16조 제1항 제13호 이자소득 유형적 포괄주의 조항의 적용 문제에 관하여 다음과 같이 판시하였다.

당사자가 취한 거래형식이 과중한 세금의 부담을 회피하기 위한 행위라 해도, 위와 같은 행위가 가장행위에 해당한다는 등의 특별한 사정이 없는 한, 유효하다고 보아야 하는데[5] 선물환거래가 가장행위에 해당한다거나 엔화스왑예금거래가 유기적으로 결합된 하나의 원화예금거래로 보기는 어렵고, 오히려 엔화스왑예금거래를 위한 현물환거래, 엔화정기예금거래 및 선물환거래가 각각 별개의 법률행위로서 유효하게 성립되었다고 봄이 상당하므로 선물환차익을 소득세법 제

---

5) 대법원 1991. 5. 14. 선고 90누3027 판결 등.

16조 제1항 제3호 소정의 예금의 이자 또는 이와 유사한 것으로서 같은 항 제13
호 소정의 이자소득세의 과세대상에 해당한다고 보기 어렵다.

나아가 소득세법 제16조 제1항 제9호는 채권 또는 증권을 환매조건부로 매
매함으로써 계약 시부터 환매조건이 성취될 때까지 금전사용의 기회를 제공하고
환매 시 대가로 지급하는 일정한 이익을 이자소득으로 보아 과세하는 것인데, 고
객은 원고에게 엔화사용의 기회를 제공한 후 이에 대한 대가로 지급받는 것은 엔
화이자 상당액에 한하고 선물환차익을 이에 포함할 수는 없으므로, 선물환차익을
채권 또는 증권의 환매조건부매매차익 또는 이와 유사한 것으로 보기도 어렵다.
설령 선물환차익이 채권 또는 증권의 환매조건부매매차익과 유사하더라도 소득
세법 제16조 제1항 제9호, 구 소득세법 시행령 제24조 소정의 환매조건부매매차
익은 채권 또는 증권의 매매차익을 대상으로 하고 있는데, 소득세법 제16조 제1
항 제13호가 유형적 포괄주의의 형태로 규정되어 있기는 하지만, 채권이나 증권
이 아닌 외국통화의 매도차익에 대하여도 이를 이자소득으로 확대 해석하는 것
은 조세법률주의 원칙에 비추어 허용될 수 없다.

(2) 과세관청 승소 판결의 요지

과세관청 승소판결은 실질과세의 원칙을 폭넓게 적용하여 엔화현물환계약,
엔화정기예금계약, 엔화선물환계약 등 여러 단계로 구성된 이 사건 거래를 재구
성하여 원화정기예금으로 보거나 최소한 이와 유사한 거래로 보아 선물환차익을
소득세법 제16조 제1항 제13호 소정의 유형적 포괄주의 이자소득으로 판단하였
다. 그 판시내용의 요지는 다음과 같다.

시중은행과 외국금융기관 사이의 커버선도거래가 실제로 체결되었다거나 그
것이 고객들과 은행 사이의 엔화스왑예금거래로 인하여 파생된 환위험을 보전하
기 위하여 이루어진 것이라는 점에 관하여 어떠한 증거도 없을 뿐만 아니라, 종
합소득세 납세의무자인 고객들의 입장에서 보면 엔화스왑예금거래는 환율변동의
위험과는 무관하게 이루어진 것인 반면, 은행으로서는 예금을 통하여 확보된 원
화자금을 이용하여 은행 통상의 자금운용을 한다는 점에서 일반정기예금과 다를
바 없다는 점을 종합해 보면, 엔화스왑예금거래는 현물환거래, 엔화정기예금거래
및 선물환거래가 독립하여 별도로 이루어진 것이 아니라 형식이나 명칭에도 불
구하고 위와 같은 거래요소들이 서로 밀접한 연관성을 가지고 하나로 통합되어
이루어진 원화정기예금에 유사한 계약에 해당한다고 할 것이고, 따라서 고객들이

선물환계약을 통하여 수취한 이익은 국내에서 받은 예금의 이자와 유사한 소득으로서 금전의 사용에 따른 대가에 해당하고 이는 소득세법상 이자소득에 해당한다.

3. 대상판결의 요지

대상판결은 엔화스왑예금거래의 실질과 소득세법 제16조 제1항 제13호의 성격에 관하여 다음과 같이 판시하였다.

가. 엔화스왑예금거래의 실질에 대하여

납세의무자가 경제활동을 함에 있어서는 동일한 경제적 목적을 달성하기 위하여 여러 가지의 법률관계 중 하나를 선택할 수 있으므로 그것이 과중한 세금의 부담을 회피하기 위한 행위라고 하더라도 가장행위에 해당한다고 볼 수 없는 이상 유효하다고 보아야 한다고 하면서 은행과 고객간의 '엔화스왑예금거래'를 구성하는 선물환계약과 엔화정기예금계약은 서로 구별되는 별개의 계약이고 선물환계약이 가장행위에 해당한다거나 엔화정기예금계약에 포함되어 일체가 되었다고 볼 수 없다.

나. 유형적 포괄주의 이자소득 과세조항에 대하여

실질과세원칙에 의하여 납세의무자의 거래행위를 그 형식에도 불구하고 조세회피행위라고 하여 그 효력을 부인할 수 있으려면 조세법률주의 원칙상 법률에 개별적이고 구체적인 부인규정이 마련되어 있어야 한다고 하면서 은행과 고객간의 '엔화스왑예금거래'를 구성하는 선물환계약과 엔화정기예금계약은 서로 구별되는 별개의 계약이므로, 선물환계약으로 인한 선물환차익은 예금의 이자 또는 이에 유사한 것으로 보기 어려울 뿐만 아니라 채권 또는 증권의 환매조건부 매매차익 또는 이에 유사한 것으로 보기도 어려우므로, 소득세법 제16조 제1항 제3호나 제9호, 제13호에 의한 이자소득세의 과세대상이 될 수 없다.

Ⅲ. 대상판결의 평석

1. 문제의 소재와 이 사건의 쟁점

가. 소득구분의 실익

(1) 소득세법상 열거주의 과세

우리 소득세법은 소득세의 과세대상으로 규정한 소득에 대하여만 과세하는 열거주의 과세의 입장을 취하고 있어 소득세법상 열거되지 않는 선물환차익이나 외환매매이익에 대해서는 과세를 하고 있지 않다. 소득세법의 열거주의 과세는 소득원천설[6]의 입장에 터잡은 것으로[7] 소득세법 제16조 제1항은 과세대상 이자소득을 구체적으로 열거하고 있는데, 제3호 및 제9호에서는 국내에서 받는 예금의 이자와 할인액 및 대통령령이 정하는 채권 또는 증권의 환매조건부매매차익이 이자소득의 하나로 규정되어 있다. 한편, 소득세법 제16조 제1항 제13호는 유형적 포괄주의 형태로 제1호 내지 제12호의 소득과 유사한 소득으로서 금전의 사용대가의 성격이 있는 것 역시 이자소득으로 규정하고 있다.[8] 제13호는 앞에 열거된 소득과 유사한 소득이라고만 하고 있고 어느 경우에 유사한 소득이 되는지에 대해서 구체적으로 규정하고 있지 않아 유사한 소득의 범위를 어디까지로 볼 것인지가 문제된다.

(2) 과세방식과 조세부담의 차이

소득세법상 과세대상 소득에 해당한다고 하더라도 당해 소득의 소득구분에 따라 과세여부와 과세방식 등에 차이가 발생한다. 어느 소득이 소득세법상 열거된 소득에 해당한다고 하더라도 이자소득에 해당하는지, 아니면 다른 소득에 해당하는지에 따라 세법상의 취급이 달라진다. 예컨대, 이자소득은 총수입금액이 소득금액이 되는 반면, 사업소득은 총수입금액에서 필요경비를 공제한 금액이 소득금액이 되고, 이자소득은 분리과세되지 않는 이상 소득세법 제55조 소정의 종

---

6) 소득원천설은 역사적으로 일정한 원천에서 계속·반복적으로 발생하는 소득만 제한적으로 과세대상으로 삼아온 제한적 소득개념에 근거한 것으로 인류가 오랜 농경시대에 걸쳐서 계절에 따라 수확을 반복하며 살아오면서 일시적·우발적 또는 은혜적으로 얻게 되는 소득은 생활수단으로 의존할 것이 못 된다고 본 데서 연유한다(Richard Goode, *The Individual Income Tax*, Brookings Institution (1976), p. 180).

7) 이태로·한만수, 조세법강의, 박영사, 2012, 194면.

8) 이하 소득세법 제16조 제1항 각호를 제3호, 제9호, 제13호 등으로 약칭한다.

합소득세율의 적용을 받으나 양도소득은 소득세법 제104조 소정의 세율이 적용된다. 나아가 조세조약상으로 이자소득으로 구분되는 경우와 배당소득으로 구분되는 경우는 제한세율의 적용에 차이가 발생한다. 가령 한·미 조세조약에 의하면 이자소득의 경우에는 제한세율 12%의 적용을 받으나[9] 배당소득의 경우에는 주식보유 비율 등에 따라 10% 또는 15%의 제한세율의 적용을 받는다.[10]

(3) 이 사건의 경우

그러므로 선물환차익이 제13호의 이자소득에 해당하지 않으면 비과세소득이되나 이자소득에 해당한다면 그 소득을 지급하는 금융기관은 원천징수의무를 부담하고 당시 그 소득을 얻는 납세자는 이자소득을 포함한 금융소득이 4,000만원을 초과하는 경우 그 초과분에 대해서 종합소득세 신고를 하여야 한다. 고객이 거주자인 경우에는 선물환차익이 배당소득으로 구분되더라도 이자소득의 경우와 별 차이가 없으나 만일 선물환차익을 수취하는 고객이 비거주자인 경우에는 비거주자의 국가와의 조세조약에 따라 원천징수세율이 달리 정해질 수 있다.

나. 이 사건의 쟁점과 의의

이 사건의 쟁점은 선물환차익이 제13호의 소득, 즉 제1호 내지 제12호의 소득과 유사한 소득으로서 금전의 사용에 따른 대가에 해당하는지 여부이다. 다시 말하면, 열거주의 과세원칙을 채택하고 있는 소득세법 과세체계와 이자소득에 관한 소득세법 제16조의 열거적 형태의 조문 구조 하에서 이자소득의 유형적 포괄주의 과세를 위하여 도입된 소득세법 제16조 제1항 제13호의 법적 성격과 그 적용범위를 어떻게 파악할 것인지 여부이다. 그에 앞서 대상거래의 세법상 평가와 실질 파악 역시 문제가 되는데, 이는 세법상 선물환차익을 그대로 엔화매매이익으로 볼 것인지 여부로서 실질과세원칙에 의하여 선물환차익이 발생하는 단계적 성격의 엔화스왑예금거래의 법적 성격을 어떻게 파악하느냐에 따라 달라질 수 있다.[11]

원심에서는 선물환거래의 커버거래의 존재 여부 및 선물환거래나 엔화정기

---

9) 한·미 조세조약 제13조 제2항.
10) 한·미 조세조약 제12조 제2항.
11) 구체적으로는 엔화스왑예금거래를 구성하는 현물환거래와 선물환거래, 엔화정기예금거래가 가장행위에 해당하는지 및 각 거래가 유기적으로 결합된 거래에 해당하는지이고, 이를 유기적으로 결합된 거래라고 보는 경우 세법상 그러한 거래를 어떻게 평가하는 것이 타당한지의 문제이다.

예금거래가 실제로 행하여졌는지, 즉 원화정기예금거래만이 존재하고 나머지 선물환거래, 현물환거래, 엔화정기예금거래는 가장행위에 불과한 것인지가 주된 쟁점이 되었으나 상고심에서는 엔화스왑예금거래를 구성하는 현물환거래, 엔화정기예금거래, 선물환거래의 진정성을 전제로 고객의 선물환 차익이 이자소득의 유형적 포괄주의를 규정한 소득세법 제16조 제1항 제13호 소정의 이자소득에 해당하는지, 구체적으로는 제3호(예금이자)에 유사한 소득인지, 아니면 제9호(환매조건부매매차익)에 유사한 소득인지가 문제 되었다.

이하에서는 우선 세법상 엔화스왑예금거래의 구조와 법적 성격을 파악한 다음 유형적 포괄주의 이자소득 과세조항의 적용문제를 검토한다. 구체적으로 유형적 포괄주의 과세조항의 유사성의 판단기준을 무엇으로 삼을 것인지 및 그러한 판단기준에 따라 엔화스왑예금거래의 선물환차익이 제3호의 예금이자나 제9호의 환매조건부매매차익과 유사한 소득에 해당하는지를 중심으로 논의하도록 한다.

2. 엔화스왑예금거래의 내용과 구조

가. 엔화스왑예금거래의 개요

엔화스왑예금거래는 고객이 원고에 원화를 주고 엔화를 현물환으로 매입하는 엔화현물환계약, 고객이 매입한 엔화를 원고의 엔화정기예금으로 예치하는 엔화정기예금계약, 엔화정기예금 만기일에 찾은 엔화를 사전에 약정한 선물환율로 금융기관에게 다시 매도하는 엔화선물환계약으로 구성되어 있다. 현물환거래와 선물환거래는 외환매매거래이고 엔화정기예금거래는 일반 외화예금거래에 해당한다. 엔화스왑예금거래에서 엔화정기예금에 대한 이자는 거의 없고 고객의 대부분의 수익은 선물환차익에서 발생하였다. 그 거래를 도해하면 [그림1]과 같다.

[그림 1] 엔화스왑예금거래의 구조

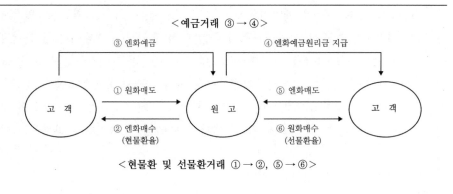

＜예금거래 ③ → ④＞

③ 엔화예금   ④ 엔화예금원리금 지급

① 원화매도   ⑤ 엔화매도

고 객   원 고   고 객

② 엔화매수   ⑥ 원화매수
(현물환율)   (선물환율)

＜현물환 및 선물환거래 ① → ②, ⑤ → ⑥＞

나. 엔화현물환거래와 선물환거래

(1) 외환스왑

엔화스왑예금거래는 그 명칭에서 보는 바와 같이 스왑거래의 일종으로 현물
환거래와 선물환거래가 순차적으로 교환된다. 스왑거래[12]는 두 스왑 당사자가
일정 수량의 기초자산을 교환하기로 약정하는 거래 또는 두 개의 자산에서 파생
되는 장래의 현금흐름 또는 가격지수 등을 일정기간마다 교환하기로 약정하는
거래를 의미한다.[13] 그 종류로는 이자율 스왑과 통화 스왑 등이 있다. 이자율 스
왑은 이자율변동으로 인한 고객의 위험을 회피하기 위하여 고객이 부담할 변동
이자율에 의한 이자지급채무를 미리 약정된 시기에 고정이자율이나 다른 변동이
자율에 따른 이자지급채무로 교환하여 부담하는 스왑거래이다. 통화 스왑은 차입
비용을 절감하고 구성통화의 다양화를 통한 환율변동의 위험을 회피하기 위하여
계약당사자간에 서로 다른 통화표시 원금과 이자를 미리 약정된 시기에 교환하

---

12) 대법원은 "국제금융거래에서의 스왑거래라 함은 이른바 신종 파생금융상품의 하나로 외국환 거
래에 있어서 환거래의 당사자가 미래의 이자율 또는 환율변동에서 오는 위험을 회피하기 위하
여 채권이나 채무를 서로 교환하는 거래"라고 판시하였다(대법원 1997. 6. 13. 선고 95누15476
판결). 한편, 자본시장과 금융투자업에 관한 법률 제5조 제1항 제3호는 스왑거래를 "장래의 일
정 기간 동안 미리 정한 가격으로 기초자산이나 기초자산의 가격·이자율·지표·단위 또는 이를
기초로 하는 지수 등에 의하여 산출된 금전 등을 교환할 것을 약정하는 계약"이라고 규정하고
있다.
13) 박준, "파생금융거래를 둘러싼 법적 문제 개관", 파생금융거래와 법, 2012, 20면. 예를 들어 1억
달러의 자금대출에서 발생하는 원리금흐름과 1,200억원의 자금대출에서 발생하는 원리금흐름을
매 6개월마다 교환하기로 약정하거나 금·원유 등 동일한 상품에 대하여 고정가격과 변동가격
의 흐름을 교환하는 것이다.

여 부담하기로 하는 스왑거래이다.14) 통화 스왑의 일종인 외환 스왑(Foreign Exchange Swap, FX 스왑)은 계약환율에 따라 서로 다른 통화를 교환한 뒤 일정시간 뒤에 계약시점에 정한 선물환율로 원금을 다시 교환하는 거래이다. 금융기관들은 보통 남는 외화자금을 단기자금조달에 이용하거나 환헷지를 하는데 이를 활용한다. 만기가 1년 이내의 단기거래여서 통화간 금리차가 선물환율에 반영되기 때문에 이자는 교환하지 않는다. 원고와 고객들은 계약당일 엔화와 원화의 교환 및 선도거래일에 다시 원화와 엔화를 교환하므로 위 스왑거래는 외환 스왑의 일종이다.15)

(2) 통화스왑의 선물환율의 결정방식

일반적으로 선물환율을 결정하기 위하여 현물환율에서 프리미엄 또는 디스카운트되는 숫자를 스왑 포인트(Swap Point)라고 한다. 이에 관한 대표적인 이론인 금리평가이론16)(Covered Interest Rate Parity Theory)에 의하면 스왑 포인트는 현물환율과 양 통화의 금리차를 곱하여 계산된다. 엔화선물거래에서의 스왑 포인트는 다음과 같다.

스왑 포인트 = 선물환율 – 현물환율17) = (한국금리 – 일본금리) × 현물환율

금리평가이론18)은 엔화를 현물로 구입하는 대신에 일정기간 후 선물로 구입하면 그 기간 동안 이자율이 더 높은 원화를 운용할 수 있으므로 현물로 구입하는 경우보다 이자율 차액만큼의 이익을 취하므로 선물을 구입하는 자는 현물을 구입하는 자에 비하여 그 대가로서 이자율 차액만큼의 프리미엄을 지급하여야 한다는 논리에 기초하고 있다.

그러나 현실에서는 스왑 포인트가 반드시 이율의 차액만큼으로 결정되는 것은 아니다. 일본의 금리는 한국의 금리보다 항상 낮으므로 금리평가이론에 의하

---

14) 대법원 1997. 6. 13. 선고 95누15476 판결.
15) 강석규, 전게논문, 897면.
16) 강석규, 전게논문, 899면.
17) 원/엔 현물환율은 2002년경부터 2003년 중반까지는 1,000원/100엔대로 비교적 일정하게 유지되다가 2003년말경까지는 1,140원/100엔까지 상승하였고 그 이후로는 지속적으로 하락하는 추세를 보이고 있다.
18) 금리평가이론은 보유비용모형으로 설명되고 있다. 자세한 내용에 대해서는 이하일, 파생금융상품, 한경사, 2005 참조.

면 스왑 포인트는 항상 (+)의 상태를 일정하게 유지해야 하지만 실상은 그렇지 아니하고 등락이 있으며 심한 경우 (−)의 상태를 나타내기도 한다. 이는 선물환율이 양국의 금리차이는 물론이고 선물환시장의 수급상황, 거래비용, 환율에 대한 시장의 기대심리, 경제상황 등 여러 가지 복잡한 사정에 영향을 받기 때문이다. 특히 외환시장의 거래규모가 상대적으로 작은 우리나라의 경우에는 금리 외에 다른 요소들의 변화에 매우 민감하게 반응한다.

원고는 당시 원/엔 선물환시장이 존재하지 않았으므로 톰슨 로이터 통신으로부터 외환시장에 공시된 만기의 달러/원 스왑 포인트와 달러/엔 스왑 포인트를 제공받아, 위 달러/원 스왑 포인트와 달러/원 현물환율을 합산하여 산정한 달러/원 선물환율을, 달러/엔 스왑 포인트와 달러/엔 현물환율을 합산하여 산정한 달러/엔 선물환율로 나눈 엔/원 선물환율[19]을 기준으로 고객과의 거래 관계 등 여러 사정을 감안하여 선물환거래 당시의 약정 선물환율을 정하였다.[20]

(3) 외국금융기관과 선도커버거래

커버거래는 은행이 보유하고 있는 또는 보유하고자 하는 외화표시 자산, 부채에서 발생하는 환율변동으로 인한 위험을 제거하거나 감소시키기 위한 제반 거래를 말한다. 즉, 외환포지션[21]을 균형상태로 만들기 위하여 행하는 거래를 말한다. 또 외환스왑거래에서 교환되는 통화의 이자율 변동에 따라 발생하는 스왑 포인트 변동위험을 헷지하기 위한 거래도 커버거래라 한다.

이 사건의 경우 원고는 선도거래일에 엔화를 사전에 약정된 특정의 환율로 매수하여야 하므로 계약일 이후 엔화 환율이 변동하는 경우에는 그 위험을 부담하게 된다. 그러한 환율변동의 위험을 피하기 위하여 원고는 외국금융기관과 선도커버거래를 하였다. 은행마다 커버거래의 방식이 달랐는데, 원고는 거래 건 별로 혹은 여러 개의 거래를 모아서 1 대 1 커버거래를 하였고, 외환거래의 비중이 적은 은행 중에는 거래건 별로 모두 1 대 1 커버거래를 한 경우도 있었으며, 외환

---

19) 원/달러 환율과 엔/달러 환율을 기초로 원/엔 환율을 수학적으로 산정하므로 재정환율(cross rate)이라고 한다.
20) 톰슨 로이터 통신 등 국제금융정보업체에서 제공하는 스왑 포인트는 고시된 날의 선물환시장의 종가(매도호가 및 매수호가)로서, 향후 선물환율을 결정할 때 참고하라는 기준으로 제시되는 것이며 시장참여자들은 그 외 여러 조건을 고려하여 거래를 하게 되므로 실제 선물시장에서 약정되는 선물환율은 현물환율에 스왑 포인트를 가산한 것과 다소 다르게 결정되는 것이 관행이다.
21) 외화표시자산과 외화표시부채의 차이를 말하는 것으로서 외화표시자산과 외화표시부채가 동일하면 환율변동의 위험이 없어지게 되고, 차이가 생기면 환율변동에 따른 환위험이 발생한다.

거래의 비중이 큰 은행의 경우에는 은행이 보유하는 전체 외환포지션을 균형으로 만드는 방식으로 커버거래를 하기도 하였다.

다. 엔화정기예금거래

원고는 고객으로부터 엔화를 예치받아 소액이지만 엔화이자를 지급하였고 그 예금이자를 지급하면서 원천징수의무를 이행하였다. 이로 인하여 원고의 경우 대상 기간 동안 엔화예금이 증가하였고 이를 토대로 엔화대출도 증가하였다.

한편, 원고는 선도거래의 이행을 담보하기 위하여 고객의 예금반환채권에 대하여 질권을 설정하였다. 이 사건 선물환계약은 선도거래로서 선물거래와는 구분되는데, 선물거래는 거래장소가 선물거래소 시장내의 거래이고 거래조건이 표준화되어 있으며 거래소가 계약이행을 보증하고 있어 시장참가자에는 원칙적으로 제한이 없다. 반면 선도거래는 장외거래로서 거래당사자의 필요에 의하여 거래조건이 형성되며 계약이행이 쌍방의 신용도에 의존하고 있어 신용도가 높은 기업이나 금융기관이 관여한다.[22] 고객의 신용도를 담보할 수 없는 원고로서는 고객의 예금채권에 대해서 질권을 설정하여 선도거래 이행을 담보하였다.

3. 엔화스왑예금거래의 실질

가. 원화정기예금과 동일한지 여부

(1) 실질과세의 원칙과 엔화스왑예금거래

엔화스왑예금거래에 대한 세법조항을 적용하기 위해서는 그에 앞서 실질과세의 원칙에 따라 단계적으로 행해진 현물환계약, 엔화정기예금계약, 선물환계약으로 구성되는 엔화스왑예금거래의 실질을 판단할 필요가 있다. 국세기본법 제14조 제1항은 "과세물건의 귀속에 관하여 과세의 대상이 되는 소득·수익·재산·행위 또는 거래의 귀속이 명의일 뿐이고 사실상 귀속되는 자가 따로 있을 때에는 사실상 귀속되는 자를 납세의무자로 하여 세법을 적용한다"고 규정하고, 제2항은 "과세표준의 계산에 관한 규정은 소득·수익·재산·행위 또는 거래의 명칭이나 형식에 불구하고 그 실질 내용에 따라 적용한다"고 규정하고 있다. 여기서의 실질의 의미에 관하여 법적 실질설과 경제적 실질설이 대립하고 있다. 법적 실질설

---

22) 이상신·오준석, "기본파생상품 과세에 관한 연구", 조세법연구 제11-2집, 2005. 11., 207면; 이하일, 전게서, 11면.

은 조세법의 해석 및 적용에 있어서 과세물건의 귀속이나 과세표준의 계산 등은
법적 형식·명의 또는 외관에 구애됨이 없이 그 뒤에 숨겨진 진실한 법률관계를
기준으로 하여 결정해야 하지만, 법적 실질의 한계를 넘어 경제적 실질에만 근거
하여 과세할 수는 없다는 입장이다. 경제적 실질설은 법적 보장이 완전히 수반되
지 않는 사실상의 경제력이 존재하여 법적 형식과 경제적 실질이 다른 경우에는
법적 형식에 구애됨이 없이 경제적 실질을 기준으로 하여 조세법을 해석하고 적
용하여야 한다는 입장이다.23) 대법원은 대체로 법적 실질설의 입장에 있다고 판
단된다.24) 법적 실질설에 따르면 당사자들이 조세를 회피하기 위한 거래형식을
선택하였다고 하더라도 그것이 가장행위에 해당한다는 이유로 그 효력이 부정되
거나 부당행위계산부인 규정과 같은 명문규정에 의하여 그 효력이 부정되지 않는
이상 당사자들이 선택한 거래형식을 존중하여 그에 따라 과세가 이루어져야 하고
경제적 실질을 이유로 거래를 재구성하여 과세할 수는 없다는 것이다. 다만, 숨
겨진 진실한 법률관계를 기준으로 거래의 실질을 파악하므로 대상거래를 가장행
위로 판단하는 경우에는 사실상 거래를 재구성하는 결과를 가져올 수 있다.

　이러한 법적 실질설의 입장에서 이 사건 엔화스왑예금거래의 실질을 판단하
면, 앞서 본 바와 같이 엔화스왑예금거래의 선물환계약의 스왑 포인트가 외환시
장에서의 스왑 포인트를 반영하여 산정되었고, 선물환계약상 원고가 부담하는 엔
화환율변동의 위험을 헷지하기 위하여 외국금융기관과 커버거래를 하였으며, 선
도거래의 이행을 담보하기 위하여 고객의 예금에 질권을 설정하였고, 고객에게
소액이지만 시장이자율로 산정한 엔화예금이자를 지급한 점이 인정되므로 원고
와 고객 사이의 엔화현물거래 및 선도거래와 엔화예금거래는 장부상의 조작에
불과한 가장거래라고는 보기 어렵다. 가장거래라면 장부상 처리로 족하고 외환시
장의 스왑 포인트를 조사하여 이를 반영할 필요가 없으며 가장거래를 위하여 이

23) 강석규, 전게논문, 904-905면.
24) 대법원 1991. 5. 14. 선고 90누3027 판결, 대법원 2009. 4. 9. 선고 2007두26629 판결 등. 종전
　의 대법원 판례는 가장행위의 탄력적 사실인정을 통하여 경제적 실질설의 입장을 반영하기도
　하였는데, 최근 대법원 판례 중에는 기존의 입장과는 달리 가장행위에 해당하는지 여부를 언급
　하지 않고 실질과세원칙을 바로 적용한 경우들이 있다. 대법원 2010. 10. 28. 선고 2008두19628
　판결, 대법원 2010. 11. 25. 선고 2009두19564 판결, 대법원 2011. 4. 14. 선고 2008두10591 판
　결, 대법원 2012. 1. 19. 선고 2008두8499 전원합의체 판결 등이 그 예로서 위 판례들은 경제적
　실질설의 입장을 취하였다고 볼 수 있다. 다만, 위 전원합의체 판결에서도 종전의 법적 실질설
　의 입장에 있는 선행 대법원 판례들을 폐기하지 않았고, 대부분의 판례가 법적 실질설을 취하고
　있는 점에 비추어 대법원은 원칙적으로는 실질과세원칙에 관하여 법적 실질설의 입장에 서있는
　것으로 이해된다.

자지급이나 커버거래까지 하거나 그 이행을 담보하기 위하여 엔화정기예금에 질권을 설정할 필요는 없을 것이기 때문이다. 그러므로 엔화현물거래와 엔화선도거래 및 엔화예금거래가 모두 가장행위에 해당한다고 볼 수 없는 한 각 거래의 실체적 존재들을 무시할 수 없으므로 엔화스왑예금거래를 원화예금거래의 가장거래로 볼 수는 없다고 하겠다.[25) 26)]

(2) 엔화스왑예금거래의 경제적 실질

실질과세의 원칙에 대해 경제적 실질설의 입장을 취하는 경우에 엔화스왑예금거래가 원화정기예금과 동일한지 여부가 문제될 수 있다. 금리평가이론에 따라 스왑 포인트는 원화예금이자와 엔화예금이자의 차이로 결정되고 고객이 엔화정기예금과 선물환계약을 동일한 금액으로 만기가 동일하게 체결하였으므로 경제적으로는 원화정기예금에 따른 이자소득과 동일하다는 이유로 선물환차익의 경제적 실질을 이자소득으로 볼 수 있다는 견해가 있다. 그러나 현실세계에서 선물환율이 반드시 양국의 이자율 차이로만 결정되는 것은 아니고 선물환의 수급상황, 거래비용, 장래의 환율전망에 대한 시장참가자들의 기대심리, 정치·경제 상황에 의해서도 영향을 받는다.[27)] 경제적 관점에서 선물환차익을 이자소득으로 간주하는 것은 완전경쟁시장에서 이자율평가이론이 정확히 맞아 떨어지는 것을 전제로 하고 있으나 현실의 외환시장은 여러 가지 마찰요인으로 인하여 완전시장과는 괴리가 있다고 할 것이므로 위 견해는 타당하다고 볼 수 없다.

또한, 현물환계약과 선물환계약으로 환율변동의 위험이 모두 상쇄된다는 이유로 선물환차익이 이자소득에 해당한다는 견해가 있다. 그러나 현물환계약과 선

---

25) 이 사건 선물환계약이 비진의 표시에 의한 것이거나 통정허위표시에 의한 것이라면 일체의 행위를 원화정기예금으로 보아 그 이익을 과세대상이 되는 이자소득으로 볼 수 있으나 이 사건 선물환계약과 엔화정기예금을 살펴보면 엔화정기예금의 이자가 훨씬 적고 선물환차익이 수익의 대부분을 차지하고 있으므로 고객들은 엔화정기예금의 이자와 함께 선물환차익도 얻기 위해서 이와 같은 계약을 체결한 것으로 밖에 볼 수 없고 따라서 고객에게는 선물환계약을 체결하겠다는 의사가 있었던 것이므로 선물환계약만을 무효로 볼 수 없다(김유철, "엔화스왑예금의 과세문제와 그 해결", 조세와 법 제5권 제1호, 2012. 6., 204면).

26) 선물환계약이 엔화정기예금계약에 포함된 것인지 여부를 별도의 쟁점으로 보아 선물환계약이 엔화정기예금계약에 포함된 것이라면 결국 선물환차익이 예금에 부수하는 소득으로서 소득세법 제16조 제1항 제13호 소정의 이자소득으로 볼 여지가 있다는 견해(김유철, 전게논문, 195면)가 있으나 각 법률행위가 적법·유효한 이상 그에 따른 법률효과가 발생하는 것이지 엔화정기예금 거래와 선물환계약이 동시에 행해졌다고 하더라도 선물환차익이 예금이자가 되는 것은 아니며 가사 부수한다고 하더라도 소액의 엔화예금이자가 다액의 선물환차익에 부수되는 것으로 보는 것이 타당할 것이다.

27) 이창복·윤창현, 금융선물·옵션거래, 한국금융연수원, 2008, 44－45면.

물환계약을 동시 체결하더라도 환위험에는 여전히 노출된다. 은행의 입장에서는 선물환계약의 만기 시에 엔화가 유입되고 원화가 유출되는데, 유입되는 엔화의 가치는 만기시의 원/엔 현물환율에 따라 결정되고 이는 사전약정환율과는 차이가 있으므로 여전히 환율변동으로 인한 불확실성이나 위험이 존재한다. 그러한 사정 때문에 은행은 고객과 엔화스왑거래를 함과 동시에 반대방향으로 다른 외국은행으로부터 엔화를 매수하고 만기에 엔화를 매도하는 엔화스왑거래, 즉 커버거래를 함으로써 스왑 포인트 변동의 위험을 헷지하였다. 이와 같이 환위험을 상쇄하는 커버거래의 필요성이 존재하는 이상 엔화스왑예금거래는 경제적 실질의 면에서도 원화정기예금과는 다르다고 할 것이다.

　(3) 국세기본법 제14조 제3항의 적용가능성

　　국세기본법 제14조가 2007. 12. 31. 법률 제8830호로 개정되면서 제3항이 신설되었다. 위 제3항은 "제3자를 통한 간접적인 방법이나 2 이상의 행위 또는 거래를 거치는 방법으로 이 법 또는 세법의 혜택을 부당하게 받기 위한 것으로 인정되는 경우에는 그 경제적 실질 내용에 따라 당사자가 직접 거래를 한 것으로 보거나 연속된 하나의 행위 또는 거래를 한 것으로 보아 이 법 또는 세법을 적용한다"고 규정하고 있다. 위 조항은 미국의 단계거래원칙의 영향을 받은 것으로 평가되거나[28] 납세자의 조세회피를 위한 우회행위 또는 다단계행위에 대한 규제를 의도한 것으로서 입법취지나 규정의 문언상 그와 같은 조세회피행위에 대응하여 경제적 실질에 따른 과세를 염두에 두고 있는 것으로 이해된다.[29] 위 조항이 단계적 거래를 경제적 실질에 따라 재구성할 수 있는 확인적 조항이므로 부칙 규정과 상관없이 적용된다며 위 제3항에 의하여 이 사건 거래를 경제적 실질내용에 따라 재구성하여 선물환차익을 예금이자에 유사한 소득으로 볼 수 있다는 견해가 있다.[30] 그러나, 그 부칙 제1조에서 위 조항은 과세연도 단위로 과세되는 경우에는 시행일인 2008. 1. 1.이 속하는 과세연도부터 개별 거래단위로 과세되는 경우에는 위 시행일 이후에 이루어진 거래분부터 적용된다고 규정하고 있는 바, 기존 대법원 판례의 입장에 비추어 위 조항을 창설적 규정으로 보지 않을 수

---

28) 정승영, "미국의 단계거래에 대한 과세와 우리 세법상의 시사점", 조세연구 제12-1집, 2012. 4., 225면.

29) 임승순, 조세법, 박영사, 2012, 52면.

30) 최진혁, "파생금융상품에 대한 과세방안 연구: 소득세제 개선방안 및 국세기본법 제14조 제3항의 적용론", 고려대학교 석사학위논문, 2012, 137-139면.

없으므로 2008. 1. 1. 이전의 과세연도에 귀속되는 이 사건 소득에는 적용되지 않는다고 할 것이다.[31]

　　그리고 가사 위 조항을 미국세법상 단계거래원칙(Step Transaction Doctrine)이 반영된 것으로 단계적 거래를 재구성하는 조항으로 보더라도 엔화스왑예금거래는 애초부터 고객이 선물환차익을 얻기로 최종 목표를 삼은 거래이므로[32] 동 조항에 의하더라도 이를 이자소득에 유사한 소득으로 볼 수는 없을 것이다. 미국세법상 단계거래[33]란 형식적으로 독립된 거래들이나 모든 단계의 거래들이 실질적으로 연관되어 있는 일련의 거래를 말하는 것이고 단계거래원칙이란 이러한 단계거래에 대하여 납세의무자의 최종목적과 결과 및 각 단계별 거래의 상호의존성과 후속거래에 대한 약정의무의 존재여부에 따라 각각의 단계들을 독립된 하나의 거래로 보지 않고 전체계획(Overall Plan)의 구성물로 파악하여 과세를 하겠다는 원칙이다. 이러한 단계거래원칙은 미국 판례에 의하여 형성된 개념으로 동 원칙이 적용되기 위해서는 사전적 기준으로 최종결과기준이나 상호의존성 기준을 통과하여야 한다. 최종결과기준이란 납세자가 종국적으로 어떠한 거래를 의도하였는지를 판정하는 것으로 그 최종결과가 조세부담을 초래하는데, 납세자가 단계거래를 통해서 조세부담을 감소시키는 결과를 가져오는 경우 최종결과기준의 적용을 받게 된다. 상호의존성 기준이란 조세회피를 위한 단계거래가 각기 독립적으로 존재할 수 없고 경제적 의미를 가지지 못하는 경우에 적용된다. 그러한 기준을 통과한 경우에도 해당 거래에 오로지 조세회피목적만 있고 사업목적(Business Purpose)이 없는 경우에 한하여 단계거래 원칙에 의하여 거래를 재구성할 수 있을 뿐이다.[34]

　　이 사건의 경우 선물환차익이 비과세되는 것은 우리 소득세법이 법인세법이나 미국세법과는 달리 열거주의 과세를 택하는 데 기인한 것으로 엔화스왑예금거래를 체결한 고객의 최종목적은 비과세되는 엔화선물환차익 즉 외환매매이익

---

31) 강석규, 전게논문, 911면.
32) 누구나 선도계약에 따른 선물환이익을 얻는 것이 가능했다는 점에서 선도계약이 우회거래 또는 다단계거래로 부당하게 조세를 절감하게 하기 위하여 거래된 것으로 보기 어려우므로 국세기본법 제14조 제1항의 경제적 실질과세 원칙이 도입되었다고 해도 이에 근거하여 그 선물환이익을 이자소득으로는 볼 수 없다(정영민, "파생상품의 과세 및 주요 쟁점에 대한 고찰", 조세실무연구 III, 2012, 81면).
33) 최성근, "단계거래의 원칙이 실질과세원칙에서 차지하는 지위와 부당한 단계거래의 판단기준", 조세법연구 제14-2집, 2008. 8., 166면.
34) Tax Management Portfolio 771, BNA.

을 얻고자 하는 데 있으므로 과세대상거래를 회피하기 위하여 우회적으로 단계
거래를 수행하는 경우와는 구별되므로 최종적인 조세회피 의도가 있다고 볼 수
없어 최종결과기준을 충족하지 못한다. 또한, 엔화정기예금거래, 현물환계약 및
선물환계약은 법률적으로 유효한 진성의 거래로서 각각 독립적으로 존재할 수
있는 독자적으로 경제적 의미를 가지는 유효한 거래이므로 상호의존성 기준도
통과하지 못한다. 나아가, 이러한 최종결과기준이나 상호의존성 기준을 통과하더
라도 당해 거래에 조세회피 목적 이외의 다른 어떠한 사업목적이 있기만 하면 그
목적이 미미하더라도 단계거래 과세원칙을 적용할 수 없는데, 이 사건에서는 엔
화정기예금거래만 단독으로 하여 1%의 이상의 이자소득을 얻는 것이 불가능하고
나머지 확정된 약 3%의 외환매매이익을 얻기 위해서는 선물환계약이 반드시 필
요하였고 특히 선물환거래를 하지 않는 고객들도 만기일에 엔화예금을 환전할
때 불확정하지만 환이익을 얻을 수 있었는바, 선물환계약은 고객이 외환매매이익
을 얻고 그 환율변동의 위험을 회피하기 위하여 반드시 필요한 거래이므로 각 거
래에 사업목적이 인정되는 것이다.[35] 엔화정기예금의 경우에도 고객은 소액이지
만 시장이자율에 상당하는 예금이자를 얻을 수 있었고 원고는 선물환계약의 이
행을 담보하기 위하여 질권설정의 필요가 있었으므로 그 사업목적이 인정되며,
외국금융기관과의 선도커버거래도 원고가 선도약정일의 환율등락에 따른 위험을
헷지하기 위하여 체결한 것으로 사업목적이 인정된다. 결국 엔화스왑예금거래에
대해서는 미국법상의 단계거래원칙도 적용할 수 없다고 할 것이다.

---

35) Packard v. Commissioner, 85 T.C. 397, 402(1985) 사건에서는 납세자가 1971. 퀸(Queen)이라
는 법인주식을 취득하여 1971. 12. 23. 목축업을 시작한 직후, 1972. 1. 12. 설립된 파트너십으
로 하여금 1972. 2. 1. 위 주식을 납세자로부터 매수하도록 하는 계약을 체결하도록 하였고, 또
다시 그 직후에 퀸 법인을 청산하여 1972. 2. 그 법인의 모든 자산을 여러 차례의 거래를 통하
여 파트너십의 영업손실을, 그 출자자의 주식양도손실을 실현시킨 데 대하여 과세관청은 그 거
래가 조세회피의도로 행하여진 것으로 단계거래 과세원칙에 따라 손실을 부인할 수 있다고 주
장하였으나 미국법원은 납세자에게 비록 미미하지만 파트너십 형태로 목축업을 수행하고자 하
는 사업목적이 있었다는 점에서 과세관청이 이러한 독립적이고 의미 있는 거래를 부인할 수 없
다고 판시하였다. Kass v. Commissioner, 60 T.C. 218, 216(1973) 사건에서는 트랙(Track)이라
는 법인이 납세자가 소수주주로 있는 법인의 발행주식의 84%를 취득한 후 그 자회사를 모회사
로 청산·합병하는 과정에서 자회사의 소수주주였던 납세자는 모회사의 주식을 교부받았고 그
거래에서 납세자가 양도소득 납세의무를 부담하는지가 쟁점이 되었는데, 과세관청은 대주주의
경우 미국 내국세법(Internal Revenue Code) 제332조 청산조항에 의해 비과세거래이지만 납세
자는 소수주주이므로 동 조항의 적용을 받을 수 없다고 판단되어 전체 거래가 미국 내국세법
제358조 비과세합병이라고 주장하였으나 미국법원은 합병과정의 일련의 거래가 상호의존적이
아니라 독립적인 것이므로 단계거래원칙이 적용될 수 없다고 판단하였다.

나. 엔화의 환매조건부 매매

엔화스왑예금거래의 현물환계약과 선물환계약은 계약환율에 따라 서로 다른 통화를 교환한 뒤 일정시간 뒤에 계약시점에 정한 선물환율로 원금을 다시 교환하는 통화스왑의 일종인 외환스왑(Foreign Exchange Swap, FX 스왑)이다. 이러한 통화스왑으로 원고는 고객에게 엔화를 매도하였다가 선도거래일에 엔화를 매수하는 것이므로 현물환계약과 선물환계약은 엔화에 대한 환매조건부 매매거래의 성격을 가진다고 할 수 있다. 환매조건부 엔화매매거래를 통하여 원고는 엔화의 매도대금 상당의 원화자금을 확보할 수 있고 반면 고객은 엔화의 매수대금 상당에 대해서 이를 사용하지 못하나 환매일에 매수대금을 초과하는 매도대금을 수령하게 되므로 엔화의 매매차익을 얻게 된다. 이 경우 고객은 사전에 약정된 선물환율에 따른 확정적인 이익을 얻게 되지만 한편, 엔화의 가치가 예상치 않게 폭등하는 상황이 발생하고 사전에 약정된 선물환 차익이 이보다 적다면 직접 선도거래일까지 엔화를 보유하였다가 고가에 매도한 경우와 비교하여 경제적으로 손실이 발생할 수 있다.

4. 이자소득에 관한 소득세법 규정과 유형적 포괄주의 과세조항의 도입

가. 소득세법상 이자소득과 유형 구분

(1) 이자소득의 의의

이자란 경제적으로는 금전의 사용대가 또는 금전을 사용하지 못한 데에 대한 보상이고, 법률적으로는 금전을 대여하여 원본의 금액과 대여기간에 비례하여 받는 돈 또는 그 대체물이다.[36] 금전의 사용이라는 성격을 지니지만 수익분배의 성격이 있는 배당소득과는 개념적으로 구분된다.

소득세법 제16조 제1항은 당해 연도에 발생한 국가 또는 지방자치단체가 발행한 채권 또는 증권의 이자와 할인액(1호), 내국법인이 발행한 채권 또는 증권의 이자와 할인액(2호), 국내에서 받는 예금의 이자와 할인액(3호), 상호저축은행법에 의한 신용계 또는 신용부금으로 인한 이익(4호), 국내에서 받는 투자신탁(대통령령이 정하는 이자부 투자신탁을 말한다)의 이익(5호), 외국법인의 국내지점 또는 국내영업소에서 발행한 채권이나 증권의 이자와 할인액(6호), 외국법인이 발행한

---

36) 이창희, 세법강의, 박영사, 2007, 416면.

채권 또는 증권의 이자와 할인액(7호), 국외에서 받는 예금의 이자와 투자신탁의 이익(8호), 대통령령이 정하는 채권 또는 증권의 환매조건부매매차익(9호), 대통령령이 정하는 저축성 보험의 보험차익(10호), 대통령령이 정하는 직장공제회초과반환금(11호), 비영업대금의 이익(12호)을 이자소득에 해당하는 것으로 구체적으로 열거하면서도, 이들과 유사한 소득으로서 금전의 사용에 따른 대가의 성격이 있는 것(13호)도 이자소득으로 한다고 규정하고 있다. 이와 같이 유가증권의 할인액, 상호신용계 또는 신용부금의 이익 등도 이자소득의 범위에 속하므로 소득세법상 이자소득으로 과세되는 소득은 금전의 소비대차에서 발생하는 법령상의 이자뿐만 아니라 일부 경제적 이자도 포함한다. 그러므로 소득세법상의 이자의 개념은 사법상 이자의 개념과 다소 차이가 있다.

(2) 이자소득의 유형과 배당소득과의 비교

소득세법 제16조 소정의 이자소득은 제1호, 제2호 및 제3호와 같은 전형적인 이자소득과 제8호 및 제9호와 같은 다른 소득으로 분류될 수 있는 소득으로 구분할 수 있다. 또한, 이자소득의 범위를 구체적으로 대통령령에 규정하고 있는 경우와 그렇지 않은 경우로도 구분해 볼 수 있는데, 전자의 경우가 주로 다른 소득으로 구분될 수 있는 환매조건부 매매차익, 저축성 보험의 보험차익, 직장공제회 초과반환금이고 후자가 주로 전형적인 이자소득이다.

이자소득은 수익분배의 성격을 가지는 배당소득과 구분이 되는데, 소득세법은 제17조 제1항은 내국법인으로부터 받는 이익이나 잉여금의 배당 또는 분배금(1호), 법인으로 보는 단체로부터 받는 배당금 또는 분배금(2호), 의제배당(3호), 법인세법에 따라 배당으로 처분된 금액(4호), 국내에서 받는 투자신탁(대통령령이 정하는 배당부 투자신탁을 말한다) 수익의 분배금(5호), 외국법인으로부터 받는 이익이나 잉여금의 배당 또는 분배금과 당해 외국의 법률에 의한 건설이자의 배당 및 이와 유사한 성질의 배당(6호), 국제조세조정에 관한 법률 제17조의 규정에 따라 배당받은 것으로 간주되는 금액(6호의2), 제1호부터 제6호까지 및 제6호의2의 소득과 유사한 소득으로서 수익분배의 성격이 있는 것(7호)을 배당소득으로 규정하고 있다. 내국법인으로부터 받는 이익이나 잉여금과 같이 전형적인 수익분배의 성격을 가지는 배당소득이 있는 반면, 의제배당이나 인정배당 등 사법상 배당소득으로 보기 어려운 소득도 배당소득으로 정의되어 있다. 어느 소득이 금전의 사용대가의 성격을 가지는 이자소득인지, 아니면 수익분배의 성격을 가지는 배당소

득인지를 명확하게 구분하는 것은 쉽지 않다.[37)]

나. 이자소득 규정의 변천과 유형적 포괄주의 과세조항의 도입

(1) 이자소득 과세조항의 개정 연혁

우리 소득세법은 과세소득의 범위에 관하여 열거주의를 채택하고 있기 때문에 이자소득의 경우도 소득세법 규정에서 구체적으로 열거되지 않는 한 과세대상이 될 수 없다. 이는 포괄적 소득개념인 순자산증가설의 입장에서 과세소득을 규정하고 있는 법인세법과 대비된다. 과세당국에서는 새로운 세원이 포착되고 그 세원에 대해서 이자소득으로 과세하는 것이 정책적으로 타당하다고 판단되면 그때마다 법률의 개정을 통하여 당해 세원을 과세대상 항목으로 추가하는 형식을 취해 왔다. 이와 같이 새로운 항목으로 추가된 것들은 그 이전에는 과세대상에 해당하지 않는다는 취지를 입법자가 밝힌 것이라고도 볼 수 있다. 새로운 세원이 포착되더라도 기존의 세법조항에 의하여 과세할 수 있는 것이라면 굳이 법률의 개정을 통하여 새로운 항목을 추가할 필요는 없었을 것이기 때문이다.

(2) 1974년 이전 소득세법과 1974년 소득세법 전문개정

1974년 이전 소득세법 제4조 제2호는 이자소득과 배당소득을 묶어서 규정하고 있었는데, 그 중 이자소득으로 국내에서 지급하는 예금의 이자와 대통령령이 정하는 법인이 발행·인수·보증하거나 매매한 어음 또는 채무증서의 할인액(갑종)과 국외에서 지급하는 예금의 이자(을종)를 규정하였다가 1973. 2. 16. 개정에서 신용협동조합 및 마을금고의 예탁금 이자가 이자소득 과세대상으로 추가되었다.

그 후 1974. 12. 24. 전문개정을 통해서 소득세법은 비로소 현행 조문과 비슷한 체계를 갖추었다. 전문개정 소득세법은 제17조 제1항에서 국가 또는 지방자치단체가 발행한 채권 또는 증권의 이자와 할인액(제1호), 내국법인이 발행한 채권 또는 증권의 이자와 할인액(제2호), 국내에서 지급하는 예금의 이자와 할인액(제3호), 상호신용금고법에 의한 상호신용계 또는 신용부금으로 인한 이익(제4호), 내국법인으로부터 받는 신탁의 이익(제5호), 외국법인의 국내지점 또는 국내영업소에서 발행한 채권이나 증권의 이자와 할인액(제6호), 외국법인이 발행한 채권

---

37) 금융소득을 이자소득과 배당소득으로 이분하는 것은 근본적으로 연속선상에 있는 기업금융을 자의적으로 두 칸으로 나눈 것이다. 이 구분은 기업금융이 단순하던 옛날에는 그런대로 제 구실을 했지만, 금융기법이 매우 발달한 오늘날의 경제현실과는 맞지 않는다. 이를 단적으로 보여주는 예가 투자회사나 투자신탁을 통한 간접적 증권투자이다(이창희, 전게서, 421-422면).

또는 증권의 이자와 할인액(제7호), 국외에서 지급하는 예금의 이자와 신탁의 이익(제8호), 비영업대금의 이익(제9호)을 이자소득으로 규정하였다. 이와 같이 전문개정 소득세법은 이자소득의 종류로서 9가지를 한정적으로 열거하고 있었다. 이때 종전 규정에 없던 상호신용금고법에 의한 상호신용계와 신용부금의 이익이 과세대상에 추가되었다.

(3) 1982년도, 1990년도 개정 및 1994년도 전문개정

이후 1982. 12. 21. 개정에서는 대통령령이 정하는 채권 또는 증권의 환매조건부매매차익이 제9호로 추가되었고 종전의 제9호는 제10호로 변경되었으며, 1990. 12. 31. 개정에서는 대통령령이 정하는 저축성 보험의 보험차익이 제10호로 추가되었고 종전의 제10호는 제11호로 변경되었다. 그리고 1994. 12. 22. 개정에서는 소득세법 제16조 제1항으로 전문 개정되면서 대통령령이 정하는 직장공제회초과반환금이 제11호로 추가되었고 종전의 제11호는 제12호로 변경되었다.

(4) 2001년 이자소득 유형적 포괄주의 과세조항의 도입

이자소득의 유형적 포괄주의 과세조항은 2001. 12. 31. 소득세법의 개정을 통하여 비로소 도입되었다. 이러한 형식의 포괄적 과세조항은 이자소득에 대해서뿐만 아니라 배당소득[38]과 연금소득[39]에도 추가되었다. 위 규정은 부칙 제1조 및 제3조에 의하여 2002. 1. 1. 이후 최초로 발생하는 소득분부터 적용되었다.[40] 위 조항은 사회의 발전과 경제구조의 고도화에 따라 새롭게 발생 또는 출현하는 금전사용에 따른 대가를 이자소득에 포함시키기 위하여 소득세의 과세대상이 되는 이자소득의 규정방식을 종전의 열거주의 방식에서 일부 포괄주의 방식으로 전환함에 따라 신설된 조항이다.[41] 즉, 이자소득의 유형적 포괄주의 조항은 유사한 소득은 동일하게 과세함으로써 과세기반을 확대하고 과세의 형평성을 도모하기 위한 것으로 입법론으로서는 순자산 증가설로 한걸음 다가간 것이라고 할 것이다.[42] 그러나, 유형적 포괄주의의 도입이 있었다고 하더라도 열거된 소득과 유사하다는 전제 하에 제한적으로 적용되므로 여전히 소득세법상 열거주의 원칙은 유지되고 있다고 할 것이다. 예를 들어, 소득세법상 제1호 내지 제12호의 이자소

---

38) 소득세법 제17조 제1항 제7호.
39) 소득세법 제20조의3 제1항 제7호.
40) 그 후의 개정시에는 새로운 항목의 추가는 없었고 기존 항목에 대한 약간의 수정만 있었다.
41) 김완석, 소득세법론, 광교이택스, 2007, 175면.
42) 이창희, 전게서, 424면.

득과는 거래의 형식과 목적에 있어 차이가 있는 다양한 파생금융상품이익에 대해서는 과세할 수 없다고 보는 것이 타당하다.

다. 세법의 다른 포괄적 과세조항과 비교

(1) 세법상 유형적 포괄주의 과세조항

현재 소득세법에서는 이자소득, 배당소득, 연금소득 규정에 유형적 포괄주의 조항이 있고, 법인세법과 소득세법의 부당행위계산부인 규정과 구 상속세 및 증여세법의 기타증여의제 규정에 유사한 내용의 포괄주의 조항이 있다. 개별 세법 조항에도 대상을 열거하면서 말미에 '유사' 또는 '등'이라는 표현을 사용하고 있는 경우가 다수 있지만[43] 이는 그 적용범위가 제한적이어서 전형적인 유형적 포괄주의 과세조항이라고는 볼 수 없다.

(2) 유형적 포괄주의 과세조항의 분류

소득세법, 법인세법과 상속세 및 증여세법의 유형적 포괄주의 과세조항을 문언상 유형에 대한 제한의 유무와 정도에 따라 크게 세 가지로 구분할 수 있다.

(가) 제1 유형: 문언상 제한이 없는 경우

구 소득세법 시행령[44] 제111조 제2항에서 유형적 포괄주의 과세조항으로 도입된 제5호는 "특수관계에 있는 자와의 제1호 내지 제4호 이외의 거래로 인하여 당해 연도의 총수입금액 또는 필요경비의 계산에 있어서 조세의 부담을 부당하게 감소시킨 것으로 인정되는 때"라고 규정하여 앞서 열거된 대상과 유사하다는 등의 제한을 두지 않았다. 동항은 특수관계 있는 자로부터 시가를 초과하여 자산을 매입하거나 특수관계 있는 자에게 시가에 미달하게 자산을 양도한 때(제1호), 특수관계 있는 자에게 금전 기타 자산 또는 용역을 무상 또는 낮은 이율 등으로 대부하거나 제공한 때(제2호), 특수관계 있는 자로부터 금전 기타 자산 또는 용역을 높은 이율 등으로 차용하거나 제공받는 때(제3호), 특수관계 있는 자로부터 무수익자산을 매입하여 그 자산에 대한 비용을 부담하는 때(제4호)를 조세의 부담을 부당하게 감소시킨 때로 규정하고 있었다. 또한, 구 법인세법 시행령[45] 제46

---

43) 구 부가가치세법 시행규칙 제11조의3 소정의 '이와 유사한 외국단체로서 과학기술처장관의 승인을 얻어 기술용역을 제공하는 단체'; 부가가치세법 시행령 제35조 제1호 나목 소정의 '연예에 관한 감독, 각색, 연출, 촬영, 녹음, 장치, 조명과 유사한 용역 등'.
44) 1990. 12. 31. 대통령령 제13194호로 개정되기 전의 것.
45) 1998. 12. 31. 대통령령 제15970호로 전문 개정되기 전의 것.

조 제2항도 제1호 내지 제8호에서 부당행위계산부인에 해당되는 경우를 열거하
면서 제9호에서 "기타 출자자 등에게 법인의 이익을 분여하였다고 인정되는 것
이 있을 때"라고 규정하여 앞에 열거된 부당행위계산의 유형과 유사성 등을 요구
하지 않았다.

　(나) 제2 유형: '유사한'이나 '준하는' 등의 제한이 있는 경우

　소득세법 제16조 제1항 제13호는 제1호 내지 제12호의 소득과 유사한 소득
으로서 금전의 사용에 따른 대가의 성격이 있는 것을 이자소득으로 규정하고 있
고, 소득세법 제17조 제1항 제7호는 제1호부터 제6호까지 및 제6호의2의 소득과
유사한 소득으로서 수익분배의 성격이 있는 것을 배당소득으로 규정하고 있다.
또한, 법인세법 시행령 제88조 제1항 제9호는 그 밖에 제1호 내지 제7호, 제7호
의 2, 제8호 및 제8호의 2에 준하는 행위 또는 계산 및 그 외에 법인의 이익을
분여하였다고 인정되는 경우[46]를 부당행위계산부인의 대상으로 삼는다고 규정하
고 있다. 이자소득이나 배당소득에서 어느 경우에 유사한 소득에 해당하는지에
대해서 시행령 등에 별도의 규정을 두고 있지 않고 그 기준을 구체적으로 언급한
판례도 없었다.[47]

　소득세법 제20조의3 제1항 제7호는 제1호부터 제6호까지의 규정에 따른 소
득과 유사하고 연금형태로 받는 것으로서 대통령령으로 정하는 것을 연금소득으
로 규정하고 있으나 소득세법 시행령에 별도로 이에 관한 규정을 두고 있지 않
다. 위 제7호는 열거된 소득과 유사하고 연금형태로 받는다고 규정하여 유형적

---

46) 위 규정이 개정되기 전인 구 시행령(1998. 12. 31. 대통령령 제15970호로 전문 개정되기 전의
　　것, 이하 '구 시행령') 제46조 제2항 제9호에서는 "기타 출자자 등에게 법인의 이익을 분여하였
　　다고 인정되는 것이 있을 때"라고 규정하였으나, 그 의미에 대하여 대법원에서 해당하는 행위를
　　한정적으로 해석하였다(대법원 2005. 4. 29. 선고 2003두15249 판결 등).
47) 참고로 유형적 포괄주의 과세조항에 대한 것은 아니나 다른 조항의 적용에 있어서 유사성을 판
　　단한 판례는 있다. 소득세법 제20조 제1항 제1호는 근로를 제공함으로써 받는 봉급, 급료, 보수,
　　세비, 임금, 상여, 수당과 이와 유사한 성질의 급여를 근로소득으로 본다고 규정하고 있는데, 판
　　례는 회사 임직원이 주식매수선택권을 행사하여 얻은 이익이 소득세법 제20조 제1항 제1호
　　(가)목 후단의 '이와 유사한 성질의 급여'에 해당하는 근로소득이라고 판시하였다(대법원 2006.
　　10. 13. 선고 2005두11203 판결); 판례는 법인세법 시행령 제24조 제1항 제1호 (가)목 및 (바)
　　목이 정한 '구축물' 또는 '이와 유사한 유형고정자산'에 해당하기 위해서는 토지에 정착한 건물
　　이외의 공작물로서 그 구조와 형태가 물리적으로 토지와 구분되어 독립적인 경제적 가치를 가
　　진 것이어야 할 것이고, 그렇지 않은 경우에는 시간의 경과에 따라 가치가 감소하지 아니하는
　　자산인 토지와 일체로서 평가되므로 원고가 이 사건 골프장에 조성한 그린 · 티 · 벙커는 물리적
　　으로 토지와 구분되거나 독립적 경제적 가치를 가진다고 볼 수 없어 감가상각의 대상이 될 수
　　없다고 판시하였다(대법원 2009. 5. 14. 선고 2006두11224 판결).

포괄주의 과세조항으로 볼 수 있지만 대통령령으로 그 과세대상을 구체적으로 정하는 형식을 취하였다는 점에는 유형적 포괄주의 과세조항으로 보기 어려운 측면도 있다.

(다) 제3 유형: 유사성의 비교대상을 제한한 경우

1996. 12. 30. 상속세 및 증여세법이 법률 제5193호로 전문 개정되면서 제42 조에서 유형적 포괄주의가 도입되었고, 2002. 12. 18. 개정에서 그 규율범위가 확대되었다. 종전 상속세 및 증여세법 제42조는 제38조·제39조의2·제41조 또는 제41조의3에서 규정하는 것과 방법 및 이익이 유사한 경우로서 특수관계에 있는 자가 직접 또는 간접적인 방법으로 법인의 합병·분할·감자 등에 참여하거나 참여하지 아니함으로써 통상적으로 지급하여야 하는 대가를 지급하지 아니하고 소유지분 또는 그 평가액이 변동됨에 따라 직접 또는 간접적인 이익을 얻은 경우로서 상속세 또는 증여세를 부당히 감소시킨 것으로 인정되는 때에는 그에 상당하는 이익을 증여받은 것으로 본다고 규정하였다가 개정 상속세 및 증여세법 제42 조는 제33조 내지 제38조, 제39조의2, 제41조 및 제41조의2 내지 제41조의5에서 규정하는 것과 방법 및 이익이 유사한 경우로서 특수관계에 있는 자가 직접 또는 간접적인 방법으로 재산(금전으로 환가할 수 있는 경제적 가치가 있는 모든 물건과 재산적 가치가 있는 법률상 또는 사실상의 권리를 포함한다. 이하 이 조에서 같다)과 관련된 거래 또는 행위를 하거나 법인의 합병·분할 및 감자 등에 참여 또는 참여하지 아니함으로써 통상적으로 지급하여야 하는 대가를 지급하지 아니하고 재산 또는 소유지분의 평가액이 변동됨에 따라 직접 또는 간접적인 이익을 얻은 경우로서 상속세 또는 증여세를 부당하게 감소시킨 것으로 인정되는 때에는 그에 상당하는 이익을 증여받은 것으로 본다고 규정하여 그 과세대상 범위를 확대하였다. 위 조항은 전항의 경우와 '방법 및 이익이 유사한 경우'로 그 유사성의 비교대상을 구체적으로 규정하고 있다는 점에서 특색이 있다.[48]

---

48) 참고로 현행 상속세 및 증여세법상 포괄주의 증여세 조항의 적용과 관련하여 증여재산으로서 출자전환 주식에 대한 우선매수청구권의 시가 산정방법이 문제된 사안에서, 대법원은 우선매수청구권은 그 행사가격과 주식의 시가와의 차액 상당의 이익을 얻을 수 있는 권리인 점에서 신주인수권과 유사하므로 신주인수권증권 또는 신주인수권증서의 가액 평가방법에 관한 상속세 및 증여세법의 규정을 준용하여 우선매수청구권을 행사하여 취득한 주식의 가액에서 그 취득에 소요된 비용을 차감하는 방식으로 산정하되, 취득한 주식의 가액은 구 상속세 및 증여세법 (2007. 12. 31. 법률 제8828호로 개정되기 전의 것) 제63조 제1항 제1호 (가)목에 의하여 평가기준일 이전·이후 각 2월간에 공표된 매일의 한국증권거래소 최종시세가액의 평균액에 의하여야 한다고 본 원심판단을 수긍하였다(대법원 2011. 4. 28. 선고 2008두17882 판결).

5. 소득세법 제16조 제1항 제13호의 포괄적 과세조항의 유사성의 해석

가. 논의의 출발점

(1) 이자소득의 범위에 대한 종전의 입장

유형적 포괄주의 조항이 도입되기 이전 판례는 보증채무의 이행으로 인한 구상권에 포함되는 법정이자가 소득세법상 이자소득의 일종인 비영업대금의 이익에 해당하지 않는 것으로 제한적으로 해석하였고,[49] 현행 소득세법 기본통칙도 장기할부나 지급기일 연장 등에 따른 추가지급금액, 손해배상금에 대한 법정이자 등 그 경제적 기능이 이자에 유사한 경우라도, 거래 내용이 자금의 사용이 아닌 경우는 이자소득에서 배제하고 있었다.[50]

(2) 제13호의 입법취지

대법원은 소득세법 제16조 제1항 제13호의 입법취지는 그 제1호 내지 제12호에 의하여 과세대상으로 열거된 이자소득의 범위에 포함되지 않더라도 그와 유사한 소득으로서 금전의 사용에 따른 대가의 성격이 있다면 이를 이자소득세 과세대상으로 포함시킴으로써 과세대상소득에 관한 종래의 열거주의 방식이 갖는 단점을 일정한 정도로 보완하여 공평과세의 원칙을 실현하고자 하는 데 있다고 판시하였다.[51] 위 판례는 제13호의 입법취지를 설명하였다는 점에서 의미가 있으나 어떠한 소득이 제1호 내지 제12호와 유사한 소득에 해당하는지에 관한 구체적 기준은 제시하지 못하였다.

나. 제13호의 해석에 대한 두 가지의 견해

(1) 확대해석의 입장

공평과세의 원칙을 실현하기 위하여 제13호가 도입되었고 파생금융상품과세가 일반적인 추세인 점을 중시하여 가급적 제13호를 확대해석하고자 하는 견해가 있다.[52] 즉, 제13호의 규정의 입법연혁과 입법취지, 그에 관한 대법원 판결의 입장 등을 종합해 보면, 이자소득세 과세대상의 범위에 관하여 종래 열거주의 방식에서와 같이 엄격하게 제한적으로 해석할 것이 아니라 조세공평의 원칙과 예

---

49) 대법원 2004. 2. 13. 선고 2002두5931 판결.
50) 소득세법 기본통칙 16-0…1, 2.
51) 대법원 2010. 2. 25. 선고 2007두18284 판결.
52) 강석규, 전게논문, 914면.

측가능성, 그리고 법적 안정성을 훼손하지 않는 범위 내에서 다소 폭넓게 해석, 적용할 여지가 있다는 것이다. 파생금융상품의 이익에 대하여는 과세하는 것이 세계적 추세이고[53] 우리나라도 과세를 위한 명문의 규정을 유보하고 있지만[54] 과세의 당위성에 대해서는 공감하고 있는 실정이므로 제13호의 적용범위를 탄력적으로 해석하여 파생금융상품 모두에 대하여 과세할 수는 없을지라도 적어도 제13호의 범위에 포섭될 수 있는 것이라면 담세력이 충분하고 조세저항이 약한 소득의 경우 공평과세의 견지에서 과세대상에 포함하는 것이 바람직하다는 것이다. 다시 말하면, 제1호 내지 제12호는 우리 소득세법이 과세소득의 종류에 관한 종래의 열거주의 방식을 채택하고 있던 시절의 규정들이고, 제13호의 규정은 우리 소득세법이 세계적 추세에 맞추어 과세소득의 종류에 관하여 포괄주의 방식으로 전환하는 과도기적 단계에서 신설된 유형적 포괄주의 규정으로서 그 입법취지가 제1호 내지 제12호에 해당하지 않지만 그와 유사한 소득이 출현하였을 경우 이에 대한 과세를 위해 계속 신설규정을 두어야 하는 입법상의 불편을 해소하기 위한 데 있으므로 제9호에 해당하지 않더라도 그와 유사한 경우에는 제13호를 적용할 수 있는 것으로 보아야 한다는 입장이다.[55]

또한, 확대해석의 입장으로서 제13호의 유사성이라는 문언의 사전적 의미에

---

53) 미국의 경우 1913년 소득세법이 도입된 이후 유가증권의 양도차익, 즉 자본이득에 대하여 일관되게 과세해 왔다. 그 후 파생금융상품의 등장에 따라 네 차례에 걸쳐 변천하였는데, 1981년 이전에는 IRC(Internal Revenue Code)에 기하여 과세되었으나 1981년 이후에는 ERTA(Economy Recovery Tax Act)에 따라 부분적으로 수정되었고, 1986년 레이건 행정부의 조세개혁조치의 일환으로 크게 수정되고 보완된 다음 마지막으로 1997년 TRA(Tax payer Relief Act)가 발표되어 내국세법에 제1259조가 새롭게 추가되었다. 위 규정에 의하여 파생상품에서 발생한 손익은 법인·개인의 구분 없이 자본이득으로 과세되고 있다. 일본의 경우 종래에는 열거주의 소득세제를 유지했다가 1987년 세제개편을 통하여 1989년 4월부터 파생금융상품거래이익을 이자소득이 아닌 잡소득의 하나로 분류하여 과세하고 있다. 일본의 잡소득은 세법에 명시된 소득 이외의 모든 소득을 의미하는 것으로 순자산증가설의 입장을 취한다고 할 수 있다. 프랑스의 경우 현재 선물이나 옵션거래에 의한 자본이득에 대하여 분리과세가 되고 있고 신고분리과세대상인 유가증권의 손익과 통산하여 과세하지 아니한다. 외국인의 시장참여 유도를 통한 시장의 국제화를 위하여 비거주자가 선물이나 옵션거래를 통하여 취한 자본이득은 과세하지 아니한다. 영국의 경우 파생상품거래차익은 자본이득에 포함시켜 종합과세를 하고 있다. 독일의 경우 자국의 금융시장의 육성을 위하여 개인의 유가증권의 양도 또는 파생상품거래로 취득하는 자본이득에 대해서는 원칙적으로 비과세한다(강석규, 전게논문, 916~917면).

54) 우리나라는 2004년 세법개정안에 파생금융상품 거래이익에 관하여 소득세를 부과하는 명문규정을 포함시킨 적이 있으나 과세소득의 포착이 어려워 징세비용이 과다하게 소요되고, 끊임없이 개발되는 다양한 파생금융상품에 대하여 명확한 과세기준의 마련이 어렵다는 등의 이유로 재정경제위 심사에서 폐기되었다(김낙회, "파생금융거래에 대한 조세정책방향", 조세법연구 제11-2집, 2005. 11., 279면).

55) 강석규, 전게논문, 931면.

따라 동 규정을 해석·적용해야 한다는 견해가 있다. 즉, 유사하다는 말은 두 개의 대상이 크기, 모양, 상태, 성질 따위가 똑같지는 아니하지만 전체적 또는 부분적으로 일치하는 점이 많은 상태에 있다는 뜻이고 소득세법 제16조에서 각호 이자소득을 규정하고 있음에도 제13호에 이자소득의 유형적 포괄주의 조항을 둔 이유는 각호와 다른 경우를 과세할 수 있도록 하기 위함이므로 어느 소득이 각호의 소득과 유사성만 인정되면 그것으로 족하고 이로 인한 예측가능성과 법적 안정성의 문제는 당해 소득이 금전의 사용대가적 성격이 있는지 여부를 따져 보는 것으로 족하다는 입장이다.56)

(2) 엄격해석의 입장

유형적 포괄주의 과세조항을 해석함에 있어 너무 쉽게 대상의 유사성을 인정하게 되면 자칫 서로 다른 경제사실관계를 동일하게 다루어 세법적 효과가 발생하도록 하게 되어 납세자의 예측가능성과 법적 안정성을 침해할 수 있으며 경제적 급부능력에 따른 공평과세의 원칙이 저해될 수도 있다. 유형화적 조세입법은 비례성의 원칙을 충족하여야 하며, 유형화를 통하여 달성하려는 실용성과 조세간소화라는 공익과 개별납세자의 사익을 충분히 비교·형량하여 상당한 범위를 벗어나지 말아야 할 한계를 준수해야 한다. 그 중요한 한계는 법률명확성의 원칙을 담보하여 납세의무자에게 예측가능성과 법적 안정성을 보장할 수 있어야 한다는 것이다.57)

대상판결은 제13호의 적용범위에 관하여 명시적으로 판시하지는 않았지만 납세의무자가 경제활동을 함에 있어서는 동일한 경제적 목적을 달성하기 위하여서도 여러 가지의 법률관계 중 하나를 선택할 수 있으므로 그것이 과중한 세금의 부담을 회피하기 위한 행위라고 하더라도 가장행위에 해당한다고 볼 수 없는 이상 유효하다고 보아야 하며, 실질과세원칙에 의하여 납세의무자의 거래행위를 그 형식에도 불구하고 조세회피행위라고 하여 그 효력을 부인할 수 있으려면 조세법률주의 원칙상 법률에 개별적이고 구체적인 부인규정이 마련되어 있어야 한다고 판시함으로써 납세자의 예측가능성과 법적 안정성에 터잡아 유형적 포괄주의 과세조항의 적용범위를 제한하려는 것으로 이해된다.

소득구분에 관한 유형적 포괄주의 과세조항을 제한적으로 해석하는 대상판

---

56) 손호철, "엔화스왑예금거래에 따른 선물환차익이 이자소득세 과세대상에 해당하는지 여부", 2012. 1. 16.자 법률신문.

57) 강석규, 전게논문, 913－914면.

결의 태도는 종전의 대법원 판례의 입장과 궤를 같이하는 것이다. 종전부터 조세
법에 산재하는 포괄적 조항에 대하여 법률조항 자체만으로 과세대상을 예측하기
어려워 조세법률주의에 반한다는 지적이 꾸준히 제기되었고, 대법원은 이러한 문
제점을 인식하고 조세법률주의와의 관계에서 포괄적 조항을 제한적으로 해석하
여 왔다. 대표적으로 부당행위계산의 유형에 관한 법인세법 시행령 조항을 들 수
있는데, 대법원은 특정한 거래가 부당행위계산부인에 관한 법인세법 시행령 제1
호 내지 제8호에 해당하지 않는다면 제9호를 적용하는 것을 제한하고 있다. 즉,
납세자의 주식 등 자산의 거래행위가 법인세법 제20조에서 정한 부당행위계산부
인과 관련하여 법인세법 시행령 제46조 제2항 각 호 소정의 부당행위유형 중 제
4호와 제9호의 해당성 여부가 문제가 된 경우에서 그 거래행위가 만일 그 제4호
에서 정하는 출자자 등으로부터 자산을 시가를 초과하여 매입하거나 출자자 등
에게 자산을 시가에 미달하게 양도하는 때에 해당하지 아니하는 경우에는 특별
한 사정이 없는 한 위 제9호가 정하는 행위유형에도 해당하지 아니한다고 판시하
였다.58) 또한 소득세법 부당행위계산부인 규정에 관하여도 동일한 취지의 판시
를 한 바 있다.59)

다. 유형적 포괄주의 과세조항의 해석기준에 대한 검토

유형적 포괄주의 조항의 유사성을 사전적 의미만으로 해석한다면 그 유사성
의 판단에 해석자의 주관이 깊게 관여하므로 납세자의 예측가능성과 법적 안정
성을 중대하게 침해할 가능성이 있다. 따라서 동 조항의 유사성의 의미에 있어서
는 전체적인 세법 체계와 당해 조항의 구조 및 당해 조항의 입법취지와 납세자의
예측가능성을 종합적으로 분석하여 그 해석기준을 모색할 필요가 있다. 그 정당
한 해석을 위하여 다음의 기준을 제시할 수 있다.

(1) 전체 세법의 체계상 검토

(가) 당해 조항이 개별 세법에서 예외적 성격을 가지고 있는지 여부

당해 조항이 세법체계에서 예외적인 성격을 띠고 있다면 그 조항은 제한적
으로 엄격히 해석하여야 할 것이다. 당해 조항이 열거주의 과세를 하는 개별 세
법에 위치하는 경우에는 포괄주의 과세를 하는 개별 세법에 위치한 경우보다 엄

---

58) 대법원 1996. 5. 10. 선고 95누5301 판결.
59) 대법원 1999. 11. 9. 선고 98두14082 판결.

격해석을 하는 것이 타당하다. 후자의 경우에 유형적 포괄주의 과세조항은 과세되는 소득의 종류만을 달리하는 결과가 되지만 전자의 경우에 당해 조항은 비과세 소득을 과세소득으로 구분짓게 되어 납세자의 조세상의 지위에 중대한 영향을 미치므로 그 예측가능성을 고려하여 상대적으로 엄격하게 해석하는 것이 바람직할 것이다. 즉, 해당 조항이 과세의 유무를 결정하는 조항으로 작용하는지, 아니면 과세소득의 종류를 구분하는 조항으로 작용하는지를 판단하여 전자의 경우에는 후자의 경우보다 제한적으로 해석하여야 할 것이다.

　이와 관련하여 대법원은 실질과세의 원칙에 의하여 당사자의 거래행위를 그 법 형식에도 불구하고 조세회피행위라고 하여 그 행위계산의 효력을 부인할 수 있으려면 조세법률주의의 원칙상 법률에 개별적이고 구체적인 부인규정이 마련되어 있어야 하는데, 구 소득세법 제55조 제1항은 이른바 부당행위계산의 부인에 관하여 규정하고 있고, 구 소득세법시행령 제111조 제2항은 제1호 내지 제5호에서 소득세 부담을 감소시키는 부당행위계산의 유형을 각 규정하고 있으며, 위 각 규정은 부당행위계산의 유형을 제한적으로 열거하는 규정으로서 조세법률주의의 원칙상 유추해석 및 확대해석이 허용되지 않는다고 하면서, 그 중 같은 법 시행령 제111조 제2항 제5호가 '특수관계 있는 자와의 제1호 내지 제4호 이외의 거래로 인하여 당해 연도의 총수입금액 또는 필요경비의 계산에 있어서 조세의 부담을 부당하게 감소시킨 것으로 인정되는 때'라고 규정함으로써 비교적 포괄적인 부당행위계산의 유형을 들고 있다 하더라도, 위 규정이 정한 요건 또한 엄격하게 해석되어야 할 것이므로, 조세의 부담을 부당하게 감소시킨 행위가 인정되어도 그 행위가 특수관계 있는 자와의 거래로 인한 것이고 당해 연도의 총수입금액 또는 필요경비의 계산과 관련하여 이루어진 것이라는 등 위 규정이 정한 요건을 모두 갖추지 아니하였다면 같은 법 제55조 제1항의 적용대상인 부당행위계산에 해당한다 할 수 없다고 판시하였다.[60] 또한 법인세법 시행령 제9호에 대해서도 대법원은 '제1호 내지 제8호에서 정한 거래행위 이외에 이에 준하는 행위로서 출자자 등에게 이익분여가 인정되는 경우'라고 하여 제9호에 해당하는 행위를 한정적으로 해석하였다.[61] 위 대법원 판례들은 부당행위계산부인 규정이 개별 세법에서 예외적인 성격을 가지고 있음을 전제로 과세여부를 판가름짓는 유형적 포괄주의

---

60) 대법원 1999. 11. 9. 선고 98두14082 판결.
61) 대법원 2005. 4. 29. 선고 2003두15249 판결 등.

조항에 대하여 제한적 해석의 입장을 취한 것이라고 볼 수 있다.[62]

(나) 당해 조항과 중첩 가능성이 있는 다른 조항이 존재하는지 여부

당해 조항과 중첩되는 조항이 존재하는 경우에는 다른 조항의 적용가능성을 고려하여 제한적인 해석의 필요성이 있다. 당해 조항이 개별 세법에서 단지 어떠한 과세유형을 사례로서 들고 있는 경우에는 그 유형을 확대하여 해석하더라도 소득구분의 변경문제는 생기지가 않지만, 만일 그 조항과 중복이나 중첩되는 다른 과세조항이 있어 당해 소득구분이 달리 판단될 여지가 있는 경우에는 다른 조항의 적용가능성도 고려해서 제한적으로 해석하여야 할 것이다. 소득세법상 이자소득과 배당소득의 중첩이 대표적인 경우이다.

(2) 당해 조항의 체계상 검토

(가) 선행 열거 조항의 체계상의 지위와 과세대상의 특정 여부

유형적 포괄주의 과세조항은 통상 선행 열거조항이 존재하고 그 말미에 포괄적 조항의 형태로 존재한다. 그러므로 포괄적 과세조항의 해석에 있어서는 조문의 체계상 선행 열거 조항을 고려해서 해석하는 것이 타당하다. 선행 열거조항의 규율 속성이 구체적이고 명확한 경우에는 당해 조항을 엄격 해석하여야 하고 반면에 그 규정내용이 추상적이고 광범위할 경우에는 탄력적으로 해석할 수 있을 것이다. 소득세법의 이자소득의 경우 그 범위를 구체적으로 세세하게 대통령령에 규정하고 있는 경우와 그렇지 않은 경우가 있는데, 전자의 경우가 환매조건부 매매차익, 저축성 보험의 보험차익 등이다. 그러한 유형의 이자소득의 경우에는 그 규정 범위에서 벗어난 소득을 그와 유사한 소득을 인정함에 있어서는 다른 소득의 경우보다 제한적으로 판단하여야 할 것이다.

또한, 과세대상 조항의 열거가 법률의 규정에 의한 것인지, 아니면 하위 위

---

62) 이러한 판례의 태도에 대하여 위 시행령 제9호가 사실상 포괄적인 규정형식을 취하고 있어 구체적인 경우에 제9호에 해당한다고 볼 수 있는 행위의 정형이 문제될 뿐만 아니라, 그 분여한 이익의 측정에 대해서도 아무런 규정을 두고 있지 않아 이익의 객관적인 측정도 어렵고 여기에 부당행위계산의 성립에 있어 조세회피 의사를 요하지 않는다고 보는 판례의 입장을 더하여 보면 특수관계자 사이의 거래가 사후에 조세감소의 결과만을 가져온다면 그 거래가 별 다른 제한 없이 부당행위로 판단될 위험성이 있으므로 될 수 있으면 부당행위의 유형을 정형화하여 법적 안정성과 예측가능성을 확보하여 조세법률주의에 이바지하려는 데 있다고 이해된다고 보는 견해도 있다(조일영, "가. 법인세법 기본통칙에 근거하여 행해진 과세처분의 당부, 나. 특수관계인에 대한 대여금 채권을 특수관계가 소멸할 때까지 회수하지 않은 것이 그 채권을 포기하거나 채무를 면제하여 그 금액 상당의 이익을 특수관계인에게 분여한 것으로서 법인세법 시행령 제88조 제1항 제9호 소정의 부당행위계산부인의 대상에 해당한다고 볼 수 없다고 본 사례", 대법원 판례해설 제69호, 2007. 12., 172-173면).

임규정에 의한 것인지도 유사성 판단의 중요한 기준이 될 것이다. 즉, 과세대상의 범위를 법률의 규정에서 제한하는 경우에는 입법자가 그 열거된 대상에 국한하여 과세를 하겠다는 의사를 명확하게 밝혔다고 볼 수 있는 반면, 법률에 과세대상을 열거하면서 그 범위를 시행령에 위임하여 제한하는 경우에는 입법자의 의사를 다소 탄력적으로 해석할 여지가 있다고 할 것이다. 예컨대, 제9호는 채권 또는 증권의 환매조건부 매매차익이 이자소득의 과세대상이 된다고 하면서 그 대상이 되는 채권 또는 증권의 환매조건부 매매차익의 범위만을 대통령령으로 정하고 있으므로 제9호의 규정에서 정하고 있지 않는, 채권 또는 증권 외의 다른 과세대상을 환매조건부 매매차익이라는 이유로 제13호로 과세하는 것은 허용되기 어렵다고 할 것이다. 반면, 제11호는 직장공제회초과반환금이 이자소득 과세대상이 된다고 규정하면서 그 시행령에서 과세대상의 범위를 제한하고 있는바, 이 경우에는 법률에서 과세대상을 규정하고 있는 제9호의 경우보다는 제13호에 의하여 시행령의 과세제한의 범위를 탄력적으로 해석할 여지가 있을 것이다. 법체계상 법률의 규정인 13호에 의하여 제11호의 하위의 시행령을 탄력적으로 해석하는 것이 동위의 법률 규정인 제9호의 적용 범위를 확대하는 것보다는 용이하다고 판단하는 것이 합리적이다.

　(나) 선행 열거조항이 과세대상을 창설한 것인지 여부

　세법은 원칙적으로 사법상의 소득개념을 존중하되 일정한 경우에는 그 소득의 성격을 명확히 하거나 다른 소득으로 간주하는 경우가 있다. 만일 세법상의 소득개념이 사법상의 소득개념을 따른 것이라면 당해 조항의 유사성을 보다 넓게 해석할 여지가 있겠으나 사법상의 소득개념에 해당하지 않는 항목을 세법이 과세대상의 외연을 확대하여 특정의 소득으로 창설한 것이라면 유사성 여부를 판단함에 있어서도 이를 제한적으로 해석하여야 할 것이다. 후자의 예로는 소득세법 제16조 제1항 제9호 소정의 채권·증권의 환매조건부 매매차익이나 소득세법 제17조 제1항 제3호 소정의 의제배당 등을 들 수 있다. 사법상의 소득개념에 따르면 그와 같은 소득은 양도소득이나 자본이득으로 구분될 수 있음에도 세법에 의하여 이를 이자소득이나 배당소득으로 그 성격을 재구분하거나 명확하게 한 것이다.

　(3) 납세자의 예측 가능성과 행정적 집행가능성

　유형적 포괄주의 과세조항의 해석에 있어서 납세자의 예측가능성과 행정적

집행가능성도 중요하게 고려되어야 한다. 유형적 포괄주의 조항에 의하여 이자소득에 해당하는지 여부를 거래 당사자가 판정하는 것은 쉽지 않다. 특히 이자소득은 원천징수에 의하여 과세가 종결되는 경우가 대부분인데, 유사성이라는 주관적인 기준에 의하여 이자소득 여부를 판단한다면 원천징수에서 문제가 발생할 수 있다.[63] 유사소득의 해당여부를 폭넓게 인정하는 경우 이에 해당하는지를 놓고 원천징수 문제로 납세자와 과세관청 사이에 시비가 발생하여 세무행정비용과 납세자 순응비용이 대폭 증가할 것이다. 따라서 단일의 납세자가 특정소득의 성격을 판단하면 되는 경우와 비교하여 여러 납세자에 의한 소득구분의 판단이 수반되는 원천징수 대상소득과 같은 경우에는 유형적·포괄적 과세조항의 유사성을 다른 과세조항보다 엄격하게 해석하여야 할 것이다.

6. 소득세법 제16조 제1항 제3호와 제9호의 이자소득과 유사한 소득에 해당하는지 여부

가. 비교대상 유사소득

우리나라는 미국이나 일본의 경우와는 달리 선물환차익과 같은 파생금융상품의 거래이익을 과세하는 직접적 명문의 규정을 두고 있지 아니하므로 선물환차익이 소득세법 제16조 제1항 제1호 내지 제12호, 즉 열거적 이자소득의 어느 항목에 직접 해당되지 않는다는 점에 대하여는 별다른 다툼이 없고 제1호 내지 제12호 중 어느 하나와 유사한 소득에 해당하여 제13호 규정이 적용되는지 여부가 문제된다.

제1호 내지 제12호 중 이 사건 소득과 유사하다고 볼 여지가 있는 항목은 제3호(예금의 이자)와 제9호(채권·증권의 환매조건부 매매차익)이다. 대상판결은 선물환거래로 인한 선물환차익은 예금의 이자와 유사한 것으로 보기 어려울 뿐만 아니라 채권 또는 증권의 환매조건부 매매차익과 유사한 것으로 보기도 어려우므로 제13호에서 정한 이자소득세 과세대상에 해당하지 않는다고 판단하였는바, 이하에서는 유형적 포괄주의 과세조항의 해석기준에 근거하여 이 사건 선물환차익이 제3호 및 제9호의 이자소득과 유사한 소득에 해당하는지 여부에 대하여 검토한다.[64]

---

63) 유사한가 아닌가를 놓고 시비가 생기기 마련인데 특히 정당한 사유 없는 원천징수의무 위반은 형벌로 다스리므로 원천징수대상인지가 불확실하다면 정당한 사유가 있다고 풀이할 수밖에 없다(이창희, 전게서, 424면).

64) 유사성 문제를 떠나 과세문제를 논하는 견해로서는 파생상품 등의 자본이득에 대하여는 과세하

나. 제3호(예금의 이자)와 유사한 소득에 해당하는지 여부

(1) 긍 정 설

예금이란 예치된 금원이 금융기관의 고유재산에 속하게 되고 금융기관의 자금운용방법에 원칙적으로 제한이 없으며 원금 및 약정이율에 따른 이자의 지급이 보장되는 계약을 말한다. 엔화스왑예금거래 중 엔화정기예금은 예금에 해당하는데, 선물환차익이 예금이자에 해당하는지에 관하여 과세를 긍정하는 하급심판결들은 대부분 선물환차익이 제3호의 원화예금이자와 유사한 소득에 해당한다고 판단하였다. 하급심 판결들은 엔화현물환계약 및 엔화선물환계약, 엔화정기예금거래가 모두 가장행위에 해당한다고 선언하지 않으면서도 그 각 거래가 유기적으로 결합되어 있으므로 선물환차익의 경제적 실질이 예금의 이자와 유사하다는 것이다. 긍정설은 국내시중은행을 통해서 고객에게 선물환차익이 지급되었다는 점을 중시한 것으로 예금의 이자가 이자소득의 전형적인 형태로서 다른 각호의 이자소득과 비교하여 그 범위를 구체적으로 특정하고 있지 않아 그 유사소득의 범위를 확대하는 데에 상대적으로 제약이 적다는 점에서 이해되는 측면이 있다.

선물환차익을 이자소득과 유사한 소득으로 보는 견해로는 엔화정기예금과 동시에 선물환계약을 체결함으로써 각 계약을 결합하여 고객은 어떠한 환위험도 없이 원화예금과 같은 이익을 얻었으므로 선물환차익은 이자소득과 유사하다고 하거나[65] 선물환계약이 원화정기예금에 포함된다고 하거나[66] 고객이 은행에 사실상 제공한 것은 원화뿐이고 내부적으로 형식만 엔화에 대한 사용대가인 것처럼 하고 있을 뿐이므로 사실상 원화의 사용기회를 제공한 것이라는 점에서 약정된 선물환율이 확정금리의 역할을 한 것이므로 이자소득과 유사하다는 견해가 있다.[67]

지 아니하고 이자소득에 대하여만 과세하면 조세중립성에 반한다고 하여 이원적 과세방안을 도입하여 자본이익에 대하여 낮은 세율로 분리과세하고 근로소득 등에 대하여는 누진세율을 적용하자는 견해가 있다(변상구, "파생금융상품소득에 대한 과세제도 개선방안", 성균관대학교 박사학위논문, 2011. 8., 223 – 224면).

65) 손호철, 전게논문 평석.

66) 정지선·권오현, "법률행위 해석을 통한 엔화스왑예금에서 발생한 소득의 성격 규명", 조세학술논집 제34호, 2011. 8., 20 – 21면.

67) 정운오·전병욱, "엔화스왑예금 과세사건 판결의 분석", 조세법연구 제16-3집, 2010. 12., 151 – 157면.

(2) 부 정 설

그러나 대법원은 실질과세원칙에 관하여 원칙적으로 법적 실질설의 입장에 있으므로 원화예금의 이자와 유사한 소득으로 보기 위해서는 경제적 성격만을 고려해서는 안되고 그 법적 거래형태가 원화예금이자와 유사해야 한다. 예금의 법적 성질에 관해서는 소비임치설과 소비대차설이 있는데[68] 어느 설에 의하더라도 금융기관은 금전을 지급받는 대가로 만기 시에 원리금을 지급할 채무를 부담할 뿐이다. 그러나 엔화스왑예금거래에서는 고객이 원고에게 원화를 지급하는 단계에서 원고로부터 그에 상당하는 엔화를 교부 받아 엔화정기예금에 가입하고 만기 시에는 엔화를 원고에게 매각하고 그 매각대금으로 원화를 지급받는다. 그러므로 이 사건 선물환차익은 소비임치에 대한 과실로 보기 어렵고 경제적으로도 위험회피 목적의 선도거래의 수익에 해당하며 은행에 원화를 예금으로 예치하는 경우와 달리 엔화의 매매를 수반하는 점에서 그 거래과정이 상이하므로 제3호와 유사한 소득으로 보기는 어렵다.

또한, 조세법률주의원칙에 비추어 과세의 필요성이 있다고 하더라도 법률의 근거가 없으면 과세할 수 없고 유형적 포괄주의 규정을 적용함에 있어서도 확장해석은 금지되어야 하는바, 결국 선물환차익은 예금으로부터 파생되는 것이 아닌 별도의 계약에 의하여 발생하는 수익일 뿐, 비록 이것이 담세력이 있어 과세의 필요성이 인정된다고 하더라도 과세근거규정이 없는 이상 과세할 수 없고, 별도 계약에 의한 것이므로 예금과 유사하다고도 할 수 없다.[69] 요컨대, 선물환차익은 대상자산의 매매거래에서 발생한 이익이라는 점에서 예금의 이자와는 명백히 구별되므로 선물환차익을 예금의 이자소득과 유사하지 않다고 본 대상판결의 판시는 타당하다고 사료된다.

다. 제9호(채권·증권의 환매조건부 매매차익)와 유사한 소득에 해당하는지 여부

(1) 긍 정 설

제9호는 이자소득으로 '대통령령으로 정하는 채권 또는 증권의 환매조건부

---

68) 판례는 예금은 법률이 정하는 금융기관을 수치인으로 하는 금전의 소비임치계약으로서 수치인은 임치물인 금전 등을 보관하고 그 기간 중 이를 소비할 수 있고 임치인의 청구에 따라 동종 금액의 금전을 반환할 것을 약정함으로써 성립하는 것이라고 판시하였다(대법원 1985. 12. 24. 선고 85다카880 판결).

69) 김유철, 전게논문, 200 – 201면.

매매차익'을 규정하고, 시행령 제24조는 "대통령령이 정하는 채권 또는 증권의 환매조건부 매매차익이라 함은 금융기관이 환매기간에 따른 사전약정이율을 적용하여 환매수 또는 환매도하는 조건으로 매매하는 채권 또는 증권의 매매차익을 말한다"고 규정하고 있다. 시행규칙 제12조 제2항은 "사전약정이율을 적용하여 환매수 또는 환매도하는 조건이라 함은 거래의 형식 여하에 불구하고 환매수 또는 환매도하는 경우에 당해 채권 또는 증권의 시장가격에 의하지 아니하고 사전에 정하여진 이율에 의하여 결정된 가격으로 환매수 또는 환매도하는 조건을 말한다"고 규정하고 있다. 즉, 환매조건부 매매의 대상은 채권 또는 증권이어야 하고 환매수 또는 환매도 가격이 채권 또는 증권의 시장가격에 의하여 정하여지는 것이 아니라 환매기간에 따른 사전 약정이율에 의하여 정하여지는 경우를 말한다. 환매가격이 시장가격으로 정해질 경우 환매이익이 생길 가능성과 환매손실이 생길 가능성이 병존하고 환매이익의 발생여부나 그 가액을 당사자가 통제할 수 없으므로, 설령 환매이익이 발생한다고 하더라도 사전약정에 따라 자금의 규모나 시간에 비례하여 그 가액이 정해지는 이자소득의 성격을 가진다고 보기 어렵기 때문이다.[70] 환매조건부 매매차익은 그 형식만을 보면 자산의 양도에 따른 이득이므로 이자소득보다는 양도소득에 해당한다고 할 것이지만, 당사자 사이에 환매시기와 환매가격을 사전에 시장의 이율과 무관하게 약정을 해 두기 때문에 그 가액의 실현이 보장되어 있어 위험부담이 적다는 점에서 그 매매차익은 당초 매매대금을 사용한 것에 대한 대가로서의 성격을 가지므로 이자소득으로 규정한 것이다.

긍정설은 다음과 같은 이유로 이 사건 선물환차익은 제9호와 유사한 소득에 해당하고 대상판결의 판시가 부당하다는 입장이다. 즉, 제13호에서 규정하고 있는 유사한 소득이란 사전적 의미에서의 유사성을 가지고 판단하면 되는 것이므로 당연히 이 사건 선물환 차익 즉, 외환매매이익은 채권 또는 증권의 환매조건부 매매차익과 유사하고 제13호의 다른 요건인 금전사용대가로서의 성격을 가지고 있는지를 판단하여 그러한 성격을 가졌다면 이자소득으로 보아야 한다. 그런데 대상판결은 유사하다고 하더라도 제9호는 채권 또는 증권의 매매차익만을 대상으로 하므로 이 사건 선물환차익을 과세대상으로 하는 것은 허용되지 않는 결론을 내리고 있다. 요컨대, A와 비슷하고 금전사용대가 성격이 있으면 과세할 수

---

70) 강석규, 전게논문, 920면.

있다는 법 조항을 적용하면서 A와 비슷하기는 하지만 A가 아니므로 과세할 수
없다라고 판단함으로써 스스로 설정한 전제를 부인한 것이다. 대법원이 그와 같
은 결론을 내리려면 마땅히 이 사건 선물환차익이 채권 또는 증권매매차익과 유
사하기는 하지만 금전사용대가로서의 성격이 있다고 보기 어려우므로 제13호를
적용할 수 없다고 했어야 한다는 것이다.[71]

다른 견해는 환매조건부 매매차익의 구체적 요건은 당초매매와 환매매가 이
루어져야 하고, 금융회사 등이 행하여야 하며, 일정한 환매기간과 환매가격이 사
전에 약정되어 있어야 하고, 환매기간이 늘어남에 따라 환매차익이 늘어나는 것
인데, 엔화스왑예금거래는 위의 구체적 요건을 모두 갖추었으므로 거래행태가 유
사하다는 것이다. 즉, 원고가 고객에게 엔화를 당초 매도하였다가 나중에 그 엔
화를 매수하였으며 금융회사에 해당하는 원고가 이를 행하였고 환매기간은 3개
월이고 선도가액이 환매가격에 해당하는데 그 가액도 사전에 약정되어 있으며 3
개월의 환매기간을 갱신할 수 있어 실질적으로 환매기간이 늘어남에 따라 환매
차익도 늘어나게 되어 있고, 비록 그 대상물이 채권 또는 증권이 아니라 엔화이
지만 고객이 취득하는 엔화를 고객이 현물로 보유하지 않고 당초 매도인에게 예
금으로 예치하므로 이러한 예치가 당초 매수인이 취득한 엔화의 운용방법의 하
나에 불과하므로 이러한 차이 때문에 거래형태가 이질적이라고는 볼 수 없어 제9
호의 환매조건부 매매차익과 유사하다고 볼 수 있다는 것이다.[72]

(2) 부 정 설

제9호의 환매조건부 매매차익은 채권 또는 증권을 매도하면서 일정한 환매
시기에 환매기간에 따른 사전약정이율을 적용하여 환매수하는 거래형태를 통하
여 창출된다. 이 사건 선물환차익이 창출되는 엔화스왑거래를 보면 은행이 고객
에게 엔화를 매도한 다음에 90일이 경과한 시점에서 그 매도금액에 선물환차익
상당을 더한 금액으로 매수한다는 점에서 고객이 얻는 선물환차익은 환매조건부
매매이익의 성격을 가지고 있다. 그러나 선물환차익이 창출되는 거래와 제9호의
소득이 창출되는 거래와 비교해 보면 그 대상물이 채권 또는 증권이 아니라 엔화
라는 점에서 결정적인 차이가 있다.[73] 뿐만 아니라 제9호의 소득은 원칙적으로는
자산의 양도소득에 해당하는 것을 이자소득으로 의제한 것이어서 제9호의 범위

---

71) 손호철, 전게논문 평석.
72) 강석규, 전게논문, 926－927면.
73) 김유철, 전게논문, 203면.

를 확대 해석하는 것은 부당하므로 엔화의 선물환차익을 제9호의 소득과 유사하다고 보는 것은 타당하지 않다.[74] 따라서 대상판결이 소득세법 제16조 제1항 제9호가 '채권 또는 증권의 환매조건부 매매차익'으로 이자소득의 범위를 법률에서 명시적으로 제한하고 있는 취지에 비추어 채권이나 증권이 아닌 엔화의 매매차익에 해당하는 선물환차익은 제9호의 '채권 또는 증권의 환매조건부 매매차익'과 유사한 소득이라고 판단하지 않은 점은 정당하다고 할 것이다.

이와 관련하여 제9호 이외에 소득세법 제16조 제1항 제10, 11호도 다른 각호와는 달리 특별히 대통령령이 정하는 구체적 요건을 구비하는 경우만을 이자소득으로 보도록 명시적으로 규정하고 있는바, 이러한 유형의 소득은 예금의 이자와 같은 전형적인 이자소득에 해당하지 않으므로 제한적으로 일정한 요건에 해당하는 경우에만 이자소득에 편입하여 과세하겠다는 취지로 이해된다. 예컨대, 소득세법 제16조 제1항 제10호는 대통령령이 정하는 보험차익을 이자소득으로 규정하고 있고, 이에 대한 같은 법 시행령 제25조는 다른 요건과 함께 보험료의 납입일로부터 만기일까지의 기간이 10년 미만인 경우만 위 이자소득에 포함되는 경우로 제한적으로 규정하고 있다. 따라서 저축성 보험차익 중 만기 11년인 저축성 보험차익의 경우에는 명시적으로 제10호에 해당하지 않아, 제10호 소정의 이자소득과 유사한 소득으로 볼 수 없으므로 결국 제13호에도 해당하지 않는다고 보는 것이 타당하다. 이러한 소득세법의 조문체계에 비추어 제9호의 환매조건부 매매차익의 경우에는 비록 경제적인 측면에서 금전의 사용대가적 성격이 있지만 채권이나 증권의 환매조건부 매매차익에 대해서만 이자소득으로 보겠다는 입법자의 의사가 있다고 할 것이다. 부동산의 환매조건부 매매차익을 제13호에 의하여 과세할 수 없다면 외환의 환매조건부 매매차익에 대해서도 과세할 수 없다고 보는 것이 타당하다. 만일 소득세법 시행령의 문언의 범위를 벗어나는 환매조건부 매매차익을 이자소득으로 본다면 이는 납세자의 예측가능성과 조세법률주의를 중대하게 침해하고 소득세법 시행령 조항의 문언의 의미를 사실상 사상시키는 결과를 가져올 것이다.

라. 한국교직원공제회 부가금 판결과의 비교

한편, 대상판결이 선고되기 전에 한국교직원공제회가 회원에게 지급하는 부

---

74) 강석규, 전게논문, 927면.

가금이 이자소득과 유사한 소득으로서 이자소득세 과세대상에 해당하는지 여부
가 문제되었다. 동 사안은 교직원공제회의 자본금은 회원(전, 현직 교육공무원)이
예치한 부담금 등으로 이루어지고 부가금은 급여의 일부분으로, 장기저축급여(회
원의 퇴직, 탈퇴 시)의 경우 부담금(원본)에 일정한 부가율(은행의 1년 만기 정기예금
의 평균이자율)에 따라 지급하는데 교직원공제회는 직장공제회초과반환금 중 회원
의 퇴직·탈퇴 전에 지급되는 목돈급여와 종합복지급여의 부가금을 소득세법상
이자소득에 해당하지 않는다고 보아 원천징수를 하지 않았고, 과세관청은 제13호
의 이자소득에 해당한다고 보아 과세한 사안이다.[75] 제1심은 위 부가금은 그 실
질이 예금에 대한 이자의 성격을 지니므로 실질과세의 원칙에 의하여 소득세법
제16조 제1항 제3호의 규정에 의하여 이자소득세의 과세대상이 된다는 견해를
취하였고 원심은 위 부가금은 제3호가 규정하는 예금의 이자도 아니고 제11호가
규정하는 직장공제회초과반환금에도 해당하지 아니하므로 이자소득세 과세대상
에 해당하지 않는다고 판단하였다. 구체적으로 원심은 1994. 12. 22. 각종 공제회
로부터 받은 소득을 비과세에서 과세로 전환한다는 방침에 따라 법률 제4803호
로 개정된 구 소득세법 제16조 제1항 제11호로 '대통령령이 정하는 직장공제회
초과반환금'을 신설하는 한편, 그 시행령 제26조 제1항에서 위 '초과반환금'의 범
위를 '근로자가 퇴직이나 탈퇴로 인하여 그 규약에 따라 직장공제회로부터 받는
반환금에서 납입공제료를 차감한 금액'으로 한정하였는바, 이는 위 시행령에서
과세대상 소득으로 규정하지 않는 위 부가금에 대해서는 그것이 직장공제회의
초과반환금에 해당하더라도 과세하지 않겠다는 입법취지를 밝힌 것이라고 판시
하였다.

이에 대해서 대법원은 구 소득세법 제16조 제1항 제13호의 신설취지는 그
제1호 내지 제12호에 의하여 과세대상으로 열거된 이자소득의 범위에 포함되지
않더라도 그와 유사한 소득으로서 금전의 사용에 따른 대가의 성격이 있다면 이
를 이자소득세의 과세대상에 포함시킴으로써 과세대상소득에 관한 종래의 열거
주의 방식이 갖는 단점을 일정한 정도 보완하여 공평과세의 원칙을 실현하고자
하는 데 있는 점을 종합적으로 살펴보면, 구 소득세법 제16조 제1항 규정이 시행
된 2002. 1. 1. 이후에는 그 제1호 내지 제12호에서 열거하고 있는 소득에 해당하
지 아니하는 소득이더라도 그와 성격이 유사하고 담세력도 대등하다고 볼 수 있

---

75) 대법원 2010. 2. 25. 선고 2007두18284 판결.

으면 제13호에 의하여 이자소득세를 과세할 수 있다고 해석함이 상당하다고 하면서 제11호에 의하여 이자소득세 과세대상에 제외된 부분이라고 하더라도 제3호의 예금의 이자와 유사하다는 이유로 제13호의 이자소득세 과세대상에 해당한다고 보았다. 위 판례에서는 이자소득의 유형적 포괄주의 과세조항의 취지를 구체적으로 설시하였으나 유형적 포괄주의 과세조항에서의 유사성에 대해서는 구체적 판단기준을 명시적으로 제시하지 않았다는 점에서 대상판결과 차이가 있다.

  위 두 판결을 비교하면 부가금 판결의 경우에는 소득세법 제16조 제1항 제11호에 이자소득 과세대상을 대통령령이 정하는 직장공제회초과반환금으로 규정하면서 그 범위를 시행령이 위임한 반면, 대상판결의 사안은 애초부터 법률의 규정에 채권·증권의 환매조건부 매매차익만을 과세대상으로 제한한 것이므로 대상판결의 사안에서는 제13호에 의해서 유사성을 확대하여 해석하는 데 보다 제한이 따를 수 있다는 점에서 차이가 있다. 또한, 부가금 판결의 사안은 그 부가금이 명칭만 다르지 이자소득의 전형인 예금이자와 유사한 성격을 가지는 것인 반면, 대상판결의 선물환차익은 소득세법에서 그 과세범위를 구체적으로 명시하고 있는 의제이자소득이라고 볼 수 있는 채권·증권의 환매조건부 매매차익과는 구분되는 소득이라는 점에서 차이가 있다고 할 수 있다. 그러한 소득세법 조항의 체계와 사실관계 및 거래구조의 차이에 따라 전자의 경우에는 제3호의 원화예금이자와 유사한 소득으로 결론을 끌고 갈 수 있었고 후자의 경우에는 외환의 환매조건부 매매차익을 제9호의 채권·증권의 그것과는 유사하다고 볼 수 없었으므로 대법원 판단이 각기 달라진 것으로 사료된다. 추가로 부가금 판결의 사안은 제13호를 적용하기 위해서 직장공제회 탈퇴 전·후라는 시점의 차이만을 무시하면 되는 반면 대상판결의 경우에는 환매조건부매매의 대상의 차이, 환매기간에 따른 사전약정 여부의 차이를 무시하여야 한다는 점에서 제13호를 적용하기에는 보다 어려움이 있었다고 판단된다.

  마. 소득세법 이자소득 조항의 개정

  대상판결 이후 과세당국은 2012. 1. 1. 개정을 통하여 소득세법 제16조 제1항 제13호를 신설하였다.[76] 그 내용은 제1호부터 제12호까지의 규정 중 어느 하나에 해당하는 소득을 발생시키는 거래 또는 행위와 자본시장과 금융투자업에

---

76) 2012. 1. 1.자로 배당소득에 관하여도 소득세법 제17조 제1항 제10호를 신설하였다.

관한 법률 제5조에 따른 파생상품이 대통령령으로 정하는 바에 따라 결합한 경우 해당 파생상품의 거래 또는 행위로 인한 이익이 이자소득에 해당한다고 하면서 그 시행령에서는 대통령이 정하는 바에 따라 결합된 경우란 금융회사 등이 직접 개발, 판매한 이자소득이 발생하는 상품의 거래 또는 행위와 해당 금융회사 등의 자본시장과 금융투자업에 관한 법률 제5조에 따른 파생상품의 계약이 해당 금융회사 등을 통하여 이루어질 것(제1호), 파생상품이 이자부 상품의 원금 및 이자소득의 전부 또는 일부나 이자소득 등의 가격, 이자율, 지표, 단위 또는 이를 기초로 하는 지수 등에 의하여 산출된 금전 등을 거래하는 계약일 것(제2호), 제1호에 따른 금융회사 등이 이자부상품의 이자소득 등과 파생상품으로부터의 이익을 지급할 것(제3호)의 요건을 모든 갖춘 경우로서 실질상 하나의 상품과 같이 운용되는 경우를 말한다고 규정하고 있다. 그 취지는 이자소득과 관련하여 파생상품이 결합한 경우라면 그 이익을 과세대상 이자소득으로 보겠다는 것이다.

개정 조항에 의하면, 엔화스왑예금은 같은 은행으로부터 엔화정기예금과 선물환계약을 별개지만, 같은 시기에 체결하였고, 그 계약의 내용이 맞물려 서로 연계되는 것으로 결합되었다고 볼 수 있으며, 또한, 이 사건 선물환거래는 자본시장과 금융투자법에 관한 제5조 제1항 제1항, 제3항에 해당하는 장외파생상품에 해당하므로 위 요건을 구비하였다고 할 것이므로 선물환차익에 대해서 과세가 가능하다는 견해가 있다.[77]

개정 조항에 의하더라도 자본시장과 금융투자업에 관한 법률 제5조의 파생상품이어야 하고 대통령령이 정하는 바에 따라 결합된 것이어야 한다는 요건이 충족되어야 이자소득으로 볼 수 있으므로 구체적인 파생금융상품의 이익이 위 조항의 이자소득으로 구분된다고는 단정하기 어렵다고 보인다. 대법원의 태도가 유형적 포괄주의 조항에 대해서도 원칙적으로 엄격해석의 원칙을 견지하고 있고 앞서 언급한 바와 같이 유형적 포괄주의 해석기준에 비추어 보더라도 동 조항에 근거하여 금융회사의 이자소득과 결합된 모든 파생금융상품의 이익을 이자소득으로 과세할 수 있다고 보는 것은 무리한 측면이 있다. 결국 경제주체인 금융회사 등은 개정조항의 구체적 요건에 해당하지 않는 형태로 거래를 구성하고자 노력할 것인바, 예를 들면 단순한 방법으로는 정기예금의 이자를 한 금융회사에서 지급하고 선물환차익은 다른 금융회사에서 지급하는 방식으로 운영한다면 별개

77) 김유철, 전게논문, 204-205면.

의 거래로 파악하게 될 것이고, 이 경우 선물환차익에 대하여는 소득세법상 이자소득으로 포섭할 수는 없을 것이다.[78]

7. 결   어

본 논문에서는 이자소득의 유형적 포괄주의 과세조항에 관한 대상판결의 의미를 평가하고 동 과세조항에 대한 분석과 검토를 통하여 유형적 포괄주의 과세조항의 해석상의 기준을 모색해 보고자 하였다. 대상판결은 납세의무자는 동일한 경제적 목적을 달성하기 위하여 여러 가지 법률관계 중 하나를 선택할 수 있으므로 그것이 가장행위에 해당하지 않는 이상 그 법률관계를 존중하여야 하고 그 효력을 부인하기 위해서는 조세법률주의 원칙상 개별적·구체적 부인규정이 마련되어야 하는데, 제9호와 그 시행령은 환매조건부 매매차익 중 과세대상의 범위를 채권 또는 증권의 매매차익에 한정하고 있음에도 제13호를 근거로 그 범위를 벗어나는 외국통화의 환매조건부 매매차익까지 확대하는 것은 조세법률주의에 반한다 판시함으로써, 유형적 포괄주의 과세조항의 해석에 있어서도 조세법률주의에 따른 엄격해석의 입장을 견지하였고, 선행 열거조항의 체계와 내용을 고려하여 그 과세범위를 제한적으로 해석하였다는 점에서 유사한 과세조항의 해석에 있어서 선례적으로 중요한 의미를 가진다고 할 것이다. 또한, 대상판결은 엔화스왑예금거래의 선물환차익이 이자소득세 과세대상에 해당하는지 여부에 관하여 하급심의 판결이 다수 첨예하게 대립되고 있는 상황에서 엔화스왑예금거래의 선물환차익이 이자소득세의 과세대상에 해당하지 않는다는 입장을 취함으로써 그동안의 치열한 논쟁에 마침표를 찍었다는 점에서도 중요한 의미를 가진다.

다만, 대상판결은 제13호의 유사성의 의미를 선행 열거조항과의 관계에서 파악하여야 한다는 취지로 판시한 점에서 중요한 잣대를 제시하였으나 유형적 포괄주의 과세조항의 구체적인 해석기준의 제시에는 이르지 못하였는바, 본 논문에서는 유형적 포괄주의 과세조항의 분석을 통하여 유사성의 판단기준을 검토해 보고자 하였다. 즉, 유형적 포괄주의 과세조항의 해석은 사전적 의미의 주관적 유사성 판단에 따르는 경우에는 납세자의 예측가능성을 침해하므로 그 유사성 판단은 전체 세법 체계 아래에서 검토되어야 하고 그 경우 당해 조항이 개별 세법에서 예외적 성격을 가지고 있는지, 당해 조항과 중첩가능성이 있는 다른 조항

---

78) 김유철, 전게논문, 207-208면.

이 있는지 여부가 고려되어야 할 것이다. 다음으로 당해 조항의 열거된 항목을 합리적으로 검토하여 선행 열거조항이 어떠한 법규상의 지위에서 과세대상을 어느 정도로 구체적으로 특정하여 규정하였는지, 선행 열거조항이 과세대상의 외연을 창설하였는지 여부에 따라 당해 유형적 포괄주의 과세조항의 해석의 범위와 한계가 설정될 수 있을 것이다. 또한, 납세자의 예측가능성과 행정적 집행가능성의 문제도 고려되어야 하는데, 거래 상대방의 원천징수의무가 수반되어 복수의 납세자의 주관적 판단이 개재되는 소득의 경우에는 그 유사성의 범위를 제한적으로 인정하는 것이 타당할 것이다. 그와 같은 해석기준에 따라 대상판결에서의 선물환 차익이 이자소득에 해당하는지를 판단하면 선물환차익은 엔화자산의 매매거래가 수반된다는 점에서 제3호 소정의 예금이자와는 명백히 구분이 되고 제9호의 채권·증권의 환매조건부 매매차익 조항이 그 과세대상을 구체적으로 특정하고 있고 제9호가 이자소득의 외연을 창설적으로 확대한 조항이어서 제한적 해석의 필요성이 인정되므로 제9호의 적용범위를 확대하여 선물환차익을 제13호의 이자소득의 범위에 포섭시키는 것이 타당하지 않다고 사료된다. 또한 원천징수의무가 수반되는 이자소득의 경우에는 다른 소득과는 달리 유사성의 범위를 제한할 필요가 있다는 점에서도 선물환차익을 이자소득으로 보지 않는 대상판결의 태도는 타당하다고 판단된다. 대상판결의 분석과 검토를 통하여 본고에서 제시한 유형적 포괄주의 과세조항의 해석기준이 다른 세법상의 유사 조항의 해석에 다소라도 도움이 되기를 기대한다.

위법비용의 손금성과 손금의 요건으로의 통상성

〈대법원 2009. 6. 23. 선고 2008두7779 판결〉

Ⅰ. 대상판결의 개요

1. 사실관계의 요지와 과세처분의 경위

원고는 은행업무와 신탁업무 등을 영위하는 신탁겸영은행인바, 1998년경 신탁업무로서 원본의 보전약정만 있거나 원본 및 이익 모두의 보전약정이 없던 '실적배당신탁'과 원본 및 이익 모두의 보전약정이 있는 '약정배당신탁'을 운영하였는데, 외환위기에 따라 실적배당신탁에서 거액의 손실이 발생하였다.

이에 원고는 실적배당신탁에서의 고객 손실을 보전해 주기로 하고 1998. 10.경 및 1998. 12.경 두 차례에 걸쳐 실적배당신탁 계정에 속하는 대출채권자산을 장부가액으로 약정배당신탁 계정으로 이전(이하 '이 사건 편출입' 또는 구분하여 '1차, 2차 편출입')한 후, 1차 편출입한 대출채권자산을 제3자에게 매각하였다.

이 사건 편출입의 결과, 원고의 약정배당신탁계정에서 1차 편출입에 이은 대출채권의 매각에 의하여 다액의 매각손실이, 2차 편출입에 의하여 신탁겸영은행 신탁회계처리기준 제15조 제2항에 따른 대규모의 채권상각준비금 적립의무가 각 발생하였는데, 원고는 자신의 고유계정 자금으로 위 매각손실을 보전하고 위 채권상각준비금을 적립한 후, 이에 사용된 자금을 손실보전금(이하 '이 사건 보전금')으로 계상하고 1998 사업연도 손금에 산입하여 1998 사업연도 법인세를 신고·납부하였다.

한편, 금융감독원은 원고의 이 사건 편출입에 대하여 신탁업감독규정 제16조 및 제23조 위반을 이유로 원고에게 주의적 기관경고 조치를 하였고, 피고는 이 사건 편출입에 따른 이 사건 보전금이 위법비용이라는 이유로 이를 손금불산입하고 기타사외유출로 소득처분한 후, 원고에게 1998 사업연도 법인세를 부과(이하 '이 사건 부과처분')하였다.

2. 판결 요지

대법원은 구 법인세법(1988. 12. 28. 법률 제5581호로 전문 개정되기 전의 것, 이하 '구 법인세법') 제9조 제3항, 제16조 및 구 법인세법 시행령(1998. 12. 31. 대통령령 제15970호로 전문 개정되기 전의 것) 제12조 제2항의 내용, 형식 및 취지들을 종합하면, 구 법인세법은 익금과 손금의 범위를 완결적으로 규정한 것이 아니라 그 범위를 예시하면서 포괄적으로 규정하고, 그 특례규정으로서 손금불산입과 손금산입의 각 사항을 열거하여 규정하고 있으므로, 원칙적으로 자산총액을 감소시킨 것은 손금불산입 등으로 열거되어 있지 않은 한 손금이 된다고 보아야 하고, 또한 위 각 규정에 따르면 일반적으로 위법소득을 얻기 위하여 지출한 비용이나 지출 자체에 위법성이 있는 비용의 손금산입을 부인하는 내용의 규정이 없을 뿐만 아니라, 법인세는 원칙적으로 다른 법률에 의한 금지의 유무에 관계없이 담세력에 따라 과세되어야 하고 순소득이 과세대상으로 되어야 하는 점 등을 종합하여 보면, 위법소득을 얻기 위하여 지출한 비용이나 지출 자체에 위법성이 있는 비용에 대하여도 그 손금산입을 인정하는 것이 사회질서에 심히 반하는 등의 특별한 사정이 없는 한 손금으로 산입함이 타당하다고 전제한 다음, 외환위기 상황에서 신탁겸영은행인 원고가 수탁고 격감, 기존 신탁계약 등의 대규모 해지·인출사태 등을 방지하기 위하여 다른 시중은행들과 협의를 거쳐 한 이 사건 보전금의 지출은, 사업상 필요할 뿐만 아니라 통상적인 것이었으므로 법인세법상 손금으로 산입하여야 한다는 이유로 이 사건 부과처분이 위법하다는 원심의 판단을 정당한 것으로 수긍하였다.[1]

---

1) 한편 대법원은 이 사건 보전금의 지출을 접대비로 볼 수도 없다고 판단하였으나, 본고의 논의 범위에서 제외하기로 한다.

Ⅱ. 대상판결의 평석

1. 이 사건의 쟁점

이 사건의 주된 쟁점은 관련 법규를 위반한 결과 지출하게 된 이 사건 보전금 지출액이 구 법인세법상 손금에 산입되는지 여부이다. 이와 관련하여 현행 법인세법과는 달리 사업관련성과 통상성을 손금의 요건으로 규정하고 있지 않았던 구 법인세법 하에서 위 각 요건이 손금성의 판단 기준이 될 수 있는지 여부, 위법비용의 손금성과 통상성 요건과의 관계 등이 추가적 쟁점이 된다. 위법소득의 과세문제와 마찬가지로 위법비용의 손금성을 어느 범위까지 인정할 것인지의 문제이다.

2. 구 법인세법 하에서 '사업관련성' 및 '통상성'이 손금성의 판단기준인지 여부

가. 현행 법인세법상 손금성의 요건으로서의 사업관련성과 통상성

1998. 12. 28.자 법률 제5581호에 의해 전문 개정된 이후의 법인세법(이하 '현행 법인세법') 제19조 제2항은 "손비는 이 법 및 다른 법률에 달리 정하고 있는 것을 제외하고는 그 법인의 사업과 관련하여 발생하거나 지출된 손실 또는 비용(사업관련성)으로서 일반적으로 용인되는 통상적인 것(통상성)으로 한다"고 하여 법인이 지출한 금액의 손금성이 인정되기 위한 요건으로 사업관련성과 통상성을 명문으로 규정하고 있다.

사업관련성의 경우 그 의미를 정의한 규정은 없으나 대상판결의 "이 사건 보전금의 지출은 사업상 필요하여 손금으로 산입하여야 한다"라는 판시취지에 비추어 대법원은 사업관련성을 '사업상 필요성'으로 해석하고 있는 것으로 보인다. 구 법인세법에 관한 판례이기는 하지만 현행 법인세법의 사업관련성도 같은 의미로 파악될 수 있을 것이다. 미국 내국세법 제162조도 "사업을 수행함에 있어 당해 연도에 지급되었거나 발생한 통상적(ordinary)이고 필요한(necessary) 비용은 과세소득의 계산상 공제가 허용된다"고 규정하여 통상성과 함께 '필요성'을 손금의 요건으로 제시하고 있다. 한편, 판례는 업무무관 가지급금에 해당하는지 여부가 문제된 사건에서 업무관련성 여부는 당해 법인의 목적사업이나 그 영업내용을 기준으로 객관적으로 판단되어야 한다고 하여 업무관련성의 판단기준을 제시한 바 있어(대법원 1992. 11. 10. 선고 91누8302 판결) 결국 사업관련성 여부는 법인의 목적사업이나 영업내용을 기준으로 객관적으로 필요한 비용으로 판단되는지 여부에 의한다고 할 것이다.

한편, 통상성의 의미에 관하여 미국 세법은 통상적 경비란 당해 납세자가 일반적으로 상시 지출하는 비용이라는 것은 아니고 특정한 상황에서 납세자가 통상 지출할 것으로 받아들여질 수 있는 경비를 의미한다고 보고 있다. 대법원도 통상적 비용을 '납세의무자와 같은 종류의 사업을 영위하는 다른 법인도 동일한 상황 아래에서는 지출하였을 것으로 인정되는 비용'이라고 판시하고 있다(대법원 2009. 11. 12. 선고 2007두12422 판결 등).

나. 구 법인세법상 사업관련성과 통상성이 손금의 요건이 되는지

이 사건 편출입이 있었던 1998 사업연도 당시 시행되던 구 법인세법 제9조 제3항에서는 손금을 '자본 또는 지분의 환급, 잉여금의 처분 및 이 법에서 규정하는 것을 제외하고, 법인의 순자산을 감소시키는 거래로 인해 발생하는 손비의 금액'으로 정의함으로써 사업관련성과 통상성을 명문으로 요구하고 있지 않는바, 구 법인세법 하에서 자본거래와 법에서 규정하는 손금불산입 항목을 제외하고는 순자산을 감소시킨 비용이기만 하면 사업관련성 및 통상성에 관계 없이 손금으로 인정되는지 여부가 문제된다.

먼저, 사업관련성 요건에 관하여 보면, '법인이 그 목적 사업의 영위로 각 사업연도에 수입한 금액으로부터 과세대상이 되는 순소득에 이르기 위하여 공제되어야 할 지출금'이라는 손금의 본질상 사업관련성 요건을 구체적으로 규정하지 않았던 구 법인세법 하에서도 사업의 영위와 관련하여 지출한 금액이 아닌 것까지 손금에 산입하는 것은 허용되기 어렵다고 할 것이다. 구 법인세법 하에서도 업무와 무관한 지출금액을 손금으로 인정하지 않았다는 점을 고려하면(구 법인세법 제16조 제7호[2]), 손금의 인정요건으로서 사업관련성은 '손금의 개념'에 내재된 것이라고 보아야 할 것이다. 학설도 수익을 얻는 데 필요한 비용이어야 손금으로 인정된다고 해석하고 있다.[3]

다음으로, 통상성 요건에 관하여는 보면, 명문의 규정이 없더라도 사업관련

---

[2] 법인이 각 사업연도에 지출한 경비 중 대통령령이 정하는 바에 의하여 직접 그 업무에 관련이 없다고 정부가 인정하는 금액.

[3] 이태로, 조세법강의, 박영사, 1998, 243면.

성 내지 사업필요성 요건과 마찬가지로 손금의 내재 요건으로 보아야 한다는 견해가 가능하다. 그러나 각국의 세제에서 손금성을 인정함에 있어 통상성은 공통적으로 요구되는 사항은 아니라는 점,[4] 현행 법인세법의 손금 요건에 통상성이 명문으로 추가되었다는 점, 기업회계우선의 원칙이 적용되던 구 법인세법에서는 기업회계상 비용은 특별한 부인규정이 없는 이상 법인세법에서 손금으로 인정되었던 점 등에 비추어 볼 때, 구 법인세법 하에서는 비용의 손금성을 인정하기 위하여 별도의 통상성 요건이 필요하지는 않다고 보는 것이 문언의 해석상 타당할 것이다.[5]

다. 대상판결의 의미

대상판결은 외환위기상황에서 신탁겸영은행이 대규모 해지·인출사태 등을 방지하기 위하여 다른 시중은행들과 협의를 거쳐 한 보전금의 지출은 사업상 필요할 뿐만 아니라 통상적인 것이었으므로 법인세법상 손금산입하여야 한다고 한 원심의 판단을 수긍함으로써 구 법인세법상 손금성의 요건으로서 통상성이 필요하다는 취지로 판시하였다. 구 법인세법은 손금을 법인의 순자산을 감소시키는 거래로 인해 발생하는 손비라고 정의하고 별다른 조건을 붙이지 않아 통상성이 없는 비용이라 하더라도 손금산입이 가능한 것으로 보았으나, 대상판결은 통상성의 요건이 명문으로 도입된 현행 법인세법과 마찬가지로 구 법인세법상 손금이 되기 위해서는 통상성이 필요하다고 판단하였다는 점에서 의미가 있다.

3. 위법비용의 손금 인정 여부

가. 구 법인세법 하에서의 논의

구 법인세법 하에서는 대상판결의 판시와 같이 원칙적으로 자산총액을 감소시킨 것은 손금불산입 항목 등으로 열거되어 있지 않은 한 손금이 된다. 또한, 법인세법에 지출 자체에 위법성이 있는 비용, 예컨대 뇌물, 담합금 등이나 위법소득을 얻기 위하여 지출한 비용, 예컨대 불법도박장의 개설비용, 밀수품의 판매비용 등의 손금산입을 부인하는 내용의 규정도 없기에, 이러한 위법비용의 손금산입을 무제한적으로 인정해야 하는 것인지가 문제되었다.

---

4) 미국 세법은 통상성을 요구하지만 독일과 일본 세법은 이를 요구하지 않는다.
5) 이창희, "손금산입 요건으로서의 통상경비", 상사판례연구(V), 1992, 445면.

이에 관하여 대법원 1998. 5. 8. 선고 96누6158 판결은 "일반적으로 위법소득을 얻기 위하여 지출한 비용이나 지출 자체에 위법성이 있는 비용의 손금산입을 부인하는 내용의 규정이 없을 뿐만 아니라, 법인세는 원칙적으로 다른 법률에 의한 금지의 유무에 관계없이 담세력에 따라 과세되어야 하고 순소득이 과세대상으로 되어야 하는 점 등을 종합하여 보면, 위법소득을 얻기 위하여 지출한 비용이나 지출 자체에 위법성이 있는 비용에 대하여도 그 손금산입을 인정하는 것이 사회질서에 심히 반하는 등의 특별한 사정이 없는 한 손금으로 산입함이 타당하다"는 기준을 제시하면서, 무허가 폐기물처리업자로 하여금 산업폐기물의 매립을 위탁하면서 지출한 비용을 손금에 산입하는 것은 사회질서에 심히 반하는 것이라고 볼 수 없다고 판단하였다.

통상성이 손금의 요건으로 규정되어 있지 않았던 구 법인세법 하에서는 위법지출의 손금성을 부인하여야 한다는 일반론적 결론이 도출되지는 않는다. 다만, 위법비용을 손금으로 인정하는 것이 법감정에 심히 반하는 경우에 이를 손금으로 인정한다면 마치 국가가 위법행위를 한 자에게 손금산입에 따른 세금 감소액 상당의 보조금을 주어 위법행위를 조장하는 것과 같은 결과가 초래되고, 결국 위법행위를 한 자를 오히려 우대하게 되어 평등의 원칙에 위배된다는 점에서 대법원이 위와 같은 결론을 제시한 것으로 생각된다. 대상판결도 위 판례의 판시를 그대로 원용하며 이 사건 보전금의 지출이 손금에 산입되어야 한다고 판단하였다. 다만 앞서 설명한 바와 같이 이 사건 편출입이 있었던 당시 적용되는 법률은 구 법인세법이었음에도 불구하고 대상판결은 이 사건 보전금의 지출이 통상성이 있는지 여부를 판단하고 있다. 그동안 구 법인세법상 위법비용의 손금성 판단은 그 손금산입을 인정하는 것이 사회질서에 심히 반하는 등의 특별한 사정이 있는지 여부가 거의 유일한 기준이 되었으나 대상판결은 거기에다 통상성 판단기준 도입의 단초를 제시한 것으로도 볼 수 있다.

나. 현행 법인세법 하에서의 논의

현행 법인세법 하에서 위법비용의 손금성 인정 여부는 '통상성'의 인정 여부와 함께 고려된다. 즉, 대법원 2009. 11. 12. 선고 2007두12422 판결은 "법인세법 제19조 제2항의 '일반적으로 용인되는 통상적인 비용'이라 함은 납세의무자와 같은 종류의 사업을 영위하는 다른 법인도 동일한 상황 아래에서는 지출하였을 것으로 인정되는 비용을 의미하고, 그러한 비용에 해당하는지 여부는 지출의 경위와 목적, 형태, 액수, 효과 등을 종합적으로 고려하여 객관적으로 판단하여야 하는데, 특별한 사정이 없는 한 사회질서를 위반하여 지출된 비용은 여기에서 제외된다"고 판시하여 '사회질서에 반하는 지출'은 통상성이 없어 손금으로 인정되지 않는다는 원칙을 제시하고 있다.

위 판례는 현행 법인세법상 통상적 지출의 손금인정과 구 법인세법상 사회질서에 반하는 지출의 손금부인과의 관계를 정리한 것으로 볼 수 있는바, 위 판례의 '사회질서에 위반하여 지출된 비용은 통상성이 없다'는 판시만을 본다면 사회질서에 '심히' 반하는 경우라고 설시한 구 법인세법 하에서의 판례에 비해 위법비용의 손금산입 요건이 다소 강화된 것으로 이해된다. 다만, 통상성이 있는 비용은 손금으로 인정된다는 '비용의 통상성의 관점'에 주목하여 본다면 두 판례상의 손금성 인정 여부에 관한 별다른 차이는 없다고도 볼 수 있다. 대상판결은 구 법인세법상의 위법비용의 손금성 판단에 있어 통상성 요건을 함께 고려하면서 위법비용의 손금인정 여부를 직접 다룬 판결이라는 점에서 현행 법인세법 하에서도 중요한 의미를 가진다고 할 것이다.

다. 위법비용의 유형

대상판결에서 언급된 바와 같이 위법비용의 유형은 크게 '위법소득을 얻기 위하여 지출한 비용'과 '지출 자체에 위법성이 있는 비용'으로 구분할 수 있다.6) 앞서 본 대법원 판결에서 문제된 불법폐기물처리업자에게 산업폐기물의 매립을 위탁하면서 지출한 비용(대법원 1998. 5. 8. 선고 96누6158 판결)은 '위법소득을 얻기 위하여 지출한 비용'이라고 할 수 있고, 대상판결에서 문제되는 이 사건 보전금의 지출은 그 지출행위 자체가 신탁업감독규정 및 감독기관의 기관경고에 위반하여 위법하다고 볼 여지가 있기에 '지출 자체에 위법성이 있는 비용'에 해당된다.

결국 문제되는 비용을 손금에 산입할 경우 사회질서에 반하는 결과의 규모나 정도를 가지고 손금성 인정 여부를 판단하므로 양자를 구별할 실익이 적다고 할 수 있으나, 양자는 그 위법의 태양이 다르기 때문에 구체적 판단에 있어 다른 기준이 적용될 수도 있을 것이다.

---

6) 나아가 위법행위 또는 의무불이행에 대한 제재로서 과하는 벌금 등이 또 하나의 유형이 될 수 있으나, 이는 법인세법 제21조 제3호에 따라 손금불산입된다.

먼저, 위법소득을 얻기 위하여 지출한 비용의 경우, 그 사업의 위법성이 현저하게 큰 경우에는 지출의 적법성과는 무관하게 그 지출은 손금으로 인정되기 어려울 것이다. 예컨대 살인청부업자가 지출한 흉기구입비용은 손금으로 인정할 수는 없을 것이다. 다만, 사업이 위법하기는 하나 그 위법성이 현저하지 아니하고 지출이 소득을 창출하는 데 간접적으로 기여함에 불과한 경우에는 손금으로 인정될 수 있을 것이다. 대법원도 '특정산업폐기물을 처리함에 있어 주된 위법성이 폐기물처리업자에게 매립을 위탁한 데에 있다고 보기 어렵다'는 점을 근거로 위탁에 따른 지출의 손금성을 인정한 바 있다(대법원 1998. 5. 8. 선고 96누6158 판결).

한편, 지출 자체에 위법성이 있는 비용의 경우, 일정한 지출을 금지하고 있는 법의 취지, 목적에 따라 구체적으로 검토할 필요가 있다. 경비의 지출행위 자체가 중대한 형사범죄에 해당하는 반사회성이 강한 경비, 예컨대 뇌물 등[7]은 손금에 산입되어서는 안 될 것이나, 통상의 합법적 업무와 관련하여 위법행위가 이루어진 경우에는 손금으로 인정되어야 할 경우가 많을 것이다. 예컨대 이자제한법의 규정에 위반하여 초과이자를 지급한 경우에는 오히려 그 지급자가 이자제한법의 규정에 의하여 보호받아야 하고, 지급자의 측면에서 반사회성도 찾아볼 수 없으므로, 이러한 지출에 대한 손금산입을 부정할 이유는 없을 것이다.

라. 대상판결의 의미

대상판결은 법인세법에는 일반적으로 위법소득을 얻기 위하여 지출한 비용이나 지출 자체에 위법성이 있는 비용의 손금산입을 부인하는 내용의 규정이 없을 뿐만 아니라 원칙적으로·다른 법률에 의한 금지의 유무와 관계없이 담세력에 따라 과세되어야 하고 순소득이 과세대상으로 되어야 하는 점 등을 종합하여 보면, 그러한 비용에 대해서도 그 손금산입을 인정하는 것이 사회질서에 심히 반한다는 등의 특별한 사정이 없는 한 손금을 인정하는 것이 타당하다고 판시하였다. 즉, 대상판결은 위법비용이라도 원칙적으로 손금성을 인정하였는바, 위법소득도 익금으로 보아 과세하는 판례(대법원 1983. 10. 25. 선고 81누136 판결 등)의 태도를 고려하면, 단지 위법성을 띤 비용이라고 하여 일률적으로 손금산입을 부인하는 것은 타당하지 않으며 공익의 보호를 위하여 도저히 용인하기 어려운 위법성을

---

7) 뇌물은 명문으로 손금불산입 대상에 포함되어 있다(법인세법 시행령 제50조 제1항 제4호).

내포한 비용의 지출에 한하여 손금산입이 인정될 수 없다는 것이 옳다는 점에서, '손금산입을 인정하는 것이 사회질서에 심히 반하는 등의 특별한 사정이 없는 한 손금으로 산입함이 타당하다'는 대상판결의 결론은 정당하다고 할 것이다.

한편, 대상판결의 구체적 타당성을 검토함에 있어서는 앞서 본 '지출 자체에 위법성이 있는 경우'의 손금성 판단 기준을 참고할 수 있을 것이다. 즉, 이 사건 보전금의 지출을 금지하고 있는 법의 취지, 목적에 따라 구체적으로 검토할 필요가 있다. 이 사건 보전금의 지출을 금지하고 있는 신탁업감독규정의 근본적인 취지는 결국 예금자 등 은행고객의 보호라고 할 것인데 만약 이 사건 보전금을 지출하지 않았다면 원고의 신인도 추락으로 인한 수탁고 격감, 기존 신탁계약 등의 대규모 해지·인출사태 발생으로 결국 은행고객에게 피해를 줄 수 있었다는 점에서 이 사건 보전금 지출의 위법성은 매우 경미하다고 보아야 한다. 또한 이 사건 편출입이 외환위기 상황에서 원고와 같은 상황에 처해 있던 모든 국내 은행들로 구성된 은행연합회의 결의를 거쳐 이루어진 점, 신탁업감독규정은 금융감독원의 단속규정에 불과하다는 점을 고려하면, 이 사건 보전금 지출을 손금에 산입할 수 있다고 본 대상판결의 판단은 타당하다고 할 것이다.

나아가, 이 사건 보전금 지출은 신탁업을 영위하는 원고에게 사업상 필요할 뿐만 아니라(사업관련성), 당시 같은 신탁업을 수행하던 다른 시중은행들도 원고의 방식과 같거나 유사한 방식으로 고유계정에서 보전금을 지출하였던 점을 고려하면 이 사건 보전금 지출은 통상적인 것(통상성)이라고 보아야 한다. 결국 이 사건 보전금의 지출은 구 법인세법 하에서는 물론 현행 법인세법 하에서도 손금으로 인정될 수 있을 것이다.

4. 결 어

이상에서 논의한 바와 같이 대상판결은 손금의 요건으로 '통상성'이 규정되지 않은 구 법인세법 하에서 통상성을 손금 인정의 요건으로 보았다. 대상판결은 그 판단의 전제로 위법비용의 유형을 구분하면서 두 가지 유형의 위법비용에 대하여 손금산입을 인정하는 것이 사회질서에 심히 반하는 등의 특별한 사정이 없는 한 손금으로 산입함이 타당하다는 기존 판례 법리를 재확인하였을 뿐만 아니라 '지출 자체에 위법성이 있는 비용'에 대한 손금 산입 여부를 최초로 판단하였다는 점, 특히 통상성을 손금의 요건으로 하는 현행 법인세법 하에서도 위법비용의 손금성에 관한 중요한 선례가 될 수 있다는 점에서 큰 의미가 있다.

다만, 결론적으로 위법비용의 손금 인정에 대한 판단은 그것을 손금으로 인정할 경우 사회질서에 반하는 결과가 초래되는지 여부에 대한 구체적 평가의 문제로 귀결된다. 이는 결국 구체적인 사실관계에 따라 달리 판단될 것이지만, 같은 사실관계 하에서라도 사회 구성원들의 법감정이 변화하며 과거의 동일한 사례와 다른 결론이 도출될 수 있고, 판단자의 가치관에 따라 그 결론이 달라질 수도 있다. 대상판결에서는 어느 경우에 사회질서 위반과 관련하여 손금성이 부정되는지에 대한 구체적 판시를 하지는 않았는바, 향후 대법원이 위법비용의 손금성에 관하여 보다 자세한 판단 기준을 제시할 것을 기대해 본다.

제3자에 대한 매입행위로 특수관계자에게 간접적 이익이 발생한 경우 업무무관 가지급금 및 부당행위계산에 해당하는지 여부

〈대법원 2014. 4. 10. 선고 2013두20127 판결〉

Ⅰ. 대상판결의 개요

1. 사실관계의 요지와 부과처분의 경위

원고는 휴대전화 등의 부품장비를 제조·생산하는 내국법인으로서, A법인과 법인세법 제52조 소정의 특수관계에 있다. 원고는 2007년 12월경 A법인이 시공 중이던 아파트와 호텔을 임직원들을 위해 사용할 목적으로, 아파트 시행사인 B법인과 사이에, 기숙사 용도의 아파트 50세대(이하 '이 사건 아파트')를 매수하는 분양계약을, 호텔 시행사인 C법인과 사이에, 연수 및 복리후생 용도의 호텔 52객실(이하 '이 사건 호텔')을 매수하는 분양계약을 각 체결하고 B법인에게 이 사건 아파트의 계약금 및 중도금 합계 150억원을, C법인에게 그 분양대금 128억원을 각 지급하였다. 그 무렵 위 분양대금으로 B법인은 A법인에 대한 대여금 및 공사대금채무를, C법인은 A법인에 대한 공사대금채무와 금융기관에 대한 대출금채무를 각 변제하였다.

위 분양계약 체결 당시 원고는 기존에 보유하던 임직원들의 기숙사 13채와 독신자숙소 42실이 노후하고 도심 외곽에 위치하였을 뿐만 아니라 1999년 4월경 위 독신자숙소가 토지구획정리사업에 편입됨에 따라 새로운 기숙사를 물색하고 있던 차에 이 사건 아파트를 분양받았는데, 원고는 이 사건 아파트의 실거래가가 분양가 이하로 낮아지는 경우 환매권을 행사할 수 있는 특약을 하였고 아파트의 공사가 중단되자 2010년 8월경 분양계약을 합의해제하였으며 2011년 5월경 이 사건 아파트의 공매절차에서 그 분양대금과 이에 대한 연 5% 상당의 이자 합계 190억원을 반환받았다. 또한 원고는 이 사건 호텔 분양시에는 분양금액의 25%를 할인받았고, 이 사건 호텔을 매수한 이후 연 60일의 한도 내에서 임직원을 위한 연수 및 휴양시설로 사용하였으며 나머지 기간은 위탁관리회사로 하여금 운용하게 하여 수익금을 배당받기도 하였다.

한편 A법인과 B, C법인 사이의 사업약정에는 분양수입금으로 공사기성금 변제에 앞서 금융기관의 대출금채무 등을 먼저 변제하도록 되어 있었고 분양수익금에 관한 계좌가 A법인과 B, C법인의 공동 명의로 되어 있어 A법인은 B, C법인의 동의없이 단독으로 분양수입금을 인출할 수 없었다.

그런데 피고는 원고의 이 사건 아파트와 호텔의 매수는 특수관계자인 A법인에 부당하게 우회적으로 자금을 제공하기 위한 것이라는 이유로 원고가 지급한 이 사건 분양대금을 A법인에 대한 업무무관 가지급금으로, 원고가 취득한 이 사건 아파트와 호텔을 무수익자산 등으로 보아 법인세법 제28조 및 법인세법 제52조를 적용하여 원고의 차입금에 대한 지급이자를 손금불산입하고 동시에 위 분양대금에 대한 인정이자를 익금산입하여 2007 사업연도 내지 2009 사업연도 법인세 합계 금 20억원 상당의 부과처분(이하 '이 사건 부과처분')을 하였다.

2. 대상판결의 요지

대법원은 이 사건 부과처분 중 지급이자 손금불산입 부분에 관하여 "법인세법 제28조 제1항 제4호 (나)목이 규정한 '업무와 관련없이 지급한 가지급금 등'에는 순수한 의미의 대여금은 물론 채권의 성질상 대여금에 준하는 것도 포함되지만, 업무무관 가지급금 등에 상당한 차입금의 지급이자 손금불산입에 관한 법인세법 제28조 제1항 제4호 (나)목은 원칙적으로 법인이 특수관계에 있는 자에게 대여하였거나 이에 준하는 행위를 한 것으로 볼 수 있는 경우에 한하여 적용될 수 있을 뿐이고, 법인이 특수관계 없는 자와 거래함으로써 당해 법인과 특수관계에 있는 자가 간접적으로 편익을 누렸다고 하더라도 법인과 특수관계 없는 자 사이의 거래가 가장행위에 해당한다고 볼 특별한 사정이 있거나 법률에 마련된 개별적이고 구체적인 규정을 통해 이를 부인할 수 있을 정도에 이르지 않는다면 법인이 특수관계에 있는 자와 직접 거래한 것으로 보아 위 규정을 적용할 수 없다"

고 하면서 "원고가 시행사들인 B, C법인과 분양계약을 체결하고 분양대금을 지급한 것과 위 시행사들이 A법인에게 공사대금 등을 지급한 것은 별개의 법률행위에 기한 것으로서 원고가 A법인에 직접 자금을 대여한 것으로 볼 수 없어 이 사건 분양대금에 관한 차입금의 지급이자를 손금에 불산입한 부분은 위법하다고 한 원심의 판단은 정당하다"고 판시하였다.

한편 인정이자 익금산입 부분에 대해서는 "부당행위계산이라고 하면 납세자가 정상적인 경제인의 합리적인 거래형식을 취할 때 생기는 조세의 부담을 경감 내지 배제시키는 행위계산을 말하고, 법인세법 제52조에서 부당행위계산 부인규정을 둔 취지는 법인과 특수관계 있는 자와의 거래가 법인세법 시행령 제88조 제1항 각 호에 정한 제반 거래형태를 빙자하여 남용함으로써 경제적 합리성을 무시하였다고 인정되어 조세법적인 측면에서 부당한 것이라고 보일 때 과세권자가 객관적으로 타당하다고 인정되는 소득이 있었던 것으로 의제하여 과세함으로써 과세의 공평을 기하고 조세회피행위를 방지하고자 하는 것이다.

따라서 법인이 매입한 자산이 수익파생에 공헌하거나 장래에 그 자산의 운용으로 수익을 얻을 가능성이 있는 등 수익과 관련이 있는 자산에 해당하고 그와 같은 매입행위가 행위 당시를 기준으로 할 때 건전한 사회통념이나 상관행에 비추어 경제적 합리성을 결여한 비정상적인 행위라고 할 수 없다면, 설령 법인이 특수관계 없는 자로부터 자산을 매입함으로써 법인과 특수관계에 있는 자가 경제적으로 어떠한 이익을 얻었다고 하더라도 이를 법인세법 시행령 제88조 제1항 제2호 또는 제9호의 소정의 부당행위계산에 해당한다고 할 수 없다"고 하면서 "원고가 이 사건 아파트를 임직원들의 새로운 기숙사 목적으로 분양받은 것이 인정되고, 비록 공사중단으로 분양계약이 해제되어 위 목적을 달성하지는 못하였으나 환매특약에 따라 기지급한 분양대금을 법정이자까지 모두 반환받은 점, 이 사건 호텔을 매수한 이후 임직원들을 위한 연수 및 휴양시설로 이용하였고 위탁관리회사와 자산운용위탁계약을 체결하여 운용수익금을 지급받은 점, A법인과 시행사들이 체결한 사업약정에는 분양수입금으로 A법인에 대한 공사기성금 변제에 앞서 금융기관 대출금채무 등을 먼저 변제하도록 되어 있었고, 분양수입금에 관한 계좌가 A법인과 시행사들의 공동명의로 되어 있어 A법인은 시행사들의 동의 없이 단독으로 분양수입금을 인출할 수 없었던 사실 등을 앞서 본 법리에 비추어 살펴보면, 분양계약 당시를 기준으로 할 때 원고가 매입한 이 사건 아파트와 호텔은 임직원들을 위한 복리후생시설이나 연수시설로 사용될 수 있어서 이를 보유하지 못하였을 경우와 비교하여 그에 관한 비용을 절감함으로써 수익에 기여할 가능성이 없었다고 할 수 없고 이 사건 호텔의 운용수익이나 시세차익을 기대하는 것이 전혀 불합리하다고 볼 수 없으며 시행사들이 원고로부터 지급받은 분양대금을 반드시 A법인에 지급하게 될 것으로 단정할 수도 없으므로, 원고가 매입한 이 사건 아파트와 호텔을 원고의 수익과 전혀 관련이 없는 자산에 해당한다거나 원고의 매입행위가 건전한 사회통념과 상관행에 비추어 경제적 합리성을 결여한 비정상적인 행위라고 할 수 없고, 설령 원고와 특수관계에 있는 A법인이 원고가 지급한 분양대금을 재원으로 하여 공사대금채권을 변제받음으로써 결과적으로 경제적인 이익을 얻었고 분양계약 이후에 원고의 예상과 다른 사정이 일부 발생하였다고 하더라도 원고가 무수익 자산을 매입하거나 이에 준하는 행위를 함으로써 우회적으로 특수관계에 있는 A법인에 이익분여행위를 한 것으로 볼수도 없다.

그런데도 원심은 원고가 이 사건 아파트와 호텔을 매입한 행위가 무수익자산의 취득으로서 부당행위계산에 해당한다고 보았으니 이러한 원심의 판단에는 법인세법 제52조, 법인세법 시행령 제88조 제1항 제2호, 제9호의 부당행위계산에 관한 법리를 오해한 위법이 있다"고 판시하며 원심 판결을 파기하였다.

Ⅱ. 대상판결의 평석

1. 이 사건의 쟁점과 문제의 소재

위 사실관계와 부과처분의 경위 등에 의하면 이 사건의 쟁점은 원고가 특수관계 없는 B, C법인으로부터 자산을 매입하고 그 대가를 지급함으로써 원고와 특수관계에 있는 A법인이 간접적으로 경제적 편익을 누린 경우, 그와 같은 원고의 매입행위가 법인세법 제28조 소정의 특수관계자에게 업무무관 가지급금을 지급한 것인지, 그리고 법인세법 제52조, 법인세법 시행령 제88조 제1항 제2호, 제9호 소정의 특수관계자에게 무수익자산의 매입이나 이에 준하는 행위로 법인의 이익을 분여한 것인지 여부이다.

실무상 특수관계자 사이의 업무무관 가지급금이 종종 문제되는데 그 전형적 사안으로는 고율의 차입금의 이자를 부담하는 법인이 업무와 관련 없이 특수관계자에게 무이자로 자금을 대여하는 경우를 들 수 있다. 이 경우 당해 법인은 법인세법 제28조에 의하여 그 차입금의 지급이자는 손금불산입되고 법인세법 제52조에 의하여 그 대여금에 대해서는 인정이자가 익금산입되어 익금과 손금의 두 측면에서 과세상 불이익[1]이 발생한다.[2]

　　이 사건은 통상의 특수관계자 사이의 업무무관 가지급금과는 다음과 같은 점에서 구별된다. 첫째, 특수관계자 사이에 직접 거래가 있는 것이 아니라 비특수관계자가 중간에 개재하고 있다. 원고의 거래상대방이 비특수관계자이고 그 비특수관계자가 원고로부터 받은 자금을 재원으로 특수관계자에 대한 채무를 변제하여 그 거래로 특수관계자가 간접적으로 이익을 받은 경우이다. 둘째, 통상 자금의 대여 등에 의한 가지급금은 금전의 이전만이 수반되고 반대급부가 존재하지 않는 반면 이 사건에서는 원고가 자금을 지급하는 대가로 이 사건 아파트와 호텔을 이전받았다는 점이다. 이러한 사정 때문에 피고는 당초 위 분양대금이 업무무관 가지급금에 해당한다고 보아 법인세법 시행령 제88조 제1항 제6호 소정의 금전을 시가보다 낮은 이율로 대부한 경우라고 주장하였다가 그 처분근거를 법인세법 시행령 제88조 제2호, 제9호 소정의 무수익자산을 매입한 경우 내지 이에 준하는 이익분여로 변경하였다. 이와 같이 제3자에 대한 매입행위로 특수관계자가 간접적으로 이익을 받아 다른 통상의 업무무관 가지급금과 구별되는 이 사건의 경우에도 법인세법 제28조와 법인세법 제52조가 적용될 수 있는지 여부가 문제되는 것이다.

2. 업무무관 가지급금과 무수익자산의 매입에 대한 법인세법의 적용

가. 법인세법 제28조: 업무무관 가지급금에 대한 지급이자 손금불산입

　　법인의 차입금에 대한 지급이자는 원칙적으로 손금에 산입되고 법인세법은 다시 그 차입금이자를 손금산입 항목으로 규정하고 있다.[3] 그러나 법인이 특수관계자에게 업무와 관련 없이 자금을 대여한 경우에는 당해 법인의 차입금액 중 위 대여금액에 상당하는 금액에 대한 지급이자는 손금에 산입하지 아니한다.[4]

---

1) 업무무관 가지급금은 추가로 대손충당금 설정대상 채권에서도 배제된다(법인세법 제34조 제2항).
2) 헌법재판소는 부당행위계산부인에 따라 인정이자를 익금산입하면서 다른 한편 차입금의 지급이자를 손금에 불산입하는 것은 헌법에 위반되지 않는다고 판시하였다(헌법재판소 2007. 1. 17. 선고 2005헌바75 결정).
3) 법인세법 제19조 제1항, 제4항, 법인세법 시행령 제19조 제7호.
4) 법인세법 제28조 제1항 제4호 나목, 법인세법 시행령 제53조 제1항.

차입금의 지급이자의 손금산입의 정당성은 손금이 갖추어야 할 업무관련성, 통상성, 수익관련성에 근거하는데,[5] 차입금에 대한 지급이자를 부담하는 법인이 그 차입금으로 업무와 관련 없이 특수관계자에게 가지급금을 지급한다면 그 차입금의 지급이자는 수익이 따르지 않는 재산에 관한 지급이자이므로 손금산입의 정당성이 없기 때문이다.[6] 또한 법인이 차입금을 생산적인 부분에 사용하지 아니하고 계열사 등 특수관계자에게 대여하는 비정상적인 행위를 제한함으로써 부채에 의존한 무리한 기업확장으로 기업의 재무구조가 악화되는 것을 방지하고 기업자금의 생산적 운용을 통한 기업의 건전한 경제활동을 유도하기 위해서도 그 필요성이 있다.[7]

업무무관 가지급금에 대해서는 법인의 각 사업연도에 지급한 차입금의 이자 중 '지급이자 × 업무무관자산과 업무무관 가지급금에 해당하는 자산의 합계액(총차입금을 한도로 한다) / 총차입금'에 의하여 계산한 금액(차입금 중 해당 자산가액에 상당하는 금액의 이자를 한도로 한다)은 그 손금 산입을 허용하지 아니한다.[8] 위 산식의 차입금에는 금융회사 등이 한국은행이나 국가·지방자치단체 또는 각종 기금 등으로부터 차입한 금액과 일반 법인이 한국은행이 정한 기업구매자금대출규정에 의하여 차입한 금액 등은 포함되지 아니하고[9] 총차입금 및 자산가액의 합계액은 적수로 계산하며 업무무관자산의 가액은 취득가액으로 한다.[10]

업무무관 가지급금에는 순수한 의미의 대여금은 물론, 채권의 성질상 대여금에 준하는 것도 포함되고 이때 가지급금과의 업무관련성 여부는 당해 법인의 목적사업이나 영업내용 등을 기준으로 객관적으로 판단한다.[11] 성질상 대여금에 준하는 구상금 채권도 대여금의 범위에 포함되지만 그 구상금 채권을 포기한 후에는 대여금 채권이 더이상 존재하지 않으므로 그 포기에 따른 과세효과는 별론으로 하더라도 업무무관 가지급금에 따른 지급이자 손금불산입은 할 수 없다.[12]

---

5) 강인철, "업무무관 가지급금의 손금불산입과 실질과세의 원칙에 대한 연구", 조세법연구 제16-2집, 2010, 121면.
6) 이창희, 세법강의, 박영사, 2007, 942면.
7) 헌법재판소 2007. 1. 17. 선고 2005헌바75 결정.
8) 법인세법 제28조 제1항 제4호, 법인세법 시행령 제53조 제2항.
9) 법인세법 시행령 제53조 제4항.
10) 법인세법 시행령 제53조 제3항.
11) 대법원 1992. 11. 10. 선고 91누8302 판결, 대법원 2004. 2. 13. 선고 2002두11479 판결.
12) 대법원 2009. 10. 29. 선고 2007두16561 판결.

나. 법인세법 제52조: 무수익자산의 매입에 대한 인정이자 익금산입

부당행위계산의 부인이란 법인이 특수관계자와의 거래로 인하여 자신에게 귀속되었어야 할 이익을 대가없이 그 특수관계자에게 분여함으로써 결과적으로 그 법인의 소득금액과 이에 대한 조세부담이 감소된 경우, 과세관청이 해당 거래의 사법상의 효력에 관계없이 과세목적상 해당 거래의 효력을 전부 또는 부분적으로 인정하지 않고 그러한 이익이 분여되지 않은 것으로 보아 법인의 소득금액을 재계산하여 그 계산에 따른 조세를 부과하는 것을 말한다. 법인과 특수관계자와의 거래가 법인세법 시행령 제88조 제1항 각 호에 정한 제반 거래형태를 빙자하여 남용함으로써 경제적 합리성을 무시한 경우 조세법적인 측면에서 부당한 것이라고 보일 때 과세권자가 객관적으로 타당하다고 인정되는 소득이 있었던 것으로 의제하여 과세함으로써 과세의 공평을 기하고 조세회피행위를 방지하고자 하는 데 있다.[13]

법인세법 제52조의 부당행위계산 부인 규정의 적용에 있어서 경제적 합리성에 대한 판단은 그 거래행위의 대가관계만을 따로 떼어내어 단순히 특수관계자가 아닌 사람과의 거래형태에서는 통상 행하여지지 아니하는 것이라 하여 바로 이에 해당하는 것으로 볼 것이 아니라 거래 당시의 제반 사정을 구체적으로 고려하여 과연 그 거래행위가 건전한 사회통념이나 상관행에 비추어 경제적 합리성을 결여한 비정상적인 것인지 여부에 따라 판단하여야 한다.[14]

법인세법 시행령 제88조 제1항에서 '조세의 부담을 부당히 감소시킨 것으로 인정되는 경우'의 전형적인 8가지 유형에 관하여 규정하고 있는데, 이 사건에서 문제되는 제2호는 무수익자산의 매입을, 제9호는 각 호에 준하는 행위 및 그 외에 법인의 이익을 분여하였다고 인정되는 경우를 규정하고 있다. 여기서 무수익자산이라 함은 법인의 수익파생에 공헌하지 못하거나 법인의 수익과 관련이 없는 자산으로서 장래에도 그 자산의 운용으로 수익을 얻을 가능성이 희박한 자산을 말한다.[15]

무수익자산의 매입대금의 처리에 관하여는 고가매입의 경우와 유사하게 무수익자산을 영(0)원에 산 것으로 하고 그 구입대가는 귀속자에 따라 상여 등으로 처분하여야 한다는 견해[16]가 있으나 대법원은 무수익자산의 매입은 부인되고 그

---

13) 대법원 2006. 1. 13. 선고 2003두13267 판결.
14) 대법원 2006. 5. 11. 선고 2004두7993 판결.
15) 대법원 2000. 11. 10. 선고 98두12055 판결.
16) 이창희, 전게서, 957면.

매입대금 상당액을 법인이 출자자 등에게 대여한 것으로 의제하여 인정이자를 익금산입하고[17] 동시에 인정이자 상당액을 양도인에 대한 상여로 처리하여야 한다고 한다. 이에 의하면 무수익자산의 매입 당시 그 시가와 매입가액 간의 차이는 없으므로 매입법인이 그 차액에 상당하는 금액을 양도인에게 이전하였다고는 볼 수 없고 해당 자산을 매입하지 않았더라면 얻을 수 있는 이익 즉, 인정이자 상당액만 이전하였다고 보는 것이 합리적이다.[18]

이와 같이 무수익자산의 매입을 매입대금 상당액의 대여로 본다면 그 인정이자율은 금전의 직접적 대여 또는 차용의 경우에 적용할 시가에 관하여 규정하고 있는 법인세법 시행령 제89조 제3항을 준용하여야 할 것이다. 이에 의하면 가중평균차입이자율을 시가로 하되, 가중평균 차입이자율의 적용이 불가능한 사유가 있는 경우에는 해당 대여금 또는 차입금에 한정하여 당좌대출이자율을 시가로 하고 대여기간이 5년을 초과하는 대여금이 있는 경우 등 기획재정부령이 정하는 경우에는 해당 대여금 또는 차입금에 한정하여 당좌대출이자율을 시가로 하며 해당 법인이 법인세 신고와 함께 당좌대출이자율을 시가로 선택한 경우에도 그 선택한 사업연도와 이후 2개 사업연도는 그 당좌대출이자율을 시가로 한다. 자산의 이전이 수반되었음에도 반대급부가 없는 금전의 대여와 같이 세무상 동일하게 취급하는 것은 무수익자산에는 사용가치가 없다는 것이 전제되는 것으로 보인다.

무수익자산의 매입대금을 대여금으로 본다면 그 자산이 처분될 때 양도가액의 수령범위 내에서 대여금을 반환받은 것이 된다. 이에 따르면 무수익자산의 처분으로 양도차손이나 양도차익이 발생하면 이를 손금이나 익금에 산입할 수 있을지가 문제되는바, 업무무관 가지급금의 대손금을 인정하지 않는 법인세법 제34조 제3항, 제28조 제1항 제4호 (나)목에 비추어 손금산입이 허용되지 않고, 반대로 양도차익이 발생한다면 그 양도차익은 대여금의 이자로서 익금산입된다는 견해가 있다.[19] 통상의 업무무관 가지급금의 경우에는 가지급금의 해소시점이 차입자의 변제에 의하여 결정되는 것과는 달리 무수익자산의 경우에는 그 소유자 즉, 대여자의 자산처분에 따라 해소시점이 좌우되는 차이가 있다.

17) 대법원 2000. 11. 10. 선고 98두12055 판결.
18) 이태로·한만수, 조세법강의, 박영사, 2015, 550면.
19) 이태로·한만수, 전게서, 550면.

다. 법인세법 제28조와 법인세법 제52조의 관계

법인세법 제28조에 의하여 지급이자 손금불산입의 대상이 되는 업무무관 가지급금과 법인세법 제52조, 법인세법 시행령 제88조 제1항 제6호에 의하여 인정이자 익금산입의 대상이 되는 부당한 금전의 대부는 공히 자금의 대여라는 점에서 그 성격이 동일하므로 대체로 양자가 동시에 적용되는 경우가 대부분이지만 전자의 경우 업무와 관련이 없을 것이, 후자의 경우에는 이율의 적정하지 않고 경제적 합리성이 없을 것이 각 요구되므로 양자가 반드시 같이 적용되는 것은 아니다. 즉, 업무와 관련이 있는 가지급금이라 하더라도 무상 또는 저리대여로 인정되면 인정이자를 계상하여야 하고 반대로 업무무관 가지급금이라고 하더라도 정상적인 이자를 지급받거나 경제적 합리성이 인정된다면 인정이자를 계상할 수 없다. 또한 해당 거래가 자금의 대여거래로 인정되지 않는다면 다른 형태의 부당행위계산 부인 대상이 됨을 별론으로 하더라도 가지급금이 없으므로 지급이자 손금불산입이나 인정이자 익금산입의 대상은 되지 않는다. 다만, 무수익자산의 매입은 사실상 금전의 대여의 성격이 있어 그 세무상의 처리에만 다소 차이가 있으므로 법인세법 제28조와 법인세법 제52조의 적용에 있어서는 업무무관 가지급금과 유사하다. 이와 같이 법인세법 제28조와 법인세법 제52조는 그 적용요건도 달리 규정하고 있고 그 입법취지도 상이하므로 양자의 적용상에 차이가 존재한다.

3. 특수관계자에 대한 우회적 자금지원과 법인세법의 적용

가. 우회적 자금지원과 법인세법 제28조 및 법인세법 제52조의 적용

앞서 본 바와 같이 법인세법 제28조의 업무무관 가지급금은 법인이 특수관계자에 대한 가지급금을 가지고 있는가라는 정태적 측면을 고려하여 그 지급이자를 손금불산입하는 반면 법인세법 제52조의 부당행위계산 부인은 납세자의 비정상적인 조세회피행위를 규제하는 것이므로 법인의 특수관계자에 대한 이익분여가 있었는가를 고려하여 그 분여이익에 대하여 익금산입하므로 동태적인 측면이 강조된다. 따라서 비특수관계자가 중간에 개재하여 우회적·간접적인 형태로 가지급금이 존재하는 사안에서는 특수관계자에 대한 직접적인 연결관계가 단절되어 법인세법 제28조는 그 적용에 어려움이 있는 반면 법인세법 제52조는 그 이익분여의 결과에 초점을 맞추고 있고 나아가 법인세법 시행령 제1항 제9호의 포괄규정을 두고 있어 우회적·간접적 거래에 대해서도 그 적용의 여지가 상대적으로 높다. 이러한 관점에서 대법원은 계열사를 위한 채무보증 및 이에 따른 대위변제 등 일련의 행위에 대하여도 부당행위계산부인의 대상에 해당한다고 판단하기도 하였다.[20] 이하에서는 법인세법 제28조와 법인세법 제52조의 적용과 관련하여 이 사건과 같이 우회적인 형태의 자금지원에 대한 대법원의 입장에 관하여 살펴본다.

나. 대법원 판례상 법인세법 제28조와 법인세법 제52조의 적용유형

이 사건과 같이 우회적인 형태의 자금지원에 대한 지급이자 손금불산입, 인정이자 익금산입에 관한 판례의 입장은 크게 네 가지 유형으로 구분된다.

첫째, 법인세법 제28조 및 법인세법 제52조를 모두 적용하는 유형이다. 대법원 2007. 10. 11. 선고 2006두2053 판결은 원고의 특수관계자가 후순위사채 900억원 상당을 발행하였고 금융기관은 이를 총액 인수하였으며 원고를 포함한 계열사들이 금융기관으로부터 후순위사채를 매입하였는데, 피고는 원고가 특수관계자에게 업무와 무관한 가지급금을 지급하고 단기차입이자율과 후순위 사채이자율 차이 상당의 이익을 분여한 것으로 보아 그 지급이자를 손금불산입하고, 인정이자를 익금산입한 사안에서 원고가 금융기관이 발행한 후순위사채를 매입한 것은 업무와 무관하게 매입한 것으로서 특수관계자에게 자금을 직접 대여한 것이 아니라 금융기관을 통하여 매입하였다고 하더라도 그 실질은 우회적인 방법으로 특수관계자의 자금 조달을 지원한 것이고, 특수관계자에 해당하는지 여부도 실질적으로 자금을 조달받은 자를 기준으로 판단하여야 한다는 등의 이유로 과세처분이 모두 적법하다고 판시하였다.

둘째, 법인세법 제28조의 적용 및 법인세법 제52조의 적용배제의 유형이다. 대법원 2007. 9. 20. 선고 2005두9415 판결은 원고가 금융기관에 특정금전신탁 400억원을 예탁하고 그 금융기관에 지시하여 특수관계자 A가 발행한 후순위사채 400억원을 17.26% 수익률로 매입하였고 다시 특수관계자 A의 중개로 특수관계자 B가 발행한 기업어음 1,000억원을 할인발행률 13.42%로 매입하였는데 피고는 위 매입이 모두 특수관계자에 대한 업무무관 가지급금으로 보아 그 지급이자를 손금불산입하고, 인정이자를 익금산입한 사안에서 원고가 특수관계자가 발행한 후순위사채 및 기업어음을 매입한 것은 원고의 목적사업 및 당시 경영상태, 거래

---

20) 대법원 2006. 11. 10. 선고 2006두125 판결.

행태와 횟수 등에 비추어 특수관계자에 대한 자금의 대여로서 업무와 관련 없이 가지급금을 지급한 것에 해당하고, 한편 후순위사채 등은 당좌대출이자율보다 높은 수익률 내지 할인율이 정해져 있는 점, 특수관계자에 대한 금전 대여시 당좌대월이자율 수준의 이자수수를 약정한 경우 이를 정상거래로 보고 인정이자가 계산되지 아니하는데 그보다 높은 이율의 이자수수를 약정하였음에도 인정이자가 계산된다는 것은 불합리한 점 등을 고려하면 금전대여자가 당좌대월이자율 이상으로 이자를 수수하기로 약정한 경우는 경제적 합리성을 결한 비정상적 행위로 볼 수 없다고 판시하였다.

셋째, 법인세법 제28조 적용배제 및 법인세법 제52조 적용의 유형이다. 대법원 2009. 4. 23. 선고 2006두19037 판결, 2009. 5. 14. 선고 2006두11224 판결은 원고가 금융기관에 정기예금을 예탁하고 특수관계자가 위 정기예금을 담보로 금융기관으로부터 대출을 받았는데 피고가 이를 실질적으로 원고가 특수관계자에게 직접 자금을 대여한 것과 동일하다고 판단하여 정기예금 상당액을 업무무관 가지급금으로 보아 그 지급이자를 손금불산입하고 인정이자를 익금산입한 사안에서 원고의 정기예금 예치와 금융기관의 특수관계자들에 대한 대출이 별개로 이루어진 법률행위인 이상 원고의 금융기관에 대한 담보제공행위가 특수관계자에 대한 직접적인 자금대여행위에 해당한다거나 이에 준하는 행위라고 볼 수는 없고 이는 원고가 정기예금을 담보로 제공함으로써 특수관계자가 대출받는 편익을 누렸다고 하더라도 마찬가지이므로 원고가 정기예금을 담보로 제공하여 특수관계자들이 금융기관에서 그 상당액을 대출받게 한 것을 특수관계자에 대한 대여 등 가지급금에 해당한다고 볼 수 없으며, 한편 원고가 그 무렵 높은 대출이자를 부담하고 있음에도 차입금을 상환하지 아니하고 상당한 금원을 낮은 이율의 정기예금에 예치한 후 이를 특수관계자의 대출금에 대한 담보로 제공한 행위는 그로 인한 지급이자와 수입이자 사이에 현저한 차이가 있어 원고의 수입 감소가 예상되고 원고가 담보로 제공한 정기예금은 특수관계자들이 대출금을 상환할 때까지 인출할 수 없어 유동성을 상실하게 되고 대출금이 변제되지 아니할 경우 정기예금을 상실하게 되는 위험을 감수하게 되는 사정 등에 비추어 경제적 합리성을 무시한 비정상적인 거래로서 법인세법 제88조 제1항 제9호가 준용하는 같은항 제6호 소정의 금전을 시가보다 낮은 이율로 우회적으로 대부한 경우에 준하는 행위 또는 법인의 이익을 분여하였다고 인정되는 행위에 해당하므로 원고의 정기예금의 예탁 및 담보제공행위를 부인한 후 인정이자를 익금산입한 것은 적법하다고 판시하였다.

넷째, 법인세법 제28조 및 법인세법 제52조가 모두 적용되지 않는 유형이다. 대법원 2006. 5. 25. 선고 2004두13660 판결은 원고가 기존의 종합금융회사에서 운용 중이던 표지어음채권을 해지하여 마련한 자금을 은행에 정기예금으로 예치하면서 특수관계자의 대출금에 대한 담보로 제공하고 특수관계자는 220억원을 대출받아 원고에 대하여 신주인수권을 행사하면서 위 대출금 중 157억원을 신주인수대금으로 납입하고 나머지 금원은 소외회사에 대여하고 소외회사 역시 원고에 대하여 신주인수권을 행사하여 위 금원을 원고에 납입함으로써 결국 위 대출금 대부분이 신주인수대금으로 원고에게 납입되었는데 피고는 이를 실질적으로 원고가 특수관계자에게 직접 자금을 대여한 것과 동일하다고 판단하여 정기예금 상당액을 업무무관 가지급금으로 보아 그 지급이자를 손금불산입하고 인정이자를 익금산입한 사안에서 앞서 본 이유로 원고의 정기예금 예치와 금융기관의 특수관계자들에 대한 대출이 별개로 이루어진 법률행위라는 등의 이유로 업무무관 가지급금에 해당하지 않는다고 보았고 나아가 원고의 정기예금 및 담보제공행위는 특수관계자가 대출금의 대부분을 원고의 신주를 인수하는 데 사용하였고 이는 원고의 자금부족 해소를 위하여 유상증자를 통하여 자금을 확보하고자 한 원고의 필요에 의한 것인 점, 특수관계자가 대출금을 정상적으로 변제함으로써 원고는 담보권 실행 등 손해를 입지 않고 219억원의 유동성 자금을 확보하게 된 점, 당시 금융위기 상황에서 원고는 특수관계자 도움 없이는 자금 확보가 용이하지 않은 상태였고, 특수관계자가 신주인수대금을 마련하기 위해서는 원고의 담보 제공이 필요하였던 점, 기존의 투자처인 종합금융회사는 불안전한 상태이어서 다소의 이자손실을 감수하더라도 우량은행으로 자금을 변경·예치하는 것이 경제적 합리성이 없다고 볼 수 없는 점 등에서 경제적 합리성을 결여한 비정상적인 행위로 볼 수 없다고 판시하였다.

다. 대법원 판례의 정리

(1) 법인세법 제28조의 적용에 대하여

앞서 본 바와 같이 특수관계자에 대한 우회적 자금지원에 대하여 대법원 판례는 법인세법 제28조와 법인세법 제52조의 적용에 있어서 사실관계와 거래 경위 등에 따라 다소 상이한 태도를 취하고 있다. 법인세법 제28조의 업무무관 가지급금의 인정여부에 관하여 종전 대법원 2007. 10. 11. 선고 2006두2053 판결은 특수관계자에게 우회적인 행위로 자금을 지원한 경우 그 자금을 실질적으로 조달받은 자가 특수관계자라면 업무무관 가지급금을 인정하는 입장이었다.21) 특수관계자 발행의 후순위사채를 금융기관이 인수하고 그 사채를 원고가 매입하여 원고와 금융기관, 그리고 특수관계자 사이에 동일한 사채가 우회적으로 거래된 사안이기는 하였지만 당시 위 판결은 대법원 2000. 9. 29. 선고 97누18462 판결과 다소 배치되는 측면이 있었다. 위 판결은 갑이 자신의 명의로 발생한 사채자금을 특수관계에 있는 을에게 대여하였는데 실제로 사채 발행으로 인한 자금의 사용자는 을이고 을이 사채 발행과정의 전면에 나서서 사채 발행을 실질적으로 주도한 사안에서 사채발행의 사법상의 효과와 절차를 중시하여 을을 위 사채의 실질적인 발행자 또는 채무자로 볼 수 없다고 판시하였는바, 사채 발행 거래의 형식을 존중한 위 판결의 취지에 따르면 원고의 특수관계자에 대한 가지급금이 없다고 판단될 여지가 있었기 때문이다.

그러다가 대법원 2009. 4. 23. 선고 2006두19037 판결, 2009. 5. 14. 선고 2006두11224 판결을 기점으로 업무무관 가지급금에 대한 판단은 법인세법 제28조의 문언의 해석과 당사자의 거래형식을 존중하는 방향으로 그 입장이 정리되었다. 즉 원고의 정기예금 예치와 금융기관의 특수관계자에 대한 대출이 별개로 이루어진 법률행위인 이상 원고의 금융기관에 대한 담보제공행위가 특수관계자에 대한 직접적인 자금대여행위에 해당한다거나 이에 준하는 행위라고 볼 수는 없고 이는 원고가 정기예금을 담보로 제공함으로써 특수관계자가 대출받는 편익을 누렸다고 하더라도 마찬가지라는 판시가 거듭 내려진 것이다. 후순위사채가 금융기관을 거쳐 특수관계자에게 순차 인수된 대법원 2007. 10. 11. 선고 2006두2053 판결의 사안과는 달리 위 두 판례의 사안에서는 원고와 제3자의 거래행위는 정기예금계약과 질권설정계약이었고 제3자와 특수관계자 사이에서는 대출계약이 체결되어 각기 계약 목적물과 내용을 달리하고 있다는 점에서 차이가 있다. 법인이 금융기관에 예금채권을 가지고 있고, 그에 관하여 질권을 설정해 준 행위를 채권의 내용도 당사자도 달리 하는 특수관계자에 대한 대여행위로 보는 것은 조세법률주의상의 엄격해석원칙에 반한다고 판단한 것인바, 그와 같은 판례의 기

―――――――――――
21) 대법원 2007. 10. 11. 선고 2006두2053 판결.

조는 현재까지 유지되고 있다.22)

(2) 법인세법 제52조의 적용에 대하여

특수관계자 아닌 제3자를 통한 우회적 자금 지원에 대한 부당행위계산부인 규정의 적용에 대하여 대법원은 주로 경제적 합리성 여부의 문제로 접근하고 있다. 부당행위계산 부인이 실질과세원칙 관점에서 우회적 거래를 통한 조세회피행위에 대한 규제수단으로 등장한 측면이 있으므로 특수관계자 사이의 직접 거래인지, 아니면 우회적 형태의 거래인지 여부는 크게 문제가 되지 않는다는 의미로 보인다. 특히 법인세법 시행령 제88조 제1항 제9호에서는 각 호에 준하는 행위 또는 계산 및 그 외에 법인의 이익을 분여하였다고 인정되는 경우로 부당행위계산을 포괄적으로 규정하여 그 분여과정에 대한 구체적인 적법성 판단보다는 특수관계자에 대한 종국적 이익분여의 결과에 초점을 맞추고 있는 것으로 사료된다.

경제적 합리성 여부의 판단과 관련하여 대법원 2007. 9. 20. 선고 2005두9415 판결은 후순위사채 등은 당좌대출이자율보다 높은 수익률 내지 할인율이 정해져 있다는 점 등에 근거하여 이를 경제적 합리성을 결한 비정상적인 행위로 볼 수 없다고 판단하고, 대법원 2006. 5. 25. 선고 2004두13660 판결은 이익분여행위가 시가 거래에 해당하는지의 여부에 대한 구체적인 언급 없이 거래행위의 제반 사정을 고려하여 경제적 합리성이 있다고 판단하였다. 이론적으로 시가에 상응하는 이자율을 수취하는 경우에는 시가거래이므로 법인세법 제52조의 적용대상이 아니고 가령 시가를 벗어난 거래라고 하더라도 경제적 합리성이 있다면 역시 부당행위계산이 아니라고 할 것이지만 대법원은 금전의 대부로 인한 수취이자 등이 시가에 벗어나는지 여부를 경제적 합리성의 판단을 위한 거래행위의 제반 사정의 하나의 요소로 고려하고 있다는 점이 특색이다.

4. 대상판결의 평가

그동안 제3자를 통한 특수관계자에 대한 우회적 자금 지원에 대하여 종전 대법원 판례는 금전의 대여가 순차로 이루어지는 사안을 대상으로 법인세법 제28조의 적용에 있어서는 제3자에 대한 자금의 대여가 있고 그 제3자가 이를 토

---

22) 이에 대하여 거의 대부분의 법인들이 특수관계법인에게 금융기관을 사이에 두고 우회적인 방법으로 자금을 융자할 것이라는 우려가 있고, 가장행위라는 조악한 도구를 이용하는 자보다 오히려 복잡한 거래를 통하여 교묘하게 조세를 회피하려는 납세자를 우대한다는 비판이 있다(강인철, 전게논문, 120면).

대로 특수관계자에게 대여하였다고 하더라도 이를 당사자들 사이의 별개의 대여행위로 파악하고 그로 인하여 특수관계자가 간접적 편익을 누렸다고 하더라도 특수관계자에 대한 업무무관 가지급금은 아니라고 보았고, 법인세법 제52조의 적용에 있어서는 금전 대부의 경우에 대하여 그 이율의 적정성을 포함한 거래행위의 제반 사정을 고려하여 경제적 합리성이 있는지의 문제로 접근하였는바, 대상판결은 이에 더하여 다음의 두 가지 점에서 의미 있는 판시를 하였다.

첫째, 대상판결은 법인세법 제28조의 적용과 관련하여 종전 대법원 판결에 앞서 본 판시에다가 제3자와의 거래가 가장행위에 해당한다고 볼 특별한 사정이 있거나 법률에 마련된 개별적이고 구체적인 규정을 통해 이를 부인할 수 있을 정도에 이르지 않는다면 법인이 특수관계자와 직접 거래한 것으로 보아 위 규정을 적용할 수 없다는 판시를 추가함으로써 그 우회적인 자금지원과 업무무관 가지급금 해당여부에 관한 구체적 판단기준을 제시하였다. 가장행위란 밖으로 표시된 행위가 납세자의 진의에 기하지 않은 행위로서 사법상 무효이므로 세법상으로도 아무런 의미를 가지지 않는바, 대상판결의 판시는 결국 납세자가 선택한 사법상의 법형식이 가장행위에 해당하지 않고 사법상 적법·유효하다면 이를 세법상 존중하여야 한다는 실질과세원칙과 그 궤를 같이하면서 법인세법 제28조 소정의 업무무관 가지급금의 판단에 있어서도 실질과세원칙에 의한 거래의 재구성은 함부로 허용되지 않고, 납세자의 거래행위를 그 형식에도 불구하고 조세회피행위라고 하여 그 효력을 부인하기 위해서는 법률에 개별적이고 구체적인 부인규정이 있어야 한다는 종전의 실질과세원칙의 법리[23]를 다시 한번 확인한 것이다.

예컨대 국제조세조정에 관한 법률 제7조는 거주자가 국외특수관계자가 아닌 자와 국제거래를 할 때에도 그 거래에 관하여 거주자와 국외특수관계자 간에 해당 거래에 대한 사전계약이 있고, 거래조건이 해당거주자와 국외특수관계자 간에 실질적으로 결정되면 거주자가 국외특수관계자와 국제거래를 하는 것으로 보아 이전가격세제를 적용한다고 규정하여 제3자 개입거래에 관한 규정을 두고 있고 제15조도 과소자본세제의 적용에 있어서 제3자 개입거래에 관하여 동일한 규정을 두고 있다. 소득세법 제101조 제2항도 거주자가 특수관계자에게 자산을 증여한 후 그 자산을 증여받은 자가 그 증여일로부터 5년 이내에 다시 타인에게 양도한 경우에는 일정한 요건 하에 증여자가 그 자산을 직접 양도한 것으로 본

---

23) 대법원 2011. 5. 13. 선고 2010두3916 판결 등.

다고 규정하고 있는바, 제3자 개입거래에 관한 이러한 개별적·구체적 부인규정이 없는 법인세법 제28조의 적용에 있어서는 실질과세원칙에 의하여 거래를 재구성할 수 없다고 할 것이다. 이는 정태적 성격을 가진 법인세법 제28조의 업무무관 가지급금 조항의 문언에 대한 조세법률주의 원칙에 부합하는 해석이라고 하겠다.

둘째, 대상판결은 법인세법 제52조의 적용과 관련하여도 제3자와의 자금의 대여가 아닌 자산의 매입거래가 특수관계자에 대한 우회적 자금지원의 효과를 가진다고 하더라도 법인이 매입한 자산이 수익과 관련이 있는 자산이고 그 매입행위 당시를 기준으로 경제적 합리성을 결여한 비정상적인 행위가 아니라면 가령 법인이 특수관계가 없는 자로부터 자산을 매입하여 특수관계자가 경제적으로 어떠한 이익을 얻었다고 하더라도 부당행위계산부인 규정을 적용할 수 없다고 판시하였는바, 종전 비교적 폭넓게 인정해온 무수익자산의 범위를 제한적으로 파악하고 경제적 합리성을 기준으로 부당행위계산 여부를 판단하면서 우회적·간접적인 이익분여에 대해서도 부당행위계산부인 규정을 다소 확대·적용해 온 종전 판례의 입장에 대하여도 한계를 설정하였다고 사료된다.

무수익자산의 범위에 관하여 종전 대법원은 법인이 일반분양에 실패한 계열사의 골프회원권을 매입한 경우에 장래의 골프회원권의 가치상승 가능성에 대한 고려보다는 법인이 다른 골프회원권을 다수 보유하고 있는 상태에서 그 회원권을 사용할 만한 상황이 아니었음에도 이를 구입한 사정 등을 근거로 향후 가치상승의 여지가 없지 않은 골프회원권을 무수익자산에 해당한다고 판단[24]한 반면, 대상판결은 분양계약 당시를 기준으로 이 사건 아파트와 호텔이 수익에 기여할 가능성이 없다고 할 수 없고 이 사건 호텔의 운용수익이나 시세차익을 얻는 것을 기대하는 것이 전혀 불합리하지 않다는 점 등을 이유로 무수익자산이 아니라고 판단하여 장래의 교환가치도 무수익자산의 중요한 판단의 기준으로 삼았다는 데 의의가 있다.

또한 부당행위계산부인 유형을 열거하고 있는 법인세법 시행령 제88조 제1항 제9호는 각 호에 규정되지 않은 사항으로서 각 호에 준하는 행위 또는 계산 및 그 외에 법인의 이익을 분여하였다고 인정되는 경우를 말한다고 규정하고 있어 그 적용 범위가 문제되었는바, 대법원은 위 제9호가 포괄적인 형태로 규정되어

---

24) 대법원 2000. 11. 10. 선고 98두12055 판결.

있다고 하더라도 제1호 내지 제8호에 준하는 거래행위로 한정적으로 이해하여[25] 그 적용범위를 제한적으로 파악하였는데, 대상판결도 같은 맥락에서 자산의 매입을 통한 우회적인 자금지원에 관하여 특수관계에 없는 자와의 거래를 통하여 특수관계자가 경제적으로 어떤 이익을 얻었다고 하더라도 그것이 부당행위계산부인 규정 제2호의 적용대상이 아니라면 제9호의 적용도 배제된다는 취지로 판시하여 간접적·우회적 거래에 대하여도 각 호에 준하는 이익분여 행위가 있어야 제9호가 적용될 수 있다고 보아 제9호의 적용범위에 한계를 다시 한번 확인하였다는 점에서도 의미가 있다. 대상판결의 결론에 찬성한다.

25) 대법원 2005. 4. 29. 선고 2003두15249 판결, 대법원 1996. 5. 10. 선고 95누5301 판결 등.

3

부가가치세법

부가가치세법상 면세사업 매입세액과 토지관련 매입세액의 관계

〈대법원 2015. 11. 12. 선고 2012두28056 판결〉

Ⅰ. 대상판결의 개요

1. 사실관계의 요지와 부과처분의 경위

원고는 주택신축판매업 등을 목적으로 설립된 내국법인으로서, 2006. 4.경부터 용인시 기흥구 신갈동 일원에서 아파트를 신축·분양하는 사업(이하 '이 사건 사업')을 시행하였는데, 위 아파트는 부가가치세 면세대상인 국민주택 규모 이하의 아파트와 과세대상인 위 규모 초과의 아파트로 구성되어 있다.

원고는 아파트의 부지로서 면세재화이자 재고자산인 토지를 취득하면서 2006년 제2기부터 2008년 제1기까지 사이에 토지취득 목적의 금융조달을 위한 금융자문수수료 및 감정평가수수료, 신용평가수수료, 법률자문수수료 중 토지취득에 사용한 비율에 따른 금액, 토지신탁등기 및 소유권이전등기에 관한 법무사수수료, 지구단위계획 수립용역비로 합계 2,327,930,000원(이하 '이 사건 취득부대비용')을 지출하였다.

원고는 2008. 7. 25. 피고에게 이 사건 취득부대비용이 토지의 조성 등을 위한 자본적 지출이 아니어서 그 매입세액은 토지관련 매입세액이 아닌 것으로 보아 위 취득부대비용에 대한 부가가치세 매입세액(이하 '쟁점 매입세액')을 공제하여 2006년도 제1기부터 2008년도 제1기까지 부가가치세 신고를 하였다. 이에 대하여 피고는 이 사건 취득부대비용은 토지의 취득에 소요된 부대비용으로서 쟁점 매입세액은 부가가치세법(2008. 12. 26. 법률 제9268호로 일부 개정되기 전의 것, 이하

'구 부가가치세법') 제17조 및 같은 법 시행령(2010. 2. 18. 대통령령 제22043호로 일부
개정되기 전의 것, 이하 '구 부가가치세법 시행령') 제60조 제6항의 토지관련 매입세액
에 해당한다는 이유로 쟁점 매입세액을 불공제하는 등 원고에 대하여 2008. 12.
1. 2006년도 제1기 부가가치세 9,286,270원, 2006년도 제2기 부가가치세
220,796,450원, 2007년도 제1기 부가가치세 9,924,820원, 2007년도 제2기 부가가
치세 34,066,100원, 2008년도 제1기 부가가치세 35,987,370원의 각 부과처분을
하였다(쟁점 매입세액의 불공제 이외에도 다른 사유로 부가가치세가 추가로 과세되었는바,
이하 위 부과처분 중 쟁점 매입세액 불공제 관련 부분을 '이 사건 부과처분'이라고 한다).

2. 판결 요지

대법원은 구 부가가치세법 제17조 제2항 제4호는 '부가가치세가 면제되는
재화 또는 용역을 공급하는 사업에 관련된 매입세액(투자에 관련된 매입세액을 포
함한다)(이하 '면세사업 매입세액')과 대통령령이 정하는 토지관련 매입세액(이하 '토
지관련 매입세액')을 매출세액에서 공제하지 아니하는 매입세액으로 규정하고 있
고, 그 위임에 따른 같은 법 시행령 제60조 제6항은 "법 제17조 제2항 제4호에서
토지관련 매입세액이라 함은 토지의 조성 등을 위한 자본적 지출에 관련된 매입
세액으로서 다음 각 호의 1에 해당하는 매입세액을 말한다"고 규정하면서, '토지
의 취득 및 형질변경, 공장부지 및 택지의 조성 등에 관련된 매입세액'(제1호), '건
축물이 있는 토지를 취득하여 그 건축물을 철거하고 토지만을 사용하는 경우에
는 철거한 건축물의 취득 및 철거비용에 관련된 매입세액'(제2호), '토지의 가치를
현실적으로 증가시켜 토지의 취득원가를 구성하는 비용에 관련된 매입세액'(제3
호)을 각각 들고 있고, 구 부가가치세법 제12조 제1항 제12호는 '토지'를 면세재
화의 하나로 규정하고 있는바, 이러한 관련 규정에 따르면, 면세재화인 토지를
재고자산으로 취득하여 공급하는 면세사업자인 원고가 토지를 취득하면서 지출
한 취득가액이나 그 취득부대비용에 대한 매입세액은 구 부가가치세법 제17조
제2항 제4호의 '면세사업 매입세액'이므로 이를 매출세액에서 공제하여서는 안
된다고 판시하면서, 원심이 쟁점 매입세액을 구 부가가치세법 시행령 제60조 제6
항의 '토지관련 매입세액'으로 본 것은 적절하지 않지만, 이를 매출세액에서 공제
하지 아니한 이 사건 부과처분이 적법하다고 한 원심의 결론은 정당하다는 취지
로 판단하였다.

Ⅱ. 대상판결의 평석

1. 이 사건의 쟁점

이 사건의 쟁점은 면세재화인 토지에 국민주택규모를 초과하는 아파트와 그 이하인 아파트를 신축·공급하는 과세·면세 겸영사업자가 재고자산인 토지를 취득하면서 지출한 이 사건 취득부대비용의 쟁점 매입세액을 매출세액에서 공제할 수 있는지 여부이고 만일 매입세액 불공제 대상이라면 구 부가가치세법 제17조 제2항 제4호 전단의 '면세사업 매입세액'에 해당하는지, 아니면 제4호 후단의 '토지관련 매입세액'에 해당하는지 여부이다. 원고는 과세·면세 겸영사업자이지만 이 사건 쟁점은 '재고자산이자 면세재화인 토지를 공급하면서 그 취득부대비용으로 지출한 이 사건 취득부대비용의 매입세액이 공제되는지 여부'로서 면세사업과 면세재화의 고유한 문제에 해당하므로 일반 면세사업자에 대해서도 그 논의가 동일하게 적용된다.

원심은 이 사건 취득부대비용이 원고가 이 사건 사업을 수행하기 위하여 필요한 토지를 취득·조성·사용하거나 그 토지의 가치를 현실적으로 증가시키기 위하여 지출한 직·간접적 비용이라는 이유로, 쟁점 매입세액이 구 부가가치세법 제17조 제2항 제4호 후단 및 시행령 제60조 제6항의 '토지관련 매입세액'에 해당하여 매입세액 불공제 대상이라고 보았다. 그러나 대상판결은 쟁점 매입세액이 부가가치세법상 매입세액 불공제대상이라는 결론은 동일하게 내리면서도, 이 사건 취득부대비용이 토지의 조성 등을 위한 자본적 지출은 아니므로 쟁점 매입세액이 '토지관련 매입세액'은 아니고, 원고가 과세·면세 겸영 사업을 수행하더라도 토지 관련 부분은 면세사업이므로 재고자산이자 면세재화인 토지를 취득하면서 지출한 이 사건 취득부대비용의 쟁점 매입세액은 구 부가가치세법 제17조 제2항 제4호 전단의 '면세사업 매입세액'에 해당한다고 판단하였다.

이하에서는 부가가치세법상 면세사업 매입세액과 토지관련 매입세액의 관계에 대하여 그 매입세액 불공제의 입법연혁과 판례를 중심으로 살펴보고 쟁점 매입세액에 대한 대상판결의 판단 및 대상판결의 의미에 대하여 논의하고자 한다.

2. 부가가치세법상 면세사업과 토지관련 매입세액의 불공제

가. 부가가치세의 전단계세액공제방식과 매입세액의 불공제

우리나라의 부가가치세법은 매출세액에서 매입세액을 공제하여 납부세액을 산정하는 전단계세액공제방식을 택하고 있다.[1] 대부분의 국가에서 채택하고 있는 방식이다. 사업자는 매출세액에서 매입세액을 공제한 세액을 납부하여야 하고 만일 매입세액이 매출세액보다 많다면 그 초과액을 환급받게 된다. 자기의 사업을 위하여 사용되었거나 사용될 재화 또는 용역의 공급에 대한 매입세액과 재화의 수입에 대한 매입세액이 매출세액에서 원칙적으로 공제되나 조세정책적인 이유나 매입세액의 성질 등에 따라 예외적으로 공제대상 매입세액에서 제외되는 경우가 있다.[2]

부가가치세법은 불공제대상 매입세액으로 매입처별 세금합계표 미제출 또는 부실기재 관련 매입세액, 세금계산서 미수령 또는 부실기재 관련 매입세액, 사업과 직접 관련이 없는 지출에 대한 매입세액, 비영업용 소형승용자동차의 구입과 임차 및 유지에 관한 매입세액, 접대비 및 이와 유사한 비용의 지출에 관련된 매입세액, 면세사업 및 토지관련 매입세액, 사업자등록 전 매입세액을 규정하고 있다.[3] 매입세액 공제 여부는 부가가치세 납부세액을 결정하는 가장 중요한 요소이므로 매입세액 불공제 규정은 제한적·열거적 성질의 규정으로 보아 엄격해석하여야 한다.[4]

나. 면세사업 매입세액과 토지관련 매입세액의 의의

(1) 면세사업 매입세액

면세사업 매입세액이란 과세사업과 관련이 없으므로 거래의 성질에 따라 불공제 되는 매입세액이다. 부가가치세법상 자기의 사업이란 과세사업을 의미하는 것으로서 매입세액 공제를 허용하는 것은 과세사업과의 관련성을 전제로 한다. 면세사업 매입세액은 면세사업을 위하여 사용되었거나 사용될 재화나 용역에 대한 매입세액이고 면세사업 매입세액에 대해서는 투자에 관련된 매입세액을 포함

---

1) 구 부가가치세법 제17조 제1항.
2) 구 부가가치세법 제17조 제1항, 제2항.
3) 구 부가가치세법 제17조 제2항.
4) 대법원 1995. 12. 21. 선고 94누1449 전원합의체 판결 등.

하여 모두 공제 받을 수 없다.

그러나 면세사업이 아니라 단순히 면세 재화나 용역의 공급과 관련되는 매입세액은 매출세액에서 공제될 수 있다. 예컨대, 자기의 사업과 관련하여 생산하거나 취득한 재화를 국가·지방자치단체 등에 무상으로 공급하는 경우 해당 재화의 매입세액은 매출세액에서 공제한다.5) 재화의 국가에 대한 무상제공 등이 면세에 해당하더라도 당해 행위를 사업으로 하지 않아 면세사업에 해당하지 않기 때문이다. 그러나 자기의 사업과 관련 없이 취득한 재화를 국가·지방자치단체 등에 무상으로 공급하는 경우에는 사업관련성이 없으므로 해당 재화의 매입세액은 공제하지 않는다.6)

(2) 토지관련 매입세액

토지관련 매입세액이란 토지의 조성 등을 위한 자본적 지출에 관련된 매입세액으로서 토지의 취득 및 형질변경, 공장부지 및 택지조성 등에 관련된 매입세액(제1호), 건축물이 있는 토지를 취득하여 그 건축물을 철거하고 토지만을 사용하는 경우에는 철거한 건축물의 취득 및 철거비용에 관련된 매입세액(제2호), 토지의 가치를 현실적으로 증가시켜 토지의 취득원가를 구성하는 매입세액(제3호)을 말한다.7) 예컨대, 도 보유 토지를 개발하여 골프장 운영업과 숙박시설 운영업을 영위하기 위하여 도시계획관련 용역수행계약을 체결하고 그 대가를 지급하면서 부담하는 부가가치세 등이 제1호의 매입세액에 해당한다.8) 부동산 임대업을 영위하는 사업자가 주차장 운영업을 하기 위하여 기존건물을 철거하는 경우 등이 제2호의 매입세액에 해당한다.9) 제2호의 '토지만을 사용하는 경우'란 토지를 나대지로 사용하는 경우뿐만 아니라 신축건물의 부지로 사용하는 경우를 포함한다.10)

자본적 지출이란 자산의 취득원가에 산입되는 지출로서, 그 중 상각대상자산에 지출된 것은 감가상각에 의하여 그 감가상각기간에 걸쳐 비용으로 처리되고, 비상각대상자산에 지출된 것은 양도시 양도차익을 산정하면서 그 취득가액에 산입하는 방법으로 비용처리되는 성질을 지닌다. 즉시 비용으로 처리되는 수익적

---

5) 부가가치세법 기본통칙 38-0-6.
6) 부가가치세법 기본통칙 38-0-6.
7) 구 부가가치세법 시행령 제60조 제6항.
8) 재소비 1082, 2004. 9. 30.
9) 부가 46015-2172, 1998. 9. 24.
10) 대법원 2008. 2. 1. 선고 2007두2524 판결.

지출과 구분된다. 고정자산인 토지에 대한 자본적 지출은, 토지의 특성상 내용연수를 연장시키는 경우는 전제하기 어렵고, 토지의 가치를 현실적으로 증가시키는 경우만이 상정된다. 토지는 부가가치를 창출하는 데 투입되는 본원적 요소로서 사용하더라도 그 가치가 감소하지 아니하므로 감가상각대상이나 소비행위의 대상이 되지 않고, 토지의 가치를 증가시키는 토지관련 매입세액은 부가가치가 아니므로 이를 공제하지 않는 것이 부가가치세의 기본원리에 부합한다.[11]

3. 면세사업과 토지관련 매입세액의 입법연혁과 판례의 추이

가. 개   설

앞서 본 바와 같이 '면세사업 매입세액'과 '토지관련 매입세액'의 개념은 그 자체로는 비교적 명확하지만 그 입법 연혁과 해당 조항의 문언내용에 따라 매입세액 불공제 사유로서의 양자의 관계와 의미, 특히 면세재화인 토지가 과세사업에 사용되는 경우 토지가 면세재화라는 이유로 그 매입세액이 불공제되는 것인지, 토지관련 매입세액이란 토지의 자본적 지출에 따른 매입세액만을 의미하는 것인지, 아니면 수익적 지출에 따른 매입세액도 포함하는 것인지 등에 관하여 납세자와 과세관청 사이에서 다툼이 계속하여 제기되어 왔다.

나. 과세사업에서의 토지관련 매입세액의 공제에 관한 견해의 대립

1993. 12. 31 개정 이전 당시 부가가치세법 제17조 제2항 제4호는 매출세액에서 공제되지 않는 매입세액의 하나로서 '면세사업 매입세액'은 규정하고 있었으나 '토지관련 매입세액'은 규정하고 있지 않았다. 그럼에도 불구하고 당시 과세실무는 부가가치세법 제12조가 토지를 면세재화로 규정하고 있음을 근거로 '토지관련 매입세액'은 자본적 지출 여부를 묻지 않고 모두 불공제하는 것으로 보았다. 그러다가 1991. 12. 31. 부가가치세법 시행령 개정을 통하여 당시 부가가치세법 제17조 제2항 제4호의 개정 없이 토지 조성 등을 위한 자본적 지출의 매입세액 불공제에 관한 명문의 규정을 도입하게 되었다. 당시 부가가치세법 제17조 제2항 제4호가 '면세사업 매입세액'만을 불공제하는 것으로 규정하고 있음에도 1991. 12. 31. 개정 시행령 조항이 '토지조성 등을 위한 자본적 지출에 관한 매입세액'을 매출세액에서 공제하지 않는다고 규정하게 된 것이다.

11) 김두형, 부가가치세법론, 피앤씨미디어, 2016, 335면.

당시 위 시행령 규정의 도입과 관련하여 과세사업에 있어서 토지관련 매입세액이 공제되는지 여부에 대하여 공제설과 비공제설이 대립하였다. 공제설은 부가가치세 매입세액의 공제는 해당 사업이 과세사업인지 면세사업인지에 따라 판단되어야 하는 것이므로, 토지의 조성 등에 관한 매입세액이라고 하더라도 과세사업과 관련이 있으면 공제가 되어야 한다는 견해이다. 불공제설은 시행령의 규정이 '토지의 조성 등을 위한 자본적 지출'이라고 하여 과세사업과의 관련성을 규정하지 않고 있을 뿐만 아니라, 토지조성을 위한 자본적 지출은 세무회계상 토지의 취득원가에 산입되고 토지 자체는 부가가치세법상 면세재화로서 결국 토지의 취득원가에 산입되는 자본적 지출도 그 매출세액이 면제되는 것이므로, 설령 토지의 조성 등을 위한 자본적 지출이 과세사업을 영위하기 위한 것이라고 하더라도 관련 매입세액은 부가가치세법상 면세제도의 기본원리에 비추어 그 공제를 허용해서는 안 된다는 견해이다.[12]

다. 대법원 1995. 12. 21. 선고 94누1449 전원합의체 판결의 공제설의 입장

대법원 전원합의체 판결은 골프장 시설의 설치에 관한 토지조성용역의 대가에 관한 매입세액이 매출세액에서 공제 가능한지 여부가 문제가 된 사안에서, 1991. 12. 31. 개정 시행령 조항의 의미와 효력과 관련하여 위 조항은 토지의 조성 등에 따른 거래행위가 부가가치세 납부의무가 면제되는 사업을 영위하기 위한 목적으로 이루어진 경우에 한하여 그 토지의 조성 등을 위한 자본적 지출에 관련된 매입세액을 매출세액에서 공제하지 않는다는 당연한 이치를 규정한 것으로 보아 토지관련 매입세액이라도 과세사업에서는 공제된다는 공제설의 입장을 취하였다. 즉, 위 법 제17조 제1항은 과세사업자의 '자기의 사업을 위하여 사용되었거나 사용될' 재화 또는 용역의 공급 또는 수입에 대한 세액에 해당하는 이상 그 전부를 매입세액 공제대상으로 규정함으로써 그 기준을 사업관련성에 두고 있고, 제2항에서 매입세액 불공제 대상으로 삼고 있는 제4호도 '같은 법 제12조의 규정에 의하여 면세되는 재화 또는 용역을 공급하는 사업에 관련된 매입세액(투자에 관련된 매입세액을 포함한다)'이라 하여 면세되는 재화 또는 용역 자체를 기준으로 하고 있는 것이 아니라 그 재화 또는 용역을 공급하는 '사업'을 기준으로 하여 정하고 있으므로, 매입세액의 공제 여부는 당해 사업이 면세사업이냐 과세

---

12) 김두형, 전게서, 337－338면.

사업이냐에 달려 있는 것이지 지출한 비용이 면세재화를 위한 것이냐 과세재화를 위한 것이냐에 달려 있지 않고 또한 괄호 안에 규정된 투자에 관련된 매입세액도 당연히 면세사업을 전제로 그 투자에 관련된 매입세액으로 이해하여야지, 거기에 과세사업에 관련된 것도 포함되는 것으로 이해할 것은 아니라고 판시하였다.

라. 1993. 12. 31. 개정 부가가치세법의 토지관련 매입세액 불공제 조항의 도입

한편, 1993. 12. 31. 개정 부가가치세법 제17조 제2항 제4호는 매출세액에서 공제하지 아니하는 매입세액의 하나로 '면세사업 매입세액'에 더하여 '대통령령이 정하는 토지관련 매입세액'을 규정하였고 그 위임을 받아 구 부가가치세법 시행령 제60조 제6항이 '토지의 조성 등을 위한 자본적 지출에 관련된 매입세액'이라고 규정하였다. 그 입법취지는 불공제설을 입법화하여 면세사업과의 관련성을 묻지 않고 토지관련 매입세액을 공제하지 않기 위한 것이었다.[13] 그 이후 2001. 12. 31. 부가가치세법 시행령 제60조 제6항을 개정하여 토지의 조성 등을 위한 자본적 지출에 관련된 매입세액을 앞서 본 바와 같이 토지의 취득 및 형질변경, 공장부지 및 택지의 조성 등에 관련된 매입세액 등으로 구체적으로 규정하였다.

마. 토지관련 매입세액의 공제와 자본적 지출에 대한 판단

1993. 12. 31. 부가가치세법 제17조 제2항 제4호의 개정과 2001. 12. 31. 부가가치세법 시행령 제60조 제6항의 개정을 통하여 과세사업의 경우에도 토지의 조성 등을 위한 자본적 지출에 해당하는 토지관련 매입세액이 불공제 대상으로 도입되고 자본적 지출의 범위가 구체화되자 종전 특정의 사업이 과세사업에 해당하는지의 문제에서 특정의 토지 관련 지출이 자본적 지출에 해당하는지의 판단 문제로 논의의 초점이 이동하였다.

이와 관련하여 대법원 2006. 7. 28. 선고 2004두13844 판결은 토지의 조성 등을 위한 자본적 지출이란 토지의 가치를 현실적으로 증가시키는 데에 소요된 비용을 말한다고 하면서, 골프장을 운영하는 사업자인 원고가 골프장 조성공사를 하면서 이 사건 잔디수목식재공사와 그린·티·벙커 조성공사를 한 것은 골프장 용지의 조성에 필수불가결한 것으로 그 공사로 식재 또는 조성된 잔디·수목과

---

13) 국세청, 개정세법해설, 1994, 194면.

그린·티·벙커는 당해 골프장 토지에 부합되어 토지와 일체를 이룸으로써 골프장 용지의 구성부분이 되는 것이고 그 지출로 인하여 토지의 가치가 현실적으로 증가되었으므로 이는 토지의 조성을 위한 자본적 지출에 해당하고, 따라서 이에 관련된 매입세액은 매출세액에서 공제할 수 없다고 판시하였다.

반면, 국세심판원은 불공제 되는 매입세액은 토지 조성 등을 위한 자본적 지출에 한정되므로 토지의 가치를 증가시키지 않는 수익적 지출에 대해서는 공제 가능하며, 과세사업을 위한 토목공사 중 구축물이나 건물에 해당하는 부분은 토지 조성에 대한 지출이 아니므로 그 매입세액은 공제 가능하다고 판단하였다.[14] 이에 따르면 맹암거, 낙석망, 석축, 연못, 도로공사 등은 토지와는 별개의 구축물이므로 그 설치·보수공사에 따른 매입세액의 공제는 허용될 것이다.

이와 관련하여 토지조성을 위한 자본적 지출에 관련된 매입세액이 토지의 공급자인 토지 소유자가 지출한 토지조성비에 한정되는지, 아니면 토지임차인이 지출한 토지조성비도 포함되는지에 관하여 견해의 대립이 있었다. 제외설은 자기의 사업을 위하여 사용된 재화 또는 용역의 공급이 타인 소유토지의 가치를 현실적으로 증가시키게 된다고 하더라도 그 토지 소유자가 아닌 자에게는 토지관련 매입세액이라고 할 수 없다는 입장이다. 포함설은 매출세액이 발생하지 아니함에도 매입세액을 공제한다면 매입거래와 관련된 부가가치세의 부과가 무의미해진다는 이유로 매입세액이 토지의 조성 등을 위한 자본적 지출에 해당하는 경우에는 사업자가 토지소유자인지를 불문하고 면세제도의 기본원리상 매출세액에서 공제하여서는 아니된다는 견해이다.[15]

이에 대하여 대법원 2010. 1. 14. 선고 2007두20744 판결은 '토지의 조성 등을 위한 자본적 지출'은 토지 소유자인 사업자가 당해 토지의 조성 등을 위하여 한 자본적 지출을 의미하고, 당해 토지의 소유자 아닌 사업자가 토지의 조성 등을 위한 자본적 지출의 성격을 갖는 비용을 지출한 경우 그에 관련된 매입세액은 매입세액 불공제대상인 토지관련 매입세액에 해당하지 않는다고 판시하여 토지임차인에 대해서는 제외설의 견해를 취함으로써 불공제되는 토지관련 매입세액의 범위를 제한적으로 해석하였다.

---

14) 국심 93경3041, 1994. 5. 30.
15) 김해마중, "토지임차인이 지출한 토지조성공사비용의 매입세액 공제", 판례연구 제24-1집, 2010. 9., 41-42면.

4. 쟁점 매입세액의 토지관련 매입세액 및 면세사업 매입세액 해당여부

가. 토지관련 매입세액

'토지관련 매입세액'이란 토지의 조성 등을 위한 자본적 지출에 관련된 매입세액으로서 고정자산에 해당하는 토지에 대하여 그 토지의 가치를 증가시키는 경우가 주로 해당한다. 부가가치세법 시행령 제60조 제6항은 그러한 자본적 지출로서 토지의 취득 및 형질변경, 공장부지 및 택지조성 등에 관련된 매입세액 등을 규정하고 있다.

이 사건 취득부대비용은 토지취득 목적의 금융조달을 위한 금융자문수수료 및 감정평가수수료 등으로서, 토지의 조성 등을 위한 자본적 지출에 해당하는지 여부가 문제되나, 이 사건과 같이 아파트를 신축하여 그 부속토지와 함께 공급하는 경우에 그러한 토지는 매각을 목적으로 하는 재고자산이고 고정자산은 아니어서 그에 대한 지출은 자본적 지출로 보기는 어렵고, 따라서 쟁점 매입세액은 부가가치세법 시행령 제60조 제6항의 토지관련 매입세액에 해당하지 않으므로 대상판결의 입장은 타당하다.

토지는 고정자산이지만 세법상 자본적 지출은 비용지출의 주체가 소유자임을 전제로 하는 개념이다. 기업회계기준상으로도 자산을 보유하고 있는 않은 경우에는 자본적 지출의 용어를 사용하지 않는다. 토지에 대한 자본적 지출이 토지의 취득원가에 산입되어 양도되는 경우 양도차익을 산정함에 있어서 취득가액에 산입하는 방법으로 회수된다는 것으로, 토지임차인의 경우에는 그와 같은 방식으로 토지에 대한 지출을 회수할 수 없으므로 기업회계상 자본적 지출이라는 용어를 사용하기에 적절하지 않다. 그러한 사정으로 위 대법원 2010. 1. 14. 선고 2007두20744 판결은 임차인이 지출한 토지조성공사비용은 자본적 지출에 해당하지 아니한다는 이유로 그 매입세액의 공제를 허용하였는바, 대상판결이 쟁점 매입세액을 토지관련 매입세액으로 보지 않는 이유도 매입세액 불공제의 사유를 엄격하게 해석하는 위 대법원 판례의 입장과 크게 다르지 않다고 보인다.

나. 면세사업 매입세액

'면세사업 매입세액'은 면세사업을 위하여 사용되었거나 사용될 재화나 용역에 대한 매입세액을 의미한다. 이러한 면세사업 매입세액은 투자에 관련된 매입

세액을 포함하여 모두 공제 받을 수 없다. 구 부가가치세법 제12조 제1항 제12호
는 토지를 면세재화로 규정하고 있고, 원고는 면세재화인 토지를 재고자산으로
취득하여 공급하는 사업을 영위하였으므로, 쟁점 매입세액은 면세재화인 토지를
판매하는 면세사업에 관련된 것으로서 구 부가가치세법 제17조 제2항 제4호의
면세사업 매입세액으로 보는 대상판결의 입장은 타당하다.

5. 대상판결의 의미와 평가

대상판결은 면세재화인 토지를 공급하는 면세사업자가 재고자산인 토지를
취득하면서 지출한 취득가액이나 그 취득부대비용에 대한 매입세액은 '토지관련
매입세액'은 아니지만 '면세사업 매입세액'이므로 매출세액에서 공제하여서는 안
된다고 함으로써 부가가치세 매입세액 불공제의 대상인 면세사업과 토지관련 매
입세액의 관계와 의미를 명확히 하였다. 즉, 원심이 토지취득 목적의 금융조달을
위한 금융자문수수료 등이 토지의 취득에 소요된 부대비용으로서 쟁점 매입세액
이 '토지관련 매입세액'에 해당한다고 본 것과 달리, 대상판결은 이를 '면세사업
매입세액'에 해당한다고 봄으로써 토지관련 매입세액에 해당하기 위해서는 토지
에 관련된 지출이라고 하더라도 그 지출이 단순히 토지와 관계되는 지출이면 되
는 것이 아니라 토지가 고정자산에 해당하여 그 지출이 자본적 지출이어야 한다
는 점, 토지에 아파트를 신축·분양하는 과세·면세 겸영사업자의 경우 토지 부분
에 대해서는 면세사업을 운영하는 것이고 그러한 면세사업에 있어서 토지는 재
고자산에 해당한다는 점을 분명히 하였다.

부가가치세의 매입세액 공제 여부에 대한 판단기준을 당해 사업이 면세사업
인지 과세사업인지 여부에 따른다는 대법원 1995. 12. 21. 선고 94누1449 전원합
의체 판결 및 토지조성을 위한 자본적 지출에 관련된 매입세액은 토지 소유자가
지출한 토지조성비에 한정된다는 대법원 2010. 1. 14. 선고 2007두20744 판결과
대상판결을 비교하여 볼 때, 면세사업 매입세액에 해당하는지 여부는 기본적으로
재화의 성격이 아니라 사업의 성격에 따라 판단된다는 점, 토지관련 매입세액은
토지의 조성 등을 위한 자본적 지출에 관련된 매입세액에 국한되고 수익적 지출
은 여기에 해당하지 않는다는 점에서 그 전제적 이해를 같이하고 있다고 사료된
다. 즉, 대상판결이 이 사건 취득부대비용을 구 부가가치세법 제17조 제2항 제4
호 전단의 면세사업 매입세액이라고 본 것은 법령의 개정 경과에도 불구하고 여

전히 대법원 1995. 12. 21. 선고 94누1449 전원합의체 판결의 입장에서 면세재화에 해당하더라도 과세사업의 경우에는 이를 매입세액 불공제에서 제외하고자 하는 견해가 반영된 것이고, 제4호 후단의 토지관련 매입세액이 아니라고 판시한 것은 대법원 2010. 1. 14. 선고 2007두20744 판결의 입장에서 과세사업의 경우에도 자본적 지출의 범위를 제한하여 수익적 지출에 해당하면 매입세액 공제를 허용하겠다는 견해가 반영된 것으로서, 결국 매입세액 불공제의 대상을 규정하고 있는 구 부가가치세법 제17조 제2항 제4호 후단 및 시행령 제60조 제6항의 적용범위를 한정적으로 해석한 것으로 평가된다.

결국 대상판결은 면세사업 매입세액과 토지관련 매입세액의 개념과 의미를 종전 대법원 판결의 연장선 상에서 파악하고 있는바, 대상판결에 따르면 면세사업 매입세액과 토지관련 매입세액의 관계는, 첫째, 토지관련 매입세액을 불공제 대상으로 추가하는 법령의 개정에도 불구하고, 원칙적으로 구 부가가치세법 제17조 제2항 제4호 전단에 의하여 토지관련 매입세액이더라도 매입세액 불공제는 납세자가 수행하는 사업의 성격에 따라 판단하여야 하고, 둘째, 그러한 관점에서 납세자가 토지 등 면세재화를 고정자산으로 하여 매출세액을 거래징수하는 사업을 하면 이는 과세사업이므로 여전히 토지관련 매입세액도 공제되어야 하나, 토지 등 면세재화가 재고자산에 해당하는 경우에는 그 재화를 공급하더라도 매출세액의 징수가 면제되므로 구 부가가치세법 제17조 제2항 제4호 전단에 해당하는 면세사업을 수행한 것이어서 관련 매입세액이 불공제되며, 셋째, 과세사업을 수행하는 경우라고 하더라도 구 부가가치세법 제17조 제2항 제4호 후단 및 시행령 제60조 제6항은 매입세액 불공제의 예외사유를 제한적으로 열거하는 특별규정이므로, 여기에 해당하는 경우에는 비록 토지 등 면세재화를 고정자산으로 하여 매출세액을 거래징수하는 과세사업을 한 경우라도 관련 매입세액이 공제되지 않는다는 것으로 정리할 수 있다.

대상판결에 의하여 '면세사업 매입세액'과 '토지관련 매입세액'의 관련 납세자와 과세관청 사이의 분쟁의 여지가 상당부분 정리된 것으로 보인다. 다만, 토지 등 면세재화를 고정자산으로 하여 과세사업을 영위하는 경우에 자본적 지출이 아닌 토지 등 면세재화의 취득가액이나 취득부대비용이 구 부가가치세법 제17조 제2항 제4호 후단 및 시행령 제60조 제6항의 적용범위에 포함되는지 등의 문제가 추가로 제기될 여지가 있는바, 토지 등의 면세재화를 취득하는 경우에는 부가가치세를 부담하지 않으므로, 주로 그 취득부대비용에 대한 매입세액이 토지관련 매입세액에 해당하는지가 문제될 것이다.[16)]

---

16) 하태흥·김성환, "2015년 조세분야 판례의 동향", 특별법연구 제13권, 2016, 667-668면.

부가가치세법상 '부수재화·용역 공급'의 범위

〈대법원 2013. 6. 28. 선고 2013두932 판결〉

I. 대상판결의 개요

1. 사실관계의 요지와 부과처분의 경위 등

학교법인인 원고는 의료법인으로부터 그 의료법인이 운영하는 장례식장을 임차하여 운영하여 오면서, 장의용역(시신의 보관, 염습 및 매장과 그 과정에서 망인에 대한 예를 갖추기 위한 빈소와 제단 설치, 조문을 위한 장례식장의 임대 등 노무 제공 등)과 함께 상주와 문상객들에게 음식을 제공(이하 '이 사건 음식물 제공용역')하고 상주로부터 대가를 지급 받아 왔다. 원고는 이 사건 음식물 제공용역은 장의용역에 부수되어 공급되므로 장의용역과 함께 부가가치세 면세로 신고하여 왔으나, 피고는 장례식장의 경우에도 문상객 등에게 제공하는 음식물에 대하여는 부가가치세가 과세된다고 보아 이에 대한 부가가치세 부과처분을 하였다.

참고로, 원고가 장례식장을 운영하여 얻는 매출액 중 이 사건 음식물 제공용역에 대한 대가가 차지하는 비율은 이 사건에서 문제된 기간을 통틀어 보면 약 37% 정도이고, 재판진행 과정에서 일부 다른 장례식장에서는 음식물 제공용역을 제3자에게 위탁하는 경우도 확인되었다.

2. 판결요지

대법원은 어떤 재화 또는 용역의 공급이 부가가치세법령의 규정에 의하여 면세 대상인지를 판단할 때에는 관련 규정을 바탕으로 여러 사정을 종합하여 결정하여야 한다고 전제한 다음, 장례식장에서의 음식물 제공용역의 공급은 구 부가가치세법 시행령 제3조 제2호의 문언 내용(거래의 관행으로 보아 통상적으로 주된 거래인 재화 또는 용역의 공급에 부수하여 공급되는 것으로 인정되는 재화 또는 용역은 주된 거래에 포함되는 것으로 본다), 국민의 복지후생 차원에서 장례의식을 위한 비용의 부담을 가볍게 하기 위한 부가가치세 면세제도의 취지 등에 비추어 볼 때, 부수성 인정 여부의 핵심은 거래 관행상 장의용역 공급 과정에서 누구에 의해서건 음식물 제공용역의 공급이 부수되어 이루어지고 있는 것인지에 있을 뿐, 음식물 제공용역의 공급이 장의용역 공급자에 의해 직접 이루어져야만 부수성을 인정할 수 있는 것으로 제한하여 해석할 아무런 이유가 없는 점, 원심 법원의 다수의 장례식장들에 대한 각 사실조회결과에 의하면, 위 각 장례식장에서는 장의용역을 제공하면서 동시에 빈소를 찾는 조문객들에게 조문에 필요한 범위 내에서 음식물 등을 공급하고 있는 사실을 인정할 수 있는 점, 장례식장에서의 음식물 제공용역의 공급은 일반인이 아니라 특정 조문객만을 대상으로 빈소 바로 옆 공간이라는 제한된 장소에서 이루어지는 것이 일반적인 점 등에 비추어 보면, 거래의 관행상 부가가치세 면세 대상인 장의용역의 공급에 통상적으로 부수되고 있음을 충분히 인정할 수 있다고 판단하였다.

Ⅱ. 대상판결의 평석

1. 이 사건의 쟁점

이 사건의 쟁점은 장례식장에서의 음식물 제공용역의 공급이 장의용역의 공급에 부수되는 용역인지 여부이다.

이를 판단하기 위하여 대상판결에서는 구 부가가치세법 시행령 제3조 제2호의 문언 내용을 들어 부수 재화 등의 인정 범위를 주된 재화 등에 '통상적으로 부수'되는 재화 등으로 보았으며, 이와 같은 통상적 부수성을 판단하는 기준으로 재화 등의 공급이 주된 재화 등의 공급자에 의해 직접 이루어져야만 하는 것은 아니며, 부가가치세 면세 제도의 취지 등에 비추어 최종적으로 장례식장에서의 음식물 제공용역의 공급은 장의용역의 공급에 통상적으로 부수되는 용역이라고 보았으므로 이에 대하여 자세히 살펴보기로 한다.

2. '통상적 부수'의 의미: 부가가치세법과 그 시행령의 관계

대상판결이 문제된 시기는 부가가치세법이 2013. 6. 7. 법률 제11873호로 전문 개정되기 전으로, 현행 부가가치세법 제14조 제1항에서는 주된 재화 등의 공급에 '통상적'으로 부수되는 재화 등의 공급을 부수 재화 등이라고 명확히 규정하고 있는 데 반하여, 구 부가가치세법(2010. 1. 1. 법률 제9915호로 개정되기 전의 것) 제1조 제4항에서는 주된 재화 등의 공급에 '필수적'으로 부수되는 재화 등의 공급을 부수 재화 등으로 규정하면서, 이를 이어받은 동법 시행령(2010. 2. 18. 대통령령 제22043호로 개정되기 전의 것) 제3조 제1호 및 제2호에서 동법 제1조 제4항의 부수 재화 등은 주된 공급에 '통상적'으로 부수되는 재화 등이라고 표현하여 왔다.

이와 같은 상황에서 대법원은 부수 재화 등을 판단함에 있어 때로는 '필수적으로 부수'라는 표현을 쓰고, 또 때로는 '통상적으로 부수'라는 표현을 사용하기도 하면서,[1] 구 부가가치세법 제1조 제4항이 말하는 '필수적으로 부수되는'의 의미 또는 동법 시행령 제3조 제2호의 '통상적으로 부수'된다는 의미 및 이 두 조항 사이의 관계 등에 대하여는 분명히 하고 있지 않았다.[2]

그러나 일반적으로 '필수적'이라는 요건은 '통상적'이라는 요건에 비하여 부수 재화 등으로 인정되는 범위를 좁게 한다고 볼 수 있고, 그렇게 보면 구 부가가치세법 하에서 법률이 '필수적으로 부수'라는 표현을 사용하고 있음에도 시행령이 '통상적'이라는 표현을 사용하고 있는 것은 모법과 시행령의 관계에서 부수 재화 등의 인정 범위를 판단함에 있어 해석상의 문제가 초래될 여지가 없지 않은 바, 이에 대한 일반적인 견해는 시행령의 규정을 그대로 받아들이는 바탕 위에서, 시행령의 '통상적'이라는 표현의 사용으로 인하여 법률의 '필수적'이라는 표현을 원래보다 '상당히 탄력적인 의미'로 이해하고 있는 것으로 보인다.[3] 2013년 부가가치세법의 전문 개정 이후의 제14조 제1항에서 부수 재화 등을 규정함에 있어 '필수적'이라는 요건 대신 '통상적'이라는 요건을 직접 법률에 포함하고 있는

---

1) '필수적으로 부수' 표현을 사용한 것으로서 대법원 1982. 6. 22. 선고 82누10 판결, 대법원 2005. 9. 9. 선고 2004두11299 판결, '통상적으로 부수' 표현을 사용한 것으로서 대법원 1992. 4. 28. 선고 91누8104 판결이 있고, 그 밖의 많은 판결들은 단순히 '부수'라는 표현만을 사용하고 있다.

2) 대법원은 개별적·구체적 사안에서 필수적 또는 통상적으로 부수된다거나 부수되지 않는다는 판단을 내리고 있을 따름이다.

3) 강석훈 외 3인, 세법사례연습 I, 세경사, 2012, 271면.

것도 같은 맥락으로 판단된다.4)

  결국 전문 개정 전후를 불문하고 부가가치세법상 부수 재화 등의 인정 범위
는 주된 재화 등의 공급에 '통상적'으로 부수되는 재화 등으로 이해하는 것이 타
당하며, 적어도 '필수적'이라는 말에서 느껴지는 정도의 제한성을 요구하는 것으
로는 보여지지 않는다.

3. 통상적 부수성의 판단 기준: 공급자 자신의 거래로 국한되는지 여부

  대상판결에서는 "부수성 인정 여부의 핵심은 거래 관행상 장의용역 공급 과
정에서 누구에 의해서건 음식물 제공용역의 공급이 부수되어 이루어지고 있는
것인지에 있을 뿐, 음식물 제공용역의 공급이 장의용역 공급자에 의해 직접 이
루어져야만 부수성을 인정할 수 있는 것으로 제한하여 해석할 아무런 이유가 없
다"고 판단하였는바, 이는 대상판결 전에 대법원이 부수 재화 등의 범위에 관하
여 전원합의체 판결에 의하여 제시된 구체적인 일반론인 "부수재화 등의 범위
는 부가가치세가 면세되는 주된 재화 등을 공급하면서 그에 필수적으로 부수되
는 어느 재화 등을 공급하는 사업자 자신의 거래로만 국한하여야 할 것(대법원
2001. 3. 15. 선고 2000두7131 전원합의체 판결5))"과 일견 배치되는 것으로 보일 수
있다.

  그러나 2001년의 전원합의체 판결은 곡물가공업체인 사업자가 외국산 밀 등
을 제분하는 과정에서 만들어진 '밀기울' 등을 부수하여 생산·공급하는 경우, 밀
기울의 공급은 밀가루 공급에 '필수적으로 부수되는 재화'에 해당함을 전제로 주
된 재화인 밀가루가 면세대상 재화이므로 그 사업자의 그 밀가루 공급과 관련하
여 부수 생산물인 밀기울의 공급도 그 사업자의 공급단계에서만 면세대상이 되
는 것일 뿐, 그 사업자인 곡물가공업체로부터 밀기울을 면세로 공급받아 이를 다
시 제3자에게 전매하는 중간수집판매상의 공급단계에서까지 그 밀기울의 공급에
관한 부가가치세가 면제될 수 없다고 한 사례로서 대법원은 부수재화를 공급 받
은 사람이 그 부수재화만을 다시 제3자에게 공급하는 경우에는 다시 원칙으로 돌
아가서 과세 또는 면세 여부를 결정하여야 하고, 부수재화 등에 관한 규정은 더

---

4) 2013년의 전문 개정은 이른바 '조세법령 명확하고 알기 쉽게 새로 쓰기 사업'의 일환으로 이루
   어진 것으로서, 기본적으로는 법의 내용 자체를 바꾸기 위한 것은 아니었다고 볼 수 있다.
5) 대법원 2002. 11. 8. 선고 2001두4849 판결, 대법원 2000. 12. 26. 선고 98두1192 판결의 취지도
   마찬가지이다.

이상 적용될 여지가 없다고 판시한 것이다.6) 위 전원합의체 판결의 의미에 관하여 주된 재화 등의 공급과 주된 재화 등에 통상적으로 부수되는 재화 등의 공급이라고 주장하는 두 가지의 공급이 동일한 사업자에 의해 공급되는 것을 전제로 부수 재화 등이 주된 재화에 통상적으로 부수되는지 판단하여야 하며, 만약 원고가 주장하는 주된 재화 등과 부수 재화 등이 동일한 사업자에 의해 공급되는 것이 아니라면 이는 더 나아가 통상적 부수성을 판단할 필요조차도 없다고 볼 여지가 있지만, 위 사례의 쟁점과 제반 사정에 따른 구체적인 의미를 살펴보면 부가가치를 창출하는 다수의 단계적 거래에 있어서 선행거래에서의 부수성의 판단이 후행 거래의 부수성의 판단을 기속하는 것은 아니고 각 대상거래에서의 재화 등의 부수성은 거래당사자별 거래 내용과 경위에 따라 독자적으로 판단하여야 한다는 취지로 해석하는 것이 보다 타당해 보인다.

4. 통상적 부수성 인정의 한계: 세무행정의 편의성과 개별 거래의 독자성의 비교교량

부가가치세법상 주된 재화·용역의 공급에 통상적으로 부수되는 재화·용역의 공급은 주된 거래의 공급에 포함되는 것으로 본다는 규정은, 부수 재화·용역의 공급 거래는 주된 거래 재화·용역의 공급 거래와 운명을 같이한다는 것으로, 이는 주된 거래인 재화·용역의 공급을 기준으로 부수 재화·용역의 과세대상 여부와 거래시기, 거래장소 등을 적용하고, 부수 재화·용역의 공급을 하나의 독립된 과세대상으로서의 재화·용역의 공급으로 보지 아니하도록 함으로써, 과세사업에 관련된 부수·용역의 공급은 그 자체로는 면세에 해당하더라도 이를 과세대상으로 하고, 반대로 면세사업에 관련되는 부수 재화·용역의 공급은 그 자체가 과세에 해당하더라도 면세대상으로 보겠다는 것이다.

이론상으로는 주된 거래와 주된 거래에 통상적으로 부수되는 거래는 모두 각각의 독립한 재화 또는 용역의 공급이므로 이를 별개로 보아 과세여부를 판단하여야 하는 것이 원칙이나,7) 통상적인 거래의 관행을 존중하고 구분계산의 비

---

6) 이후 대법원 2002. 11. 8. 선고 2001두4849 판결 역시 위 전원합의체 판결의 일반론을 그대로 이어 받아, 문제되는 두 개의 재화·용역의 공급이 동일 단계에서 각각 별도의 사업자에 의하여 공급된 경우에도(해당 판결에서는 의료용역과 의료용역에 부수되는 구내식당에서의 음식물 공급 용역을 별도의 사업자가 공급하였다) 이 두 개의 공급이 동일한 사업자에 의해 이루어져야만 부수 재화 등이 면세되는 주된 재화 등에 포함될 수 있다고 판단하였다.

7) 우리나라에서 채택하고 있는 이른바 '전단계세액공제' 방식 하에서는, 개개의 거래를 매출과 매

경제성과 세무행정의 편의와 능률을 기하기 위하여 행정 편의적 측면에서 주된 거래에 통상적으로 부수되는 거래를 주된 거래에 포함하여 과세하도록 한 것이다.[8]

　따라서 부수 재화 등의 공급을 주된 재화 등의 공급에 포함되는 것으로 보는 규정의 취지가 단지 행정편의적인 측면만을 고려한 것이라면, 이는 부수 재화 등의 공급이 거래의 관행상 통상적으로 주된 재화 등의 공급에 부수된다고 하여 이를 한정 없이 주된 재화의 공급에 포함되는 부수 재화 등의 공급으로 보아 해당 거래의 독립성을 무시할 것이 아니라, 주된 거래와 종된 거래가 구분계산의 비경제성 없이 비교적 쉽게 분리될 수 있다면 부가가치세의 기본 원리에 따라 이를 각각의 독립적인 거래로 취급하여야 함이 타당할 것이다.

5. 대상판결의 의의

가. 부수 재화·용역 공급의 인정 범위에 대하여

대상판결은 구 부가가치세법 제12조 제3항에 따른 면세 대상 여부를 결정함에 있어서는 동법 시행령 제3조 제2호의 규정을 적용하여야 한다고 하면서, 그 문언 내용에 비추어 보면 장례식장에서의 음식물 제공용역의 공급은 거래의 관행상 부가가치세 면세 대상인 장의용역의 공급에 '통상적'으로 부수되고 있다고 판단하여, 부수 재화 등의 인정 범위에 대한 해석으로 '통상적 부수성'을 요구하고 있다.

　즉, 대법원은 구 부가가치세법 시행령 제3조가 모법인 구 부가가치세법 제1조 제4항 및 이를 확인적으로 규정하고 있는 동법 제12조 제3항이 규정하고 있는 위임범위를 벗어나지 않고 있음을 전제하고 있는바, 구 부가가치세법 시행령 제3조 각 호의 유효성 여부 및 모법과의 관계에 대하여 논란이 있을 수 있다는 점을 고려하면, 대법원이 시행령의 유효성을 인정하는 입장에서 논리를 전개하는 점은 의미가 있다고 할 것이다. 기본적으로 세법 규정은 과세관청의 과세근거조항이라는 점에 비추어 과세관청이 스스로 법률에서 규정하는 과세범위보다 이를 좁게 시행령에 규정하는 경우 그 시행령 조항을 무효로 볼 합리적 이유가 없다는 점에서 이러한 판례의 입장은 타당해 보인다.

입으로 나누고 각각의 거래에서 발생하는 매출세액의 합계에서 각각의 매입에서 발생하는 매입세액의 합계를 공제한다(부가가치세법 제37조 제2항).

8) 김형환, 부가가치세 실무해설, 세경사, 2011, 88면; 김명섭, "부가가치세법상 부수재화 또는 용역", 재판자료 제121집, 2010, 569 - 627면.

나. 통상적 부수성을 판단하는 기준에 대하여

대상판결은 특정의 공급자가 주된 재화를 공급하는 경우에 다른 공급자가 그에 부수하는 재화를 공급한다고 하더라도 그 재화는 부수재화로서 면세가 된다고 판시하였다. 즉, 대상판결은 재화나 용역의 공급이 거래의 관행상 통상적으로 부수되어 이루어지는지에 대한 판단은 그러한 공급이 동일한 사업자에 의하여 공급되는지 여부를 따질 필요가 없이 누구에 의해서든지 주된 공급의 과정에 부수되어 이루어지고 있다면 이는 통상적 부수성이 인정된다고 보았는바, 대상판결은 통상적 부수성을 판단하는 기준을 단일의 공급자가 공급하는 복수의 용역 사이에서 판단하는 것이 아니라 용역을 공급받는 자 측면에서 판단되어야 한다는 점을 최초로 판시하였다는 점에서 의미가 크다.

이러한 대상판결의 입장이 부수재화 등의 공급의 범위는 면세되는 당해 사업자 자신의 거래로만 국한하여야 한다는 2001년 전원합의체 판결과 저촉되는 것은 아닌지 문제가 되나 위 전원합의체 판결의 의미를 앞서 본 바와 같이 부가가치세를 창출하는 다수의 단계적 거래에 있어서 선행거래에서의 부수성의 판단이 후행 거래의 부수성의 판단을 기속하는 것은 아니고 각 대상거래에서의 재화, 용역의 부수성은 거래당사자별 거래 내용과 경위에 따라 독자적으로 판단하여야 한다는 취지로 이해한다면 위 대법원 전원합의체 판결의 취지와도 부합한다고 할 것이다.

다. 통상적 부수성 인정 한계에 대하여

장례식장 문상객들에게 음식을 제공하는 용역이 장의용역에 통상적으로 부수되어 공급되는 것인지 여부에 관하여 부가가치세법의 문언에 충실하게 통상적 부수성을 인정한 대상판결의 결론은 기본적으로 타당하지만 통상적 부수성의 인정 한계의 관점에서 다른 견해가 제기될 수도 있다고 보인다.

대상판결에서는 앞서 언급한 '통상적 부수성'을 판단하면서 기타적 요소로 면세 제도의 취지, 즉, 장례용역을 면세로 규정한 것은 국민의 복지후생 차원에서 장례의식을 위한 비용의 부담을 가볍게 하기 위한 것에 그 취지가 있으므로, 이 사건 음식물 제공용역을 면세로 보는 것은 부가가치세 면세 제도의 취지에 부합한다고 보았으며, 장의용역 매출액에서 음식물 제공용역이 차지하는 비율이 약 37%에 이를 정도로 높긴 하나 이와 같은 사정만으로는 부수성을 부정할 것은 아니라고 하면서, 최종적으로 이 사건 음식물 제공용역은 장의용역에 통상적으로 부수되므로 장의용역에 포함되어 면세라고 판단하였다.

그러나 한편, 면세 범위의 확장은 경우에 따라 시장경제의 왜곡 등 조세의 중립성이 저해되거나 공평성이 일실될 우려가 있으므로 조세의 중립성이 요구되는 일반소비세인 부가가치세의 경우 그 면세범위는 가급적 최소한으로 운영하는 것이 바람직하며,[9] 특히 이 사건 음식물 제공용역은 장의용역과 비교적 쉽게 구분할 수 있다고 볼 수 있고 장의용역 전체 매출액에서도 상당한 규모에 이를 정도로 높은 비율을 차지하고 있다는 점에서 구분계산의 비경제성이 나타날 정도의 종된 거래라고는 보이지 아니하는바,[10] 결국 부가가치세의 기본 원리로 돌아가 장의용역과 장의업자가 공급하는 음식물 제공용역은 독립된 별개의 거래로 보아 음식물 제공용역을 과세 거래로 볼 여지도 있다고 사료된다. 향후 유사한 부수적 성격의 재화와 용역 거래사안에 있어서의 대법원의 입장 추이가 주목된다.

---

9) 김형환, 전게서, 528면; 최진수, "부가가치세가 면세되는 부수재화 공급의 범위", 21세기사법의 전개, 2005, 711-721면.

10) 수개의 재화를 하나의 공급단위로 하는 거래에 있어, 그 중 어느 재화가 주된 재화이고 어느 재화가 부수된 것인지는, 당해 구체적 거래의 태양에 비추어 거래당사자 사이의 공급의 목적과 의도가 어디에 있는지를 보아서 판단하여야 할 것이라고 보면서, 원심이 그와 같은 거래 태양의 하나로 재화의 가격을 참작한 것도 수긍이 된다고 한 대법원 1994. 10. 25. 선고 93누22258 판결 참조.

4

상속세 및 증여세법

상속재산인 금전채권의 회수가능성과 그 평가방법

〈대법원 2014. 8. 28. 선고 2013두26989 판결〉

Ⅰ. 대상판결의 개요

1. 사실관계의 요지와 과세처분의 경위

망인은 2006. 9. 20. 소외회사에 임야(이하 '이 사건 임야')를 70억원에 매도하는 내용의 매매계약을 체결하고 계약금 6억 5,000만원을 수령하였고, 잔금 63억 5,000만원을 지급받지 못한 상태에서 2006. 9. 27. 소외회사 앞으로 이 사건 임야에 관한 소유권이전등기를 마쳐주었다.

그 후 망인은 이 사건 임야에 대한 예고등기 말소소송을 해결해 주지 못하자 2007. 10. 25. 소외회사에 대한 잔금 9억 7,780만원을 포기하였고, 나머지 잔금을 지급받지 못한 채 2008. 7. 27. 사망하여 망인의 위 잔금채권은 처인 원고 A, 자녀들인 원고 B, C, D가 그 상속비율에 따라 상속하였다.

원고들은 2009. 1. 21. 관할세무서장인 피고에게 위 잔금채권의 회수가 불가능하다는 이유로 위 채권에 대한 상속세를 0원으로 신고하였으나, 피고는 당초 매매잔대금 63억 5,000만원 중 망인이 포기한 9억 7,780만원을 공제한 53억 7,220만원을 위 채권의 가액(이하 '이 사건 상속채권')으로 보아 이를 상속세 과세표준으로 하여 2010. 10. 2. 원고들에게 상속세 1,574,936,760원을 부과하는 이 사건 처분(이하 '이 사건 처분')을 하였다.

한편, 원고 A는 소외회사 및 그 실질적 사주로서 위 잔금지급채무를 연대보증한 E를 상대로 잔금의 지급을 구하는 민사소송을 제기하였고, 2009. 8. 21. 소외회사와 E가 연대하여 원고 A에게 50억원을 지급한다는 내용의 조정이 성립되었다.

2. 판결 요지

가. 원심판결의 요지

원심은 상속세 및 증여세법(이하 '상증세법') 시행령 제58조 제2항 단서의 규정에 의하면 '평가기준일 현재 대부금·어음 등의 채권이 회수불가능한 것으로 인정될 경우'에는 상속재산가액에서 제외되고, 여기서 말하는 '회수불가능한 것'이라 함은 채권회수가 불가능하다는 사실이 객관적으로 확정된 것을 의미하는데, 소외회사가 부동산 개발회사로서 사업시행 초기 어느 정도 당기순손실의 발생이 불가피한 점, 소외회사가 이 사건 임야의 소유권이전등기 경료 후 제3자에게 근저당권을 설정하여 주었고 이후 강제경매로 매각되었는데, 이는 평가기준일 이후의 사정으로서 상속세부과처분에 있어 고려의 대상으로 볼 것이 아닌 점, 이 사건 매매계약 체결 후 소외회사의 실질적인 사주인 E가 매매잔금채무에 관하여 연대보증을 하였고 당시 E가 호주 등지에 다수의 부동산을 보유하고 있었던 것으로 보이는 점, 소외회사가 이 사건 상속 개시 이후인 2008년경에도 사업을 계속 추진하고 있었을 뿐만 아니라, 다른 지역에서 임야의 소유권을 취득하여 계속 보유하고 있는 점, 상속 개시 후 원고 A와 소외회사 및 E 사이에 조정이 성립되어 원고들로서는 소외회사뿐만 아니라 E로부터도 이 사건 상속채권을 회수하는 것이 가능하다고 보이는 점 등을 근거로 상속개시 당시 소외회사 등이 무자력이라거나 이 사건 상속채권의 회수가 객관적으로 불가능한 상태에 있었다고 단정하기 부족하다고 보아 이 사건 상속채권의 액면금액을 상속재산 가액으로 본 피고의 이 사건 처분을 적법하다고 판단하였다.

나. 대상판결의 요지

대법원은 원심이 이 사건 상속개시 당시 이 사건 상속채권이 회수불가능한 상태로 있었다고 단정하기 어렵다고 판단한 부분은 정당하다고 보면서, 다만, 상증세법 제60조의 문언 내용과 취지 및 관련 규정의 체계, 응능과세 원칙 등에 비추어 보면, 상속재산인 금전채권의 전부 또는 일부가 상속개시일 현재 회수불가능한 것으로 인정되지는 아니하더라도, 상속개시일 당시에 이미 채무자의 자금사정이 어려워 상당 기간 채권의 회수가 지연되거나 채무자의 신용상태가 급격히 악화되는 등 그 회수가능성을 의심할 만한 중대한 사유가 발생하여 액면금액에

상속개시일까지의 미수이자 상당액을 가산한 금액으로 그 채권의 가액을 평가하
는 것이 현저히 불합리하다고 인정되는 경우에는 그 금액을 상속재산의 가액으
로 평가할 수 없고 다른 객관적이고 합리적인 방법에 의하여 평가하여야 할 것이
라고 판시한 다음, 원심이 적법하게 채택한 증거에 의하면 이 사건 상속채권의
채무자인 소외회사는 2006. 7. 11. 설립된 이후 2009 사업연도까지 매년 당기순
손실을 기록하고 있었고 임대수입 외에는 별다른 매출이 없었던 사실, 이에 따라
소외회사는 2006 사업연도부터 이미 부채액수가 자산 합계액을 초과한 상태였고
이 사건 매매계약에 따른 잔금채무는 재무제표상 부채로 계상하지도 않았던 사
실, 소외회사의 실제 사주이자 이 사건 상속채권에 관하여 연대보증을 한 E 또한
이 사건 상속개시 당시 이미 호주 등지에 보유하던 부동산을 모두 상실하였고 이
후 사기죄 등으로 형사처벌을 받는 등 무자력의 상태인 사실, 망인은 2006. 9.
20. 소외회사에게 이 사건 임야를 70억원에 매도하고 계약금 6억 5,000만 원만을
수령하였을 뿐 2008. 7. 27. 사망할 때까지 소외회사나 E로부터 잔금을 전혀 변
제받지 못하였고, 이 사건 상속개시 후에도 원고 A가 소외회사와 E을 상대로 소
송을 제기하는 등 원고들이 채권 회수를 위한 여러 노력을 기울였음에도 현재까
지 전혀 변제받지 못하고 있는 사실, 소외회사는 이 사건 상속개시 후인 2009. 6.
29. 주택건설사업계획 승인을 받았으나 2010년경 사업시행권을 포기하였고 그
이후에는 재무제표조차 작성되지 않는 등 사실상 폐업 상태인 사실, 소외회사의
주된 자산이었던 이 사건 임야를 포함한 사업용 부지는 이 사건 상속개시 후 강
제경매 등을 통하여 모두 제3자에게 소유권이 이전되었고, 2009. 11. 26. 소유권
을 취득하여 현재까지 보유 중인 임야는 그 공시지가 합계액이 596만여 원에 불
과한데다 매매예약을 원인으로 한 가등기와 채권액 2억원의 가압류 등이 마쳐져
있으며, 달리 소외회사에 실질적인 재산가치가 있는 보유 자산이 없는 사실 등을
인정할 수 있고, 이러한 사실관계를 앞서 본 법리에 비추어 살펴보면, 비록 이 사
건 상속개시 당시 소외회사 등이 무자력이라거나 이 사건 상속채권의 회수가 객
관적으로 불가능한 상태에 있었다고 단정하기는 어렵다고 하더라도, 그 당시에
이미 이 사건 상속채권은 그 회수가능성을 의심할 만한 중대한 사유가 발생하여
액면금액에 상속개시일까지의 미수이자 상당액을 가산한 금액으로 그 채권의 가
액을 평가하는 것은 현저히 불합리함에도 이 사건 처분이 적법하다고 판단하였
는바, 이러한 원심의 판단에는 금전채권인 상속재산의 평가에 관한 법리를 오해

하여 필요한 심리를 다하지 않은 위법이 있다고 하여 원심 판결을 파기하였다.

II. 대상판결의 평석

1. 이 사건의 쟁점

상속재산인 금전채권의 평가와 관련하여 상증세법 시행령 제58조 제2항 및 상증세법 시행규칙 제18조의2 제2항 제2호는 금전채권의 가액은 원칙적으로 원본의 가액, 즉 액면금액에 평가기준일까지의 미수이자 상당액을 가산한 금액으로 평가하되, 채권의 일부 또는 전부가 평가기준일 현재 회수불가능한 것으로 인정되는 경우에는 그 상속재산가액에 산입하지 아니한다고 규정하고 있는바(이하 '쟁점 조항'), 이 사건의 쟁점은 상속개시 시점에서 회수불가능한 상태에 있다고 단정할 수는 없으나 '회수가능성을 의심할 만한 중대한 사유'가 발생한 금전채권의 상속재산가액을 쟁점 조항에 의하여 원본가액으로 평가하여야 하는지 여부이다.

종전의 판례는 쟁점 조항의 회수불가능을 엄격하게 해석하여 채무자의 도산 등의 사유로 무자력 상태에 빠진 경우가 아닌 한 원본가액을 기준으로 금전채권의 가액을 평가하였다. 이에 따라 회수불가능에 이르지 않지만 회수가능성에 현저한 의문이 있는 금전채권을 상속받은 납세자들도 전체 원본가액에 대하여 상속세의 부담을 지게 되어 납세자들에게 지나치게 가혹하다는 비판이 제기되어 왔다. 대상판결은 금전채권이 회수불능에 이르지 않더라도 그 회수가능성에 의심을 가질 만한 중대한 사유가 발생한 경우에는 쟁점 조항에 따라 액면금액을 기준으로 상속채권을 평가하여서는 아니된다는 새로운 법리를 제시하였다. 이하에서는 이러한 법리가 나오게 된 배경과 대상판결의 의미에 대하여 살펴보고 대상판결에 대한 평가의견을 개진하도록 한다.

2. 상증세법상 금전채권의 평가규정

가. 법령의 규정과 그 법적 성격

상증세법 제60조에서 제1항은 상속재산의 가액은 상속개시일 현재의 시가에 의하도록 규정하는 한편, 제2항은 '시가'의 의미를 '불특정다수인 사이에 자유로이 거래가 이루어지는 경우에 통상 성립된다고 인정되는 가액'으로 정의하고, 제3항은 시가를 산정하기 어려운 경우에는 당해 재산의 종류·규모·거래상황 등을 감안하여 제61조 내지 제65조에 규정된 보충적 평가방법에 의하여 평가한 가액에 의하도록 규정하고 있다.

그리고 상증세법 제63조 및 동법 시행령 제58조 제2항은 "대부금·외상매출금 및 받을 어음 등의 채권가액과 입회금·보증금 등의 채무가액은 원본의 회수기간·약정이자율 및 금융시장에서 형성되는 평균이자율 등을 감안하여 기획재정부령으로 정하는 바에 따라 평가한 가액으로 한다. 다만, 채권의 전부 또는 일부가 평가기준일 현재 회수불가능한 것으로 인정되는 경우에는 그 가액을 산입하지 아니한다"고 규정하고, 그 위임을 받은 시행규칙 제18조의2 제2항 제2호는 금전채권의 경우 원본의 가액에 평가기준일까지의 미수이자상당액을 가산한 금액에 의하여 평가하도록 평가방법을 제시하고 있다.[1] 대법원은 상속개시 당시 채권의 전부 또는 일부가 회수불가능한 것으로 인정되는 경우에는 이를 상속재산 가액에 산입하지 아니한다고 한 것은 상속개시 당시에 회수불가능한 것으로 인정되는 채권은 그 재산적 가치를 인정할 수 없어 이를 상속세의 과세대상으로 삼을 수 없다는 당연한 이치를 명문화한 것에 불과하여, 모법의 취지에 반하거나 이를 확장하는 내용이 아니라 오히려 부합하는 내용으로 조세법률주의 또는 실질과세의 원칙에 반한다거나 재산권을 침해한다고 볼 수 없다고 하였다.[2] 즉, 판례는 쟁점 조항이 회수불능된 채권의 가액을 평가가액에서 제외하도록 한 것은 그러한 채권은 재산적 가치를 인정할 수 없으므로 이를 상속세의 과세대상으로 삼을 수 없다는 당연한 이치를 명문화한 것으로 보고 있다.

쟁점 조항의 법적 성격에 관하여 금전채권은 그 채권의 내용 속에 해당 채권의 가액이 정하여져 있어 그 평가가 용이하므로 쟁점 조항은 상증세법 제60조 제1항의 시가주의 원칙에 따른 당연한 평가방법을 주의적으로 규정한 것에 불과하다는 견해가 있으나 보충적 평가방법에 관하여 규정하고 있는 상증세법 제63조의 하위 규정에 위치하고 있는 쟁점 조항의 조문의 위치와 체계, 그리고 금전채권의 시가는 회수불능 여부만이 영향을 미치는 것이 아니라 이자율이나 변제기까지 남아 있는 기간, 시장상황 등 다양한 요소가 발생할 수 있음에도 상속재산인 금전채권의 가액을 원본의 가액에 미수이자 상당액을 가산한 금액으로 평

---

[1] 금전채권을 '원본가액에 평가기준일까지의 미수이자상당액을 가산한 금액'으로 평가하는 규정은 2000년까지는 상증세법 시행령에 규정되어 있었으나, 2000. 12. 29. 개정으로 시행규칙으로 자리를 옮겨 현재와 같은 조문구조를 이루게 되었다.

[2] 대법원 2005. 5. 27. 선고 2003두13298 판결.

가하도록 규정한 점 등에 비추어 보면 쟁점 조항이 시가 그 자체를 규정한 것으로 보기 어렵고 금전채권의 보충적 평가방법을 규정한 것으로 봄이 타당하다.[3] 따라서 금전채권에 관하여 시가가 존재한다면 그 시가가 우선적으로 적용된다.

나. 대상판결 이전의 금전채권 평가규정의 운용

대상판결 이전 위 금전채권 평가규정은 엄격하게 운영되어 왔다. 금전채권의 가액은 원칙적으로 액면금액에 상속개시일까지 미수이자 상당액을 가산한 금액으로 평가하되, 채권의 전부 또는 일부가 상속개시일 현재 회수불가능한 것으로 인정되는 경우에만 그 가액을 산입하지 아니하도록 하여 금전채권의 회수가능성의 중대한 의문이 있는 경우에도 회수된 경우와 마찬가지로 일도양단적으로 운영되었다. 서울고등법원 2007. 7. 25. 선고 2007누4195 판결은 "주된 채무자가 파산, 화의, 회사정리 혹은 강제집행 등의 절차개시를 받거나 사업폐쇄, 행방불명, 형의 집행 등에 의하여 채무초과의 상태가 상당 기간 계속되면서 달리 융자를 받을 가능성도 없고, 재기의 방도도 서 있지 않는 등의 사정에 의하여 사실상 채권을 회수할 수 없는 상황에 있는 것이 객관적으로 인정될 경우" 금전채권의 원본가액을 상속재산가액에서 제외시킬 수 있다고 판시하였고, 조세심판원 역시 "쟁점상속채권이 상속재산에 포함되는지 여부는 상속개시일 이후에 쟁점상속채권을 회수할 수 있는 채권인지 여부가 아니라, 쟁점상속채권이 상속개시일 당시 존재하는 채권인지 여부로 판단해야 한다[4]"고 하여 금전채권의 회수가 불가능하다는 사실이 상속개시일 현재 객관적으로 명백하지 않는 한 원본금액 전체를 기준으로 금전채권을 평가하여 왔다.

3. 금전채권의 회수불가능

가. 회수불가능의 의미

금전채권의 회수불가능이란 금전채권의 변제가 종국적으로 이루어지지 않는 것으로 상증세법에는 회수불가능에 대한 판단기준에 관한 규정이 없고 다만, 국세청 훈령인 상속재산평가준칙 제69조에서는 "대부금·외상매출금·받을 어음·미수금과 예적금 이외의 예탁금·가지급금 등의 채권 가액은 원본과 상속개시일까

---

3) 조윤희, "상속재산인 금전채권의 평가", 조세와 법 제7권 제2호, 2014, 8면.
4) 조심 2011부278, 2011. 6. 3.

지의 미수이자액의 합계액에 의하여 평가한다. 다만, 채권의 전부 또는 일부가 상속개시일 현재 회수불능이라고 인정될 때에는 그 가액을 차감하여 평가한다. 이때 회수불능여부의 판단은 법인세법 시행령 제19조의2[5])의 규정에 의한다"고 규정하고 있다. 법인세법 시행령 제19조의2 제1항은 대손금의 관하여 회수불가능 사유를 소멸시효가 완성된 경우 등 그 청구권이 법적으로 소멸한 경우, 채무자의 파산·강제집행·형의 집행·사업의 폐지·사망·실종 또는 행방불명으로 회수할 수 없는 채권 등 법적으로는 청구권이 소멸하지 않은 경우로 구분하여 규정하고 있다. 전자의 경우는 그 사유가 발생한 날이 속하는 사업연도의, 후자의 경우는 그 사유가 발생하여 손금으로 계상한 날이 속하는 사업연도의 대손금이 된다.

사업소득의 대손금에 관하여 소득세법은 그 시행령 제55조 제2항에서 '법인세법 시행령 제19조의2 제1항 제1호부터 제11호'에 따르도록 규정하여 법인세법상의 회수불가능의 개념을 차용하고 있다. 이자소득의 하나인 비영업대금의 이익에 관하여도 소득세법 시행령 제51조 제7항은 채무자의 파산·강제집행·형의 집행·사업의 폐지·사망·실종 또는 행방불명으로 회수할 수 없는 채권에 해당하는 경우에는 이미 회수한 금액에서 원금을 먼저 차감하여 계산하고 회수금액이 원금에 미달할 경우에는 총수입금액은 없는 것으로 규정하고 있다. 판례는 회수불능의 입증책임은 이를 다투는 납세자에게 있다는 입장이다.[6]

상증세법 시행령 제58조 제2항 단서의 회수불가능에 관하여 대법원은 "채권의 회수가 가능한지 여부를 획일적으로 그 기준을 정하여 명문화한다는 것은 현실적으로 불가능하다고 할 것이므로 위 규정이 회수불가능한 채권의 범위에 관하여 구체적으로 규정하지 않았다고 하더라도 이를 들어 무효라고 볼 수 없다"고 판시하였는바,[7] 이러한 법인세법과 소득세법의 회수불가능에 관한 규정과 위 판례의 취지 등에 비추어 금전채권의 회수불가능의 의미도 위 조항에서 규정한 사유에 준하여 판단되어야 할 것이다.

나. 회수불가능의 판단기준시점

회수불가능을 판단함에 있어 상속 개시 당시의 사정만을 고려할 것인지, 아니면 그 이후 사정도 고려할 것인지가 문제된다. 상증세법상 회수불능의 판단시

---

5) 구 법인세법 시행령 제21조.
6) 대법원 2005. 5. 27. 선고 2003두13298 판결.
7) 대법원 2005. 5. 27. 선고 2003두13298 판결.

점에 관한 명시적인 대법원 판례는 없는 것으로 보이고 소득세법 시행령 제51조 제7항의 비영업대금의 이익의 회수불능 판단시점에 관하여 대법원은 "대여원리금 채권을 회수할 수 없는 일정한 사유가 발생하여 그때까지 회수한 금액이 원금에 미달하는 때에는 그와 같은 회수불능사유가 발생하기 전의 과세연도에 실제로 회수한 이자소득이 있다고 하더라도 이는 이자소득세의 과세대상이 될 수 없고, 대여원리금 채권의 전부 또는 일부를 회수할 수 없는 사유가 발생하였는지는 이자를 수입한 때를 기준으로 판단할 것이 아니라 과세표준확정신고 또는 과세표준과 세액의 결정·경정이 있은 때를 기준으로 판단하여야 하며, 그 회수불능사유의 발생 여부는 구체적인 거래내용, 그 후의 정황, 채무자의 자산상황, 지급능력 등을 종합적으로 고려하여 사회통념에 따라 객관적으로 판단하여야 한다"고 판시하였고,[8] 갑이 을 주식회사에 19억원을 대여하고 2개월 후에 이자 1억원을 포함한 20억원을 지급받기로 약정하였으나 을 회사가 부도나자 이자소득세를 신고하지 않았는데 이에 관하여 과세관청이 약정 변제기일에 약정이자를 지급받은 것으로 보아 갑에게 2004년 종합소득세 부과처분을 한 사안에서 구체적인 거래내용과 그 후의 정황, 채무자의 자산상황, 지급능력 등 제반 사정에 비추어 처분 당시 대여원리금 채권은 이미 회수할 수 없음이 객관적으로 명백하다고 볼 여지가 많은데도 이와 달리 본 원심판결에 법리오해의 위법이 있다고 판단하였다. 이에 따르면 회수불능의 판단기준시점은 원칙적으로 평가기준일이지만, 그 시점까지의 사정만으로는 정확한 판단이 어렵다는 점을 감안하여 그 이후의 정황도 사실상 고려하고 있는 것으로 사료된다.[9]

이러한 관련 규정과 판례의 입장에 비추어 보면 상증세법상 회수불가능 여부는 상속개시일 현재의 객관적인 사실 외에도 그 날 이후의 정황, 구체적인 거래내용, 채무자의 자산상황, 지급능력 등을 종합적으로 고려하여 사회통념에 따라 판단함이 타당하다.

4. 회수가능성이 의심되는 금전채권의 경우

가. 문제의 소재

채권의 회수가능성은 천차만별이고 그에 따라 채권의 가치도 다양한 형태를

---

8) 대법원 2013. 9. 13. 선고 2013두6718 판결.
9) 조윤희, 전게논문, 9면.

띠고 있다. 은행의 자산건전성 분류기준만 보더라도 채권의 회수가능성을 고려하여 은행의 여신은 정상, 요주의, 고정, 회수의문, 추정손실의 5단계로 구분되고 있다. 즉, ① 채무상환능력이 양호하여 채권 회수에 문제가 없는 것으로 판단되는 거래처에 대한 자산은 정상, ② 채권회수의 즉각적인 위험이 발생하지는 않았으나 향후 채무상환능력의 저하를 초래할 수 있는 잠재적 요인이 존재하는 거래처에 대한 자산은 요주의, ③ 향후 채무상환능력의 저하를 초래할 수 있는 요인이 현재화되어 채권회수에 상당한 위험이 발생한 거래처에 대한 자산은 고정, ④ 향후 채무상환능력이 현저히 약화되어 채권 회수의 심각한 위험이 발생한 것으로 판단되는 거래처에 대한 자산 중 회수예상가액 초과부분은 회수의문, ⑤ 채무상환능력의 심각한 악화로 회수불능이 확실하여 손실처리가 불가피한 것으로 판단되는 거래처에 대한 자산 중 회수예상가액 초과부분은 추정손실로 보고 금융감독원은 은행의 대출채권의 대하여 정상의 0.5% 이상, 요주의의 2% 이상, 고정의 20% 이상, 회수의문의 50% 이상, 추정손실의 100%를 대손충당금으로 적립하도록 하고 있다.

최근 판례 중에는 채권의 회수불능사유를 종전에 비하여 넓게 인정한 것이 더러 있으나 앞서 본 바와 같이 종래 판례와 과세실무가 상당히 엄격한 요건 하에 채권의 회수불능을 인정해 온 것이 사실이다. 즉, 상속재산인 금전채권에 있어서는 위 5단계의 채권 중에 추정손실에 해당하는 채권에 대해서만 회수불능을 인정하고 나머지 채권에 대해서는 액면가액을 상속재산으로 보아 상속세 과세를 한 셈이다. 납세자로서는 상속재산인 금전채권의 회수가능성에 중대한 의문이 있음에도 상속개시일 현재 아직 회수불능에는 이르지 아니하였다는 이유로 액면금액을 그대로 채권의 가치로 평가하여 과중한 상속세를 과세하는 것은 쉽게 납득하기 어렵고, 또한 이는 상속세 과세의 대원칙인 시가주의 평가원칙에도 위배된다.

금전채권의 회수가능성과 그 평가방식과 관련하여 대체로 다음과 같은 세 가지의 방법을 상정해 볼 수 있는바, 아래에서는 각 방법이 가지는 장·단점을 상세히 검토한다.

나. 금전채권에 대해서는 시가평가의 원칙을 허용하지 않고 쟁점 조항을 엄격하게 해석하는 방법

쟁점 조항에 의하여 회수불가능한 채권가액은 '0'으로 하고, 그 외의 채권은 회수기간이 5년을 초과하는 등의 장기채권이 아닌 한 원본가액에 평가기준일 현재의 미수이자상당액을 가산한 금액으로 평가하는 방법이다. 금전채권에 대하여 시가평가의 원칙을 배제하는 것으로 쟁점 조항은 상증세법 제60조 제1항의 시가평가의 원칙을 주의적으로 규정한 것이라는 입장이다. 쟁점 조항은 전체 금전채권을 회수불가능한 채권과 그 외의 채권으로 양분하고 전자는 '0'으로, 후자는 액면가액에 미수이자를 가산한 금액으로 평가하여 그 중간에 해당하는 금전채권에 대한 평가방법을 상정할 수 없다. 따라서, 회수가능성에 중대한 의문이 있는 금전채권이라고 하더라도 상속 개시 당시에 회수불가능하다고 판단되지 않으면 전체 원본의 가액에 대하여 상속세를 납부하여야 한다. 이는 종전 판례의 입장과 유사하다. 회수가능성에 대한 객관적인 평가가 어려운 상황에서 상속재산의 평가를 용이하게 하여 세무행정의 효율성을 높이는 장점이 있겠으나, 납세자가 실제 상속한 재산의 가치에 비해 과도한 세금을 부담하게 되어 응능과세의 원칙을 훼손할 수 있다.

다. 금전채권에 대하여도 시가주의의 원칙이 적용되고 쟁점 조항을 금전채권의 보충적 평가방법으로 해석하는 방법

이 방법은 금전채권의 시가에는 회수불능 여부만이 영향을 미치는 것이 아니라, 이자율이나 변제기까지 남아 있는 기간, 시장상황 등 다양한 요소가 영향을 끼칠 수 있으므로, 회수불능만을 고려한 쟁점 조항은 금전채권의 보충적 평가방법을 규정한 것으로 해석하는 방법이다. 위 방법에 의하면 상증세법 제60조와 동법 시행령 제49조 제1항 제2호[10]에 의하여 감정평가에 의한 금전채권 평가가 가능하게 되고, 회수의 불확실성을 평가과정에서 반영할 수 있게 된다. 이는 쟁점 조항의 법적 성격에 충실한 해석방법이다. 다만, 위와 같은 해석은 금전채권을 원본가액에 미수이자상당액을 가산한 금액으로 평가하는 것을 원칙으로 하고 이러한 방식이 불합리한 경우 예외를 인정하는 것이 아니라, 감정평가 등의 방법에 의한 시가평가를 금전채권의 원칙적 평가방법으로 보는 것이므로, 세무행정의 효율성과 납세자의 예측가능성을 저해하는 측면이 있으므로 세무행정상 이를 적용하기 위해서는 충분한 논의가 선행되어야 할 것으로 판단된다.

---

10) 상증세법 시행령 제49조 제1항 제2호, 당해 재산(법 제63조 제1항 제1호에 규정된 재산을 제외한다)에 대하여 2 이상의 재정경제부령이 정하는 공신력 있는 감정기관이 평가한 감정가액이 있는 경우에는 그 감정가액의 평균액.

라. 금전채권의 회수불가능을 후발적 경정청구사유로 인정하는 방법

회수불가능한 금전채권만 상속재산에서 제외하고 회수가능성에 의문이 있는 경우는 상속재산에 포함시키되 사후적으로 회수불가능으로 확정된 경우에는 후발적 경정청구 사유로 인정하자는 견해이다. 대법원은 최근 소외회사의 배당결의에 따라 납세자의 배당금에 관한 권리가 확정적으로 발생하였으나 소외회사의 도산 등으로 회수불능이 된 사안에서 납세의무의 성립 후 소득의 원인이 된 채권이 채무자의 도산 등으로 인하여 회수불능이 되어 장래에 그 소득이 실현될 가능성이 전혀 없게 된 객관적으로 명백하게 된 경우 국세기본법 시행령 제25조의2 제4호가 정한 후발적 경정청구사유에 해당하는 것으로 보았다.[11] 상증세법에도 소득세법상의 이러한 법리를 차용하여, 상속개시 당시에는 회수불가능한 상태에는 이르지 않아 원본가액으로 평가되었으나, 상속세 납세의무 성립 이후 회수불가능한 상태임이 객관적으로 명백하게 된 경우, 이를 후발적 경정청구 사유로 보아 후발적 경정청구를 인정하는 방법을 생각해 볼 수 있다. 이는 확정된 객관적인 사실에 근거하는 것이므로 예측가능성 및 법적 안정성이 보장된다.

그러나 소득세법상의 이러한 법리는 권리확정주의의 채택에 따른 사후 구제를 위한 것으로 상증세법상의 평가규정과는 궤를 달리한다는 지적이 있다.[12] 소득세법은 현실적으로 소득이 없더라도 그 원인이 되는 권리가 확정적으로 발생한 때에는 그 소득의 실현이 있는 것으로 보고 과세소득을 계산하는 권리확정주의를 채택하고 있고,[13] 이러한 권리확정주의는 소득의 원인이 되는 권리의 확정시기와 소득의 실현시기 사이에 시간적 간격이 있을 때 소득이 실현된 때가 아닌 권리가 발생된 때를 기준으로 하여 당해 연도 소득을 산정하여 실질적으로는 불확실한 소득에 대하여 장래 그것이 실현될 것을 전제로 하여 미리 과세하는 것을 허용한다.[14] 따라서, 미실현소득에 대한 과세 이후 소득이 회수불가능한 것으로 확정될 경우 그에 대한 사후 구제방법이 필요하고, 위 대법원 2013두18810 판결은 이러한 사후 구제의 가능성을 열어준 것이다.

반면, 상증세법상의 상속재산의 평가규정은 어디까지나 상속개시일을 기준으로 상속되는 재산의 가치를 평가하는 규정이다. 즉, 상속개시일 현재 상속재산

---

11) 대법원 2014. 1. 29. 선고 2013두18810 판결.
12) 조윤희, 전게논문, 14-16면.
13) 대법원 2002. 10. 25. 선고 2001두1536 판결.
14) 대법원 2003. 12. 26. 선고 2001두7176 판결.

과 관련한 모든 정보를 반영하여 적절한 가치로 평가하면 족한 것이고, 평가 대
상 재산이 사후적으로 실현되지 않는 것으로 확정되었다고 하더라도 이러한 점
이 평가기준일 현재의 평가가액을 소급적으로 변경시킬 수는 없는 것이다. 따라
서, 소득세법상의 논의를 상증세법에 차용하여 금전채권이 사후적으로 회수불가
능한 것으로 확정된 경우 후발적 경정청구를 인정하자는 견해는 논리적으로 타
당하지 못하다는 것이다.

    이에 대해서는 상속세의 경우에도 금전채권의 회수가능성을 평가의 문제가
아니라 확정의 문제로 이해할 여지가 있다는 반론이 가능하다. 대법원은 피상속
인이 제3자를 위하여 연대보증채무를 부담하고 있었지만 상속 개시 당시에는 아
직 변제기가 도래하지 아니하고 주채무자가 변제불능의 무자력 상태에 있지도
아니하여 과세관청이 그 채무액을 상속재산의 가액에서 공제하지 아니한 채 상
속세 부과처분을 하였으나 그 후 주채무자가 변제기 도래 전에 변제불능의 무자
력상태가 됨에 따라 상속인들이 사전구상권을 행사할 수도 없는 상황에서 채권
자가 상속인들을 상대로 피상속인의 연대보증채무의 이행을 구하는 민사소송을
제기하여 승소판결을 받아 그 판결이 확정되었을 뿐만 아니라 상속인들이 주채
무자나 다른 연대보증인에게 실제로 구상권을 행사하더라도 변제받을 가능성이
없다고 인정되는 경우 이러한 판결에 따른 피상속인의 연대보증채무의 확정은
국세기본법 제45조의2 제2항 제1호의 후발적 경정청구의 사유에 해당한다고 보
아 보증채무의 확정에 대해서는 후발적 경정청구를 인정하였는바,15) 연대보증채
무의 이행가능성과 금전채권의 회수가능성에 본질적 차이가 있다고 보기 어려우
므로 금전채권의 회수불가능을 추후 상속재산의 후발적 확정 사유로 보아 후발
적 경정청구를 인정해야 한다는 주장이 있을 수 있다.

    그러나, 이 경우에도 연대보증의 이행은 법적인 사유의 발생에 따른 것인 반
면 금전채권의 회수불가능은 사실상의 사유라는 점에서 구분된다는 지적 역시
가능하다. 또한, 위 연대보증채무는 그 이행을 구하는 민사소송이 제기되어 판결
에 의하여 그 연대보증채무가 확정되었다는 점에서 단순 후발적 사유의 발생과
는 구별된다. 나아가, 상증세법 제79조 제1항은 '상속재산에 대한 상속회복청구
소송 등 대통령령으로 정하는 사유로 상속개시일 현재 상속인 간에 상속재산가
액이 변동된 경우'와 '상속개시 후 1년이 되는 날까지 상속재산의 수용 등 대통령

---

15) 대법원 2010. 12. 9. 선고 2008두10133 판결.

령으로 정하는 사유로 상속재산의 가액이 크게 하락한 경우'만을 한정적으로 경정 청구 사유로 규정하고 있어 그 반대해석상 단순한 사정에 의한 상속재산인 금전 채권의 사후 회수불가능이 후발적 경정청구 사유로 인정되기는 어렵다고 하겠다.

5. 대상판결에 대한 평가

대상판결은 '원본가액에 평가기준일까지의 미수이자상당액을 가산한 금액'을 금전채권 평가방법의 원칙으로 유지하면서, 그 금전채권이 상속개시일 현재 회수 불가능한 것에 이르지 않더라도 상속개시일 당시 회수가능성을 의심할 만한 중대 한 사유가 발생하여 위 방법으로 채권의 가액을 평가하는 것이 현저히 불합리하다 고 인정되는 경우에는 예외적으로 다른 객관적이고 합리적인 방법에 의하여 평가 할 수 있도록 하였다. 대상판결은 쟁점 조항의 보충적 평가방법으로서의 성격을 인 정하면서도 금전채권에 대한 전면적인 시가평가를 도입하는 대신 쟁점 조항의 회 수불가능에 이르지 않더라도 그 회수가능성을 의심할 만한 중대한 사유가 발생한 경우에는 액면 금액이 아닌 다른 객관적이고 합리적인 기준에 의한 평가를 제시하 여 시가평가원칙에 충실하였다는 점에서 회수가능성에 의문이 있는 금전채권의 과 세방법으로 제시된 위 세 가지 방법과는 다른 방식을 택하였다고 할 수 있다.

또한, 대상판결은 상속개시일 현재 회수가능성을 의심할 만한 중대한 사유 의 예로 상속개시일 당시에 이미 채무자의 자금사정이 어려워 상당 기간 채권의 회수가 지연되고 있거나 채무자의 신용상태가 급격히 악화된 것을 들고 있으며, 특히 상속개시일 당시의 채무자의 사정 등을 기초로 채무자가 상속개시일 당시 무자력 상태에 있다는 사실을 판단하면서도 망인이 계약금만 수령하였고 사망할 때까지 잔금을 전혀 받지 못한 사실, 소외회사가 이 사건 상속 개시 후 사실상 폐업상태인 사실, 소외회사의 주된 자산이었던 이 사건 임야를 포함한 부동산은 이 사건 상속 개시 후 강제경매 등을 통하여 모두 제3자에게 소유권이 이전되었 고 달리 소외회사에 실질적인 재산가치가 있는 보유자산이 없는 사실 등 상속개 시일 이후의 사정들까지도 종합적으로 고려하여 상속개시일 당시 쟁점채권의 회 수가능성을 의심할 만한 중대한 사유 여부를 판단한 점이 주목된다. 소득세에 있 어서 판례가 평가기준일 당시의 회수불가능을 판단하면서 사후적인 사정을 고려 한 경우가 다수 있었으나[16] 상속세에 있어서 사후적 사정을 고려한 경우는 거의

---

16) 대법원 2010. 5. 13. 선고 2009두23785 판결, 대법원 2011. 9. 8. 선고 2009두13160 판결, 대법

없었다는 점에서 선례적인 판결로 사료된다. 상속개시일 현재의 당해 상속재산의
가치를 적절히 평가하기 위해서는 상속개시일 당시의 사정만이 아니라 그 이후의
사정도 종합적으로 고려하는 것이 채권의 회수가능성을 의심할 만한 중대한 사유
의 발생 여부를 판단하는 데 보다 적절하다는 점에서 합리적이라고 할 것이다.

다만, 대상판결은 액면금액에 상속개시일까지의 미수이자 상당액을 가산한
금액으로 그 채권의 가액을 평가하는 것이 현저히 불리한 경우에는 다른 객관적
이고 합리적인 방법으로 금전채권의 상속재산가액을 평가할 수 있다고 보았으나
이에 대한 구체적인 방법이나 기준은 제시하지 않고 있다. 이와 관련하여 금전채
권의 평가를 위한 다른 객관적이고 합리적인 방법으로 ① 국채 등의 평가에 관한
상증세법 시행령 제58조 제1항 제2호 나목, 상증세법 시행규칙 제18조의2 제1항
의 규정을 준용하는 방법, ② 금전채권의 내용상 그 회수에 상당한 기간이 소요
되는 경우에는 회수기간을 고려하여 현재가치로 환산하여 평가하는 방법, ③ 상
속개시일 이후에 금전채권에 대한 판결이 확정되거나 특정의 금액으로 거래되는
등으로 인하여 금전채권의 가액이 사후적으로 확인되는 경우에는 사후 확인된
가액을 기초로 평가하는 방법, ④ 금전채권에 대한 소급감정평가의 방법 등을 생
각해 볼 수 있으나 모두 객관적인 기준으로 삼기에는 용이하지 않다고 보인다.

쟁점 조항은 회수불가능한 채권이 아닌 모든 채권에 대해 회수가능성에 대
한 별도의 평가 없이 원본가액과 미수이자의 합산액으로 평가하도록 규정하고
있어 상증세법 제60조의 시가평가의 원칙에 반하는 측면이 있었을 뿐만 아니라,
엄격해석의 입장에 있던 종전 판례에 따르면 납세의무자가 실제 상속한 재산의
가치에 비해 현저하게 과도한 납세의무를 부담하는 불합리한 결과가 발생하였다.
상속재산인 금전채권에 대해서는 시가평가의 원칙에 의하여 그 개별 가치를 평
가하는 것이 바람직하였으나 그동안 현실적인 대안이 없었는바, 대상판결은 쟁점
조항을 모법의 취지에 맞게 합목적적으로 제한하여 해석함으로써 금전채권의 액
면금액 평가의 예외를 허용하여 납세자의 정당한 권리를 보호할 수 있는 근거 법
리를 마련했다는 점에서 그 의의가 크다고 하겠다. 대상판결에서 언급한 회수가
능성을 의심할 사유에 대한 구체적인 추가기준과 회수가 불확실한 채권의 구체
적 평가방법에 대하여는 향후 판례의 축적을 통하여 명확한 입장이 제시될 것으
로 기대한다.

원 2013. 9. 13. 선고 2013두6718 판결 등.

'자식 연금'과 증여의 무상성

〈대법원 2014. 10. 15. 선고 2014두9752 판결〉

Ⅰ. 대상판결의 개요

1. 사실관계의 요지와 과세처분의 경위

원고는 부친 A와 모친 B의 출가녀로서, 두 명의 남동생이 있다. A는 1993. 4. 이 사건 아파트를 매수하여 소유하고 있다가 2002. 9. 이를 B에게 증여하였다. 원고는 2009. 11. A와 B의 유일한 재산인 이 사건 아파트에 관하여 매매예약을 원인으로 한 소유권이전청구권가등기를 경료하였다. 이후 B의 채권자의 신청에 따라 2010. 3. 이 사건 아파트에 관하여 강제경매절차가 개시되자 원고는 2010. 6. 위 가등기에 기하여 본등기인 소유권이전등기를 경료하였고 그에 따라 위 강제경매개시결정은 직권으로 취소되었다.

원고는 A의 은행계좌에 매월 2007년부터 2013년까지 매월 120만원씩 합계 6,910만원을 입금하였고, 위 금원은 대부분 A와 B의 생활비와 채무변제를 위해 사용되었다.

한편, 이 사건 아파트에 관하여 B의 채권자들이 사해행위 취소로 인한 소유권이전등기말소청구권을 피보전권리로 하여 가처분등기를 경료하였는데, 원고는 2011. 5. B의 채권자들에 대한 채무를 모두 변제하고 위 가처분등기를 말소하였다. 또한, 원고는 2011. 6. 이 사건 아파트에 관하여 설정된 B의 6,200만원의 근저당권 피담보채무를 모두 변제하고 위 근저당권설정등기를 말소하였다.

원고는 10여 년을 넘게 보험설계사로 일하였고, 소득이 많을 때는 연 6억원 이상의 수입을 얻기도 하였으나, 2006년 내지 2010년 사이 은행들로부터 합계

20억원 이상을 차용하기도 하였다.

피고는 B가 이 사건 아파트를 원고에게 증여한 것으로 보아, 2012. 2. 6. 원고에게 증여세 21,665,880원의 부과처분을 하였다. 이에 원고는 B에게 2002년부터 10여년간 매달 120만원 생활비를 보내고 아파트 피담보채무 6,200만원도 대신 변제하는 등 대가를 지급하고 이 사건 아파트를 매수한 것이라고 하면서 피고를 상대로 조세심판청구를 제기하였다.

조세심판원은 원고의 청구에 대하여 생활비 지급 부분은 일상적인 부양의무를 이행한 것으로 이유 없고 아파트 담보채무 6,200만원을 변제한 부분은 부담부증여에 해당하는 것으로 보아 위 6,200만원을 차감한 가액을 증여세 과세가액으로 하여 과세표준과 세액을 경정하고 나머지 청구는 기각한다는 결정을 하였다. 이에 따라 피고는 원고에 대하여 증여세 12,437,820원의 감액경정(이하 이와 같이 감액되고 남은 2012. 2. 6.자 증여세 9,228,060원의 부과처분을 '이 사건 부과처분'이라고 한다)을 하였고 원고는 이 사건 부과처분에 대하여 그 취소를 구하는 행정소송을 제기하였다.

2. 판결 요지

하급심 법원은 A와 B는 별다른 수입이 없는데다가 이 사건 아파트 이외 다른 재산이 없는 상태여서 다액의 채무를 변제할 자력이 없었고, 이로 인해 원고가 여러 차례 A와 B의 채무를 대신 변제한 것으로 보이는 점, 원고는 2007. 10.경부터 모친에게 매월 120만원씩을 지급하였는데 원고가 출가녀로서 상당한 정도의 수입도 있었던 반면 다액의 채무도 부담하고 있었던 사정 등 원고의 가족관계, 수입, 재산상태를 감안하면 이러한 금원의 지급을 단지 부모에 대한 부양의무의 이행에 불과하다고 보기 어려운 점, 이 사건 아파트는 A와 B의 유일한 재산으로 보이는데, B가 이 사건 아파트를 출가녀인 원고에게 무상으로 이전할 특별한 이유를 찾기 어려운 점, 원고와 B 사이의 위 거래는 소유 주택을 담보로 맡기고 평생 동안 연금방식으로 매월 노후생활자금을 지급받는 주택연금과 비슷하다고 볼 여지가 있는 점 등을 종합하여 보면, 원고가 이 사건 아파트를 B로부터 증여 즉, 무상 또는 현저하게 저렴한 대가를 받고 이전받은 것으로 보기 어렵고, 오히려 취득 전·후를 통하여 정당한 대가를 지급하고 매수한 것이거나 적어도 부담부증여로 취득한 것으로 보는 것이 상당하며 부담부 증여로 보더라도 증여재

산가액에서 차감되는 생활비 지급액이 6,910만원으로서 증여재산가액 자체를 초
과하므로 이 사건 부과처분은 위법하다고 판결하였고(서울행정법원 2013. 7. 26. 선
고 2012구합40728 판결, 서울고등법원 2014. 6. 17. 선고 2013누25056 판결). 대법원은
그러한 판단을 정당한 것으로 인정하였다(대법원 2014. 10. 15. 선고 2014두9752 판결).

Ⅱ. 대상판결의 평석

1. 이 사건의 쟁점 및 문제의 소재

이 사건의 쟁점은 원고가 부모에게 매월 일정금액의 생활비를 지급하고, 부
모의 채무를 대신 변제해 주면서 부모로부터 이 사건 아파트의 소유권을 이전받
은 것이 상속세 및 증여세법(이하 '상증세법')상 증여에 해당하는지 여부이다. 대상
판결은 당사자의 능력, 거래의 동기, 부양의무의 존부와 범위, 수수금액의 등가성
등에 비추어 원고의 부모에 대한 정기적인 생활비 지급이 단지 부양의무의 이행
에 불과하다고 보기 어렵고, 이 사건 아파트의 이전에 대한 정당한 대가로 보는
것이 타당하므로 결국 이 사건 아파트의 이전은 무상성을 가지는 증여로 볼 수
없다고 하여 부모와 자녀 사이의 증여 여부에 대한 일응의 판단기준을 제시하였
다. 원고가 부모로부터 이 사건 아파트를 이전 받은 것과 관련하여 정기적으로
생활비를 지급한 부분에 대해서 초점을 맞춘다면 하급심에서 언급한 바와 같이
이는 만 60세 이상의 자가 금융기관에 자신이 살고 있는 주택을 담보로 제공한
다음, 매달 고정적인 생활자금을 연금식으로 받는 장기주택저당대출인 '주택연금'
과 유사한바, 그와 대비하여 속칭 '자식연금'으로 불리기도 한다.

하급심과 조세심판원의 판시에서 언급된 바와 같이 민법 제974조에 의하여
직계혈족과 배우자, 생계를 같이하는 친족 사이에는 부양의무가 있으므로 이러한
형태의 정기적 생활비 지급은 통상 자녀의 부모에 대한 부양의무의 이행으로 볼
여지가 있다. 생활비 지급액이 민법상 부양의무의 이행인지, 아파트 이전에 대한
대가인지는 증여의 개념, 증여의 무상성을 어느 범위까지 인정할 것인지에 따라
판가름될 것이다. 증여의 무상성의 범위를 넓게 인정한다면 대가성이 다소 있더
라도 여전히 증여의 범주에 포섭이 되고, 이를 엄격하게 파악한다면 무상성의 결
여로 증여에 해당하지 않는다. 전자의 논리를 이 사건에 적용하여 보면 정기적
생활비의 지급이 이 사건 아파트 이전과 다소의 대가관계가 있는 것처럼 보인다

고 하더라도 이는 원고 자신의 부양의무를 이행하는 것이고 따라서 이 사건 아파트의 이전은 원고에 대한 증여가 되는 것이다.

2. 증여의 요건으로서의 '무상성'

가. 세법상의 증여

상증세법은 제2조 제3항에서 '증여'라 함은 "그 행위 또는 거래의 명칭·형식·목적 등과 관계없이 경제적 가치를 계산할 수 있는 유형·무형의 재산을 직접 또는 간접적인 방법으로 타인에게 무상으로 이전(현저히 저렴한 대가를 받고 이전하는 경우를 포함한다)하는 것 또는 기여에 의하여 타인의 재산가치를 증가시키는 것"이라고 하여 민법과는 별도의 세법상 증여개념을 정의하여 증여의 '무상성'을 전제하고 있다. 상증세법은 세법상의 증여개념을 도입하면서 "현행 상증세법상 증여세 과세대상이 되는 증여의 범위는 일반적인 민법상의 증여 외에도 증여로 의제하는 14개 유형 및 이와 유사한 것이 있으나, 증여의제 대상을 현행 법체계와 같이 열거방식에 의하는 경우 열거되지 아니한 유형으로 증여세를 회피할 수 있으므로 민법상 증여의 형태가 아니어도 사법상의 형식이 무엇이든 사실상 재산의 무상이전에 해당되는 경우에는 증여세 과세대상임을 명문으로 규정하는 것"임을 개정이유에서 명시한 바 있다.

미국 세법에서도, '증여'란 "수단이나 방식에 관계없이 재산이나 재산적 권리나 이익을 타인에게 대가없이 이전하거나 주는 모든 거래가 증여에 해당한다(all transactions whereby property or property rights or interests are gratuitously passed or conferred upon another, regardless of the means or device employed, constitute gift subject to tax)"라고 규정하여(Regulation §1.2511 – 1(c)) 증여의 '무상성'을 확인하고 있다. 독일 세법 역시, 증여세의 과세대상에 관하여 제7조 제1항 제1호에서 "생존자간의 무상출연으로 인해 수익자가 출연자의 비용으로 이익을 취득하는 모든 경우"라고 규정하여 증여세 과세대상이 되는 '증여'의 요건으로 '무상출연'을 명시하고 있다. 프랑스 또한 증여세의 과세요건으로서 그 재산이 무상으로 이전되어야 하고, 증여자는 해당 증여재산을 즉시 포기하여야 하며, 수증자의 승낙이 있어야 한다고 보고 있으므로, '무상성'을 증여의 요건으로 하고 있는 점은 동일하다.

이처럼 우리나라뿐만 아니라, 다른 나라에서도 '무상성'을 증여세의 당연한 전제로 보고 있으나 한편 무상성에 대한 구체적인 내용은 별도로 규정하고 있지는 않다.[1] 실제 증여는 다양한 동기와 대가적 기대에서 행해지는 경우가 많은데 그 무상성을 어느 범위까지 인정하는지 여부가 중요하다. 자산의 이전 무렵에 직접적으로 등가적인 유형물이 수수되는 경우에는 무상성이 부정되겠지만 그 대가가 등가적이지 않거나 무형물이고 간접적이며 시간적인 간격을 두고 수수되는 경우, 그 대가가 다른 의무이행의 형태로 볼 수 있는 경우 그 자산의 이전을 증여로 보아야 하는지 명확하지 않다. 이하에서 증여와 비교되는 세법상의 쟁점 개념과 구체적인 사례를 통하여 증여의 무상성의 범위에 대하여 검토한다.

나. 구별개념

증여의 무상성의 의미를 파악하기 위해서는 그와 비교되는 유사한 개념을 살펴볼 필요가 있는데, 우선, '사례금'을 그 구별개념으로 들 수 있다. 소득세법 제21조 제1항 제17호는 '사례금'을 기타소득으로서 과세대상으로 규정하고 있다. 여기서 사례금이란 사무처리 또는 역무의 제공 등과 관련하여 사례의 뜻으로 지급되는 금품을 의미하고, 이에 해당하는지 여부는 당해 금품 수수의 동기, 목적, 상대방과의 관계, 금액 등을 종합적으로 고려하여 판단하여야 한다는 것이 판례의 입장이다(대법원 1999. 1. 15. 선고 97누20304 판결 등). 금품이 무형의 형태인 사무처리나 역무의 제공과 관련하여 지급되므로 증여로 보여질 수 있으나 사무처리 또는 역무의 제공이 지급되는 금품의 대가를 구성한다는 점에서 무상성을 가지는 증여와는 구분된다.

법원과 조세심판원은 부동산 소유권을 재건축조합에 양도하고 재건축사업의 원활한 진행에 협조하는 대가로 제3자에게 금원을 지급한 경우(대법원 2012. 5. 25. 선고 2012두4333 판결), 사설묘지 등을 설치·운영하는 재단법인 이사장이 재단의 이사 및 이사장을 소외인들이 추천하는 사람으로 교체하여 주는 방법으로 재단의 운영권을 넘겨주는 대가로 금원을 지급 받은 경우(대법원 1999. 1. 15. 선고 97누20304 판결), 임원 교체를 통한 학교법인의 운영권 인수라는 사무 또는 역무처리의 대가로 금원이 지급된 경우(부산고등법원 2011. 12. 14. 선고 2011누2019 판결), 요양병원의 지분을 넘겨주고 대가의 일부로 다른 요양병원의 지분을 받은

---

[1] 우리나라의 상증세법 제2조 제3항은 현저히 저렴한 대가를 받고 이전하는 경우를 증여의 범위에 포함시키고 있으나 이는 대가의 과소만을 지적하는 것으로 증여의 무상성의 범위에 대한 구체적인 내용으로 보기는 어렵다.

경우(조심 2011전692, 2011. 11. 3), 학교법인 설립자로서의 지위와 권리·의무를 포기하고 그 지위 등을 타인이 승계 받을 수 있도록 해 주는 데 대한 대가로 금원을 지급한 경우(조심 2011광1485, 2012. 8. 23) 등을 사례금에 해당한다고 판단한 바 있다.

위 사례들에서 확인할 수 있듯이, 자산의 이전에 대한 대가가 역무의 제공 등 무형의 형태라도 존재하면 이는 증여가 아닌 사례금으로 보아 소득세를 과세하고 있는바, 세법은 그 체계상으로 증여의 무상성에 대해서는 엄격한 입장을 취하고 있다고 할 수 있다.

한편, 증여에는 해당하지만 수증자가 증여를 받는 동시에 일정한 부담, 즉 채무를 지는 경우도 있다. 이를 부담부증여라고 한다. 상증세법 제47조 제1항은 증여세의 과세가액은 증여일 현재 이 법에 따른 증여재산가액을 합친 금액에서 그 증여재산에 담보된 채무로서 수증자가 인수한 금액을 뺀 금액으로 한다고 규정하고 있다. 부담부증여에 있어서는 부담의 한도에서 수증자의 부담과 증여자의 급부가 실질적으로는 대가관계에 있다고 본다. 따라서, 증여재산가액에서 부담액을 차감하도록 되어 있다.

이처럼, 부담부증여의 경우는 대가관계가 전혀 존재하지 않는 일반적인 증여와는 달리, 부담부분에 대해서는 대가관계가 존재한다는 점에서 일반적인 증여와 차이가 있는바, 상증세법이 부담부증여에 있어서 그 부담부분을 초과하는 부분만 증여로 보므로 증여의 무상성에 대하여 엄격한 입장에 있다고 볼 수 있다.

3. 증여의 '무상성'에 대한 사례

가. 국내 사례

이처럼 상증세법상 '증여'에 해당하기 위해서는 '무상성'이 충족되어야 하고, 유·무형의 대가관계가 결부되어 있는 경우에는 '무상성'을 인정할 수 없으므로 증여에 해당한다고 볼 수 없다.

대법원은 "증여세는 무상의 재산 수여 관계를 전제로 하는 것이므로, 증여자와 수증자 사이에 대가적 출연이 있는 경우에는 이를 증여로 볼 수 없고, 비출자 임원에게 주식을 양도한 자가 그 임원으로부터 경영상태를 호전시킨 공로라는 대가적 출연을 받은 회사라면 이에 대하여 증여세를 부과할 수 없음은 당연하다"라고 판시하였고(대법원 1995. 9. 15. 선고 95누4353 판결), 또한, 서울고등법원은 원고와 갑 사이에 주식을 액면가인 1주당 5,000원에 인수하되, 나중에 주식의 가치를 평가하여 1주당 가치가 10,000원 이상이 되면 원고가 취득한 주식비율이 3분의 1이 되도록 그 주식 중 일부를 갑에게 양도하기로 약정하고, 이에 따라 갑은 주식의 가치가 10,000원이 넘는다며 약정의 이행을 청구하여, 원고는 갑에게 주식을 양도한 사안에서 "이러한 주식양도는 주식인수대금의 정산 및 갑의 경영성과에 대한 보상으로 이루어진 것이므로, 갑이 원고에게 아무런 대가적 출연을 제공한 바 없이 무상으로 이 사건 주식을 취득하였다고 볼 수 없어, 증여로 볼 수 없다"고 판시하였다(서울고등법원 2009. 11. 25. 선고 2008누35578 판결[2]). 위 판결들 역시 증여세 과세대상이 되기 위해서는 '무상성'의 요건이 필요함을 확인하고 있다.

국세심판원은 청구인이 종친회로부터 쟁점 금원을 받고, 그 대신 종친회 소유이긴 하지만 청구인이 수십 년 동안 연고권을 누려온 쟁점토지를 종친회에 반환하면서, 후손이 없는 조상의 봉제사 등의 의무를 지기로 하였는데 처분청이 쟁점 금원의 수령을 증여로 보아 청구인에게 증여세를 과세한 사안에서, "계약 내용으로 미루어 당사자간 대가관계를 갖지 않는 증여와는 달리 종친회와 청구인이 서로 대가적 관계에 있으면서 일정한 채무를 부담하는 계약(위임계약)으로서, 증여세의 부과대상이 아니라고 할 것인데도, 처분청이 쟁점 금액을 아무런 대가 없이 수령한 증여로 보아 증여세를 부과한 처분은 부당하다"는 취지로 판단하였다(국심 2000중1431, 2000. 9. 30.). 위 결정은, 증여세의 과세대상이 되는 '증여'에 해당하기 위해서는 당사자간에 대가관계가 없어야 하는데 청구인의 종친회에 대한 토지의 반환과 봉제사 등의 의무도 쟁점 금원의 지급에 대하여 족히 그 대가관계를 가진다고 보았다.

또한, 국세심판원은 청구인이 갑, 을로부터 쟁점주식을 이전받은 것에 대해 처분청이 객관적인 근거도 없이 주주간 합의로 지분조정을 한 것으로 보아 청구인에게 증여세를 부과한 사안에서 "쟁점주식은 청구인이 사용하던 방송시설과 장비 및 중계유선방송 가입자 4,000명 등을 청구외법인에게 현물출자한 대가로 취득한 것이나, 당초 주식발행법인 설립 당시에는 방송시설과 장비의 감정평가액만을 기준으로 주식이 배정되고, 중계유선방송 가입자수 및 영업권 등이 반영되지 아니한 결과, 다른 주주에게 과다하게 배정되었던 주식을 주주간 합의에 의하여 청구인의 명의로 이전한 것이므로 청구인이 갑, 을로부터 쟁점주식을 무상으

---

2) 대법원 2010. 4. 15. 선고 2009두23372 판결에 의하여 심리불속행으로 확정되었다.

로 취득하였다고 보아 청구인에게 증여세를 과세한 것은 부당하다"라고 판단하였다(국심 2005부2299, 2005 .11. 4.). 위 결정은 종전의 주주간 약정상의 오류를 정정하기 위하여 당사자간의 재차 합의에 의한 주식의 이전도 증여의 무상성을 결여하는 것으로 보았다.

한편, 국세심판원은 청구인이 갑으로부터 받은 쟁점금액에 대해 청구인의 유류분 상속지분이라고 주장하는 데 대하여, 처분청은 청구인이 운영하던 백화점의 부도 등으로 자금사정이 어렵게 됨에 따라, 청구인의 모가 부동산매도대금 중 일부로 도와준 것에 불과하다고 하며 증여세를 부과한 사안에서, "청구인과 갑과의 합의금인 쟁점금액은 청구인이 갑에 대하여 상속재산의 반환을 요구하는 소를 취하하는 조건으로 받은 것으로서 유상으로 받은 것으로 보아야 할 것이므로, 청구인에게 발생한 소득액 5억원에 대하여 구 소득세법상 기타소득으로 보아 소득세를 과세할 수 있을지 여부에 대하여는 별론으로 하고, 이를 현금증여로 보아 증여세를 과세한 이 사건 처분은 부적법한 처분이다"라고 판단하였다(국심 1999부38, 1999. 11. 10.). 위 결정은 소취하의 대가로 수수한 금원은 유상성을 가지는 것으로 증여가 아니라고 판단한 것이다.

이상에서 본 바와 같이 위 국세심판원 결정들은 당사자간의 재산이전에 대가성이 있기만 하면 그 대가가 무형적이거나 간접적이더라도 이를 무상성을 지닌 증여로 볼 수 없다는 입장이다.

나. 미국 사례

미국의 판례 역시, 증여의 무상성을 좁게 보는 엄격한 입장을 취하고 있다. 미국의 조세법원(Tax Court)은 1960년 Duberstein 사건에서 "법적으로 유효한 증여(Gift)는 자발적 의사에 의하여, 사심없고 이해관계 없는 관대함(detached and disinterested generosity)으로부터 또는 애정(affection)이나 존경(respect), 칭찬(admiration), 자선(charity) 또는 그와 유사한 감정(like impulse)으로부터 초래되어야 하는 것"임을 명시적으로 밝힌 바 있다.[3] Duberstein 사건에서 Berman은 Mohawk 금속회사의 사장이고, Duberstein은 Duberstein 철강금속회사의 대표로서, 두 사람은 종종 전화 통화를 하며 잠재적 고객의 정보를 주기도 하는 관계였는데, Duberstein으로부터 도움이 되는 약간 특별한 정보를 받은 Berman은

---

3) Commission v. Duberstein, 363 U.S 278(1960).

Duberstein에게 캐딜락을 선물하기로 결정하였다. Duberstein은 이미 그 차를 소유하고 있었으므로 필요하지 않았다고 하였으나, 결국 그것을 받아들였다.

이 사안에서의 쟁점은 캐딜락 선물이 과세목적상 증여(gift)에 해당하는지 여부였는데, 미국의 조세법원은 Duberstein이 받은 캐딜락은, 과거의 고객정보 제공에 대한 보상 또는 미래의 제공에 대한 격려의 차원에서 제공된 것으로서 그 동기가 이해관계가 없는(disinterested) 것으로 볼 수 없으므로 증여로 볼 수 없다고 판단하였다. 정보제공이라는 무형의 대가도 증여의 무상성을 부인하기에 충분하다는 것이다.

위 판결 이후 미국 법원들은 자선기부의 유효성이 문제되는 사안에서 위 Duberstein 기준을 적용하였는데, 그 대표적인 사례가 Dejong 사건이며, 그 사실관계는 다음과 같다.[4] 부부합산신고를 선택한 남편과 부인이 면세단체인 종교교육기관 Christian Instruction Society에 기부한 미화 1,075달러의 기부공제를 신청하였는데, 이 협회는 중학교와 고등학교를 소유·운영하였으며 수업료를 부과하지 않았다. 운영자금(Funds)은 입학자의 부모나 비학생인 부모들, 그리고 관심 있는 다른 사람들로부터의 모금으로 조성하였다. 운영자금의 70%는 입학자의 부모님들의 기부로 조성되었다. 납세자의 두 자녀는 중학교의 학생이었으며, 2명의 학생을 교육하는 데 소요되는 연간 비용은 대략 400달러였다.

미국 조세법원은 위 400달러는 협회가 아이들에게 제공하는 교육에 지불해야 하는 수업료의 성질을 띠고 있으므로, 자선기부로서 공제할 수 없다고 판결하였고, 미국 제9연방항소법원(The Ninth Circuit)은 이를 인용하였다. 동 법원은, 어떠한 도덕적 혹은 법률적 의무(duty)의 구속에 따라 또는 경제적 성질(an economic nature)로 보아 기대되는 이익의 동기에 의하여 지불이 행해진다면 그것은 증여가 아니라고 판단하였다.

위와 같이 미국 판결들은 결국 재산이전의 동기가 순수한 관대함, 애정, 존경, 칭찬, 자선 등이라면 '증여'를 인정하나, 어떠한 이해관계가 있거나 기대되는 이익의 동기가 존재한다면 간접적이거나 무형적이더라도 '증여'로 인정할 수 없다는 것이다. 요컨대, 미국에서도 증여의 무상성에 대하여 엄격한 입장에 있다고 할 것이다.

---

4) Dejong v. Commissioner, 309F.2d 373(9th Cir.1962).

4. 대상판결의 의의

대상판결은 자녀가 부모로부터 아파트를 이전받고, 대신에 생활비를 지급하고 부모의 채무를 대신 변제한 것에 대해서, 이는 무상의 증여라고 보기는 어렵고, 정당한 대가를 지급하고 매수한 것으로 보는 것이 타당하다고 판단하였다. 앞서 살펴본 바와 같이, '증여'는 그 본질상 '무상성'을 요건으로 하므로, 당사자간에 유·무형의 대가관계가 있는 경우에는 증여를 인정할 수 없는바, 자녀가 경제적 능력이 없는 부모에게 생활비를 지급하고 채무를 대신 변제하여 줬으며, 부모는 자녀에게 그 대가로서 자신의 유일한 재산인 이 사건 아파트의 소유권을 이전하여 준 것이므로, 부모와 자녀 사이라고 하더라도, 양 당사자의 재산이전 간에는 대가관계가 인정된다고 보는 것이 합리적이다. 따라서, 증여의 본질적인 요소인 '무상성'이 결여를 이유로 증여를 인정하지 않은 대상판결은 타당하다.

특히, 대상판결은 증여의 본질적인 요소인 '무상성'을 엄격하게 인정하고 있다는 점에서 큰 의미가 있다. 이 사건에서는 B와 원고 사이의 매매의 시점이나 대금액, 지급방법 등에 관한 약정이 계약서나 약정서 등에 의하여 뒷받침되고 있는 것은 아니고, 원고는 B에 대하여 민법상 부양의무를 지고 있음에도 불구하고, 대상판결은 원고가 B로부터 이 사건 아파트를 정당한 대가를 지급하고 매수한 것으로 인정하였다. 즉, 이 사건 아파트에 대한 양도계약과 원고의 부모에 대한 대가지급이 정확하게 일치하는 것은 아님에도 불구하고, 유·무형의 대가관계를 폭 넓게 인정하여, 원고가 부모에게 생활비를 지급하고 채무를 대신 변제하여 준 것과 부모가 원고에게 아파트의 소유권을 이전하여 준 것 사이에 대가관계가 있다고 보았다. 이처럼 자산이전의 당사자들간에 주고 받은 급부의 대가관계를 폭 넓게 인정하는 경우, 증여로 인정받기 위한 요건인 '무상성'은 엄격하게 인정될 수밖에 없는바, 대상판결은 부모와 자녀 사이에 있어서도 증여의 본질적인 요건인 '무상성'을 엄격하게 판단하였고 이는 향후 다른 증여의 무상성이 쟁점이 되는 사안에서도 중요한 판단기준을 제공할 것으로 보인다.

이에 덧붙여 대상판결은 자식연금의 인정기준과 그와 관련된 정책적 시사점도 제시하고 있다. 대상판결에 대하여 대법원에서 자식연금을 일반적으로 인정한 것이라는 주장이 있으나 유사한 사안에서 증여에 해당하지 않는 자식연금을 통상적으로 인정하였다고 단정하기에는 아직 이르다고 할 것이다. 이 사건에서 원

고는 보험설계사로 근무하면서 고정적인 수입을 벌어들이고 있었고, 부모로부터
이 사건 아파트를 이전 받으면서 부모의 채무를 변제하고 정기적으로 생활비를
지급하였는데 그 자금출처의 상당 부분이 자신의 경제력에 의한 것임을 입증하
였다. 또한, 부모가 출가녀에게 자신의 유일한 재산을 증여할 이유가 없었다고
본 점은 증여 여부의 판단에 있어서 증여의 동기를 중요하게 고려하였다고 할 것
이다. 그리고 이 사건 아파트의 과세가액이 1억 6,000만원 상당이고 원고가 부모
의 채무를 변제하거나 생활비로 지급한 금액이 1억 3,000만원 상당으로 그 가액
이 상호 비교적 근접하였고, 원고가 이 사건 아파트의 가등기 시점 2년 전부터
생활비를 지급하였고 원고가 부담하는 채무액 등에 비추어 정기적 생활비 지급
액이 원고의 단순 부양의무의 이행으로 보기에는 어렵다고 판단한 사정이 있다.
대상판결에서 제시한 바와 같이 자녀에게 주택을 물려주고 정기적으로 생활비를
지급받는 속칭 '자식연금'으로 인정되기 위해서는 자녀의 능력, 증여의 동기, 주
택가액과 생활비 지급액의 등가성 등이 인정되어야 하고 그렇지 않은 경우에는
증여로 판단될 여지도 상당하다.

그럼에도 불구하고 대상판결은 부모와 자녀 사이라고 하더라도 앞서 본 판
단기준을 구비하는 경우 자녀들이 증여세를 부담하지 않고 부양을 전제로 부모
의 주택을 물려받을 수 있다는 점에서 중요한 시사점을 가진다고 하겠다. 부모와
자식 사이에 주택을 물려주기 위한 편법의 수단으로 활용될 여지가 있다는 우려
의 목소리가 없지는 않으나 유일한 재산으로 주택만을 보유하고 있는 고령자들
이 노후 보장의 방편으로 별도의 금융상품을 이용하는 비용을 지출하지 않고 자
녀들에게 주택을 물려주는 대가로 부양료를 받을 수 있고 자녀들의 입장에서도
금융비용을 부담하지 않고 주택을 물려받아 주택난을 해소할 수 있는 단초를 열
어준 판결이라고 의미를 부여할 수 있다. 다만 자식연금이 편법적인 조세회피를
위한 수단으로 활용되지 않고 전통적인 효의 관점에서 부모에 대한 부양의무를
부담하는 자녀를 통하여 노후를 보장받는 방편으로 활용되기 위해서는 자식연금
에 대한 적법한 절차와 법적 구속력을 보장하는 제도적 장치의 마련이 필요해 보
인다.

흑자법인에 대한 재산증여와 그 주주에 대한
완전포괄주의 증여과세

〈대법원 2015. 10. 15. 선고 2014두47945 판결〉

Ⅰ. 대상판결의 개요

1. 사실관계의 요지와 부과처분의 경위

원고 Aa, Ab, Ac, Ad는 원고 A의, 원고 Ba, Bb는 원고 B의 각 자녀들이고 (이하 '원고 A 일가', '원고 B 일가'), 피고들은 원고들 주소지의 관할 세무서장이다.

C 법인은 2007. 11.경 부실채권 및 저평가 주식에 대한 투자 등을 사업목적으로 원고 A 일가가 설립한 주식회사로서 원고 A가 5% 지분을, 그의 자녀들이 나머지 지분을 보유하고 있다. D 법인은 구조조정 대상기업에 대한 투자 등을 사업목적으로 설립된 주식회사로서 원고 B 일가가 2006. 5.경 그 지분을 전부 인수하여 원고 B가 5% 지분을, 그의 자녀들이 나머지 지분을 보유하고 있다.

E 법인은 2001. 4.경 소프트웨어 개발·서비스업, 컴퓨터 도·소매업 등을 사업목적으로 설립된 주식회사로서 원고 A, B는 2005. 12.경 E 법인을 공동으로 인수한 다음 2006. 1.경 그 본점 소재지를 천안시로 이전하였고, C, D 법인이 2007. 11.경 E 법인의 각 49% 지분 합계 98% 지분을 취득하였다.

원고 A, B는 2007. 12.경 E 법인에 소외회사 주식 31%와 45%를, 2009. 8.경 및 12.경 '정기예금' 약 578억원, '대여금 채권' 107억원을 각 증여하였는데(이하 '이 사건 증여') 다른 원고들도 위 주식 증여시점에 E 법인에 소외회사 주식 1% 내지 7%를 같이 증여하여 결과적으로 E 법인은 소외회사의 주식 98%를 증여받았다(이하 '이 사건 주식').

E 법인은 이 사건 증여로 인한 2007, 2009 사업연도 각 자산수증이익에 대하여 수도권 과밀억제권역에 있던 본점 소재지를 다른 지역으로 이전하였다는 이유로 구 조세특례제한법(2007. 12. 31. 법률 제8827호로 개정되기 전의 것) 제63조의2 제1항에 따라 그에 대한 204억원의 법인세를 전액 감면받았다.

피고들은 2011. 9.경 이 사건 증여로 인하여 E 법인의 주식을 보유하고 있는 C, D 법인의 주주들인 원고들이 E 법인 주식의 가치증가 상당의 이익을 증여받은 것으로 보아 증여자와 수증자가 동일하여 자기이익 분여에 해당하는 부분을 제외한 나머지 이익에 대하여 완전포괄주의 증여과세조항인 구 상속세 및 증여세법(이하 '상증세법') 제2조 제3항, 제42조 제1항 제3호를 적용하여 원고들에게 증여세 합계 196억여 원의 부과처분을 하였다(이하 '이 사건 부과처분').

이에 대하여 원고들은, 상증세법 제2조 제3항은 증여세 과세대상을 포괄적으로 규정하고 있을 뿐 구체적인 과세대상과 과세표준의 계산방법에 관하여 규정하고 있지 않아 독자적인 과세근거규정이 될 수 없고, 특히 이 사건 증여는 그 수증자인 E 법인이 흑자법인으로서 상증세법 제41조 제1항의 결손법인과의 거래를 통한 이익의 증여 요건에 해당하지 아니하므로 그 주주인 원고들에 대하여 증여세를 부과할 수 없으며, 이 사건 증여가 상증세법 제42조 제1항 제3호가 규정한 사업양수도, 사업교환 및 법인의 조직 변경 등에도 해당하지 아니한다는 등의 이유로 전심절차를 거쳐 피고들을 상대로 이 사건 부과처분의 취소를 구하는 행정소송을 제기하였다.

2. 대상판결의 요지

구 상증세법(2003. 12. 30. 법률 제7010호로 개정되기 전의 것)은 '증여'의 개념에 관한 고유의 정의규정을 두지 않고 민법상의 증여의 개념을 차용하여 '당사자 일방이 무상으로 재산을 상대방에게 수여하는 의사를 표시하고 상대방이 이를 승낙함으로써 재산수여에 대한 의사가 합치된 경우'를 원칙적인 증여세 과세대상으로 하되, 당사자 간의 계약에 의하지 아니한 부의 무상이전에 대하여는 증여로 의제하는 규정(제32조 내지 제42조)을 별도로 마련하여 과세하였다. 그 결과 증여 의제규정에 열거되지 아니한 새로운 금융기법이나 자본거래 등의 방법으로 부를 무상이전하는 경우에는 적시에 증여세를 부과할 수 없어 적정한 세 부담 없는 부의 이전을 차단하는 데에 한계가 있었다.

이에 과세권자가 증여세의 과세대상을 일일이 세법에 규정하는 대신 본래 의도한 과세대상뿐만 아니라 이와 경제적 실질이 동일 또는 유사한 거래·행위에 대하여도 증여세를 과세할 수 있도록 함으로써 공평과세를 구현하기 위하여 2003. 12. 30. 법률 제7010호로 개정된 상증세법은, 민법상 증여뿐만 아니라 '재산의 직접·간접적인 무상이전'과 '타인의 기여에 의한 재산가치의 증가'를 증여의 개념에 포함하여 증여세 과세대상을 포괄적으로 정의하고 종전의 열거방식의 증여의제규정을 증여시기와 증여재산가액의 계산에 관한 규정(이하 '가액산정규정')으로 전환함으로써, 이른바 증여세 완전포괄주의 과세제도를 도입하였다.

이와 같이 변칙적인 상속·증여에 사전적으로 대처하기 위하여 세법 고유의 포괄적 증여 개념을 도입하고, 종전의 증여의제규정을 일률적으로 가액산정규정으로 전환한 점 등에 비추어 보면, 원칙적으로 어떤 거래·행위가 상증세법 제2조 제3항에서 규정한 증여의 개념에 해당하는 경우에는 같은 조 제1항에 의하여 증여세의 과세가 가능하다고 보아야 한다.

그러나 한편 증여의제규정의 가액산정규정으로의 전환은 증여의제에 관한 제3장 제2절의 제목을 '증여의제 등'에서 '증여재산가액의 계산'으로 바꾸고, 개별 증여의제규정의 제목을 '증여의제'에서 '증여'로, 각 규정 말미의 '증여받은 것으로 본다'를 '증여재산가액으로 한다'로 각 개정하는 형식에 의하였고, 그로 말미암아 종전의 증여의제규정에서 규율하던 과세대상과 과세범위 등 과세요건과 관련된 내용은 그대로 남게 되었다. 즉, 증여재산의 개별 가액산정규정은 일정한 유형의 거래·행위를 대상으로 하여 거래 당사자 간에 특수관계가 존재할 것을 요구하거나, 시가 등과 거래가액 등의 차익이 시가의 30% 이상일 것 또는 증여재산가액이 일정 금액 이상일 것 등을 요구하고 있고, 이러한 과세대상이나 과세범위에 관한 사항은 수시로 개정되어 오고 있다. 이는 납세자의 예측가능성과 조세법률관계의 안정성을 도모하고 완전포괄주의 과세제도의 도입으로 인한 과세상의 혼란을 방지하기 위하여 종전의 증여의제규정에 의하여 규율되어 오던 증여세 과세대상과 과세범위에 관한 사항을 그대로 유지하려는 입법자의 의사가 반영된 것으로 보아야 한다.

따라서 납세자의 예측가능성 등을 보장하기 위하여 개별가액산정규정이 특정한 유형의 거래·행위를 규율하면서 그 중 일정한 거래·행위만을 증여세 과세대상으로 한정하고 그 과세범위도 제한적으로 규정함으로써 증여세 과세의 범위와 한계를 설정한 것으로 볼 수 있는 경우에는, 개별 가액산정규정에서 규율하고 있는 거래·행위 중 증여세 과세대상이나 과세범위에서 제외된 거래·행위가 상증세법 제2조 제3항의 증여의 개념에 들어맞더라도 그에 대한 증여세를 과세할 수 없다고 할 것이다.

상증세법 제41조 제1항, 상증세법 시행령 제31조 제1항, 제6항은 비상장법인을 대상으로 하여 결손금이 있는 법인(이하 '결손법인') 및 증여일 현재 휴업·폐업 중인 법인의 주주 등과 특수관계에 있는 자가 그 법인에 재산을 무상으로 제공하는 등의 거래를 하여 그 주주 등이 얻은 이익이 1억원 이상인 경우를 증여세 과세대상으로 하여 증여재산가액 산정에 관하여 규정하고 있다. 이는 결손법인에 재산을 증여하여 그 증여가액을 결손금으로 상쇄시키는 등의 방법으로 증여가액에 대한 법인세를 부담하지 아니하면서 특정법인의 주주 등에게 이익을 주는 변칙증여에 대하여 증여세를 과세하는 데 그 취지가 있다(대법원 2011. 4. 14. 선고 2008두6813 판결 참조). 즉 위 각 규정은 결손법인의 경우 결손금을 한도로 하여 증여이익을 산정하도록 하고, 결손법인 외의 법인의 경우에는 휴업·폐업 중인 법인으로 그 적용대상을 한정하고 있다.

이는 정상적으로 사업을 영위하면서 자산수증이익 등에 대하여 법인세를 부담하는 법인과의 거래로 인하여 주주 등이 얻은 이익을 증여세 과세대상에서 제외하고자 하는 입법의도에 기한 것임이 분명하고 완전포괄주의 과세제도의 도입으로 인하여 이러한 입법의도가 변경되었다고 볼 수 없으므로, '결손법인과의 거래로 인한 이익 중 결손금을 초과하는 부분'이나 '휴업·폐업 법인을 제외한 결손금 없는 법인과의 거래로 인한 이익'에 대하여는 주주 등에게 증여세를 과세하지 않도록 하는 한계를 설정한 것으로 보아야 한다. 따라서 이와 같은 이익에 대하여는 이를 증여세 과세대상으로 하는 별도의 규정이 있는 등의 특별한 사정이 없는 한 상증세법 제2조 제3항 등을 근거로 하여 주주 등에게 증여세를 과세할 수 없다.

이 사건 사실관계를 앞서 본 규정과 법리에 비추어 살펴보면, 원고들이 E 법인에 위 주식, 정기예금 및 대여금 채권을 증여함으로써 E 법인의 주식가치가 상승하는 간접적인 이익을 얻었다고 하더라도, 이 사건 증여는 결손금 없는 법인에 재산을 증여한 경우에 해당하고, 비록 E 법인이 이 사건 증여로 인한 자산수증이익에 대한 법인세를 감면받았으나, 이는 E 법인이 수도권 과밀억제권역 밖으로 본점을 이전한 데에 따른 조세특례에 기인한 것으로 결손금으로 인하여 법인세를 감면받은 경우와 그 실질이 동일·유사한 경우라고 볼 수 없으며, 또한 이 사건 증여는 단순한 물적 자산의 이전에 해당할 뿐 상증세법 제42조 제1항 제3호의 '사업양수도·사업교환 및 법인의 조직변경 등'에 해당한다고 할 수도 없으므로, 결국 상증세법 제2조 제3항, 제42조 제1항 제3호를 적용하여 원고들에게 증여세를 부과한 이 사건 각 처분은 증여세 과세의 한계를 벗어난 것으로서 증여재산가액의 산정에 관하여 나아가 살펴볼 필요 없이 위법하다.[1]

Ⅱ. 대상판결의 평석

1. 문제의 소재 및 이 사건의 쟁점

2003. 12. 30. 개정 전 상증세법은 유형별 포괄주의 증여과세의 입장에서 14개 유형의 증여의제규정과 이와 유사한 경우에 대한 포괄적 증여의제규정을 두고 있었다. 구체적으로 제32조(증여의제의 대상), 제33조(신탁이익을 받을 권리의 증여의제), 제34조(보험금의 증여의제), 제35조(저가·고가 양도시의 증여의제), 제36조(채무면제 등의 증여의제), 제37조(토지무상사용권리의 증여의제), 제38조(합병시의 증여의제), 제39조(증자에 따른 증여의제), 제39조의2(감자에 따른 증여의제), 제40조(전환사채 등에 대한 증여의제), 제41조(특정법인과의 거래를 통한 증여의제), 제41조의3(주식 또는 출자지분의 상장 등에 따른 이익의 증여의제), 제41조의4(금전대부에 따른 증여의제), 제41조의5(합병에 따른 상장 등 이익의 증여의제), 제42조(기타의 증여의제) 등의 유형별 증여의제 규정이 있었다.[2] 그러나 유형별 포괄주의 시행에도 불구하고 새로운 유형의 변칙증여행위에 대한 대처가 미흡하다는 지적이 제기되었고 이에 따라 2003. 12. 30. 상증세법 개정에 의하여 종전 민법에서 차용해 오던 증여개념에서 벗어나 상증세법 제2조 제3항에 별도로 세법 고유의 포괄적인 증여

---

1) 이 사건의 원심인 서울고등법원 2014. 12. 3. 선고 2014누43327 판결은, 원고들이 C, D 법인을 통해 E 법인을 '간접소유'하고 있다는 점을 지적하며, E 법인의 주식가치 상승분을 증여재산가액으로 하여 원고들에게 증여세를 부과하려면 원고들이 E 법인의 주식을 직접 소유한 것과 경제적 실질이 동일해야 하는데, C, D 법인들이 E 법인 외에 다른 회사 지분에도 투자하고 있다는 이유 등으로 C, D 법인들의 실체를 부인하고 원고들에게 이 사건 증여로 인한 이익이 곧바로 귀속되었다고 보기 어렵다는 이유로도 이 사건 증여세 부과처분이 위법하다고 판단하였다.
2) 상증세법 제41조의2(명의신탁재산의 증여의제)는 명의신탁행위에 대한 징벌적 성격의 규정이므로 여기서 제외한다.

개념을 정의하고, 종전 열거적으로 규정하던 증여의제규정을 개별예시규정3)으로 변경하는 완전포괄주의 증여과세제도가 도입되었다.

증여세 완전포괄주의 과세제도에 대해서는 과세요건 법정주의와 명확주의에 반한다는 견해가 지속적으로 제기되어 왔고 실무상으로도 상증세법 제2조 제3항을 직접 적용하여 증여세를 과세한 사례는 찾기 어려웠다. 특히 결손법인의 주주와 특수관계에 있는 자가 결손법인에 재산을 무상으로 제공하였다는 이유로 상증세법 제41조에 의하여 그 주주에게 과세한 경우는 있었지만 수증자가 흑자법인인 경우에는 증여세를 과세한 사례는 거의 없었다. 그런데 수년 전부터 과세관청은 이 사건에서와 같이 개별 예시규정을 충족하지 못한 흑자법인의 주주에 대해서도 상증세법 제2조 제3항을 독자적인 과세근거규정으로 삼아 증여세를 과세하기 시작하였고 이에 따라 상증세법 제2조 제3항과 상증세법 제41조의 법적 성격 및 상호 관계가 본격적으로 문제되기 시작하였다.

이러한 부과처분의 경위 및 사실관계에 비추어 이 사건의 쟁점은 다음의 세 가지이다. 첫째 쟁점은 어떠한 거래·행위가 상증세법 제2조 제3항에 규정한 증여의 개념에 해당하는 경우에 그 규정만에 의하여 증여세 과세가 가능한지 여부, 즉, 개별예시규정과 무관하게 상증세법 제2조 제3항이 과세근거 규정이 될 수 있는지 여부이다.

둘째는 상증세법 제2조 제3항이 과세근거규정이라고 하더라도 개별예시규정이 특정한 유형의 거래·행위를 규율하면서 그 중 일정한 거래·행위만을 증여세 과세대상으로 한정하고 있는 경우, 개별예시규정에서 규율하고 있는 거래·행위 중 증여세 과세대상이나 과세범위에서 제외된 거래·행위에 대하여 상증세법 제2조 제3항에 의하여 증여세를 과세할 수 있는지 여부이다. 구체적으로 이 사건에서와 같이 상증세법 제41조가 규정하는 결손법인에 대한 증여의 과세요건을 충족하지 못한 흑자법인에 대한 증여의 경우에도 상증세법 제2조 제3항을 적용하여 그 주주에 대하여 증여세를 과세할 수 있는지 여부이다.

셋째, 만약 상증세법 제2조 제3항의 법적 성격과 무관하게 이 사건에서와 같이 총 발행주식수의 98% 비율에 달하는 주식을 증여받은 경우 이를 '사업양수도·사업교환 및 법인의 조직변경 등'에 해당한다고 보아 상증세법 제42조 제1항 제3호를 적용하여 그 주주에 대하여 증여세를 과세할 수 있는지 여부도 별도의 쟁점

---

3) 대상판결은 '개별가액산정규정'이라고 호칭하나 이하에서는 편의상 '개별예시규정'으로 한다.

이 된다.

2. 상증세법 제2조 제3항이 과세근거조항에 해당하는지 여부

가. 상증세법 제2조 제3항의 법적 성격

2003. 12. 30. 개정 상증세법에 의하여 도입된 증여세 완전포괄주의의 핵심은 세법상 증여의 개념을 별도로 정의한 상증세법 제2조 제3항이다. 상증세법 제2조 제3항은 "이 법에서 증여라 함은 그 행위 또는 거래의 명칭·형식·목적 등에 불구하고 경제적 가치를 계산할 수 있는 유형·무형의 재산을 타인에게 직접 또는 간접적인 방법에 의하여 무상으로 이전하는 것 또는 기여에 의하여 타인의 재산가치를 증가시키는 것"이라고 규정하여 민법상 증여뿐만 아니라 '재산의 직접·간접적인 무상이전'과 '타인의 기여에 의한 재산가치의 증가'를 포함하는 포괄적 증여개념을 도입하였다. 상증세법 제2조 제3항을 과세근거규정으로 본다면 개별예시규정과 무관하게 위 조항만을 근거로 증여세를 부과하더라도 적법한 과세처분이 되는바, 그 증여의 개념이 포괄적, 불확정적으로 정의되어 조세법률주의 원칙에 반하는지 여부를 둘러싸고 많은 논란이 제기되어 되어 왔다.

나. 두 가지의 견해

(1) 긍 정 설

상증세법 제2조 제3항이 독자적인 과세근거가 될 수 있다는 견해로서 조세법률주의의 원칙에 위반되지 않는다는 것이다. 개정 상증세법은 증여세를 과세할 수 있는 포괄규정을 신설하면서 경제적 이익의 계산방법에 관한 일반규정을 두고 세부적인 산정방법은 법률 또는 시행령에 예시규정을 두는 방식을 취하고 있는데, 이는 증여세 과세대상, 경제적 이익의 산정방법 등 주된 과세요건에 관하여 법률에 규정을 두는 것이므로 과세요건 법정주의에 반하지 않는다.[4)]

새롭게 발생하는 다양한 변칙증여를 일일이 법률에 열거하여 과세하는 것은 입법기술상 불가능한 측면이 있으므로 탈법적 조세회피에 대처하고 공평과세를 기하기 위해서는 과세요건의 본질적 사항만을 법률에 규정하고 세부적인 사항은 대통령령 등에 위임하는 것은 부득이하다. 따라서 상증세법 제2조 제3항에 증여세 과세요건 중 하나인 '과세대상'에 대해 그 본질적 사항인 '직·간접적인 부의

---

4) 오용식, "증여세 완전포괄주의 도입과 조세법률주의", 월간조세 제191호, 2004. 4., 50―66면.

무상이전'과 '기여에 의한 타인의 재산가치 증가'만을 규정하고 그 구체적인 유형
은 대통령령 등 행정입법으로 정하는 것도 가능하다. 부의 무상이전이 이루어지
는 거래를 과세대상으로 하는 입법은 다양하면서도 가변적인 사항에 대한 합목
적적인 선택의 문제로서 변칙증여를 포함시키는 불확정 개념의 도입이 불가피하
다는 것이다.[5]

(2) 부 정 설

부정설은 상증세법 제2조 제3항은 독자적인 과세근거규정이 될 수 없다는
견해이다.

첫째, 위 조항은 조세법률주의상의 과세요건 명확주의에 위반된다. 헌법 제
38조 및 제59조는 조세법률주의를 규정하고 있는데, 이는 과세관청의 자의적인
해석과 집행을 배제함으로써 국민생활의 법적 안정성과 예측가능성을 보장하기
위한 것으로 그 핵심적인 내용은 과세요건 명확주의이다. 따라서 증여세를 부과
하기 위해서도 납세의무자, 과세물건, 과세표준 및 세율 등 과세요건이 구체적으
로 법률에 규정되어야 하고 이러한 원리는 증여세 완전포괄주의가 도입되더라도
마찬가지이다. 그런데, 상증세법 제2조 제3항은 '재산의 무상이전'과 '기여에 의한
재산가치 증가'를 증여개념으로 규정하고 있을 뿐이어서, 이 조항만으로는 구체
적으로 어떠한 행위나 거래가 증여세 과세대상이 되는 것인지, 과세대상이 되더
라도 그 증여재산가액을 얼마로 산정해야 하는지 예측할 수가 없다. 반면 상증세
법 제33조 내지 42조의 개별예시규정의 경우 법률에서 시가 등 기준요건과 증여
재산가액의 최저한 요건을 규정해 놓고 있는바, 그 규정이 문언대로 해석되어야
만 예측가능성이 보장될 수 있고 만일 상증세법 제2조 제3항에 의하여 그와 다른
결과가 초래된다면 과세요건 명확주의에 반하게 된다. 이러한 개별예시규정의 문
언내용과 성격 및 과세요건명확주의 원칙에 비추어 볼 때 상증세법 제2조 제3항
만으로 증여세를 과세하는 것은 예측가능성과 법적 안정성을 중대하게 침해하여
조세법률주의에 위반된다.[6]

둘째, 상증세법의 체계에 비추어 보더라도 상증세법 제2조 제3항을 과세근
거규정으로 보기 어렵다. 우선, 상증세법 제4조 제4항은 증여자의 연대납세의무
를 규정하면서, 다만 상증세법 제35조, 제37조 내지 제41조, 제41조의3 내지 제

---

5) 박요찬, "증여세의 포괄증여규정 및 개별예시규정의 위헌성 연구", 서울시립대학교 박사학위논
   문, 2007. 2., 197-259면.
6) 이전오, "증여세 완전포괄주의 시행 1년에 즈음하여", 월간조세 제200호, 2005. 1., 62-63면.

41조의 5, 제42조, 제45조의3 및 제48조의 경우에는 증여자의 연대납세의무가 배제된다고 정하고 있다. 만일 상증세법 제2조 제3항을 과세근거조항으로 본다면, 위 조항은 상증세법 제4조 제4항에서 증여자의 연대납세의무가 배제되는 경우로 규정되어 있지 않기 때문에 증여자는 항상 연대납세의무를 부담하게 되는데 연대납세의무의 적용이 배제되는 개별예시규정과 형평상의 문제가 발생한다. 또한, 과세관청으로서는 상증세법 제2조 제3항을 과세근거로 삼기만 하면 항상 연대납세의무를 부과할 수 있게 되어 연대납세의무의 적용배제를 규정한 상증세법 제4조 제4항 단서는 무의미한 규정이 된다는 점에서도 제2조 제3항을 독자적 과세근거규정으로 보기에는 무리가 따른다.

또한, 상증세법 제43조는 하나의 증여에 대하여 제33조부터 제41조의5, 제44조, 제45조가 둘 이상 동시에 적용되는 경우에는 각 해당 규정의 이익이 가장 많게 계산되는 것 하나만 적용한다고 규정하고 있고, 구 소득세법 시행령 제163조 제10항 제1호는 상증세법 제33조부터 제42조까지 및 제45조의3에 따라 증여세를 과세받은 경우에는 해당 증여재산가액 또는 그 증·감액을 취득가액에서 더하거나 뺀다고 규정하고 있는데, 상증세법 제2조 제3항이 독자적 과세근거규정이라면 위 두 규정에 열거되어 있어야 함에도 그 열거가 생략되어 있다. 만일 상증세법 제2조 제3항을 근거로 증여세가 과세되면, 자산수증이익에 대해 법인 단계에서 법인세가 과세되고 주주 단계에서는 증여세가 과세되어, 동일한 경제적 원천에 대하여 이중으로 세금을 부담하는 결과가 초래되는데, 이를 조정할 법률적 근거가 없게 된다.

다. 판례의 입장

대법원은 상장법인의 대주주인 갑 등 10인이 자신들의 주식보유비율에 상응하는 출자전환 주식의 우선매수청구권을 포기하는 등의 방법으로 대주주들 중 1인인 을 혼자서 우선매수청구권을 행사하여 시가보다 저렴하게 주식을 매수하도록 한 사안에서, 이는 을의 주식보유비율을 초과한 범위에서 위 주식의 시가와 우선매수청구권 행사가격과의 차액 상당의 이익을 무상으로 이전한 것이므로 증여세 과세대상에 해당한다고 보았고, 증여재산으로서의 출자전환 주식에 대한 우선매수청구권의 시가 산정방법에 관하여 주식 우선매수청구권은 신주인수권과 유사하므로 신주인수권증권 또는 신주인수권증서의 가액평가방법에 관한 상증세

법의 규정을 준용하여 그 가액을 판단하여야 한다는 취지로 판시하였다.[7]

위 판례는 일응 상증세법 제2조 제3항이 과세근거라고 판단한 것으로 보이지만 그 구체적 판시내용을 보면 우선매수청구권이 증여재산에 해당하는지 여부와 우선매수청구권의 가액평가방법에 대한 판시만 있을 뿐 상증세법 제2조 제3항이 과세근거규정이 되는지에 대해서는 명시적 판단이 없다. 위 사안에서는 상증세법 제2조 제3항이 독자적 과세근거가 되는지가 쟁점으로 다투어지지 않는 것으로 보이고 설령 독자적인 과세근거규정이 된다고 하더라도 여전히 상증세법 제2조 제3항과 개별예시규정과의 관계 등에 관해서는 추가적 논의가 필요한 것으로 사료된다.

3. 상증세법 제41조가 적용되지 않는 흑자법인의 주주에 대하여 상증세법 제2조 제3항에 의하여 과세할 수 있는지 여부

가. 상증세법 제2조 제3항과 개별예시규정인 상증세법 제41조

증여세 완전포괄주의 과세제도의 도입으로 종전의 증여의제규정에서 전환된 개별예시규정은 증여시기와 증여재산가액 등 증여세 과세요건을 비교적 상세하게 규정하고 있다. 개별예시규정의 하나인 상증세법 제41조도 비상장법인 중 결손금이 있거나 휴업 또는 폐업 중인 법인(이하 '특정법인')의 주주와 특수관계에 있는 자가 특정법인에 증여함으로써 그 특정법인의 주주 또는 출자자가 대통령령으로 정하는 이익을 얻은 경우 그 이익에 상당하는 금액을 특정법인의 주주의 증여재산가액으로 한다고 구체적으로 규정하고 있다. 위 규정은 재산을 증여받은 특정법인이 법인세를 부담하지 아니하면서 특정법인의 주주 등에게 이익이 생기도록 하는 변칙증여에 대하여 증여세를 부과하는데 입법취지가 있다.[8] 상장법인을 특정법인에서 제외한 것은 상장법인의 경우 비상장법인과는 달리 외부감사인에 의한 회계감사의무화, 증권감독기관의 공시요구권 및 내부자거래 금지 등 기업운영의 객관성 및 공정성을 담보하기 위한 여러 장치가 마련되어 있기 때문이다.[9]

이와 같이 개별예시규정의 과세요건이 상세하게 규정되어 있어 증여자의 거

---

7) 대법원 2011. 4. 28. 선고 2008두17882 판결.
8) 대법원 2011. 4. 14. 선고 2008두6813 판결 등.
9) 국세청·한국조세연구포럼, 증여세 완전포괄주의 과세제도 정착을 위한 법령 등 제도개선연구, 2010. 10., 68－71면.

래·행위가 이러한 개별예시규정상의 과세요건을 충족시키지 못하는 경우에는 개별예시규정에 근거하여서는 증여세를 과세할 수가 없다고 할 것이다. 예컨대, 결손법인이 아닌 흑자법인에 특수관계에 있는 자가 증여한 경우 그 주주에 대해서는 상증세법 제41조에 의하여 증여세를 과세할 수 없다. 다만, 그와 같은 경우 상증세법 제2조 제3항을 과세근거규정으로 보아 증여세를 과세할 수 있는지, 구체적으로 증여재산가액의 산정에 있어서 유사한 개별예시규정을 준용하여 증여재산가액을 산정할 수 있는지가 문제된다. 요컨대, 상증세법 제2조 제3항을 독자적인 과세근거규정으로 보더라도 개별예시규정의 과세요건에 해당하지 않는 거래·행위에 대하여 상증세법 제2조 제3항에 의한 증여세 과세가 허용되는지 여부에 대한 판단이 필요하다.

나. 두 가지의 견해

(1) 긍 정 설

긍정설은 상증세법 제41조 제1항의 과세요건에 해당하지 않는 거래·행위라고 하더라도 상증세법 제2조 제3항에 의하여 증여세를 과세할 수 있다는 견해이다. 증여세 완전포괄주의 규정이 도입된 이후에는 상증세법 제2조 제3항이 과세근거규정이 되고 상증세법 제33조부터 제42조까지는 개별예시규정으로만 존치하고 있을 뿐이며, 상증세법 제2조 제3항 외에 개별예시규정을 둔 것은 국민의 법적 안정성과 예측가능성을 도모하고 집행상의 혼란을 최소화하기 위한 것이므로 개별예시규정에 해당하지 않는다고 하더라도 상증세법 제2조 제3항의 증여의 개념에 부합하는 경우에는 위 규정에 의하여 과세할 수 있다. 즉, 결손법인이 아닌 흑자법인에 대한 증여의 경우에도 상증세법 제2조 제3항에 의하여 그 주주에 대하여 증여세를 과세할 수 있다는 것이다. 이 경우 주주의 증여재산가액 산정은 상증세법 제42조 제1항 제3호를 적용하는 것이 타당하다는 견해[10]와 상증세법 제41조의 거래유형과 경제적 실질이 유사하므로 상증세법 제41조를 준용하여 증여재산가액을 산정하여야 한다는 견해가 있다.[11]

(2) 부 정 설

부정설은 개별 예시규정의 과세요건에 해당하지 않는 행위나 거래에 대해서

---

10) 서울행정법원 2012. 8. 17. 선고 2011구합42543 판결.
11) 서울행정법원 2012. 7. 26. 선고 2012구합4722 판결.

는 상증세법 제2조 제3항을 적용하여 증여세를 과세할 수 없다는 견해이다.

첫째, 상증세법 제2조 제3항만으로 과세하는 경우 개별예시규정의 요건을 갖추지 못하여 증여재산가액을 산정할 방법이 없어 납세자의 예측가능성을 침해하게 된다.[12] 증여세를 부과하기 위해서는 납세의무자, 과세물건, 과세표준과 세율 등이 구체적으로 정해져야 하는데 상증세법 제2조 제3항으로는 과세표준을 산정하는 것이 어려우므로 위 조항만을 적용하여 과세할 수 없다.

둘째, 법인의 주주는 원칙적으로 배당소득과 양도소득에 대해서만 납세의무를 부담하고 예외적으로 개별예시조항인 상증세법 제41조 등에 의하여 주주에 대한 과세가 제한적으로 허용되는바, 상증세법 제41조 제1항에 해당하지 않음에도 상증세법 제2조 제3항에 의하여 주주에 대한 과세가 가능하다고 한다면 상증세법 제41조의 확대적용의 결과를 가져오는 것이 되어 부당하다. 결손법인의 경우에 법인의 자산수증이익이 결손금 보전에 충당되어 법인세 부담이 없는 점을 이용하여 결손법인의 주주와 특수관계에 있는 자가 결손법인에 재산을 무상 제공함으로써 조세부담 없이 그 주주에게 이익을 제공하는 변칙적 증여를 방지하기 위하여 상증세법 제41조가 신설되었고 증여세 완전포괄주의 과세제도의 도입 시에도 그대로 존치되었는바, 이는 흑자법인에 대한 증여의 경우 법인세가 납부되므로 그 주주 등에 대하여는 증여세를 부과하지 않겠다는 것이 입법자의 의사라고 할 것이고, 따라서 상증세법 제2조 제3항을 적용하는 우회적인 방식으로 과세범위를 확대하는 것은 위법하다.[13]

다. 판례의 입장

증여세 완전포괄주의 과세조항인 상증세법 제2조 제3항과 개별예시규정의 관계에 대한 대법원의 명시적인 판단은 없으나 그와 유사한 조문체계를 가지고 있는 소득세법 제16조의 이자소득 유형적 포괄주의 과세조항의 해석에 대한 대법원의 판단은 증여세 완전포괄주의 과세조항의 해석에 상당한 시사점을 제공하고 있다. 대법원은 갑 은행이 고객들과 엔화현물환매도계약, 엔화정기예금계약과 엔화선물환매수계약으로 이루어진 엔화스왑예금거래를 한 사안에서 엔화선물환 거래를 구성하는 엔화현물환매도계약과 엔화정기예금계약 및 엔화선물환매수계

---

12) 이승목, "특수관계인의 증여로 법인의 주식가치가 상승한 경우 주주에 대한 증여세 부과의 당부", 월간조세 제292호, 2012. 9., 51–54면.

13) 조성권, "증여세 완전포괄주의와 흑자법인 과세문제", 조세실무연구 5, 2014. 5., 16–17면.

약이 서로 다른 별개의 법률행위로서 유효하게 성립하므로 그로 인한 조세의 내용과 범위는 그 법률관계에 맞추어 개별적으로 결정될 뿐 그 거래행위가 가장행위에 해당하거나 실질과세의 원칙을 내세워 유기적으로 결합된 하나의 원화예금 거래라고 보기는 어려우므로 엔화스왑예금거래를 통하여 고객이 얻은 선물환차익은 구 소득세법 제16조 제1항 제3호의 예금의 이자 또는 이와 유사한 소득으로 볼 수 없어 같은 항 제13호의 이자소득세의 과세대상에 해당하지 않으며, 구 소득세법 제16조 제1항 제9호는 채권 또는 증권을 환매조건부로 매매함으로써 계약시부터 환매조건이 성취될 때까지 금전사용의 기회를 제공하고 환매시 대가로 지급하는 일정한 이익을 이자소득으로 보아 과세하는 것인데 위 선물환차익은 채권 또는 증권의 환매조건부 매매차익 또는 그와 유사한 것으로 보기 어렵고, 설령 그와 유사하다고 하더라도 구 소득세법 제16조 제1항 제9호와 같은 법 시행령 제24조의 환매조건부 매매차익은 채권 또는 증권의 매매차익만을 대상으로 하고 있으므로 구 소득세법 제16조 제1항 제13호가 유형적 포괄주의의 형태로 규정되어 있다고 하여 이를 근거로 채권이나 증권이 아닌 외국통화의 매도차익인 이 사건 선물환 차익에 관하여도 이자소득세의 과세대상이라고 확대해석하는 것은 조세법률주의의 원칙에 비추어 허용될 수 없다고 판시하였다.[14]

소득세법은 과세소득의 범위에 관하여 열거주의를 채택하고 있기 때문에 이자소득의 경우에도 소득세법에서 구체적으로 열거되지 않는 한 과세대상이 될 수 없는데 사회의 발전과 경제구조의 고도화에 따라 새롭게 발생 또는 출현하는 금전사용에 대한 대가를 이자소득에 포함시키기 위하여 소득세법 제16조 제1항 제13호의 유형적 포괄주의 과세규정이 도입되었다. 위 사안에서는 엔화스왑예금 거래의 실질이 엔화의 환매조건부 매매차익의 성격을 가져 소득세법 제16조 제1항 제9호의 채권 또는 증권의 환매조건부 매매차익으로 보아 소득세를 과세할 수 없는 경우에 제13호의 유형적 포괄주의 규정에 의하여 과세할 수 있는지가 쟁점이 되었으나 대법원은 제9호에 해당하지 않는 외국통화의 환매조건부 매매차익을 소득세 과세대상으로 확대해석하는 것은 조세법률주의의 원칙에 위배되어 허용될 수 없다고 판시함으로써 유형적 포괄주의 과세조항을 제한적으로 해석하였다.

한편, 대법원은 증여세 완전포괄주의 도입 이후에도 개정 상증세법 제41조

---

14) 대법원 2011. 5. 13. 선고 2010두3916 판결.

가 적용되는 사안에서 상증세법 제41조는 특정법인과의 재산의 무상제공 등 거래를 통하여 최대주주 등이 이익을 얻은 경우에 그 이익의 계산만을 시행령에 위임하고 있음에도 상증세법 시행령 제31조 제6항은 특정법인이 얻은 이익이 바로 주주 등이 얻은 이익이 된다고 보아 증여재산가액을 계산하도록 하고 있고, 또한 제41조 제1항에 의하면 특정법인에 대한 재산의 무상제공 등이 있더라도 주주 등은 실제로 이익을 얻은 바 없다면 증여세 부과대상에서 제외될 수 있으나 상증세법 시행령 제31조 제6항은 특정법인에 재산의 무상제공 등이 있다면 그 자체로 주주 등이 이익을 얻은 것으로 간주하여 증여세 납세의무를 부담하게 되므로 결국 상증세법 시행령 제31조 제6항의 규정은 모법인 상증세법 제41조 제1항, 제2항의 규정 취지에 반할 뿐 아니라 그 위임범위를 벗어난 것으로서 무효라고 봄이 상당하다고 판시하였다. 즉, 상증세법 제41조에 따른 증여재산가액의 산정근거인 상증세법 시행령 제31조 제6항이 법인의 이익이 증가하면 주주의 이익이 증가했는지 여부를 묻지 않고, 결손금만 감소한 상황이라도 증여세를 과세하는 것으로 규정되어 있었는데 그 시행령이 모법의 위임의 범위를 벗어나 무효라고 하여 개별예시규정의 해석에 있어서도 문언에 따른 엄격해석의 입장을 견지하였다.15)

　　만약 과세관청의 입장과 같이 상증세법 제41조의 과세요건의 충족여부를 판단할 필요 없이 별도로 상증세법 제2조 제3항만으로 과세하는 것이 가능하다면 증여재산가액 산정을 위한 시행령 규정이 없다고 하더라도 증여세를 과세할 수 있어야 하고, 굳이 상증세법 시행령 제31조 제6항의 모법위반을 따져 무효로 확인할 필요조차 없었을 것임에도 대법원은 그와 달리 개별예시규정의 문언과 그 해석에 엄격한 입장을 취하였다.

4. 상증세법 제42조 제1항 제3호에 의하여 흑자법인의 주주에 대하여 과세할 수 있는지 여부

가. 상증세법 제42조 제1항 제3호

상증세법 제42조는 그 밖의 이익의 증여로서 제1항 제1호 및 제2호에서 재산의 무상 또는 저가 사용 또는 용역의 무상 또는 저가 제공으로 인한 이익의 증여를, 제3호에서 자본거래를 통한 이익의 증여를, 제4항에서 기타 재산가치의 증

---

15) 대법원 2009. 3. 19. 선고 2006두19693 판결.

가로 인한 이익을 규정하고 있다. 이익의 무상이전을 가져오는 모든 거래를 일일이 다 열거하기는 곤란하기 때문에 대상거래를 일반화하여 포괄적으로 규정하고 있는 것이다.

상증세법 제42조 제1항 제3호는 법인의 출자, 법인의 감자, 법인간의 합병·분할, 상증세법 제40조 제1항에 규정된 전환사채 등에 의한 주식으로의 전환, 주식의 인수, 주식의 교환 등 법인의 자본을 증가시키거나 감소시키는 거래로 인하여 얻은 이익 또는 사업양수도·사업교환 및 법인의 조직변경 등에 의하여 소유지분 또는 그 가액이 변동됨에 따라 얻은 이익으로서 일정한 기준 이상의 것은 증여재산으로 한다고 규정하고 있다. 이 사건은 총 발행주식수의 98% 비율에 달하는 주식을 증여 받은 경우로서 그 증여가 '사업양수도·사업교환 및 법인의 조직변경 등'에 해당하여 상증세법 제42조 제1항 제3호를 적용할 수 있는지 여부가 문제된다

나. 두 가지의 견해

(1) 긍 정 설

긍정설은 발행주식 총수의 상당한 비율을 이전 받은 경우 상증세법 제41조 제1항 제3호의 사업양수도 등에 해당한다고 보는 견해이다.

발행주식 총수의 상당한 비율을 증여받은 경우, 수증법인이 그 자회사를 통해 다른 사업 분야에 진출한 것으로 볼 여지가 있고, 주주총회가 대표이사·이사회보다 결정 권한이 강력하고 범위가 넓다는 점에서 100%에 가까운 주식 양도가 영업 양도보다 회사의 사업 내용이나 조직에 더욱 중대한 변화를 초래하는 점 등을 고려하면, 상증세법 제42조 제1항 제3호 후단의 '사업양수도·사업교환 및 법인의 조직변경 등'에 해당한다. 특히 제3호의 문언이 '사업양수도 등'으로 기재되어 있으므로 사업양수도에 준하는 정도의 경영권 이전을 가져오는 사안도 여기에 해당한다는 것이다. 흑자법인이 타법인의 100% 지분을 증여받은 경우 사업양수도 등에 해당하여 상증세법 제42조 제1항 제3호를 적용하여 증여세를 과세하는 것이 적법하다고 판단한 하급심 판결도 있다.[16]

(2) 부 정 설

상증세법 제42조 제1항 제3호는 과세대상 거래유형으로 '사업양수도·사업교환 및 법인의 조직변경 등'이라고 규정하고 있으므로, 이에 해당하기 위해서는

---

16) 서울행정법원 2012. 8. 17. 선고 2011구합42543 판결.

사업양수도, 사업교환 및 법인의 조직변경에 준하는 정도로 법인의 사업 내지 조
직에 중대한 변화가 있고 이로 인하여 그 소유지분 또는 가액의 변동이 초래되는
경우이어야 한다는 견해이다.

여기서 '사업양수도'는 일정한 영업목적에 의하여 조직화된 사업 일체, 즉 인
적·물적 조직을 그 동일성을 유지하면서 일체로서 이전하는 것을 의미하고,17)
'법인의 조직변경'은 주식회사를 유한회사로 변경하는 것과 같이 회사가 그의 인
격의 동일성을 보유하면서 법률상의 조직을 변경하여 다른 종류의 회사로 전환
되는 것을 의미한다.18)

그런데 주식을 증여받은 것만으로 수증받은 주식의 비율이 얼마인지 여부와
관계없이 단순히 회사의 물적 자산가치가 증가되는 결과가 발생할 뿐이고, 사업
주체가 변경되거나 회사의 법적 형태가 변경되는 등 사업양수도·사업교환 및 법
인의 조직변경에 준하는 정도로 법인의 사업 내지 조직에 중대한 변화가 초래되
었다고는 볼 수 없다. 따라서, 단순히 주식을 증여받은 경우 그 지분율이 상당한
경우라 하더라도 사업양수도 등으로 보아 상증세법 제42조 제1항 제3호를 적용
하여 증여세를 과세할 수 없다.

5. 대상판결의 의의 및 평가

가. 대상판결의 의의

대상판결은 상증세법 제2조 제3항을 과세근거규정으로 보아 이를 적용한 증
여세 과세를 원칙적으로는 긍정하면서도, 종래 증여의제규정이었던 상증세법 제
33조 내지 제41조의5가 증여재산의 가액산정규정으로 전환되었더라도 각 규정의
내용 및 입법취지에 따라 일정 유형의 거래·행위에 대하여 증여세 과세범위와
한계를 정하는 규정으로 볼 수 있다고 판단함으로써, 증여세 완전포괄주의의 도
입 취지와 납세자의 예측가능성, 법적 안정성과의 조화를 도모하고 있다.

무엇보다 대상판결은 개별예시규정을 과세한계규정으로 보아 그 규정이 규
율하는 거래·행위 유형임에도 그 과세대상 및 범위에서 제외되는 경우에는 다시
상증세법 제2조 제3항에 근거한 과세는 허용되지 않는다고 명시적으로 판단하여
증여세 완전포괄주의 과세의 적용범위와 한계를 분명히 정하였다. 다만 개별예시

---

17) 상법 제41조; 대법원 2009. 1. 15. 선고 2007다17123 판결 등.
18) 상법 제604조; 대법원 1985. 11. 12. 선고 85누69 판결 등.

규정을 전부 과세 한계규정으로 볼 수 있는지는 각 규정마다 규정의 내용 및 입법 취지를 고려하여 판단이 필요하다는 여지를 남기고 있으나, 최소한 이 사건에서 문제된 상증세법 제41조 제1항은 과세 한계규정임을 분명히 하였다.

또한, 대상판결은 상증세법 제42조 제1항 제3호 후단의 '사업양수도 또는 법인의 조직변경 등'의 의미는 주주의 소유지분이나 그 가액이 변동되는 모든 거래행위라고는 볼 수 없고 적어도 사업양수도, 사업교환 및 법인의 조직변경에 준하는 정도로 법인의 사업 내지 조직에 중대한 변화가 있고 이로 인하여 그 소유지분 또는 가액의 변동이 초래되는 경우로 한정된다는 이유로 이 사건 주식의 증여는 사업양수도 또는 법인의 조직변경에 해당하지 않는다고 봄으로써 개별예시규정의 해석에 있어서도 조세법률주의상의 엄격해석의 입장을 취하였다.

나. 대상판결의 평가와 전망

대상판결이 상증세법 제41조의 거래유형에 해당하지만 그 과세요건에 해당하지 않는 거래에 대해서 상증세법 제2조 제3항에 의하여 증여세를 과세할 수 없다는 판단에 대해서는 찬동하지만 상증세법 제33조 내지 제42조에서 규정되지 않는 변칙적인 증여유형에 대해서는 상증세법 제2조 제3항을 과세근거규정으로 삼아 증여세 과세가 가능하다고 판시한 부분에 대해서는 찬성하기 어려운 측면이 있는바, 부정설의 논거에 다음의 사유를 추가할 수 있다.

첫째, 개정 상증세법은 상증세법 제2조 제3항의 포괄적, 불확정적 성격으로 인한 조세법률주의 위반에 대한 문제점을 인식하고 그 보완책으로 상증세법 제33조 내지 제41조의5를 개별예시규정으로 전환하였고 그 보충적 규정으로 상증세법 제42조의 포괄적 과세규정은 둔 것으로 이해된다. 특히 상증세법 제42조 제4항은 같은 법 제2조 제3항에서 규정하는 '기여에 의한 재산가치의 증가'의 의미가 불확정적이어서 자의적인 과세와 과세범위가 지나치게 확대된다는 지적에 대응하기 위하여 그 내용을 구체화한 것으로 볼 수 있다. 이와 같이 증여의제규정을 개별예시규정으로 전환하면서도 납세자의 예측가능성을 보장하기 위하여 과세대상의 제한내용을 그대로 남겨둔 것인데, 전형적 변칙증여에 대한 대응규정인 개별예시규정이 예정하지 않는 증여를 상증세법 제2조 제3항으로 과세하여 개별예시규정의 의미를 사상시키면 애초의 조세법률주의 위반의 문제점으로 다시 회귀하게 된다. 주요한 변칙적 증여의 형태로 보아 개별예시규정에 규정한 과세유형이라도 그 과세요건을 흠결하게 되면 과세가 위법하게 되는데 개별예시규정에서도 정하지 않은 소소한 변칙적 증여에 대해서 과세할 수 있다는 것은 형평에 반하고 논리적으로도 모순되는 측면이 있다.

둘째, 상증세법 제2조 제3항에 의하면 기여에 의하여 타인의 재산가치를 증가시키는 것도 증여세 과세대상에 해당하는데 미실현 이익인 재산가치 증가액을 과세대상으로 삼는 것 자체가 담세력을 전제하는 응능부담의 원칙에 반할 뿐 아니라 재산가치 증가의 원천을 제공한 기여자는 자신의 부의 감소 없이 귀속자의 재산가치를 증가시켜 준 것인데 이를 가지고 귀속자에게 그 경제적 이익을 증여하였다고 보는 것은 증여개념의 사전적 의미와 외연을 일탈한 것이다. 특수관계자 사이의 일감몰아주기를 규율하기 위하여 2011. 12. 31. 상증세법의 개정을 통하여 증여의제 규정의 형태로 별도의 제45조의3을 신설하였는바, 일감몰아주기는 기여에 의한 타인의 재산가치 증가의 전형적 형태로도 볼 수 있는데, 이를 과세하기 위하여 명의신탁 증여의제와 같은 의제조항을 도입한 것은 상증세법 제2조 제3항이 독자적인 과세근거규정으로서 모든 증여에 대하여 과세하는 데 한계가 있음을 인정한 셈이다.

셋째, 2013. 1. 1. 개정 상증세법 제32조 제3호는 나목에서 타인의 기여에 의하여 재산가치가 증가하는 경우 재산가치 증가사유가 발생하기 전과 후의 시가의 차액으로서 대통령령이 정하는 이익에 상당하는 금액을 증여재산가액으로 규정하고 있다. 그런데 개정 상증세법 제32조 제3호 나목과 제42조 제1항 제3호 후문에 의한 증여가액 계산방법이 동일하여 제42조가 예정하지 않은 변칙증여에도 상증세법 제2조 제3항에 의한 과세가 가능함을 전제로 하고 있다. 만일 그러한 증여에 대하여 개정 상증세법 제32조 제3호 나목에 따라 증여재산가액을 계산하게 되면 결과적으로 상증세법 제42조의 과세요건을 구비하지 않더라도 증여세를 과세할 수 있어 제42조의 규정이 의미가 없게 되는바, 이 점에 비추어 보더라도 상증세법 제2조 제3항을 과세근거규정으로 보기에는 무리가 따른다.

대상판결은 증여세 완전포괄주의에도 불구하고, 개별예시규정이 여전히 과세의 범위와 한계를 정하는 경우에는 조세법률주의의 요청인 엄격해석의 원칙에 따라야 하므로 상증세법 제42조 제1항 제3호의 '사업양수도 등'의 의미도 엄격하게 해석하여, 지분율 98%에 이르는 주식을 증여받은 경우에도 사업양수도 등에 해당하지 않는다고 판단하였는바, 그 판시와 결론은 타당하다.

입법자가 특별한 요건 하에 상증세법 제33조부터 제42조에 구체적으로 예시된 거래유형을 두었다는 것은 그 반대해석상 그 요건에 해당하지 않는 거래를 증여세 과세대상에서 배제하는 입법적 결단을 한 것으로 볼 수 있다. 상증세법 제2조 제3항 도입 당시 개별예시규정을 존치하였고 나아가 개별예시규정의 과세범위를 넓히는 개정을 수 차례 하기도 하였는데 개별예시규정을 상증세법 제2조 제3항의 예시규정으로만 존치시킨 것이라면 그에 더하여 개별예시규정의 과세요건을 확대하거나 정비할 필요가 없었을 것이다. 또한, 법체계상으로 상증세법 제2조 제3항은 일반규정의 성격을 가지는 반면 상증세법 제41조를 포함한 개별예시규정은 특별규정의 성격을 가지므로 상증세법 제2조 제3항이 과세근거규정이라고 하더라도 특별규정인 상증세법 제41조의 반대해석의 취지가 우선되어야 할 것이다. 그와 같은 관점에서 대법원도 앞서 본 바와 같이 이자소득의 유형적 포괄주의의 과세조항인 소득세법 제16조 제1항 제13호를 제한적으로 해석한 바 있다.

사업양수도 등에 대한 과세는 주주와 법인 간의 또는 구성원과 조합, 사단 간의 자본거래로서 법인에게 법인세 등이 과세될 수 있는 과세요건에 해당하지 않으면서도 주주에게 그 지분가치 상승의 이익을 가져오기 때문에 증여세를 과세하기 위한 필요성이 있다는 데 터잡은 것이므로 여기에 법인세가 별도로 과세되는 손익거래까지 포괄하는 것으로 볼 수 없다는 점에서도 대상판결의 판시는 타당하다. 부당행위계산부인조항인 구 법인세법 시행령 제46조 제2항 제9호는 기타 출자자 등에게 법인의 이익을 분여하였다고 인정되는 것이 있을 때를 그 부당행위계산의 유형으로 규정하였음에도 판례는 이를 제1호 내지 제8호에 준하는 것으로 한정적으로 해석하였는바,[19] 비록 상증세법 제41조 제1항 제3호가 사업양수도 '등'이라고 규정하고 있지만 위 판시취지에 비추어 손익거래에 해당하는 상당한 규모의 주식이전을 사업양수도 등에 해당하는 것으로 해석할 수 없다. 더욱이 이 사건의 경우에는 증여 재산이 주식만이 아니라 다액의 정기예금과 대여금채권도 있어 사업양수도 등으로 보기는 더욱 어렵다고 할 것이다.

향후 개별예시규정이 예정하고 있지 않은 구체적 변칙적 증여사안에 대해 상증세법 제2조 제3항을 근거로 증여세 과세가 가능하다고 판단할 것인지, 다른 개별예시규정이 관련되는 사안에 대해서도 대상판결의 판시와 동일한 판단이 이루어질 것인지 주목된다.

---

19) 대법원 2005. 4. 29. 선고 2003두15249 판결 등.

5

지방세법

이중과세 방지를 위하여 종합부동산세액에서 공제하는 재산세액의 산정방법

〈대법원 2015. 6. 24. 선고 2012두7073 판결〉

Ⅰ. 대상판결의 개요

1. 사실관계의 요지와 부과처분의 경위

원고는 주택건설업을 영위하는 내국법인으로서 2005. 6.경 서울시로부터 서울 성동구 성수동1가 소재 2필지의 토지 18,315㎡(이하 '이 사건 토지')를 분양 받아 그 지상에 주상복합건물을 신축·분양하는 사업을 진행하고 있었다. 이 사건 토지 지상에 건축하는 주상복합건축시설(이하 '이 사건 건물')의 용도는 주거시설, 업무시설, 상업시설 및 문화시설로서 건물연면적은 204,559㎡이고 건물바닥면적은 4,587㎡이었다.

피고는 2009. 11. 20. 원고에게 이 사건 토지 중 바닥면적의 3배에 해당하는 토지는 별도합산과세대상으로, 나머지 토지는 종합합산과세대상으로 구분하여 이 사건 토지와 건물의 주택 부분에 대하여 2009년 귀속 종합부동산세 3,799,913,830원과 농어촌특별세 759,982,760원[1]의 부과처분(이하 '이 사건 부과처분')을 하였다.[2]

이 사건 부과처분 당시 적용되던 구 종합부동산세법(2010. 3. 31. 법률 제10221호로 개정되기 전의 것) 제9조 제3항, 제14조 제3항, 제6항은 주택, 종합·별

---

1) 농어촌특별세법 제5조 제1항에 의하여 종합부동산세 결정세액의 20%가 농어촌특별세로 부과된다.

2) 이 사건에서는 다른 쟁점도 다투어졌으나 본 판례평석에서는 종합부동산세액에서 공제되는 재산세액 부분에 한정하여 논의한다.

도합산과세대상인 토지(이하 '주택 등')의 과세표준 금액에 대하여 해당 과세대상 주택 등의 재산세로 부과된 세액을 주택 등 종합부동산세액에서 각각 공제하도록 하였다.

위 규정의 위임을 받은 구 종합부동산세법 시행령(2011. 3. 31. 대통령령 제22813호로 개정되기 전의 것) 제4조의2, 제5조의3 제1항, 제2항은 '주택 등 종합부동산세액에서 공제되는 주택 등의 재산세로 부과된 세액'을 '주택 등의 재산세로 부과된 세액의 합계액 × 주택 등의 과세표준에 대하여 주택 등의 재산세 표준세율로 계산한 재산세 상당액 ÷ 주택 등을 합산하여 주택 등의 재산세 표준세율로 계산한 재산세 상당액'의 산식(이하 '이 사건 시행령 산식')에 따라 각각 계산한 금액으로 하도록 규정하였다.

그런데 피고는 이 사건 부과처분과 관련하여 '주택 등 종합부동산세액에서 공제되는 주택 등의 재산세로 부과된 세액'을 계산함에 있어서 구 종합부동산세법 시행령 제4조의2, 제5조의3 제1항, 제2항의 '주택 등의 과세표준에 대하여 주택 등의 재산세 표준세율로 계산한 재산세 상당액'을 구 종합부동산세법 시행규칙(2009. 9. 23. 기획재정부령 제102호로 개정된 것) 제5조 제2항[별지 제3호 서식 부표 (2) 중 작성방법]에서 정한 '(공시가격 − 과세기준금액) × 종합부동산세 공정시장가액비율 × 재산세 공정시장가액비율 × 재산세 표준세율'의 산식(이하 '이 사건 시행규칙 산식')에 따라 산정하였다.

이에 대하여 원고는 '주택 등의 과세표준에 대하여 주택 등의 재산세 표준세율로 계산한 재산세 상당액'을 '(공시가격 − 과세기준금액) × 재산세 공정시장가액비율 × 재산세 표준세율'로 산정하여야 한다고 주장하면서, 이 사건 부과처분 중에서 이를 초과하는 '(공시가격 − 과세기준금액) × (1 − 종합부동산세 공정시장가액비율) × 재산세 공정시장가액비율 × 재산세 표준세율'로 공제대상 재산세액을 산정한 부분의 취소 청구의 소를 제기하였다.

2. 판결 요지

대법원은, "구 종합부동산세법 시행령(2009. 2. 4. 대통령령 제21293호로 개정되기 전의 것) 제4조의2, 제5조의3 제1항 및 제2항에서 정한 공제되는 재산세액을 계산하기 위한 산식('주택 등 재산세로 부과된 세액의 합계액 × 주택 등 과세기준금액을 초과하는 분에 대하여 재산세 표준세율로 계산한 재산세 상당액 ÷ 주택 등을 합산하

여 재산세 표준세율로 계산한 재산세 상당액', 이하 '종전 시행령 산식')의 분자에 기재
된 '주택 등 과세기준금액을 초과하는 부분'이 구 종합부동산세법 시행령(2011. 3.
31. 대통령령 제22813호로 개정되기 전의 것) 제4조의2, 제5조의3 제1항 및 제2항에
서 정한 공제되는 재산세액을 계산하기 위한 이 사건 시행령 산식('주택 등의 재산
세로 부과된 세액의 합계액 × 주택 등의 과세표준에 대하여 주택 등의 재산세 표준세율
로 계산한 재산세 상당액 ÷ 주택 등을 합산하여 주택 등의 재산세 표준세율로 계산한 재
산세 상당액')의 분자에 기재된 '주택 등의 과세표준'으로 변경되었는데, 이는 연도
별 적용비율 제도를 폐지하고 재산세와 종합부동산세 모두 과세기준금액을 초과
하는 분에 공정시장가액비율을 곱한 금액으로 과세표준을 산정하게 됨에 따라
공제되는 재산세의 계산방법을 변경하기 위한 것으로, 지방세법, 종합부동산세
법 및 같은 법 시행령 관련 규정의 개정 경위와 취지 등에 비추어 보면, 종전 시
행령 산식의 분자에 기재된 '주택 등 과세기준금액을 초과하는 분'이 이 사건 시
행령 산식의 분자에 기재된 '주택 등의 과세표준'으로 변경되었다고 하더라도, 과
세기준금액을 초과하는 부분에 대하여 종합부동산세와 중복 부과되는 재산세액
을 공제하려는 기본 취지에는 아무런 변화가 없으므로, 공제되는 재산세액의 계
산방법이 종전 시행령 산식에서 이 사건 시행령 산식으로 변경되었다고 하더라
도 이러한 개정의 취지가 공제되는 재산세액의 범위를 축소·변경하려는 것이었
다고 볼 수는 없다"고 판단하였다.

나아가 대법원은, "종합부동산세의 과세기준금액을 초과하는 부분에 대한
재산세액은 '(공시가격 − 과세기준금액) × 재산세 공정시장가액비율'의 산식을
기초로 계산되고, 같은 부분에 대한 종합부동산세액은 '(공시가격 − 과세기준금
액) × 종합부동산세 공정시장가액비율'의 산식을 기초로 계산된다. 그런데 이 두
금액은 '공시가격 − 과세기준금액' 부분에 관하여 각각 재산세와 종합부동산세가
부과되는 부분을 뜻하므로, 그 중 서로 중첩되는 부분, 즉 '(공시가격 − 과세기준
금액) × 종합부동산세 공정시장가액비율'보다 적거나 같은 '(공시가격 − 과세기
준금액) × 재산세 공정시장가액비율' 부분은 중복하여 재산세가 부과되는 부분에
해당하고, 더불어 종합부동산세 공정시장가액비율을 벗어나 종합부동산세 과세
표준에서 제외된 부분에 대하여는 아예 종합부동산세가 부과되지 않으므로 중복
부과임을 이유로 공제되는 재산세액을 산정할 때 이 부분은 고려할 필요가 없다
는 점을 종합하여 볼 때, 이 사건 시행령 산식에 따라 공제되는 재산세액은 '(공

시가격 – 과세기준금액) × 재산세와 종합부동산세의 공정시장가액비율 중 적은 비율 × 재산세율'의 산식에 따라 산정하여야 할 것이다. 따라서 재산세 공정시장 가액비율이 종합부동산세 공정시장가액비율보다 적거나 같은 2009년도 종합부동 산세의 경우 주택 등 종합부동산세액에서 공제되는 재산세액은 '(공시가격 – 과 세기준금액) × 재산세 공정시장가액비율 × 재산세율'의 산식에 따라 산정하여야 한다"고 하였고 "아울러 법령에서 행정처분의 요건 중 일부 사항을 부령으로 정 할 것을 위임한 데 따라 시행규칙 등 부령에서 이를 정한 경우에 그 부령의 규정 은 국민에 대해서도 구속력이 있는 법규명령에 해당한다고 할 것이지만, 법령의 위임이 없음에도 법령에 규정된 처분 요건에 해당하는 사항을 부령에서 변경하 여 규정한 경우에는 그 부령의 규정은 행정청 내부의 사무처리 기준 등을 정한 것으로서 행정조직 내에서 적용되는 행정명령의 성격을 지닐 뿐 국민에 대한 대 외적 구속력은 없다고 보아야 하므로, 어떤 행정처분이 그와 같이 법규성이 없는 시행규칙 등의 규정에 위배된다고 하더라도 그 이유만으로 처분이 위법하게 되 는 것은 아니라 할 것이고, 또 그 규칙 등에서 정한 요건에 부합한다고 하여 반 드시 그 처분이 적법한 것이라고 할 수도 없다. 이 경우 처분의 적법 여부는 그 러한 규칙 등에서 정한 요건에 합치하는지 여부가 아니라 일반 국민에 대하여 구 속력을 가지는 법률 등 법규성이 있는 관계 법령의 규정을 기준으로 판단하여야 한다"고 전제한 후, "주택 등 종합부동산세액에서 공제되는 재산세액은 이 사건 시행령 산식에 따라 산정하여야 하므로 이를 이 사건 시행규칙 산식에 따라 산정하 였다는 이유만으로 이 사건 부과처분이 적법하다고 볼 수는 없다"고 판시하였다.

결국, 대법원은 위와 같은 법리에 따라 피고들이 이 사건 시행규칙 산식을 적용하여 공제되는 재산세액을 산정한 것이 적법하다고 판시한 원심의 판단에는 주택 등 종합부동산세액에서 공제되는 재산세액의 계산방법에 관한 법리를 오해 한 위법이 있다고 보았다.

II. 대상판결의 평석

1. 이 사건의 쟁점과 문제의 소재

위 사실관계와 부과처분의 경위 등에 의하면, 이 사건의 쟁점은 주택 등 종 합부동산세액에서 공제되는 재산세액이 과세기준금액 초과분에 대하여 기납부한 재산세액 전체, 즉 '(공시가격 − 과세기준금액) × 재산세 공정시장가액비율'인지 (이하 '제1설'), 아니면 그 중에서 종합부동산세 공정시장가액비율 상당액, 즉 '(공시가격 − 과세기준금액) × 재산세 공정시장가액비율 × 종합부동산세 공정시장가액비율'인지(이하 '제2설') 여부이다.

　　이 사건 시행령 산식에 의하면 '주택 등 종합부동산세액에서 공제되는 주택 등의 재산세로 부과된 세액'은 '주택 등의 재산세로 부과된 세액의 합계액 × 주택 등의 과세표준에 대하여 주택 등의 재산세 표준세율로 계산한 재산세 상당액 ÷ 주택 등을 합산하여 주택 등의 재산세 표준세율로 계산한 재산세 상당액'으로 산정된다. 여기서 표준세율이란 지방자치단체가 지방세를 부과하는 경우에 통상 적용하여야 할 세율로서 지방세법 제111조 제3항에 따라 재정상 기타 특별한 사유가 있는 경우에는 이를 따르지 아니할 수도 있는 세율을 말한다. 조례에 의한 세율의 가감이나 세부담 상한의 적용이 없는 경우에는, 이 사건 시행령 산식 중에서 '주택 등의 재산세로 부과된 세액의 합계액'과 '주택 등을 합산하여 주택 등의 재산세 표준세율로 계산한 재산세 상당액'이 동일하게 되므로, 이 사건 시행령 산식에서 '주택 등의 과세표준에 대하여 주택 등의 재산세 표준세율로 계산한 재산세 상당액'만 남게 되는데 이 사건 쟁점은 위 공제되는 재산세액을 어떻게 산정할 것인지 여부이다.

　　가령, 공시가격이 10억원인 주택에 대해서는 재산세 공정시장가액비율이 60%, 종합부동산세 공정시장가액비율이 80%라고 한다면, 전체 주택의 공시가격에 공정시장가액비율 60%를 곱한 재산세 과세표준에 대하여 재산세가 부과된다. 그 중 과세기준금액인 6억원을 초과하는 4억원에 대해서는 공정시장가액비율 80%를 곱한 3억2천만원이 종합부동산세 과세표준이 되고, 여기에 공시가격 10억원인 주택에 대한 종합부동산세율 0.5%를 적용하면 종합부동산세액은 160만원(=3억2천만원 × 0.5%)이 되는데 위 주택의 과세기준금액을 초과하는 4억원에 대한 재산세는 재산세 공정시장가액비율 60%에 재산세율 0.4%를 곱한 96만원이 된다.

　　제1설에 의하면 위 종합부동산세액에서 공제하는 재산세액을 산정함에 있어서, 과세기준초과금액 4억원에 재산세 공정시장 가액비율 60%와 재산세율 0.4%를 곱한 96만원이 공제되는 것이고 제2설에 의하면 과세기준 초과금액 4억원에 종합부동산세 공정시장가액비율 80%를 곱한 3억2천만원에 재산세 공정시장가액비율 60%와 재산세율 0.4%를 곱한 76만8천원이 공제된다.

이와 관련하여 발생하는 이중과세 부분을 보면 아래 [그림 1]과 같은바, 주택의 과세기준금액 초과분인 4억원에 대하여, 종합부동산세는 그 공정시장가액비율인 80%를 곱한 금액에 종합부동산세율 0.5%를 적용한 금액으로 계산되고, 재산세는 그 공정시장가액비율인 60%를 곱한 금액에 재산세율 0.4%를 적용한 금액으로 계산되므로 위와 같이 재산세 공정시장가액비율이 종합부동산세 공정시장가액비율보다 낮은 경우 이중과세가 발생하는 부분은 과세기준금액 초과분 중 재산세 공정시장가액비율만큼이 되고, 이 부분이 제1설이 주장하는 공제대상부분이다. 그런데 제2설의 입장대로 종합부동산세 공정시장가액비율 80%와 재산세 공정시장가액비율 60%를 모두 적용하게 되면, 과세기준금액 초과분의 12% {=60% × (1 - 80%)}만큼은 재산세와 종합부동산세가 중복 과세된 형태로 남게 된다.

[그림 1]

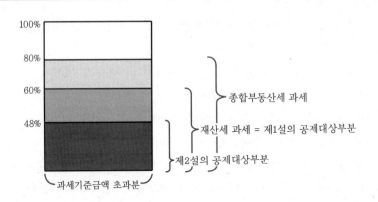

2. 우리나라 부동산 보유세제와 그 변천

가. 현행 부동산 보유세제의 개요

현행 부동산 보유세제로는 재산세와 종합부동산세가 있다. 재산세는 지방세로서 지방세법 제105조는 토지, 건축물, 주택, 항공기 및 선박을 과세대상으로 하고 있다. 반면 종합부동산세는 2005년에 도입된 국세로서 주택과 토지분 재산세의 납세의무자 중 그 공시가액이 일정금액을 초과하는 납세의무자에 대하여 부과하는 조세이다. 종합부동산세는 그 과세대상이 주택과 토지로서 제한적이고, 일정금액을 초과하는 경우에 부과된다는 점에서 재산세와 차이가 있다. 종합부동산세 납세의무자는 모두 재산세 납세의무자에 해당하게 되어 동일한 과세기준일인 매년 6월 1일에 동일한 재산의 보유에 대하여 두 세목의 조세를 부담하게 되므로 종합부동산세 도입 초기부터 이중과세문제가 제기되어 왔다.

나. 2005년 부동산 보유세로서의 종합부동산세의 도입

우리 세법은 2005. 1. 종합부동산세가 도입되기 이전까지 부동산 보유세로서 지방세제 내에 '재산세'와 '종합토지세'를 두고 있었다. 특히 종합토지세는 전국에 있는 모든 토지를 소유자별로 합산하고 그 합산한 토지가액에 누진세율을 적용하여 산출한 세액을 토지 소재지인 관할 시·군에 납부하는 세목으로, 부동산 투기와 과다한 토지 보유를 억제하여 지가 안정과 토지 소유의 저변 확대를 목적으로 1990년부터 시행되었다.

1997년 외환위기의 영향으로 하락했던 부동산 가격이 2000년대 초반 국제통화기금(IMF)의 관리 체제에서 벗어나면서 수도권의 아파트를 중심으로 급등하자, 종래의 부동산 보유세제로는 투기 억제에 한계가 있다고 보아 2005. 1. 5. 법률 제7328호로 종합부동산세법을 제정(이하 '제정 종합부동산세법')하여 종합부동산세를 도입함으로써 새로운 부동산 보유세제가 시행되었다.

종합부동산세는 종전의 재산세와 종합토지세를 지방세(토지세, 건물세)와 국세(종합부동산세)로 이원화한 것으로, 일차적으로 지방자치단체에서 관할구역 내 부동산에 대하여 낮은 세율로 지방세인 재산세를 과세하고 이차적으로 국가에서 인별로 전국의 소유 부동산 가액을 합산하여 일정한 과세기준금액을 초과하는 금액에 대하여 재산세율보다 높은 누진세율로 국세인 종합부동산세를 과세하는 것이다.

종합부동산세는 과세대상, 과세목적, 과세성격 등이 재산세와 동일한 것이어서 그 도입 이전부터 이미 재산세가 부과된 부동산에 대하여 종합부동산세가 다시 부과된다는 '이중과세'의 문제가 제기되었다. 이에 제정 종합부동산세법은 위와 같은 재산세와의 이중과세 문제를 해결하기 위하여 납세의무자별로 과세대상 주택 등에 대하여 주택 등 재산세로 부과된 세액을 종합부동산세액에서 각각 공제하도록 하였다.

다. 연도별 적용비율제도가 적용된 2008년까지의 부동산 보유세제

본래 지방세법은 재산세 과세표준을 '재산가액'으로 하고 있다가, 과세표준의 현실화를 위하여 2005. 1. 5. 법률 제7332호로 개정된 지방세법은 제187조에서 재산세 과세표준을 시가로 현실화하는 차원에서 '부동산 가격공시 및 감정평가에 관한 법률에 의한 공시가격'으로 하되 새로운 제도의 도입에 따른 급격한 세부담을 완화하기 위하여 공시가격에 대통령령으로 정하는 적용비율을 곱하여 산정한 가액으로 하도록 하였고, 2005. 1. 5. 대통령령 제18669호로 개정된 지방세법 시행령 제138조는 그 적용비율을 50%로 규정하였으며, 같은 날 도입된 제정 종합부동산세법은 재산세 과세표준을 합산한 금액에서 일정한 과세기준금액을 공제한 금액을 종합부동산세 과세표준으로 삼도록 하였다.

그 후 2005. 12. 31. 법률 제7843호로 개정된 지방세법은 대통령령에 위임되어 있던 재산세 과세표준액의 적용비율을 법률에서 명확히 규정함으로써 적정한 수준의 재산세 부담이 이루어지도록 하기 위하여 제187조에 재산세 과세표준을 부동산 가격공시 및 감정평가에 관한 법률에 의한 공시가격이라고 규정하였고, 그 부칙에서 2006년부터 2017년까지의 과세표준은 시가표준액에 토지와 건축물은 2006년에는 55%, 2007년부터는 매년 5% 포인트씩 인상하여 2015년부터는 100%의, 주택은 2006년, 2007년에는 50%, 2008년부터는 매년 5% 포인트씩 인상하여 2017년부터는 100%의 각 적용비율을 곱하여 산정한 가액으로 한다고 규정하였다.

종합부동산세법은 2005. 12. 31. 법률 제7836호 개정으로, 과세표준을 공시가격에서 일정한 과세기준금액을 공제한 금액으로 규정하고, 2006년부터 2008년(별도합산과세대상 토지분 종합부동산세는 2014년)까지의 종합부동산세액은 종합부동산세 과세표준에 매년 5% 포인트씩 인상되는 각 연도별 적용비율과 세율을 곱하여 계산한다고 규정하였다.

이와 같이 연도별 적용비율은 부동산 보유세의 과세표준을 당해 부동산의 시가(공시가격)로 변경함에 따른 세부담의 급격한 증가를 완화하기 위한 경과조치로서 도입되었고, 이는 과세표준에 포함되지 않는 개념이었다. 즉, 연도별 적용비율제도 아래에서 부동산 보유세는 '과세표준(=공시가액-과세기준금액) × 세율 × 연도별 적용비율'의 산식에 따라 계산되는 구조를 취하고 있었다.

라. 공정시장가액비율제도가 적용된 2009년부터의 부동산 보유세제

2008년 전 세계적인 금융위기 이후 부동산 시장가격이 하락하였음에도 불구하고 보유세 과세표준이 되는 공시가격이 그와 같이 변동하는 시장가격을 제대로 반영하지 못하여 오히려 세부담은 증가하는 현상이 발생하였다. 또한 연도별 적용비율은 2005년 도입 당시 법적 근거를 명확히 하기 위하여 '시행령'이 아닌 '법률'로 매년 5% 포인트씩 인상하도록 규정되어 있었으나, 금융위기와 같은 돌발 상황이 생겼을 때 적정한 수준의 세부담이 될 수 있도록 탄력적으로 조정하는 데에 어려움이 있었다.

이에 2009년 연도별 적용비율제도가 폐지되고 공정시장가액비율제도가 도입되었다. 공정시장가액이란 공시가격을 기준으로 매년 확정하여 발표하는 새로운 보유세 과세표준으로, 2009. 2. 6. 법률 제9422호로 개정된 지방세법 제187조 제1항은 공정시장가액비율은 주택의 경우 공시가격의 40~80%, 토지와 건축물의 경우에는 50~90% 범위에서 탄력적으로 대통령령으로 정하는 공정시장가액비율을 곱하여 산정한 금액으로 한다고 규정하고, 그 위임을 받아 2009. 5. 21. 대통령령 제21496호로 개정된 동법 시행령 제138조는 토지 및 건축물의 공정시장가액비율을 시가표준액의 100분의 70으로, 주택의 공정시장가액비율을 시가표준액의 100분의 60으로 각각 정하였다.

또한, 2008. 12. 26. 법률 제9273호로 개정된 종합부동산세법 제8조 제1항 본문, 제13조 제1항, 제2항은 주택 등의 종합부동산세 과세표준을 공시가격 합산액에서 과세기준금액을 공제한 금액에 대통령령으로 정하는 공정시장가액비율을 곱한 금액으로 한다고 규정하고, 2009. 2. 4. 대통령령 제21293호로 개정된 동법 시행령 제2조의4 제1항은 주택 및 종합합산과세대상인 토지의 공정시장가액비율을 시가표준액의 100분의 80으로, 제2항은 별도합산과세대상인 토지에 대하여 2009년에 납세의무가 성립하는 분에 대한 공정시장가액비율을 시가표준액의 100분의 70으로 각각 정하였다.

공정시장가액비율이 도입된 이후 부동산 보유세제는 공시가격 내지 공시가격에서 과세기준금액을 공제한 금액에 공정시장가액비율을 곱한 금액을 과세표준으로 하고 여기에 세율을 곱하여 세액을 산정하는 체계를 갖추게 되었다.

3. 종합부동산세액에서 공제하는 재산세액의 산정 방법에 관한 두 가지의 견해

가. 견해 대립의 배경

앞서 본 바와 같이, 재산세와 종합부동산세는 과세대상 재산의 보유라는 동일한 담세력을 바탕으로 한 조세이기 때문에 하나의 과세대상에 대하여 두 가지 조세를 과세하는 셈이 되어 납세자의 재산권을 본질적으로 침해하거나 헌법상의 조세법률주의에서 파생된 실질과세원칙에 위배될 가능성이 있다. 종합부동산세법은 종합부동산세 산출세액에서 재산세로 부과된 세액을 공제하는 방법으로 이중과세를 조정하였고, 그 공제대상 재산세액의 구체적인 계산방법을 시행령에 위임하였다.

연도별 적용비율이 적용되던 구 종합부동산세법 시행령(2009. 2. 4. 대통령령 제21293호로 개정되기 전의 것) 제4조의2, 제5조의3 제1항 및 제2항은 공제되는 재산세액을 '주택 등 재산세로 부과된 세액의 합계액 × 주택 등 과세기준금액을 초과하는 분에 대하여 재산세 표준세율로 계산한 재산세 상당액 ÷ 주택 등을 합산하여 재산세 표준세율로 계산한 재산세 상당액'의 산식, 즉 종전 시행령 산식에 따라 산정하도록 규정하였다.

연도별 적용비율 제도가 폐지되고 공정시장가액비율제도가 도입되면서 2009. 2. 4. 대통령령 제21293호로 개정된 종합부동산세법 시행령 제4조의2, 제5조의3 제1항 및 제2항에서는 종합부동산세액에서 공제되는 재산세액의 계산방법을 이 사건 시행령 산식, 즉 '주택 등의 재산세로 부과된 세액의 합계액 × 주택 등의 과세표준에 대하여 주택 등의 재산세 표준세율로 계산한 재산세 상당액 ÷ 주택 등을 합산하여 주택 등의 재산세 표준세율로 계산한 재산세 상당액'의 산식에 의하도록 변경하였다.

연도별 적용비율제도가 적용되던 2008년까지는 종전 시행령 산식에 '과세기준금액을 초과하는 분에 대하여 재산세 표준세율로 계산한 재산세 상당액'이라고 규정되어 있어 공제대상 재산세액을 '(공시가격 − 과세기준금액) × 재산세율 × 연도별 적용비율'의 산식으로 계산함에 이견이 없었다.

그런데 공정시장가액비율이 적용되는 2009년부터는 이 사건 시행령 산식에서 '과세표준에 대하여 재산세 표준세율로 계산한 재산세 상당액'이라고 규정하였는데, '과세표준'에 공정시장가액비율 개념이 포함되다 보니, '과세표준에 대하

여 재산세 표준세율로 계산한 재산세 상당액'이 '(공시가격 − 과세기준금액) ×
재산세 공정시장가액비율 × 재산세율'을 의미하는지(제1설), 아니면 '(공시가격 −
과세기준금액) × 종합부동산세 공정시장가액비율 × 재산세 공정시장가액비율 ×
재산세율'을 의미하는지(제2설) 견해가 대립하게 되었다.

나. 제1설: 재산세 공정시장가액비율만 적용해야 한다는 견해

제1설은 연도별 적용비율을 적용하던 때에는 과세표준이 '공시가격 − 과세기
준금액'이고 연도별 적용비율은 그와 같이 산정된 과세표준에 세율을 곱한 후에
적용되는 반면에, 공정시장가액비율이 적용되면서부터는 '(공시가격 − 과세기준
금액) × 공정시장가액비율'이 과세표준이 되었다는 점에 착안하여, 종전 시행령
산식과 같이 '주택 등 과세기준금액을 초과하는 분에 대하여 재산세 표준세율로
계산한 재산세 상당액'이라고 규정하면 공정시장가액비율이 적용되지 아니하고
곧바로 '공시가격 × 세율'로 계산하게 될 우려가 있어 이를 명확하게 하기 위하
여 이 사건 시행령 산식이 '주택 등의 과세표준에 대하여 주택 등의 재산세 표준
세율로 계산한 재산세 상당액'이라고 규정하였다고 보아 '[(공시가격 − 과세기준
금액) × 재산세 공정시장가액비율] × 재산세율'의 산식으로 산정하여야 한다는
입장이다.

이 견해는 연도별 적용비율이 '법률'에 규정되어 있어 탄력적으로 운용할 수
있도록 '시행령'으로 정하는 공정시장가액비율이 도입되었으므로, 연도별 적용비
율과 공정시장가액비율이 본질적으로 동일하고, 따라서 2009년 개정을 전·후로
공제대상 재산세액에도 변동이 없어야 한다고 본다.

토지초과이득세가 양도소득세와 중복 과세되어 위헌인지 여부에 관한 헌법
재판소 1994. 7. 29. 선고 92헌바49 결정은 "토지초과이득세는 양도소득세와 같
은 수득세의 일종으로서 그 과세대상 또한 양도소득세 과세대상의 일부와 완전
히 중복되고 양세의 목적 또한 유사하며 어느 의미에서는 토지초과이득세가 양
도소득세의 예납적 성격을 가지고 있다고 봄이 상당한데도 토지초과이득세법이
토지초과이득세 '전액'을 양도소득세에서 공제하지 않도록 규정한 것은 조세법률
주의원칙상의 실질과세원칙에 반한다"고 판단하였는바, 동일한 과세대상인 종합
부동산세와 재산세 사이에서 발생하는 이중과세 부분 전액을 공제하지 못하는
제2설은 헌법에 위반된다는 것이다.

추가적인 보론으로서 제1설은 재정경제부가 개정시 설명자료를 통하여 종합부동산세를 과세할 때 지방자치단체에서 과세한 재산세액은 전액 공제되므로 이중으로 과세하는 것은 위헌의 소지가 없다고 밝혔는바, 이는 재산세액 전액 공제에 대한 책임있는 행정청의 공적인 견해표명으로서 신뢰보호원칙이 적용되어야 한다고 본다.

다. 제2설: 재산세 공정시장가액비율과 종합부동산세 공정시장가액비율 모두 적용해야 한다는 견해

제2설은 이중과세의 문제는 종합부동산세 과세표준에 대한 재산세의 이중과세를 조정해 주면 된다는 전제에서 종전 시행령 산식의 종합부동산세 과세표준이 이 사건 시행령 산식의 과세표준으로 변경되었고, 재산세 공정시장가액비율과 종합부동산세 공정시장가액비율을 적용하여 공제대상 재산세액을 산정하더라도 변경된 종합부동산세 과세표준에 대한 이중과세가 조정된다는 견해이다. 즉, 종합부동산세법 제9조 제3항, 제14조 제3항, 제6항은 종합부동산세 과세대상 부동산분 과세표준 금액에 대하여 해당 과세대상 부동산분 재산세로 부과된 세액은 종합부동산세액에서 이를 공제한다고 규정하고 있고, 종합부동산세법 시행령 제4조의2, 제5조의3 제1항, 제2항은 부동산 과세표준에 대하여 부동산분 재산세 표준세율로 계산한 재산세 상당액이 공제되는 것으로 규정하고 있어 종합부동산세와 재산세의 이중과세 조정은 종합부동산세 과세표준에 해당하는 재산세액을 공제해 주면 되는 것인데 종합부동산세법의 개정에 따라 종합부동산세의 과세표준이 종전에는 종전 시행령 산식상의 (공시가격 – 과세기준금액)에서 이 사건 시행령 산식상의 [(공시가격 – 과세기준금액) × 공정시장가액비율]로 변경되었으므로 그 부분 재산세액을 공제해 주면 되는 것이다. 요컨대, 공정시장가액비율의 도입에 따라 종합부종산세의 과세표준 자체가 줄어들었기 때문에 그에 상응하는 비율로 이중과세 조정금액도 줄어들어야 한다는 것이다.

이 견해에서는 연도별 적용비율은 부동산 과세표준을 시가로 전환하는 과정에서 그 도입 초기에 세부담의 충격을 줄이기 위하여 시가표준액의 50% 또는 55% 비율부터 시작하여 매년 5% 포인트씩 단계적으로 인상하여 종국에는 시가표준액의 100%, 즉 공시가격 자체가 과세표준이 될 수 있도록 하기 위한 경과조치였던 반면에, 공정시장가액비율은 과세표준 자체를 줄이기 위한 비율이므로 이중과세 조정금액도 그만큼 줄어들어야 한다고 본다.

　연도별 적용비율제도는 어차피 그 비율을 100%에 이르게 하는 것이 목표였으므로, 공제세액 계산에 있어서는 비록 100%에 이르기 전이지만 입법자의 재량으로 100%를 적용하기로 하여 '(공시가격 – 과세기준금액) × 100%', 즉 '과세기준금액을 초과하는 분'이라고 규정하였는데, 공정시장가액비율이 도입되면서 위 부분에 해당하는 것이 '(공시가격 – 과세기준금액) × 공정시장가액비율'임을 명확히 하기 위하여 '과세표준'으로 개정하였다는 것이다.

　이 견해에서는 법적 근거로서 구 종합부동산세법 시행규칙 제5조 제2항[별지 제3호 서식 부표(2) 중 작성방법]을 든다. 구 종합부동산세법 시행규칙 제5조 제2항에 의한 별지 제3호 서식은 종합부동산세 신고서로, 동 서식 부표(2)는 이중과세 조정을 위하여 종합부동산세액에서 공제할 재산세액을 계산하기 위한 서식이다. 별지 제3호 서식 부표(2)의 '작성방법'의 제7항은 '과세표준 표준세율 재산세액'을, 2009. 9. 23. 구 종합부동산세법 시행규칙 개정 전에는 '(공시가격 – 과세기준금액) × 재산세 공정시장가액비율 × 재산세율'로 규정하고 있었는데, 위 개정으로 '(공시가격 – 과세기준금액) × 종합부동산세 공정시장가액비율 × 재산세 공정시장가액비율 × 재산세율'로 변경하였다. 시행령에 명시적인 위임 규정이 없지만, 구 종합부동산세법 시행규칙의 서식에서 종합부동산세 공정시장가액비율을 곱하게 한 것은 시행령에서 과세표준에 공정시장가액비율을 포함시킨 취지를 설명한 것으로서 위임을 받아야 할 성격이 아니므로, 시행령에서 위임하지 않은 내용을 시행규칙에 규정하였다는 위임입법의 한계를 일탈하였다는 논란도 없다고 주장한다.

　헌법재판소 2008. 11. 13. 선고 2006헌바112 결정은 "종합부동산세법상 종합부동산세의 세액은 과세대상 부동산에 대하여 재산세로 부과된 세액을 공제하여 산출하기 때문에 결국 동일한 과세대상 부동산이라고 할지라도 지방자치단체에서 재산세로 과세되는 부분과 국가에서 종합부동산세로 과세되는 부분이 서로 나뉘어져 재산세를 납부하는 것은 아니므로 종합부동산세와 재산세 사이의 이중과세의 문제는 발생하지 아니한다"고 판시하였는바, 종합부동산세 과세표준에 대한 재산세액만을 공제하면 이중과세문제는 발생하지 않는 것이다.

　또한, 이중과세가 발생하더라도 반드시 이중과세되는 부분을 모두 제거해 주지 않더라도 이중과세 문제가 해결되는 것으로 본다. 이론상 이중과세 부분은

100% 제거되어야 할 것으로 보이지만, 사실 이중과세 조정제도의 하나인 배당소득에 있어서의 법인주주의 수입배당금 익금불산입제도와 개인주주의 배당가산(Gross-up)제도는 이중과세 부분 중에서 일부만을 제거해 주고 있을 뿐이다. 외국의 사례를 보더라도 이중과세 조정의 범위는 각국의 조세정책에 따라 달리 정하고 있다.

토지초과이득세에 관한 헌법재판소 2006. 3. 30. 선고 2003헌가11 결정에서는 "만약 양도소득세를 부과할 때 이미 납부한 토지초과이득세를 전액 세액공제하여야 한다는 어떤 헌법적 명령이 입법자에게 부여되었다면 이를 준수하지 아니하고 세액공제의 폭을 제한한 이 사건 법률조항이 납세자의 재산권을 제한한다고 볼 소지가 있다 할 것이나, 헌법의 명문이나 해석상 그러한 의무를 도출해 낼 수 없다. 혹시, 세액을 조정하는 장치를 충분히 마련하지 아니하여 납세자에게 과도한 재산상의 부담을 주었다는 점이 넓은 의미에서 재산권의 침해가 아닌가 하는 견해가 있을 수도 있으나, 앞에서 살펴본 바와 같이 이 사건 법률조항의 입법목적은 정당하고 그 수단도 적정하다고 할 것이다. 법익형량의 면에서 보더라도 토지초과이득이 불로소득이라는 점 등에 비추어 이 사건 법률조항으로 인하여 얻게 되는 공익이 납세자가 잃게 되는 사익에 비하여 크다고 할 것이어서 과잉금지의 원칙에 어긋난다고 볼 수 없다"고 하여 이를 뒷받침하고 있다.

4. 두 가지 견해와 대상판결에 대한 평가

이상에서 살펴본 바와 같이 제2설은 이중과세의 문제는 과세표준을 기준으로 판단하여야 한다는 전제에서 그 논리를 전개하고 있으나 이는 타당하지 않다고 사료된다. 강학상으로도 이중과세는 동일한 과세기간에 동일한 과세대상에 대하여 두 개의 동일 또는 유사한 조세가 부과되는 것을 말하는바, 이중과세 여부는 담세력의 기초인 과세물건 즉 과세대상을 기준으로 판단하는 것이고 과세표준에 의하는 것은 아니다. 과세물건이란 과세대상으로 되는 물건·행위 또는 사실로서 납세의무가 성립하기 위한 물적 기초로서, 이 사건에서는 토지 및 주택의 보유가 재산세와 종합부동산세의 과세물건이 된다. 반면, 과세표준은 과세물건 내지 과세대상으로부터 구체적인 세액을 산출하기 위하여 이를 금액 내지 가액으로 나타내는 것으로서 세액 산출을 위한 과정적, 도구적 개념이다. 따라서 이 사건의 경우 이중과세 여부는 과세물건 내지 과세대상에 해당하는 토지 및 주택의 보유에 대하여 중복하여 과세가 이루어지는지의 여부에 따라 판단되어야 하는바, 동일한 부동산의 보유에 대하여 종합부동산세와 재산세가 중복하여 부과되면 이중과세가 되는 것이고 종합부동산세를 부과하면서 재산세를 공제하지 않는다면 이중과세 문제가 발생하게 되는 것이다.

제2설은 과세표준에 대한 이중과세조정의 법적 근거로서 구 종합부동산세법 시행규칙 제5조 제2항[별지 제3호 서식 부표(2) 중 작성방법], 즉 이 사건 시행규칙 산식을 들고 있지만 이중과세의 문제가 과세표준에 관한 것이라고 가정하고 위임입법의 필요성이 급격히 증가하는 상황이라고 하더라도 단지 시행규칙에 규정되어 있다고 하여 그에 따른 부과처분이 당연히 적법하게 되는 것은 아니다. 특히 조세의 종목과 세율은 법률에 정하도록 한 조세법률주의의 원칙상 반드시 상위 법령에 위임의 근거가 있어야만 하위 법령이 조세법규로서 국민에 대하여 법적 구속력을 가질 수 있다. 조세 법규라는 특성상 그와 같은 위임입법의 한계가 더욱 엄격하게 관철되어야 함을 감안하면, 이 사건 시행규칙 산식은 그에 시행령의 취지가 포함되어 있다고 하더라도 명시적인 위임 근거가 없는 이상 처분의 적법 여부를 판단하는 기준이 되는 법규명령이라고 할 수 없다(대법원 2013. 9. 12. 선고 2011두10584 판결). 대법원은 부령인 공기업·준정부기관 계약사무규칙 제15조 제3항과 자동차운수사업법시행규칙 중 협의에 관한 규정 등에 대하여 같은 취지에서 법규성이 없다고 판단한 바 있다(대법원 1992. 3. 31. 선고 91누4928 판결).

제2설은 이중과세가 발생하더라도 중복하여 부과되는 세액을 전액 공제해 주는 것을 아니라고 하면서 그 논거로서 헌법재판소 2006. 3. 30. 선고 2003헌가11 결정에서는 이중과세되는 세액을 전액 공제하여야 할 헌법적인 의무는 없고 입법자의 재량에 따라 공제 부분을 제한할 수 있다고 하였으며 실제로 현재 운용되고 있는 이중과세 조정제도가 '전액' 공제 원칙을 채택하고 있다고 볼 수도 없다는 점에서 입법(이 사건 시행규칙 산식)에 의해서 공제대상 부분을 제한하였다는 점을 들고 있다.

그러나 이 사건의 경우에는 이중과세를 조정하기 위하여 부동산세액에서 공제되는 재산세액에 관한 입법자의 의사의 변경이 있는지가 문제되는 것으로서 대상판결의 설시와 같이, 2009년에 연도별 적용비율을 폐지하고 공정시장가액비율을 도입하였다고 하더라도 여전히 과세기준금액을 초과하는 부분에 대하여 종합부동산세와 중복 부과되는 재산세액을 공제하려는 기본 취지에는 변화가 없고 개정 경위에 비추어 보면 그 개정의 취지가 공제되는 재산세액의 범위를 축소·변경하려는 것이었다고 보기도 어렵다.

　또한 위 헌법재판소 결정은 토지초과이득세 결정일로부터 상당 기간이 경과한 후에 유휴토지를 양도하는 경우 양도소득세에서 토지초과이득세를 전액 공제해 주지 않더라도 헌법에 위반되지 않는다고 판단한 것으로 당초의 과세시점과 이중과세의 조정시점에 상당한 시차가 있는 반면 이 사건과 같이 당시 동일한 시점에 동일한 과세대상에 대하여 이중과세가 분명하게 발생하는 경우와 차이가 있으므로 위 결정의 판시만으로는 이 사건과 같이 명백하게 이중과세에 해당하는데도 그 공제를 제한하는 합리적인 근거로 삼기에는 부족하다. 또한, 개인주주의 배당가산제도에서 이중과세의 일부만 제거해 주고 법인세법이 법인주주가 수령한 수입배당금의 익금불산입 범위를 제한하고 있기는 하나 이는 세법이 개인과 법인을 별도의 납세의무의 주체로 파악하고 있어 경제적 측면에서의 이중과세를 조정해 주는 경우이고 이 사건은 단일의 납세의무자의 단일의 과세대상에 대해서 법률적인 이중과세가 발생하는 경우로서 질적인 차이가 있을 뿐만 아니라 법인의 재산이 사업과 무관한 계열회사 주식 취득에 사용되어 재무구조가 부실화될 것을 방지한다는 정책적 목적도 수반된다는 점 등에서 대비된다. 오히려 특수관계에 해당되는 개인 간의 저가양도거래에 있어 양도자에게는 양도소득세를, 양수자에게는 증여세를 부과하는 것이 타당하다는 대법원 2012. 09. 13. 선고 2012두10932 판결[3]과 같이 납세의무자가 다른 경우에는 이중과세라고 보기 어렵다는 입장의 연장선에 있는 것으로 보인다.

　대상판결은 제1설의 입장에서 비록 종합부동산세의 법령의 문언이 이중과세의 조정의 문제를 과세표준에 의한다는 것으로 규정하고 있었음에도 그와 같은 법령의 외형상의 문언에 구애 받지 않고 과세물건 내지 과세대상에 관한 것으로 파악하여 실질적으로 그 과세물건에 대하여 이중과세가 발생하는 부분이 얼마인지를 따져 중복과세가 발생하지 않도록 하였을 뿐만 아니라 형식적인 면에서도 과세당국의 공제세액 산정에 법적 근거가 없다는 점을 지적하였다는 점에서 의미가 있다. 대상판결이 선고된 후 과세당국은 보도자료를 통해 2009년 법 개정을

---

3) 특수관계자간 재산의 저가양도시 부당행위계산부인 규정을 적용하여 양도인에게 양도소득세를 부과하고, 상속세 및 증여세법상 의제조항에 의하여 양수인에게 증여세를 부과하는 것이 동일한 담세력의 원천에 대하여 중복 과세하는 결과를 가져온다 하더라도 이중과세금지원칙에 위배되지 아니한다.

통해 적용방법을 변경하였고 동 개정 법에 따라 공제하고 과세하였다고 하면서 대상판결은 재산세가 과다하게 공제되는 결과를 초래하고, 개정법령의 입법취지와 문언에도 부합하지 않으므로 향후 파기환송심에서 관련부처와 협의해 적극 대응할 예정이라고 밝혔고, 나아가 2015. 11. 30. 종합부동산세법 시행령 제5조의3 제1항을 개정하여 이 사건 시행규칙 산식의 법규명령 해당여부에 대한 논란이 제기되지 않도록 하기 위하여 이 사건 시행규칙 산식을 시행령에 위치시켰다.

그러나 대상판결과 동일 쟁점의 선행사건의 파기환송심에서는 대상판결의 취지가 그대로 유지되었고(서울고등법원 2015. 11. 25. 선고 2015누1368 판결), 대법원에서 심리불속행으로 종결되었으며(대법원 2016. 3. 10. 선고 2015두4150 판결), 개정 시행령 조항에 대해서도 비록 이 사건 시행규칙 산식의 법규성에 대한 논란의 여지는 줄었다고 보이지만 여전히 동일한 과세대상에 대하여 발생하는 이중과세의 문제는 불식시키지 못하였다는 지적이 가능하다. 향후 판례의 추이를 살펴볼 필요가 있다.

주상복합건축물의 주택부분 부속토지가 지방세법상 분리과세대상토지에 해당하는지 여부

〈대법원 2015. 9. 10. 선고 2011두3289 판결〉

Ⅰ. 대상판결의 개요

1. 사실관계의 요지와 부과처분의 경위

원고는 주택법에 따라 주택건설사업자 등록을 하고 주택건설업을 영위하는 자이다. 원고는 2007. 10. 26. 서울특별시장으로부터 성동구 성수동1가 685－696 대지 17,490㎡(이하 '이 사건 토지') 위에 지하 7층, 지상 45층, 연면적 170,841.46 ㎡인 주상복합건물(이하 '이 사건 건물')에 대한 건축허가를 받고 2007. 11. 23. 착공승인을 받아 이 사건 건물을 건축하고 있다. 이 사건 건물의 연면적 중 공동주택 부분은 300세대 미만으로 85,364.02㎡이고 문화집회, 판매시설 및 운동시설은 합계 85,477.44㎡이다.

피고는 2008. 9. 26. 원고에 대하여 이 사건 토지 전부가 이 사건 건물의 부속토지에 해당된다고 보아 별도합산과세대상으로 구분하여 2008년도 1기분 재산세 535,393,200원 및 지방교육세[1] 107,078,640원 합계 642,471,840원의 부과처분(이하 '이 사건 부과처분')을 하였다.

이에 원고는 구 지방세법 제182조 제1항 제3호 (마)목, 구 지방세법 시행령 제132조 제5항 제8호는 주택법에 의하여 주택건설사업자등록을 한 사업자가 주택을 건설하기 위하여 동법에 의한 사업계획의 승인을 받은 토지로서 주택건설

---

1) 구 지방세법 제260조의2, 제260조의3에 의하면 재산세의 납세의무자는 지방세법에 따라 납부하여야 할 재산세액의 20%를 지방교육세로 납세할 의무가 있다.

사업에 공여되고 있는 토지를 분리과세대상으로 규정하고 있는데, 주택법에 의한 사업계획의 승인 자체가 면제되는 주택건설사업에 공여되는 토지도 사업계획의 승인을 받은 경우와 마찬가지로 분리과세대상으로 취급되어야 한다는 이유로 이 사건 토지 중 위 공동주택 부분의 부속토지는 분리과세대상에 해당한다고 주장하면서 이 사건 부과처분 중 공동주택 부분의 부속토지를 분리과세대상으로 보아 산정한 세액을 초과하는 부분의 취소를 구하는 행정소송을 제기하였다.

2. 대상판결의 요지

구 지방세법(2010. 3. 31. 법률 제10221호로 전부 개정되기 전의 것, 이하 '구 지방세법') 제182조 제1항 제3호 (마)목의 위임을 받은 구 지방세법 시행령(2008. 12. 31. 대통령령 제21217호로 개정되기 전의 것, 이하 '구 지방세법 시행령') 제132조 제5항 제8호는 '주택법에 의하여 주택건설업사업자 등록을 한 주택건설사업자(주택법 제32조의 규정에 의한 주택조합 및 고용자인 사업주체와 도시 및 주거환경정비법 제7조 내지 제9조의 규정에 의한 사업시행자를 포함한다)가 주택을 건설하기 위하여 동법에 의한 사업계획의 승인을 받은 토지로서 주택건설사업에 공여되고 있는 토지'를 분리과세대상토지의 하나로 들고 있다.

한편, 구 주택법(2009. 2. 3. 법률 제9405호로 개정되기 전의 것, 이하 '주택법') 제16조 제1항은 '대통령령이 정하는 호수 이상의 주택건설사업을 시행하고자 하는 자는 사업계획승인신청서에 주택과 부대시설 및 복리시설의 배치도, 대지조성공사설계도서 등 대통령령이 정하는 서류를 첨부하여 시·도지사에게 제출하고 그 사업계획승인을 얻어야 한다. 다만 주택 외의 시설과 주택을 동일건축물로 건축하는 경우 등 대통령령이 정하는 경우에는 그러하지 아니하다'고 하면서, 구 주택법 시행령(2009. 4. 21. 대통령령 제21444호로 개정되기 전의 것, 이하 '주택법 시행령') 제15조 제1항에서 주택법 제16조 제1항 본문에 따라 원칙적으로 사업계획승인 대상이 되는 경우를 '단독주택의 경우에는 20호, 공동주택의 경우에는 20세대 이상의 주택건설사업'으로 규정하고, 제15조 제2항 등에서 주택법 제16조 제1항 단서에 따라 예외적으로 사업계획승인 대상에서 제외되는 경우를 '국토의 계획 및 이용에 관한 법률에 의한 도시지역 중 상업지역(유통상업지역은 제외한다) 또는 준주거지역 안에서 300세대 미만의 주택과 주택 외의 시설을 동일건축물로 건축하는 경우로서 공동주택 1세대당 주택의 규모가 297㎡ 이하이고 당해 건축물의 연면적에 대한 주택연면적 합계의 비율이 90% 미만인 경우'로 규정하고 있다.

주택법 제16조 제1항 본문에 따른 사업계획승인 대상인 주택건설사업과 거기에 해당하지 않는 주택건설사업은 규모나 대지의 용도지역 등에 차이가 있어 국민의 주거생활에 미치는 영향이 다르기 때문에 주택법 제16조 제1항 단서는 상업지역 등에서 일정한 규모 이하의 주택과 주택 외의 시설을 동일건축물로 건축하는 주택건설사업만을 사업계획승인 대상에서 제외한 것으로 보이는 점, 주택법상 사업계획승인 대상인 주택건설사업의 경우에는 부대시설 및 복리시설의 설치나 주택건설기준의 준수 등과 같은 각종 규율이 뒤따르나, 주택법상 사업계획승인 대상에서 제외되는 주택건설사업의 경우에는 그러한 규율을 받지 않는 점 등을 종합하여 보면, 지방세법 시행령 제132조 제5항 제8호는 주택건설사업에 공여되고 있는 토지 중 주택건설사업자가 국민 다수의 주거생활에 필요한 주택의 건설과 공급을 위하여 투기적 목적 없이 일시적으로 보유하는 토지로서 공익성이 클 뿐만 아니라 용도지역에 따라 일정한 규모 이상에 이른 경우에 주택법상 사업계획승인 대상으로 삼아 엄격한 규율을 받도록 한 정책적 결단을 반영하여 그와 같은 규모 이상의 사업이 시행되는 토지에 대하여만 분리과세의 혜택을 부여하고자 한 것으로 보인다. 따라서 주택법상 사업계획승인 대상이 아닌 토지는 그것이 주택건설사업에 공여되고 있는 토지라고 하더라도 지방세법 시행령 제132조 제4항 제8호에서 정한 분리과세대상 토지에 포함되지 아니한다고 할 것이다(대법원 2015. 4. 16. 선고 2011두5551 전원합의체 판결 참조).

원심은, 주택법 제16조 제1항이 규정한 사업계획승인 대상이 아닌 주택건설사업에 공여되고 있는 이 사건 토지는 구 지방세법 시행령 제132조 제5항 제8호에서 규정한 분리과세대상토지에 해당하지 않으므로, 이를 별도합산과세대상으로 구분하여 원고에게 2008년도 1기분 재산세와 지방교육세를 부과한 이 사건 부과처분이 적법하다고 판단하였는데, 앞서 본 규정과 법리에 의하면 원심의 위와 같은 판단은 정당하다.

Ⅱ. 대상판결의 평석

1. 이 사건의 쟁점과 논의의 범위

구 지방세법 제182조 제1항 제3호 (마)목에 근거한 구 지방세법 시행령 제

132조 제5항 제8호(이하 '이 사건 조문')는 주택법에 의하여 주택건설사업자 등록을 한 주택건설사업자가 주택을 건설하기 위하여 동법에 의한 사업계획의 승인을 받은 토지로서 주택건설사업에 공여되고 있는 토지를 재산세 분리과세대상으로 규정하고 있는바, 이 사건 쟁점은 주택법 제16조 제1항 단서, 주택법 시행령 제15조 제2항에서 정한 요건을 충족하여 주택법에 의한 사업계획승인을 면제받은 토지의 경우에도 재산세 분리과세대상이 되는지 여부이다. 즉, 주택법상 사업계획승인 대상이 되는 주택건설사업과 주택법상 사업계획승인이 면제되는 주택건설사업을 지방세 과세의 목적에서 동일하게 보호할 필요성이 인정되는지의 문제로서 구 지방세법 제132조 제5항 제8호가 사업계획승인이 면제되는 토지에 대하여도 이 사건 조문이 적용되는 것으로 본다면, 원고의 주택건설사업은 300세대 미만인 경우이므로 그 부속토지 부분은 분리과세대상에 포함된다.

이와 관련하여 대법원 2008. 6. 26. 선고 2006두2626 판결(이하 '관련판결')은 종합토지세의 분리과세대상과 관련하여 산업자원부장관의 승인을 얻어 취득한 토지로서 발전시설 등에 직접 사용하고 있는 토지를 분리과세대상으로 규정하고 있던 구 지방세법(2005. 1. 5. 법률 제7332호로 개정되기 전의 것) 제234조의15 제2항 제6호 및 구 지방세법 시행령(2003. 12. 30. 대통령령 제18194호로 개정되기 전의 것) 제194조의15 제4항 제5호의 해석 적용에 있어서 그 입법취지 등에 비추어 주무장관의 승인을 얻지 않고 취득한 토지와 달리 취급할 이유가 없다는 이유로 산업자원부 장관의 승인이 면제된 발전시설 등에 직접 사용하는 토지도 위 조문의 분리과세대상에 포함된다고 하였다. 관련 판결은 법문언의 엄격해석에서 벗어나 주무장관의 승인의 의미는 관련 법령에 따라 그 승인이 면제된 경우도 포함한다고 하였는바, 전국적으로 산재하는 다수의 주상복합건축물에 대한 과세문제가 관련되어 있는 상태에서 주무장관의 승인을 전제로 분리과세대상토지를 인정하는 위 규정의 해석에 있어서 주무장관의 승인이 면제되는 경우에도 분리과세대상에 해당한다는 관련판결의 판시취지가 유사한 규정형식으로 되어 있는 이 사건 조문에도 그대로 적용되는지에 대하여 세간의 많은 관심이 모아졌다.

참고로 이 사건 쟁점은 대법원 2015. 4. 16. 선고 2011두5551 전원합의체 판결(이하 '전원합의체판결')에서도 검토가 되었으나 전원합의체판결의 사안은 도시 및 주거환경정비법(이하 '도시정비법')상의 사업시행자가 사업시행인가를 받아 주상복합건축물을 건축하여 그 건축물의 공동주택 부분에 관한 토지를 분리과세대

상토지로 볼 수 있는지에 관한 것으로서 이 사건 조문의 괄호 규정에서 주택법에
의하여 사업자등록을 한 주택건설사업자에 도시정비법에 따른 사업시행자를 포
함한다고 규정하고 있어 이 사건 조문상 '동법에 의한 사업계획승인'에 '도시정비
법상의 사업시행인가'가 포함되는지가 핵심 쟁점이어서 이 사건 쟁점은 크게 부
각되지는 않았다.[2]

본 판례평석에서는 전원합의체 판결에서의 선행쟁점이 되었던 이 사건 쟁점
을 정면으로 검토하되, 그 논의의 전제로 구 지방세법 시행령 제132조 제5항 제8
호의 지위, 주택법상 사업계획승인의 대상과 주상복합건축물의 취급, 주택법상
사업계획승인에 따른 주택법상의 규제 등을 살펴봄으로써 분리과세의 요건인 주
택법상의 사업계획승인의 의미에 대하여 분석하고, 이어서 주택법상 사업계획승
인이 면제되는 토지도 분리과세대상에 포함되는지 여부에 관하여 제1설(제외설)
과 제2설(포함설)의 논거 등을 살펴본 다음 대상판결에 대한 평가와 검토의견을
개진하고자 한다. 결국 이러한 논의를 종합하여 보면 이 사건 쟁점은 사업계획의
승인을 받은 토지에 대해서 분리과세를 인정하는 구 지방세법 시행령 제132조
제5항 제8호의 의미에 대하여 어느 범위까지의 합목적적 해석을 허용할 것인지
의 문제이다.

2. 지방세법상 분리과세대상토지와 주택법상 사업계획승인의 의미

가. 재산세 과세대상토지의 유형

토지에 대한 재산세는 과세대상토지를 종합합산대상, 별도합산대상 및 분리
과세대상으로 구분하여 과세한다(지방세법 제106조 제1항). 과세기준일 현재 재산
세가 비과세, 면제되는 토지와 일부 경감되는 토지의 그 경감부분은 종합합산과
세대상에서 제외하고, 과세기준일 현재 별도합산대상과 분리과세대상으로 구분
되는 토지를 제외한 모든 토지를 종합합산과세대상토지로 한다(지방세법 제106조
제1항 제1호). 즉, 별도합산과세대상이나 분리과세대상에 해당하지 않는 모든 토
지는 종합합산과세대상에 해당한다. 별도합산과세대상은 일반건축물의 부속토지
등으로서 산업생산에 기여한다는 점을 고려하여 낮은 세율로 별도합산하여 과세
하는 경우이고 분리과세대상은 과세표준에 합산하지 않는 경우로서 저율의 분리

---

2) 전원합의체 판결에서도 이 사건 쟁점에 대하여 긍정적인 판단이 내려진다면 핵심쟁점과 무관하
게 원고의 주장이 받아들여질 수 있어 선행 쟁점으로 검토되었다.

과세와 고율의 분리과세가 있다. 저율의 분리과세는 주로 취약산업인 1차 산업용 토지 즉, 전·답·과수원·목장용지 또는 국가경제기반산업용토지 등에 대하여 낮은 세율을 적용하고, 고율의 분리과세는 사치성 재산에 해당하는 골프장 및 고급오락장용 토지 등에 대해서 높은 세율을 적용하고 있다(지방세법 제106조 제1항 제2호, 제3호, 제111조).

재산세의 별도합산과세대상 토지와 종합합산과세대상 토지는 종합부동산세 토지분 과세대상이 된다. 재산세 납세의무자 중 종합합산과세대상의 경우 3억원 초과, 별도합산과세대상의 경우 40억원 초과금액 이상의 보유자를 납세의무자로 삼고 있다(종합부동산세법 제8조, 제12조 등). 분리과세대상토지는 정책목적에서 분리하여 고율 또는 저율의 재산세를 부담시키므로 별도로 종합부동산세를 부과하지 않는다.

나. 구 지방세법 시행령 제132조 제5항 제8호의 분리과세대상토지

구 지방세법 제132조 제5항 각호는 구 지방세법 제182조 제1항 제3호 (마)목의 위임을 받아 분리과세를 하여야 할 상당한 이유가 있는 토지를 규정하고 있다. 제1차 산업용 토지를 제외하면 그 유형은 전기사업자(제5호), 한국가스공사(제10호), 한국지역난방공사(제11호) 등이 그 고유목적에 직접 사용하고 있는 토지와 한국토지공사(제1호), 한국주택공사(제2호), 한국수자원공사(제4호), 주택건설사업자(제8호), 농어촌정비사업자(제16호) 등이 타인에게 공급할 목적으로 소유하고 있는 토지로 구분할 수 있다.

그 중 지방세법 시행령 제132조 제5항 제8호는 주택법에 의하여 주택건설사업자 등록을 한 주택건설사업자가 주택을 건설하기 위하여 동법에 의한 사업계획의 승인을 받은 토지로서 주택건설사업에 공여되고 있는 토지는 분리과세대상 토지에 해당한다고 규정하고 있다. 그 입법취지는 주택건설사업자가 타인에게 공급할 목적으로 소유하고 있는 주택건설용 토지는 부동산 과다보유를 목적으로 한 것이 아니고 국민의 주거생활 안정과 주거수준의 향상을 위한 주택의 건설과 공급을 위한 공익적 목적을 가지고 있다고 보아 저율 분리과세의 혜택을 부여하기 위한 것이다.[3]

---

3) 하태흥, "주상복합건축물의 주택 부분 부속토지와 분리과세대상토지", 대법원 판례해설 제104호, 2015, 135면.

다. 주택법상 주택건설사업의 관련규제 및 사업계획승인

주택법 제9조는 대통령령으로 정하는 호수 이상의 주택건설사업을 시행하려는 자는 주택건설사업자등록을 하여야 하고, 주택법 제16조 제1항은 대통령령이 정하는 호수 이상의 주택건설사업을 시행하려는 자는 사업계획승인을 얻어야 한다고 규정하고 있다. 주택법 시행령 제15조 제1항은 대통령령이 정하는 호수란 단독주택의 경우에는 20호, 공동주택의 경우에는 20세대를 말한다고 규정하고 있다. 다만, 주택법 시행령 제15조 제2항 제1호는 국토의 계획 및 이용에 관한 법률에 의한 도시지역 중 상업지역 또는 준주거지역 안에서 300세대 미만의 주택과 주택 외의 시설을 동일건축물로 건축하는 경우로서 단독주택은 1호당 330㎡ 이하, 공동주택은 1세대당 297㎡ 이하이고, 당해 건축물의 연면적에 대한 주택연면적의 합계의 비율이 90% 미만인 경우, 제2호는 농어촌주택개량촉진법에 의한 농어촌주거환경개선사업 중 농업협동조합중앙회가 조달하는 자금으로 시행하는 사업의 경우에는 사업계획승인 대상에서 제외된다고 규정하고 있다.

주상복합건축물은 주택부분이 주거용 건물인 이상 공동주택에 해당하므로[4] 20세대 이상의 공동주택을 포함하는 주상복합건축물을 건설하기 위해서는 주택법상의 사업계획승인을 받아야 하지만 앞서 본 주택법상의 요건을 충족한다면 주택법상 사업계획승인이 면제되고 건축법상 건축허가만 받으면 된다. 1990년대부터 상업지역 또는 준주거지역에 주상복합건축물이 등장하였는데 주상복합건축물은 도심의 공동화 현상방지 및 직장과 주거지를 가까이 둔 직주근접 도시구조를 형성해 출퇴근시 도심으로의 교통집중 현상을 개선한다는 점[5] 등을 고려하여 주택법상 사업계획승인대상에서 제외한 것으로 보인다.

주택법상 사업계획승인의 대상이 되는 공동주택은 건설·공급·관리에 관하여 '주택건설 기준 등에 관한 규정', '주택공급에 관한 규칙', '공동주택관리 규정' 등에 따른 규제를 받는다. 주거지역에 들어서는 일정 규모 이상의 공동주택에 대해서는 부대시설과 복리시설이 요구되고 주택 공급의 투기적 수요를 방지하여야 하며 공동주택 관리를 위한 대표자회의 구성의 제도적 필요성 등도 있기 때문이다.

사업계획승인이 면제되는 공동주택은 건축법에 따른 건축허가를 받으면 되

---

4) 대법원 2012. 7. 26. 선고 2010두6052 판결.
5) 정성구, 상업지역의 개발밀도에 관한 연구, 광주전남발전연구원, 2006. 9., 12―13면.

는데, 건축법은 건축물의 건축과정만을 규제하고 그 매각이나 관리 등에 대하여 별도의 규정이 없으므로[6] 집합건물의 소유 및 관리에 관한 법의 관리단에 관한 규정이 적용된다. 그런데 2004. 1. 19. 법률 제7156호로 개정된 주택법 제38조 제1항은 건축허가를 받아 건설·공급하는 주상복합건축물에 대하여도 입주자모집의 승인, 입주자 모집조건·방법·절차, 입주금의 납부방법·시기·절차, 주택공급계약의 방법·절차 등에 관한 국토해양부령인 주택공급에 관한 규칙의 적용을 받도록 하였고, 2007. 4. 20. 법률 제8383호로 개정된 주택법 제42조, 제43조 제1항은 공동주택을 건설하는 사업주체에 대해서 주택법상 공동주택 관리 규정을 적용하도록 하였고, 또한 2003. 5. 29. 법률 제6916호로 개정된 주택법 제46조 제1항은 사업주체에게 엄격한 담보책임 및 하자보수 책임을 요구하고 있다.

결국 위 주택법 규정을 종합하여 보면, 주택 20세대 이상의 건설사업을 시행하는 자에 대해서는 주택법상 전반적인 규율을 받도록 하고 예외적으로, 300세대 미만의 주상복합건축물 및 농어촌주택개량촉진법에 의한 경우에는 사업계획승인 정도를 면제하고 있다.

3. 주택법상 사업계획승인이 면제되는 주택건설사업의 토지가 분리과세대상에 포함되는지 여부

가. 문제의 소재

이 사건 조문이 사업계획승인을 분리과세대상토지의 요건으로 규정하고 있어 문언상 사업계획승인이 면제된 토지가 여기에 해당하지는 않지만 합목적적 해석의 입장에서 이를 포함시켜야 하는지에 대해서 견해의 대립이 있다. 세법의 해석이 문리해석을 근간으로 하고 있으나 조세법률주의가 지향하는 법적 안정성 및 예측 가능성을 크게 해치지 않는 범위 내에서는 입법의 동기, 취지 및 목적과 사회통념에 따른 합목적적 해석이 허용되어야 한다는 전제에서 지방세법상의 분리과세대상토지의 판정에 있어서 주택법상 사업계획승인의 면제의 공익적 측면과 관련 주택법상의 규제를 어느 정도 고려해야 하는지에 따라 주택법상 사업계획승인이 면제된 토지도 분리과세대상토지에 포함하여야 한다는 제1설과 제외하여야 한다는 제2설의 입장으로 구분된다.[7]

---

6) 김종보, "주상복합건축물의 개념과 특례", 법학논문집 제30집 제2호, 2006. 12., 93면.
7) 참고로 이 사건 쟁점과 직접 관련되는 것은 아니지만 주상복합건축물의 분리과세대상토지에 관하여 다음과 같은 판결이 있다. 즉, 대법원 2008. 2. 29. 선고 2007두14237 판결은 원고가 건축

특히 이 사건 쟁점과 유사한 쟁점에 대해서는 관련판결, 즉 대법원 2008. 6. 26. 선고 2006두2626 판결에서 긍정적으로 판단되어 그 법리의 대상판결에서의 적용 여부에 큰 관심이 모아졌는바, 관련 판결의 구체적인 내용은 다음과 같다.

원고는 소외회사로부터 이미 A 변전소 부지로 사용하던 토지를 변전설비와 함께 매수함으로써 주무장관의 승인을 얻지 않아도 되는 기존전원설비구역 안에서 시행하는 전원개발사업에 해당하였고(전원개발에 관한 특례법 시행령 제13조 제1호), 또한 B 변전소, C 변전소 부지 등의 나머지 변전소 부지는 도시계획법 등에 의하여 이미 변전소 부지로 용도가 지정된 토지로서 전원개발에 관한 특례법 제6조 제1호에 정한 인허가를 요하지 않으므로 주무장관의 승인을 얻지 않아도 되는 전원개발사업에 해당하였다(동법 시행령 제13조 제2호).

과세관청은 대상토지가 주무장관의 승인을 얻지 않은 토지라는 이유로 별도합산과세대상으로 보아 1998년부터 2003년까지의 종합토지세를 부과하자, 원고는 주무장관의 승인을 받지 않은 것이 아니라 승인을 거칠 필요가 없을 뿐이고 전원개발 사업용부지로서 공익적 목적을 수행하는 이상 승인제외대상토지도 승인대상토지와 마찬가지로 분리과세대상에 해당한다고 주장하면서 과세처분의 취소를 구하는 행정소송을 제기하였다.

이에 대하여 원심은 이미 전원개발사업에 사용되는 토지이나 다른 법에 의하여 인허가를 받은 상태여서 각종 인허가를 받은 것으로 간주되는 규정의 적용을 받을 필요가 없는 토지를 주무장관의 승인을 받지 않아도 되는 토지로 정한 것은 절차를 간소화하여 전원개발사업을 보다 효율적으로 추진하도록 한 것이라는 이유로 승인제외대상토지도 분리과세대상 토지에 해당한다고 판단하였는데, 대법원은 공법인이 공익적 목적을 수행하기 위하여 보유하는 토지에 분리과세를 하는 취지, 각종 인허가 등의 절차를 간소화하기 위하여 승인대상에서 제외한 취지 등에 비추어 승인대상 토지와 승인제외대상 토지를 달리 취급할 필요가 없다

허가를 받아 주상복합건물을 착공하여 완공하였는데 과세관청이 공동주택 부분은 주거용 건축물의 부속토지로 보아 종합합산과세대상으로, 비주거시설 부분은 일반건축물의 부속토지로 보아 별도합산과세대상으로 종합토지세를 과세하였고 이에 원고가 주상복합건축물은 주거용이 아닌 분양·판매 목적으로 신축 중이었으므로 종합합산과세대상인 주거용 건축물의 부속토지로 볼 수 없고 그 부속토지 전체를 별도합산과세대상인 일반건축물의 부속토지로 보아야 한다고 주장한 사안에서 향후 주거용으로 사용될 건축물을 공급·분양하기 위해서 건축 중인 건축물의 부속토지는 일반건축물의 부속토지와 같이 그 전체를 별도합산과세대상으로 보아야 한다는 원심 판결을 수긍하였다.

는 이유로 분리과세대상으로 본 원심판단을 수긍하였다.

나. 제1설: 제외설

제1설은 이 사건 조문의 문언상 사업계획승인을 면제받은 토지는 사업계획승인을 받은 토지에서 제외된다는 것이다. 이 사건 조문의 문언의 엄격해석의 입장에 있는 것으로서 전원합의체 판결의 다수의견이기도 하다. 그 주요 논거는 다음과 같다.8)

첫째, 이 사건 조문의 문언에 의하면 분리과세대상이 되기 위해서는 사업계획의 승인을 요구하고 있으므로 사업계획의 승인이 면제되는 경우에는 명문의 규정에 반하여 분리과세의 혜택을 부여할 수 없다. 조세법은 과세요건은 물론 비과세나 감면 요건을 막론하고 엄격하게 해석하여야 하고9) 감면규정의 성격을 가지는 이 사건 조문의 해석에 있어서도 그 문언의 가능한 범위를 넘어서 해석하는 것은 위법하다는 것이다.

둘째, 이 사건 조문이 사업계획승인을 받은 토지만을 분리과세대상으로 제한한 이유는 사업계획승인을 받은 토지는 주택의 건설과 공급에 기여할 뿐만 아니라 주택건설사업의 시행과정에서도 주택법상 엄격한 규제를 받는다는 점을 고려한 것이므로 사업계획승인이 면제된 토지는 분리과세대상토지에서 제외하여야 한다. 단순히 주택건설용 토지가 주택의 공급에 기여하는 것을 넘어서 일정한 규모를 갖추고 배우자와 자녀로 구성된 한 세대가 다른 세대와 함께 부대시설 및 복리시설을 구비하고 거주하기에 적합한 공동주택에 대해서만 그 혜택을 부여하기 위한 것이다. 따라서 상업지역이나 준주거지역에서 소규모로 지어지는 300세대 미만의 주상복합건축물은 배우자와 자녀가 함께 주거생활을 영위하는 일반적인 공동주택에 해당하지 아니하여 부대시설 및 복리시설을 두도록 하는 등의 주택법상 규율이 필요하지 아니하다고 보아 사업계획승인대상에서 제외한 것이므로 사업계획승인대상에서 제외되는 주상복합건축물의 주택 부분 부속토지는 분리과세대상으로 볼 수 없다.

셋째, 세법상 공법의 규제를 이유로 분리과세의 혜택을 부여하는 규정은 구지방세법 시행령 제132조 제5항 여러 곳에서 찾아 볼 수 있다. 예컨대, 한국토지

---

8) 하태흥, 전게논문, 144-147면.
9) 대법원 2003. 1. 24. 선고 2002두9537 판결 등.

공사가 타인에게 공급한 목적으로 보유하는 토지(제1호)의 경우 한국토지공사는 국토의 효율적 이용을 위하여 토지를 공급한다는 공익성을 고려하여 분리과세대상으로 삼고 있는데 이 때문에 한국토지공사는 일정한 공급기준에 따라 토지를 공급하여야 하는 공법상의 규제를 받고 있다. 달리 말하면 공법상의 규제는 공익성이 크기 때문에 수반되는 것이고 공법상의 규제가 강하다면 공익성이 크다고 볼 수 있으므로 공법상의 규제가 강한 경우에 분리과세의 혜택을 부여하는 것은 논리적으로도 정당하다.

다. 제2설: 포함설

제2설은 이 사건 조문의 입법취지상 사업계획승인을 면제받은 토지는 사업계획승인을 받은 토지에 포함되는 것으로 해석하는 것이 합목적적 해석이라는 견해이다. 이 사건 조문의 합목적적 해석에 충실한 견해로서 전원합의체 판결의 소수의견이기도 하다. 그 구체적 논거는 다음과 같다.[10]

첫째, 주택건설사업에 공여되는 토지를 분리과세대상으로 규정한 이 사건 조문의 취지는 주택법이 정하는 일정규모 이상의 주택을 건설하여 공급하는 주택건설사업자에 대하여 공익적 측면을 중시하여 그에 사용되는 토지에 대한 조세를 감면하여 줌으로써 주택건설사업자가 주택건설사업을 보다 효율적으로 수행하여 주택공급이 원활하게 이루어지도록 하여 국민의 주거안정과 주거수준의 향상을 꾀하려는 주택법의 입법취지를 달성하기 위한 것이다. 즉, 지방세법은 주택건설사업에 공여되고 있는 토지가 주택의 건설과 공급에 기여하고 있다고 보아 분리과세의 혜택을 부여한 것인바, 300세대 미만의 주상복합건축물은 단지 주택공급의 촉진과 절차 간소화를 위하여 사업계획승인을 면제하였을 뿐이므로 대다수의 국민의 주거생활의 안정에 기여한다는 측면에서는 사업계획승인을 받은 경우와 달리 취급할 합리적인 이유가 없다.

둘째, 이 사건 조문이 '주택법에 의한 사업계획의 승인을 받은 토지'로 분리과세대상토지를 규정한 것은 주택법에 따른 주택사업자등록도 필요하지 않은 20세대 미만의 소규모 주택건설사업이나 그와 같은 사업자등록을 하지 않고 사업을 수행하는 위법한 사업자를 제외하기 위한 것이지 인허가 절차를 간소화하여 신속하고 효율적인 사업수행을 도모하기 위하여 사업계획승인을 면제하여 준 토

---

10) 하태흥, 전게논문, 141 – 143면.

지에 대하여 분리과세의 혜택을 배제하기 위한 것은 아니다.

주택법 시행령 제15조 제2항 제2호는 농어촌주택개량촉진법에 의한 농어촌 주거환경 개선사업 중 농업협동조합중앙회가 조달하는 자금으로 시행하는 사업 에 대해서도 사업계획승인대상에서 제외하고 있는데 이 역시 공익적 측면에서 절차의 간소화를 위한 것이다. 농어촌주택개량촉진법에 따른 위 사업에 대해서 분리과세의 혜택이 주어진다면 같은 조항에서 사업계획승인을 면제한 20세대 이 상 300세대 미만의 주상복합건축물에 대해서도 그 혜택을 배제할 정당한 이유가 없다.

셋째, 조세정책상 과세혜택의 부여는 정책목표의 달성에 부합하는 것인지 여부에 의하여 결정되는 것이고 그 대상이 공법상의 규제를 받고 있는지 여부에 따라 좌우되는 것은 아니다. 변경되는 공법상의 규제 여하에 따라 조세혜택이 변 경되는 것은 합리적이지 못하다. 따라서 관련 공법상의 규제를 받지 않는다는 이 유로 분리과세의 혜택을 배제하는 것은 부당하다. 가사 이와 달리 규제의 여부를 반영하여 조세혜택을 정한다고 하더라도 300세대 미만의 요건 등을 갖춘 주상복 합건축물은 건축법상 규제로 충분하다. 주택법 시행령 제15조 제2항에서 위 주상 복합건축물을 사업계획승인대상에서 제외한 것은 바로 그러한 이유 때문이며, 이 와 달리 300세대 이상의 대규모이거나 1세대의 규모가 297㎡ 이상인 주택이 20 세대를 넘을 경우에는 건축법상 규제보다는 주택법상 규제가 필요하기 때문에, 이는 사업계획승인대상에서 제외하지 않고 있는 것이다. 가사 건축법상의 규제 이외의 추가적인 주택법상 규제가 필요하다고 하더라도 20세대 이상 300세대 미 만인 주상복합건축물에 대해서는 사업계획승인 대상인 공동주택과 마찬가지로 주택공급에 관한 규칙과 주택법상 공동주택관리규정을 적용하고 있는 등 주택법 의 전반적인 규제와 규율을 받고 있으므로, 규제의 강도를 이유로 분리과세 혜택 을 부여하지 않는 것은 타당하지 않다.

라. 대상판결의 논리

대상판결은 제2설과 같이 주택법상의 규제를 중시하여 구 지방세법 시행령 제132조 제5항 제8호에서 정하는 분리과세대상 토지에는 주택법상 사업계획승인 대상이 아닌 토지는 포함되지 않는다는 입장이다.

즉, 대상판결은 사업계획승인 대상인 주택건설사업과 이에 해당하지 않는 주택건설사업은 그 규모나 대지의 용도지역 등에 차이가 있어 국민의 주거생활에 미치는 영향이 다르기 때문에 주택법 제16조 제1항 단서는 상업지역 등에서 일정한 규모 이하의 주택과 주택 외의 시설을 동일건축물로 건축하는 주택건설사업만을 사업계획승인 대상에서 제외한 것으로 보이는 점, 주택법상 사업계획승인 대상인 주택건설사업의 경우에는 부대시설 및 복리시설의 설치나 주택건설기준의 준수 등과 같은 각종 규율이 뒤따르나, 주택법상 사업계획승인 대상에서 제외되는 주택건설사업의 경우에는 그러한 규율을 받지 않는 점, 그리고 구 지방세법 시행령 제132조 제4항 제8호는 주택건설사업에 공여되고 있는 토지 중 주택건설사업자가 국민 다수의 주거생활에 필요한 주택의 건설과 공급을 위하여 투기적 목적 없이 일시적으로 보유하는 토지로서 공익성이 클 뿐만 아니라 용도지역에 따라 일정한 규모 이상에 이른 경우에 주택법상 사업계획승인 대상으로 삼아 엄격한 규율을 받도록 한 정책적 결단을 반영하여 그와 같은 규모 이상의 사업이 시행되는 토지에 대하여만 분리과세의 혜택을 부여하고자 한 것인 점에 근거하고 있다.

4. 대상판결의 의미와 평가

대상판결은 주택건설사업에 공여되고 있는 토지라고 하더라도 구 지방세법 시행령 제132조 제5항 제8호가 분리과세의 요건으로 정한 '주택법에 의한 사업계획승인'을 받지 않은 경우에는 분리과세대상토지에 해당할 수 없음을 명확히 하였고, 이 사건 조문의 의미를 파악함에 있어 문리해석에 국한하지 않고 합목적적으로 해석하면서 그 문언, 취지와 체계, 납세자의 예측가능성과 경제적 효과 등을 종합하여 비교·형량하여 판단하였으며, 공법상의 규제 내지 공익성 여부를 조세혜택의 부여의 중요한 기준으로 삼았다는 점에서 기본적인 의의가 있다.

다만, 대상판결의 논리와 판단에 대해서는 주택법상 사업계획승인이 면제되는 경우에는 사업계획승인을 받아야 하는 대상임에도 이를 받지 아니한 위법 건축물과는 달리, 공익적 차원에서 절차의 간소화를 위하여 사업계획승인의 대상이 되지 아니한 것임에도 불구하고 형식상 사업계획승인을 받지 아니하였다는 이유만으로 분리과세의 대상에서 제외하는 것이 과연 합당한가라는 의문이 여전히 있다. 단순한 법 문언에 대한 해석의 차원에서 더 나아가 구 지방세법 제132조 제5항 제8호에서 정하는 토지에 대하여 분리과세의 혜택을 부여하는 근본적인 의의와 목적에 관한 고찰이 필요한 부분이다. 대상판결은 물론 전원합의체 판결에서 핵심적 쟁점으로 다루어진 만큼 양설의 대립도 팽팽한 상황인데, 다음의 논거를 종합적으로 고려하면, 대상판결의 반대의견, 즉, 전원합의체판결의 소수의견이 보다 타당한 것으로 사료된다.

우선, 관련 판결 즉, 대법원 2008. 6. 26. 선고 2006두2626 판결과의 정합성의 요청이다. 관련 판결은 산업자원부장관의 승인을 얻어 취득한 토지로서 발전시설 등에 직접 사용하고 있는 토지를 분리과세대상으로 규정하고 있던 구 지방세법 제234조의15 제2항 제6호 및 동법 시행령 제194조의15 제4항 제5호의 해석·적용과 관련하여, '그 입법취지 등에 비추어 주무장관의 승인을 얻지 않고 취득한 토지와 달리 취급할 이유가 없다'는 이유로 산업자원부장관의 승인이 면제된 발전시설 등에 직접 사용하는 토지가 위 조문의 분리과세대상에 포함된다고 판시한 바 있다.

관련판결의 원심은 "공법인이 공익적인 목적을 수행하기 위하여 사용하거나 소유하고 있는 토지에 저율의 분리과세를 하도록 한 분리과세제도의 취지, 구 지방세법 시행령 제194조의15 제4항 제5호는 '전원개발에 관한 특례법의 시행 전에 취득한 토지로서 담장·철조망 등으로 구획된 경계구역 안의 발전시설 또는 송전·변전시설에 직접 사용하고 있는 토지'도 분리과세대상토지로 규정하고 있는 점, 전원개발사업자로 하여금 전원개발사업 실시에 관한 각종 인·허가 등의 절차를 간소화하여 전원개발사업을 보다 효율적으로 추진할 수 있도록 하기 위하여 제정된 전원개발에 관한 특례법의 입법취지 등에 비추어 볼 때, 과세관청으로서는 구 지방세법 시행령 제194조의15 제4항 제5호에 의한 분리과세를 실시함에 있어 공법인인 원고가 일반 수요자에 대한 전력공급을 위하여 특례법 제5조 제1항 단서의 규정에 의하여 주무장관의 승인을 얻지 않고 취득한 이 사건 토지를 그 승인을 얻어 취득한 토지와 달리 취급할 이유가 없으므로 이 사건 토지는 구 지방세법 시행령 제194조의15 제4항 제5호 소정의 분리과세대상토지에 해당한다"고 판단하였다.

한편 대상판결의 사안 역시 주택법상 주상복합건축물 건설사업시행자는 원칙적으로 사업계획승인을 받아야 하고, 예외적으로 사업계획승인이 면제되는 대상을 제한하고 있다는 점, 예외적으로 사업계획승인 대상에서 제외되는 주상복합건축물을 건설하는 경우에도 여전히 주택의 공급 및 관리에 관한 주택법의 규제를 받는 점 등을 종합하면, 주택법상 사업계획승인 대상에서 제외되는 주상복합 건축물의 건설사업은 그 사업계획승인이 법령에 의하여 면제된다는 점만이 다를 뿐, 실제로 주택건설의 촉진과 국민의 주거안정이라는 정책적 목적을 가지는 주택법의 규제를 받고, 그와 같은 정책적 목적에 기여한다는 점에서 사업계획승인을 얻은 경우와 동일하므로 주택법상 사업계획승인을 받은 경우와 달리 취급할 이유가 없다.

둘째, 이 사건 쟁점에 대한 제1설이나 제2설 모두 기본적으로는 합목적적 해석의 필요성을 전제하고 있으나 특히 주무장관 등의 승인과 같은 절차적 사항에 대해서는 합목적적 해석의 필요성이 더욱 크다고 할 것이다. 대법원은 절차적 사항을 감면이나 과세제외 요건을 규정한 경우 실질적으로 그 입법취지에 부합하는 때에는 감면 규정이나 과세제외규정의 적용을 인정하고 있다.

대법원 2000. 4. 25. 선고 97누10154 판결은 구 법인세법 시행규칙 제18조 제3항 제11호에서 비업무용 부동산이 적용제외사유로서 '법령의 규정 또는 법령에 정한 주무장관의 승인 등에 의하여 임대료가 제한된 부동산'을 규정하고 있는 것에 대하여 "지방세법 시행규칙 제18조 제3항 제11호가 비업무용 부동산에 대한 제외사유를 규정한 취지는 그와 같은 임대료 결정의 자유가 제한된 경우에는 부동산을 취득하여 보유하는 것이 저렴한 임대료로 인한 손실을 지가상승에 다른 이익으로 상쇄하겠다는 계산아래 투기목적으로 이루어지는 불건전한 부동산 취득·보유행위로 보기 어렵다는 것이므로 위 제외사유에는 임대료 결정 자체에 대하여 법령의 규정 또는 법령의 주무장관의 승인에 의한 법적 강제력이 있는 제한이 가해지는 경우뿐만 아니라, 임대료 통제를 위하여 법령의 규정 또는 법령에 의한 주무장관의 승인에 의하여 임대차계약의 체결에 대하여 법적 강제력이 있는 제한을 가함으로써 임대료를 제한하는 경우도 포함된다"고 판시하여, 비록 위 조문의 문언은 '주무장관의 승인 등에 의하여 임대료가 제한된 경우'라고 규정하고 있지만 그 조문의 취지상 '임대차계약 체결에 대하여 제한이 있는 경우'도 포함하는 것으로 해석하였다.

또한, 대법원 1996. 5. 10. 선고 93누6683 판결도 구 토지초과이득세법상 '대통령령이 정하는 무허가 건물의 부속토지'가 과세대상인 유휴토지에 해당하고, 동법 시행령 제11조 제3항에서 위 무허가 건물에 대하여 "건축법 기타 관련 법령의 규정에 의하여 허가를 받거나 신고를 하여야 하는 건축물로서 허가를 받거나 신고하지 아니한 건축물과 사용검사를 받아야 하는 건축물로서 사용검사 또는 임시사용승인을 받지 아니한 건축물을 말한다"고 규정한 것에 대하여, 위 조문이 무허가 건축물의 부속토지를 토지초과이득세의 과세대상인 유휴토지로 규정하는 취지, 세법의 해석·적용에 있어서는 과세의 형평과 당해 조항의 합목적성에 비추어 납세자의 재산권이 부당하게 침해되지 아니하도록 하여야 한다는 세법해석의 원칙 및 실질과세와 현황과세의 원칙 등에 비추어 '절차지연 등으로 인하여 과세종료일 이후에야 비로소 사용검사 등을 받은 건물'은 위 무허가 건물에 포함되지 않는다고 판시하여, 위 조문의 문언은 '사용검사 등을 받지 않은 경우'가 무허가 건축물인 것으로 규정하고 있지만, 그 조문의 취지 및 위 세법해석의 원칙상 '절차지연 등으로 사용검사가 지체된 경우'는 무허가 건축물이 아닌 것으로 합목적적으로 해석하였다.

대법원 1989. 5. 23. 선고 88누5938 판결도 구 지방세법 시행규칙 제78조의3 제14호에서 재산세 과세대상인 공한지에서 제외되는 '특정용도에 사용 중인 토지'의 개념을, '1년 이상 특정용도에 사용하기 위하여 행정관청의 허가, 승인, 지정, 결정 등을 받아 당해 용도에 계속 사용하고 있는 토지'라고 규정하고 있는 것에 대하여, "행정관청이 일정 규모 이하의 사용에 관하여 신고를 하게 하고 그 신고요건을 심사하여 이를 수리함으로써 허가 또는 사용승인에 갈음하고 있는 경우에는 이러한 신고의 수리도 같은 법조 제14호 소정의 허가 등 사용승인처분과 같이 보아야 한다"고 판시하였다. 즉, 위 조문에서 '허가나 승인을 받을 것'이라고 규정하고 있지만 '신고수리만으로 승인받은 것과 마찬가지로 토지를 사용할 수 있게 한 경우'도 허가나 승인을 받은 것과 마찬가지로 보아야 한다고 합목적적으로 판단하였다.

셋째, 대상판결은 규제의 강도를 공익목적의 강도로 치환하여 그 규제의 강도에 따라 분리과세의 혜택을 부여하는 것이 타당하다는 취지로 판시하였으나 이는 공법상의 규제와 관련하여 우회적이거나 간접적으로 생기는 공익적 효과를 정책적 차원에서 당해 법령이 규제를 풀어 직접적으로 추구하는 공익에 우선하는 것으로 보았다는 점에서 주객 전도의 측면이 있다. 일정한 주상복합건축물에 대하여 사업계획승인을 면제하는 것은 주택건설사업을 촉진하기 위한 정책적 목적에서 인·허가 절차를 간소화하여 해당 건축물의 건설사업을 보다 효율적으로 추진하여 적시에 공동주택을 공급함으로써 국민의 주거안정이라는 직접적인 공익을 실현하기 위한 것으로 풀이함이 마땅하다. 즉, 주택법상 사업계획승인의 면제가 공익적 목적에서 직접적으로 그 규제를 제거한 것인데도 대상판결은 그 규제완화를 이유로 오히려 사업계획승인이 면제가 되면 규제의 강도가 낮아지게 되고 이는 결국 사업계획승인의 경우보다 공익성이 상대적으로 떨어지는 것을 반증한다고 파악한 셈이다. 근본적으로 과세상의 혜택의 부여는 그 정책적인 목적의 달성에 의하여 판단되어야 하는 것이지 규제의 정도나 강도에 따라 판단하는 것은 정당하지 못하다. 만일 그와 같이 판단한다면 입법자가 정책적 목적에서 어느 세법 조항을 통하여 과세상의 혜택을 부여하더라도 그 이면에서 행해지는 규제의 추후적 변화에 따라 과세혜택이 박탈되는 결과가 발생하는바, 이는 납세자의 예측가능성과 법적 안정성을 현저히 침해하게 된다.

넷째, 납세자로서는 주택법에 따라 사업계획승인을 면제받아 아무런 하자 없이 적법하게 주택건설사업을 수행하였고, 결과적으로 사업계획승인을 받을 방법이 없음에도 불구하고, 사업계획승인이 없다는 형식적인 이유로 분리과세대상에서 배제하는 것은 과세 형평에 어긋나고 납세자 재산권의 부당한 침해를 초래하는 것으로서 지방세법 제1조의2 제1항[11])이 규정하는 지방세법의 해석·적용의 기준에도 위배된다. 구체적으로 일반적인 공동주택이나 1세대당 297㎡를 초과하는 주택이 포함된 주상복합건축물은 20세대만 넘어도 분리과세의 혜택을 받는데 297㎡ 이하의 소규모 평형의 주택이 포함되는 주상복합건축물은 299세대가 되어도 분리과세혜택을 받지 못하는 것이 되어 종국적으로 서민의 주거생활 안정에 기여하는 소규모 평형의 공동주택에 대하여 과중한 조세부담을 가져오는, 납득하기 어려운 결과가 초래된다.

이상에서 논의한 바와 같이, 원칙적으로 주택법상 사업계획승인의 대상이 되는 주상복합건축물임에도 불구하고 공익적 필요에서 절차의 간소화를 위하여 마련된 주택법 시행령 제15조 제2항에 따라 규모 요건을 충족하지 못함으로써 주택법상 사업계획승인의 대상에서 제외된 토지의 경우에는, 국민 다수의 안정적인 주거생활을 위한 주택의 적시적 공급에 기여하고 있다는 점에서 그 토지와 관련된 주택건설사업이 갖는 공익성이 사업계획승인대상이 되는 토지에 비하여 오히려 직접적이고 크다고 볼 수 있는 점, 주택법상 사업계획승인의 대상이 되는

---

11) 구 지방세법 제1조의2 (해석의 기준 등) ① 이 법을 해석·적용할 때에는 과세의 형평과 해당 조항의 합목적성에 비추어 납세자의 재산권이 부당하게 침해되지 아니하도록 하여야 한다.

토지와 비교할 때 주택법상 규율의 내용 및 정도에서 다소간의 차이가 있을 뿐으로서, 양자 간에는 세제상의 혜택을 부여함에 있어 달리 취급하는 것을 정당화할 수 있을 만한 실질적인 차이가 존재한다고 보기 어려운 점 등에 비추어, 사업계획승인이 면제된 토지를 구 지방세법 제132조 제4항 제8호의 분리과세대상에서 배제하는 것은 분리과세제도의 입법취지에 반하는 것일 뿐만 아니라 과세형평에도 어긋나며, 실질과세의 원칙의 관점에서도 받아들이기 어려운 결론이다. 특히 대상판결은 앞서 본 관련 판결과는 정반대의 판단을 내리고 있는바, 위 판결의 사안과 대상판결의 사안 사이에 존재하는 근본적인 차이점 및 판단기준에 대하여 명료한 논거가 제공되지 않는 한, 대상판결의 결론이 갖는 설득력에는 여전히 의문이 제기될 것으로 생각된다.

제 2 편   국제세법

1

국세기본법

외국법인의 국내원천소득에 대한 원천징수의무에 있어서의 실질과세원칙의 적용과 그 한계

〈대법원 2013. 4. 11. 선고 2011두3159 판결〉

Ⅰ. 대상판결의 개요

1. 사실관계의 요지와 과세처분의 경위

영국령 케이만군도의 유한 파트너십(limited partnership) B는 미국의 유한책임회사(limited liability company) C 및 영국의 공개주식회사(public limited company) D(이하 B, C, D를 'B 등')와 공동 투자 형식으로 룩셈부르크에 유한책임회사(S.A.R.L.) E를 설립한 다음, E를 통하여 2002. 7. 3. 네덜란드의 유한책임회사(B.V.) F를 설립하였다. 그 후 F는 2002. 9.경 호주의 유한책임회사(B.V.) G로부터 내국법인인 원고 A의 주식(이하 '이 사건 주식')을 매수하였다가 2004. 12. 15. 이를 국내 기관투자자에게 매각하였다. 그 사이 원고는 2003. 3. 25. F에게 배당소득(이하 '이 사건 배당소득')을 지급하였는데, F가 네덜란드 법인이라는 이유로 한·네덜란드 조세조약 제10조의 제한세율 10%(주민세 포함)를 적용하여 배당소득에 대한 원천징수분 법인세를 납부하였다.

원고의 주주인 F는 B 등의 투자준비가 완료된 직후 설립되었다가 원고의 주식을 매각하고 그 대금을 수취한 후 곧바로 청산되었는데 F의 자산은 이 사건 주식과 관련된 것이 전부였고, 원고로부터 받는 배당금 이외에는 손익이 전혀 없었으며, 그 배당금 역시 F 명의의 계좌를 거치기는 하였으나 결국 B 등에 최종적으로 귀속되었다. 또한 F의 사업장 소재지·전화번호는 모두 B의 관계사로 되어 있고 상시 근무하는 직원도 없었으며 F의 이사 3명은 모두 B 혹은 D 소속의 직원으로 원고에 대한 투자의 결정 및 진행은 B의 관계사가 담당하였고, 그 자금의 출처도 B 등이었다.

이에 과세관청은 F는 조세회피를 위하여 설립된 명목상의 회사에 불과하여 이 사건 배당소득의 실질적인 귀속자가 될 수 없고, 케이만군도에 설립된 B 등이 그 실질적인 귀속자이므로 이 사건 배당소득과 관련하여서는 한·네덜란드 조세조약이 적용될 수 없다는 이유로, 2008. 3.경 원고에게 배당소득에 대한 원천징수분 법인세를 고지하는 이 사건 처분을 하였다.

2. 판결 요지

대법원은 실질과세의 원칙은 법률과 같은 효력을 가지는 조세조약의 규정의 해석과 적용에 있어서도 이를 배제하는 특별한 규정이 없는 한 그대로 적용된다고 하면서, 네덜란드 법인 F는 이 사건 주식의 매입 및 매각에 관하여 형식상 거래당사자의 역할을 수행하였을 뿐 그 실질적 주체는 케이만군도 등에 설립된 B 등이며, 이러한 형식과 실질의 괴리는 조세회피의 목적에서 비롯되었으므로 이 사건 배당소득의 실질적인 귀속자를 B 등으로 보아야 하고, 이 사건 배당소득에 대해서는 한·네덜란드 조세조약이 적용될 수 없다고 판시하였다.

나아가 이러한 실질과세의 원칙은 외국법인에 대하여 국내원천배당소득을 지급하는 자가 그 소득에 대한 법인세를 원천징수할 의무에도 그대로 적용되어 국내원천배당소득을 지급하는 자는 특별한 사정이 없는 한 그 소득에 관하여 귀속 명의와 달리 실질적으로 귀속되는 자가 따로 있는지를 조사하여 실질적인 귀속자를 기준으로 그 소득에 대한 법인세를 원천징수할 의무가 있지만 그 소득의 지급자는 조세수입의 조기확보와 조세징수의 효율성 도모 등의 공익적 요청에 따라 원천징수의무를 부담하는 반면, 질문검사권 등 세법이 과세관청에 부여한 각종 조사권한은 가지고 있지 아니한 점 등을 고려하면, 그 소득의 지급자가 거래 또는 소득금액의 지급과정에서 성실하게 조사하여 확보한 자료 등을 통해서도 그 소득의 실질적인 귀속자가 따로 있다는 사실을 알 수 없었던 경우까지 실질적인 귀속자를 기준으로 그 소득에 대한 법인세를 원천징수할 의무가 있다고 볼 수는 없다고 함으로써 원천징수의무의 한계를 설정하였다.

그러나 대법원은 본 사안에서 원고가 2002년경 F의 이 사건 주식 매입과 관련하여 기업평가를 위한 실사를 받을 당시 그 실사 주체는 B의 관계사였고, 이 사건 주식 매매계약서의 서명자도 관계사 소속 직원이었던 점, 원고 A의 직원과 B의 직원 사이에 오고 간 이메일에도 원고에 대한 투자주체가 B 등으로 되어 있었던 점, 이 사건 배당소득에 대한 배당결의에 참가한 자들은 B의 관계사 내지 D의 직원이었고, F의 이사들은 거기에 참여하지 아니한 점 등에 비추어 원고가 이 사건 배당소득의 실질적인 귀속자가 B 등임을 알고 있었다고 보이므로, 원고에게 이 사건 배당소득에 대한 원천징수의무를 부여하는 것이 비례의 원칙 등에 위반된다고 볼 수 없다는 취지로 판단한 원심판결은 정당하고 원천징수의무의 한계에 관한 법리오해 등의 위법이 없다고 판시하였다.

Ⅱ. 대상판결의 평석

1. 이 사건의 쟁점

위 사실관계와 과세처분의 경위 등에 의하면 이 사건의 쟁점은 국세기본법상의 실질과세원칙이 외국법인의 국내원천소득에 대한 원천징수의 경우에도 적용되는지, 만일 적용된다면 제한 없이 적용되어야 하는지, 아니면 원천징수의무자에게 귀책사유가 있는 경우에는 그 적용이 배제될 수 있는지 즉, 원천징수의무자가 소득의 실질적인 귀속자가 따로 있다는 사실을 알 수 없었던 경우에는 실질과세원칙의 적용이 제한되어야 하는지 여부이다.

2. 국내원천소득의 원천징수의무에 대해 실질과세원칙이 적용되는지 여부

2005년경, 외국계 투자펀드가 우리나라 주식에 투자하여 상당한 규모의 양도소득을 실현했음에도 조약편승(Treaty Shopping)을 통하여 그에 대한 세금을 내지 않는 사례가 국민적 관심을 끌면서 외국법인의 국내원천소득에 대한 과세문제가 본격적으로 대두되었다. 외국계 투자펀드는 국내주식에 직접 투자하는 방식보다 우리나라와 체결한 조세조약에 따라 우리나라가 국내주식의 양도소득에 대한 과세권을 갖지 않는 국가에 특수목적법인(SPC)을 설립하여 그 회사로 하여금 투자하게 하는 방식을 택하여 세금을 납부하지 않았다.

이에 과세관청은 실질과세원칙을 근거로 특수목적법인은 도관회사로서 국내원천소득의 실질귀속자가 아니므로 실질귀속자를 기준으로 우리나라 과세권과 조세조약의 적용 여부를 판단해야 한다며 그 특수목적법인법인의 거주지국과의 조세조약의 적용을 배제하고 납세의무자에 해당하는 외국계 투자펀드 등을 대상으로 세금을 부과하였고, 외국계 투자펀드는 국내법상의 실질과세원칙은 외국과 체결된 조세조약에 대해서는 적용되지 않는다는 등의 이유로 그 과세처분에 불복하여 행정소송을 제기하였다. 이에 대해 대법원은 국세기본법의 실질과세의 원칙은 소득이나 수익·재산·거래 등의 과세대상에 관하여 귀속 명의와 달리 실질적으로 귀속되는 자가 따로 있는 경우에는 형식이나 외관을 이유로 귀속명의자를 납세의무자로 삼을 것이 아니라 실질적으로 귀속되는 자를 납세의무자로 삼겠다는 것이므로, 재산의 귀속명의자는 이를 지배·관리할 능력이 없고, 명의자에 대한 지배권 등을 통하여 실질적으로 이를 지배·관리하는 자가 따로 있으며, 그와 같은 명의와 실질의 괴리가 조세를 회피할 목적에서 비롯된 경우에는 그 재산에 관한 소득은 재산을 실질적으로 지배·관리하는 자에게 귀속되는 것으로 보아 그를 납세의무자로 삼아야 할 것이고, 이러한 원칙은 법률과 같은 효력을 가지는 조세조약의 해석과 적용에 있어서도 이를 배제하는 특별한 규정이 없는 한 그대로 적용된다고 판시하였고, 그 후 납세의무자에 대한 과세처분에서 이와 같이 실질과세원칙의 적용을 인정하는 대법원의 판단은 여러 차례 이어졌다(대법원 2012. 4. 26. 선고 2010두11948 판결, 대법원 2012. 10. 25. 선고 2010두25466 판결 등).

그런데, 원천징수의무에 있어서 국세기본법상의 실질과세원칙이 적용되는지 여부에 대해서는 그동안 대법원의 명시적인 판단은 없었다. 국세기본법 제2조 제10호는 납세자를 납세의무자와 세법에 따라 국세를 징수하여 납부할 의무를 지는 원천징수의무자로 구분하고 있는데, 실질과세원칙을 규정한 국세기본법 제14조 제1항은 소득 등의 귀속이 명의일 뿐이고 사실상 귀속자가 따로 있는 경우에는 사실상 귀속자를 납세의무자로 본다고 규정하고 있어 납세의무자인 사실상 소득의 귀속자에 대해서 과세책임을 지우는 조항으로 해석되지만 나아가 위 조항을 근거로 원천징수의무자에 대하여도 실질과세원칙을 적용하여야 하는지는 불분명하였다. 특히 원천징수제도는 조세수입의 조기확보와 징세비용의 절감이라는 국가의 편익을 목적으로 원천징수의무자에게 제3자의 세금에 대한 징수의무를 일방적으로 부담시키는 것이므로 조사권한도 가지고 있지 않은 원천징수의무자에 대하여 실질과세원칙을 적용하여 실질귀속자를 판정하도록 하는 것은 부당하다는 지적도 있어 그 적용 여부가 문제되었다.

이에 대하여 대상판결은 국내원천소득금액에 대한 원천징수의무자는 특별한 사정이 없는 한 그 소득에 관하여 귀속명의와 달리 실질적으로 귀속되는 자가 따로 있는지를 조사하여 실질적인 귀속자를 기준으로 그 소득에 대한 법인세를 원천징수할 의무가 있다고 명시적으로 판단하였는바, 외국법인의 국내원천소득에 대한 원천징수의무에도 원칙적으로 실질과세원칙이 적용된다는 점을 분명히 하였다. 대상판결은 국세기본법 제14조 제1항이 소득 등의 귀속이 명의일 뿐이고 사실상 귀속자가 따로 있는 경우에는 사실상 귀속자를 납세의무자로 하여 세법이 적용된다고 규정하여 실질과세원칙의 적용범위에 별다른 제한을 두고 있지 않은 점 등을 고려한 것으로 보인다.

3. 외국법인의 국내원천소득에 대한 원천징수의무에 있어서 실질과세원칙의 적용 한계가 존재하는지 여부

원천징수의 경우에 실질과세원칙이 적용되더라도 그 적용한계를 인정할 것인지 즉, 외국법인의 국내원천소득에 대한 원천징수의무자가 소득의 실질적인 귀속자가 따로 있다는 사실을 알 수 없었던 경우에는 과세를 제한할 수 있는지가 문제된다. 실질과세원칙의 근거조항인 국세기본법 제14조 제1항은 소득 등의 귀속이 명의일 뿐이고 사실상 귀속자가 따로 있는 경우에는 사실상 귀속자를 납세의무자로 하여 세법이 적용된다고 할 뿐, 실질과세원칙의 한계에 대해서는 정하고 있지 않은바, 법문상 명문의 규정이 없음에도 원천징수의무자의 귀책사유가 없다면 이를 이유로 과세책임을 제한하거나 면제할 수 있는지 여부에 대하여 살펴본다.

우리 헌법은 '과잉금지의 원칙'과 '자기책임의 원칙'을 요구하고 있는바, 이와 관련하여 헌법재판소는 구 귀속재산처리법 제21조의 3의 위헌성이 문제된 사안에서 "정당한 사유에 의하여 분담금을 납부하지 아니하는 예외적인 경우까지도 매매계약이 해제되도록 하는 부분은 헌법의 요청인 과잉금지의 원칙에도 위배된다"고 판시하였고(헌법재판소 2000. 6. 1. 선고 98헌가13 결정), 담배사업법이 면세로 공급된 담배가 용도에 위반하여 면제된 담배소비세 및 가산세를 징수하도록 규정한 것에 대하여, "징세절차의 편의만을 위해 무조건 원래의 납세의무자였던 제조자에게 담배소비세와 가산세를 부과하는 것은 자신의 통제권 내지 결정권이 미치지 않는 데 대해서까지 책임을 지게 하는 것이다", "담배 제공 이후의 단계에서 이루어진 용도 외의 처분에 관하여 제조자에게 귀책사유가 있다는 등의 특별한 사정이 없는 한 그 책임을 제조자에게 묻는 것은 자기책임의 원리에 반한다"고 판시하며 위헌결정을 하였다(헌법재판소 2004. 6. 24. 선고 2002헌가27 결정). 법률은 헌법합치적으로 해석되어야 하므로 이러한 헌법 원리는 세법상 납세의무자의 의무불이행과 관련된 제재 규정의 적용에 있어서도 그대로 적용되어야 할 것이다.

　　대법원도 여러 차례에 걸쳐 '납세자의 의무불이행'을 과세사유로 하는 규정에 대하여, 명문규정이 없음에도 불구하고 '정당한 사유의 부존재' 내지 '납세자 책임의 존재'를 그 과세요건으로 삼아 왔다. 즉, 대법원은 상장을 전제로 자산재평가를 하였다가 상장기간 내에 이를 이행하지 못하여 법인세가 과세된 사안에서 법문상으로는 구 조세특례제한법에서 정한 상장시한 내에 상장하지 않는 경우 자산재평가 차액에 대해 법인세가 과세된다고 규정하고 있음에도, 주식을 상장하지 못한 원인이 당해 법인에게 책임을 돌릴 수 없는 정당한 사유에서 비롯된 경우에는 법인세를 과세할 수 없다고 판시하였다(대법원 2011. 4. 28. 선고 2009두3842 판결). 또한, 부가가치세법상 위장사업자로부터 세금계산서를 발급받은 경우에는 매입세액 공제가 허용되지 않음에도 그러한 사실을 알지 못하였고, 알지 못한 데에 잘못이 없는 선의의 수급자는 매입세액의 공제를 받을 수 있다는 것이 대법원의 일관된 태도이다(대법원 1997. 3. 28. 선고 96다48930 판결, 대법원 1996. 12. 10. 선고 96누617 판결 등 다수). 특히 '면세 후 추징' 규정(구 소득세법 제6조의1)에 대한 대법원 판결들은, 법 소정의 유예기간을 도과하였다고 하더라도, 그 지연의 원인이 납세의무자에게 책임을 돌릴 수 없는 사유에서 비롯되었을 때에는 면제된 양도소득세와 방위세를 추징할 수 없다고 보아야 하고, 이는 명문의 규정이 없다 하여 달리 해석할 것은 아니다라고 판시하여 이 점을 명확히 하고 있다. 즉, 대법원은 극심한 자재, 인력난으로 인하여 공사진행이 원활하지 못한 경우이거나(대법원 2000. 10. 6. 선고 98두922 판결), 입주하는 단지의 기반시설 공사가 지체되고, 과세관청의 담보가능 재산에 대한 압류로 공사자금 조달에 애로가 발생한 경우이거나(대법원 1994. 9. 13. 선고 94누4141 판결), 관계당국이 아무런 법적 근거가 없음에도, 오로지 법령해석의 착오로 공장설치 신고를 반려하여 공사 시공이 늦어진 경우처럼(대법원 1989. 6. 13. 선고 88누4553 판결), 명시적인 법적·제도적 제한이 없음에도, 납세자가 유예기간을 준수하기 어려운 현실적인 사정이 발생하거나, 관계당국이 관련 법규를 잘못 해석하여 납세자의 신고를 반려하는 등 법 소

정의 유예기간을 준수하지 못한 원인이 납세의무자가 책임을 질 수 없는 사유에
서 비롯된 경우에는 면제된 세액의 추징이 위법하다고 판단한 것이다.

　　대상판결은 국내원천소득의 원천징수의무자가 거래 또는 소득금액의 지급과
정에서 성실하게 조사하여 확보한 자료 등을 통해서도 그 소득의 실질적인 귀속
자가 따로 있다는 사실을 알 수 없었던 경우까지 실질적인 귀속자를 기준으로 그
소득에 대한 법인세를 원천징수할 의무가 있다고 볼 수는 없다고 하여 외국법인
의 국내원천소득에 대한 원천징수의무자의 의무불이행에 있어서 법문상 과세책
임을 제한하는 명문규정이 없음에도 불구하고 '정당한 사유의 부존재' 내지 '납세
자 책임의 존재'를 그 과세요건으로 삼았다. 대상판결은 납세자의 의무불이행과
관련된 제재 규정의 적용에 있어서 헌법상의 자기책임의 원리와 과잉금지의 원
칙 및 종전 대법원의 과세책임의 법리를 다시 한번 확인하고 이를 국제조세의 영
역과 원천징수의무의 이행에서도 인정하였다는 점에서 의미가 크다고 할 것이다.
원천징수제도는 조세수입의 조기확보와 징세비용의 절감을 목적으로 국가의 편
익을 위한 제도로서 원천징수의무자에게 아무런 보상 없이 의무를 과한다는 점
에서 조사권한을 가지지 않은 원천징수의무자에 대한 실질과세원칙의 적용은 제
한적으로 인정될 필요가 있다. 그 적용한계를 설정한 판례의 법리와 관련한 하급
심과 후속 대법원 판단이 주목된다.

인적 · 물적 시설이 없는 외국법인 본점과 소득귀속자 판단기준

〈대법원 2014. 9. 4. 선고 2012두1747,1754 판결〉

Ⅰ. 대상판결의 개요

1. 사실관계의 요지와 부과처분의 경위

다국적기업인 A그룹은 원유의 탐사와 채굴, 석유제품과 화학제품의 생산 등을 주요사업으로 하고 있다. 원고는 A그룹의 계열회사로서 홍콩에 본점(이하 '원고 본점')을, 한국에 지점(이하 '원고 지점')을 두고 국내에 석유화학제품을 판매하고 있다.

원고 본점은 1977. 1.경 설립되어 A그룹의 다른 계열회사 등으로부터 석유화학제품을 구매하여 국내 고객에게 판매하는 업무를 수행하고 있는데, 인적 · 물적 시설을 보유하지 않아 원고 지점이 그 판매활동을 지원하고 있고 용역계약을 체결한 A그룹 계열회사가 재무기능과 법인비서기능을 대신 수행하고 있다. 다수의 중요한 상업적 의사결정은 국외 이사회에서 하고 있다. 원고 본점은 국내의 석유화학제품 판매와 관련하여 금융기관에 그 명의로 계좌를 개설하여 국내고객으로부터 판매대금을 직접 지급받고, 원고 지점에 필요한 영업자금을 지원하는 방식으로 자금을 관리하고 있으며, 상당한 규모의 자산과 부채를 보유하며 주주들에게 배당금을 지급하기도 하였다.

원고 지점은 1977. 3.경 설립되어 원고 본점의 판매활동을 지원하는 판매지원사업 외에도 다른 계열사들이 국내 고객에 직접 수출하는 화학제품의 판매중개서비스업 및 국내 시장조사 업무 등을 수행하였다. 원고 설립 당시에는 국내

석유화학제품의 수요자들의 국제 사업역량이 부족하여 트레이딩을 직접 실행할
능력이 없었고 그러한 능력이 있다고 하더라도 대외무역이나 외국환거래 등 관
련 법규상 규제가 많았으므로 국내 수요자로서는 해외트레이딩 회사와 거래를
할 수밖에 없어 이러한 거래구조가 형성되었고 이러한 형태로 원고의 국내 석유
화학제품 판매사업이 30년 이상 수행되었다.

원고는 원고 지점의 석유화학제품 판매지원사업이 원고 본점의 주요사업활
동을 대신 수행하는 것으로서 원고 지점은 법인세법 제94조 소정의 원고 본점의
국내사업장에 해당한다고 보아, 원고 본점의 국내 제품판매에 따른 모든 매출액
과 매출원가를 세무상 신고조정으로 국내원천소득에 포함하여 법인세를 신고 · 납
부하여 왔고, 원고 본점 명의로 영업자금 등을 관리하면서 발생한 수입이자와 지
급이자에 따른 이자소득(이하 '이 사건 이자소득')은 원고 본점의 손익으로 산입하
였다.

그런데, 피고는 실질과세원칙에 따라 원고 본점은 서류상 명목회사(paper
company)에 불과하고 원고 지점이 실질적인 본점 사업장에 해당하므로, 이 사건
이자소득은 구 법인세법 시행령(2003. 12. 30. 대통령령 제18174호로 개정되기 전의
것, 이하 '구 법인세법 시행령') 제132조 제2항 제1호 소정의 국내사업장이 국외에
있는 자에게 금전을 대부하거나 이와 유사한 행위를 함으로써 발생한 국내원천
소득으로서 원고 지점에 귀속되는 것으로 보아, 원고 지점의 법인세 과세표준
과 세액을 경정하여 원고에 대하여 법인세 부과처분(이하 '이 사건 부과처분')을
하였다.[1]

2. 판결 요지

대법원은, 구 법인세법(2002. 12. 30. 법률 제6852호로 개정되기 전의 것, 이하 '구
법인세법') 제93조 제5호의 위임에 따른 구 법인세법 시행령 제132조 제2항은 '국
외에서 발생하는 다음 각호의 소득으로서 국내사업장에 귀속되는 것은 외국법인
의 국내원천사업소득에 포함되는 것으로 한다'고 규정하고, 제1호에서 그러한 소

---

[1] 피고는 원고 본점이 국외특수관계자들로부터 석유화학제품을 매입하여 국내 제3자의 고객사들
에게 수출하는 거래와 관련하여 국내화학제품 도매업 7개의 비교대상업체들의 영업이익률 및
그 사분위 범위를 정상 영업이익률로 의제하고, 이를 기준으로 원고 본점의 영업이익률이 비교
대상기업의 영업이익률의 사분위 범위에 미달한 금액을 익금산입하여 추가로 법인세를 증액경
정하였는바, 본 판례평석에서는 위 이전가격의 쟁점은 제외하고 이 사건 이자소득의 쟁점에 대
하여 논의한다.

득의 하나로 '국외에 있는 자에게 금전을 대부하거나 기타 이와 유사한 행위를 함으로써 발생하는 소득'을 열거하고 있다고 하면서, 원고 본점이 이사회를 개최하고 배당을 실시하는 등 회사로서의 독자적인 활동을 하고 있어 단순한 서류상의 회사로 보기 어려운 점, 원고 본점은 자금관리 등을 하고 원고 지점은 국내판매지원 활동 등을 함으로써 상호 명확히 업무분장이 되어 있어 원고 지점은 원고 본점 명의의 예금계좌에 대한 지배·관리·처분 권한이 없을 뿐만 아니라 원고의 고객들도 원고 지점을 거치지 않고 원고 본점에 직접 대금을 입금하였던 점, 위 수입이자 및 지급이자는 원고 본점의 독자적인 자금운용 의사결정에 의하여 발생하였고 원고 지점의 화학제품 판매지원활동과는 직접적인 관련이 없는 점 등에 비추어 위 수입이자와 지급이자는 원고 본점에 귀속되는 손익이라는 이유로 이 사건 부과처분이 위법하다고 판시하였고, 따라서 실질과세원칙이나 국내사업장에 귀속되는 외국법인의 국내원천사업소득에 관한 법리를 오해한 잘못이 없다고 본 원심의 판단은 정당하다고 수긍하였다.

Ⅱ. 대상판결의 평석

1. 이 사건의 쟁점 및 논의의 범위

이 사건에서는 인적·물적 시설을 갖추지 않은 원고 본점의 이 사건 이자소득을 원고 지점의 국내원천소득으로 재구성할 수 있는지 여부가 다투어졌다. 법인세법 제2조에 의하면 내국법인은 전 세계 소득에 대해서 납세의무를 지는 반면 외국법인은 국내원천소득에 대해서만 납세의무를 지게 되는바, 구 법인세법 시행령 제132조 제2항은 외국법인의 국내사업장이 국외에 있는 자에게 금전을 대부하여 얻은 이자소득을 외국법인의 국내원천소득으로 규정하고 있으므로, 이 사건의 경우 원고 본점의 소득귀속자의 지위 내지 실체성이 인정되면 그 이자소득은 국외원천소득으로서 원고는 납세의무를 부담하지 않게 되나 원고 본점이 부인되면 그 이자소득은 원고 지점의 국내원천소득이 되어 원고는 납세의무를 지게 된다. 즉, 원고 본점을 부인하여 그 행위를 모두 원고 지점에게로 귀속시킨다면 원고 본점의 이 사건 이자소득이 원고의 국내사업장의 이자소득으로서 국내원천소득이 되는 것이다. 대상판결에서는 이 사건의 쟁점을 이 사건 이자소득의 구 법인세법 시행령 제132조 제2항 소정의 국내원천소득의 해당 여부로 우회적으로 판시하고 있으나 그 판단의 요체는 인적·물적 시설이 없는 외국법인 본점의 소득귀속자[2]의 지위 내지 실체성을 인정할 것인지 여부인 것이다.

　　대상판결은, 원고 본점이 이사회를 개최하고 배당을 실시하며 증자, 자산의 매각 등 회사로서의 독자적인 활동을 하고 있다는 점 등을 이유로 원고 본점의 실체성을 인정하고, 원고 본점이 금융기관에 예치하여 발생한 이자 등에 대하여 원고 지점의 국내원천소득임을 전제로 한 이 사건 부과처분을 취소하였다. 그동안 대법원에서는 인적·물적 시설이 없는 외국단체의 실체성 인정여부에 관하여 다수의 판결을 선고하였으나 명목회사 형태의 외국법인의 본점과 지점의 실체성 인정여부에 대해서는 별다른 판단이 없었던바, 대상판결이 선례적 사안으로 보인다. 외국단체의 실체성 인정 여부는 국내세법상 소득의 실질귀속자 문제와 연관되고 국제조세법에서도 조세조약상 수익적 소유자[3] 문제와도 관련이 있다.[4] 이하에서는 우선 우리 세법상 인적·물적 시설이 없는 외국단체의 소득귀속자의 지위 인정여부에 관한 판례의 태도와 그 판단기준을 중심으로 살펴보고 이에 기하여 대상판결의 의미에 대하여 검토한다.

2. 외국단체의 외국법인 해당여부에 관한 법인세법과 판례의 입장

가. 법인세법상 외국법인의 정의규정

　　법인세법 제1조 제1호는 내국법인을 국내에 본점이나 주사무소, 또는 사업의 실질적 관리장소를 둔 법인이라고 규정[5]하는 한편, 법인세법 제1조 제3호, 법인세법 시행령 제1조 제2항은 외국법인은 외국에 본점 또는 주사무소를 둔 법인으로서 설립된 국가의 법에 따라 법인격이 부여된 단체, 구성원이 유한책임사원으로만 구성된 단체, 구성원과 독립하여 자산을 소유하거나 소송의 당사자가 되는 등 직접 권리·의무의 주체가 되는 단체, 그 밖에 해당 외국단체와 동종 또는 유사한 국내의 단체가 상법 등 국내의 법률에 따른 법인인 경우의 그 외국단체로

---

2) '소득의 실질적 귀속자'라는 표현이 보다 정확하나 이하에서는 편의상 '소득귀속자'로 지칭한다.

3) 소득의 실질귀속자와 수익적 소유자는 그 개념상 차이가 있으나, 본 판례평석에서는 동일 내지 유사한 것으로 보고 소득귀속자로 통칭한다.

4) 조세조약은 거주자에 대하여 적용되므로 그 제한세율 등의 적용을 받기 위하여는 외국단체가 거주자로 인정되어야 한다.

5) 이 사건 이자소득에 대한 과세기간 후인 2005. 12. 31. 법인세법의 개정을 통하여 실질적 관리장소를 국내에 둔 법인도 내국법인으로 본다는 규정이 도입되었고, 따라서 위 규정은 대상판결의 사안에는 적용되지 않는다.

규정하고 있다.

우리나라는 거주자와 비거주자에 대해서는 소득세법이 적용되고 내국법인과 외국법인에 대해서는 법인세법이 적용된다. 법인세법은 단체의 사단적 성격을 들여다 보고 법인과세를 판단하는 것이 아니라 원칙적으로 법인으로 설립되었는지 여부에 따라 납세주체성을 인정한다. 따라서 외국의 단체도 법인세법상 외국법인에 해당하면 바로 법인세 납세의무를 부담하고 외국법인이 아니면 조합에 준하는 것으로 보아 그 구성원에 대하여 소득세나 법인세 과세가 이루어진다.

나. 외국단체의 외국법인 해당여부에 관한 판단기준

종전에는 외국법인에 대한 정의 규정이 마련되어 있지 않아, 외국단체가 외국법인에 해당하는지의 판정방법에 관하여는 대체로 두 가지 견해가 있었다. 첫째는, 외국단체의 사법적 성질을 따져서 그 단체가 국내법의 어느 단체에 가까운가에 따라 외국법인 여부를 결정하는 방법이다. 사법적 성질이 우리나라의 법인과 유사하면 외국법인이 된다. 둘째는, 세법의 관점에서 외국단체의 그 나라에서의 세법상의 취급을 따져서 외국법인 여부를 결정하는 방법이다. 외국단체가 자국에서 소득에 대한 납세의무를 부담하면 외국법인이고 그렇지 않으면 조합에 준하는 단체로 보는 것이다.

이에 대해 대법원은 첫째의 견해를 지지하는 입장을 취하였다. 즉, 대법원 2012. 1. 27. 선고 2010두5950 판결은 미국 델라웨어주 법률에 따라 유한파트너쉽으로 설립된 단체 등을 그 일원으로 하는 외국펀드가 벨기에 법인 및 내국법인을 통하여 국내부동산에 투자하여 양도소득이 발생하자 과세관청이 외국단체 등을 양도소득의 실질적 귀속자로 보아 양도소득세를 부과한 사안에서, 그 유한파트너쉽은 고유한 투자목적을 가지고 자금운용을 하면서 구성원들과는 별개의 재산을 보유하고 고유의 사업활동을 하는 영리단체로서 구성원의 개성이 강하게 드러나는 인적 결합체라기보다는 구성원들과는 별개로 권리의무의 주체가 될 수 있는 독자적 존재이므로 법인세법상 외국법인으로 보아 법인세를 과세하여야 한다고 판시하였다. 나아가 대법원 2013. 9. 26. 선고 2011두12917 판결은 외국의 법인격 없는 사단·재단 기타 단체가 구 소득세법 제119조 또는 구 법인세법 제93조에서 규정한 국내원천소득을 얻어 이를 구성원에게 분배하는 영리단체에 해당하는 경우, 그 단체를 외국법인으로 볼 수 있는지에 관하여는 구 법인세법상 외국법인의 구체적인 요건에 관하여 본점 또는 주사무소의 소재지 외에 별다른 규정이 없는 이상 단체가 설립된 국가의 법령 내용과 단체의 실질에 비추어 우리나라의 사법상 단체의 구성원으로부터 독립된 별개의 권리의무의 귀속주체로 볼 수 있는지에 따라 판단해야 한다고 판시함으로써 위 학설상의 전자의 입장을 명백히 하였다. 이에 법인세법도 판례의 이러한 판시를 반영하여 외국법인의 정의 규정을 도입하게 되었다.

3. 외국단체의 소득귀속자 해당여부에 관한 종전 판례의 태도

가. 실질과세원칙의 적용가능성

세법에는 법인격이나 소득귀속자의 지위를 부인하는 규정이 없으나 국세기본법 제14조를 비롯하여 개별세법인 법인세법 제4조 제1항, 국제조세조정에 관한 법률 제2조의2 등에서 실질과세원칙을 규정하고 있는바, 과세관청은 이를 근거로 서류상 회사(paper company) 또는 도관회사(conduit company)로 보이는 외국법인들에 대하여 그 실체성 및 소득귀속자 지위를 부인함으로써 해당 법인의 소득을 내국법인의 국외원천소득 또는 조세조약의 적용을 받지 않는 외국법인의 국내원천소득으로 재구성하여 과세를 시도하고 있다.

실제로 외국계 펀드들이 네덜란드나 벨기에 등 우리나라와 조세조약이 체결된 국가에 오로지 조세조약을 적용받기 위한 목적으로 아무런 인적·물적 요소가 없는 투자목적회사(special purpose company)를 설립하고 해당 회사를 통하여 국내에 투자함으로써 국내원천소득에 대한 과세를 피하는 경우, 대법원은 다수의 판례에서 해당 법인의 실체성 및 소득귀속자의 지위를 부인함으로써 그 상위에 있는 펀드 또는 투자자를 국내원천소득의 귀속자로 판단하고 있다.

다만, 실질과세의 원칙은 형식상 외국법인으로서 납세의무의 주체가 되는 단체의 법인격 내지 소득귀속자의 지위를 부인하기 위하여 주로 적용되는데, 세법의 실질과세원칙은 포괄적으로 규정되어 있고, 법인의 실체성 또는 소득귀속자의 지위에 대한 구체적 판단기준을 별도로 마련하고 있지 않아 어떠한 법인이 세법상 실체성 또는 소득귀속자의 지위를 실질적으로 갖추고 있는지 여부는 법원이 실제 사건에서 개별적, 구체적으로 살펴보아 판단하게 된다.

나. 종전 대법원 판례의 입장

대법원은 국세기본법 제14조 제3항이 신설되기 이전의 실질과세원칙의 적용범위에 대하여, "우회행위 또는 다단계행위 등 경제적 합리성이 없는 거래형식을 취한 행위로서 조세회피행위라고 주장할 수 있는 여지가 없지 않으나, 경제적 관찰방법 또는 실질과세의 원칙에 의하여 당사자의 거래행위를 그 법 형식에도 불구하고 조세회피행위라고 하여 그 행위계산의 효력을 부인할 수 있으려면 조세법률주의의 원칙상 법률에 개별적이고 구체적인 부인규정이 마련되어 있어야 한다"[6]고 판시하여, 어떤 거래의 법적 형식을 부인하고 그 경제적 실질을 규명함과 동시에 그 경제적 실질에 따라 과세한다는 명문의 규정이 있는 경우에만 실질과세원칙의 적용이 가능하다는 입장이었다.

따라서 종래 법인의 실체성 및 소득귀속자 지위의 판단과 관련하여는, 명문의 규정이 없는 이상 당해 사안에 있어서 법인을 이용하여 거래한 것이 가장행위 또는 통정허위표시인지에 관한 사실인정의 문제로 해결하여 왔다. 그러한 관점에서 대법원은 내국법인이 역외펀드를 통하여 외국법인과 금전차입계약을 체결하고 이자소득에 대한 원천징수를 이행하지 않은 사안에서, 역외펀드회사의 실질적 운용·관리주체가 조세피난처에 설립한 서류상 회사와 외국법인 간의 금전차입계약은 가장행위이고 실질적인 운용주체는 주채무자인 내국법인으로서 그가 원천징수의무를 부담한다라는 취지로 판시하였다.[7] 즉, 종전 판례의 입장은 외국법인의 소득귀속자의 지위나 실체성의 부인 문제를 법적 기준에 의하여 판단하기 보다는 제반 거래경위와 증거자료 제출의 정도 등을 종합적으로 고려한 사실인정의 문제로 파악하였다.

4. 외국단체의 소득귀속자 해당여부에 대한 법리적 판단

가. 대법원 2012. 1. 19. 선고 2008두8499 전원합의체 판결

2010. 10. 1. 법률 제9911호로 개정된 국세기본법에서 제3자를 통한 간접적인 방법 등으로 세법의 혜택을 부당하게 받은 경우에 대하여 경제적 실질 내용에 따라 실질과세원칙을 적용하도록 하는 제14조 제3항이 신설된 이후, 모회사가 자신의 자금으로 국내 투자대상회사의 주식을 직접 취득할 수 있었음에도 오로지

---

6) 대법원 1999. 11. 9. 선고 98두14082 판결, 대법원 1992. 9. 22. 선고 91누13571 판결 등.
7) 대법원 2009. 3. 12. 선고 2006두7904 판결.

구 지방세법 제105조 제6항에 의한 간주취득세 납세의무를 회피하기 위하여 직접 주식을 취득하지 않고 사업상 필요성이 없었던 자회사를 그 투자시점에 2개 설립하여 각 50%씩 주식을 취득하도록 함으로써 주식보유 비율이 51% 이상의 주주취득에 적용되는 간주취득세를 회피한 사안에서, 대법원 2012. 1. 19. 선고 2008두8499 전원합의체 판결은 개별적 세법규정에 근거하지 않고 "조세의 부담을 회피할 목적으로 과세요건사실에 관하여 실질과 괴리되는 비합리적인 형식이나 외관을 취하는 경우에 그 형식이나 외관에 불구하고 실질에 따라 과세할 수 있다"는 법리에 근거하여 납세의무자가 선택한 법률적 형식을 부인하였는바, "당해 주식이나 지분의 귀속 명의자는 이를 지배·관리할 능력이 없고 그 명의자에 대한 지배권 등을 통하여 실질적으로 이를 지배·관리하는 자가 따로 있으며, 그와 같은 명의와 실질의 괴리가 위 규정의 적용을 회피할 목적에서 비롯된 경우에는, 당해 주식이나 지분은 실질적으로 이를 지배·관리하는 자에게 귀속된 것으로 보아 그를 납세의무자로 삼아야 할 것"이라고 하면서, "그 경우에 해당하는지 여부는 당해 주식이나 지분의 취득 경위와 목적, 취득자금의 출처, 그 관리와 처분과정, 귀속명의자의 능력과 그에 대한 지배관계 등 제반 사정을 종합적으로 고려하여 판단하여야 할 것이다"라고 판단하였다.

즉, 위 대법원 전원합의체 판결은 법인의 형식을 갖추고 있음에도 불구하고 그 소득을 지배·관리할 능력이 없고, 실질적으로 해당 법인의 주주 등이 당해 소득을 지배·관리하여 '명의와 실질의 괴리'가 발생한 사정이 있고, 그러한 명의와 실질의 괴리가 오로지 국내 조세회피만을 목적으로 법인을 설립하는 등의 방법으로 초래된 사정이 있다면, 실질과세원칙에 의하여 법인의 소득귀속자 지위를 부인할 수 있다는 법리적 기준을 제시하였다.

나. 후속 대법원 판례의 입장

(1) 외국단체의 소득귀속자 인정여부의 유형

그 후 외국단체의 실체성 및 소득귀속자 지위에 대한 대법원의 판단이 여러 차례 이어졌는데, 이는 크게 두 가지 유형으로 구분할 수 있다. 첫째는 형식상 외국법인으로 설립된 외국단체의 실체성을 부인하는 경우이고 둘째, 법인으로 설립되지 않은 외국단체에 대하여 그 실체성을 존중하는 경우이다. 첫째의 경우는 실질과세원칙을 적용하여 법인의 형식을 갖추고 있으나 그 외국법인이 형식적 거래당사자에 불과하여 명의상 지배·관리와 실질적 지배·관리가 괴리되어 있고 그와 같은 괴리가 오로지 조세회피의 목적에서 비롯된 경우에는 외국법인의 소 득귀속자의 지위를 부인하는 것이고, 둘째의 경우는 법인의 형식을 갖추고 있지 않은 외국단체라도 사법적 성질을 따져 구성원로부터 독립된 별개의 권리의무의 귀속주체가 된다면 그 외국단체의 소득귀속자의 지위를 인정하는 것이다.

외국단체의 소득귀속자 판단문제는 대부분 외국에서 국내로 투자가 이루어 지는 인바운드(inbound) 거래의 사안에서 발생하고 있다. 국내에서 외국으로 투 자가 이루어지는 아웃바운드(outbound) 거래에서는 외국단체의 소득귀속자의 지 위판정의 문제로 접근하기보다는 국내세법상의 특정외국법인세제를 적용하여 외 국법인의 유보소득을 주주의 배당소득으로 보아 과세하거나 실질적 관리장소에 의한 내국법인 판정규정을 적용하여 그 외국법인을 내국법인으로 보아 과세하는 경우가 다수이다. 인바운드 거래에서도 초기에는 외국계펀드 등 재무적 투자에 대해서 주로 과세하였다가 점진적으로 산업적 투자에 대해서도 그 과세범위를 확대하고 있다.

대상판결의 쟁점은 실질과세원칙에 의하여 외국법인의 본점의 법적 형식을 부인하고 이를 외국법인의 지점을 본점으로 볼 수 있는지 여부이므로, 이하에서 는 위 여러 가지 유형 중 실질과세원칙에 의하여 외국법인의 소득귀속자의 지위 가 다투어진 사례를 중심으로 검토하고 그 판단기준을 분석한다.

(2) 외국단체의 소득귀속자의 지위가 존중된 사안

소득귀속자의 지위가 존중된 대표적 사례로서 해외지주회사의 경우를 들 수 있다. 대법원 2014. 7. 10. 선고 2012두16466 판결에서는 앞서 살펴본 대법원 2012. 1. 19. 선고 2008두8499 판결의 판시내용을 인용하면서도, 해외 지주회사 의 실체성 및 소득귀속 여부 판단과 관련하여 회사의 설립 목적과 설립 경위, 사 업활동 내역, 임직원 및 사무소의 존재, 주식매각과 관련한 의사결정과정, 매각자 금의 이동 등과 같은 제반 사정 등을 고려할 때, 해당 해외지주회사를 주식양도 소득이 귀속되는 수익적 소유자로 볼 수 있다고 판단하였다.

구체적으로, 해외지주회사가 한국에 투자하기 12년 전에 이미 네덜란드에 설립되어 약 50여개의 자회사를 보유하는 독립법인으로서 오랫동안 사업활동을 하였는바, 오로지 한국에서의 조세회피목적으로 치밀한 투자구조설계에 따라 설 립된 법인으로 보이지 않는 점, 해당 회사가 자신의 자금으로 국내에 투자하였고 주식양도대금도 직접 수령하여 그 자회사 등에 재투자하였던 점, 해당 회사의 그룹 및 계열회사는 장기적인 산업적 투자자로 볼 수 있을 뿐 단기투자를 노린 재무적 투자자로 볼 수 없는 점, 해당 회사와 최상위지주회사는 모두 자회사의 주식 보유를 목적으로 하는 지주회사로서 소수의 직원만을 고용하면서 대부분의 업무를 외부 및 계열사에 위임하여 처리하고 있는 지주회사로서 그 성격이 동일한 점, 모회사가 주식양도와 관련하여 거래를 주도한 면이 있지만 이는 상위지주회사였기 때문이라는 점 등을 고려하여, 네덜란드에 소재하는 지주회사의 실체성 및 소득귀속자의 지위를 인정하였다.

다음으로, 집합투자기구로서 기능하는 외국의 유한파트너쉽에 대하여 다수의 대법원 판결은 소득귀속자의 지위를 인정하고 있다. 즉, 외국 유한파트너쉽이 설립한 외국 투자목적회사의 실체성 및 소득귀속자의 지위를 부인하면서도, 그 유한파트너쉽에 대하여는 주식의 인수를 통하여 국내기업의 가치를 증대시킨 다음 주식을 양도하는 방법으로 높은 수익을 얻으려는 뚜렷한 사업목적을 가지고 설립된 영리단체이므로 오로지 조세를 회피할 목적으로 설립된 것으로 볼 수 없고, 주식을 실질적으로 지배·관리할 능력이 없는 명목상의 영리단체에 불과하다고 볼 수 없다고 판단하여 해당 단체의 실체성 및 소득귀속자의 지위를 인정하고 있다.[8] 나아가 대법원은 유한파트너쉽 대신 유한책임회사가 집합투자기구로서 기능하고 있는 사안에서도 그 외국법인을 소득귀속자로 보아 소득세가 아닌 법인세를 원천징수하여야 한다는 전제로, 원천징수하는 법인세에서 소득금액 또는 수입금액의 수령자가 누구인지는 원칙적으로 납세의무의 단위를 구분하는 본질적 요소가 아니므로 과세관청이 소득금액의 수령자를 변경하여 주장하더라도 그로 인하여 소득금액 지급의 기초사실이 달라지는 것이 아니라면 처분의 동일성이 유지되는 범위 내의 처분사유 변경으로서 허용된다고 판시하였다.[9]

요컨대, 대법원은 투자조합 형태인 유한파트너쉽이나 투자법인 형태인 유한책임회사와 관련하여, 이들이 집합투자기구로서 주식 취득·보유·양도 등 고유의 사업활동을 하고 자금의 실질적 공급처로서 영리법인의 기능을 수행한다고 보아 소득귀속자의 지위를 인정하고 있다.

---

8) 대법원 2013. 7. 11. 선고 2010두20966 판결, 대법원 2013. 7. 11. 선고 2011두4411 판결 등.
9) 대법원 2013. 7. 11. 선고 2011두7311 판결.

(3) 외국단체의 소득귀속자의 지위가 부인된 사안

한편 재무적 투자자에 속하는 펀드들이 조세조약의 혜택을 받기 위하여 투자목적회사를 통하여 국내에 투자한 사례들에서는 대부분 해당 법인의 실체성 및 소득귀속자의 지위가 부정되었다.[10] 대표적으로 대법원 2012. 4. 26. 선고 2010두11948 판결은, 영국의 유한파트너쉽인 원고들이 한국 내 부동산에 대한 투자를 위하여 설립되었고, 설립 당시부터 부동산 투자수익에 관한 세부담을 회피할 수 있는 투자구조를 설계하기 위하여 벨기에 등 조세회피가 가능한 각국의 조세제도를 연구하였으며, 그 과정에서 원고들은 벨기에 법인에 귀속되는 한국 내 주식의 양도소득에 대하여는 한국 정부가 과세할 수 없다는 한·벨 조세조약 제13조 제3항을 적용받을 목적으로 그들이 룩셈부르크에 설립한 이 사건 룩셈부르크 법인들을 통하여 이 사건 벨기에 법인들을 설립하였고, 이 사건 벨기에 법인들은 이 사건 유동화전문유한회사의 주식 전부를 약 47억원에 인수한 다음 위 회사를 주체로 내세워 이 사건 부동산을 매수하여 보유하던 중 이 사건 주식을 영국법인에게 약 430억원에 매각함으로써 이 사건 양도소득을 얻었는데, 이 사건 주식의 인수대금과 이 사건 부동산의 매수대금은 모두 원고들이 이 사건 벨기에 법인들의 이름으로 지급하였으며, 이 사건 주식의 인수와 양도, 이 사건 부동산의 매수 등 전 과정을 원고들과 그들의 투자자문사가 주도적으로 담당하였던 사안에서, 위 전원합의체 판결의 판시내용을 언급한 다음 "이 사건 벨기에 법인들은 이 사건 주식의 인수와 양도에 관하여 형식상 거래당사자의 역할만 수행하였을 뿐 그 실질적 주체는 원고들이며, 이러한 형식과 실질의 괴리는 오로지 조세회피의 목적에서 비롯되었으므로 실질과세원칙에 의하여 이 사건 양도소득의 실질적 귀속자를 원고로 보아야 한다"고 판시하였고, 그와 같은 판시는 외국법인의 소득귀속자의 지위가 부인되는 다른 사건에서도 그대로 채용되었다.

다. 외국단체에 대한 소득귀속자 판단기준의 분석

(1) 소득귀속자 판단기준의 세 가지 요건

앞서 본 대법원 판례에 따라 외국단체의 소득귀속자 판단기준을 정리하면, 원칙적으로 외국법인은 소득귀속자로서의 지위가 인정되나 ① 재산의 귀속명의자

---

10) 대법원 2012. 4. 26. 선고 2010두11948 판결, 대법원 2012. 10. 25. 선고 2010두25466 판결, 대법원 2013. 4. 11. 선고 2011두3159 판결, 대법원 2013. 7. 11. 선고 2010두20966 판결, 대법원 2013. 9. 26. 선고 2011두12917 판결, 대법원 2015. 8. 19. 선고 2014두40166 판결 등.

가 이를 지배·관리할 능력이 없고 ② 명의자에 대한 지배권 등을 통하여 실질적으로 이를 지배·관리하는 자가 따로 있으며 ③ 그와 같은 명의와 실질의 괴리가 오로지 조세를 회피할 목적에서 비롯된 경우에는 이를 부인할 수 있다는 것이다. 소득귀속자 판단기준은 위와 같이 세 가지 요건으로 구분할 수 있는데(이하 ① 기준을 '명의자 요건', ② 기준을 '지배자 요건', ③ 기준을 '조세회피 요건') 위 세 가지 요건에 모두 해당하여야 외국법인의 소득귀속자 지위가 부인되는 것으로 판단된다.

    (2) 명의자 요건

    우선, 명의자 요건은 외국법인이 형식적인 거래당사자로서 재산에 대한 지배·관리 능력이 없는 경우를 말한다. 인적·물적 시설이 있다면 특별한 사정이 없는 한 그러한 능력이 인정될 것이므로 명의자 요건은 주로 인적·물적 시설이 없는 서류상의 회사에서 문제가 된다.[11] 다만, 서류상의 회사라고 하더라도 이사회 등을 통하여 의사결정을 하고 비서기능 등은 아웃소싱을 주는 방법으로 운영을 하고 있다면 그 재산에 대한 지배·관리 능력이 없다고는 볼 수 없다. 외국법인의 존속기간도 1회성 투자에 국한하여 단기간에 그치는 경우는 그 지배·관리 능력에 의심이 가지만, 다수 자회사의 지주회사로 기능하면서 장기간 동안 존속하고 있고 그 명의로 거액의 재산을 보유하고 있다면 외국법인에 재산의 지배·관리 능력이 있다고 추정될 것이다. 따라서, 단기 투자의 성격을 가지는 재무적 투자보다는 산업적 투자에 따라 설립된 외국법인이 재산에 대한 지배·관리능력을 가진 것으로 평가될 여지가 높다.[12] 주식투자자금을 외국법인의 모회사가 전부 제공하고 그 주식의 취득, 보유, 처분 등 모든 거래행위도 모두 모회사가 관장한다면 그 외국법인의 지배·관리능력에 의문이 들 것이다. 외국법인이 소득을 수취하고 이를 주주에게 분배하고 즉시 청산하는 경우라면 재산의 지배·관리능력이 없을 가능성이 높다고 할 것이나,[13] 수취한 소득을 보유하고 재투자를 한다면 이는 외국법인의 지배·관리능력의 중요한 징표가 될 것이다.[14] 이는 도관회

---

11) 대법원 2013. 9. 26. 선고 2011두12917 판결은 사무실이나 상주직원 없이 신탁회사의 직원에 의하여 외국법인이 설립·운영·유지 등 업무가 수행된 사정을 그 부인의 근거로 들고 있다. 대법원 2015. 8. 19. 선고 2014두40166 판결도 인적·물적 설비의 부재를 언급하고 있다.

12) 대법원 2014. 7. 10. 선고 2012두16466 판결은 까르푸 그룹의 투자가 장기적인 산업적 투자로서 단기이익을 노린 재무적 투자자가 아니라는 점을 언급하고 있다.

13) 대법원 2012. 1. 27. 선고 2010두5950 판결, 대법원 2012. 10. 11. 선고 2010두20164 판결, 대법원 2013. 9. 26. 선고 2011두12917 판결은 소득귀속자 부인의 근거로 주식양도 후에 단기간 내에 외국법인이 청산되고 그 대금이 투자자에게 분배된 점을 들고 있다.

14) 서울고등법원 2011. 4. 27. 선고 2010누36239 판결은 라부안 법인이 서류상 회사가 아니라는 근

사의 판정기준이기도 하다.

(3) 지배자 요건

다음으로 지배자 요건은 명의자에 대하여 지배권 등을 통한 실질적 지배·관리하는 제3자가 있어야 한다는 요건이다. 지배권은 과반수 이상의 의결권 주식의 보유가 일반적이지만 채권과 약정에 의한 지배권의 확보도 가능하다. 명의자가 제3자로부터 투자자금을 전적으로 공급받거나 명의자의 모든 거래를 제3자가 관여하여 체결한다면 이는 지배자 요건을 충족할 가능성이 높을 것이다. 모자회사의 경우 규정상 업무분장이 명확하고 외국법인 소재지의 법률에 따른 이사회의 개최 등의 절차적 요건을 구비하여 의사결정이 이루어지며 자금의 흐름도 법적 형식에 따라 행해진다면, 그와 같은 경우까지 모회사의 상시적 지배권이 인정되기는 어려울 것이므로 자회사가 단순히 명의자이고 모회사가 지배자라고 볼 수는 없을 것이다. 즉, 모자회사의 경우 단순히 자회사에 대한 일반적 지배권이 있다는 이유만으로 지배자 요건을 충족한 것으로 보기는 어렵고 자회사에 대한 법적 지배형식을 도외시하고 명의신탁관계에 준하여 자회사의 관리·운영을 상시적으로 주도할 정도에 이르러야 할 것이다.15)

(4) 조세회피 요건

마지막으로 조세회피 요건은 그와 같은 명의와 실질의 괴리가 정당한 사업목적이 없이 오로지 조세회피의 목적에서 비롯되어야 한다는 것이다. 전형적으로 조세회피 요건에 해당하는 경우로는 사전의 조세회피의 방안을 주도 면밀하게 기획하여 조세조약의 혜택 등을 보기 위한 의도로 투자 직전에 특수목적법인을 설립하고 다단계 투자구조를 통하여 거래하는 경우를 들 수 있다. 그러나 조세회피 목적이 있다고 무조건 위 기준을 충족하는 것이 아니라 그 목적이 유일한 것이어야 한다. 오래 전에 설립되어 투자지주회사로 활동하고 다수의 국가에 투자한 경우에는 오로지 우리나라에서 조세회피 목적으로 설립된 것으로 보기 어렵다.16) 외국단체의 설립지국에서 조세를 납부하거나 원천징수의무 등을 이행하였

거로 배당을 실시하지 않은 점을 들고 있다. 대법원 2014. 7. 10. 선고 2012두16466 판결도 주식양도대금을 직접 수령하여 자회사 등에 재투자한 사정을 해외지주회사의 실체성 인정의 근거로 언급하고 있다.

15) 대법원 2014. 7. 10. 선고 2012두16466 판결에서는 모회사가 주식양도와 관련하여 거래를 주도한 것은 모회사가 자회사의 상위 지주회사라는 점에 기인한 결과일 뿐 이를 주식양도소득의 귀속주체가 모회사라는 근거로 삼을 수 없다고 판시하였다.

16) 대법원 2014. 7. 10. 선고 2012두16466 판결은 지주회사가 한국 투자 12년 전에 설립된 사정을

다면 조세회피 목적은 없거나 적다고 할 것이다. 조세회피 목적 이외의 다른 사업목적이 있다면 위 기준은 충족하지 않는 것이 된다. 대표적인 사례가 조세피난처의 유한파트너쉽이다. 조세피난처에 설립된 유한파트너쉽도 주식의 취득, 보유, 양도 등 고유의 사업활동이 있고 자금의 실질적 공급처이며 주식인수, 경영참가를 통하여 수익을 얻으려는 뚜렷한 사업목적을 가지고 있는 영리단체로서 조세회피 목적 외에 정당한 사업목적이 있다는 이유로 그 소득귀속자의 지위가 인정되고 있다.17) 우리나라에서의 투자, 주식중개 등의 목적으로 조세피난처에 설립된 해외금융지주회사도 고유한 사업활동이 있다고 보아 소득귀속자의 지위가 존중되기도 하였다.18) 단순 투자지주회사도 펀드를 운용함에 있어서 투자자금 및 투자자산의 효율적인 관리·운용을 위하여 그 사업상의 필요성이 긍정되는 측면이 있다.19)

　이와 관련하여 회피대상 조세에 외국의 조세도 포함되는지가 문제되나 외국의 조세회피 여부까지 판단하는 것은 행정적으로 번잡한 일일 뿐만 아니라 이를 이유로 외국단체의 소득귀속자의 지위를 부인할 정책적 필요성도 없어 보이므로 여기에서의 조세는 국내조세에 한한다고 보는 것이 타당하다. 조세회피기준은 미국세법상의 사업목적원칙(business purpose rule)과 유사하다. 사업목적원칙에 의하면 어느 거래는 그 거래의 주된 목적이 조세회피인가 아니면 다른 사업목적이나 동기가 있는가에 따라 조세상의 다른 취급을 받게 되는바, 대법원의 소득귀속자 판단기준은 미국세법상의 사업목적원칙과도 궤를 같이한다.

5. 대상판결의 의의와 평가

가. 원고 본점에 대한 소득귀속자 판단기준의 적용

　외국법인의 소득귀속자의 지위를 부인하는 문제와 외국 본점의 실체성을 부인하는 문제는 그 납세의무 주체성을 인정하지 않는다는 점에서 공통된다고 할 것이므로 외국단체의 소득귀속자 판단기준에 따라 대상판결의 판시사항을 검토하는 것은 의미가 있다. 앞서 본 바와 같이 종전 대법원은 외국법인의 소득귀속자 부인문제를 가장행위 등 사실인정의 문제로 판단해 오다가 위 전원합의체 판

　조세회피 목적이 없다는 점의 근거로 들고 있다.
17) 대법원 2013. 7. 11. 선고 2011두4411 판결.
18) 서울고등법원 2011. 4. 27. 선고 2010누36239 판결.
19) 대법원 2012. 1. 27. 선고 2010두5950 판결.

결을 통하여 소득귀속자 판단기준에 관한 세 가지의 법리적 잣대를 제시하였는 바, 여기서는 앞서 본 명의자 요건, 지배자 요건, 조세회피 요건에 의하여 대상판결의 판단을 검토하고 평가한다.

나. 명의자 요건: 원고 본점이 재산의 지배·관리 능력이 있는지 여부

이 사건 부과처분의 주된 논리는 원고 본점의 인적·물적 시설이 없다는 이유로 원고 본점이 소득귀속자가 될 수 없다는 것이었다. 그러나, 단순히 인적·물적 시설이 없다는 이유만으로 실질과세의 원칙을 적용하여 회사의 실체를 부인할 수 있는 것은 아니다. 명의자 요건은 외국단체의 지배·관리 능력의 유무를 따지고 있지 인적·물적 시설의 유무를 결정적 요소로 제시하고 있지는 않다.

원고 본점의 경우, 1977년부터 30년 이상 원고의 본점으로서 존속해 왔고, 그 명의로 1999년 말 현재 총자산 33,870,000달러, 총부채 29,363,000달러, 자기자본 4,507,000달러를 보유하고 있으며 2000년중에 7,600,000달러 배당금을, 2003 사업연도 말 3,500,000달러의 배당금을 지급하기도 하였는바, 1회성 투자에 관여하였다가 단기간 내에 소멸하는 특수목적회사와는 명백히 구분된다. 원고의 본점은 별도의 인적·물적 시설이 없지만 계열회사와 용역계약을 체결하고 원고 본점의 재무 및 자금과 관련된 사항과 제반 행정업무를 위탁함으로써 독자적으로 업무를 수행하고 있었으며, 원고의 사업과 관련하여 다수의 중요한 관리 또는 상업적 의사결정들은 국내가 아니라 국외에서 개최된 이사회를 통해 이루어졌다.

아울러, 원고의 국내 고객사들은 원고 지점을 거치지 않고 직접 또는 국내 신용장 개설은행을 통하여 법률·계약상 거래당사자인 원고 본점의 예금계좌에 입금하였다는 점, 원고는 석유화학제품 매입금액 및 매출금액을 원고 본점의 회계장부에만 기록하였다는 점, 원고 본점 예금계좌의 인출권한은 관련 이사회의 결의에 따라 별도로 지정된 서명권자에게 허락되어 있었다는 점 등을 고려하면, 원고 본점에 인적·물적 시설이 없다고 하더라도 원고 본점을 단순 명의자에 불과하다고 볼 수는 없고, 이 사건 이자소득의 실질적 관리자로 판단된다.

다. 지배자 요건: 원고 지점이 원고 본점을 실질적으로 지배·관리하는지 여부

모회사에 해당하는 원고 본점이 부인되기 위해서는 원고 지점에 의한 실질적 지배·관리가 인정되어야 하는바, 자회사의 소득귀속자 지위의 부인과는 그 부인의 대상과 방향에 차이가 있으므로, 통상의 모회사가 자회사를 지배·관리하는 경우보다 엄격하게 지배자 요건을 판단하여야 한다. 대상판결의 사안에서 원고 본점은 A그룹의 계열회사로부터 석유화학제품을 매입하여 원고 지점의 판매지원을 받아 한국으로 수출판매하고, 그 판매대금은 한국의 고객사들로부터 원고 본점의 외국은행계좌로 송금받는 업무를 수행하였으며, 원고 지점은 원고 본점의 판매활동을 지원하는 판매지원사업 외에도 다른 계열사들이 국내 고객에 직접 수출하는 화학제품의 판매중개서비스업 및 국내 시장조사 업무 등을 수행하였으므로 원고 본점과 지점 간의 업무분장도 명확하게 구분이 되었다. 또한, 원고 본점이 고객들로부터 지급받은 판매대금으로 원고 지점의 영업자금을 지원하고 있고 원고 지점에 원고 본점의 의사결정을 통제하는 인원이나 그에 관한 약정은 전혀 없는 상태이다. 이러한 사정을 고려해 볼 때 원고 지점이 원고 본점에 대한 지배자 요건을 충족하였다고 보기 어렵다.

라. 조세회피 요건: 원고 본점과 원고 지점의 설립·운영에 조세회피의 목적이 있는지 여부

원고 본점이 설립되던 당시 국내 석유화학제품의 수요자들은 트레이딩을 직접 실행할 능력이 없었고 당시 대외무역과 외국환거래관련 규정상 국내회사의 역외 트레이딩이 금지되는 등 법적 규제가 존재하였는바, A그룹이 국내에 효율적으로 석유화학제품을 공급하기 위해서는 외국법인을 설립하여 업무를 수행하고 국내에는 지점을 설치하여 업무를 지원하는 사업구조가 불가피하였던 것으로 보인다. 실제로 원고 본점과 원고 지점의 이러한 거래구조는 1977년 이후 30년 이상 계속되어 왔는바, 위와 같은 사정을 고려하면, 원고 본점과 원고 지점의 설립 및 운영에 어떠한 조세회피의 목적이 있었다고 보기 어렵다.

오히려 이 사건 부과처분의 과세논리를 일관할 경우, 원고 본점의 재무의사결정으로 원고 본점이 거액의 해외 차입금을 조달하고 그 이자비용을 지급한다면 원고 지점에서 그 지급이자에 대한 손금산입이 가능하게 되어 오히려 국내원천소득이 감소되는 결과가 발생할 수도 있다.

한편, 원고 본점은 전 세계 소득에 대하여 홍콩에서 법인세 신고를 하면서도 이 사건 이자소득에 대하여 과세되지 않고 있으나, 이는 홍콩 법인세법이 그러한 유형의 소득에 대하여 과세하지 않도록 규정하고 있기 때문이고 그 소득이 국내

원천소득이라는 이유로 과세에서 제외되는 것이 아니므로, 조세회피 요건을 판단함에 있어서 홍콩에서의 조세문제는 고려할 필요가 없다. 홍콩 조세는 국내 조세가 아니라는 점에서도 그러하다. 따라서 대상판결의 사안은 외국단체의 소득귀속자의 지위를 부인하기 위한 조세회피 요건에도 부합되지 않는다.

마. 대상판결의 의의

이상에서 논의한 바와 같이, 대상판결은 세법상 실질과세의 원칙에 따라 소득의 귀속자를 판단할 때, 인적·물적 시설이 없는 외국법인의 본점이라도 그 소득귀속자의 지위를 인정받을 수 있는 요건을 밝혔다. 그동안 대법원 판례는 인적·물적 시설이 없는 명목회사 형태의 외국법인의 소득귀속자의 지위를 부인하여 그 주주의 행위로 보는 경우가 대부분이었는데, 대상판결은 외국법인의 본점을 부인하고 그 지점을 실질적 본점으로 볼 것인지 여부가 문제가 되었으므로, 그 부인의 대상과 방향이 종전판례의 사안과는 차이가 있다는 점에서 선례적인 의미가 있다.[20] 대상판결은 구체적으로 원고 본점이 이사회를 개최하고 배당을 실시하며 증자, 자산의 매각 등 회사로서의 독자적인 활동을 하고 있고, 원고 지점과는 담당 업무가 명확히 분장되며, 원고 지점은 원고 본점 명의의 예금계좌에 대한 지배·관리·처분 권한이 없고, 조세회피 목적이 없이 역외 트레이딩에 관한 법적 규제상의 이유로 30년 이상 그 거래구조를 유지하여 온 점 등을 고려하여 인적·물적 시설이 없는 원고 본점의 소득귀속자의 지위 내지 실체성을 인정하고 그에 따라 원고 본점의 이 사건 이자소득은 원고 본점에 귀속되는 것으로 보았는바, 대상판결의 사안은 소득귀속자의 지위를 부인하기 위한 명의자 요건, 지배자 요건, 조세회피 요건 모두를 결여하는 것으로 원고 본점의 실체성을 인정한 대상판결은 대법원의 외국단체의 소득귀속자 판단 기준에 비추어 정당한 결론으로 판단된다.

---

20) 국세심판원에서 미국법에 의하여 설립된 법인이 미국 내에는 아무런 인적·물적 시설을 보유하지 않고 한국 지점에서 직원을 고용하고 물적 시설을 갖추어 영업을 한 사안에서, 고객회사와의 거래상의 위험 또는 발생할 수 있는 손해배상은 모회사 및 기타 관계회사와는 관련 없이 본점 법인이 독자적으로 책임을 지며, 소속 지점법인의 경영실적을 집계하여 자체적인 독립회계로 결산을 마감하고 있고, 당기순이익을 본점이 주주인 모회사에게 배당금으로 지급하고 있다는 점을 들어 그 외국법인의 본점의 법적, 경제적 실체를 인정하는 취지의 심판결정을 한 경우는 있었다(국심 2003서1111, 2004. 12. 21., 국심98서1273, 1999. 12. 31.).

2

소득세법 · 법인세법

국내원천소득에 대한 원천징수의무를 부담하는 '소득의 금액을 지급하는 자'의 의미

〈대법원 2009. 3. 12. 선고 2006두7904 판결〉

I. 대상판결의 개요

1. 사실관계의 요지와 과세처분의 경위

내국법인인 원고는 외국인 투자자금을 유치하였다는 홍보효과와 펀드운용 수익을 얻기 위하여, 1997. 6. 19. 말레이시아의 신탁회사에 의뢰하여 조세피난처인 말레이시아 라부안(Labuan)에 원고를 수익자로 하는 자본금 US 1센트의 역외펀드회사(이하 '역외펀드')를 설립하였다.

역외펀드는 1997. 7. 15. 만기일을 2000. 7. 17.로 하고 6개월마다 변동이자율로 이자를 지급하는 변동금리부 채권증서(이하 '이 사건 채권증서')를 발행하여 홍콩 소재 외국법인인 F은행으로부터 US 5,000만달러를 차입하였으며, 해당 차입금으로 원고의 외국인전용 수익증권 500만 좌를 취득하였다.

이때, 역외펀드는 위 차입 직전에 내국법인인 D은행과 총수익스왑계약(Total Return Swap, 이하 '이 사건 스왑계약')을 체결하였는 바,

그 내용은 1997. 7. 15. 역외펀드가 D은행에게 US 5,000만달러를 지급하고 D은행은 역외펀드에게 445억원을 지급하며, D은행은 1998. 1. 15.부터 2000. 7. 17.까지 이 사건 채권증서의 소지인에게 6개월마다 위 변동이자율의 이자와 원금 US 5,000만달러를 지급하고, 2000. 7. 17. 역외펀드는 D은행에게 약 623억원(원금 445억원 + 고정이자 약 178억원)을 지급하는 것이었다.

한편, D은행은 1997. 7. 15. 이 사건 채권증서의 소지인에게 원리금 상환의

무를 보증하는 보증서(이하 '이 사건 보증서')를 제공하고, 원고는 D은행에게 위 채권증서 및 이 사건 스왑계약상 역외펀드가 부담하는 모든 채무를 지급보증하는 확약서를 발급하였다.

이에 D은행은 이 사건 스왑계약 및 보증서에 따라 이 사건 채권증서의 소지인인 F은행에게 위 변동이자율의 이자를 6회 지급하였으며 원금 US 5,000만달러는 만기인 2000. 7. 17.에 상환하였는데, 그 지급액에 대하여 역외펀드나 D은행은 국외원천 이자소득으로 보아 원천징수의무를 이행하지 않았다.

그런데, 피고는 이 사건 채권증서를 발행하여 F은행으로부터 금원을 차입한 실질적 주체는 원고이고, D은행이 F은행에 변동이자를 지급한 것은 단지 원고를 대신하여 국내원천 이자소득을 송금한 것에 불과하며 따라서 F은행에게 지급되는 국내원천 이자소득에 대한 원천징수의무를 부담하는 구 법인세법(2006. 12. 30. 법률 제1841호로 개정되기 전의 것, 이하 '구 법인세법') 제98조 제1항 소정의 '소득금액을 지급하는 자'는 원고라고 하면서, 2003. 7. 2. 원고에 대하여 법인세 징수처분을 하였다.

2. 판결 요지

대법원은, 조세피난처에 설립된 역외펀드와 외국법인 F은행 사이의 금전차입계약은 가장행위로서 역외펀드의 실질적 운용·관리 주체인 원고를 F은행으로부터 금원을 차입한 주채무자라고 보았으나, 외국법인에게 지급되는 국내원천소득인 이자소득에 대하여 원천징수의무를 부담하는 원천징수의무자에 관하여는, 과세처분의 근거 법령이 되는 구 법인세법 제93조 제1호 (가)목은 외국법인의 국내원천소득의 하나로 내국법인 등으로부터 지급받는 이자소득 등을 규정하고 있고, 제98조 제1항에서 이와 같은 국내원천인 이자소득에 대한 원천징수의무는 외국법인에게 소득의 금액을 지급하는 자가 그 지급하는 때에 부담하는 것으로 규정하고 있는 점, 소득의 발생원천에서 그 지급시점에 원천징수를 함으로써 과세편의와 세수 확보를 기한다는 원천징수제도의 본질 및 기타 국내원천소득에 대한 원천징수 관련 규정의 내용이나 체계 등을 종합하면, 구 법인세법 제98조 제1항 소정의 소득금액을 지급하는 자라 함은 계약 등에 의하여 자신의 채무이행으로서 이자소득의 금액을 실제 지급하는 자를 의미한다고 판단하면서, 이 사건에서는 D은행이 이 사건 스왑계약을 통하여 이 사건 채권증서의 소지인에게 주채무자와 독립하여 원리금 상환의 보증책임을 부담하는 이 사건 보증서를 발급하고 채무의 이행으로서 그 소지인에게 이자를 실제 지급한 경우이므로 원고가 아닌 D은행이 위 원천징수의무자에 해당한다고 판시하였다.

Ⅱ. 대상판결의 평석

1. 이 사건의 쟁점 및 논의의 범위

이 사건에서는 외국법에 따라 신탁의 형태로 설립된 역외펀드의 실체 및 그 거래행위를 그 외관 또는 형식에도 불구하고 실질과세원칙에 따라 부인함으로써 원고와 F은행 사이의 차입거래로 재구성할 수 있는지 여부, 만일 재구성할 수 있다면 원천징수의무자에 해당하는 구 법인세법 제98조 제1항 소정의 이자소득의 지급자가 그 주채무자로 인정되는 원고인지, 아니면 이 사건 스왑계약 및 보증서에 따라서 외국법인인 F은행에 위 변동이자를 실제로 지급한 D은행인지 여부 등이 다투어졌다.

대상판결은 구 법인세법 제98조 제1항 소정의 국내원천 이자소득에 대하여 원천징수 의무를 부담하는 '소득의 금액을 지급하는 자'를 역외펀드의 신탁계약상 수익자로서 주채무자에 해당하는 원고로 보았던 원심과 달리, 원고와의 이 사건 스왑계약에 따라 변동이자율의 이자를 외국법인인 F은행에게 지급한 D은행을 원천징수의무자로 판단하여 원심을 파기하였는바, 이하에서는 구 법인세법 제98조 제1항 소정의 국내원천 이자소득에 대하여 원천징수 의무를 부담하는 '소득의 금액을 지급하는 자'의 의미에 대하여 살펴보도록 한다.

2. 외국법인의 국내원천소득에 대한 과세체계

가. 외국법인과 국내원천소득

외국법인은 법인세법 제1조 제3호에 따라 외국에 본점 또는 주사무소를 둔 법인을 말하며, 내국법인과 달리 법인세법 제93조 각 호에 열거된 국내원천소득에 대하여만 법인세를 납부할 의무가 있다. 내국법인이 전 세계소득에 대하여 납세의무를 부담하는 것과 구별된다.

국내원천소득이란 구체적으로 소득을 발생시키는 원인이 될 수 있는 자산의 소재지, 사업활동의 수행지, 권리의 사용장소, 용역의 수행지 등이 국내에 있는 소득을 의미한다. 즉, 소득의 원천지는 소득을 발생시키는 결정적인 요소가 어디에서 생겼는가, 또는 어디에 있는가에 따라 결정된다.

이와 관련하여, 대법원 1996. 11. 15. 선고 95누8904 판결은 외국법인의 국내원천소득이라 함은 구 법인세법 제55조 제1항에 열거된 소득으로서 그 소득의 발생원천지가 국내인 것을 말하는 것이며, 소득의 발생지가 국내인 이상 그 소득의 실현이 국내지점에서 이루어졌거나 국내지점을 거치지 아니하고 곧바로 외국의 본점 또는 지점을 통하여 이루어졌거나 구별할 것은 아니라고 판시하여 외국법인에 대한 과세권의 근거는 소득의 발생원천지임을 분명히 하였다.

구 법인세법 제93조는 국내원천소득을 이자소득, 배당소득, 부동산소득, 선박 등의 임대소득, 사업소득, 인적용역소득, 사용료소득 등으로 구분하여 열거하고 있는바, 이와 같이 구체적으로 규정되지 않은 소득항목은 과세대상이 되지 않는다.

나. 조세조약과 국내원천소득

법인세법에서 국내원천소득으로 규정된 소득이라도, 만약 우리나라가 해당 외국법인의 소재국가와 체결한 조세조약에서 국내에 소득의 원천이 있는 것으로 보지 않는 경우에 해당한다면, 당해 국내 발생소득은 우리나라에서 과세되지 않는다. 조세조약은 법인세법의 특별법으로서 우선 적용되어야 하기 때문이다. 국제조세조정에 관한 법률 제28조는 비거주자 또는 외국법인의 국내원천소득의 구분에 관하여 소득세법 제119조 및 법인세법 제93조에도 불구하고 조세조약이 우선하여 적용된다고 규정하고 있는바, 이는 조세조약의 특별법적 지위를 확인한 것으로서 조세조약상의 소득구분의 우선적용에 관한 조항이지만 그 취지상 소득의 원천지에 대해서도 조세조약이 국내법에 우선한다고 할 것이다.

결국, 우리나라와 조세조약이 체결된 국가의 법인의 소득이 우리나라에서 과세되려면 외국법인의 소득이 법인세법상 국내원천소득으로 인정되어야 하고, 나아가 조세조약에서 당해 소득의 원천지를 법인세법과 다른 곳으로 규정하지 않아야 한다.

3. 외국법인의 국내원천 이자소득에 대한 원천징수의무

구 법인세법 제93조 제1호 (가)목은 외국법인의 국내원천소득의 하나로 내

국법인 등으로부터 지급받는 이자소득을 규정하고 있다. 구 법인세법 제98조 제1
항에 의하여 외국법인에게 이러한 국내원천 이자소득을 지급하는 자는 지급하는
때 법인세를 원천징수하여 납부하여야 하는데, 이는 일반적인 원천징수 의무와
마찬가지로, 외국법인의 국내원천소득에 대한 세수일실 방지 및 비용감소 등 징
세편의를 위한 것으로 해석된다.

구 법인세법에는 '지급'의 의미에 대하여 정의한 규정이 없으나 사법상 '지
급'은 금전채무의 변제를 뜻하는 것이고 법인세법은 금전채무의 과실을 이자소득
으로 규정하고 있으므로, 결국 이자의 '지급'이란 이자라는 금전채무의 변제를 의
미한다고 해석된다. 네덜란드 대법원 39.385(18. Jun. 2004) 판결도, 네덜란드·벨
기에 조세조약 제10, 11, 12조에 있어서 '지급(Paid)'의 의미는 '계약 또는 관행에
의한 방법으로 채권자의 처분권 안에 금원을 놓을 의무를 만족시키는 사실'을
말하므로, 지급은 현금, 계좌이체, 기타 방법에 의한 '채무를 변제하는 모든 것'
을 포함한다고 보았다. 요컨대, 지급의 주된 징표는 '계약 등에서 정한 방법'으로
'채무를 이행하여' '금원을 채권자가 처분할 수 있게 하는 것'이라고 이해할 수 있다.

4. 이 사건 스왑계약 및 보증서에 따른 D은행의 지위

국제금융거래에서 스왑계약이란 이른바 신종 파생금융상품의 하나로 외국환
거래에 있어서 환거래의 당사자가 미래의 이자율 또는 환율변동에서 오는 위험
을 회피하기 위하여 채권이나 채무를 서로 교환하는 거래이다. 대별하여 이자율
변동으로 인한 일방의 위험을 회피하기 위하여 일방이 부담할 변동이자율에 의
한 이자지급채무를 미리 약정된 시기에 고정이자율이나 다른 변동이자율에 따른
이자지급채무로 교환하여 부담하는 이자율스왑과 차입비용을 절감하고 구성통화
의 다양화를 통한 환율변동의 위험을 회피하기 위하여 계약당사자간에 서로 다
른 통화표시 원금과 이자를 미리 약정된 시기에 교환하여 부담하는 통화스왑이
있다(대법원 1997. 6. 13. 선고 95누15476 판결).

이 사건에서 D은행은 앞서 본 바와 같이 역외펀드와 스왑계약을 체결하여
역외펀드로부터 고정금리부 원화원리금 약 622억원을 받는 대신, 이 사건 변동금
리부 채무증서의 소지인에게 변동금리부 외화원리금을 자신의 계산과 책임으로
지급할 것을 약정하였다. 이와 같이 역외펀드는 D은행과의 이 사건 스왑계약을
통하여 D은행으로 하여금 F은행에 대한 변동외화이자원리금의 지급의무를 인수

하게 하고 자신은 D은행에 대하여 고정원화 이자원리금의 지급의무를 부담함으로써 이 사건 변동금리부채권증서의 만기까지 발생하는 이자율 및 환율의 변동 위험을 효과적으로 회피할 수 있었는바, 이 사건 보증서의 내용을 고려하면 이 사건 스왑계약은 이자율스왑과 통화스왑이 결합된 변형스왑계약으로 파악된다.

한편, D은행의 F은행에 대한 이 사건 보증서 제2.02조는 "보증인은 단순한 연대보증인(Surety)이 아닌 주채무자로서 본 보증서에 책임을 진다(The Guarantor will be liable under this Guarantee as if it were the sole principal debtor and not merely a surety)", "만약 보증인이 단독 주채무자였다면 면제, 침해, 영향받지 않았을 여하한 상황에 대하여 본 보증서의 보증인의 의무 역시 면제, 침해, 영향받지 않는다"고 하면서, 그 상황으로 발행인의 청산, 해산, 회사정리 등, 채무증서의 무효, 집행불능 등으로 인한 발행인의 면책, 증서 소지자의 발행인에 대한 기한유예, 채무증서 내용의 변경 등을 적시하고 있었다.

이와 같이, D은행은 위 채무증서의 소지인에게 스스로 단순한 연대보증인의 지위를 넘어서서 단독의 주채무자와 같은 위치에서 위 변동금리부 외화원리금의 지급채무를 책임지겠다는 의사를 표시하였고, 구체적으로 발행인의 면책은 물론 채무증서 무효의 경우에까지 그 책임을 부담할 것을 밝힘으로써 보증채무로서의 부종성이 없음은 물론 채무증서의 효력과 관계없이 독자적인 책임을 부담할 것을 약정하였는바, 계약에 따라 보증채무를 부담하는 D은행은 단순한 지급대행자 또는 전달자로 볼 수 없고, 민법상 보증인보다는 무인성을 지니는 독립적 보증계약의 보증인(대법원 1994. 12. 9. 선고 93다43873 판결)에 해당하는 것으로 해석된다.

결국, F은행은 이 사건 보증서에 따라 D은행에 대하여 직접 이 사건 이자의 지급을 청구할 권리를 갖게 되고, D은행도 F은행에 대하여 이를 지급할 채무를 갖게 된다.

5. 주채무자가 아닌 보증인 등이 구 법인세법 제98조 제1항 소정의 '지급하는 자'에 포함되는지 여부

가. 문제의 소재

이자소득이 변제되는 경우를 분류하면, 통상 ① 주채무자가 자신의 이자채무를 직접 변제하는 경우, ② 주채무자가 변제하는 이자를 송금은행 같은 지급대행자가 단순히 전달하는 경우, ③ 주채무자를 대신하여 보증인이나 채무인수자 등이 이자채무를 변제하는 경우로 구분할 수 있는바, 앞서 본 바와 같이 '지급'은 채무의 변제를 의미하는 것이므로 ①의 경우뿐만 아니라 ②의 경우에도 의문의 여지없이 주채무자가 구 법인세법 제98조 제1항의 '지급하는 자'에 해당한다. 그러나 ③의 경우, 즉 보증인 등 주채무자가 아닌 자가 채무를 변제하는 경우에도 이들을 '지급하는 자'로 보아 원천징수 의무를 부담하게 할 것인지가 문제된다.

나. 긍 정 설

긍정설은 보증인이나 채무인수인 등 주채무자가 아닌 자도 원천징수 의무를 부담할 수 있다는 견해로서, 가령 민법상 보증채무는 주채무와는 독립된 채무이나 주채무와 동일한 급부를 그 내용으로 하고 보증인이 보증채무를 이행하는 경우에는 변제의 효과가 발생하므로 이는 주채무의 이행과 마찬가지이고, 채무인수인의 경우에도 채권자에 대하여 주채무자로서의 지위에 서게 되므로 구 법인세법 제98조 제1항의 '지급'에 해당한다고 보지 않을 수 없다는 것이다.

이에 따르면, 보증인 등의 채무이행은 채권자에 바로 자신의 채무를 이행하는 것이므로 외국법인에 지급하는 국내원천 이자소득에 대하여 원천징수할 의무 또한 보증인 등이 부담하게 된다. 이러한 입장에서 국세청도 발행인이 지급하지 못한 회사채의 이자를 지급보증한 자가 대신 지급할 때에는 '당해 보증인'이 원천징수의무를 부담한다고 유권해석을 한 바 있다(법인 46013-2097, 1994. 7. 21.).

다. 부 정 설

부정설은 구 법인세법 제98조 제1항의 '지급'은 주채무자가 변제하는 경우만을 의미한다는 견해로서, 실제로 대상판결의 원심은 D은행이 이 사건 스왑계약과 보증계약에 기한 채무를 이행한 것일 뿐 F은행에게 주채무(차입금채무)를 이행한 것은 아니라 할 것이어서 F은행에게 이 사건 이자를 지급함에 따른 원천징수의무는 여전히 이 사건 채권증서의 발행인으로서 주채무자인 원고에게 있다고 하였는 바, 이러한 원심의 입장은 부정설에 해당한다고 할 것이다.

이와 관련하여, 원심은 구 법인세법 제73조 제4항에 따라 원천징수의무를 대리하거나 위임받더라도 이는 법률상 효과에 불과할 뿐, 그 대리인 또는 수임인에게 원천징수 의무가 완전히 이전되는 것으로 볼 수 없고, 외국차관자금의 경우 주채무자가 외국법인에게 직접 이자소득금액의 지급행위를 하지 않더라도 구 법인세법 제98조 제4항에 따라서 여전히 원천징수의무를 부담하는 것이며, 공법상 의무인 원천징수의무는 법률의 규정에 의하여만 인정되어야 하고 사인이 별도로 체결한 보증계약 등에 의하여 함부로 그 의무의 소재가 변동된다 할 수 없다는 점을 근거로 하였다.

라. 검   토

앞서 본 바와 같이, '지급'은 결국 금전채무의 변제를 의미하며 이자소득을 '지급하는 자'는 자신의 의무로 이자소득의 지급행위를 하는 자이다. 구체적으로, 보증인이 주채무자를 대신하여 보증채무의 이행으로서 이자지급행위를 할 수도 있고, 차입자로부터 이자지급채무를 인수한 자도 그러한 행위를 할 수 있으므로 차입자뿐만 아니라 보증인, 채무인수인 등도 지급자가 될 수 있는바, 부정설의 논거는 아래에서 보는 바와 같이 타당하지 않다.

먼저, 구 법인세법 제73조 제4항은 원천징수의무를 부담하는 자로부터 그 지급행위의 대리나 수임을 받은 자의 행위를 본인 또는 위임인의 행위로 본다는 것으로 이는 계약에 의한 지급대행에 관한 조항이고 보증인의 보증채무 이행은 단순한 지급대행이 아니라 자신의 의무를 이행하는 것이어서 거기에 주채무자와 사이에 어떠한 대리나 위임이 있다고 보기 어려우므로, 구 법인세법 제73조 제4항 등에 따른 원천징수의무자의 대리 또는 위임을 논할 필요는 없는 것으로 보인다.

또한, 구 법인세법 제98조 제4항은 '국내 사업장을 갖고 있지 않은 외국법인에게 외국차관자금으로서 동법 제93조 제1호의 국내원천의 이자소득 등'을 지급하는 자에게만 해당되는 조항이다. 즉, 이는 이자소득 등의 지급재원이 외국차관자금인 경우에 한하여 실제 지급행위를 하는 자가 아니라 본래의 지급의무자가 원천징수를 할 의무가 있다는 조항인바, 외국차관자금은 정부의 보증 하에 내국법인이 외국정부 등으로부터 차용하는 자금으로 계약조건에 따라 주채무자가 직접 외국법인에 이자소득을 지급하지 않는 경우에도 주채무자에게 원천징수의무를 부여하겠다는 것이다. 이는 외국차관자금에 한하여 예외적으로 지급행위가 없는 주채무자에게 원천징수의무를 부여하는 조항으로 보는 것이 타당하고, 반대해석상 주채무자가 아니면서 다른 계약상의 의무로 지급행위를 하는 자가 있다면 그 지급행위를 하는 자가 원천징수의무를 부담한다고 해석하는 것이 합리적이다.

한편, 원천징수의무가 거래당사자 간의 계약에 의해서 발생하는 것이 아니라 소득의 지급자에게 원천징수를 하도록 하는 법률의 규정에 따라 발생하는 것은 사실이나, 누가 원천징수를 할 소득의 지급자인지는 법률에 의해 정해지는 것이 아니라 당사자 간의 계약 조건에 따라 결정되는 것이다. 실제로 구 법인세법 제98조 제1항은 주채무자로서 이자소득을 지급하는 자에 한정하여 원천징수의무를 진다고 규정한 것이 아니라 소득금액을 지급하는 자가 원천징수의무를 부담한다고 규정하고 있으므로, 사인 간의 계약에 따라 지급하는 자가 변동되더라도 이는 이미 한 번 확정된 원천징수의무자가 나중에 변경되는 개념으로 볼 것이 아니라, 애초부터 소득금액을 지급하는 자에게 원천징수의무가 창설적으로 부여되는 것으로 보아야 한다.

무엇보다, 법인세법이 자금의 '차입자'나 '채무자'가 아니라 '지급하는 자'에게 원천징수의무를 부과시키는 이유는, 경제계에서 여러 사정이 반영된 거래구조에 따라 이자소득이 차입자가 아닌 자에 의하여 지급되는 경우가 있고, 이 경우 원천징수의무자를 차입자 또는 주채무자로 한정하기보다는 자신의 책임으로 돈을 전달하는 '지급자'에게 세금징수의무를 부담시키는 것이 세수를 손쉽게 확보한다는 원천징수제도의 본질에 부합하기 때문이다. 따라서, 구 법인세법 제98조 제1항과 관련하여 보증인 등이 원천징수의무를 부담한다고 해석하는 것은 관련 규정의 입법취지에도 부합하는 것으로 보인다.

위와 같은 제반 사정을 고려하면, 결국 보증인 등이 채권자에 대하여 자신의 채무를 이행하여 이자소득금액을 지급하는 경우에는 그가 구 법인세법 제98조 제1항에 따라 외국법인의 국내원천 이자소득에 대한 원천징수의무를 부담하는 것으로 보아야 할 것이다.

6. 대상판결의 의의

대상판결은, 원천징수의무자의 판정 목적에서 소득금액의 지급자를 채무자와는 구별되는 독자적 개념으로 파악하면서 구 법인세법상 외국법인에게 국내원천 이자소득을 지급하는 자가 단순히 금원을 전달하는 경우가 아니라 계약의 내용에 따라 자신이 부담하는 채무의 이행으로써 실제 이자를 지급하는 경우라면 소득금액의 지급자로서 원천징수의무자가 된다는 법리를 밝혔다는 점에서 선례적 의미가 있다.

대상판결은 구체적으로 주채무자로부터 독립하여 보증인이 원리금 상환의무를 보증하는 보증서를 발급한 후 외국회사에 이자를 실제로 지급하였다면, 이는 보증인 자신의 채무이행에 해당하므로 보증인이 외국법인의 이자소득에 대한 원천징수의무를 부담한다고 보았는바, 이는 정당한 결론으로 판단된다.

국내통신사업자의 통신위성 사용대가가 외국법인의 국내원천소득인 사용료소득에 해당하는지 여부

〈대법원 2008. 1. 18. 선고 2005두16475 판결〉

Ⅰ. 대상판결의 개요

1. 사실관계의 요지와 과세처분의 경위

원고는 국내 고객을 대상으로 방송 및 통신 중계사업, 인터넷망사업, 국내·국제전화사업 등 정보통신사업을 수행하고 있는 내국법인으로서, 국내에 사업장을 두지 아니한 외국법인인 해외통신위성사업자들과 위성중계계약(통신위성의 특정 주파수대역을 이용하여 방송이나 전화 등을 원거리로 전송하여 주는 서비스를 이용하기로 하는 계약)을, 해외통신사업자들과 인터넷망 또는 국제전화중계계약(원고의 인터넷망을 외국의 인터넷망과 연결시키는 한편, 해저케이블, 육선, 증폭기 등을 통하여 음성데이터를 중계하여 주는 서비스를 이용하기로 하는 계약)을 각 체결하고 그에 대한 대가(이하 위 서비스를 '이 사건 서비스'라고 하고 그 대가를 '이 사건 대가'라고 한다)를 지급하였는데, 이 사건 대가는 해외사업자들의 국외원천 사업소득으로 보아 원천징수를 하지 않았다.

그런데 피고는 원고가 외국법인들에게 지급한 이 사건 대가는 구 법인세법 (2003. 12. 30. 법률 제7005호로 개정되기 전의 것, 이하 '구 법인세법') 제93조 제9호 (다)목 소정의 '산업상·상업상 또는 과학상의 기계, 설비, 장치 기타 대통령령이 정하는 용구1)'의 사용에 대하여 국내에서 지급된 대가로서 외국법인의 국내원천

---

1) 구 법인세법 시행령(2003. 12. 30. 대통령령 제18174호로 개정되기 전의 것, 이하 '구 법인세법 시행령') 제132조 제6항은 '대통령령이 정하는 용구'라 함은 운반구, 공구, 기구 및 비품을 말한다고 규정하고 있다.

소득 중 사용료소득에 해당한다고 보아 원고에게 그에 대한 원천징수분 법인세
를 납세고지하였다(이하 '이 사건 처분').

2. 판결 요지

대법원은 원고가 외국법인들과 각 체결한 계약에 있어서, 통신위성이나 해
저케이블 등의 점유와 관리, 통신위성의 관제 및 케이블 또는 인터넷망을 통제·
운용하는 주체는 그 통신위성의 추적관제소를 운용하거나 케이블 등을 수리·유
지·관리하고 있는 해외통신위성사업자들과 해외통신사업자들이고, 원고가 통신
위성이나 해저케이블 등에 전파를 송신하는 역할을 한다고 하여 통신위성 등을
직접 스스로 사용하는 것이라고 보기는 어려운 점, 원고가 외국법인들과 체결한
이 사건 계약의 목적은 통신위성의 중계기 중 일부나 해저케이블의 일부를 배타
적으로 사용하고자 한 것이라기보다는 외국법인들이 제공하는 통신위성이나 해
저케이블 등을 통한 전파의 송수신서비스를 이용하고자 한 것이고, 이 사건 계약
의 목적 달성은 원고가 외국법인들이 수행하고 있는 통신사업에 관련된 서비스
를 전체적으로 제공받음으로써 비로소 가능한 것이지 단순히 중계기의 일부 대
역이나 해저케이블망 등만을 임차하여서는 불가능하다고 보이는 점, 통신위성사
업이나 해외통신사업에서 통신위성이나 해저케이블 등이 차지하는 비중이 높다
고 하더라도 외국법인들이 수행하는 통신위성의 관리·통제나 해저케이블 등의
관리는 통신위성이나 해저케이블 등이 그 역할을 제대로 수행하는 데 필수불가
결한 용역이라는 측면에서 이를 단순히 피고의 주장과 같이 통신위성 등의 장비
를 활용하는 데 수반되는 부수적 용역이라고 할 수 없는 점 등에 비추어 보면,
이 사건 외국법인들은 국외에서 자신의 통신위성 또는 인터넷망을 가지고 수행
하고 있는 통신사업 혹은 그 서비스의 일부(위성을 이용한 전파의 중계와 인터넷망을
이용한 데이터의 송수신)를 원고에게 제공한 것이라고 볼 수 있을지언정, 통신위성
의 일부인 중계기나 케이블 등의 장비 또는 설비를 원고에게 임대하여 원고로 하
여금 이를 사용하게 한 것이라고 볼 수는 없다 할 것이므로, 결국 원고가 외국법
인들에게 지급한 금원은 구 법인세법 제93조 제9호 (다)목 소정의 '사용료 소득'
에 해당되지 아니한다고 봄이 상당하고, 따라서 원고가 외국법인들에게 지급한
금원이 위 '사용료 소득'에 해당함을 전제로 한 피고의 이 사건 처분은 위법하다
고 한 원심판단은 정당한 것으로 수긍이 가고, 거기에 피고가 상고이유로 주장하

는 바와 같은 '사용료 소득'의 개념, OECD 모델조약의 효력에 관한 법리오해나 채증법칙 위배 등의 위법이 없다고 하면서 피고의 상고를 기각하였다.

Ⅱ. 대상판결의 평석

1. 이 사건의 쟁점

위 사실관계와 과세처분의 경위 등에 의하면 이 사건의 쟁점은 국내통신사업자가 통신위성 또는 인터넷망 등의 이용대가로 해외통신위성사업자 또는 해외통신사업자에게 지급한 금액이 이 사건 서비스의 이용대가로서 국내에 과세권이 없는 외국법인의 사업소득인지, 아니면 구 법인세법 제93조 제9호 (다)목 소정의 외국법인에게 법인세 납세의무가 있는 국내원천소득인 사용료소득에 해당하는지 여부이다.

2. 외국법인의 사업소득에 대한 법인세법의 과세체계

법인세법상 외국법인은 국내원천소득에 대해서만 법인세 납세의무를 부담하며(법인세법 제2조 제1항 본문 및 제2호), 그에 따라 법인세법은 과세대상이 되는 외국법인의 국내원천소득을 제93조에서 한정적으로 열거하고 있다. 따라서 법인세법에 열거되어 있지 않은 소득은 우리나라에 과세권이 없으며, 외국법인에 대해서 법인세를 부과·징수하기 위해서는 당해 열거되어 있는 소득 중에서도 어느 항목에 해당하는지에 관한 소득 구분이 필수적이다.

먼저 실무상 빈번히 문제될 뿐만 아니라 이 사건의 쟁점이 되고 있는 외국법인의 사업소득에 대한 법인세법의 과세체계를 살펴보면 다음과 같다. 우선, 외국법인의 국내원천 사업소득은 외국법인이 영위하는 사업에서 발생하는 소득으로서 소득세법 제19조에 규정된 사업 중 국내에서 영위하는 사업에서 발생하는 소득으로 그 각 호에 열거된 것과 국외에서 발생하는 일부 유형의 사업소득 중 국내사업장에 귀속하는 소득을 말한다(구 법인세법 제93조 제5호, 동법 시행령 제132조 제2항 및 제3항). 이는 이른바 '통상의 사업소득'에 해당하는 것으로서 국내고정사업장이 없는 외국법인에게 지급될 때에는 2%의 세율에 의하여 법인세가 원천징수 된다(구 법인세법 제98조 제1항 제1호). 조세조약이 체결되어 있는 경우에는 외국법인의 고정사업장이 국내에 존재하지 않으면 우리나라는 외국법인의 국내원천 사업소득에 대해서는 과세권을 가지지 않는 것이 일반적이다. 이 사건에서 원고는 해외통신사업자 및 해외통신위성사업자에 의한 통신위성 및 인터넷망 등의 운영과 서비스 제공활동이 소득세법 제19조에 규정된 사업에 속하고(통신업) 그 사업은 국내에서 영위되지 않아 구 법인세법에 열거된 국내원천소득에 해당하지 않거나 가사 국내에서 영위되었다고 하더라도 국내 고정사업장이 없는 조세조약 체약국의 외국법인의 사업소득이므로 이 사건 대가는 국내에 과세권이 없다고 주장하는 것이다.

한편, 외국법인이 영위하는 사업에서 발생하는 소득 중에서도 인적용역의 제공으로 인한 것인 경우에는 통상의 사업소득과 달리 20%의 원천징수세율이 적용된다(구 법인세법 제93조 제5호 단서 및 제6호, 제98조 제1항 제2호). 법인세법이 사업소득 중에서 인적용역 제공으로 인한 소득을 따로 규정하는 이유는 인적용역소득은 다른 사업보다 물적 시설을 사용하는 정도가 낮아서 부가가치가 높기 때문이다.

또한 '산업상·상업상 또는 과학상의 기계, 설비, 장치 기타 대통령령이 정하는 용구를 국내에서 사용하거나 그 대가를 국내에서 지급하는 경우의 당해 대가'를 국내고정사업장이 없는 외국법인에게 지급할 때에는 25%의 세율로 법인세를 원천징수하여야 한다(구 법인세법 제93조 제9호 본문 및 (다)목, 제98조 제1항 제3호). 사용료소득도 통상의 사업소득에 포함되는 것이지만, 사용료소득은 이자·배당소득과 더불어 수동적 소득(passive income)이라는 특성 때문에 통상의 사업소득과 구분하고 있다. 이 사건에서 피고는 이 사건 대가가 산업상·상업상 또는 과학상의 기계, 설비, 장치의 사용대가로서 사용료소득이라고 주장하는 것이다.

위와 같이 외국법인이 영위하는 사업에서 발생하는 소득이라도 통상의 사업소득인지, 인적용역소득인지, 아니면 사용료소득인지에 따라 과세상의 취급이 다르다. 통상의 사업소득은 조세조약 체약국의 고정사업장이 없는 외국법인인 경우 비과세되거나 외국법인의 사업이 국내에서 영위되는 경우에만 2%의 원천징수세율이 적용되지만, 사용료소득은 25%라는 고율의 원천징수세율이 적용되는데다 자산을 국외에서 사용하더라도 소득을 국내에서 지급하면 국내원천소득으로 분류된다. 따라서 외국법인의 사업소득에 대한 과세문제는 결국 외국법인이 영위하는 사업의 유형이 인적용역의 제공 행위인지, 자산의 사용을 허여하는 행위인지, 아니면 이에 해당하지 않는 통상의 사업행위인지에 관한 문제로 귀결하게 된다고 할 수 있다.

3. 국내통신사업자가 해외통신위성사업자에게 지급한 통신위성 사용대가 등의 소득 구분

가. 한국표준산업분류에 따른 사업유형의 판단

앞서 본 바와 같이, 법인세법상 외국법인의 국내원천 사업소득과 사용료소득 간의 구분 문제는 필연적으로 당해 외국법인이 영위하는 사업유형의 판단을 필요로 한다. 이 사건에서는 해외통신위성사업자 또는 해외통신사업자에 의한 통신위성 및 인터넷망 등의 운영과 통신중계서비스 제공 활동(이하 '이 사건 서비스 제공행위')이 '소득세법 제19조에 규정된 사업'에서 원천적으로 배제되는 인적용역을 제공하는 행위나 자산의 사용을 허여하고 대가를 받는 행위인지, 아니면 '소득세법 제19조에 규정된 사업'인지 여부를 구분하여야 한다. 그런데 소득세법 제19조에서는 동 규정에 따른 사업의 범위는 통계법에 따라 통계청장이 고시하는 한국표준산업분류에 따른다고 규정하고 있으므로 이 사건 서비스 제공행위의 사업유형도 한국표준산업분류에 따라 판단할 수 있다.

우선, 이 사건 서비스 제공행위는 법인세법에서 인적용역의 제공으로 규정하고 있는 '영화, 연극의 배우, 음악가와 기타 공중연예인이 제공하는 용역, 직업운동가가 제공하는 용역, 변호사, 공인회계사, 건축사, 측량사, 변리사, 기타 자유직업자가 제공하는 용역, 과학기술, 경영관리 기타 분야에 관한 전문적 지식 또는 기능을 활용하여 제공하는 용역(구 법인세법 시행령 제132조 제5항)'에 해당하지 않을 뿐만 아니라, 한국표준산업분류상 위 규정에 열거된 인적용역의 제공은 「74 전문, 과학 및 기술 서비스업」이지만 여기에는 이 사건 서비스 제공행위와 동일 또는 유사한 것은 포함되어 있지 않다. 즉 이 사건 서비스 제공행위는 인적용역의 제공에 해당하지 않는 것이다.

그렇다면 이 사건 서비스 제공행위가 통상의 사업소득인지, 아니면 사용료소득인지 구분해야 할 것인데, 이를 위해서는 이 사건 서비스 제공행위가 한국표준산업분류상 어디에 해당하는지를 살펴보아야 한다. 구 법인세법 시행령 제132조 제2항은 국내원천 사업소득을 '소득세법 제19조에 규정된 사업 중 국내에서 영위하는 사업에서 발생하는 소득으로 그 각 호에 열거된 것'이라고 규정하고 있고, 소득세법 제19조에는 '통신업'이 열거되어 있으며, 동조 제2항 및 소득세법 시행령 제29조는 그러한 '통신업'의 범위를 한국표준산업분류에 따르도록 하고 있기 때문이다. 그런데 한국표준사업분류표는 "인공위성지구국 운영, 통신중계서비스, 인공위성운영" 사업을 「64299 기타 전기 통신업」으로서 「64 통신업」에 해당한다고 명시하고 있다. 따라서 이 사건 서비스 제공행위는 통상의 사업소득에 해당하나 국내에서 영위하는 것은 아니므로 결국 우리나라는 이 사건 대가에 대한 과세권이 없다고 해석된다.

반면에 이 사건 서비스 제공행위를 사용료소득이 발생하는 임대업이라고 하기는 어려워 보인다. 한국표준산업분류표는 「71 기계장비 및 소비용품 임대업」을 '조작자 없이 각종 산업용 기계장비를 임대하는 사업활동'으로 정의하면서 '조작자가 딸린 각종 기계장비를 임대하는 것은 그 기계장비의 용도에 따라 적합한 산업영역으로 분류'하도록 하고 있다. 이 사건에서 원고가 사용한 통신위성 및 인터넷망 등은 위 분류상의 산업용 기계장비에 해당하므로 외국법인들이 이를 조작서비스 없이 바로 원고에게 임대하였다면 임대업에 해당하겠으나, 외국법인들은 위와 같은 통신장비가 본래 기능에 따라 작동되도록 유지·관리하면서 원고로 하여금 통신장비가 발휘하는 기능을 이용하게 하였는바, 이 사건 서비스 제공행위는 임대업에 해당하지 않는다. 일정 기간 동안 자동차를 운전서비스와 함께 제공하는 행위는 '여객운송업'이지 '자동차 임대업'이라고 할 수 없는 것과 같은 이치인 셈이다.

이상에서의 논의를 요약하면, 이 사건 서비스 제공행위는 인적용역의 제공행위나 임대업이 아니라 통신업에 해당한다고 할 것이나, 외국법인들은 그 사업을 국외에서 영위하였으므로, 그에 대한 이 사건 대가는 구 법인세법 제132조 제2항 소정의 국내원천소득이 아니고 따라서 원고는 이 사건 대가에 대한 원천징수 의무가 없다는 결론에 이르게 된다.

나. OECD TAG 보고서상 사업소득과 사용료소득 구분기준에 의한 판단

이 사건 대가의 소득구분에 있어서는 위와 같이 우리나라 세법 규정을 먼저 적용하여 판단하여야 할 것이나, 국세청은 경제개발협력기구(이하 'OECD') 자문단의 과세입장을 수용하고 있고, 특히 1999. 1. OECD 재무위원회에 의하여 전자상거래와 관련된 조세조약상 소득 분류를 임무로 설립된 기술자문그룹(Technical Advisory Group, 이하 'TAG')이 2002. 2. 1. 발표한 보고서(Tax Treaty Characterization issues arising from E-Commerce)는 장비 등의 이용대가가 사업소득인지 아니면 사용료소득인지에 관하여 의미 있는 기준을 제시하고 있어 이하에서는 위 기준을 적용하여 이 사건 대가의 소득구분에 대하여 살펴보기로 한다.

TAG는 어떤 금원이 장비 등의 사용에 관한 대가인지를 판단하는데 미국의 내국세법(Internal Revenue Code, 이하 'IRC') Sec. 7701(e)의 '임대약정과 서비스약정'의 구분 기준 6가지를 인용하고 있다. 즉, ① 고객이 해당 자산을 물리적으로 점유하는지 여부, ② 고객이 해당 자산을 통제하는지 여부, ③ 고객이 해당 자산에 관해 실질적 경제적 이해관계 또는 사실상의 점유 이익을 가지고 있는지 여부, ④ 계약조건의 불충분한 이행이 있는 경우에도 제공자가 수취할 대가가 상당히 감액되거나 지출할 비용이 상당히 증가할 위험이 존재하는 여부, ⑤ 제공자가 당해 고객과 관련이 없는 고객들에게 중요 용역을 동시다발적으로 제공하기 위하여 당해 자산을 사용하지 않는지 여부, ⑥ 총 대가가 계약기간 중의 자산의 임대가치를 초과하지 않는지 여부가 그것이다.

TAG는 위 판단기준에 따라 서비스 공급자가 수요자에게 서비스를 공급하기 위하여 소프트웨어를 사용하고, 소프트웨어를 관리하며, 소프트웨어가 탑재된 장치를 소유하고, 다수의 수요자에게 같은 장비에 대한 접근을 제공하고, 임의로 소프트웨어를 갱신하거나 대체할 수 있는 경우라면 그 계약상의 대가는 임대소득이 아닌 서비스소득으로 보아야 한다고 하였다.[2]

이 사건의 제1심 법원은 대상판결 및 그 원심판결과 그 결론을 달리하기는 하였으나 실제로 위와 같은 OECD TAG 보고서의 6가지 기준을 적용하여 이 사건 대가의 소득구분을 판단하였으며, 구체적으로 명시하지는 않았으나 대상판결과 그 원심판결에도 위 기준이 적용된 것으로 보인다.

이 사건 서비스 제공행위가 앞서 본 OECD TAG 보고서상 자산의 임대차임을 나타내는 6가지 특징 중에서 ① 고객이 해당 자산을 물리적으로 점유하고 있는지 살펴보면, 통신위성은 우주공간에 존재하고 있으며 인터넷망 등 통신망 및 통신설비 역시 해외통신사업자가 직접 설치, 관리하고 있으므로 고객인 원고가 이들을 물리적으로 점유하고 있다고 할 수 없음이 명백하다.

② 고객이 해당 자산을 통제하고 있는지에 관하여, 통신위성의 경우 고객인

---

2) 신호영, "법인세법상 해외통신사업자가 받은 통신매체 이용대가의 소득구분", 안암법학 제30호, 2009. 9., 44-46면.

원고는 지구국을 통해서 통신위성으로 전파를 발송하는 역할만 수행할 뿐 그 이후 주파수 변환 및 증폭, 수신지역의 지구국에 전파를 발송하는 업무는 모두 해외통신위성사업자에 의해서 수행되고 해외통신위성사업자의 위성추적관제소는 실시간으로 위성의 상태에 관한 데이터를 받아 이를 분석한 결과에 따른 명령을 통신위성에 보냄으로써 통신위성을 통제하고 있다. 인터넷망 등의 경우에도 해외통신사업자가 백본망을 통해 원고의 코넷망을 전 세계 망에 연결하여 주고 원고의 육양국 이후 구간의 케이블 및 미국 육양국, 운용센터, 라우터를 이용한 데이터 송수신 서비스를 제공하며 해저케이블 및 증폭기를 관리하면서 일정 구간마다 신호를 증폭시켜 데이터를 전달할 수 있도록 하는 등 원고는 통신위성, 통신망 등의 제어, 관리에 아무런 역할을 수행하는 바 없이 단지 해외통신위성사업자 및 해외통신사업자가 제공하는 서비스를 이용할 뿐이다.

③ 기준에 관하여 보면 제3자가 통신위성이나 인터넷 망 등에 관한 해외통신위성사업자나 해외통신사업자의 소유권이나 점유권을 침해한다고 하더라도 고객인 원고는 그러한 제3자의 침해로 인하여 아무런 영향을 받지 않는다. 또한 통신위성 및 인터넷 망 등의 조작은 해외통신위성사업자 및 해외통신사업자에 의해서 이루어지므로 고객인 원고가 사실상의 점유이익을 가진다고도 할 수 없다.

④ 기준과 관련하여 원고와 해외통신위성사업자들이 체결한 계약 내용에 따르면, 중계기 대역 사용이 중단되는 경우 원고는 그 중단 기간에 비례하는 크레딧(향후 그에 비례하는 금액만큼의 서비스를 추가로 행하여 주든지 향후 서비스 요금의 지급의무를 그에 비례하여 면하게 해주는 것)을 지급받게 되어 있고, 중계기가 성공적으로 작동하지 않을 경우 원고는 계약을 해지할 수 있는데, 이는 곧 해외통신위성사업자들은 계약 조건의 불충분한 이행에 따른 위험부담을 지고 있음을 의미한다.

또한 해외통신위성사업자 및 해외통신사업자들은 ⑤ 기준과 관련하여 원고가 사용하는 주파수대역이나 통신대역 외의 통신위성 및 인터넷 망 등을 다른 고객에게 동시다발적으로 사용하도록 하고 있으며, ⑥ 기준과 관련하여 계약이 개시된 이후에도 통신위성 및 인터넷 망 등의 조작과 유지, 관리를 위한 업무를 수행해야 하는바, 그 용역대가의 합계는 그러한 업무를 수행하지 않을 때 산출될 임대가치를 초과할 것이다.

이상에서 살펴본 바에 따르면, 이 사건 서비스 제공행위는 앞서 본 OECD

TAG 보고서상 자산의 임대차임을 나타내는 6가지 특징 중 어느 하나에도 해당하지 않으므로, OECD TAG 보고서상의 기준에 따르더라도 이 사건 서비스 제공에 대한 대가로 지급된 이 사건 대가 역시 사용료소득에 해당한다고 볼 수 없다.

4. 대상판결의 의의

대상판결은 국내통신사업자가 통신위성 또는 인터넷망 등의 사용에 대하여 해외통신위성사업자 또는 해외통신사업자에게 지급한 대가는 외국법인의 국내원천소득인 사용료소득이 아니라 외국법인이 국외에서 영위하는 사업에서 발생한 소득으로서 우리나라에 과세권이 없다고 판단하였다는 점에서 의의가 있다. 법인세법은 통상의 사업소득, 인적용역소득, 사용료소득의 각 범위를 상세히 규정하고 있지만, 각 소득 간의 구분이 문제될 때 적용할 수 있는 판단기준을 제시하고 있지는 않다. 통상의 사업소득과 사용료소득 간의 구분기준이 명확히 정립되어 있지 않은 상황에서 구 법인세법 제93조 제9호 (다)목 소정의 '장비의 사용'을 문면 그대로 적용한 피고의 이 사건 처분에 대하여 대상판결이 구체적으로 명시하고 있지는 않으나 우리나라 법원은 OECD TAG 보고서 등의 내용을 사실상 수용함으로써 판례를 통해 사업소득과 사용료소득의 구분기준을 설정한 것으로 보인다. 비록 대상판결은 통신위성 또는 인터넷망 등의 이용대가의 소득 구분에 관한 것이지만, 국내법인 또는 거주자가 외국법인으로부터 당해 외국법인이 지배하고 관리하는 장비를 이용한 서비스를 제공받고 그 대가를 지급하는 경우에 당해 지급대가가 사용료소득인지, 아니면 사업소득인지 여부에 대한 판단기준을 제공했다는 측면에서 향후 정보통신기술을 기반으로 하여 발생할 다양한 국제거래에서의 소득 구분에 관한 선례적 판결이라는 점에 주목할 필요가 있다.

미국법인이 지급받은 국내 미등록 특허권의 사용대가가 국내원천소득에 해당하는지 여부

〈대법원 2014. 11. 27. 선고 2012두18356 판결〉

Ⅰ. 대상판결의 개요

1. 사실관계의 요지와 과세처분의 경위

내국법인인 A와 그의 미국 현지법인들(이하 'A 등')은 2006. 11. 30. 미국 델라웨어 연방지방법원에 미국법인인 원고와 그의 미국 모회사(이하 '원고 등')를 상대로 "A 등은 원고 등이 미국에 등록한 특허를 침해하지 않았음을 확인하고, 원고 등은 A 등이 미국에 등록한 특허를 침해하여 A 등이 입은 모든 손해를 배상하라"는 취지의 특허침해소송을 제기하였다. 이에 원고 등은 반대로 2006. 12. 4. 미국 텍사스 연방지방법원에 A 등을 상대로 "A 등은 원고 등이 미국에 등록한 특허를 침해하여 원고 등이 입은 모든 손해를 배상하라"는 취지의 특허침해소송을 제기하였는데, 위 사건은 델라웨어 연방지방법원에 제기된 사건에 병합심리되었다.

이후 원고 등은 위 특허침해소송이 진행 중이던 2009. 2. 5. A 등과 사이에 위 특허침해소송을 종료하고 전 세계적으로 서로에 대한 특허실시권을 허여하며 A는 원고 등에게 위 특허실시권 교환 등의 대가로서 미화 1,400만 달러(이하 '이 사건 화해대가')를 지급하는 내용의 화해계약을 체결하였다. 위 화해계약에서 A는 이 사건 화해대가가 원고 등이 특허권을 등록한 개개 국가에서의 제품 제조와 판매에 대하여 비율적으로 배분되며, 그 개개 국가에 대한 비율은 원고 등이 해당 국가에서 보유하고 있는 특허권의 개수를 원고 등이 전 세계적으로 보유하고 있는 특허권의 총 개수로 나누어 산정하도록 정하였다.

이에 따라 A는 2009. 3. 6. 원고에게 이 사건 화해대가 1,400만 달러(21,643,200,000원)를 지급하면서 이를 한·미 조세조약 제14조 소정의 사용료로 보아 그 제한세율 15%에 해당하는 210만 달러(3,245,130,000원)를 법인세로, 그 법인세의 10%인 21만 달러(324,513,000원)를 주민세로 각 원천징수하고 2009. 4. 10. 피고에게 그 원천징수세액을 납부하였다.

그 후 원고는 국세기본법 제45조의2 제4항에 근거하여 2009. 11. 16. 피고에게 이 사건 화해대가 중 국내에 등록된 특허권의 사용대가에 해당하는 배분액 259,610,400원만이 국내원천소득이고, 그 외 국내에 등록되지 않은 특허권의 사용대가 21,374,589,600원은 국외원천소득(이하 '이 사건 소득')이라는 이유로 그 국외원천소득에 대한 원천징수법인세 3,206,188,440원을 경정·환급하여 줄 것을 청구하였다.

이에 대하여 피고는 2010. 1. 28. 원고에게 이 사건 화해대가 전부가 국내원천소득으로서 원천징수대상에 해당한다는 이유로 원고의 위 경정청구를 거부하였고(이하 '이 사건 처분') 원고는 이 사건 처분에 대하여 조세심판청구를 거쳐 그 취소를 구하는 행정소송을 제기하였다.

2. 판결 요지

구 법인세법(2010. 12. 30. 법률 제10423호로 개정되기 전의 것, 이하 '법인세법') 제93조 제9호 단서 후문은 외국법인이 특허권 등을 국외에서 등록하였을 뿐 국내에서 등록하지 아니한 경우라도 그 특허권 등이 국내에서 제조·판매 등에 사용된 때에는 그 사용의 대가로 지급받는 소득을 국내원천소득으로 보도록 정하였으나, 국제조세조정에 관한 법률 제28조는 비거주자 또는 외국법인의 국내원천소득의 구분에 관하여는 소득세법 제119조 및 법인세법 제93조에도 불구하고 조세조약이 우선하여 적용된다고 규정하고 있으므로, 국외에서 등록되었을 뿐 국내에는 등록되지 아니한 미국법인의 특허권 등이 국내에서 제조·판매 등에 사용된 경우 미국법인이 그 사용의 대가로 지급받는 소득을 국내원천소득으로 볼 것인지는 한·미조세조약에 따라 판단하여야 한다.

그런데 한·미조세조약 제6조 제3항과 제14조 제4항은 특허권의 속지주의 원칙상 특허권자가 특허물건을 독점적으로 생산·사용·양도·대여·수입 또는 전시하는 등의 특허실시에 관한 권리는 특허권이 등록된 국가의 영역 내에서만 그 효력이 미친다고 보아 미국법인이 국내에 특허권을 등록하여 국내에서 특허실시권을 가지는 경우에 그 특허실시권의 사용대가로 지급받는 소득만을 국내원천소득으로 정하였을 뿐이고, 한·미조세조약의 해석상 특허권이 등록된 국가 외에서는 특허권의 침해가 발생할 수 없어 이를 사용하거나 그 사용의 대가를 지급한다는 것은 관념할 수도 없다. 따라서 미국법인이 특허권을 국외에서 등록하였을 뿐 국내에 등록하지 아니한 경우에는 미국법인이 그와 관련하여 지급받는 소득은 그 사용의 대가가 될 수 없으므로 이를 국내원천소득으로 볼 수 없다.

Ⅱ. 대상판결의 평석

1. 이 사건의 쟁점과 문제의 소재

이 사건의 쟁점은 미국법인의 특허권이 국외에서는 등록되었으나 국내에서는 등록되고 있지 않은 경우 내국법인이 미국법인에게 지급한 특허권 사용대가를 미국법인의 국내원천소득으로 볼 수 있는지 여부이다.

외국법인은 내국법인과는 달리 법인세법에 열거된 국내원천소득에 대하여만 법인세를 납부할 의무가 있고, 법인세법 제93조는 외국법인의 국내원천소득에 대하여 구체적으로 열거하여 규정하고 있다. 한편 외국법인의 거주지국과 우리나라 사이에 조세조약이 체결되어 있는 경우에는 해당 조세조약이 우선 적용되므로 과세관청은 법인세법상 외국법인의 국내원천소득이 있다고 하더라도 동 소득이 조세조약상으로도 국내원천소득에 해당하여야 그 외국법인에 대하여 과세권을 행사할 수 있다. 조세조약은 국내 세법에 대하여 특별법적 지위를 가지고 있어 국내세법에 우선하여 적용되어 그 체약당사국의 과세권은 조세조약에 의하여 제한되기 때문이다.[1] 국제조세조정에 관한 법률(이하 '국조법') 제28조는 외국법인의 국내원천소득의 구분에 관하여 법인세법 제93조에도 불구하고 조세조약이 우선하여 적용된다고 명문으로 규정하고 있다.

구체적으로 이 사건 소득의 국내원천소득 해당여부와 관련하여 법인세법 제93조 제9호 본문은 '특허권을 국내에서 사용하거나 그 대가를 국내에서 지급하는 경우 그 대가 및 그 권리 등을 양도함으로써 발생하는 소득'을 국내원천소득으로

---

[1] 대법원 2006. 4. 28. 선고 2005다30184 판결, 대법원 2004. 7. 22. 선고 2001다67164 판결 등.

규정하면서 그 단서에서는 "조세조약에서 사용지를 기준으로 하여 그 소득의 국
내원천소득 해당 여부를 규정하고 있는 경우에는 국외에서 사용된 권리 등의 대
가는 국내 지급여부에도 불구하고 국내원천소득으로 보지 아니한다. 이 경우 국
외에서 등록된 특허권 등이 국내에서 제조·판매 등에 사용된 경우 국내등록 여
부에 관계없이 국내에서 사용된 것으로 본다"고 규정하고 있는 반면(이하, 법인세
법 제93조 제9호 단서 후문을 '쟁점 법인세법 조항'), 한·미조세조약 제14조 제4항
(a)는 '특허의 사용 또는 사용권에 대한 대가로서 받는 모든 종류의 지급금'을 사
용료로 규정하면서 제6조 제3항은 "제14조 제4항에 규정된 재산의 사용 또는 사
용할 권리에 대하여 지급되는 경우에만 동 체약국 내에 원천을 둔 소득으로 취급
된다"고 규정하고 있다(이하 '쟁점 조세조약 조항'). 쟁점 법인세법 조항은 2008.
12. 6. 법인세법의 개정을 통하여 도입되었는데 국내 미등록 특허권의 사용대가
도 국내원천소득에 해당하는 것으로 규정하여 특허권의 사용지주의를 채택한 쟁
점 조세조약 조항과 서로 배치되는 것으로 보이는바, 쟁점 법인세법 조항과 조세
조약 조항간의 관계와 그 해석론이 문제가 된다. 대상판결은 이러한 내국세법과
조세조약과의 관계를 다룬 것으로서 그 이해를 위하여 먼저 종전 대법원 판례와
쟁점 법인세법 조항의 도입취지를 검토할 필요가 있다.

2. 국내 미등록 특허권의 사용대가에 대한 종전 대법원 판례의 입장과 쟁점 법인세법 조항의 도입

가. 2008. 12. 26. 개정 전 법인세법 및 종전 대법원 판례

구 법인세법(2008. 12. 26. 법률 제9267호로 개정되기 전의 것, 이하 '구 법인세법')
제93조 제9호는 사용료소득에 관하여 사용지주의와 지급지주의를 병용하여 '다
음 각목의 1에 해당하는 자산·정보 또는 권리를 국내에서 사용하거나 그 대가를
국내에서 지급하는 경우의 당해 대가'를 외국법인의 국내원천소득의 하나로 규정
하면서, 가목에서 '학술 또는 예술상의 저작물(영화필름을 포함한다)의 저작권·특
허권·상표권·디자인·모형·도면이나 비밀의 공식 또는 공정·라디오·텔레비전
방송용 필름 및 테이프 기타 이와 유사한 자산이나 권리'를, 나목에서 '산업상·상
업상 또는 과학상의 지식·경험에 관한 정보 또는 노하우'를 각 규정하였고, 현행
법인세법과 마찬가지로 사용지주의에 의한 조세조약이 적용될 경우 지급지주의
를 배제하도록 하는 조항을 두었다.

이와 관련하여 대법원 1992. 5. 12. 선고 91누6887 판결은, 외국법인의 특허권이 등록되어 있지 않는 대한민국에서 당해 특허제품이 생산되어 특허권이 등록된 외국으로 그 제품이 수출, 판매되는 사안에서, 당해 특허권의 사용 혹은 침해문제는 특허권을 가진 외국법인이 그 특허권의 효력이 미치는 외국 내에서 위 특허제품의 수입, 판매에 대하여 가지는 특허실시권의 사용, 침해에 관한 문제일 뿐 대한민국 내에서의 특허제품 사용 자체에 관한 문제와는 관계가 없는 것이므로 구 법인세법 제55조 제1항 제9호 가목에서 외국법인의 국내원천소득의 하나로 규정하고 있는 '특허권 등을 국내에서 사용하는 경우에 당해 대가로 인한 소득'에 해당하지 않고, 한·미조세조약상 국내원천소득으로 볼 수도 없다고 판시하였다. 나아가 대법원 2007. 9. 7. 선고 2005두8641 판결도 국내에서 제조되어 미국으로 수출된 제품의 제조과정에서 사용된 일부 기술이 미국 내에서 등록된 미국법인의 특허실시권을 침해함에 따라 발생한 분쟁을 해결하기 위하여 내국법인이 미국법인에게 특허실시료를 지급한 사안에서, 그 특허실시료는 내국법인이 미국법인의 미국 내 특허실시권을 침해 또는 사용한 데에 기인한 것이지 위 특허실시권 내지 특허기술을 대한민국에서 사용한 대가로 지급된 것은 아니고 이미 미국 내에서 특허등록되면서 공개된 위 특허기술이 정보 및 노하우에 해당하지도 않는다는 이유로 미국법인의 국내원천소득으로 볼 수 없다고 판단하였다. 요컨대, 구 법인세법상 국내 미등록 특허권의 사용대가는 국내원천소득에 해당하지 않는 것으로 보았다.

나. 2008. 12. 26. 개정에 의한 쟁점 법인세법 조항의 도입

위 대법원 2005두8641 판결 선고 후 2008. 12. 26. 법률 제9267호로 개정된 법인세법은 조세조약이 적용될 경우 지급지주의를 배제하도록 한 구 법인세법 제93조 제9호 단서에 이어 "이 경우 특허권, 실용신안권, 상표권, 디자인권 등 권리의 행사에 등록이 필요한 권리는 해당 특허권 등이 국외에서 등록되었고 국내에서 제조·판매 등에 사용된 경우에는 국내 등록 여부에 관계없이 국내에서 사용된 것으로 본다"라는 쟁점 법인세법 조항을 신설하였다.

외국법인이 받는 국내 미등록 특허권의 사용대가도 국내에서 제조·판매 등에 당해 특허권의 기술 등이 사용되었다면 국내원천소득으로 보아 마땅히 과세하여야 한다는 전제에서 입법의 미비를 보완한다는 취지에서 개정한 것으로 사료된다.

3. 쟁점 법인세법 조항의 국내 미등록 특허권의 '사용'의 의미

가. 쟁점 법인세법 조항의 의미와 성격

쟁점 조세조약 조항은 "사용료는 어느 체약국 내의 특허 등 재산의 사용 또는 사용할 권리에 대하여 지급되는 경우에만 동 체약국 내에 원천을 둔 소득으로 취급한다"고 규정하여, 특허권 등의 재산이 어느 일방 체약국 내에서 사용되는 경우에 한하여 사용대가가 그 일방 체약국에 원천을 두는 것으로 취급함으로써 그 소득의 원천지를 사용지주의의 입장에 판정하고 있다. 사용료 소득의 원천지에 관하여 지급지주의와 사용지주의를 모두 택하고 있는 법인세법과는 달리, 한·미조세조약은 사용지주의만을 택하고 있는바, 쟁점 법인세법 조항은 국내 미등록 특허권의 사용대가를 국내원천소득으로 규정하는 형식을 택하고 있어 쟁점 조세조약 조항의 사용지주의를 정면으로 배제하는 것은 아닌 것으로 보인다. 다만 쟁점 법인세법 조항은 특허권의 '사용'의 개념을 넓게 규정함으로써 실질적으로 국내원천소득의 범위의 확대를 도모하고 있어 그 성격과 의미를 명확하게 규명할 필요가 있는데, 결국 쟁점 법인세법 조항의 특허권의 '사용'의 개념을 어떻게 파악할 것인지의 문제로 귀결된다. 이에 관한 두 가지 견해가 대립되고 있는바, 우선 그 논의의 전제가 되는 특허권의 의의 및 그 실시와 효력의 의미에 대하여 살펴본다.

나. 특허권 및 그 실시와 효력

특허권은 발명의 완성, 특허출원, 심사, 특허결정, 특허원부에의 등록이라는 일련의 절차를 거쳐 국가에 의한 특허처분에 의하여 특허출원인에게 부여되는 창설적인 권리로서, 특허권자는 적극적으로 특허물건의 생산·사용·양도·대여·수입 또는 전시할 권리를 독점하고, 소극적으로는 제3자에 의한 특허발명의 위법 실시를 배제할 수 있는 권리를 가진다. 특허법은 특허권자가 직접적으로 특허권을 행사하거나 타인으로 하여금 이를 행사하게 할 수 있도록 규정하고 있는데, 특허권자가 아닌 다른 자가 특허발명을 업으로서 실시할 수 있는 권리가 실시권이고 이는 전용실시권과 통상실시권으로 구분된다.

특허권은 설정등록에 의해 발생하고 출원일로부터 20년이 경과하면 기간만

료로 소멸한다(특허법 제87조, 제88조). 특허권의 효력은 속지주의 원칙상 그 권리를 인정하는 국가의 영토 내에서만 미치고 특허권의 설립, 변동, 소멸 및 그 보호는 모두 그 권리를 인정한 국가의 법률에 의하게 된다. 따라서 동일발명에 관하여 외국에서도 특허에 의한 보호를 받고자 하는 경우에는 각 국가마다 그 국가의 법률이 정하고 있는 절차에 따라 특허권을 취득하여야 한다. 즉, 각국의 특허법과 그 법에 따라 특허를 부여할 권리는 각국에 있어서 독립적으로 존재하여 지역적 제한을 지니게 되므로, 특허권자가 특허물건을 독점적으로 생산, 사용, 양도, 대여, 수입 또는 전시하는 등의 특허실시에 관한 권리는 특허권이 설정, 등록된 국가의 영역 내에서만 효력이 미치는 것이다.

다. 부정설: 미등록 특허권의 사용은 가능하지 않다는 견해

부정설의 논거는 다음과 같다. 쟁점 조세조약 조항은 사용료는 어느 체약국 내의 동 재산의 사용 또는 사용할 권리에 대하여 지급되는 경우에만 동 체약국 내에 원천을 둔 소득으로 취급한다고 규정하고 있으므로 국내 특허권의 사용 또는 사용할 권리의 대가로 지급되는 경우에만 국내원천소득에 해당한다. 현행법상 특허권은 일정한 법정요건을 갖추어 해당국가의 특허기관에 등록함으로써 발생하는 창설적인 권리로서, 속지주의 원칙에 의하는 것이므로 미등록 특허권의 경우에는 권리로 인정될 수 없고, 사용이라는 개념도 존재할 수도 없다. 특허권의 실시 내지 사용은 특허 기술을 이용한 제품의 제조뿐 아니라 제품의 수입, 판매, 사용까지를 포함하는 것으로서, 국내 미등록 특허권의 사용대가는 특허로 등록한 외국에서 그 제품을 판매 등 사용하는 대가로 지급되는 것이지 국내에서의 제조 등 사용과는 무관하다. 즉, 특허권이 등록된 국가 외에는 특허권의 내용을 이루는 기술을 사용하여 제품을 제조하더라도 특허권의 침해가 발생할 수 없어 이를 사용하거나 그 사용대가를 지급한다는 것은 상정할 수 없다는 것이다.

라. 긍정설: 미등록 특허권의 사용도 가능하다는 견해

긍정설은 다음과 같은 논거를 제기하고 있다. 쟁점 조세조약 조항은 소득의 원천지에 대하여 규정하면서도, '사용'의 의미는 별도로 규정하지 아니하였으므로 미등록 특허권의 사실상 사용을 인정할 수 있다. 특히 한·미조세조약 제2조 제2항은 동 조약에서 사용되나 정의되지 않은 용어는 그 조세가 결정되는 체약국인 우리나라의 법에 따라 그 의미를 해석하여야 한다고 정하고 있는바, 쟁점 법인세법 조항에서 미등록 특허권의 사용을 국내에서의 사용으로 규정하고 있는 이상외국 등록 특허권에 포함된 제조방법, 기술, 정보 등이 국내의 제조·판매에 사용되었다면 해당 특허권이 국내에서 미등록되었더라도 그 사용대가를 국내원천소득으로 볼 수 있다. 원심도 같은 취지에서 미국법인이 특허권을 국외에서 등록하였을 뿐 국내에는 등록하지 아니하였더라도 그 특허권이 국내에서 제조·판매 등에 사실상 사용된 경우에는 미국법인이 그 사용의 대가로 지급받는 소득을 국내원천소득으로 볼 수 있다고 판단하였다.[2]

4. 두 가지 견해의 평가와 대상판결의 의의

긍정설은 한·미조세조약상 특허권의 사용에 대한 문언의 의미가 명확하지 않은 상태에서 쟁점 법인세법 조항이 특허권의 새로운 사용의 개념을 도입한 것이고 한·미조세조약 제2조 제2항도 조세조약의 문언의 의미는 국내법에 따라 해석할 수 있도록 하였으므로 쟁점 법인세법 조항의 도입은 국내법에 의한 조세조약의 적용 배제가 아니라는 것이다. 그러나 쟁점 법인세법 조항에 의하면 한·미조세조약에서 사용료소득의 원천지를 사용지주의만에 의하도록 되어 있어 종전의 법률에 의하면 지급자가 내국법인이더라도 사용지가 국외이어서 그 사용대가가 국내원천소득으로 되지 않는 다수의 사안에서 반대로 국내원천소득이 되는 결과가 초래된다. 즉, 쟁점 법인세법 조항 도입 전후로 한·미조세조약의 개정이 없는 상태에서 종전에 국내원천소득에 해당하지 않았던 미등록 특허권의 사용대가가 쟁점 법인세법 조항의 도입으로 국내원천소득이 되는 것이다. 이는 사용지주의를 택한 한·미조세조약을 개정하는 대신에 법인세법의 개정만으로 한·미조세조약의 적용을 배제하는 것이 되어 국내법에 대한 조세조약 우선의 원칙에 반한다.

긍정설은 쟁점 법인세법 조항의 도입 전에는 쟁점 조세조약 조항의 사용의 의미가 불분명하였다고 주장하나 구 법인세법상의 특허권의 사용의 의미에 관하여 판시한 대법원 판례는 모두 한·미조세조약상 특허권의 사용의 개념을 특허실

---

[2] 다만, 원심은 이 사건 화해대가를 특허권이 등록된 개개 국가에서의 제품 제조 및 판매에 대하여 국가별로 등록된 특허권의 개수 비율에 따라 배분하기로 한 점 등에 비추어 이 사건 소득은 A법인이 원고 등의 특허를 국내에서 제조·판매 등에 사용한 대가로 지급한 것이 아니라는 이유로, 원고의 경정청구를 거부한 이 사건 처분은 위법하다고 판단하였다.

시권의 사용, 침해를 의미한다고 보았고, 국내에서의 특허제품의 사용 자체와는 무관한 것으로 보았으므로 당시에도 특허권의 사용의 의미에 대하여 불명확한 부분이 없었다고 할 것인바, 이 점에서도 긍정설의 문제점이 지적된다.

대상판결은 한·미조세조약의 해석상 특허권의 '사용'의 의미와 관련하여 국내 미등록 특허권의 경우에는 국내에서 특허권을 사용하거나 그 사용의 대가를 지급한다는 것을 관념할 수도 없다는 점을 인정하고, 이에 따라 쟁점 법인세법 조항의 적용 여부를 판단할 필요 없이 그 사용대가는 국내원천소득이 아니라고 판단하였다. 즉, 대상판결은 미등록 특허권의 사용은 가능하지 않다는 부정설의 입장에서 쟁점 법인세법 조항은 사용료 소득의 원천지에 관하여 쟁점 조세조약 조항과 상충되며 쟁점 법인세법 조항의 도입이 있더라도 조세조약의 개정 없이는 쟁점 조세조약 조항의 적용배제를 가져올 수 없다고 판단하였는바, 쟁점 법인세법 조항이 형식상으로는 쟁점 조세조약의 조항과 배치되는 내용을 담지 않았음에도 그 실질적인 문언해석상의 상치를 따져 명문 규정의 효력을 인정하지 않았다는 점에서 의미가 크다.

그동안 대법원에는 소득구분에 관하여는 조세조약과 법인세법이 명시적으로 달리 정하고 있는 경우에 조세조약상의 소득구분이 법인세법의 그것에 우선하여 적용된다고 판시하여 왔는데[3] 사용료의 원천지에 관한 쟁점 조세조약 조항의 적용을 배제하기 위하여 국내세법의 개정을 통하여 그 국내원천소득의 해당 여부에 관하여 달리 정하는 경우에도 특별법 우선의 원칙에 따라 조세조약이 우선 적용되어야 한다고 판단함으로써 국내법과 조세조약의 관계에 관하여 진일보한 결정을 하였다.

요컨대, 대상판결은 결국 특허권의 사용의 개념을 분명히 함과 동시에 조세조약과 내국세법이 상충하는 경우에는 조세조약이 우선하여 적용되어야 함을 보여주는 한편, 국내 미등록 특허권의 사용대가에 대한 과세의 필요성이 있다고 하더라도 조세조약의 내용과 저촉되는 국내세법의 개정에 의하여는 국내세법이 조세조약에 우선하여 적용되거나 국내세법의 개정 취지대로 조세조약을 해석할 수 없다는 것을 분명하게 확인하였다고 할 것이다. 국내법과 조세조약 간의 우선 적용이 문제되는 사안에 관한 대법원의 후속 판단이 주목된다.

---

3) 대법원 1995. 8. 25. 선고 94누7843 판결 등.

외국법인 간 합병으로 인한 내국법인 주식의 이전이 법인세법상 '주식의 양도'에 해당하는지 여부

〈대법원 2013. 11. 28. 선고 2010두7208 판결〉

Ⅰ. 대상판결의 개요

1. 사실관계의 요지와 과세처분의 경위

외국법인인 원고는 같은 국가의 A 외국법인(이하 'A법인') 발행주식의 60.83%를 보유하고 있었고, A 법인은 B 내국법인(이하 'B법인') 발행주식의 32%에 해당하는 256,374주(이하 '이 사건 주식')를 보유하고 있었다.

원고가 2006. 8. 1. A법인을 흡수합병(이하 '이 사건 합병')함에 따라 A법인이 보유하고 있던 B법인의 이 사건 주식의 소유권이 원고에게로 이전되었다. 한편 원고는 이 사건 합병 후 사명을 A법인의 명칭으로 변경하였다.

피고는 2007. 10. 1. 이 사건 주식의 이전으로 인하여 A법인에게 구 법인세법(2007. 12. 31. 법률 제8831호로 개정되기 전의 것, 이하 '구 법인세법') 제93조 제10호 (가)목 소정의 '주식의 양도로 인한 국내원천소득'이 발생하였다고 보아 원고에게 그에 대한 원천징수분 법인세를 납세고지하였다(이하 '이 사건 처분').[1]

---

[1] 아울러 피고는 이 사건 주식의 이전이 증권거래세법(2008. 12. 26. 법률 제9274호로 개정되기 전의 것, 이하 '구 증권거래세법') 제1조 본문 및 제2조 제3항이 규정한 '주권의 양도'에 해당한다고 보아 원고에게 그에 대한 증권거래세를 부과하였고, 관할 지방자치단체장은 2007. 10. 29. 피고의 위 원천징수분 법인세 납세고지에 근거하여 원고에게 법인세할 주민세를 납세고지하였으며, 원고는 이 사건에서 위 주민세 부과처분의 취소 역시 청구하였으나, 위 증권거래세 및 주민세 부과처분은 이하의 논의에서는 생략한다.

2. 판결 요지

대법원은 외국법인 간의 합병에 따라 소멸하는 피합병법인이 자산으로 보유하던 내국법인의 발행주식을 합병법인에게 이전하는 것이 구 법인세법 제93조 제10호 (가)목에서 말하는 '주식의 양도'에 해당하는지 여부는 구 법인세법의 해석상 합병에 따른 주식의 이전을 계기로 당해 주식에 내재된 가치증가분이 양도차익으로 실현되었다고 보아 이를 과세대상 소득으로 삼을 수 있는지 여부에 따라 판단하여야 한다고 하면서, 내국법인의 경우 구 법인세법 제80조 제1항, 제4항, 구 법인세법 시행령 제122조 제1항, 제14조 제1항 제1호 (가)목, (다)목에서 합병에 따른 자산의 이전도 양도차익이 실현되는 자산의 양도에 해당한다고 보아 그 양도차익의 산정방법을 규정하면서, 예외적으로 구 법인세법 제44조 제1항 제1호 및 제2호의 요건을 갖춘 경우에 한하여 피합병법인이 대가로 받은 주식의 액면가액을 양도대가로 의제함으로써 사실상 양도차익이 산출되지 않도록 하여 합병법인이 당해 자산을 처분하는 시점까지 그에 대한 과세를 이연하는 정책적 특례를 제공하고 있는 점, 이에 비하여 외국법인의 경우에는 구 법인세법 제93조 제10호 (가)목 등에서 내국법인이 발행한 주식 등의 양도로 인하여 발생하는 소득을 과세대상으로 규정하고 있을 뿐 외국법인 간의 합병에 따른 주식 등의 이전에 대하여 과세를 이연하는 정책적 특례규정을 두고 있지 아니한 점, 외국법인 간의 합병에 따른 국내 자산의 이전을 내국법인 간의 합병에 따른 국내 자산의 이전과 달리 양도차익이 실현되는 자산의 양도로 보지 않을 합리적인 이유가 없는 점 등을 종합하면, 이 사건 합병에 따른 이 사건 주식의 이전은 구 법인세법 제93조 제10호 (가)목에서 말하는 '주식의 양도'에 해당한다고 하면서, 이 사건 주식의 이전이 구 법인세법 제93조 제10호 (가)목의 '주식의 양도'에 해당하지 않으므로 이 사건 처분이 적법하다고 한 원심 판결을 파기하였다.

Ⅱ. 대상판결의 평석

1. 이 사건의 쟁점

위 사실관계와 과세처분의 경위 등에 의하면 이 사건의 쟁점은 외국법인 간의 합병으로 인하여 피합병법인이 소유하고 있던 내국법인 주식이 합병법인에게 이전되는 것이 법인세 과세대상이 되는 주식의 '양도'에 해당하는지 여부이다. 법인세법은 법인의 토지 등 양도소득을 과세대상으로 하면서도 양도의 개념을 별도로 정의하고 있지 않으므로, 결국 '양도'의 의미에 관한 해석이 이 사건의 쟁점이 된다.

2. 내국법인의 합병에 대한 과세체계의 변경 연혁

대상판결은 '외국법인 간의 합병에 따라 소멸하는 피합병법인이 자산으로 보유하던 내국법인의 발행주식을 합병법인에게 이전하는 것이 구 법인세법 제93조 제10호 (가)목의 '주식의 양도'에 해당하는지 여부는 구 법인세법의 해석상 합병에 따른 주식의 이전을 계기로 당해 주식에 내제된 가치증가분이 양도차익으로 실현되었다고 보아 이를 과세대상 소득으로 삼을 수 있는지 여부에 따라 판단하여야 한다'고 함으로써 명시적으로 내국법인의 합병에 대한 과세체계를 외국법인 간 합병의 본질을 판단하는 근거로 삼고 있다.

이에 우선, 내국법인의 합병에 대한 과세체계의 변경 연혁을 살펴보고자 한다.

가. 1998. 12. 28. 법인세법 전면 개정 이전

1998. 12. 28. 이전에는 합병을 2개 이상의 회사가 계약에 의하여 청산절차를 거치지 아니하고 하나의 회사로 합일되는 법률사실[2]이라고 보아 합병으로 인한 재산의 포괄승계는 그러한 인격합일의 결과에 불과하다고 보는 인격합일설이 지배적이었다. 세법은 인격합일설에 기초하여 피합병법인의 청산소득, 피합병법인 주주의 의제배당소득, 합병법인의 합병평가차익에 대한 법인세를 과세하는 구조를 채택하였다. 합병법인이 합병대가로 발행하는 신주는 회사의 자본충실 요구에 따라 소멸법인의 순자산가액에 상당한 금액의 자본액 증가를 전제로 발행되어야 한다는 원칙 아래 피합병법인의 주주들에게 교부되는 신주의 가액을 순자산의 가액(액면금액에 의한 가액)으로 보았으므로(대법원 1993. 6. 11. 선고 92누16126 판결 참조) 별도의 과세이연장치를 둘 여지가 존재하지 않았다.

---

2) 이철송, 회사법강의, 박영사, 2011, 108면.

나. 1998. 12. 28. 법인세법 전면 개정 이후 2009. 12. 31. 법인세법 일부 개정 이전(이 사건 적용 법령)

1997년 외환위기 이후 합병·분할 등 기업구조조정이 빈번해지면서 기업구조조정에 대한 과세체계도 전면 개편되었다. 1998. 12. 28. 이후 피합병법인의 청산소득, 피합병법인 주주의 의제배당소득, 합병법인의 합병평가차익에 대한 법인세라는 과세구조를 택하였고 요건을 충족하는 합병에 대해서는 피합병법인의 청산소득에 대한 과세를 이연하고 합병법인의 합병평가차익을 손금 산입할 수 있도록 하는 특례를 부여하였다.

다. 2009. 12. 31. 법인세법 일부 개정 이후

2009년 말 개정된 법인세법은 합병을 피합병법인이 합병 당시 보유하던 자산과 부채를 포괄적으로 합병법인에게 양도하는 것으로 보아, 당해 양도로 인한 양도손익을 각 사업연도 소득금액 계산시 익금 또는 손금에 산입한다고 규정하였다. 즉, 피합병법인의 청산소득과 합병법인의 합병평가차익을 각각 과세하지 아니하고, 합병법인이 피합병법인의 순자산을 합병등기일 현재의 시가로 양수한 것으로 보되, 일정한 요건을 갖춘 적격합병의 경우에는 피합병법인의 순자산 장부가액을 양도가액으로 보아 양도손익이 없는 것으로 할 수 있도록 하였다.

3. 외국법인 간의 합병으로 인한 내국법인 주식의 이전이 구 법인세법 제93조 제10호의 '주식의 양도'에 해당하는지 여부

가. '주식의 양도'에 해당한다는 견해

외국법인 간의 합병으로 내국법인 주식이 이전되는 것은 '주식의 양도'에 해당한다는 견해에서는, 사법상 양도란 '당사자의 의사에 기한 이전적 승계'를 의미하는바, 합병이라는 당사자들의 계약의 효과로서 내국법인 주식에 관한 권리의무의 주체가 피합병법인에서 합병법인으로 이전된다는 점, 소득세법 제88조 제1항은 양도를 '자산에 대한 등기 또는 등록과 관계 없이 매도, 교환, 법인에 대한 현물출자 등으로 인하여 그 자산이 유상으로 사실상 이전되는 것'이라고 정의하여 '사실상 이전'과 '유상성'을 양도의 개념요소로 정의하고 있는데, 합병은 합병대가를 매개로 재산의 소유권자가 변경되는 유상 이전으로서 소득세법상 양도의 개념요소를 모두 충족한다는 점, 법인세법 제2조 및 제3조는 외국법인의 청산소득

을 법인세 과세대상으로 열거하고 있지 않지만, 대신에 법인세법 제93조에서 국내원천소득을 각 사업연도 소득으로 보아 과세하도록 하고 있으며, 합병으로 인한 피합병법인의 청산소득은 피합병법인의 각 자산이 합병으로 양도되어 발생한 양도소득의 집합과 동일하다는 점, 내국법인 간 합병을 계기로 합병당사자들에게 청산소득과 합병평가차익에 대하여 법인세를 과세하는 것과 외국법인 간 합병으로 인하여 국내 주식의 미실현이익에 대해 과세하는 것은 실질적으로 동일한 경제적 이익에 대한 과세라는 점, 법인세법이 과세이연제도를 도입한 취지에 비추어 보면 합병에 따른 자산의 이전은 자산의 양도에 해당한다고 봄이 타당하다는 점 등을 근거로 들고 있다.

나. '주식의 양도'에 해당하지 않는다는 견해

반면에 외국법인 간의 합병으로 내국법인 주식이 이전되는 것은 '주식의 양도'에 해당한다는 견해에서는, 법인세법상 외국법인에 대한 국내원천소득 과세를 규정함에 있어서 외국법인 간의 합병으로 인하여 주식이 이전되는 거래를 주식의 양도로 보아 법인세를 과세할 수 있는 규정을 두고 있지 않다는 점, 비거주자의 국내원천소득에 대한 소득세 과세를 정하고 있는 소득세법 제119조 제12호는 외국법인의 국내원천소득에 대한 법인세 과세를 정한 법인세법 제93조 제10호와 규정 형식이 동일하고, 외국법인의 토지 등 과다보유법인 주식의 양도소득에 관한 법인세법 제93조 제7호는 동 양도소득의 범위에 관하여 소득세법 제94조를 명시적으로 준용하고 있으므로 굳이 사법상 양도 개념을 차용할 필요 없이 소득세법상 양도 개념에 따라 판단하여야 하는데, 피합병법인의 주주와 명백히 구별되는 피합병법인은 합병으로 인하여 아무런 대가를 지급받은 바 없으므로 소득세법 제88조 제1항의 양도 개념요소 중 '유상성'이 인정되지 않으며, 대법원도 합병으로 인한 취득은 '무상취득'으로서 취득세가 과세되지 않는다는 입장인 점,[3] 법인세법 제2조 및 제3조는 외국법인의 청산소득을 법인세 과세대상으로 열거하고 있지 않다는 점, 합병에 대한 과세체계의 변경과 관계 없이, 합병은 본질적으로 두 개 이상의 법인의 인격이 합일되는 법률사실로서 자산의 이전은 인격합일

---

3) 대법원 2000. 10. 13. 선고 98두19193 판결은 "법인의 합병으로 인하여 취득한 토지가 법인의 비업무용 토지로 되어 그 합병으로 인한 취득이 취득세 중과대상인 취득에 해당한다고 하더라도, 이때의 취득은 무상취득으로 봄이 상당하(다)"고 하면서, 합병 당시 법인장부에 기재된 당해 토지의 가격을 사실상의 취득가격으로 보아 취득세의 과세표준으로 삼을 수 없다고 하였다.

의 결과에 불과하다는 점 등을 근거로 들고 있다.

4. 대상판결의 의의

현행 법인세법은 합병을 양도거래로 파악하는 과세체계를 택하고 있지만 구 법인세법 하에서 합병에 따라 내국법인의 주식이 이전되는 경우 과세대상이 되는 주식의 양도에 해당하는지에 관하여 논란이 많았는데 대상판결은 외국법인 간 합병으로 인하여 내국법인 주식이 피합병법인에서 합병법인으로 이전되는 경우 구 법인세법 제93조 제10호 (가)목에서 정한 '주식의 양도'에 해당함을 명확히 함으로써 구 법인세법 하에서의 합병을 양도거래로 보았다는 점에서의 의미가 있다.

한편 대법원은 대상판결이 선고된 날 외국법인 간 분할로 인하여 분할법인이 보유하던 내국법인의 주식이 분할신설법인으로 이전하는 것도 대상판결과 같은 논리에 따라 한·일 조세조약 및 법인세법(2003. 12. 30. 법률 제7005호로 개정되기 전의 것) 제93조 제10호의 '주식의 양도'에 해당한다고 하여(대법원 2013. 11. 28. 선고 2009다79736 판결) 합병과 유사한 분할에 대해서도 일관성 있는 해석을 유지하고 있다.

그러나 대상판결과 같이 구 법인세법이 적용되는 경우로서 합병에 따라 피합병법인의 주주가 피합병법인의 주식(합병구주)을 반납하고 합병법인의 주식(합병신주)을 취득한 사안에서 대법원은 "피합병법인의 주주가 합병으로 합병구주에 갈음하여 합병신주를 취득하는 것은 당해 법인이 자신의 의사에 따라 합병구주를 처분하고 합병신주를 취득하는 것이 아니라, 피합병회사가 다른 회사와 합병한 결과 당해 법인이 보유하던 자산인 합병구주가 합병신주로 대체되는 것에 불과하다"고 하면서 "합병신주의 시가가 합병구주의 취득가액에 미치지 못하는 경우의 그 차액은 자산의 평가차손에 불과하여 당해 사업연도의 소득금액에 손금산입할 수 없다"고 하여 합병의 본질을 자산의 양도가 아니라 인격합일설적인 입장에서 판단하였는바(대법원 2011. 2. 10. 선고 2008두2330 판결), 위 대법원 판결은 합병에 따른 피합병법인의 주주에 대한 의제배당 과세문제와 관련된 것이기는 하지만 대상판결과는 다소 차이가 있다고 보인다.

또한 대상판결의 원심(서울고등법원 2010. 4. 1. 선고 2009누27796 판결 및 서울행정법원 2009. 8. 20. 선고 2008구합42666 판결)이 지적한 바와 같이, 순자산증가설에 입각하여 소득의 발생원천에 관계 없이 무제한의 납세의무를 부담하는 내국법인과 달리, 외국법인에 대해서는 법인세법 제93조 제1항 각호에 열거된 소득으로서 그 소득의 발생원천지가 국내인 것에 대해서만 법인세를 과세할 수 있음에도 불구하고 대상판결은 법인세법 해석만에 의해서 과세대상소득의 범위를 확대하였다는 점에서 조세법률주의에 따른 엄격해석의 원칙에 위배되는 것이 아닌지 의문이 있다.

무엇보다 대상판결이 명시적으로 언급하지는 않았으나, 법인세법이 소득세법의 양도소득 개념을 준용하고 있는 이상, 법인세법 제93조 제10호의 '주식의 양도'는 소득세법이 정의한 양도의 개념요소인 '사실상의 이전'과 '유상성'을 모두 충족시켜야 한다. 그런데 합병법인이 합병 당시 피합병법인 지분의 100%를 보유한 완전모자법인 간의 합병으로서 일체의 합병대가를 수수한 바 없는 경우에는 '자산의 유상이전'으로서 양도에 해당하지 않는다고 보는 것이 타당하다고 사료되는바, 완전모자법인 간의 합병에 대해서도 동일한 입장을 유지할 것인지 향후 대법원의 판단이 주목된다.

3

국제조세조정에 관한 법률

소득의 역외유보를 통한 과세이연의 기본구조

I. 들어가는 말

1. 소득의 역외유보 현상의 증가

소득의 역외유보를 통한 조세회피의 기법과 그 과세상의 혜택이 존재한다. 내국법인은 해외시장에 진출을 하면서 다양한 사업형태를 선택함에 있어 기업집단으로서의 조세부담을 최소화하는 방법을 찾는다. 외국자회사를 통하여 사업을 영위함으로써 내국법인은 자신에게 귀속될 국외원천소득을 외국자회사에 유보시킬 수가 있다. 즉, 소득의 역외유보를 통하여 내국법인은 그 소득을 배당받을 때까지 거주지국의 과세를 이연시킬 수 있고, 부수적으로 소득구분의 종류와 소득원천지를 조작할 수도 있다. 다만, 소득의 역외유보로 인하여 과세부담을 경감받기 위해서는 외국자회사가 무과세나 저율과세를 하는 경과세국[1])에 위치하여야 한다. 만일 외국자회사가 고세율국에 위치하여 자회사 단계에서 고율의 과세가 이루어진다면 그 과세상의 혜택은 대부분 상쇄되는 결과가 초래되기 때문이다.

조세피난처의 외국자회사를 통한 소득의 역외유보는 오랜 기간 동안 선진국들의 조세행정상 주요한 관심사로 자리 잡아 왔다. 그 주된 배경은 지난 수십 년 동안 선진국에서의 자국기업의 국외원천소득 역외유보로 인한 조세수입의 감소 추세이다. 조세피난처의 다양한 유형으로 말미암아 어떠한 거래가 조세피난처의 이용과 관련되어 있는지를 정의하기가 어렵고 조세피난처의 금융정보 비밀보장 등으로 관련 자료를 입수하는 것이 힘들기 때문에 신뢰할 만한 추산을 하는 것이 쉽지 않다. 그럼에도 불구하고 과거 선진국의 주요한 통계자료는 이 문제의 심각

---

1) 경과세국은 일반적으로 조세피난처로 지칭되고, 국제조세조정에 관한 법률에도 그 명칭을 사용하고 있으므로 이하 경과세국을 '조세피난처'라고 한다. 조세피난처에 관한 자세한 내용은 뒤에서 설명한다.

성을 추단할 수 있는 몇 가지 지표를 제공하여 주고 있다.[2]

조세피난처를 이용한 소득유보 문제의 심각성을 일깨워주는 대표적인 자료로서 미국행정부가 작성한 '고든보고서'(The Gordon Report)[3]와 '카리브 해 연안의 조세피난처에 관한 보고서'(The Tax Havens in the Caribbean Basin Report)[4]를 들 수 있다. 이 두 보고서는 조세피난처의 이용으로 인한 미국의 세수감소에 관한 포괄적인 간접자료를 제공하여 주고 있다. 고든보고서는 1979년까지 9년간의 금융자료를 분석하여 다음과 같은 결론을 내리고 있다. 첫째, 미국납세자들의 조세피난처의 이용은 괄목할 만큼 크게 증가하고 있다. 둘째, 조세피난처에 대한 직접 투자는 조세피난처가 아닌 국가와 비교하면 훨씬 빠른 속도로 확대되고 있다. 셋째, 투자의 증가는 몇몇 널리 알려진 조세피난처에서 현저하였다. 특히 당해 기간 동안 투자가 Bahamas에서는 5배, Bermuda에서는 37배 증가하였다. 넷째, 미국인이 지배하는 조세피난처 내 외국법인 자산의 증가수준은 조세피난처가 아닌 국가에 있는 미국인이 지배하는 외국법인의 자산 증가를 5 : 3의 비율로 앞서고 있다. 다섯째, 미국인이 지배하는 외국법인이 조사대상국 내에서 한 활동은 일반적으로 금융, 보험, 부동산, 도매업, 건설, 용역 및 수송 등 주로 조세피난처의 이용과 관련지을 수 있는 것이었다. 여섯째, 조세피난처 내의 은행예금은 급격히 증가하였다. 일곱째, 미국 내의 소득원으로부터 조세피난처 거주자에게 지급된 배당소득, 이자소득 및 기타소득의 합계는 1978년 비거주자에게 지급된 소득 합계의 42%를 차지하고 있다. 두 번째 보고서인 카리브 해 연안의 조세피난처에 관한 보고서[5]도 고든보고서에서 언급한 조세피난처를 이용한 소득유보의

---

2) 대표적 지표의 예가 일반적으로 특정유형의 금융활동이 조세피난처의 경제수준과 비교하여 볼 때 지나치게 높은 수준이라는 것이다.

3) Richard A. Gordon, *Tax Havens and Their Use by United States Taxpayers*, Commissioner of Internal Revenue (1981) 참조.

4) U.S. Department of the Treasury, *Tax Havens in the Caribbean Basin* (1984) 참조.

5) 두 번째 보고서인 카리브 해 연안의 조세피난처에 관한 보고서는 다음과 같은 결론을 내리고 있다. 첫째, Bermuda, the Cayman Islands 및 Panama의 은행에서 외국자산으로 표시되어 있는 외국인 금융활동의 수준은 대외무역상의 수요를 훨씬 초과하고 있는바, 실제 그 차액은 3천억 달러 정도에 달하고 있다. 둘째, 이들 국가의 역외금융활동(offshore banking activities)은 1978년부터 1982년까지의 기간에 급격히 증가하였다. 셋째, Netherlands Antilles를 제외한 기타 카리브 해 연안국들에 대한 미국의 직접 투자는 같은 기간에 43% 이상 증가하였다. 넷째, 미국이 Netherlands Antilles의 관계회사로부터 차입한 금액은 10억 달러에서 160억 달러로 증가했고, Netherlands Antilles 거주자에게 지급된 신고소득은 1억 9천만 달러에서 14억 달러로 증가하였다. 다섯째, 카리브 해 연안 조세피난처와의 외환거래를 신고기준으로 보면 특정 조세피난처의 순유출 또는 순유입에 상당한 불균형이 나타나고 있다.

상승추세를 다시 확인하여 주고 있다. 이 보고서는 조세피난처 이용 동기의 대부
분은 조세유인이고 조세외적 동기가 중시되는 경우에도 이로 인한 조세유인은
대부분 수반한다고 보고 있으며 앞으로도 그와 같은 추세가 계속 이어질 것으로
보았다.

또한, OECD의 개발원조위원회(Development Assistance Committee, DAC)가
제공한 자료도, 전통적인 조세피난처에 대한 민간직접투자의 규모와 흐름이 당해
국가경제의 실질적 규모에 비하여 현저하게 크다는 것을 보여주고 있고,6) 일본
의 해외투자통계도 일본의 민간직접투자가 제한된 수의 전통적인 조세피난처에
집중되어 있음을 나타내주고 있다.7)

이에 따라 OECD에서는 국제적 자본이동을 왜곡하고 선진국의 재정기반을
잠식하는 조세피난처의 행위를 유해조세경쟁(harmful tax competition)으로 규정하
고 통일적이고 다자적인 기준과 대책을 마련하기 위하여 1998년 보고서8)를 채택
하였고 그 이후에도 조세피난처의 유해조세경쟁을 없애기 위하여 여러 가지 노
력9)을 계속 기울여 왔으나 최근까지도 다국적 기업의 조세피난처의 이용은 상당
부분 유지되고 있다.

우리나라에서도 1990년 이후 우리 경제의 세계화와 더불어 내국인의 대외투
자가 늘면서10) 종전 선진국의 조세피난처 이용의 추세를 그대로 반영하여 조세

---

6) 조세피난처인 Bahamas, Bermuda, Liberia, Netherlands Antilles, Panama의 경제력이 모든 개
발도상국 GNP 총계의 0.3% 미만에 지나지 않는데 반하여 1981년 말 현재 이들 5개 조세피난처
는 DAC 회원국이 전체 개도국에 투자한 전체 투자 합계 추산액 중 약 14.3%를 차지하고 있다.
민간부문간 순투자액의 수치에서도 이와 같은 불균형을 보여준다. OECD, *International Tax
Avoidance and Evasion* (1987), p. 28.

7) 일본에서는 인기 있는 세 곳의 조세피난처인 Panama, Hong Kong 및 Liberia에 대한 투자가
1970년대 후반에 현저히 증가하였다. 1978년부터 1983년 사이에 일본의 전체투자가 약 80% 증
가한 반면 세 곳의 조세피난처에 대한 민간직접투자는 같은 기간에 4배나 증가하였다. OECD,
op. cit., p. 28.

8) OECD, *Harmful Tax Competition—An Emerging Global Issues* (1998).

9) OECD는 1998년 보고서에서 47개의 잠재적 조세피난처 명단을 공포하였고, 2000. 6.에는 35개
의 조세피난처 명단을 공포하였는데, 이는 위 명단에 등재된 조세피난처로 하여금 1998년 보고
서상의 권고조치에 따르도록 하기 위한 것이었다. OECD는 2001년 보고서에서 비협조적인 조
세피난처에 대하여 제도의 투명성 확보와 정보교환기준을 강조하면서 그 이행시기를 2002. 2.
28.로 연장하였으며 2002. 4. 7개국을 비협조적인 조세피난처로 발표하였다. 윤현석·이기욱,
"조세피난처 이용방지에 관한 연구", 법과 정책연구 제6권 제1호, 2006, 240면.

10) 해외직접투자거래는 그 신고기준으로 1985년도 85건, 2억 1,939만달러, 1990년 906건, 23억
8,013만달러, 2000년 3,942건, 62억 1454만달러, 2005년 8,859건, 96억 8,115만달러, 2010년
8,082건, 343억 5,294만달러로 계속 증가하고 있다. http://ecos.bok.or.kr/

피난처와의 국제거래가 증가하고 있다. 우리나라에서의 조세피난처 거래는 선진국의 경우와 마찬가지로 실물거래보다는 무역외거래 및 자본거래의 증가추세가 현저하다.[11] 최근 국세청에서는 이러한 조세피난처 이용거래로 인하여 거액의 세수 부족이 초래되었다고 보아 역외 조세탈루를 파악하기 위하여 외국 과세당국과 국제공조를 진행하는 등 적극적으로 과세정보를 수집하고 있으며 그 혐의가 인정되는 조세피난처 소재 페이퍼컴퍼니에 대하여는 대대적인 세무조사를 진행하고 있다.

2. 분석의 필요성

이 글에서는 이와 같은 조세피난처를 이용한 역외소득유보를 통하여 납세의무자가 과세상의 어떠한 혜택을 누리는지, 이러한 소득의 역외유보를 통한 조세회피의 세법상 기본구조는 어떻게 이루어져 있고 그 구체적인 내용은 어떻게 되어 있는지에 관하여 분석하고자 한다. 역외소득유보를 통한 직접적이고도 주된 과세상의 혜택은 과세이연(tax deferral)인데, 이러한 과세상의 혜택을 분석하는 작업은 과세당국으로 하여금 그러한 혜택을 제거할 것인지 여부와 어느 범위에서 이를 제거하는 조치를 취할 것인지를 판단할 수 있도록 하여 조세회피에 대한 대응규제의 방향을 설정해 주는 의미가 있다. 또한, 이는 유효·적절하고 합리적인 과세의 수단을 제공한다. 즉 어떠한 형태로 조세회피가 이루어지는지를 알게 되면 그러한 조세회피 요소를 개별적으로 부인하여 조세회피 시도를 무력화시킬 수도 있고, 조세회피의 구체적 요소를 과세대상 요건으로 규정하여 적절하게 과세권을 행사할 수도 있는 것이다.

그러므로 이와 같은 과세이연 등 조세회피의 법적 구조에 대한 분석적인 접근과 이해는, 조세피난처를 이용한 거래를 무조건 과세대상 거래로 보아야 한다든지, 혹은 역외거래이므로 우리나라의 과세권 행사의 범위 밖이라고 간주하여 비과세로 나아가는 이분법적 입장을 지양하는 것이고 과학적인 견지에서 과세목표에 상응하는 선별적 과세대상과 과세방법을 도입함으로써 합리적인 과세권 행사를 가능하게 한다. 특히 조세피난처가 내국주주의 거주지국과는 다른 별도의 주권국가인 점을 고려하면 그러한 역외과세권의 선별적 행사는 조세피난처의 과

---

11) 국세청은 2002. 8.경부터 4주간 조세피난처를 이용한 것으로 지목된 65개 법인 및 개인을 대상으로 세무조사를 벌여 약 4,110억원의 과세대상 소득을 포착하기도 하였다. 국세청, 조세피난처를 이용한 조세회피의 실태와 규제대책, 2002, 4면.

세주권과의 충돌 문제를 최소화할 수도 있을 것이다.

Ⅱ. 소득의 역외유보를 통한 과세이연의 가능성

1. 소득의 역외유보의 의미

소득의 역외유보란 내국법인이 국외원천소득을 외국자회사에 유보시키는 것을 말한다. 소득의 역외유보가 이루어지는 과정을 자세히 보면 다음과 같다. 내국법인은 제품이나 용역을 해외시장에 판매하거나 다른 외국법인으로부터 배당이나 이자를 수취하는 등의 방법으로 국외원천소득을 얻는다. 이러한 국외원천소득은 내국법인의 거주지국이 거주자의 전 세계소득에 대하여 과세를 하는 국가인 경우에는 그 내국법인의 전 세계소득의 일부로서 거주지국에서 합산과세된다. 이와 같은 상황에서 내국법인은 해외에서 벌어들이는 외국소득에 대한 거주지국의 합산과세를 피하기 위하여 조세의 부담이 없거나 적은 조세피난처에 외국자회사를 설립하고, 그 외국자회사를 이용하여 거래를 함으로써 거기서 발생하는 국외원천소득을 외국자회사에 유보시켜 유보소득에 대한 거주지국의 과세권을 차단시킬 수 있다. 그러므로 소득의 역외유보는 거주지국의 고세율의 적용을 받을 내국법인의 국외원천소득을 인위적인 방법에 의하여 저세율의 적용을 받는 외국자회사에 이전하는 소득이전의 한 형태이다. 즉, 국제조세의 영역에서 납세자의 소득 크기에 따라 적용되는 세율에 차이가 있음을 이용하여 고세율의 적용을 받는 회사가 저세율의 적용을 받는 관계회사에 그의 소득을 이전함으로써 전체적인 조세부담을 줄이려는 시도인 것이다.

소득의 역외유보는 관계회사 사이의 소득 이전이라는 점에서 이전가격 세제가 적용되는 거래가격의 조작을 통한 소득이전과 유사하다. 그러나 이 두 가지 형태의 소득이전은 다음과 같은 점에서 차이가 있다. 첫째, 소득의 이전이 이루어지는 관계회사를 보면, 소득의 역외유보에서는 지배관계가 존재하는 모회사와 자회사가 관계회사가 되나, 거래가격의 조작을 통한 소득이전에서는 지배관계뿐만이 아니라 특수관계가 존재하는 회사가 관계회사가 되므로 그 관계회사의 범위가 넓다. 둘째, 소득이전의 방향에 관하여 보면, 거래가격의 조작을 통한 소득이전에서는 관계회사 사이에서 양 방향으로 소득이전이 가능한 반면 소득의 역외유보는 내국법인에 귀속되어야 할 국외원천소득을 외국자회사에게 귀속시킨다는 점에서 일방적인 성격을 지니고 있다. 셋째, 소득 이전의 대가에 관하여 보면, 소득의 역외유보에서는 정상가격으로 소득이 이전되는 경우에도 조세회피가 가능하다는 점에서 거래가격의 조작을 통한 소득이전과 차이가 있다. 다만, 경우에 따라서 내국법인으로부터 외국자회사로 소득이 이전되는 경우에 비정상적인 가격에 의한다면 소득의 역외유보와 거래가격의 조작을 통한 소득이전의 두 가지 문제가 함께 제기될 수 있다.

2. 소득의 역외유보를 통한 과세이연의 기본전제

가. 조세회피로서의 소득의 역외유보

소득의 역외유보는 고세율의 부담을 받는 납세자가 저세율의 부담을 받는 특수관계자에게 자신의 소득을 이전하거나 자신에게 귀속될 소득을 유보시켜 조세부담을 줄이는 조세회피행위이다.12) 조세회피란 세법규정, 과세당국의 해석 또는 법원의 판례에 의하여 규제가 직접적으로 정하여 지지 않은 경우에 그와 같은 세법상의 허점을 이용하여 과세상의 혜택을 보는 것을 말한다.13) 종전에 이러한 조세회피에 대한 규제제도가 도입되기 전까지는 소득의 역외유보는 다국적 기업에 의하여 광범위하게 사용되었던, 부인되지 않는 조세회피행위의 하나였다. 그러나 규제제도를 도입한 대부분의 선진국에서는 과세당국에 의하여 소득의 역외유보의 경제적인 효과가 상당부분 박탈되게 되었으므로 이제 소득의 역외유보는 과세당국으로부터 부인이 되는 조세회피행위라고 하겠다.

---

12) 어느 거래를 앞 둔 합리적인 경제인은 그 거래로 인한 조세의 부담을 줄이기 위하여 조세계획 (tax planning)을 세우게 되는데, 조세계획은 ① 세법의 규정이나 조세조약의 규정에 따라 조세의 감면을 받는 절세계획, ② 과세당국으로부터 부인이 되지 않는 조세회피를 이용하는 계획, ③ 과세당국으로부터 부인이 되는 조세회피를 이용하는 계획, ④ 세법의 규정에 위반하는 조세포탈거래를 이용하는 계획으로 구분된다. 本庄資, 國際的租稅回避: 基礎硏究, 稅務經理協會, 2002, 7면. 조세회피(tax avoidance), 조세포탈(tax evasion)과 사기적 조세포탈(tax fraud)에 관하여 자세한 내용은 Joerg-Dietrich Kramer, "Tax Avoidance, Tax Evasion, and Tax Fraud-German National Rules", 23 *Tax Notes International* 1085 (Aug. 27, 2001) 참조. 기타의 국제적 조세회피에 관하여는 Maurice H. Collins, "Evasion and Avoidance of Tax at the International Level", 28 *European Taxation* 9 (1988); 藤井保憲, "國際的租稅回避について", 稅經通信 42卷 8号, 1987. 각 참조.

13) 보다 구체적으로는 납세자가 일정한 경제적 목적을 달성하려고 하는 경우에 조세실체법상 예상되는 법형식(거래형식)을 따르지 아니하고 사적 자치에 의한 거래가 보장되는 것을 기화로 합리적 이유없이 우회행위나 다단계행위 또는 이상한 법형식을 선택하여 통상의 법형식을 선택한 경우와 기본적으로는 마찬가지의 경제적 효과를 거두면서도 통상의 법형식을 선택한 경우에 생기는 조세부담을 경감하거나 배제하는 행위를 말한다. 김진우, 조세법체계, 육법사, 1985, 107면.

　소득의 역외유보는 내국법인의 국외원천소득을 거주지국 외에 유보시킨다는 점에서 국제적 조세회피행위이다.[14] 조세회피는 국내적 조세회피와 국제적 조세회피행위로 구분할 수 있는데 국제적 조세회피는 어느 국가의 과세기반을 해외로 이전하거나 해외에 유보시켜 그 국가의 조세수입을 감소시킨다는 점에서 국내적 조세회피와 차이가 있다.[15] 국내적 조세회피는 그 과세기반이 국내에 머물러 있기 때문에 재정수입상의 피해가 국제적 조세회피보다 상대적으로 적다고 하겠다.

나. 소득의 역외유보의 기본전제

　소득의 역외유보를 통해 조세부담을 줄이려면 세 가지 요소가 필요하다. 먼저 내국주주에게 국외원천소득이 있어야 하고 이를 유보시킬 수 있는 법적 장치인 외국자회사가 존재하여야 하며, 마지막으로는 그 외국자회사가 조세피난처에 소재하여야 한다. 세 가지 요소를 통한 조세회피는 근본적으로 두 가지 전제를 안고 있다. 첫째, 내국주주의 거주지국이 국외원천소득을 아예 과세하지 않는 경우에는 애초 소득 역외유보의 필요가 없다. 둘째, 거주지국이 해외자회사의 소득을 주주에게 바로 과세한다면 소득을 역외에 유보하더라도 조세회피가 불가능하게 된다. 이를 자세히 보면 다음과 같다.

　첫째, 조세피난처의 외국자회사를 이용한 국외원천소득의 유보는 모회사의 거주지국이 국제조세에 있어서 거주지국 과세원칙을 채택하고 있는 경우에 한하여 의미가 있다. 거주지국 과세원칙(resident taxation principle)이란 납세자와 국가의 인적관계를 기초로 하여 납세자의 거주지국이 당해 거주자의 전 세계소득에 대하여 과세권을 행사하는 것을 말한다. 거주지 이외에 국적이나 시민권을 근거로 그 국민의 전 세계소득에 과세하는 경우도 있는데 이것도 넓은 의미에서는 거주지주의로 분류될 수 있다.[16] 이에 대하여 원천지국 과세원칙(source taxation

---

14) 다만, 다국적 기업에 있어 그 조세회피행위를 국내적 조세회피행위와 국제적 조세회피행위로 구분하는 것은 큰 의미가 있는 것은 아니다. 다국적 기업의 사업활동은 당연히 국제적으로 전개되기 때문에 다국적 기업의 조세회피행위는 대부분의 경우 국제적 조세회피행위가 된다. 국제적 조세회피행위의 유형을 조세피난처의 이용, 이전가격의 조작, 조세조약의 이용으로 구분하는 견해와 이에 더하여 인적자원의 이전, 물적자원의 이전, 신탁의 이용, 소득종류의 변경 등을 포함하는 견해가 있다. 宮武敏夫, "國際的脫稅及ひ租稅回避", 租稅法硏究 10号, 1982, 32-35면.

15) 그 밖에도 국제적 조세회피는 그 개념에 대하여 국가간에 의견의 통일이 되어 있지 않고, 국내적 조세회피에 비하여 세원을 포착하기 어렵다는 점도 차이점으로 지적된다.

16) 미국이 국적을 기준으로 과세권을 행사하는 대표적인 국가이다. 그러나 국적을 기준으로 과세권

principle)이란 국가와 소득의 물적 관계를 기초로 하여 어느 국가의 영토에서 소득이 창출되는 경우 그 소득의 원천지국이 과세권을 행사하는 것을 의미한다.

거주지 과세원칙에서는 개인이나 법인이 거주자로 인정되는 경우에는 그의 전 세계소득에 대하여 과세가 되며, 비거주자인 경우에는 오직 국내원천소득에 대하여만 과세된다. 이 원칙이 외국법인은 국내주주와 구별되는 별도의 납세의무의 주체라는 조세법상의 전통적 원칙(classical system)과 결합하면 외국법인은 외국의 거주자이므로 외국법인의 국외원천소득은 배당의 형태로 국내주주에게 송금되기 전까지는 그 주주의 거주지국의 과세로부터 절연되는 것이 허용될 수 있다. 원천지 과세원칙을 취하는 국가의 경우에는 외국법인의 국외원천소득은 그 외국에서 과세가 될 뿐이고 주주의 거주지국의 과세권으로부터 당연히 배제가 되는 것이므로 원칙적으로는 외국자회사를 통한 과세이연의 필요성은 없게 된다. 그렇지만, 과세상의 혜택을 받기 위하여 소득의 원천지를 조작하는 데 외국자회사가 이용될 가능성은 있다.

둘째, 소득의 역외유보를 통한 조세회피는 전통적 원칙(classical system)이 법인을 주주와는 별개의 독립적 납세의무자로 인정하기 때문에 가능하다. 원칙적으로 외국자회사의 국내주주는 비록 그가 외국자회사에 대하여 지배권을 가지고 있다고 하더라도 외국자회사의 소득에 대하여 자신은 과세를 받지 않으며 그 외국자회사로부터 배당을 받거나 외국자회사의 주식을 처분하는 때에 한하여 과세된다. 결국 이 원칙은 국제조세의 거주지국 과세원칙과 결합하여 역외유보를 통한 조세회피를 가능하게 한다. 이와는 달리 외국사업체가 법인이 아니라 지점의 형태를 취한다면 본점인 내국법인이 지점의 소득에 대하여 법적인 납세의무주체로 인정되고 지점의 소득은 모두 내국법인의 거주지국에서 과세된다.

3. 소득의 역외유보를 통한 과세이연과 부수적 조세회피의 형태

내국법인은 소득의 역외유보로 국내의 과세권행사를 차단시킬 수 있기 때문에 직접적으로는 과세이연의 효과를 볼 수 있고 이를 기반으로 부수적으로 소득구분 등을 조작할 수도 있다.

을 행사하는 국가는 소수에 불과하고 대부분 국가들이 납세자의 거주지와 소득의 원천지를 기준으로 과세권을 행사하고 있다. Michael J. McIntyre, *The International Income Tax Rules of the United States*, Lexis Law Pub. (1995), pp. 1−3.

가. 과세이연

(1) 과세이연의 의미

외국자회사의 소득은 외국자회사가 조세법상 별도의 납세의무자이고 외국에 거주지를 두고 있기 때문에 외국자회사의 소득이 국내주주에게 이익배당의 형태로 송금되거나 국내주주가 외국자회사의 주식을 처분하여 양도소득에 반영될 때까지 국내과세로부터 연기된다. 이 경우 외국자회사의 소득에 대하여 직접 부과되는 조세는 외국자회사의 거주지국의 법인소득세이다. 만일 외국자회사의 거주지국에 법인소득세가 존재하지 않거나 국내의 법인소득세와 비교하여 낮은 경우에는 국내주주는 외국자회사에 소득을 유보함으로써 이자상당액의 이득을 누리게 된다.

이처럼 외국자회사의 소득에 대한 국내의 상대적으로 높은 과세가 이익배당이나 외국자회사의 주식 처분 시까지 연기된다는 의미에서 '과세이연'(deferral)이라고 한다. 과세이연은 국내주주가 지배하는 외국자회사의 배당에 관한 의사결정이나 국내주주의 주식처분에 관한 의사결정에 의하여 이루어진다는 점에서 국내주주가 자의적으로 남용할 우려가 있다. 과세이연된 유보소득이 다시 외국에서 계속 재투자되어 영구히 과세되지 않는 경우도 예상해 볼 수 있다.

(2) 과세이연의 혜택

구체적으로 국내주주가 외국자회사를 통하여 과세이연을 누리는 혜택의 정도는 다음의 네 가지 요소에 의하여 결정된다.[17]

첫째로, 외국자회사의 소득의 크기가 혜택의 정도를 결정한다. 외국자회사의 소득이 크면 클수록 과세이연 혜택은 증가한다.

둘째로, 외국자회사의 소득에 대한 외국에서의 조세부담과 국내에서의 조세부담의 차이가 혜택의 크기를 결정한다. 국내의 조세부담이 높고 외국의 조세부담이 낮은 경우에 과세이연의 정도가 크다고 하겠다. 통상 선진국의 법인소득세율은 다른 국가에 비하여 높고 조세피난처는 조세부담이 없거나 현저하게 낮다는 점 때문에 전형적 과세이연은 선진국의 다국적기업이 조세피난처에 자회사를 설립하는 방법으로 이루어진다.

셋째로, 과세이연의 기간에 따라 혜택에 차이가 있다. 이연기간이 길면 길수

---

17) 자세한 내용은 이창희, 법인세와 회계, 박영사, 2000, 63-66면; 정영민, 파생금융상품과 국제거래 조세제도해설, 법학사, 2003, 4-6면; Christopher H. Hanna, *Comparative Income Tax Deferral: the United States and Japan*, Kluwer Law International (2000), pp. 6-12 각 참조.

록 혜택도 커진다.

마지막으로, 이자율이 과세이연의 혜택을 결정한다. 국내주주는 외국자회사에 소득을 유보하여 그 소득에 대하여 부과될 세금을 추후에 납부하게 되는데 그 기간 동안 국내주주는 그가 보유하는 세금을 타에 대여하거나 그 금액 상당의 차입을 면함으로써 이자율에 상당하는 혜택을 누리게 되는 셈이다. 그 혜택은 이자율이 높을수록 증가하게 되는 것이다. 만일 1,000원의 세금에 대하여 이자율 10% 하에서 10년 동안 그 과세가 이연된다면 납세의무자는 일견 1,000원을 초과하는 이득을 얻게 되므로 이 세금에 대하여 실질적인 면세효과를 누리게 된다.

나. 소득구분의 조작

(1) 소득종류의 선택

(가) 배당소득과 자본이득

외국자회사에 소득이 유보되면 국내주주가 소유하는 외국자회사의 주식가치가 증가한다. 국내주주의 거주지국이 자본이득을 낮게 과세하는 경우에 국내주주는 외국자회사로부터 배당을 받는 대신 주식을 처분하는 방법에 의하여 배당소득을 자본이득으로 전환함으로써 자본이득에 대한 저율과세나 특별공제 등의 적용을 받을 수 있다.18)

한편, 국내주주의 거주지국에서 회사간의 배당소득에 대하여 경감과세를 하는 반면 외국법인 주식의 양도소득에 대하여 정상세율로 과세하는 경우에는 국내주주가 주식의 양도 전에 배당을 함으로써 자본이득을 배당소득으로 전환하여 조세부담을 낮추는 방법19)이 가능하다.

(나) 숨은 이익처분

외국자회사가 국내주주에게 배당소득의 형태로 분배하여야 할 유보소득을 국내주주에 대한 급료나 보수, 무이자나 저금리의 대부, 고금리의 차입, 상품의 고가매입이나 저가판매 등의 형태로 지급하는 경우 등을 숨은 이익처분(hidden profits distribution)이라 한다.20) 이는 사법상의 계약의 형태에 의하여 소득의 종류가 결정되고 그 소득의 종류에 따라 과세상의 취급이 다른 것을 이용하여 외국자회사가 유보소득을 기반으로 국내주주에게 조세상의 혜택을 주는 변형된 방식

---

18) 안종석·최준욱, 국제조세 회피의 행태 및 경제적 효과분석, 한국조세연구원, 2003, 26면.

19) 이를 dividend stripping이라고 한다.

20) 다만 이 경우에는 숨은 이익처분으로서 간주배당에 해당될 수 있는 점에 유의하여야 할 것이다.

으로 이익분배를 행하는 것이다.

한편, 외국자회사에 유보된 소득에 대한 처분권을 국내주주에게 은폐된 방법으로 이전하는 대신에 외국자회사의 자산에 대한 무상사용권 등을 국내주주에게 주는 것도 일종의 이익분배의 한 형태이다.

(2) 소득원천지의 선택

(가) 국외원천지의 조작

내국법인이 외국자회사를 이용하지 않고 직접 해외사업을 경영하는 때에는 그가 벌어들이는 소득의 종류에 따라 다양한 원천지가 생길 수 있다. 그러나 내국법인이 외국자회사를 지주회사로 이용하여 해외사업을 경영하는 경우에는 외국지주회사의 자회사가 벌어들이는 소득은 그 지주회사에 쌓이게 되고 내국법인은 외국지주회사로부터 배당소득의 형태로 이를 지급받을 것이므로 일반적으로 그 지주회사가 위치하고 있는 조세피난처가 소득의 원천지가 된다. 이는 외국에서 벌어들이는 소득의 다양한 원천지를 조세피난처라는 단일한 원천지로 바꾸는 의미가 있다.

거주지국의 세제가 외국세액공제 등에 있어 소득의 원천지에 따라 다른 취급을 하고 국가별 한도를 정하고 있는 경우에는 내국법인은 지주회사를 이용하여 외국소득의 원천지를 조작하는 방법을 통하여 외국세액공제의 극대화를 도모할 수 있게 된다.

(나) 국내원천소득의 원천조작

내국법인이 조세피난처에 전용보험회사를 설립하여 그 보험회사와 거래를 하는 경우 내국법인이 그 보험회사에 지급하는 보험료는 내국법인의 비용으로서 소득에서 공제가 되고 조세피난처의 보험회사가 수령하는 보험료는 그 회사의 사업소득이 된다. 이와 같이 내국법인은 그 소득을 사실상 보험회사에 이전시킴으로써 그 감소된 소득만큼의 조세부담을 덜 수 있고, 그 이전된 소득에 대하여 조세피난처의 전용보험회사는 무과세나 경과세의 혜택을 누리게 되는데, 이는 내국법인의 국내원천소득이 전용보험회사의 국외원천소득으로 변경되는 효과도 동시에 가지게 되는 셈이다. 내국법인이 보험회사만이 아니라 다른 형태의 전용회사를 조세피난처에 설립하는 경우에도 동일한 효과를 볼 수가 있다.

한편, 소득의 역외유보와 관련되는 것은 아니지만 내국법인이 외국 금융기관으로부터 직접 차입행위를 하는 대신에 조세피난처에 외국자회사를 설립하여 그 자회사로 하여금 차입행위를 하도록 하는 경우 내국법인은 그 지급이자의 원천지를 거주지국으로부터 조세피난처로 바꿀 수 있다. 조세피난처에서는 일반적으로 지급이자에 대한 원천징수세가 적거나 없기 때문에 내국법인으로서는 낮은 조세부담으로 자금조달을 할 수 있다. 이러한 이유로 조세피난처의 외국자회사가 관계기업들의 금융창구의 역할을 하는 경우가 많다.

(3) 과세시기의 선택

국내주주는 외국자회사에 유보된 소득의 배당시기를 자신의 선택에 따라 조절할 수 있다. 일반적으로 국내주주로서는 수익과 비용의 인식시기를 결정할 수 있다면 과세상의 혜택을 누리기 위하여 배당소득의 인식을 가급적 늦추는 방향으로 운영하겠지만 만일 국내회사에 머지않아 소멸되는 이월결손금(net operating loss)이 있는 경우에는 그 손실과 상계하기 위하여 외국자회사로부터 배당을 앞당겨 받는 경우도 예상해 볼 수 있다.

Ⅲ. 소득의 역외유보를 통한 과세이연의 기본구조

소득의 역외유보를 위해서는 다음의 납세의무자 요소와 과세지 요소 및 소득 요소가 전제되어야 한다. 첫째는 국내주주의 거주지국의 국외원천소득에 대한 과세권을 법적으로 차단시킬 수 있는 외국자회사가 있어야 한다(이하 '납세의무자 요소'). 둘째는, 외국자회사의 거주지국이 유보소득에 대하여 국내주주의 거주지국보다 낮게 과세를 하여야 한다. 만일 국내주주의 거주지국과 유사한 과세의 적용을 받는다면 국내주주는 소득을 외국자회사에 유보할 필요가 없다(이하 '과세지 요소'). 셋째, 국내주주는 외국자회사에 국외원천소득을 유보시켜야 한다. 국외원천소득이 유보되지 않고 바로 국내주주에게 배당이 되거나 외국자회사에 유보시킬 소득이 존재하지 않는 경우에는 과세이연의 의미는 없는 것이다(이하 '소득 요소').

[그림] 소득의 역외유보의 기본구조

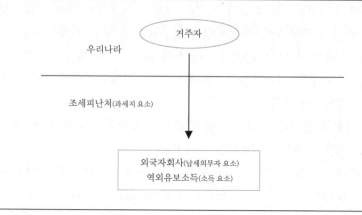

1. 외국자회사: 납세의무자 요소

국내주주의 거주지국의 과세권을 차단하기 위해서는 당해 사업체가 그 거주지국의 입장에서 보아 국내주주와 구별되는 별도의 납세의무자이어야 하고, 국내주주가 그 사업체의 중요한 의사결정에 영향을 미칠 수 있어야 하기 때문에 그 사업체는 자회사의 형태이어야 한다.

세법상 별개의 법인격을 가지는 외국회사는 법적 형식을 외국지점으로 한 경우와 비교하여 다음과 같은 차이가 있다.

첫째, 국내와 외국에서 과세상의 차이가 있다. 외국자회사는 별도의 납세의무자이기 때문에 외국자회사의 손실은 국내회사의 이익과 합산되어 과세되지 않고 외국자회사에게 소득이 있는 경우에도 그 소득이 배당의 형태로 국내주주에게 지급되기 전까지는 국내의 과세권은 차단된다. 반면 외국지점의 이익과 손실은 본점의 손익과 통산되어 국내회사의 소득계산에 직접적인 영향을 미친다.

둘째, 국내회사가 외국자회사와 거래를 하는 경우에 외국지점과 비교하여 다음과 같은 과세상의 차이가 있다. 우선, 수익계상의 시기가 다르다. 국내회사가 외국자회사에 상품을 판매하는 경우에는 그 상품이 제3자에게 전매되지 않고 재고상태로 있어도 당기에 수익계상이 되지만 국내회사와 외국지점이 기업내부의 독립채산제원칙 아래 상품을 상호 매매하여도 이는 세법상 내부거래로서 그 상품이 제3자에게 판매될 때까지는 재고이므로 손익계상은 인정되지 않는다. 다음으로, 일반적 경비의 배부에 있어 차이가 있다. 국내회사가 외국자회사의 사업경영을 위하여 일반관리비를 부담하는 경우 이를 외국자회사에 청구하는 것이 가능한 때에는 그 금액에 대한 손금산입이 인정되지 않는다. 외국자회사는 그룹내부의 서비스경비에 상응하는 부분을 부담하여야 하고 국내회사인 모회사의 관계에서도 마찬가지이다. 외국지점에 배부하는 경비는 국내회사의 거주지국에서는 손금성이 인정된다면 손금산입한다.

셋째, 자금의 공급과 이익의 송금에 관하여 과세상 차이가 있다. 현지의 경제활동에 필요한 자금을 국내로부터 공급받는 경우 본·지점간에는 제공된 자금이 국내회사의 자기자금인가 여부를 묻지 않고 이에 관한 이자는 일반적으로 내부이자로서 현지에서 손금성이 부인되는 반면, 국내회사가 외국자회사에 자금을 공급하는 경우에는 그 자금의 성격에 따라 과세상 취급이 다르다. 만일 그것이 출자금인 경우에는 그 과실은 통상 배당이 되므로 외국자회사는 비용공제가 부인되고 그 자금이 대여금의 성격을 가지는 경우에는 그 과실은 통상 이자로 비용공제가 가능하다. 외국자회사의 이익을 이자나 배당의 형태로 국내로 송금하는 경우 일반적으로 원천징수세가 부과된다. 만일 국내회사가 일정의 지분비율을 초과하여 외국자회사의 지분을 보유하고 있는 경우에는 일반배당에 비하여 특별한 경감세율이 적용되기도 한다. 반면에, 외국지점의 국내에의 이익송금은 동일법인의 내부거래이기 때문에 일반적으로 이에 대하여 원천징수세는 과세되지 않는다.

넷째, 외국세액공제에 차이가 있다. 국내회사는 국외원천소득이 국내에서 다시 한번 과세되는 경우 이중과세를 배제하기 위하여 그 소득에 대하여 외국에서 납부한 세액을 공제받을 수 있다. 외국지점이라면 국내회사가 직접 납부한 조세로서 직접외국납부세액공제를 받는다. 외국자회사라면 자회사가 납부한 외국법인세액 가운데 국내회사에 지급하는 배당에 대응하는 부분을 국내회사가 스스로 납부한 것으로 간주하는 간접외국납부세액공제에 의하여 이중과세의 구제가 인정된다.

2. 조세피난처: 과세지 요소

국외원천소득에 대한 거주지국 과세를 차단하기 위하여 외국자회사가 납세의무자로서 필요하고, 나아가 외국자회사는 국내주주의 거주지국에서 외국법인으로 인정되어야 한다. 이에 더하여 외국자회사는 다른 외국이 아닌 조세피난처

에서만 그의 거주법인으로 인정되어야 그 유보소득에 대한 무과세나 경과세의
혜택을 볼 수 있다.

가. 과세지로서의 조세피난처
(1) 조세피난처의 의의

조세피난처라는 개념은 상대적이다. 어느 국가가 조세피난처인지에 관하여
는 일반적인 기준은 없지만 광의로 정의한다면 조세피난처란 그 지역에서 또는
그 지역을 통하여 행하여지는 거래로부터 발생하는 소득에 대하여 조세를 부과
하지 않거나 가볍게 과세하는 곳이라고 할 수 있다. 거의 대부분 국가의 세제는
특정거래에 대하여 예외적으로 우대를 하는 사례가 허다하기 때문에 모든 나라
는 특정 거래를 추구하는 다른 국가의 거주자의 입장에서 모두 조세피난처에 해
당될 가능성이 있는 것이다.[21]

이에 대하여 고전적 조세피난처, 달리 말하면 협의의 조세피난처란 납세자
가 상대적으로 무겁게 과세되는 국가에서 납부하여야 할 조세를 회피할 수 있도
록 그 피난처를 제공하는 데 적극적인 지역이라 할 수 있다. 다시 말하면 조세피
난처의 제공이 국가정책의 중요부분인 지역이다.[22]

(2) 조세피난처의 특징[23]

첫 번째 특징은 소득과 자본에 대한 경과세이다. 조세피난처는 모든 종류 혹
은 일정한 종류의 소득에 대하여 조세를 부과하지 않거나 다른 국가보다 현저하
게 낮은 조세를 부과한다. 조세피난처를 이용하는 주된 동기가 과세상의 혜택을
얻고자 하는 데 있으므로 조세피난처의 과세수준과 국내 과세수준과의 차이가
조세피난처의 이용여부를 결정하는 데 중요한 영향을 미친다. 조세피난처로 간주
되는 국가도 대부분 거주자에 대하여 일정한 조세 특히 간접세를 부과하기는 하
나 소득세는 이를 부과하지 않거나, 과세하더라도 일정한 형태의 소득을 현저하
게 낮은 실효세율로 과세하고 있다.

두 번째 특징은 금융거래의 비밀보장이다. 조세피난처에서는 상업상, 금융상

---

21) 大崎滿, 國際的租稅回避: その對抗策を中心として, 大藏省, 1990, 14면.
22) OECD, *op. cit.*, p. 22.
23) 조세피난처의 특징을 안정된 외국정부, 외국인에 대한 공평한 대우, 정부의 통제로부터의 자유,
자유무역지대의 존재, 고도의 금융비밀, 고도로 발달된 사회기반, 투자유인, 지역소비시장과 노
동시장, 지역은행서비스와 전문서비스를 드는 경우도 있다. Ernest R. Larkins, "Multinational
and Their Quest for the Good Tax Haven," 25 *The International Lawyer* 471 (1991) 참조.

의 비밀을 철저하게 보장하고 있다. 이러한 비밀보장은 보통법상의 판례(common law)나 행정관행에 기초하고 있거나 일부의 경우에는 제정 법률에 근거하고 있다. 대표적인 것이 은행비밀보장법이다. 이러한 법률은 비밀보장의무의 위반에 대하여 형사적 처벌을 하는 경우가 많다. 조세피난처의 은행비밀보장법은 옛날보다는 많이 약화되었지만 아직도 강력한 비밀보장의 근거이다.24) 조세피난처의 비밀보장은 조세피난처로 하여금 범죄와 관련된 자금이나 이익의 은닉처로 악용되도록 하는 결과를 가져왔다. 조세피난처의 비밀보장이 외국 과세당국의 조세징수에 장애가 되어 OECD는 1985년에 비밀보장을 완화하기 위한 보고서를 공표한 바 있다.25) 근자에 들어서는 마약의 거래 기타 조직범죄의 자금의 은닉과 세탁에 대해서는 세계 각국의 강경한 태도에 힘입어 금융거래의 비밀보장이 완화되는 징후가 있다.

세 번째 특징은 외환거래의 자유이다. 대부분의 거래를 회사 설립지 이외의 지역에서 하여야 하고 궁극적으로 소득을 국내주주에게 이전하여야 하는 외국회사에 대하여는 자유로운 외환거래의 보장이 필수적이다. 특히 자본과 과실의 자유로운 송금은 빼놓을 수 없는 전제조건이다. 대부분의 조세피난처 국가들은 거주자와 비거주자, 내국통화와 외국통화를 구분하는 이중의 통화관리체계(dual currency control system)를 취하고 있다. 이 제도에 의하면 거주자는 내외국통화의 관리를 받는 반면, 비거주자는 내국통화에 관한 관리만을 받는다.26) 출자자가 비거주자이고 또 대부분의 사업을 당해 지역 밖에서 하는 현지법인은 비거주자로 분류되기 때문에 외화로 거래를 하는 이상 외환통제를 받지 않게 된다.27)

네 번째 특징은 기업활동 규제의 최소화이다. 법인의 설립에 관한 엄격한 회사법규정은 법인 설립자에게는 시간과 비용의 소비를 의미하기 때문에 기피대상이 될 것은 당연한 이치이다. 고전적 조세피난처는 대체로 최소자본, 내국인과 외국인의 지분비율, 이사의 자격, 총회의 개최지, 의결권의 위임, 자본의 변동 등 법인의 설립과 내부운영에 관하여 까다로운 규정을 두고 있지 않다. 또한 회사의 활동과 관련한 통제도 최소한인 것이 조세피난처의 특징이다. 보험·증권·은행·

---

24) 자세한 내용은 Crinion, "Information Gathering on Tax Evasion in Tax Haven Countries", 20 *International Law* 1209 (1986) 참조.

25) OECD, *op. cit.*, p. 107.

26) John A. Calderwood, "Tax Havens: Concept, Magnitude of Problems and the Methods Used," 28 *European Taxation* 10 (1988), p. 330.

27) OECD, *op. cit.*, p. 23.

신탁·국제운수 등의 업종을 영위하기 위하여 면허를 요하는 것은 조세피난처라고 해서 다를 바 없으나 그 요건이 단순하고 설립을 통제하지 않는 것이 일반적이다.

다섯 번째 특징은 정치적, 사회적 안정 및 편리한 교통, 통신이다. 정치적, 사회적 안정이 경제활동의 전제가 되는 것은 조세피난처에 국한되는 것은 아니다. 그러나 조세피난처에의 진입은 선택의 대상이므로 불안정한 지역을 발판으로 하여 역외거래를 도모하여야 할 이유는 전혀 없다. 외국회사가 특히 유의하는 것은 공용수용이나 국유화의 가능성에 대한 검토인데 대부분의 조세피난처는 오랜 세월에 걸쳐서 안정적이고 우호적인 지역으로서의 성가를 높여왔다.[28] 국제적 거래의 기지로서의 역할을 담당하는 외국회사에게는 편리한 교통과 발달된 통신시설은 필수적이다. 외국회사는 거래의 외형금액은 크면서도 최소한의 직원만을 주재시키고 많은 사무를 현지의 전문직 종사자에게 위임하는 것이 보통이기 때문에 끊임없는 통신접촉에 의존하여야 한다. 대표적이라고 할 수 있는 조세피난처는 예외 없이 탁월한 통신매체를 유지하고 있고, 변호사, 회계사, 기타 전문가의 도움을 쉽게 받을 수 있다.[29]

여섯 번째 특징은 조세조약의 부재이다. 정상과세국들이 조체피난처와의 조약체결을 기피하고 있어 대부분의 조세피난처들은 조세조약을 가지고 있지 않으며 설사 조세조약을 체결하고 있다고 하더라도 정보교환규정을 두고 있지 않는 경우가 대부분이다. 결과적으로 전 세계의 조약망에서 제외되어 있다는 사실이 조세피난처의 특징이다. 다만, 일부 조세피난처는 속령이나 공국이어서 본토나 관여국과는 특별한 관계를 유지하고 있는 경우가 있다.[30]

28) 이태로, "조세피난처의 이용과 그 규제", 세무사 제76호, 1996. 12., 106면.
29) John A. Calderwood, *op. cit.*, p. 300.
30) 예컨대, the Isle of Man, Guernsey 및 Jersey는 영국과 조약을 체결하고 있으며 Netherlands Antilles는 Netherlands의 조세조례에 의하여 특례의 적용을 받고 있다. 조약 당사자들 간에 영토적 또는 통치적 유대가 없음에도 Mauritius와 인도, 그리고 Barbados와 Canada 사이에는 조세조약이 체결되어 있다. 이러한 조세피난처에 있는 외국회사는 조세피난처의 조약상대국의 조세조약망을 간접적으로 이용할 수 있을 것이다. 예를 들면 영국에 자회사를 두고 법인이 다시 Jersey에 손회사를 설립하여 그 손회사로 하여금 의도했던 영업을 하는 것이다. 이와 같은 방법은 조약당사국이 부여하는 조약상의 이익과 조세피난처의 유리한 국내법 규정과의 결합으로 일정한 종류의 거래에 대하여는 특히 매력적일 수 있다. 자세한 내용은 Davis Ross, "Opportunities for Tax Haven with Tax Treaties," 19 *Tax Planning International Review* 18 (June 1992) 참조.

(3) 조세피난처의 유형

조세피난처의 분류방법에 대하여는 3분류법, 4분류법, 8분류법 등 국제적인 합의가 형성되어 있지 않은 실정이다.[31] Milton Grundy는 조세피난처를 다음과 같이 분류하고 있다.[32]

첫 번째 유형은 무과세지역이다. 개인소득세, 법인소득세, 양도소득세, 상속세, 증여세가 전혀 존재하지 않고 재산세, 관세, 인지세만이 부분적으로 과세되고 있는 지역 또는 국가들을 말한다.[33] 이 유형에 해당하는 조세피난처는 소득세가 과세되지 않으므로 이 지역과의 조세조약 체결의 필요성은 없다. 또한, 이 유형의 조세피난처는 회사 설립이 비교적 용이하여 은행, 신탁회사, 보험회사와 같은 금융기관의 설립장소로 널리 이용되고 있다.

두 번째 유형은 조세감면 및 우대지역이다. 소득 또는 자본에 대한 세율이 낮고 비교적 많은 국가와 조세조약을 체결하고 있는 지역 또는 국가가 이 범주에 속한다.[34] 또한, 배당소득에 대한 원천징수세를 면제하고 있는 것이 일반적이므로 지주회사, 투자회사, 국제금융자회사의 설립지로 주로 이용된다.

세 번째 유형은 국외원천소득 면제지역이다. 일반세율 자체는 다른 국가에 비하여 특별히 낮지 않으나 국외원천소득에 대해서는 과세하지 않고 국내원천소득에 대해서만 과세하는 나라가 여기에 해당한다. Hong Kong은 동남아시아의 거점으로서 국외원천소득을 비과세하고 있으며 금융서비스의 편의에 있어서도

---

31) 그 밖에 조세피난처를 무세국, 저세국, 국외원천소득의 면세국, 외국회사 및 일정한 지주회사에 대해 조세혜택을 제공하는 국가, 회사의 국제적 사업소득에 대한 세율경감국, 제조 및 수출가공 활동에 대한 면세국으로 분류하는 경우도 있다. Walter H. Diamond, *Tax Havens of the World*, Matthew Bender (1974), p. 43. 그 밖에 객관적 기준과 주관적 기준에 의하여 조세피난처를 분류하는 경우도 있다. Douglas J. Workman, "The Use of Offshore Tax Havens for the Purpose of Criminally Evading Income Taxes", 73 *Journal of Criminal Law & Criminology* 675 (Summer, 1982), p. 678.

32) 자세한 내용은 Milton Grundy, *Grundy's Tax Havens─Offshore Business Centers: A World Survey*, Sweet & Maxwell (1993) 참조.

33) Anguilla, the Bahamas, the Cayman Islands, Nauru, Turks & Caicos Islands가 이에 해당하는 조세피난처이다.

34) 이 유형의 조세피난처는 면세지역, 저율과세지역, 지주회사 우대지역으로 나눌 수 있다. Antigua, Aruba, Belize, British Virgin Islands, the Isle of Man, Israel, Jersey, Liechtenstein, Madeira (Portugal), Marshall Islands, Mauritius, Monaco, Montserrat, U.S. Virgin Islands, Venatu, Western Samoa가 면세지역이고, Barbados, Belgium, Cyprus, Dublin (Ireland), Labuan (Malaysia), Malta, Switzerland가 저율과세지역이며, Austria, Denmark, France, Hungary, Luxembourg, Netherlands가 지주회사 우대지역이다.

매우 뛰어나 신탁회사, 지주회사의 설립지로 이용되고 있다.[35]

네 번째 유형은 특정법인 면제지역이다. 특정법인 면제지역이란 조세피난처 회사를 비거주자가 관리, 지배하고 있는 경우에 그 회사를 비거주자로 우대하는 지역이다.[36] 그와 같은 회사는 일반적으로 국내원천소득에 대하여만 과세가 된다. 사실상 국외원천소득을 면제하는 제3유형과 큰 차이가 없다.

나. 외국자회사의 거주지 판정
(1) 법인의 거주지 판정의 의의

거주법인의 전 세계소득 과세원칙을 채택하고 있는 국가에서 과세상의 거주지는 무제한 납세의무를 부과하는 기준이 되고, 원천지국 과세원칙을 채택하는 국가에서 과세상의 거주지는 조세조약의 적용범위를 결정하는 기준이 된다.

전 세계소득 과세원칙을 전제로 하는 경우 외국자회사는 국내주주의 거주지국의 입장에서 외국법인에 해당하여야 국외원천소득에 대한 거주지국의 과세권의 행사가 차단되고 동시에 조세피난처의 거주법인에 해당하여야 조세피난처에서 무과세나 저율과세의 혜택을 누릴 수가 있는 것이다. 따라서 외국자회사의 거주지를 어느 곳으로 판정하는지 여하에 따라 그 회사의 유보소득에 대한 과세이연 여부가 결정된다.

(2) 법인의 거주지 판정의 기준

법인은 법인격을 부여한 국가에서 설립등기가 되고 하나 또는 복수의 장소에서 관리활동을 하고, 거주하며, 회의를 개최하고, 의사결정을 하는 이사와 지배인을 두고 사업 활동을 하며 이를 관리하는 주주를 가진다. 이러한 모든 요소가 동일 국가 내에 있는 경우에는 복잡한 문제가 발생하지 않지만 여러 국가에 분산되어 있는 경우에는 설립절차, 관리기능, 사업활동, 주주의 지배권 중 어느 요소를 중시하는가에 따라 과세상의 거주지가 달리 결정된다.[37]

(가) 설립지주의

설립지주의에 의하면 법인이 설립된 장소가 법인의 거주지로 되고 법인의

---

35) 추가로 Costa Rica, Liberia, Malaysia, Panama, Seychelles, Singapore, South Africa, Uruguay 가 이 유형에 해당한다.

36) Barbados, Botswana, British Virgin Islands, Gibralta, Grenada, Ireland, Singapore, Swaziland 가 이에 해당한다.

37) 本庄資・川田剛, 國際租稅計劃, 稅務經理協會, 2000, 54면.

설립지국은 그 법인의 전 세계소득에 대하여 과세권을 행사할 수 있다. 본점이나 주사무소를 기준으로 법인의 거주지를 결정하는 것도 넓은 의미에서 설립지주의에 속한다고 보겠다. 설립지주의는 납세자나 행정관청에 확실성을 주고 있다는 이유로 많은 국가에서 채용되고 있지만 대부분의 국가에서의 법인설립의 용이성을 고려하면 회사의 경제적 의미의 거주지를 반영하지 않을 수 있다. 미국이 설립지주의를 택하고 있는 대표적인 국가이다.

(나) 경영관리지주의

경영관리지주의는 법인의 설립지와는 관계없이 법인의 경영의 중심과 관리가 행하여지는 곳에 법인의 거주지가 있다고 한다. 다만 관리에 관하여는 법인사업의 일상적인 관리와 이사의 권한인 고급관리를 구분하여 전자는 경영 중심의 일부를 구성하는 것으로 보지 않는다. 영국의 법원은 "법인은 소득세의 과세상 현실의 사업이 행하여지는 장소에 거주하고 있고 현실의 사업은 경영의 중심과 관리의 장소에서 행하여지고 있다"고 판결[38]하여 법인의 거주지를 경영관리지주의에 의하여 판정하고 있다.

(다) 사업활동지주의

이는 법인의 주된 사업활동지에 법인의 거주지가 있다는 견해이다. 법인의 사업장소는 활동의 외견이고 주요한 기준이지만 복수의 장소가 많다. 이스라엘에서는 법인등기가 되고 동시에 주된 사업활동이 국내에서 행하여지는 것이 증명되는 경우 그 법인은 과세목적상 이스라엘의 거주자가 된다. 이탈리아에서는 법인의 주된 목적과 그가 행하는 주된 사업이 국내에 있는 경우에 과세상의 거주자로 된다.[39]

(라) 지배주주의 거주지주의

일부 국가에서는 다수 주주의 국적지 또는 거주지가 그가 지배하는 법인의 거주지를 결정하는 기준으로 된다. 예를 들면 호주에서는 외국에서 설립된 법인은 국내에서 사업을 행하고, 동시에 호주의 거주자인 주주가 그 법인에 대한 의결권을 지배하는 경우 호주의 거주자로 된다. 또 스웨덴에서는 외국지주회사는 경영, 지배가 국내에 있고, 그 회사가 포트폴리오회사이며, 스웨덴인이 그 회사의 주된 권리를 직접, 간접보유하고 있는 경우에 스웨덴의 거주자로 된다.[40]

---

38) Beers Consolidated Mines Ltd. v. Howe (1906) A.C. 455.

39) 本庄資・川田剛, 前揭書, 55-56면.

40) 本庄資・川田剛, 前揭書, 56면.

3. 역외유보소득: 소득 요소

국내회사는 일반적으로 그가 보유하고 있는 현금이나 자산 등의 물적 자본[41]을 조세피난처에 출자하여 외국자회사를 설립한다. 이어서 외국자회사는 그 물적 자본을 바탕으로 이에 인적자본이나 기능적 자본을 더하여 거래와 사업을 한다. 외국자회사에 대한 자본출자의 형태는 형식적인 자본의 출자와 실질적 자본의 출자로 구분할 수 있다. 전자의 경우에는 ① 일반적으로 외국자회사에게 현지시장을 개척하기에 충분한 자본이 투하되지 않으므로 외국자회사는 국내회사와의 거래를 통하여 소득을 가득하는 방식을 취한다.[42] 후자의 경우에는 ② 외국자회사가 출자된 자본에 인적자본이나 기술적 자본을 가미하여 적극적으로 소득을 창출하는 경우와 ③ 인적자본 등을 결합하지 않고 출자된 자본 그 자체의 수동적 보유만을 통하여 소득을 가득하는 경우[43]로 구분할 수 있다.

그와 같은 소득창출의 형태에 따라 가득되는 소득도 대체로 ①의 경우에는 기지회사소득 혹은 조건부 능동적 소득이나 중간적 소득으로, ②의 경우에는 능동적 소득으로, ③의 경우에는 수동적 소득으로 각 분류된다.

가. 소득의 역외유보의 형태

(1) 형식적 자본출자: 소득의 해외이전

형식적 자본출자는 조세피난처의 외국자회사에게 현지시장의 개척에 필요한 자본을 출자하지 않고 그 설립에 필요한 최소한의 자본만을 출자하는 경우이다. 이와 같이 설립된 회사는 새로운 시장을 개척할 충분한 자본을 가지고 있지 않기 때문에 통상은 국내회사와의 거래나 국내회사의 원조를 통하여 소득을 가득하게 된다. 국내회사와의 거래나 원조를 통하여 소득을 가득한다는 점에서 이러한 회사를 국내회사의 기지회사(base company)라고 하고 그 기지회사가 다국적 기업집단 내부에서만 이용되는 경우에는 전용회사(captive company)라고 한다. 대부분의 조세피난처가 법인의 설립을 위한 최저자본금의 요건을 요구하지 않기 때문에

---

41) 여기에서의 자본이란 실물자본이나 화폐자본을 의미한다.

42) 비록 국내회사로부터 외국자회사로의 소득이전의 형태이나 일반적인 국제조세원칙에 비추어 보면 이를 통하여 외국자회사가 벌어들이는 소득은 사업소득으로 분류되므로 국내회사가 그 외국자회사에 이러한 소득을 유보시키는 경우 국외원천소득의 역외유보에 해당하게 된다.

43) 경우에 따라서는 어떠한 거래가 자본의 이전인지 소득의 이전인지 구분이 모호한 경우도 많다.

자본의 출자가 없이 회사가 설립되는 경우에는 서류상의 회사(paper company)[44] 가 된다.

국내회사는 기지회사와의 거래를 통하여 국내회사의 소득을 기지회사로 이전시킨다. 소득이전의 기본적인 방법은 국내회사와 기지회사와의 거래를 통하여 국내회사로 하여금 비용을 인식하게 하여 그 소득을 줄이고 그 줄어든 비용만큼 기지회사가 소득을 인식하는 것이다. 이로써 고세율국에 위치한 국내회사는 감소된 소득에 대한 높은 조세부담을 더는 한편, 조세피난처에 위치한 기지회사는 증가된 소득에 대하여 무과세나 저과세를 받게 되므로 기업집단전체로서는 감소된 조세부담만큼 혜택을 누리게 된다. 이와 같이 국내회사가 현지시장을 공략하는 것도 아니고 국내시장이나 해외시장의 거래를 행하면서 새삼스럽게 외국자회사를 통하여 하는 데에는 국내회사가 잠재적 소득원을 외국자회사에 이전 또는 분할시켜 주는 의도가 있는 것이다.

일반적으로 소득의 역외유보 수단으로 활용되는 기지회사는 조세조약의 편승(treaty shopping)을 도모하기 위하여 제3국에 설립되는 도관회사(conduit company)와는 차이가 있다. 기지회사가 다국적 기업의 거주지국에서의 조세부담의 경감을 위한 수단인 데 반하여, 도관회사는 소득의 원천지국에서의 조세부담을 줄이기 위하여 설립된 중간개재회사이다. 따라서 전자는 거주지국의, 후자는 원천지국의 조세를 피하고자 하는 점에서 차이가 있다. 물론 경우에 따라서는 하나의 회사가 양자의 역할을 동시에 추구하기도 한다.[45]

(가) 무역회사

국내회사는 조세피난처에 무역회사(trading company)를 설립하여 상품판매이익을 거주지국으로부터 조세피난처로 효과적으로 이전하는 것이 가능하다. 무역회사를 이용하는 방법에는 무역회사가 판매와 구매에 모두 관여하는 경우와 일방의 거래에만 관여하는 경우가 있다. 국내회사가 직접 상대방과 거래를 할 수 있음에도 무역회사를 그 거래의 중간에 개재시켜 자신에게 귀속될 소득의 일부를 무역회사에 분할하는 것이다.

상품매출이익의 일부를 조세피난처에 떨어뜨려 국내회사의 조세부담을 경감시키려는 동기에서는 판매회사(sales company)가 이용된다. 판매회사가 국내회사

---

44) 이른바 우편함만 유지하는 회사는 Letter Box Company라고도 불린다.
45) OECD, *op. cit.*, pp. 60−61.

로부터 제품을 구매한 후 이를 전매함으로써 중간이익을 취하는 방법이다. 그 구체적인 거래조건은 사정에 따라 다양하다. 조세회피를 목적으로 하는 판매회사의 경우에는 제품이 조세피난처를 거치지 아니하는 것이 보통이다. 경우에 따라서는 판매회사가 국내회사와 제3자 사이의 거래를 중개하고 당사자들로부터 수수료를 받기도 한다.[46]

구매회사(purchase company)는 판매회사와 더불어 무역회사의 하나의 축을 이룬다. 판매회사가 국내회사의 제품판매에 관여하는 데 반하여 구매회사는 국내회사를 위하여 원료 기타 상품을 제3자로부터 구매하여 납품하는 회사이다. 구매회사가 그 과정에서 이익을 취하기 때문에 국내회사의 소득은 그만큼 감소하게 된다.

(나) 용역회사

국내회사가 필요로 하는 상품을 구매회사가 국내회사에 납품하는 것처럼 용역회사(service company)는 국내회사로부터 대가를 받고 국내회사에 용역을 공급한다. 특히, 역외에서의 사업전개에 있어서는 단일의 외국자회사뿐만 아니라 다양한 분야의 활동을 행하는 외국자회사군이 기업집단을 형성한다. 그와 같은 경우 조세피난처에 외국자회사집단을 관리하는 회사를 설치하여 그 회사에 기업집단에 대한 경영관리기능을 집중시키는 것이 사업운영상 이점이 되는 경우가 많다. 이러한 목적으로 조세피난처에 설립된 전용용역회사를 관리회사(management company)라고 한다. 국내회사가 관리회사에 지급하는 대가는 비용으로 처리되어 국내회사의 소득을 감소시키고 조세피난처에 있는 관리회사에 그에 상당하는 이익이 돌아간다.

(다) 금융회사

조세피난처가 부정적인 인상을 떨치고 차츰 역외금융의 중심지(offshore finance centers)로 불리기 시작할 정도로 금융업은 조세피난처에 진입한 기업이 경영하는 업종 중에서 가장 큰 비중을 차지한다.[47]

조세피난처에 금융회사를 유지하려는 이유는 수입이자에 대한 소득과세와

---

46) 이태로, 전게논문, 94면.

47) 이태로, 전게논문, 96면. 일설에 의하면 전 세계 자금의 반에 이를 정도로 많은 돈이 조세피난처에 머물고 있거나 조세피난처를 거쳐 가고 있으며 조세피난처는 국제통상의 불가결한 촉매역할을 담당하고 있다고 한다. A. Kochen, *Cleaning Up by Cleaning Up*, Euromoney (Apr. 1991), p. 73.

지급이자에 대한 원천징수세가 없거나 가벼우므로 금융회사가 관계회사들의 금융창구역할을 하면서 조세의 부담을 줄일 수 있기 때문이다. 낮은 조세부담은 자금조달을 용이하게 하고 또 절약된 세금으로 운용자금을 늘려 활용할 수 있다. 또한 대부분의 조세피난처는 금융회사에 대하여 부채, 자본비율의 요건을 정하고 있지 않아 경영상의 제약이 적다.[48]

조세피난처의 금융회사는 기업집단 내에서 관계회사들에게 금융서비스를 제공한다.[49] 금융회사가 관계회사에 제공하는 서비스는 단순한 금전의 대차뿐만 아니라 재무계획, 자금관리, 자본조달, 외상매출채권의 인수 등을 포함한다. 관계회사에 자금을 공급하기 위하여 자본시장에서 사채를 발행하기도 하고, 타 금융기관으로부터 차입도 한다.

금융회사가 선호하는 설립지역은 설립지가 경과세지역일 뿐만 아니라 본국과 지급이자에 관하여 너그러운 조세조약을 체결하고 있는 곳이다. 그러나 각국은 고전적인 조세피난처와는 조세조약을 체결하지 않으려고 하는 것이 일반적이기 때문에 이 문제를 해결하기 위한 방편으로 금융회사의 구조는 두 단계로 되어 있는 것이 보통이다. 즉 그 금융회사는 조세피난처를 포함한 다른 여러 나라들과 조세조약을 체결하고 있는 국가에 자회사를 설립하여 그 자회사를 통하여 다른 외국자회사로부터 지급이자를 수령하는 경우에는 원천징수세의 부담을 회피할 수 있다.[50] 다만 이 경우에는 조약편승의 방지조치에 걸릴 수 있다.

(라) 보험회사

주로 관계회사의 위험을 부보하기 위하여 설립된 보험회사를 전용보험회사(captive insurance company)라고 부른다. 이는 관계회사가 설립하고 관계회사가 고객이 되는 보험회사이다. 관계회사가 전용보험회사에 지급하는 보험료는 관계회사의 소득금액의 계산상 비용으로 공제되는 한편 전용보험회사는 조세피난처에 소재하기 때문에 보험료 수입에 대해 조세부담을 지지 않는다. 기업그룹 전체를 놓고 보면 자산의 유출 없이 공제할 비용만 생긴 것이 된다. 이와 같이 수령한 보험료 중 보험회사 운영상 당연히 지출되는 재보험료, 보험금 및 사업비용 등을 차감하고 남는 자금이 조세피난처의 이점을 누리며 이윤재창출에 활용된다.

---

48) 本庄資, 國際的租稅回避: 基礎研究, 税務經理協會, 2002, 180면.

49) 역외금융회사는 일반고객을 상대로 하는 회사가 아니고, 다국적 기업집단이 그 집단의 전용금융의 목적으로 설립한 회사를 말한다.

50) 이태로, 전게논문, 96－97면.

전용보험회사는 Gulf Oil, Ford, Exxon 등을 포함하여 많은 다국적 기업에서 상당히 광범위하게 운영되고 있다.51)

(2) 실질적 자본출자: 소득의 해외유보

(가) 능동적 사업활동

1) **해상운송회사**

해상운송업은 능동적 사업활동으로 분류되나 그 사업이 전 세계를 대상으로 이루어지고 있으므로, 사업체를 어느 국가에 설립하더라도 운영상 특별한 차이가 없다는 점 때문에 조세피난처를 이용하는 주요한 형태의 하나가 되었다.52) 해상운송이 특히 조세피난처를 즐겨 이용하는 데에는 조세외적 측면이 강하게 작용한다. 해상운송에 소요되는 선박의 선적을 자국에 둘 경우 겪게 되는 선원의 고용, 임금에 대한 규제, 선박의 등기와 보유와 관련된 각종의 규제와 비용, 금융의 불편 등을 감안하면 일부 조세피난처는 이러한 면에서 파격적인 편의를 제공하고 있다. 이러한 나라에 선적을 두는 편의치적(便宜置籍)이 성행하고 있으며 Panama와 Liberia가 편의치적지로 애용되고 있음은 널리 알려진 사실이다. 나아가 두 국가는 모두 속지주의에 충실하여 국외원천소득에 대한 과세를 하지 않기 때문에 해상운송업을 영위하는 회사에 있어 영업규제 및 과세상의 이점을 겸비한 이상적인 국가이다.53)

2) **기타의 회사**

외국자회사가 적극적, 능동적으로 해상운송사업 이외의 사업을 수행하여 소득을 가득하는 경우를 말한다. 이 경우에는 일반적으로 외국자회사의 설립지를 대상으로 사업이 이루어진다는 점에서 전 세계를 대상으로 하는 해상운송사업과 구별된다.

통상 해외현지시장에서 적극적인 사업을 영위하기 위하여 국내회사는 상당한 자본을 출자하여 그 진출국에 자회사를 설립한다. 외국자회사는 일반적으로 출자된 현금 등의 수동적 자본을 기계나 공장 등의 능동적 자본으로 변경하고 인적 자본 및 기능적 자본을 이에 결합하여 현지시장에서 거래나 사업을 하고 그곳에서 경영에 관한 중요한 의사결정을 하게 된다. 이는 국내회사가 해외에서 능동적으로 자신의 사업을 수행하기 위한 것이며 달리 보면 국내회사가 외국자회사

---

51) 국세청, 다국적 기업의 조세회피에 관한 연구: Tax Haven을 이용한 회피에 관하여, 1984, 참조.
52) 경우에 따라서 항공운송업도 유사한 이유로 조세피난처를 활용할 수 있다.
53) 이태로, 전게논문, 98-99면.

의 설립이 없이 거주지국에서의 단편적인 거래만으로는 해외시장에서 소기의 소
득을 창출하는 것이 어렵다는 것을 의미하므로 조세피난처에 외국자회사를 설립
하는 데에는 경제적 합리성이 있음을 보여준다. 통상적인 사업형태로는 현지에서
의 제조업이나 소매업을 들 수 있다.

(나) 수동적 사업활동

외국자회사에 실질적인 자본이 출자되었으나 외국자회사가 여기에 인적 자
본 등을 결합하지 않고 단순히 투자된 자본 그 자체의 수동적 보유만을 통하여
소득을 가득하는 경우이다. 수동적 자본은 출자에 의하여 외국자회사에 이전되는
이외에 자본양도나 자본대여의 방법에 의해서도 외국자회사에 이전될 수 있다.
자본양도와 대여의 경우는 자본이전의 한 형태라고 할 수 있으나 이전되는 자본
에 대하여 처분대가나 사용대가가 지급되고, 관계회사의 징표가 될 수 있는 주식
발행을 수반하지 않기 때문에 여기서 말하는 자본의 출자와는 구분된다.[54] 자본
양도나 자본대여의 경우에는 국내회사는 외국자회사로부터 대가를 지급받는데
그 대가가 정상가격에 미달하는 경우에는 이전가격 세제의 적용을 받는다.[55]

외국자회사는 유가증권, 지적재산권 또는 부동산 등을 보유하면서 이자 또
는 배당수입이나 사용료, 임대료를 얻는다. 외국자회사의 보유자산을 그 성격에
따라 계열회사의 주식과 그 밖의 자산으로 나누어 볼 수 있다.

1) 투자회사

투자회사(investment company)는 스스로의 사업을 통한 이윤추구를 목적으로
하지 아니하고 주식과 채권을 취득하거나 기금, 신탁 등에 투자하여 수동적 소득
을 얻는 것을 목적으로 하는 회사를 말한다. 투자회사를 조세피난처에 유지하게

---

54) 국내회사가 자본양도나 대여의 대가로 외국자회사로부터 정당한 대금이나 사용료를 지급받는
경우에는 소득유보의 의미는 별로 없다고 할 것이다. 이 경우는 해외로 이전되는 자본에 대한
정당한 반대급부가 국내로 들어오는 것이므로 이러한 거래를 통하여 역외에 유보되는 소득은
존재하지 않는다. 다만, 그 대가가 적절하지 않은 경우에는 이전가격 세제에 의한 가격의 재산
정 문제는 여전히 존재한다.
55) 예를 들어 국내회사가 외국자회사에 특허권을 양도하는 경우에는 일반적으로 국내회사는 특허
권의 대가로 현금을 지급받고 외국자회사는 현금의 대가로 특허권을 받는다. 국내회사는 그 특
허권의 양도소득에 대하여 과세를 받게 되며 외국자회사의 그 특허권에 대한 취득원가는 외국
자회사가 그 특허권에 대하여 지급한 가격이다. 특허권의 경우에 편법적인 자본양도는 국내회
사가 정당한 가격을 지급받지 않고 특허권을 낮은 가격으로 외국자회사에 이전하는 경우에 발
생한다. 새롭게 개발된 특허권의 경우에는 그 시장가격을 제대로 확인할 수 없어 국내회사로서
는 그 특허권의 가치가 낮다는 것을 최대한도로 주장할 수 있는데 이 경우에는 이전가격 세제
에 의한 과세도 그 시가 파악이 어려워 적용에 문제가 있다.

되면 투자에 대한 과실과 투자자산의 처분에 의한 자본이득을 조세의 부담 없이 보유하게 되고 배당소득의 형태로 국내주주에게 송금할 때까지 국내주주의 거주지국의 과세를 이연할 수 있다. 나아가 국내회사나 관계회사가 소유하는 지적재산권이나 부동산, 선박, 항공기 등의 자산을 조세피난처에 있는 외국자회사에 출자하여 외국자회사로 하여금 임대료나 사용료 수익을 얻도록 함으로써 유가증권을 보유하는 경우와 마찬가지의 효과를 누릴 수 있다.56) 투자수익의 대표적인 형태는 이자소득, 배당소득, 사용료소득, 부동산소득이다.

   2) 지주회사

   계열회사의 주식을 보유하는 조세피난처의 지주회사(holding company)도 넓은 의미에서는 투자회사라고 할 것이다. 투자회사가 유가증권을 포트폴리오(portfolio)로 단순 보유함에 그치는 데 반하여 지주회사는 계열회사의 지배주주로서 당해 계열회사의 경영에도 관여한다. 국내회사가 외국에서 사업활동을 하는 외국자회사의 주식을 직접 소유하는 대신에 그 주식을 출자하여 조세피난처에 자회사로서의 지주회사를 설립하는 경우에는 외국자회사에 대한 관리와 소유의 중심을 조세피난처의 지주회사에 집중할 수 있고 외국사업활동이나 외국투자활동의 결제기관, 이득의 저장고, 외국에의 신규투자나 기존의 사업이나 투자의 확장을 위한 출자처나 금융처로서 지주회사를 활용할 수 있다. 대개의 조세피난처는 지주회사에 대하여 특별한 우대조치를 인정하고 있다.

   조세피난처의 지주회사는 외국자회사로부터 받은 배당소득과 외국자회사의 주식처분이익에 대한 과세이연의 혜택을 누릴 수 있고, 어느 국가가 외국납부세액공제에 있어 국가별한도방식을 취하는 경우 지주회사에 배당을 집중하는 방법으로 그 한도를 피해 갈 수 있다. 또한 다시 해외로 반출되어야 하는 자본을 국내주주에게 송금하지 않고 역외에 유보하였다가 재투자함으로써 그렇지 않은 경우에 발생할 수 있는 제반 비용과 지연을 회피할 수 있고 역외회사로서 본국의 외환관리 등의 규제를 받지 아니하고 각 해외관련기업의 자본구조를 조정할 수 있는 이점을 가진다.57)

   그러나 조세피난처의 지주회사는 대부분의 조세피난처가 외국과 조세조약을 체결하지 않고 있으므로 외국자회사로부터 받은 배당에 대하여 원천지국가에서

---

 56) 이태로, 전게논문, 97면.
 57) 이태로, 전게논문, 97면.

높은 원천징수세를 부담하여야 할 단점도 아울러 지닌다. 이러한 단점을 극복하기 위하여 지주회사는 그 외국과 조세조약을 체결하고 있는 제3국을 통하여 외국자회사로부터의 배당을 우회시켜 받는 방법을 개발하였다. 즉 모자회사 사이의 배당에 경감세율이 적용되고 넓은 조세조약망을 가진 국가에 외국자회사의 주식을 출자하여 지주회사의 자회사58)를 설립하고 그 자회사로 하여금 외국자회사의 배당을 받도록 하는 방법이 그것이다. 다만 이 경우에도 조약편승을 방지하는 세제에 걸릴 수 있다.

나. 외국자회사의 역외유보소득의 종류

외국자회사의 역외유보소득은 외국자회사가 소득을 가득하는 형태에 따라 수동적 소득과 능동적 소득 그리고 중간적 소득으로 나누어 볼 수 있다. 그런데 이러한 소득구분에는 절대적인 기준은 없다. 자본의 대여로부터 생기는 이자나 배당은 통상 수동적 소득으로 분류가 되나 소득창출에 참여하는 경제주체의 활동의 형태를 고려하는 경우 그 성격이 바뀔 수 있다. 대표적인 경우가 금융기관의 이자소득이다. 금융기관의 경우에는 일반적으로 이자소득을 가득하기 위한 적극적인 금융활동이 존재하므로 그 소득은 능동적 소득으로 분류된다.

(1) 능동적 소득

능동적 소득(active income)이란 소득의 창출자가 능동적인 경제활동을 통하여 얻는 소득이다. 사업소득이 대표적인 예이다. 개인의 경우에는 임금소득도 능동적 소득에 해당한다. 일반적으로 투자가는 능동적 소득을 창출하기 위하여 상당한 시간을 투입하고 투자가의 노력 여하에 따라 그 소득의 규모가 장기적으로 변하게 된다. 능동적 소득을 얻기 위해서는 투자가의 자본, 기술, 인력 등의 투입을 수반하므로 투자가는 조세제도에 따라 손쉽게 투자장소를 변경하지 않는다. 능동적 소득의 경우에도 투자가의 자본, 기술, 인력의 투자정도에 따라 생산소득과 판매소득으로 구분할 수 있다. 생산소득은 판매소득에 비하여 자본, 기술, 인력의 투자의 정도가 크며 조세제도에 따라 투자장소의 이전이 상대적으로 어렵다고 하겠다. 일반적으로 외국자회사가 실질적 자본을 가지고 적극적으로 사업활동에 종사하여 얻은 소득이 능동적 소득에 해당한다.

---

58) 이 자회사도 역시 지주회사의 형태의 법인이다.

(2) 수동적 소득

수동적 소득(passive income)이란 능동적인 경제활동이 아닌 행위로 획득한 소득이다. 이자소득, 배당소득, 사용료소득, 부동산소득 등이 이에 해당한다. 투자가는 수동적 소득을 가득하기 위하여 인력이나 기술보다는 자본의 투자에 집중한다. 투자가가 수동적 소득을 가득하기 위하여 들이는 시간은 능동적 소득에 비하여 현저히 적으며 그의 노력여하와 관계없이 소득액이 사전에 정하여지는 것이 보통이다. 수동적 소득을 창출하는 데에는 능동적 소득과는 달리 기술이나 인력의 투자를 수반하지 않아 자본을 세후수익률이 높은 투자장소로 이동시키는 것이 용이하므로 수동적 투자는 투자국의 조세제도에 민감하다는 특징이 있다. 외국자회사가 실질적 자본의 단순한 보유를 통하여 얻은 소득이 통상 수동적 소득에 해당한다.

(3) 중간적 소득

중간적 소득이란 수동적 소득과 능동적 소득의 중간형태의 소득이다. 중간적 소득은 조건부 능동적 소득이라고도 하고 형식적 자본출자로 설립된 기지회사를 이용하여 가득되는 소득이라는 점에서 기지회사소득이라고도 한다. 일반적으로는 사업의 위치가 그다지 중요하지 않아 현지에 실질적인 자본이 투하될 필요성이 없는 사업, 사업체의 소득이 특수관계자와의 거래를 통하여 주로 얻어지는 사업에서 발생하는 소득을 말한다. 대체로 무역회사, 용역회사, 금융회사, 보험회사가 벌어들이는 소득이 이에 해당한다. 다만, 이러한 회사라고 하더라도 실질적 자본이 출자되거나 특수관계자가 아닌 자와의 거래를 통하여 소득을 얻는 경우에는 능동적 소득으로 분류될 수 있다.

Ⅳ. 맺는 말

소득의 역외유보를 이용한 조세회피를 통하여 내국주주는 직접적으로 과세이연, 부수적으로 소득구분의 조작 등 다양한 과세상의 혜택을 누릴 수 있고, 이러한 조세회피의 요소로서 외국자회사, 조세피난처, 역외유보소득이 필요하며, 조세피난처와 외국자회사의 유보소득에도 다양한 형태가 있음을 보았다. 직접적인 역외소득유보의 혜택인 과세이연에 대해서는 과세당국은 그 이연소득이 주주에게 배당으로 지급이 될 때 이자를 추가로 부과하거나, 또는 외국자회사의 유보소득을 주주의 배당소득으로 간주하여 즉시 과세를 하는 방법으로 대응할 수 있다. 후자의 예가 피지배외국법인 세제이다. 만일 그 과세상의 혜택이 배당소득을 자본이득으로 변경하는 데서 비롯된다면 과세당국은 이러한 자본이득을 배당소득으로 보아 과세할 수도 있다. 미국 IRC §1248이 그 대표적인 예이다.

소득의 역외유보를 이용한 과세이연의 규제는 납세의무자 요소 및 과세지 요소의 효과를 부인하는 방법으로 이루어질 수 있다. 만일 내국법인의 거주지국에서 실질과세원칙 등에 의하여 조세피난처의 외국자회사의 법인격을 부인하겠다면 납세의무자 요소가 소멸되어 국내주주가 더 이상 유보소득을 거주지국의 과세권으로부터 차단시킬 수 없고, 또한, 조세피난처의 외국자회사를 내국법인으로 보겠다면 과세지요소가 상실되어 그 주주의 거주지국은 과세권을 행사할 수 있다. 그러나 이와 같은 방법은 조세피난처의 외국자회사의 법인격이나 거주지를 인정하지 않음으로써 조세피난처의 과세주권과 충돌할 위험성이 있고 동시에 외국자회사의 유보소득의 종류를 구분하지 않고 정상적인 사업활동을 하는 회사의 능동적 소득도 무조건 과세를 하게 되어 내국법인의 해외시장에서의 경쟁력을 저해할 수도 있다는 문제가 지적된다.

이러한 사정을 감안하여 선진국들은 조세법상의 일반원칙에 의하여 이 문제를 해결하기보다는 별도의 특별법을 제정하여 대응하기 시작하였는바, 대표적인 것이 피지배외국법인 세제이다. 피지배외국법인 세제는 일반적으로 조세피난처의 외국자회사에 유보된 소득을 그 지배주주의 배당소득으로 간주하여 합산과세를 하면서도 외국자회사의 능동적 소득에 대하여는 가급적 과세로부터 제외함으로써 조세피난처를 이용한 과세이연을 규제함과 동시에 자국기업의 정상적인 역외활동은 보장하고 있다.

미국 등 주요 선진국들은 피지배외국법인세제 외에 역외소득유보를 통한 과세이연의 규제를 위해서 외국투자회사(Foreign Invest Company, FIC)[59]와 수동적 외국투자회사(Passive Foreign Invest Company, PFIC)[60]의 소수주주에 대한 규제장

---

59) FIC 규정은 미국투자자가 외국투자회사의 주식을 판매하는 경우에 그 이득을 자본이득 대신 일반소득으로 과세하는 규정이다. 외국회사가 투자회사로 등록되거나 또는 주로 증권이나 상품의 투자업무에 종사하고 동시에 미국인에 의하여 주식이 50%를 초과하여 보유되는 경우에 적용된다. 개별 미국인의 주식소유비율에 관계없이 적용되기 때문에 소액투자자도 위 규정의 적용을 받는다.

60) PFIC 규정은 일반적으로 총소득의 75% 이상이 수동적 소득이거나 수동적 소득을 낳는 자산이 총자산의 50% 이상인 외국회사의 주식을 보유하고 있는 주주에 대하여 적용된다. 주주별 최소

치 등을 두고 있는바, 우리나라는 1995. 12. 국제조세조정에 관한 법률에서 피지
배외국법인 세제를 도입하여 시행해 오고 있으나 다른 형태의 역외유보 규제제
도는 이를 채택하고 있지는 않다. 피지배외국법인 세제에 관하여는 그 과세요건
을 다시 정비하여야 한다는 목소리가 많다.[61] 특히, 수출주도의 경제구조를 가지
고 있는 우리나라의 경우 OECD 가입과정에서 전격적으로 도입한 피지배외국법
인세제가 그 강한 규제적인 성격으로 국내기업의 해외진출에 걸림돌이 되었다는
지적이 있고,[62] 이에 따라 2006년 국조법의 개정 등을 통하여 해외지주회사에 대
한 피지배외국법인 세제의 적용을 완화하고 간주배당소득에 대한 외국납부세액
공제를 허용하며, 과세대상 수동적 소득과 중간적 소득의 범위를 조정하는 등 그
적용범위를 축소하기도 하였다. 이 글에서 살펴본 소득의 역외유보를 통한 과세
이연의 기본구조에 대한 이해가 향후 우리나라의 피지배외국법인 세제의 정비와
개선에 도움이 되고 새로운 형태의 규제제도의 도입에도 다소라도 보탬이 되었
으면 하는 바램을 가져본다.

주식소유요건은 없다. 미국인이 주주인 동안에 어느 시점이라도 그 회사가 위 규정의 적용을 받
으면 그 이후 그 요건에서 벗어나더라도 그 주주는 여전히 위 규정의 적용을 받는다. 세 가지
방식으로 과세되는데, 첫째는 PFIC이 배당을 하거나 미국인 주주가 PFIC의 주식을 판매할 때까
지 과세를 연기하여주나 최종적으로 과세할 때에는 연기된 세금에 대하여 추가이자를 부과하는
방법이다. 둘째는 PFIC이 소득을 얻을 때마다 그 미분배 소득에 관하여 당해 주주를 즉시 과세
하는 방법이다. 셋째는 PFIC의 주식가치의 증감에 따라 매년 PFIC 주주를 과세하는 방법이다.

61) 박일렬, "조세피난처대책세제에 관한 연구", 사회과학논총 제2호, 1996. 12.; 이수관, "우리나라
조세피난처 대책세제에 관한 연구", 산경연구 제9호, 1996. 12.; 이효섭, "국제조세회피 및 규제
에 관한 연구", 사회과학연구 제4권 제1호, 1997. 9.; 진성철, "피지배외국법인 유보소득과세제
도", 조세법연구 제2집, 1996. 9.; 최성열, "조세피난처에 대한 과세규제에 관한 연구", 가톨릭상
지전문대학 논문집 제27호, 1997. 12. 각 참조.

62) 2005. 11. 국회재정경제위원회 이한규 전문위원은 국조법 개정법률안 검토보고서에서 국내회사
가 외국에서 사업활동을 하는 외국자회사의 주식을 직접 소유하는 대신에 그 주식을 출자하여
조세피난처에 자회사로서의 지주회사를 설립하는 경우에는 여러 가지 장점이 있으므로 국내기
업의 해외투자 부담을 최소화하고 정상적인 해외투자의 효율적 운영을 위하여 지주회사와 자회
사가 동일국가 또는 동일지역에 소재하고 모든 자회사가 피지배외국법인세제의 적용을 받지 아
니할 것 등 일정요건을 갖춘 지주회사 형태의 해외투자에 대해서는 피지배외국법인세제의 적용
을 배제하는 것이 타당하다고 설명하고 있다. 피지배외국법인세제의 적용범위 축소에 관한 자
세한 내용은 백제흠, "해외지주회사의 과세문제", 조세법연구 제15-2집, 2009. 8., 301-319면
참조.

해외지주회사의 과세문제

I. 들어가는 말

1. 국내에서의 지주회사 체제로의 전환 증대

지주회사란 주식소유를 통한 자회사의 지배를 주된 사업으로 하는 회사를 말한다. 독점규제 및 공정거래에 관한 법률(이하 '공정거래법')은 대차대조표상 자산총액이 1,000억원 이상이고, 자회사의 주식가액의 합계액이 당해 회사의 자산총액의 50% 이상 등 일정한 요건을 갖춘 지주회사를 공정거래법의 적용대상이 되는 지주회사로 규정하고 있다.[1] 공정거래법상 지주회사는 2007년 8월 40개이던 것이 2009년 9월 79개로 되더니, 다시 2011년 9월 105개, 2013년 9월 127개로 늘었다가 2015년 9월 140개로 증가하였다. 특히 2007년 8월부터 2009년 9월까지 2년 남짓한 기간 동안 씨제이㈜, ㈜엘에스 등 다수의 그룹기업이 지주회사 체제로 전환한 것이 눈에 두드러진다. 공정거래위원회의 발표에 따르면, 2015년 9월말 현재 공정거래법상 지주회사의 수는 아래 [표 1]과 같이 ㈜LG, SK㈜, ㈜신한금융지주 등 총 140개이다.

이처럼 지주회사 체제로의 전환이 증가하는 이유는 지주회사 체제가 기업지배구조 개선, 기업경쟁력 강화, 기업가치증가 등 여러 측면에서 순환출자로 얽혀진 기업집단보다는 시장에서 긍정적 평가를 받고 있고 지주회사 체제로의 전환을 용이하게 하는 제도적 개선이 지속적으로 이루어지고 있기 때문이다.[2]

---

1) 공정거래법 제2조.
2) 공정거래위원회는 2007. 4. 13. 법개정을 통하여 부채비율 요건을 100%에서 200%로 상향조정하였고, 자회사 손자회사의 지분율 요건을 상장법인의 경우 30%에서 20%로, 비상장법인의 경우 50%에서 40%로 완화하였으며, 주식가격의 급격한 변동 등 불가피한 사유 발생시 지주회사의 행위제한 의무 유예기간을 추가로 2년 연장할 수 있도록 하였고, 2007. 11. 4. 법개정을 통하여 자회사와 손자회사간의 사업관련성 요건을 폐지하였으며, 100%의 증손회사를 제한적으로

[표 1] 공정거래법상 지주회사 현황(2015. 9. 30. 현재)3)

구 분	지주회사수	자회사수	손자회사수	증손회사수	합 계
일반지주회사	130 (59)	616 (148)	658 (32)	78 (0)	1,482 (239)
금융지주회사	10 (8)	73 (7)	35(0)	2 (0)	120 (15)
계	140 (67)	689 (155)	693 (32)	80 (0)	1,602 (254)

* ( )안은 상장사를 말한다.

2. 국내기업의 해외투자의 지속적 증대

1990년 이후 우리나라 경제의 세계화와 더불어 국내기업의 해외투자가 증가일로에 있다. 이는 수출주도의 우리나라의 경제구조하에서 국내시장에서의 생산과 소비만으로는 기업의 성장과 경쟁력에 한계가 있고, 해외자원획득과 국내산업구조의 고도화 및 선진국의 기술도입을 위하여 해외직접투자가 긴요하다고 인식하고 있음을 보여주는 것이기도 하다.

최근 2008년부터 2015년까지 우리나라의 해외직접투자와 외국인의 국내투자의 규모를 대비하여 표로 정리하고 그림으로 표시하면 다음과 같다.4)

[표 2] 국제투자대조표

	2008	2009	2010	2011	2012	2013	2014	2015
대외직접투자	980	1,213	1,440	1,724	2,029	2,388	2,657	2,784
외국인투자	947	1,219	1,355	1,352	1,579	1,808	1,792	1,746
순국제투자5)	33	−6	85	372	450	580	865	1,038

* 단위: 억달러

허용하였고, 합병분할에 따른 법위반시 1년의 유예기간 부여조항을 신설하였다. 2009. 7. 22. 금융지주회사법 개정안이 국회를 통과하여 비은행금융지주사의 제조업체 등 비금융계열사의 보유 등이 허용되는 등 그 전환을 용이하게 하는 제도의 개선이 지속적으로 추진되어 왔다. 한편, 세제도 지주회사로의 전환이나 지주회사의 운용과정에서 발생하는 조세부담에 대해서 과세이연이나 이중과세를 조정하는 혜택을 부여함으로써 지주회사 체제로의 전환에 걸림돌로 작용하지는 않았기 때문으로 보인다.

3) 공정거래위원회, "2015년 공정거래법상 지주회사 현황 분석결과 발표(보도자료)", http://www.ftc.go.kr/.
4) 한국은행, "경제통계시스템 통계분석 국제수지/무역 국제투자대조표(IIP)", http://ecos.bok.or.kr/.
5) 순국제투자(C)는 대외직접투자(A)에서 외국인직접투자(B)를 뺀 것이다(C=A−B).

[그림 1] 대외직접투자 v. 외국인직접투자의 변동 추이

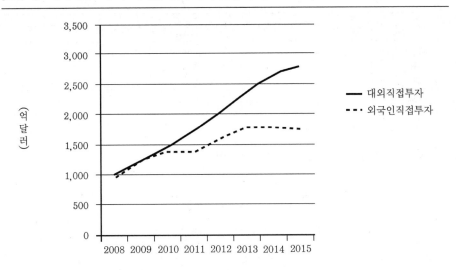

위에서 보는 바와 같이 우리나라 경제지표상 우리나라 기업의 대외투자는 물론 외국자본의 우리나라에 대한 투자도 불규칙하긴 하나, 양적으로는 늘어났음을 알 수 있다.

3. 해외지주회사 과세제도의 검토 필요성

우리 세법은 국내 지주회사에 대해서는 그 전환이나 운용과정에서 세제상의 혜택을 부여해 왔으나 반면 기존의 해외자회사들을 지주회사 체제로 전환하는 경우에는 양도소득 과세를 하고 지주회사의 배당에 대해서도 다른 회사와 동일하게 일반적인 외국납부세액공제 조항만을 적용하여 해외지주회사의 전환이나 운용에 대해서는 별다른 혜택을 부여하고 있지는 않다. 오히려 해외지주회사의 경우에는 해외자회사의 주식 보유 외에 적극적 사업을 수행하지 않는 것이 일반적이므로 그 유보소득에 대하여 국제조세조정에 관한 법률(이하 '국조법')의 피지배외국법인세제6)의 적용에 따른 간주배당 과세의 여지가 있다. 이러한 사정 때문에 해외지주회사를 통한 사업의 필요성이 있었음에도 해외지주회사 체제로 전환하여 해외사업을 운영하는 것이 매우 어려웠다.

---

6) 조세피난처 세제 또는 CFC(controlled foreign corporation) 제도라고도 한다.

그러던 중 과세당국은 2000년도에 들어서면서 해외지주회사에 대한 과세정책의 입장을 다소 변경하였다.[7] 구체적으로, 2001. 12. 29. 조세특례제한법(이하 '조특법')의 개정을 통하여 내국법인의 외국자회사 주식 등의 현물출자에 대한 과세특례제도를 도입하였는데,[8] 위 조항은 내국법인이 외국법인과 기술·사업상의 제휴 또는 경영합리화를 위하여 해외투자 사업부문을 구조조정하는 과정에서 발생하는 양도소득 과세를 일정기간 유예함으로써 국내기업의 해외투자와 기업구조조정을 지원하는 것이었다. 이어서 2005년 말 국조법 제18조의2의 신설을 통하여 동조에서 정하는 요건을 구비하는 해외지주회사에 대해서는 피지배외국법인 세제의 적용을 배제해 주는 규정을 도입하였다. 해외지주회사에 대한 피지배외국법인 세제의 적용은 지주회사의 형태를 통하여 해외진출을 도모하는 국내기업에 걸림돌이 되어 왔다는 지적을 반영한 것이었다.[9]

국내사업에 있어서의 지주회사를 통한 사업경영의 필요성이 있는 것과 마찬가지로 특히 해외사업에서는 불확실성과 정보부족으로 인하여 사업 위험성이 배가되고, 각국의 행정적 규제나 세제 등에 차이가 현저하여 지주회사를 통한 해외투자가 바람직한 경우가 많다. 이러한 사정으로 토요타, 소니, GM 등 유수의 다국적 기업들은 해외지주회사를 설립하여 해외사업을 경영하고 있는바, 해외지주회사에 대해서는 세제상의 혜택을 부여하지도 않고 오히려 피지배외국법인세제를 적용하는 등 과세상의 불이익을 주는 것은 해외지주회사를 통한 기업경영의 여지를 원천적으로 봉쇄하는 측면이 없지 않았다. 우리나라에서 해외수출이 경제발전의 중요한 부분을 차지하여 왔고 향후에도 수출이 우리경제의 성장원동력으로 작용할 것임을 부인하기 어려운 상황에서 해외사업에서 중요한 기능을 수행

---

7) 종전에도 해외직접투자 손실준비금제도(구 조세감면규제법 제29조), 해외사업에 대한 소득공제(구 조세감면규제법 제20조), 간주외국납부세액 공제제도(법인세법 제57조 제3항), 해외자원개발투자 배당소득에 대한 법인세면제(구 조세감면규제법 제30조), 해외투자와 관련된 조세조약상의 비과세, 경감세율 조항 등 해외투자를 지원하는 세제가 없지는 않았으나 해외지주회사와 직접 관련된 것은 위 조항이 처음이다.

8) 조특법 제38조의3.

9) 위 개정법률안 검토보고서(2005. 11. 재정경제위원회 전문위원 이한규)는 국내회사가 외국에서 사업활동을 하는 외국자회사의 주식을 직접 소유하는 대신에 그 주식을 출자하여 조세피난처에 자회사로서의 지주회사를 설립하는 경우에는 여러 가지 장점이 있으므로 국내기업의 해외투자 부담을 최소화하고 정상적인 해외투자의 효율적 운영을 위하여 지주회사와 자회사가 동일국가 또는 동일지역에 소재하고 모든 자회사가 피지배외국법인 세제의 적용을 받지 아니할 것 등 일정요건을 갖춘 지주회사 형태의 해외투자에 대해서는 피지배외국법인 세제의 적용을 배제하는 개정안이 타당하다고 설명하고 있다.

하는 해외지주회사에 대한 기존 세제의 입장은 재고해 볼 필요성이 있다. 본 논문에서는 현행 해외지주회사의 유용성과 과세혜택 부여의 필요성,[10] 해외지주회사 과세제도의 현황과 문제점을 분석하고, 국내지주회사 과세제도 및 해외지주회사 과세제도와의 비교·검토를 통하여 바람직한 해외지주회사의 과세제도의 개선방안을 모색해 보고자 한다.[11]

Ⅱ. 해외지주회사의 의의와 해외사업에서의 유용성

1. 해외지주회사의 의의

가. 지주회사의 개념

(1) 지주회사의 정의

지주회사(Holding Company)가 무엇인지에 대해서는 해당용어가 쓰이는 법률분야마다 또한 나라마다 다를 것이므로 일의적으로 정의하기는 힘들지만 지주회사의 주된 특징을 잡아 대강 정의해 본다면, 일반적으로 독립적인 법인격 혹은 사업적 속성을 갖춘 국내외 자회사에 대한 출자를 장기간 유지하는 것을 주된 사업목적으로 해서 형성된 어떤 실체를 말한다고 할 수 있다.[12] 즉, 지주회사는 주식의 보유를 통해 다른 회사를 지배하는 회사를 지칭하는 것이다.

우리 세법이나 상법에서는 지주회사에 대하여 별다른 정의규정이 없고, 다만 공정거래법에서 지주회사의 정의 개념을 두고 있다. 공정거래법에 따르면 지주회사란 당해 회사가 보유하고 있는 자회사의 주식가액의 합계액이 자산 총액의 50% 이상이고, 자산총액이 1,000억원 이상인 회사라고 정의하고 있다.[13] 조

---

10) 해외지주회사에 대한 과세혜택의 부여필요성에 대해서는 뒤에서 보는 바와 같이 부정적인 견해가 없지는 아니하나 본 논문에서는 국내투자, 간접투자 등과의 형평성 차원에서 그 혜택부여가 바람직하다는 전제에서 논의를 전개하기로 한다.

11) 국내기업의 국내자산의 역외 현물출자 과세문제는 해외지주회사의 설립과 관련되기는 하지만 현물출자 대상 자산의 미실현 이익의 과세문제에 관하여 복잡한 논의가 있으므로 본 논문에서는 이에 대한 검토를 생략하고 기존에 해외투자가 이루어진 사업부분의 구조조정 문제, 달리 말하면 외국자회사의 주식의 현물출자나 이전문제 등에 관하여 주로 논의하기로 한다.

12) Pia Dorfmueller, *Tax Planning for U.S. MNCs with EU Holding Companies*, Kluwer Law International (2003), p. 23.

13) 구체적으로 직전 사업연도 종료일 현재 대차대조표상의 자산총액이 1,000억원 이상일 것(공정거래법 제2조, 같은 법 시행령 제2조 제1항) 회사가 소유하고 있는 자회사의 주식가액의 합계액이 당해 회사 자산총액의 100분의 50 이상일 것(공정거래법 제2조, 같은 법 시행령 제2조 제2

특법은 지주회사에 대한 과세특례를 규정하면서 위 공정거래법상의 지주회사 개념을 차용하고 있다.

(2) 해외지주회사의 정의

해외지주회사란 역외에서 외국자회사의 주식 또는 출자지분의 보유를 주된 사업으로 하는 외국법인을 말한다고 할 것이다.[14] 미국과 OECD 국가와 같은 대부분의 선진국에서는 해외지주회사에 대하여 성문화된 정의를 두고 있지 않은바, 독립된 법인격을 가지면서 해외자회사에 대한 주식의 보유를 주된 사업목적으로 하는 외국법인체라면 해외지주회사로 정의될 수 있다.

한편, 우리나라는 국조법에서 해외지주회사에 대한 정의규정을 두고 있다. 국조법에 따르면 해외지주회사가 되기 위해서는 주식 등의 보유를 주된 사업으로 하는 특정외국법인으로서 자회사의 주식 등을 당해 자회사의 배당기준일 현재 6개월 이상 계속하여 보유하고 있을 것, 그러한 주식보유기간의 요건을 충족하는 자회사로부터 받은 이자소득, 배당소득 기타 시행령에서 정한 소득의 합계액이 자신의 소득에서 차지하는 비율이 100분의 90 이상일 것, 그리고 해외지주회사의 자회사는 해외지주회사와 같은 국가 등에 본점 또는 주사무소를 두고 있을 것, 해외지주회사의 자회사에 대한 소유지분비율이 발행주식 총수 또는 출자총액의 100분의 40 이상일 것, 스스로가 배당간주규정의 적용을 받지 않을 것 등의 요건을 갖추어야 한다.[15] 해외지주회사에 대해서는 피지배외국법인 세제의 과세요건에 해당하더라도 유보소득 배당간주 과세가 되지 않는다.

항), 그리고 자회사는 지주회사의 계열회사이고 동시에 지주회사가 당해 회사의 최다출자자일 것(공정거래법 제2조; 같은 법 시행령 제2조 제3항) 등을 요건으로 하고 있다. 공정거래법상 지주회사에 대해서는 주식보유에 관한 행위제한 규정이 적용되는데(공정거래법 제8조의2 제2항). 지주회사는 자회사 지분을 40%(예외로서 상장법인, 공동출자법인 및 벤처지주회사의 자회사의 경우에는 20%) 이상으로 유지할 것 등이 요구된다. 자회사에 대하여도 손자회사의 지분을 40%(예외로서 상장, 공동출자법인의 경우에는 20%) 미만으로 소유하는 행위가 금지되며(동조 제3항), 손자회사에 대하여도 국내계열회사의 주식을 소유하는 행위는 금지되나 다만, 손자회사가 100% 주식을 소유하는 증손회사의 경우에는 예외적 허용된다(동조 제4항). 각 요건에 대한 간략한 설명으로는, 김건식·노혁준(편저), 지주회사와 법, 도서출판 소화, 2008, 17-19면 참조.

14) 해외지주회사가 국내회사 주식을 보유하는 경우도 가능하겠으나 본 논문에서는 외국자회사의 주식을 보유하는 것을 전제한다.

15) 국조법 제18조의2, 같은 법 시행령 제36조의4.

나. 해외지주회사의 종류

(1) 지주회사의 종류

이론적으로는 지주회사는 자회사의 주식보유 외에는 다른 사업을 영위하지 않는 순수지주회사(Pure Holding Company)와 일반사업을 영위하면서 지주회사기능을 함께 수행하는 사업지주회사(Operating Holding Company)로 구분할 수 있다. 순수지주회사는 계열그룹의 공통적 업무를 담당하는 경우가 많다. 우리나라 공정거래법은 지주회사를 순수지주회사와 사업지주회사로 구분하지는 않고[16] 다만 금융지주회사와 일반지주회사로 구분하여 법적 취급을 달리하고 있다.[17] 공정거래법은 금융업과 보험업을 영위하는 자회사의 주식을 소유하는 지주회사를 금융지주회사로, 금융지주회사 외의 지주회사를 일반지주회사로 정의하고 있다.

(2) 해외지주회사의 기능별 분류

해외지주회사도 순수지주회사와 사업지주회사의 구분이 가능하다. 사업지주회사의 경우 외국자회사의 주식 보유 외에 다양한 기능을 수행하는데, 기능별로는 관리지주회사(Management Holdings), 금융지주회사(Finance Holdings)로 구분되고, 단계나 지역별로는 중간지주회사(Intermediate Holdings), 지역지주회사(Divisional Holdings), 국가지주회사(Country Holdings), 그리고 보유자산에 따라 지적재산권 지주회사(IP Holdings), 투자지주회사(Investment Holdings) 등으로 나뉜다. 해외지주회사는 내국법인에 의하여 1차적으로 지배되는 경우가 많으므로 중간지주회사 형태가 일반적이다. 해외지주회사는 어느 특정기능이나 사업목적만을 수행하는 것이 아니라 주식보유, 경영관리, 금융 등 다수의 기능을 동시에 수행하는 것이 일반적이다.[18]

2. 해외지주회사의 사업목적과 유용성

가. 국내지주회사의 경우

지주회사로 전환하기 위해서는 순환출자로 연결된 계열회사 사이의 주식보유문제를 정리하고 지주회사가 자회사의 지분을 확보해야 하는데 그 과정에서

---

16) 일본의 경우도 마찬가지로 독점금지법에는 아무런 규정이 없고, 그저 강학상 개념에 불과하다고 본다. 神田秀樹, "持株會社と商事法", 商事法務 No.1479, 1998, 68면.

17) 공정거래법 제8조의2 제1항 제4호 및 제5호.

18) Dieter Endres et al., "Holding Companies Are Key International Tax Planning Tool", 17 *International Tax Review* 1 (2006).

주식매수비용 등 상당한 전환비용이 소요된다. 그 운용과정에서도 지주회사에 대한 추가 조세부담, 관리비용 등이 더해진다. 그리고 공정거래법상 지주회사에 해당하는 경우에는 각종행위제한이 따르는 등의 규제가 있지만 통상 그러한 비용보다는 지주회사로의 전환에 따른 이익이 보다 큰 것으로 이해되고 있다. 일반적으로 지주회사 체제가 기존의 일반 기업집단에 비하여 기업경영구조의 측면, 경영효율성의 측면, 기업위험관리의 측면, 기업가치의 측면에서 유용하다고 시장에서 받아들여지고 있다.[19)]

(1) 기업지배구조의 측면

종전의 일반기업집단의 경우 복잡한 지배구조로 인하여 소속 기업의 매각, 합병이 쉽지 않은 반면 지주회사의 경우 출자구조 재편에 따라 사업부문의 분리·매각이 용이하다는 장점이 있다. 즉, 지주회사 체제에서는 분사화를 통한 사업의 분리매각, 유연한 사업의 진입 및 퇴출이 가능하다. 또한 소유지배구조의 단순화에 따른 적대적 기업인수 등으로부터 경영권 방어가 용이하다. 예컨대, 소버린이 LG 전자 주식을 매입하였을 때 SK 경우와 달리 별다른 어려움이 없이 경영권을 방어할 수 있었는바, 그 이유는 대주주가 단순하게 지주회사만을 통하여 안정적으로 자회사의 지분을 보유하고 있었기 때문이다.

(2) 경영효율성의 측면

지주회사의 경우 독자적으로 존재하는 자회사별로 차별화된 인사제도 및 기업문화를 유지하는 것이 가능하다는 장점이 있다. 또한, 인사, 법무, 재무 등 각 회사들에게 공통되는 기능을 지주회사에 집중시켜 효율적으로 그룹을 경영할 수 있다. 지주회사는 중장기적인 관점에서 신속한 전략적 의사결정, 자회사간 효율적인 자원배분, 본사관점에서의 전체적인 기업성과의 조정, 주요 경영인력의 배치 혹은 순환을 통한 본사자원의 공유 등의 기능을 수행함으로써 상위 경영의사결정에 집중할 수 있다. 지주회사 시스템하에서 자회사는 일상적인 사업의사결정이나 업무적 결정에 대해서 보다 독립적이고 자율적이며 신속하게 의사결정을 할 수 있으므로 업무효율이 개선되는 것으로 보고되고 있다.

(3) 기업위험관리의 측면

기존의 기업집단은 보통 자회사 또는 계열사의 경영상 실패에 따른 악영향이 나머지 소속회사에 그대로 파급될 수 있는 구조임에 반하여, 지주회사는 자회

---

19) 김건식·노혁준(편저), 전게서, 115-116면.

사의 실패에 대해 어디까지나 주주의 입장에서 출자범위 내에서만 책임을 지기 때문에 다소 위험성이 있는 사업분야에 대해서도 자회사를 통하여 진출하는 데 부담이 적을 수 있다는 장점이 있다. 예를 들면, LG 카드 부실화 당시 LG 그룹은 지주회사로 이미 전환을 하여 계열사간 순환출자의 고리를 차단시켜 놓았기 때문에 LG 그룹 전체 계열회사의 동반 몰락을 방지할 수 있었다.

(4) 기업가치증가의 측면

그 밖에도 지주회사는 지배구조의 투명성에 따라 기업가치의 증가를 가져올 수 있다. 투명성과 독립경영, 기업집단 부담으로부터의 자유, 순환출자고리의 절연 등으로 소유지배구조 개선에 대한 기대로 주가가 상승하는 것이 일반적이다. 실제로 SK의 경우에는 지주회사 전환 발표 전후 한 달간 주가가 40% 정도 상승하였다. LG의 경우에도 지주회사 전환과정을 거치면서 LG계열의 시가총액의 합계액이 3배 가까이 큰 폭으로 상승하였다. 대교, 대상, 태평양의 경우에도 지주회사의 전환에 따라 기업의 주가가 상승하였다.

나. 해외지주회사의 경우
(1) 추가적 유용성과 사업목적

국가간의 제도 차이가 존재하는 해외시장에서 해외지주회사는 국내지주회사가 가지는 장점 외에 추가적인 장점을 가진다. 즉, 해외시장에서의 정보의 부족과 위험의 증대로 투자자의 입장에서는 국내시장에서보다 그 위험관리가 더 중요하다. 그리고 국가별로 흩어져 있는 공통의 기능(Group Shared Services)을 해외지주회사에 집중시키는 경우에는 국내지주회사보다도 더 큰 시너지 효과를 누릴 수 있다. 국가간의 규제와 세제의 차이로 인하여 발생하는 경영의 비효율이나 기업지배구조의 문제점도 해외지주회사 체제에 의하여 어느 정도 대응하는 것이 가능하다. 또한 뒤에서 자세히 설명하는 바와 같이 해외지주회사는 그 소재지의 선택을 통하여 국내지주회사에 부여되는 수입배당 익금불산입 등의 조세상의 혜택을 누리는 기능을 수행할 수 있다. 조세문제는 해외지주회사 설립지를 정하는 데 중요한 요소이기는 하지만 많은 경우에 지주회사는 조세문제와는 별개의 이유로 설립된다. 그런 점 때문에 해외지주회사는 다수의 다국적 기업에 의하여 해외진출의 전진기지로서 설립되고 있다.

(2) 기업지배구조의 측면

해외지주회사는 안정적으로 해외자회사의 지분을 보유하고 있어 해외자회사에 대한 적대적 기업인수 합병으로부터 경영권 방어가 용이하다. 각국의 기업지배구조에 관한 법률상의 보호장치에 차이가 존재하는 점을 고려하면 해외사업에서의 경영권 안정의 필요성은 보다 중요하다. 해외 합작투자(Joint Venture)에 있어서 해외지주회사 체제는 현지국 정부와의 우호관계에 있는 외국기업과 공동투자 등을 모색할 수 있는 등 다양한 투자형태를 제공할 수 있다. 또한 해외지주회사를 통한 외국자회사의 투자는 그 투자개시나 사업의 철수에 이점이 있다. 현지회사자산의 직접 처분 외에 현지 회사의 지분매각 등의 방법이 가능하다. 그리고 해외시장의 변화에 따라 투자구조나 사업부분을 효과적으로 변경할 수 있다. 예컨대, 현지국 정부가 해외지주회사의 자회사인 A에 대하여 가격규제를 실시하면 지주회사는 비규제 산업분야 또는 비규제 지역에 자회사 B를 신설하거나 자회사 A에 대한 투자를 자회사 B로 이전함으로써 현지국 정부의 규제에 대응할 수 있다.

(3) 경영효율성의 측면

해외지주회사는 외국에의 신규투자나 기존의 사업이나 투자의 확장을 위한 출자처나 금융처로 활용되고, 해외사업에 필요한 자금의 원활한 이동을 위해 효율적인 수단을 개발하는 등 재무적 관리를 통합하며, 해외자회사에 공통되는 기능을 지주회사에 집중시켜 그 관리용역을 해외자회사에 효율적으로 제공하고 상표권, 특허권 등 지적재산권을 통합적으로 관리·개발·활용하며, 해외자회사의 소득을 유보하였다가 다시 재투자함으로써 그렇지 않은 경우에 발생하는 제반비용과 지연을 감소시키고, 역외회사로서 본국의 외환관리 등의 규제를 받지 아니하고 해외관련기업의 자본구조를 조정할 수 있는 것[20] 등이 해외지주회사를 통한 경영상 그리고 운영상의 효율성[21]의 예이다.

그 밖에 해외지주회사의 경영효율성의 장점은 위에서 언급한 것 이외에도 다수 존재하는바[22] 해외시장의 다변화와 사업형태의 차이 등에 따라, 해외지주회사가 그 다국적기업의 전반적 사업수행의 효율성을 제고시키는 방법과 과정이

---

20) 해외지주회사의 활용이 증가하고 있는 또 다른 분야이다. 여러 국가에 소재하는 다양한 지적재산권을 통합하여 지적재산권의 보호와 개발 및 효율적 관리를 수행한다.

21) Raffaele Russo et al., *Fundamentals of International Tax Planning*, IBFD(2007), p. 85.

22) 때로는 지주회사는 인사 관리의 목적으로 설립되기도 하는데 그 예로서 경영진에 대한 동기 부여의 향상, 대규모 구조에 소속시킴으로써 종업원들의 소속감에 대한 불안감 해소, 변화에 대한 오랜 거부감 타파 등을 들 수 있다. Pia Dorfmueller, *op. cit.*, pp. 23-24.

달라질 수 있다.

(4) 기업위험관리의 측면

정보의 불확실성이 존재하고 투자위험이 각기 다른 해외시장에서 해외지주
회사는 투자위험을 단절하고 분산하는 기능을 수행한다. 해외시장에 진출하면서
해외지주회사는 각 해외자회사별로 실적위험 내지는 지역위험 등 투자위험을 개
별화시킴으로써 자회사간 연쇄위험 내지 투자오염효과를 차단할 수 있다. 또한
해외지주회사를 통한 투자는 자회사의 투자위험을 지주회사의 출자지분의 범위
내에서 재차 제한할 수 있게 해 준다.

3. 소 결 론

해외사업은 다수의 국가의 법제와 서로 다른 시장환경이 맞물려 있는 영역
에서 벌어지고 있으므로 국내사업에 비하여 추가적인 비용과 위험이 상존하고
해외지주회사는 앞서 본 바와 같이 여러 가지 방식으로 이러한 추가적 사업비용
과 위험을 낮추는 등 여러 가지 유용성과 사업목적을 가지고 있다. 이런 점 때문
에 오래 전부터 다국적 기업들은 해외진출의 전진기지로서 해외지주회사를 설립
하여 그들의 제품과 용역을 보다 저렴한 가격으로 해외시장에 판매를 하여 기업
경쟁력을 유지해 오고 있다. 우리나라 기업들도 해외시장에서 이러한 다국적 기
업들과 치열하게 각축을 벌이고 있는바, 우리 기업이 해외시장에서 경쟁력을 가
질 수 있도록 해외지주회사에 대하여 과세상의 혜택을 부여하는 등의 제도적 장
치를 마련해 줄 필요가 있다고 하겠다.

Ⅲ. 현행 해외지주회사에 대한 과세제도의 현황

1. 지주회사의 과세문제의 출발점

가. 지주회사 단계의 과세 추가

지주회사 체제에서는 별도의 법인격을 가지는 지주회사가 주주와 자회사 사
이에 신설되므로 지주회사에 대한 법인세 과세문제가 추가된다. 즉, 종전에는 주
주와 자회사 단계에서의 과세문제만 존재하는데, 지주회사 체제로의 전환에 따라
지주회사에 대한 과세문제가 더해져 추가적인 과세누출(Tax Leakage)이 발생한

다. 이러한 추가적 과세문제는 지주회사로의 전환단계의 과세문제와 지주회사의 운용단계의 과세문제로 대별할 수가 있다. 앞서 본 지주회사의 유용성이 아무리 크다고 할지라도 이러한 과세문제가 조정되지 않은 상태에서는 그 조세부담 때문에 지주회사 형태의 사업운용은 경제적으로 불가능하다.

(1) 지주회사로의 전환: 양도소득 과세문제

먼저 지주회사로의 전환단계에서 양도소득 과세문제가 발생한다. 지주회사로의 전환 방식에는 단순 주식양수도와 현물출자가 있다. 주식양수도 방식은 특정회사가 자회사의 주식을 매수하여 지주회사가 되는 경우이다. 현물출자 방식에는 사업회사가 물적분할을 하여 자회사의 주식을 보유하게 되는 경우와 자회사의 주식을 보유하고 있는 사업회사가 자회사 주식을 현물출자하여 중간지주회사를 설립하는 경우가 있다. 그 외에 포괄적 주식교환(이하 '주식교환')과 포괄적 주식이전(이하 '주식이전')의 방식이 있다. 주식교환이란 완전모회사가 되는 A회사가 완전자회사가 되는 B회사의 주주에게 A회사의 주식을 교부하고 그 대가로 해당 주주가 보유하고 있는 B회사의 주식 전부를 이전받음으로써 B회사의 완전모회사가 되는 조직법상의 행위이다.[23] 주식이전이란 완전자회사가 되는 A회사가 그 주주로 하여금 주식의 전부를 신설되는 B회사에 이전시키게 하고 그 대가로 그 주주가 B회사의 신주를 교부받는 조직법상의 행위를 말한다.[24] 주식교환이나 주식이전제도가 우리나라에 도입된 것은 지주회사의 허용과 밀접한 관계가 있는데,[25] 해외지주회사도 이와 같은 방식으로 설립될 수 있다. 이러한 주식의 현물출자나 단순 주식양수도, 주식교환이나 주식이전은 소득세법이나 법인세법상 과세계기가 되는 양도에 해당하므로 양도자는 그로부터 발생하는 양도차익에 대하여 특별한 사정이 없는 한 소득세나 법인세를 납부하여야 한다.

(2) 지주회사의 운용: 배당소득 과세문제

지주회사의 운용과정에서는 자회사로부터의 수취배당의 과세문제가 발생한다. 주주가 기업활동자금을 회사에 출자하는 경우 그 회사는 조달한 자금을 기업활동에 투입하여 수입을 얻고, 여기서 비용을 공제하고 남은 이익에 대하여 법인

---

23) 상법 제360조의2.

24) 상법 제360조의15.

25) 주식교환과 주식이전 제도는 일본과 우리나라 상법에서 완전 모자회사 관계를 쉽게 설립할 수 있도록 하기 위하여 도입한 고유 제도이다. 노혁준, "주식의 포괄적 교환·이전에 관한 연구", 서울대학교 박사학위논문, 2002, 8면.

세를 납부하게 된다. 법인세를 납부하고 남은 이익이 주주에게 배당되는데, 그 배당액은 지급법인에서는 손금으로 공제가 되지 않는 반면 주주는 그 배당소득에 대하여 법인세나 소득세를 부담한다.[26] 이는 결국 법인을 통한 경제활동으로 얻은 소득에 대하여 이중과세가 이루어지는 것을 의미하고,[27] 지주회사가 추가되는 경우 지주회사의 수취배당에 대한 과세금액만큼 이중과세의 요소가 더해지는 것이다. 수취배당에 대해서는 세금이 부과되므로 지주회사와 그 주주는 그 소득을 주주에게 배당하지 않는 대신에 이를 유보하여 조세 부담을 줄이려는 유인을 갖는다. 이러한 유보소득에 대하여 간주배당으로 과세하는 국가도 있다. 한편, 수취배당의 손금불인정 문제 때문에, 회사의 주주는 회사에 대하여 출자의 방식 대신 대여를 하여 그 지급액을 회사의 이자비용으로 공제하여 조세부담을 줄이려는 시도를 하기도 한다. 이를 규제하기 위하여 그러한 이자비용을 손금불산입하여 대여를 사실상 출자와 같이 취급하는 국가도 있다.

나. 해외지주회사의 과세문제의 특수성

(1) 과세관할의 국가간 경합

지주회사의 전환과 운용과정에서의 양도소득세와 배당소득세의 이중과세 문제를 해결해 주기 위하여 일반적으로 각국은 그 과세관할에 전속하는 국내지주회사 등에 대해서 이중과세를 줄여주는 제도적 장치를 마련해 두고 있다. 반면 해외지주회사의 경우에는 관련 법인이 2 이상의 과세관할에 나누어져 있기 때문에 통합적인 이중과세 해결장치가 존재하지 않는다. 해외지주회사의 주주는 내국인이므로 그 전환과정에서의 양도소득에 대해서는 우리나라가 과세권을 행사하고 지주회사로부터의 수입배당에 대해서는 그 소재지국이 원천지국으로서 배당소득에 대하여 원천징수과세를 하고 우리나라는 그 수입배당에 대하여 그 주주의 거주지국으로서 과세권을 행사한다. 해외지주회사의 경우에도 그 소재지국과 외국자회사의 소재지국이 과세권을 각기 행사한다. 즉, 자회사의 소재지국은 해외지주회사에 대한 배당소득에 대해서 원천징수를 하고 해외지주회사 소재지국은 그 회사의 배당소득에 대하여 법인세를 부과하는 것이다. 그 과정에서 동일한 경제적 이득에 대하여 이중 내지 다중과세가 발생할 수 있다.

---

26) 소득세법 제14조 제2항.
27) 김건식·노혁준(편저), 전게서, 401면.

(2) 해외사업체의 법인격 문제

해외지주회사는 외국의 사업체로서 그 사업체의 법적 성격을 법인으로 볼 것인지, 아니면 조합체로서 볼 것인지가 문제된다. 국내 세법은 합명회사, 합자회사, 유한회사, 주식회사 등 법인에 대해서는 법인세를 부과하고 있고 조합체에 대해서는 조합원이 납세의무의 주체가 되므로 법인세를 부과하지 않는다. 합명회사나 합자회사와 조합의 실체상의 구분은 분명하지 않으나 우리나라는 법인으로 등기될 수 있는지의 여부에 따라 과세주체성을 달리 보고 있다. 그런데 국내법상 설립등기가 되어 있지 않은 외국의 사업체의 경우 국내세법상 조합체로 볼 것인지, 아니면 법인으로 볼 것인지가 불분명한 경우가 많다. 만일 해외지주회사의 기능을 수행하는 사업체가 국내법상 법인으로 판단된다면 그 사업체는 독립적 납세의무의 주체이므로 국내주주는 원칙적으로 배당을 받거나 그 출자지분을 양도하기 전까지 국내에서 과세되지 않는다. 그러나 조합체로 본다면, 해외사업체가 소득을 벌어들이는 순간 그 국내 조합원은 실제 배당과 상관없이 그 소득에 대하여 법인세를 납부해야 하는 것이다. 또한 외국납부세액공제와 관련해서도 문제가 발생한다. 통상 국가마다 차이가 있지만 간접외국납부세액 공제는 다단계 법인구조에서의 모든 조세부담을 공제해 주는 것이 아니라 일정한 단계까지만 그 세부담을 경감해 주고 있다. 예컨대 자회사까지만 간접외국납부세액 공제를 허용해 주는 세제 하에서는 해외지주회사의 기능을 수행하는 외국사업체가 법인체로 인정되지 않는다면 그 외국사업체의 아래 단계에 있는 외국자회사가 국내회사의 자회사가 되므로 그 자회사의 외국세금이 공제가 될 수 있는 반면, 그렇지 않은 경우에는 해외지주회사가 국내회사의 자회사가 되므로 지주회사 단계까지의 세금만이 공제가 된다. 과세상의 불확실성이 존재하는 부분이다.

2. 해외지주회사에 대한 주요 과세제도

가. 해외지주회사 과세제도의 개요

우리 세법은 해외지주회사에 대한 공통적 정의규정을 두어 이를 별도로 떼어내어 과세문제를 직접적으로 규정하고 있지는 않고 개별 세법에 해외지주회사에 관한 조항을 두고 있다. 그 중에서도 가장 직접적으로 관련되는 조항이 국조법상의 피지배외국법인세제이다. 그 밖에 조특법상의 외국자회사의 현물출자에 관한 조항, 법인세법상의 외국납부세액 공제조항 등을 들 수 있다. 해외지주회사는 기본적으로 외국법인이므로 국내의 과세관할권 밖에 위치하고 있어 앞서 언급한 해외지주회사의 과세문제의 특수성을 고려하여 우리 세법은 내국인인 해외지주회사의 주주에 대하여 과세상의 혜택을 주거나 추가 과세를 하는 방식을 택하고 있다. 이하에서는 해외지주회사의 국내주주에 대한 주요 과세제도에 대해서 자세히 살펴보고 국내지주회사의 과세제도와 비교하여 보기로 한다.

  나. 해외지주회사 전환시: 외국자회사 주식의 현물출자에 대한 제한적 과세이연

  조특법은 외국자회사 주식의 현물출자에 대하여 특례조항을 두고 있다.[28] 즉, 2001. 12. 29. 법 개정시 내국법인이 외국법인과 기술, 사업상의 제휴 또는 경영합리화를 위해 해외투자사업부문을 구조조정하는 과정에서 일정한 요건을 갖춘 외국자회사 주식을 현물출자하는 경우 그 과세를 일정기간 유예하는 조항을 신설하였다. 외국자회사 주식의 현물출자의 경우 실질적인 현금의 유입은 없으나 세금을 납부해야 하는 문제가 발생하므로 국내기업의 해외사업의 조직재편을 제고하기 위하여 이러한 과세상의 혜택을 주게 되었다. 다만, 내국법인의 구조조정과는 달리 국가간 과세권의 경합에 따른 조세채권의 확보의 어려움과 고용, 부가가치창출 등에 있어 국내경제에 미치는 긍정적 효과가 적은 점을 감안하여 분할익금 산입의 제한적 과세이연의 혜택을 주고 있다.

  구체적으로, 5년 이상 계속하여 사업을 영위한 내국법인이 2018. 12. 31.까지 외국자회사의 주식 또는 출자지분을 현물출자하여 새로운 외국법인을 설립하거나 이미 설립된 외국법인에 현물출자하는 경우가 본조의 적용대상이다. 여기서 외국자회사라 함은 내국법인이 현물출자일 현재 발행주식 총수 또는 출자총액의 20% 이상을 출자하고 있는 외국법인을 말한다. 현물출자로 인하여 발생한 외국자회사의 주식 등의 양도차익에 상당하는 금액은 그 양도일로부터 4년이 되는 날이 속하는 사업연도부터 각 사업연도의 소득금액계산에 있어서 그 금액을 36으로 나눈 금액에 당해 사업연도의 월수를 곱하여 산출한 금액을 익금에 산입한다. 즉, 3년 거치 후 3년간 분할익금산입한다.

---

28) 조특법 제38조의3.

다. 해외지주회사 운용시

(1) 간접외국납부세액공제

외국납부세액공제방법으로는 직접외국납부세액공제29)와 간접외국납부세액
공제, 그리고 간주외국납부세액공제30)가 있다. 해외지주회사 구조하에서의 수입
배당에 대해서는 간접외국납부세액공제가 주로 문제가 된다. 간접외국납부세액
공제에 관하여 법인세법은 내국법인의 각 사업연도의 소득금액에 외국자회사로
부터 받은 이익의 배당이나 잉여금의 분배액이 포함되어 있는 경우에 그 외국자
회사의 소득에 대하여 부과된 외국법인세액 중 당해 수입금액에 대응하는 것으
로서 법정산식에 따라 계산한 금액은 조세조약이 정하는 범위 안에서 세액공제
가 된다고 규정하고 있다.31) 내국법인이 의결권 있는 발행주식총수 또는 출자총
액의 25% 이상을 출자하고 있는 외국법인으로서 배당확정일 현재 6월 이상 계속
하여 보유하고 있는 법인이 그 대상이다.32)

(2) 피지배외국법인 유보소득에 대한 배당간주 과세

(가) 피지배외국법인세제

우리나라의 피지배외국법인세제는 1995. 12. 6. 국조법이 제정되면서 도입되
어 1997. 1. 1.부터 시행되고 있다. 우리나라 세제의 기본적 내용은 국내주주가
조세피난처에 설립한 특정외국법인에 주로 특정소득을 부당하게 유보하는 경우
에 그 법인의 모든 소득을 국내주주의 배당소득으로 간주하여 과세한다는 것이다.

(나) 적용대상 외국법인

법인의 실제발생소득의 전부 또는 상당부분에 대하여 조세를 부과하지 아니
하거나 그 법인의 부담세액이 당해 실제발생소득의 15% 이하인 국가나 지역에
본점, 주사무소 또는 실질적 관리장소를 둔 외국법인으로서 내국인과 특수관계가

---

29) 국내주주는 직접외국납부세액공제로서 내국법인이 국외원천소득에 대하여 외국정부에 직접 납
   부하였거나 납부할 세액이 있는 경우 그 외국납부세액을 우리 과세당국에 납부할 세액에서 공
   제하되, 우리나라 법인세 산출세액에 전체 과세표준에서 국외원천소득이 차지하는 비율을 곱한
   금액을 한도로 하는 방법, 외국납부세액을 손금에 산입하여 공제하는 방법 중 하나를 택일하여
   이중과세를 면할 수 있다(법인세법 제57조 제1항).
30) 내국법인이 우리나라와 조세조약을 체결한 국가에 원천이 있는 소득에 대하여 그 조세조약이
   정하는 바에 의하여 상대방국으로부터 조세를 감면받은 경우에 마치 이를 정상적으로 외국세금
   이 납부된 것으로 간주하여 세액공제 또는 손금산입의 대상이 되는 것으로 규정하고 있는바, 이
   를 간주외국납부세액공제라고 한다(법인세법 제57조 제3항).
31) 법인세법 제57조 제4항, 제5항.
32) 법인세법 제57조 제5항, 같은 법 시행령 제94조 제9항.

있는 법인의 각 사업연도 말 현재 배당가능 유보소득은 그 가운데 내국인에게 귀속될 금액을 내국인이 배당을 받은 것으로 간주하여 과세된다.[33] 즉, 내국인과 특수관계에 있는 외국법인(이하 '특정외국법인')이 피지배외국법인 세제의 적용대상 외국법인이다. 실제발생소득이란 법인의 거주지국에서 재무제표 작성시에 적용되는 일반적으로 인정되는 회계원칙에 의하여 산출한 법인세차감전 당기순이익을 말한다. 법인세차감전 당기순이익이란 소재지국 세법에 의하여 산출된 법인소득에 대한 조세 및 이에 부수되는 조세에 의하여 부담되는 금액을 차감하기 전의 순이익을 의미한다.[34] 법인세차감전 당기순이익에 주식 또는 출자증권의 평가이익 및 평가손실이 반영되어 있는 경우 그 금액을 가감하되, 그 재산을 매각하는 경우 그 사업연도 이전에 평가손익이 있을 경우 그 금액을 포함한다. 다만, 해당 거주지국에서 평가손익의 전부 또는 일부가 법인의 과세소득계산시 반영되어 있는 경우에는 그 평가손익을 가감하지 않는다.[35] 또한, 법인의 부담세액이 당해 실제발생소득의 15% 이하인 경우란 당해 법인의 해당 사업연도를 포함한 최근 3 사업연도의 법인세차감전 당기순이익의 합계액(법인세차감전 당기순이익이 결손인 사업연도의 경우 그 결손은 없는 것으로 본다)에 대한 조세의 합계액이 동 법인의 최근 3 사업연도의 법인세차감전 당기순이익의 합계액의 15% 이하인 경우를 의미한다. 이 경우 실제로 부담한 세액에는 당해 법인의 실제발생소득에 대하여 그 국가 이외의 국가에서 납부한 세액도 포함된다.[36]

(다) 적용대상 국내주주

적용대상 국내주주는 특정외국법인과 특수관계가 있는 자로서 당해 특정외국법인의 각 사업연도 말 현재 발행주식 총수 또는 출자금액의 100분의 10 이상을 직접 또는 간접으로 보유하고 있는 자를 말한다. 발행주식 총수 또는 출자금액의 100분의 10 이상의 보유 여부를 판단함에 있어서는 민법 제779조의 규정에 따른 가족의 범위에 속하는 자가 직접 보유하고 있는 발행주식 또는 출자지분을 포함한다.[37] 여기서의 특수관계는 국조법 전반에 통용되는 특수관계, 즉 주식을 통한 지배에 의한 특수관계, 실질적 지배에 의한 특수관계, 공통의 이해에 의한

---

33) 국조법 제17조 제1항.
34) 국조법 시행령 제29조 제1항, 제2항.
35) 국조법 시행령 제29조 제3항, 같은 법 시행규칙 제8조의2.
36) 국조법 시행령 제30조.
37) 국조법 제17조 제2항.

특수관계를 포함한다.[38] 국조법은 피지배외국법인 세제의 특수관계를 이전가격
세제의 특수관계와 동일한 것으로 규정하였기 때문에 적용대상 국내주주의 범위
가 외형상 크게 확대되었다.

(라) 해외지주회사에 대한 적용제외

특정외국법인이라고 하더라도 조세피난처에 사업을 위하여 필요한 사무소
등 고정시설을 가지고 있고, 사업을 실질적으로 영위하고 있을 경우 피지배외국
법인 세제가 적용되지 않는다. 그러나, 금융업 등[39]을 영위하면서 위 업종에서
발생한 수입금액의 합계액이 총수입금액의 50%를 초과하거나 위 업종에서 발생
한 수입금액의 합계액 또는 매입원가의 합계액 중 특수관계자와 거래한 금액이
이들 업종에서 발생한 수입금액의 합계액 또는 매입원가의 합계액의 50%를 초과
하는 경우 유보소득 배당간주 규정이 적용된다.[40] 그리고, 특정외국법인의 실제
발생소득이 2억원 이하인 경우 동 규정을 적용하지 않는다.[41]

그리고 해외지주회사 즉, 주식 또는 출자지분의 보유가 주된 사업인 특정외
국법인으로서 자회사의 주식 등을 보유하는 법인이 다음의 요건 즉, 해외지주회
사가 자회사의 주식 등을 당해 자회사의 배당기준일 현재 6월 이상 계속하여 보
유하고 있고, 해외지주회사가 위 자회사로부터 받은 배당소득의 합계액이 당해 해
외지주회사의 이자, 배당, 사용료 및 주식양도차익의 총 합계액에서 차지하는 비율
이 90% 이상이며, 외국자회사가 일정요건을 구비하는 경우에는 고정된 시설을 통
한 사업영위 여부에 불구하고 피지배외국법인 세제의 적용이 배제된다.[42] 위 외국
자회사의 요건으로 첫째, 특정외국법인과 같은 국가 등에 본점 또는 주사무소를 두
고 있을 것, 둘째, 특정외국법인이 발행주식총수 또는 출자총액의 40% 이상을 소
유하고 있을 것, 셋째, 피지배외국법인 세제를 적용받지 않을 것이 요구된다.[43]

38) 국조법 제2조 제1항 제8호, 같은 법 시행령 제2조 제1항 및 제2항.
39) 도매업, 금융 및 보험업, 부동산업, 임대업, 전문, 과학 및 기술 서비스업(건축기술, 엔지니어 및
    관련 기술서비스업은 제외한다), 사업시설관리 및 사업지원서비스업(국조법 제18조 제1항 제1
    호; 같은 법 시행령 제35조 제2항).
40) 국조법 제18조 제1항, 같은 법 시행령 제35조 제1항.
41) 국조법 제17조 제3항, 같은 법 시행령 제34조의2.
42) 국조법 제18조의2, 같은 법 시행령 제36조의4 제2항.
43) 국조법 시행령 제36조의3 제1항.

3. 국내 지주회사에 대한 과세제도와의 비교

가. 국내지주회사 과세제도의 개요

국내지주회사는 공정거래법상의 지주회사와 그 밖의 지주회사로 구분이 된다. 세법은 주로 공정거래법상의 지주회사에 대하여 지주회사 전환이나 운영과정에서의 과세상의 혜택을 주고 있다. 지주회사의 전환과 관련되는 현물출자에 대하여는 국내 세법상 과세이연을 허용하는 일반적인 조항은 없다. 다만, 개인기업 재산의 현물출자로 인한 법인설립시 발생하는 자본이득에 대한 이월과세의 혜택이나,[44] 법인재산의 현물출자를 통한 다른 법인의 설립에 대한 과세이연에 관한 조문[45] 등만 있는데, 공정거래법상 지주회사의 전환에 대해서는 위 경우보다 폭넓은 과세이연의 혜택을 주고 있다. 또한, 공정거래법상의 지주회사에 대해서는 그 운용시의 수취배당에 대하여 이중과세를 조정하기 위하여 다른 지주회사나 일반법인보다 익금불산입의 혜택을 보다 많이 주고 있다.

나. 지주회사 전환시: 지주회사 주주의 양도소득 과세이연

지주회사 전환시에 우리 세법은 다양한 형태의 세금에 대해서 혜택을 주고 있는바, 주된 내용은 주식의 양도차익에 대한 과세이연이다.

(1) 지주회사 설립·전환시의 과세이연

조특법은 지주회사의 설립·전환의 경우에 양도차익의 과세를 이연해 주는 조항을 두고 있다. 즉, 내국법인과 내국인 주주가 주식을 2018년 말까지 현물출자하여 지주회사를 설립(상법에 의한 주식의 포괄적 이전 포함)하거나 기존의 내국법인을 지주회사로 전환(상법에 의한 주식의 포괄적 교환 포함)하는 경우에는 현물출자로 인하여 발생한 주식양도차익에 대한 소득세 또는 법인세의 과세이연을 허용한다.[46] 이 경우 주식의 현물출자를 받은 지주회사가 지주회사로서의 지위를 상실하는 등 과세이연의 혜택을 준 취지를 훼손하는 사유가 발생하는 경우에는 과세이연의 혜택이 박탈된다.[47]

---

44) 조특법 제32조.
45) 법인세법 제47조의2.
46) 조특법 제38조의2 제1항, 같은 법 시행령 제35조의3 제1항, 제35조의4 제1항.
47) 조특법 제38조의2 제3항, 같은 법 시행령 제35조의3 제7항.

(2) 지주회사 전환 후의 과세이연

내국법인이나 내국인 주주가 현물출자나 회사의 인적 또는 물적분할에 의하여 기왕에 지주회사로 전환된 회사(전환지주회사)에 주식을 현물출자하거나 그렇게 지주회사로 전환된 회사의 자기주식과 교환함으로써 발생하는 양도차익에 대해서도 법인세 또는 양도소득세의 과세이연의 혜택이 주어진다.[48] 즉, 이미 현물출자 또는 분할(법인세법 제46조 제2항 각호 또는 제47조 제1항의 요건을 갖춘 분할에 한한다)에 의하여 전환된 지주회사에 대해서도 2년 이내에 2018년 말까지 소정의 주식[49]을 현물출자하거나 전환지주회사의 자기주식과 교환(모든 주주가 참여할 수 있도록 공시해야 한다)할 경우 양도차익에 대한 소득세 또는 법인세가 과세이연된다. 이 경우 역시 전환된 지주회사가 지주회사로서의 지위를 상실하거나 그 자회사에 대한 지분비율이 2년이 지나도록 공정거래법상의 자회사 지분비율에 미달하는 등 과세이연의 혜택을 준 취지를 훼손하는 사유가 발생하는 경우에는 과세이연의 혜택을 박탈하게 된다.[50]

다. 지주회사 운용시: 지주회사 주주 및 지주회사의 수입배당 익금불산입

지주회사의 유보소득에 대하여는 피지배외국법인세제에서와 같은 간주배당과세가 행해지지는 않는다. 지주회사가 그 주주에게 유보소득을 배당하는 경우에는 당해 주주가 법인주주인 경우에는 법인세를 납부하고 개인주주인 경우에는 소득세를 납부한다. 법인주주의 경우에는 수입배당 익금불산입 조항의 적용여지가 있고 개인주주의 경우에는 배당세액 공제에 의하여 이중과세의 조정이 이루어진다.[51]

---

48) 조특법 제38조의2 제2항, 같은 법 시행령 제35조의2 제1항, 제35조의3 제1항.

49) 지주회사로 전환할 당시 전환지주회사의 주식소유비율이 공정거래법상 지분 비율 미만의 법인 주식을 말한다.

50) 조특법 제38조의2 제3항, 같은 법 시행령 제35조의3 제3항.

51) 이러한 방법 이외에도 소득공제에 의하여 이중과세를 조정하는 경우가 있다. 즉, 유동화전문회사, 투자회사(구 증권투자회사), 사모투자전문회사 및 투자목적회사, 기업구조조정투자회사, 기업구조조정 부동산투자회사 및 위탁관리부동산투자회사, 선박투자회사, 임대주택법상 특수목적법인, 문화산업전문회사, 해외자원개발투자회사 및 해외자원 개발투자전문회사 그리고 앞에서 언급한 회사와 유사한 회사로서 법인세법 제51조의2 제1항 제9호 각목에서 정한 요건을 갖춘 법인은 당해 회사가 주주 등에게 배당가능이익의 90% 이상을 배당하는 경우 그 금액은 당해 사업연도의 소득금액에서 공제한다(법인세법 제51조의2 제1항). 자회사 단계에서 이중과세를 제거해 주는 경우이다.

(1) 공정거래법상 지주회사의 경우

공정거래법상의 지주회사로서 일정한 요건을 갖춘 지주회사가 역시 일정한 요건을 갖춘 자회사로부터 이익의 배당액이나 잉여금의 분배액 또는 법인세법 제16조에 규정된 의제배당액(이하 통칭해서 '수입배당금')을 수취한 경우 그 수입배당금의 일정비율을 익금에 산입하지 아니한다.[52] 그 익금불산입되는 수입배당금의 비율은 지주회사의 자회사가 자본시장 및 금융투자업에 관한 법률상 주권상장법인인지의 여부에 따라 다른바, 이를 간단히 정리하면 [표 3]과 같다.[53]

[표 3] 공정거래법상 지주회사 수입배당금 익금불산입 비율표

자회사의 상장여부	자회사에 대한 지분비율	수입배당금 익금불산입 비율
비상장법인	80% 초과	수입배당금의 100%
	80% 이하	수입배당금의 80%
주권상장법인	40% 초과	수입배당금의 100%
	40% 이하	수입배당금의 80%

(2) 그 밖의 지주회사와 일반 법인의 경우

그 밖의 지주회사나 일반법인의 수입배당금에 대하여도 일정한 요건 하에 수입배당금의 일정률을 익금불산입하는 제도를 두고 있다. 개인주주에 대한 배당세액 공제와 그 취지를 같이한다. 일반법인의 수입배당 익금불산입의 경우에도 [표 4]와 같이 자회사가 상장법인인지의 여부에 따라 그 불산입 비율이 다르다.[54]

[표 4] 그 밖의 지주회사나 일반 법인 수입배당금 익금불산입 비율표

자회사의 상장여부	자회사에 대한 지분비율	수입배당금의 익금불산입 비율
비상장법인	100%	수입배당금 전액
	50% 초과	수입배당금의 50%
	50% 이하	수입배당금의 30%
주권상장법인	100%	수입배당금 전액

---

52) 법인세법 제18조의2.
53) 법인세법 제18조의2 제1항 본문 및 제1, 2호.
54) 법인세법 제18조의3 제1항 제1, 2호.

	30% 초과	수입배당금의 50%
	30% 미만	수입배당금의 30%

4. 소 결 론

이상에서 본 바와 같이, 우리 세법은 해외지주회사에 대해서는 지주회사 전환시 제한적으로 과세이연을 해주고 지주회사 운용시에는 피지배외국법인세제의 제한적 적용제외 및 제한적 간접외국납부세액공제를 허용해 주고 있다. 해외지주회사와 국내지주회사의 이러한 과세상의 차이를 정리하면 [표 5]와 같다.

[표 5] 해외지주회사와 국내지주회사의 과세상의 차이비교

	국내지주회사	해외지주회사
지주회사 전환	과세이연	제한적 외국자회사의 현물출자시 3년 거치 3년 분할상환
지주회사 운용	유보소득 배당간주 없음	유보소득 배당간주 (해외지주회사 제한적 적용제외)
	수입배당 익금불산입 (80% 또는 100%)	1단계의 간접외국납부세액공제

해외지주회사의 경우에는 국내지주회사보다 지주회사로서의 유용성과 활용 필요성이 한결 더 많지만 위 표에서 보는 바와 같이 그 과세상의 혜택은 충분히 부여되고 있지 않다. 특히 적극적 사업활동을 수행하는 자회사를 둔 해외지주회사의 경우에는 해외사업의 효과적 재편과 경쟁력 강화 등을 위하여 그 유용성이 존재함에도 세제상의 지원은 부족하다. 즉, 해외사업에 있어서 외국자회사 주식의 현물출자에 대한 양도차익의 분할상환만으로 지주회사 체제로의 전환을 유도하기에는 부족하고 1단계의 간접외국납부세액공제는 해외지주회사의 운용과정에서 발생하는 이중과세문제를 그대로 방치하는 측면이 있으며 오히려 피지배외국법인세제에 의한 간주배당의 추가과세의 여지가 있다. 요컨대, 우리 세법은 국내지주회사에 대해서는 세제상 전폭적인 과세혜택을 부여하는 반면 해외지주회사에 대해서는 과세상 불이익을 주는 입장이고 이중과세에 대해서도 해결해 주지 못하고 있다. 특히 피지배외국법인세제에 의한 해외지주회사에 대한 과세

는 해외진출의 걸림돌로 작용하여 해외지주회사의 이용자체를 어렵게 만들고 있다.

Ⅳ. 해외지주회사 과세제도에 대한 개선방안

1. 해외지주회사에 대한 과세혜택 부여에 관한 논쟁

가. 논쟁의 출발점

앞서 본 바와 같이 해외지주회사의 경우에는 국내지주회사에 비하여 지주회사의 전환 및 운용과정에서 과세혜택이 충분히 부여되고 있지 않다. 더욱이 피지배외국법인세제를 추가적으로 적용하는 것을 원칙으로 하고 있다. 해외지주회사에 대한 과세혜택 부여와 관련해서는 앞서 본 해외지주회사의 유용성을 고려해 해외지주회사의 이용을 제고하기 위하여 추가적 과세혜택을 부여하고 과세상의 불이익을 없애주자는 견해와 해외지주회사는 내국법인이 아니므로 국내지주회사와 비교하여 차별적 대우는 용인되어야 하고 국내지주회사와 동일한 수준의 과세혜택을 부여하는 경우에는 국내산업의 공동화의 우려가 있으므로 과세혜택을 부여하지 말자는 견해가 가능하다.

나. 과세혜택 배제의 근거

해외지주회사에 대하여 과세혜택을 배제하자는 근거로서 다음과 같은 점을 들 수 있다.

(1) 과세이연의 문제와 과세기회의 상실

해외지주회사에 대한 과세혜택의 부여시 국내지주회사와는 달리 해외지주회사가 다음과 같은 조세회피의 수단으로 이용될 수 있다는 점이 지적된다. 첫째, 해외지주회사에서의 소득의 역외유보로 인한 과세이연의 문제가 있다. 해외사업을 위한 해외지주회사에 과세혜택을 부여할 경우 국내로 반입되었다가 외국에 재투자되었을 외국자회사의 소득이 해외지주회사에 유보되었다가 다시 해외의 다른 사업부문에 재투자가 되어 국내 과세당국이 그 소득에 대하여 과세권을 행사하지 못할 가능성이 있다는 것이다.[55] 현행 피지배외국법인 세제에서는 이러

---

[55] 백제흠, "피지배외국법인의 유보소득 과세제도에 관한 연구", 서울대학교 박사학위논문, 2005, 9면.

한 소득에 대하여 간주배당으로 과세하는 것이 가능하지만 만일 해외지주회사에 대하여 폭넓게 과세혜택의 범위를 확대하는 경우에는 국내 과세권이 일실될 우려가 있다. 둘째, 해외지주회사에로의 전환 후 외국자회사 주식의 소유자는 해외지주회사가 되므로 추후 그 지주회사가 외국자회사의 주식을 양도할 때 국내 과세관청은 과세권이 없으므로 그 전환시점에 외국자회사 주식의 양도소득에 대하여 과세를 못하면 향후에 외국자회사의 주식의 미실현 이득의 과세기회를 잃게 될 수 있다.

(2) 국내투자의 위축

해외지주회사에 대하여 국내지주회사와 동일한 수준의 과세혜택을 부여하는 경우 해외직접투자가 증가하고 이는 국내투자의 위축으로 이어질 우려가 있다. 해외직접투자의 증가는 국내 생산설비 및 투자의 해외이전을 가져오고 이는 국내수출의 대체, 역수입의 증대 및 관련업종의 고용감소를 가져오며 무역수지에도 악영향을 준다는 것이다. 또한, 해외직접투자의 증가로 국내기술이 해외로 이전되어 우리나라 산업의 국제경쟁력이 상실되고 이는 국내산업의 공동화를 초래하게 된다는 점도 지적된다.[56]

다. 과세혜택 도입의 근거

반면 과세혜택을 도입하자는 입장에서는 다음과 같은 점을 그 근거로 제시하고 있다.

(1) 기업의 국제경쟁력의 제고

국제조세정책에서 기업의 경쟁력이란 다른 국가에 생산 시설을 갖춘 국내의 다국적 기업활동이 외국 시장에서 갖는 경쟁력을 의미한다.[57] 특히 국제경쟁력은 제품 및 용역 가격의 경쟁력을 의미하고 그 가격경쟁력은 비용의 최소화이며 그 비용에는 조세부담이 상당한 비중을 차지하고 있다. 국제거래에서 조세부담이 늘어나면 기업은 조세증가분만큼 세후수익이 감소되므로 추가적인 사업소득이 필요하고 관련 제품이나 용역을 저렴한 가격에 판매하는 것이 어렵게 된다. 해외

---

56) 김해마중, "해외사업 기업구조조정과 과세이연제도의 도입에 관한 연구", 조세법연구 제12-2집, 2006, 328면.

57) Hale E. Sheppard, "Perpetuation of the Foreign Earned Income Exclusion: U.S. International Tax Policy, Political Reality, and Necessity of Understanding How the Two Intertwine", *Vanderbilt Journal of Transnational Law* (May 2004), p. 735.

시장에서 다른 외국 회사와 경쟁하는 국내기업에 대한 규제비용의 증가는 비규
제국가의 기업에 비하여 해외경쟁력에 상당한 불이익으로 작용한다. 해외지주회
사는 다양한 위험과 각국의 행정적 규제가 상존하는 해외사업에 있어서 이러한
규제비용을 낮추는 기능을 수행하므로 국내기업의 해외경쟁력을 제고하기 위하
여 해외지주회사 제도를 세제면에서 지원할 필요가 있다.

(2) 해외사업에서의 동결효과의 제거

또한 해외지주회사로의 전환에 대하여 과세이연이 배제되는 경우에는 해외
지주회사의 이용은 어렵게 되고, 그와 같은 경우 국내회사가 직접 외국자회사를
소유하게 된다. 그 경우 국내회사는 조세부담 때문에 기존의 투자형태에 묶이게
되는 결과가 초래된다. 예컨대, 국내회사의 어느 외국자회사의 사업부문이 경쟁
력이 없어 이를 매각하고 다른 외국회사를 인수하고자 하여도 그 외국자회사를
매각하는 경우에 거액의 양도소득세를 납부해야 한다면 아무리 다른 외국회사의
인수가 바람직하다고 하더라도 여전히 국내회사는 그 외국자회사를 보유하고 있
을 수밖에 없다. 만일 해외지주회사가 외국자회사를 보유하고 있는 경우라면 그
매각에 따른 조세부담을 최소화시킬 여지가 있으므로 해외사업의 효율적인 구조
조정이 가능하게 되는 것이다.

(3) 자본수출의 중립성 보장

자본수출의 중립성이란 특정 국가의 조세제도가 그 국가에서 형성된 자본의
국내투자와 해외투자 어느 쪽을 특별히 장려하거나 억제하지 않음으로써 그 투
자의 방향에 영향을 주지 않는 것을 의미한다.[58] 다시 말해 투자자가 소득을 국
내에서 얻든 국외에서 얻든 또는 국내외 양자 모두에서 얻든 관계없이 국내외로
부터의 조세부담이 동일한 경우에 자본수출의 중립성이 달성된다. 자본수출의 중
립성 관점에서 볼 때 우리 세법은 국내지주회사와는 달리 해외지주회사에 대해
서는 피지배외국법인세제에 의하여 간주배당과세를 하고 국내지주회사에 대해서
는 그 전환이나 운용과정에서 과세상의 혜택을 주는 반면 해외지주회사에 대해
서는 제한적인 혜택을 주고 있으므로 실질적으로는 해외지주회사의 이용이 억제
되어 자본수출의 중립성을 저해할 여지가 있다. 단계적 법인체 구조하에서 여러
유용한 기능을 수행하는 해외지주회사를 이용하지 못하면 이는 종국적으로 해외
직접투자의 위축을 가져올 수 있다.

---

58) Richard L. Kaplan, *Federal Taxation of International Transactions*, West Pub. (1988), p. 10.

라. 소결론: 해외지주회사의 활성화와 기업의 국제경쟁력 강화 필요성

해외지주회사에 대한 과세혜택 배제의 논거에 따르더라도 해외지주회사에 대한 과세의 필요성은 그다지 높지 않다. 우선 과세권의 일실문제에 관하여 보면, 지주회사 전환의 경우에도 외국자회사의 주식의 처분에 대해서 과세권은 상실하지만 국내 과세당국은 여전히 해외지주회사 주식에 대해서는 과세권을 가지고 있으므로 해외지주회사의 주식처분시에 종국적으로 그 과세권을 행사할 수 있다. 과세이연 문제에 대해서도 해외지주회사는 외국자회사의 적극적 사업활동을 전제하고 있으므로 해외지주회사가 없더라도 그 외국자회사에 대한 간주배당 과세는 행해지지 않는 상황이고, 다만, 경영상의 필요에 의하여 도입된 해외지주회사에 대해서 과세상의 혜택을 줄 것인지의 문제인 것이다. 만일 사업상 유용성이 있는 해외지주회사 활용보다도 과세상의 필요성이 긴요하다면 간주배당 과세를 하면 되겠지만 그 조기과세의 이익이 앞서 본 해외지주회사의 유용성을 능가하는 것인지는 의문이다.

다음으로, 국내투자의 위축문제에 대하여 보면, 해외시장에서 해외직접투자가 차지하는 비중이 커짐에 따라 해외직접투자가 국민경제에 미치는 영향에 대하여 해외투자가 투자국의 산업공동화를 초래할 수 있다는 비판이 있으나 대체로 해외직접투자가 자국내 수출과 고용의 대체를 통한 산업공동화를 유발한다는 결과보다는 수출과 고용에 긍정적인 효과를 미치는 것으로 분석하는 미국과 일본에서의 실증연구가 있다.[59] 국내에서도 해외직접투자가 수출과 고용을 대체하고 있다는 뚜렷한 증거가 없으며 일부분에서는 수출과 고용에 긍정적인 영향을 미치고 있다는 연구가 있다. 다른 국가에 자본을 투자하는 것은 초기에는 수출과 국내고용을 감소시킬 수 있으나 장기적으로는 국민경제에 미치는 효과는 긍정적이다.[60]

국제조세정책은 각국이 처한 환경에 따라 그 정책방향성이 차이가 있어야

---

59) 대표적으로 Lipsey & Weiss의 연구(1984)는 미국자회사의 총해외생산과 미국모기업의 총수출 관계를 분석한 결과 해외투자기업의 수출대체가 있다 하더라도 그 효과는 투자국이 피투자국에 대한 수출을 증가시키는 효과를 상쇄할 만큼 그렇게 크지는 않은 것으로 분석하였고, 일본의 Ryuhei Wakasugi의 연구(1994)에서는 미국과 일본의 해외직접투자가 본국의 국제수지를 개선하는 방향으로 움직여 왔다는 사실을 밝혔다. 그 밖에 Itami Hiroyuki의 연구(2004)와 Eaton & Tamura의 연구(1994)에서도 유사한 결과를 얻었다. 김해마중, 전게논문, 333면.

60) Sumiye O. McGuire, *Direct Investment, Trade and Employment in the United States, in Foreign Direct Investment, Trade and Employment*, OECD (1995), pp. 126 - 127.

하는데 선진국에서 어느 과세제도를 가지고 있다고 하여 우리나라도 이를 그대로 도입하여야 한다는 입장은 문제가 있다. 특히 우리나라는 부존자원이 적어 해외투자를 통하여 자원을 획득하고 국내산업의 고도화를 추진하며 선진국의 무역장벽을 해소하고 장기적으로 국내고용과 산업발전을 도모할 필요성이 있다는 점에서 해외투자는 국가경제의 발전에 매우 중요하다. 해외투자를 위하여는 우리기업들이 국제경쟁력을 갖춰야 하는데 그러한 경쟁력을 갖추기 위하여 해외지주회사의 존재가 긴요하다. 해외지주회사의 이용에 다소의 과세상의 일실이 존재한다고 하더라도 그 비용을 능가하는 효익이 있다면 해외지주회사에 대하여 과세상의 혜택을 부여하는 것이 타당할 것이다.

이하에서는 해외지주회사에 과세문제의 특수성을 고려한 과세혜택 부여 방법을 먼저 살펴본 다음 우리나라 해외지주회사 과세제도의 주요 내용을 중심으로 외국의 입법례와 비교·분석하여 바람직한 해외지주회사 과세제도의 개선방안을 모색해 본다.

2. 해외지주회사에 대한 과세혜택 부여의 방법

가. 지주회사의 일반적 과세혜택

(1) 지주회사로의 전환단계

해외지주회사의 전환을 위한 외국자회사 주식의 양도나 현물출자에 막대한 세금이 부과될 수 있는데, 그 과세부담을 줄이거나 없애주어야 지주회사 전환이 가능하다. 그러한 혜택 부여는 대략 두 가지 방법으로 행해진다. 첫째는 지주회사의 전환과정에서의 현물출자나 주식의 양도에 대하여 과세이연을 시켜주는 방법이다. 지주회사의 전환과정에서 종전 외국자회사의 국내주주는 해외지주회사의 주식을 받게 되는데, 이 방법에 의하면 자회사의 주식과 지주회사의 주식의 교환을 과세계기로 보지 않고 자회사 주식의 취득가액을 지주회사의 주식의 취득가액으로 보아 추후에 해외지주회사의 주식이 양도되는 경우 과세이연된 금액에 대하여 법인세를 부과한다. 둘째는, 그와 같은 거래를 과세거래로 보되 세금의 납부를 일정기간 유예하여 주거나 분할납부를 할 수 있도록 하는 방법이다. 상속세의 연부연납과 유사한 것으로 조특법상 외국자회사 주식의 현물출자에 대한 제한적 과세이연이 그 예이다.

(2) 지주회사의 운용단계

통상 해외사업 과정에서 이미 과세가 행해진 해외지주회사로부터의 수취배당을 국내주주의 소득으로 보아 과세를 한다면, 이중과세 문제로 인한 비용부담의 증가로 해외지주회사의 이용자체가 불가능하다. 그 이중과세를 조정하기 위하여 여러 가지 방법이 가능하다. 통상적으로 외국자회사 등이 부담하는 법인세에 대하여 국내주주가 배당을 받을 때에 간접외국납부세액으로 공제를 해주는 방법이 주로 사용된다. 다음으로 국내주주가 해외지주회사로부터 수취하는 배당소득에 대하여 익금불산입을 해주는 방법이 고려될 수 있다. 해외지주회사나 외국자회사 단계에서 이미 법인세를 납부하였기 때문에 그 수취배당에 대해서 익금불산입하더라도 무방하다는 생각에서이다. 대부분의 나라들은 이 두 가지 방법을 혼용하여 채택하고 있다. 또한, 피지배외국법인의 유보소득에 대하여 간주배당으로 과세하는 국가에서는 해외지주회사에 대하여 그러한 배당간주 과세의 적용제외를 해준다면 이것도 지주회사 운용에 대한 과세혜택이 된다.

나. 해외지주회사의 특수성

(1) 해외지주회사 소재지국의 고려

해외지주회사의 소재지국은 국가신용도와 정치적 안정성, 자본조달의 용이성, 외환관리의 규제, 지주회사 설립 및 유지비용, 자회사의 기업구조조정에 대한 규제, 지주회사의 서비스의 아웃소싱의 규제, 기업도산처리제도, 회계제도 및 법률전문가의 조력 등 사업수행상의 여러 가지 요소를 감안하여 결정되는데, 그 과정에서 조세부담 문제도 중요한 고려사항이 된다. 해외지주회사를 통하여 사업을 하는 경우에는 지주회사 소재지국에서의 과세문제와 우리나라에서의 과세문제를 동시에 고려한다. 통상 국내주주는 해외지주회사의 소재지국에서의 조세부담이 적고 조세조약망이 발달한 국가나 지역을 선호하게 된다. 조세조약이 있는 경우에는 통상 배당소득이나 이자소득 등에 대하여 경감세율이 적용되기 때문이다. 참여면제제도(Participation Exemption)를 두고 있는 국가도 해외지주회사의 설립지로 고려된다. 참여면제제도란 법인 간의 출자에 있어서 일정 지분율을 초과하는 등의 요건을 구비하면 그 출자에 따른 배당소득이나 양도소득을 주주의 과세대상소득으로 보지 않는 제도이다. 유럽연합의 국가들은 대부분 참여면제제도를 가지고 있다. 국내에서의 수입배당 익금불산입 제도는 내국법인으로부터의 배당에 대해서만 적용되는 데 비하여 참여면제제도는 내외국법인을 구분하지 않고 지분보유비율이 낮더라도 익금불산입의 혜택을 주고 있다. 해외지주회사의 운용 과정에서의 이중과세문제에 대해서는 개별 국가들이 이를 조정해 주는 제도를 두고 있는 경우가 별로 없으므로 국내주주는 해외지주회사의 소재지국의 선택을 통하여 우리나라의 지주회사의 수입배당 익금불산입의 효과를 가져올 수 있다. 다른 한편, 해외지주회사에 대하여 피지배외국법인 세제의 적용이 되지 않는 국가가 해외지주회사 소재지국으로서 검토될 수 있는데 우리나라의 경우에는 해외지주회사의 적용제외의 대상이 되는, 동일지역에 해당하는 유럽연합의 국가들이 우선적으로 고려된다. 이와 같이 해외지주회사의 설립지를 어느 곳으로 정하는지는 여러 가지 측면에서 중요한바, 통상 다국적 기업은 앞서 언급한 해외지주회사의 사업목적과 조세부담을 종합적으로 고려하여 그 소재지국을 결정하고 있다.

(2) 해외지주회사의 법적 성격에 대한 고려

해외지주회사의 기능을 수행하는 사업체의 법적 성격을 그 지주회사의 소재지국은 법인으로 보는 반면 그 국내주주의 소재지국에서는 조합으로 간주한다면, 예컨대, 해외지주회사의 유보소득에 대하여 실제 배당과 관계없이 그 지주회사 소재지국은 국내주주의 소득으로 보아 과세하게 된다. 이러한 혼성사업체(Hybrid Entity)의 성격을 가지는 해외지주회사가 설립된다면 양 국가 사이에서 과세의 예측가능성과 일관성이 현저히 저해될 우려가 있으므로 해외지주회사로서는 양 국가에서 공히 법인격이 인정되는 사업체를 선택할 필요가 있다.[61] 외국사업체의 과세주체성을 인정하는 문제에 대해서는 각 국가마다 기준이 다른바, 이에 대한 분명한 가이드라인을 제시해 주는 것이 과세의 예측가능성과 거래의 안정성을 담보하는 것이 된다. 미국에서는 사업체의 법적 형태와 관련하여 법인으로 간주되는 단체를 제외하고 과세목적상 사업체의 법적 형태를 납세자가 선택할 수 있다(Check－The－Box Regulation, 이하 'CTB').[62] 대표적인 경우가 회사와 파트너쉽 사이의 선택이다. 회사와 파트너쉽에 대한 과세상의 차이 때문에 어느 단체의 법적 성격을 회사로 인정하는지 여부에 관하여 많은 이론과 판례가 존재하였는데

---

61) 우리나라의 경우 합명, 합자, 유한, 주식회사로 구분하고 나아가 상법 제621조(외국회사의 지위)는 "외국회사는 다른 법률의 적용에 있어서는 법률에 다른 규정이 있는 경우 외에는 대한민국에서 성립된 동종 또는 가장 유사한 회사로 본다"라고 규정하고 있으므로 주식회사나 유한회사와 유사한 사업체 형태가 선택될 필요가 있다.

62) Treasury Regulations §301.7701－3.

미국 과세당국은 그러한 논쟁을 소모적인 것으로 보고 납세자로 하여금 그가 경
영하는 사업체의 법적 형태를 선택할 수 있게 하였다.63) 해외사업체에 대해서도
납세자가 그러한 선택을 하면 미국 과세당국은 미국세무목적에서 이를 존중한다.

3. 현행 해외지주회사 과세제도의 주요 문제점과 개선방안

가. 지주회사 전환단계에서의 개선방안

(1) 문제점과 외국의 입법례

우리나라에서는 해외지주회사로의 전환단계에서 외국회사의 주식의 양도소
득 과세문제가 있다. 미국에서는 미국회사가 외국회사의 주식을 양도하는 경우
과세 대상이지만 당해 외국회사의 주식의 양도로 다른 외국회사의 주식을 취득
하는 경우 5년의 이익인식약정(gain recognition agreement)64)을 하거나 미국인이
그러한 양도거래 후 외국회사 주식의 5% 미만을 보유하게 되는 경우65)에는 과세
되지 않는다.66) 이익인식약정이란 양도 후 5년 이내에 외국회사 주식을 양수받은
다른 외국회사가 양수주식을 전부나 일부 처분하는 경우에 이익을 인식하겠다는
것으로 이와 관련하여 미국 납세자는 당해 외국회사주식이 처분되지 않았다는
증명서를 제출해야 한다.67) 5년이 경과하면 그 약정은 종료된다. 이 외에도 미국
은 외국회사 주식 이외의 다른 자산의 역외 양도에 대해서도 기본적으로는 과세
하는 입장이지만 양도의 목적이 순수하게 사업을 위한 것이고 다른 자산을 교환
으로 보유하는 등으로 미국의 과세권 안에 남아 있는 것이 증명될 경우에는 다양
한 제외조항에 의하여 과세되지 않거나 과세이연이 된다. 외국회사의 주식을 다
른 외국회사의 주식으로 교환하는 것은 미국 과세권에 별다른 영향을 주는 것이
아니라는 생각에서 근거한다. 양도된 주식의 취득가액은 취득한 주식의 취득가액
이고 종전 주식의 미실현 이익은 향후 새 주식의 양도시에 과세할 수 있기 때문
이다.68)

---

63) Bittker & Eustice, *Federal Income Taxation of Corporations and Shareholders*, Warren Gorham & Lamont (2000), pp. 2−13.
64) Treasury Regulations §1.367(a)−8(c) and §1.367(a)−8(g).
65) Treasury Regulations §1.367(a)−3(b)(1)(ii).
66) Treasury Regulations §1.367(a)−3(b)(1)(i).
67) Treasury Regulations §1.367(a)−3(g).
68) Bittker & Lokken, *Fundamentals of International Taxation*, Warren Gorham & Lamont (2001), pp. 71−78.

아래 [표 6]에서 보는 바와 같이 유럽 등 대부분의 나라들은 현물출자를 포
함하여 주식의 양도시 그 주식발행 회사가 내국법인이든 외국법인이든 상관없이
주식양도소득에 대하여 감면을 해주고 있다.

[표 6] 주요국의 주식 양도소득 과세[69][70]

현물출자를 포함하여 외국회사 주식의 양도소득 과세 면제	오스트리아, 벨기에, 키프러스, 체코, 덴마크, 핀란드, 헝가리, 룩셈부르크, 몰타, 네덜란드, 포르투갈, 스페인, 스웨덴, 영국, 스위스, 노르웨이, 아이슬란드, 홍콩, 싱 가포르, 말레이시아, 미국(조건부)
95% 과세 감면	프랑스, 독일, 이탈리아
50% 과세 감면	슬로베니아
조세조약 체약국에 소재한 자회사들의 주식 양도소득만 감면	아일랜드, 리투아니아
양도소득 과세	불가리아, 에스토니아, 그리스, 라트비아, 폴란드, 루마 니아, 슬로바키아, 아르헨티나, 브라질, 멕시코, 대만

(2) 개선방안

우리 세법은 일정한 요건을 구비한 경우 외국자회사의 현물출자에 대하여
일정기간 과세이연을 해주고 있다. 외국자회사 주식을 외국회사로 현물출자하는
경우에는 외국회사간의 기업구조조정이고 국내회사는 새로운 외국회사를 통하여
계속하여 해외사업을 하게 되므로 새 외국회사가 일정기간 이상 사업을 영위하
는 등의 요건을 구비하면 종전 외국자회사의 주식의 양도소득에 대하여 과세이
연을 허용하여도 무방할 것이다. 외국의 입법례에 비추어 보아도 그러한 양도소
득에 대하여 과세를 하는 국가보다는 과세상 감면을 하는 국가들이 더 많다. 따
라서 현재와 같이 외국자회사의 현물출자에 대하여 일정기간 과세이연한 후 분
할익금을 잡을 것이 아니라 해외지주회사로의 전환을 용이하게 해주기 위하여
정면으로 과세이연을 허용할 필요가 있다. 만일 그러한 전면적 과세이연이 어렵
다면 해외지주회사의 재편시 과세이연을 우선 허용해 주되 단기간 내에 외국자
회사의 주식을 처분하거나 사업을 중단하는 경우에는 추징을 하는 방안을 생각
해 볼 수 있다.

69) Deloitte Touche Tohmatsu, *International Tax & Business Guides* (2009).
70) Deloitte Touche Tohmatsu, *Holding Company Matrix─Europe* (2009).

나. 지주회사 운용단계에서의 개선방안

(1) 간접외국납부세액 공제제도

(가) 문제점과 외국의 입법례

우리 세법에서 간접외국납부세액 공제는 25% 주식보유 비율의 요구, 자회사까지의 공제단계의 한정 등 매우 제한적으로 인정되어 이중과세가 충분히 조정되지 못하는 문제가 있다. 간접외국납부세액 공제는 지주회사 또는 외국자회사가 납부한 법인세에 대하여 이중과세를 완화시켜 주기 위한 것으로 국가마다 적용대상 국내주주와 적용범위에 차이가 있다. 예를 들면, 호주의 경우 간접외국납부세액 공제는 단계적으로 의결권 있는 지분의 10% 이상 소유하는 모든 자회사 및 손자회사에 대하여 적용 가능하고, 미국은 단계적으로 의결권 있는 지분 10%를 소유하고 모회사가 직·간접적으로 손자회사의 지분을 5% 이상 소유한 경우 하위 6단계까지 이를 허용하며, 프랑스는 단계적으로 의결권 있는 지분 10%를 보유하고 모회사가 간접적으로 손자회사의 5% 이상 소유한 경우 적용 가능하고, 영국은 직·간접적으로 자회사 및 손자회사의 지분 10% 이상 소유하는 모든 자회사 및 손자회사에 대하여 허용한다. 뉴질랜드는 직·간접적으로 자회사 및 손자회사의 의결권 있는 지분 10% 이상 소유하는 모든 자회사 및 손자회사에 대하여 적용된다. 그 주요 내용을 정리하면 [표 7]과 같다.

[표 7] 주요국의 간접외국납부세액 공제[71]

	소유지분	단 계
호 주	단계적으로 10%	제한 없음
미 국	단계적으로 10% (모회사가 간접 5%)	6단계까지
프 랑 스	단계적으로 10% (모회사가 간접 5%)	제한 없음
영 국	직·간접 10%	제한 없음
뉴질랜드	직·간접 10%	제한 없음
독 일	직·간접 10%	2단계까지

(나) 개선방안

해외지주회사로 전환되는 경우에는 외국법인이 한 단계 추가되기 때문에 간

---

71) IBFD, *Global Tax Surveys*(프랑스, 독일, 영국, 뉴질랜드, 미국, 호주)(2009).

접외국납부세액 공제에 있어서 불이익이 초래될 수 있다. 즉, 현행 제도는 자회사까지에 대해서만 간접외국납부세액 공제의 혜택을 주고 있어 해외지주회사가 추가되면 한 단계의 법인체가 늘어나므로 종래와 같은 방식에 의하면 간접외국납부세액의 공제를 받던 자회사가 해외지주회사의 설립으로 그 적용이 배제되는 문제가 있다. 이는 손자회사가 전제되는 해외지주회사의 이용에 중대한 불이익을 주는 것이다. 해외지주회사 이용을 지원하는 차원에서 간접외국납부세액 공제단계를 추가적으로 허용할 필요가 있다. 미국과 같은 상당수의 국가가 다단계의 공제 내지 제한 없는 혜택을 부여하고 있는 점을 감안하면 최소한 손자회사까지는 혜택을 줄 필요가 있고, 만일 그러한 방법이 여의치 않다면 최소한 해외지주회사 형태로 운영되는 경우만이라도 제한적으로 손자회사까지 혜택을 주는 것이 필요하다.

　　나아가 외국회사에 대한 주식보유비율의 완화도 요청된다. 우리나라의 경우 간접외국납부세액의 공제를 받기 위해서는 외국회사에 대하여 25%의 주식보유비율이 요구된다. 해외지주회사와 관련하여 이 비율을 충족하는 데 별 다른 문제가 없으나 해외지주회사의 합작투자 등으로 하위단계의 회사의 지분비율이 희석화될 가능성이 없지는 않으므로 그보다 지분비율을 낮추어 이중과세를 충분히 조정해 주는 것이 바람직하다. 현행법은 간접외국납부세액 공제제도를 운영하고 있으나, 외국에 비해 엄격하고 제한적 기준을 두고 있어 국내기업들의 이중과세 문제가 제대로 조정되지 않아 외국기업에 비해 상대적으로 불이익을 받고 있다. 대부분의 국가가 간접외국납부세액 공제제도를 운영하면서 그 대상이 되는 외국자회사 인정지분요건을 스페인은 5% 또는 10%로 정하고 있는 것을 고려하여 현행법의 외국자회사 인정지분요건을 10% 정도로 완화하여 우리 기업의 해외시장에서의 경쟁력을 제고시켜 줄 필요가 있다.

(2) 피지배외국법인 세제의 개선방안

(가) 문제점과 외국의 입법례

　　피지배외국법인 세제는 해외지주회사에 관하여 과세상 불이익을 주는 입장에 있다. 구체적 조항으로 적용대상 내국주주의 범위를 추상적으로 폭 넓게 규정하고 있으며, 조세부담률도 최근의 법인세율 인하 경향을 반영하지 못하고 있다. 그리고 무엇보다도 해외지주회사의 해외사업에 대한 유용성에 대한 고려가 부족하여 그 적용제외의 범위가 협소하다.

　　이는 기본적으로 우리나라의 수출주도의 경제현실을 고려하지 못하고 있는

결과이다. 외국의 입법례는 우리나라의 해외지주회사 과세제도와는 다른 입장을
취하고 있다. 미국, 유럽, 아시아 국가를 중심으로 그 주된 내용을 요약하면 [표 8]
과 같다.

[표 8] 주요국의 피지배외국법인 과세제도72) 73)

피지배외국법인세제 미도입국	유럽연합: 오스트리아, 벨기에, 불가리아, 키프러스, 체코, 그리스, 아일랜드, 라트비아, 룩셈부르크, 몰타, 네덜란드, 폴란드, 루마니아, 슬로바키아, 슬로베니아, 스위스, 리히텐 시타인, 아이슬란드 아시아: 태국, 홍콩, 싱가포르, 대만, 말레이시아	
피지배외국법인세제 실무상 미적용 국가	에스토니아(법인에게 적용하지 않음), 헝가리(사면제도로 적용면제하고 있음)	
흑색목록 국가에 대해서만 적용하는 국가	이탈리아, 포르투갈	
피지배외국법인세제 도입국	외국자회사에 대한 주식소유비율	조세부담률
덴마크	지배 (50%)	
핀란드	지배 (50%)	국내법인세의 60%
프랑스	50%	50%
독일	50%	70%
리투아니아	50%	75%
스페인	50%	75%
스웨덴	25%	55%
영국	50% 또는 지배	75%
피지배외국법인세제 도입국	외국자회사에 대한 주식소유비율	조세부담률
노르웨이	50%	66%
아르헨티나	자회사	경과세국
미국	50%	최소세율기준 없음 다양한 적용제외
일본	50%	국내법인세의 75%
호주	지배, 50% 또는 40% (단일 납세자)	최소세율기준 없음 목록 국가와 비목록 국가의 차이

---

72) Deloitte Touche Tohmatsu, *Hodling Company Matrix—Europe* (2009).
73) IBFD, *Global Tax Surveys*(덴마크, 핀란드, 프랑스, 독일, 리투아니아, 스페인, 영국, 노르웨이,

위 표에서 보는 바와 같이 EU국가들, 그 중에서도 OECD 회원국의 상당수는 피지배외국법인세제를 두고 있지 않다. 오스트리아, 벨기에, 체코, 그리스, 아일랜드, 룩셈부르크, 네덜란드, 폴란드, 슬로바키아 등이 그 예이다. 거기에 EFTA (European Free Trade Association) 회원국인 스위스와 아이슬란드를 포함하면 유럽의 단일시장을 형성하고 있는 31개국 중 절반이 넘는 18개국이 피지배외국법인세제를 도입하고 있지 않는 것이다. 특히 EU 회원국들과 EFTA의 회원국들간의 자본의 자유이동을 보장하는 협정에 기하여 위 31개국 사이에서는 피지배외국법인세제가 상호 적용되지 않는다. 아시아권에서도 일본과 호주 정도가 피지배외국법인세제를 도입하고 있고 다른 나라에서는 그 예를 찾아 보기 어렵다. 우리나라와 비슷한 경제 수준인 홍콩, 대만, 싱가포르, 말레이시아, 태국 등은 피지배외국법인세제를 두고 있지 않다. 우리나라와 같은 수준의 경제규모를 가지고 있고 수출위주의 경제성장을 추진해 온 국가들 대부분이 피지배외국법인세제를 두고 있지 않은 점에 주목할 필요가 있다. 그리고 피지배외국법인세제를 도입한 국가라고 하더라도 외국자회사에 대하여 대부분 국내주주의 50% 이상의 지분보유를 요구하고 있다. 피지배외국법인세제의 전제가 외국자회사에 대한 지배이고 지배의 기준이 되는 주식보유비율이 50% 이상이라는 점을 반영한 것이다. 그리고 상당수의 국가들이 자국세부담을 기준으로 피지배외국법인의 소재지국의 세율이 국내 세율의 50% 내지는 60% 미만일 경우에만 피지배외국법인세제를 적용하고 있는데, 이는 소재지국에서의 조세부담이 어느 정도 되는 경우에는 동 세제의 적용필요성이 적다는 점을 고려한 것이다.

위에서 언급한 국가 중에서 피지배외국법인세제를 가장 복잡하고 강력하게 시행하는 국가는 미국일 것이다. 그러나 미국조차도 다국적기업이 정상적으로 사업활동을 하는 경우에는 다양한 방법으로 피지배외국법인세제가 적용되지 않도록 해주고 있다. 즉, 미국에서는 CTB 조항에 의하여 해외지주회사가 지배하고 있는 외국자회사를 파트너쉽이나 지점(Disregarded Entity)으로 선택하여 외국자회사의 적극적 사업활동을 해외지주회사가 직접 영위하는 것으로 간주하는 방법으로 해외지주회사에 대하여 피지배외국법인세제가 적용되지 않도록 하여 적용제외가 사실상 허용되고 있다.[74] 또한, EU국가와 EFTA 회원국들 사이에서는 자본

아르헨티나, 미국, 일본, 호주)(2009).

74) Lowell D. Yoder, "All Quiet on the Subpart F Income Front, Journal of Global Transaction", *CCH—Journal* (Winter 2002); Chris Finnerty, "Tax Strategies for Investing & Structuring into

의 자유이동을 보장하는 협정에 의하여 피지배외국법인세제를 가진 EU 국가는 다른 EU 국가에 소재하는 해외지주회사에 대하여 그 세제를 적용할 수 없도록 되어 있다.

(나) 개선방안

1) 우리나라의 수출주도의 경제현실 고려

피지배외국법인세제는 미국에서 최초로 도입된 제도로 자본수출국으로서 자국기업의 해외진출을 억제하는 정책목표를 가진 미국에서의 필요성은 있다고 하더라도 다른 국가들이 위 제도를 도입함에 있어서는 자국의 경제사정을 우선적으로 살펴볼 필요가 있다. 우리나라의 경우 OECD 가입과정에서 피지배외국법인세제가 전격 도입되었는데 그동안 징벌적인 성격이 강해서 국내기업의 해외진출의 걸림돌이 되어 왔다는 지적이 있었다. 우리나라와 같이 해외에서 자원을 확보하고 국내시장에서의 생산과 수요만으로 경제성장을 달성할 수 없는 수출주도의 경제구조하에서 우리기업의 해외진출에 저해가 되지 않도록 동 세제를 개선할 필요성이 있다. 특히 해외사업에 있어서 여러 가지 유용한 기능을 수행하는 해외지주회사의 이용을 제고하는 측면에서 그 개선방안을 논의하는 것이 바람직하다.

2) 적용대상 국내주주의 범위

국조법은 외형상 내국주주의 외국회사에 대한 지배의 개념을 이전가격세제의 특수관계로 보아 이를 폭넓게 인정하는 것으로 되어 있다. 국조법에서 이전가격세제가 적용되는 특수관계와 피지배외국법인세제가 적용되는 지배관계를 동시에 아우르기 위하여 특정외국법인에 대한 지배관계와 이전가격세제에 적용되는 특수관계를 동시에 규정하였기 때문이다. 그리하여 실질적 지배관계에 이르지 않더라도 공통의 이해관계가 있으면 특수관계가 있는 것으로 그 외형상 지배의 범위가 확대되었다. 예컨대, 내국주주가 외국회사의 주식을 10%만 소유하고 있어 그 회사에 대한 주식을 통한 법적 지배가 인정되지 않는 경우에도 국조법에서 정하는 공통의 이해관계가 인정되는 경우에는 그 주주는 간주배당과세를 받는다는 결론에 이르게 된다. 피지배외국법인세제는 통상 과반수 수준의 주식 소유를 전제하는 것으로 최소한의 주식보유비율에 관한 언급 없이 이전가격세제의 특수관계를 가져와 이를 바로 지배의 개념에 포함시키는 것은 문제가 있다. 외국의 경우에도 앞의 [표 8]에서 보는 바와 같이 50% 정도의 지배권을 요구하는 국가가

China", *BNA-TM Journal* (2008).

대부분이다. 독일, 프랑스, 핀란드, 덴마크, 영국, 리투아니아, 스페인, 영국, 미국, 일본 등이 그 예이다. 50% 미만의 지배를 요구하는 국가는 포르투갈, 스웨덴 등 그 수가 매우 적다. 이와 같이 국조법상 지배관계가 외형상 실질적 지배관계나 공통의 이해관계를 포함하는 것으로 규정된 이상 이 세제가 어떻게 적용될 것인지 장담할 수 없는바, 과세의 예측가능성을 담보하기 위해서도 그 적용범위를 외국의 경우를 참조하여 50% 이상의 주식보유 등 객관적 기준으로 규정할 필요가 있다. 이 부분은 피지배외국법인세제의 출발점에 관한 문제이므로 그 지배관계를 이전가격세제의 특수관계 조항과 구분하여 따로 별도의 규정에서 정의하는 것이 타당하다.

3) 적용대상 법인의 소재지국의 조세부담률

외국의 경우에는 피지배외국법인세제를 적용하기 위해서 자국세율의 50% 또는 2/3 미만의 조세부담을 요구하는 경우가 많다. 프랑스, 핀란드, 스웨덴, 노르웨이 등이 그 예이다.[75] 우리나라의 통상 법인세율이 20%인 점을 고려하면 그 절반에 상당하는 10% 정도를 소재지국의 조세부담률 기준으로 정하는 것을 검토해 볼 필요가 있다. 수출이 국가경제의 성장원동력인 우리나라의 입장에서 내수시장이 구비된 선진국에서 규정하는 절대적 유효세율을 그대로 가져와 적용대상 법인을 판정하는 것은 우리나라의 현실을 도외시하는 측면이 있고 우리기업의 해외시장에서의 경쟁력을 저해할 가능성이 있다. 우리나라와 비슷한 경제규모의 수출위주의 경제구조를 가진 국가들의 대부분이 피지배외국법인세제를 가지고 있지 않은 점 등을 고려하여 차제에 우리나라 법인세율의 절반 정도에 해당하는 조세부담률을 기준으로 적용대상 법인을 정하는 문제를 전향적으로 고려해야 할 것이다. 해외지주회사의 소재지국으로 주로 고려되는 유럽연합의 국가들은 어느 정도의 조세부담을 지우므로 이러한 조세부담 기준의 인하는 해외지주회사의 활성화에 도움이 될 것이다.

4) 해외지주회사에 대한 적용제외

미국의 경우에는 외국자회사가 피지배외국법인세제의 적용을 받지 않는다면 그와 동일 국가에 위치하고 있는 50% 이상의 주식을 보유하고 있는 지주회사격인 회사에 대해서도 적용제외의 혜택을 부여하고 있다.[76] 미국주주가 외국자회

---

75) 앞의 [표 8] 참조.
76) Internal Revenue Code §954(c)(3)(A); Treasury Regulations §1.954－2(b)(4).

사로부터 직접 배당을 받았을 경우 과세가 되지 않는데 그 지주회사격인 회사가
배당을 수취하였다고 과세하는 것은 부당하다는 생각에서이다.[77] 유럽국가들도
EU 지역 내에서, 더 광범위하게 EFTA 회원국들을 포함한 지역 내에서는 피지배
외국법인세제를 적용하지 않고 있다. 현행 피지배외국법인 세제는 해외지주회사
와 외국자회사 소재지가 모두 같은 국가에 있는 경우에 한하여 해외지주회사에
대한 적용제외의 혜택을 주고 있는바, 해외지주회사를 통한 해외투자를 장려하는
동 적용제외 조항의 취지와 외국의 입법례에 비추어 지역적 범위를 같은 국가에
국한할 필요는 없고 그 혜택단위를 국가를 벗어난 동일지역으로 확대하는 것이
바람직하다. 예컨대, 유럽연합, 미주, 남미, 아시아 등을 동일 지역으로 규정하여
그 적용제외의 혜택을 줄 필요가 있다. 특히 우리나라의 경우 해외지주회사가 수
출의 전진기지로서의 역할을 수행할 수 있도록 최소한 대륙권역이나 경제권역별
로 동일지역을 지정하여 해외지주회사의 이용을 제고할 필요성이 있다. 국제시장
에서 우리나라와 경쟁관계에 있는 다른 국가들의 기업이 이러한 제한이나 부담
없이 해외지주회사 제도를 폭넓게 이용하고 있는 상황에서 현행 규정이 해외지
주회사의 자회사에 대해서는 적극적 사업활동을 요구하고 있는 점을 감안하면
같은 국가에 국한하여 과세혜택을 주는 것은 문제가 있다.

V. 맺는 말

이상에서 본 바와 같이 해외지주회사는 우리기업의 해외사업에 있어서 여러
가지 유용성을 발휘할 수 있음에도 우리나라의 해외지주회사에 대한 과세는 우
리기업의 해외지주회사의 이용을 억제하는 측면이 많다. 우선 해외지주회사의 전
환과정에서 제한적으로만 단기간 과세이연을 허용해 주고 있고 지주회사의 운용
과정에서도 법인 간 배당에 대하여 이중과세를 조정해 주고 있지 않다. 나아가
해외지주회사에 대하여 피지배외국법인세제를 적용하여 유보소득 배당간주 과세
를 하면서 극히 제한적으로 적용제외를 인정해 주고 있다. 국내지주회사에 대하
여 사업상 필요성을 중시하여 폭넓은 과세혜택을 부여하고 있는 것과 비교된다.
해외지주회사의 자회사가 적극적 사업활동에 종사하는 경우에는 그 자회사에 대
하여 유보소득 배당간주를 할 수 없음에도 사업목적과 경영상의 필요에 의하여

77) Bittker & Lokken, *op. cit.*, pp. 69-21.

해외지주회사가 추가되었다는 이유로 유보소득 배당간주 과세를 하겠다는 것은 수출주도의 우리나라 경제현실을 도외시하는 면이 있고 역외거래에서의 이중과세 조정의 기능을 수행하는 해외지주회사의 역할을 고려하지 않은 것이다. 해외 시장에서의 경쟁력은 조세부담의 다과에 의해서도 결정되는바, 다른 국가의 역외 거래에서 이중과세 조정 기능을 수행하는 기업들과 해외시장에서 경쟁하는 우리 기업들이 해외지주회사를 이용하지 못한다면 이는 우리기업의 경쟁력의 하락으 로 이어질 것이다. 이러한 점에 비추어 해외지주회사의 이용을 제한하는 해외지 주회사 과세제도의 입장은 개선되어야 할 것이다.

우리나라는 외화표시채권에 대한 이자소득의 면제 등 외국투자의 유치를 위 하여 조세감면의 혜택을 부여하고 있고 국내기업에 대해서도 투자를 촉진시키기 위하여 임시투자세액 공제 등의 조항을 두고 있다. 이는 조세수입의 일실이 있더 라도 그러한 정책을 펴는 것이 국민경제에 보탬이 된다고 판단하였기 때문이다. 다소간의 조세일실을 능가하는 다른 경제적 효익이 있다면 그 제도는 충분한 존 재의의가 있는 것이다. 현행 해외지주회사 과세제도는 외국의 입법례에 비추어 보더라도 여러 가지 점에서 문제가 있다. 우선 지주회사로의 전환과정에서 거액 의 양도소득세의 부담이 있는바, 현행 외국자회사의 현물출자 과세이연 조항만으 로 해외지주회사의 전환에 별다른 도움이 되지 못한다. 대다수의 외국의 입법례 와 같이 해외지주회사로의 전환에 대해서는 보다 확대된 과세이연의 혜택을 주 는 것이 필요하다. 다음으로 간접외국납부세액 공제제도도 대폭 개선해야 할 것 이다. 외국회사에 대한 25%의 지분율과 자회사만에 대한 공제허용은 해외지주회 사의 추가에 따른 이중과세의 문제를 방치하는 측면이 있다. 앞서 논의한 바와 같이 그 지분율을 10% 정도로 낮추고 최소한 손자회사 단계까지는 간접외국납부 세액 공제를 적용하는 것이 타당하다. 무엇보다도 중요한 것은 현행 피지배외국 법인세제의 개선이다. 현행 세제에서는 특수관계자의 인정범위가 외형상 폭넓게 규정되어 있어 과세의 예측가능성이 침해되고 극단적인 경우에는 해외지주회사 나 그 아래의 외국회사에 대하여 10%의 지분만 보유하고 있더라도 간주배당 과 세가 될 가능성이 있다. 피지배외국법인세제의 취지에 맞추어 그 주식보유비율을 50% 이상으로 정의할 필요가 있다. 또한, 우리와 해외시장에서 경쟁하고 있는 다 른 국가의 기업들은 피지배외국법인세제의 적용을 받지 않는다는 점을 고려하면, 현행 15%의 조세부담률 판정기준은 상대적으로 높고 따라서 우리나라 법인세율의 50% 정도인 10% 선에서 그 적용대상 법인의 판정이 행해지도록 그 기준을 낮출 필요가 있다. 마지막으로, 피지배외국법인세제가 해외지주회사에 대한 적용제외를 같은 국가로 국한하는 것은 합리적 이유가 없다. 유럽시장, 남미시장, 아시아시장에서도 우리나라 기업의 해외지주회사의 이용을 제고하는 것이 바람직하므로 최소한 대륙별 권역별로 그 혜택단위를 규정할 필요가 있다.

국내지주회사의 세제상의 혜택에는 이르지 못하더라도 해외지주회사 과세제도가 우리기업의 해외진출의 장애가 되어서는 안 된다고 할 것이다. 외국의 제도를 무조건 도입하는 것보다는 우리나라의 경제적 현실이나 제반 여건을 고려하는 것이 중요한데도 현행 해외지주회사 과세제도는 수출 중심의 우리나라의 경제현실이나 경제구조를 충분히 반영하지 못하고 있다. 이러한 점에서 앞서 언급한 바와 같이 현행 해외지주회사 과세제도의 개선이 이루어져야 할 것이고, 이러한 개선방안을 통하여 해외직접투자와 해외지주회사제도의 활성화를 기대해 본다.

4

조세조약

구성원과세를 선택한 미국 유한책임회사가 한·미 조세조약상 거주자에 해당하는지 여부

〈대법원 2014. 6. 26. 선고 2012두11836 판결〉

Ⅰ. 대상판결의 개요

1. 사실관계의 요지와 과세처분의 경위

영국령 케이만군도의 유한 파트너쉽(Limited Partnership) A와 미국의 유한책임회사(Limited Liability Company) B는 공동으로 출자하여 룩셈부르크에 특수목적법인 C를 설립하고, 다시 C는 벨기에에 특수목적법인 D를 설립하였다. 그 후 D는 1999. 12. 21. 내국법인 갑의 주식(이하 '이 사건 주식')을 매수하였다가 2005. 7. 20. 이를 원고에게 매도하여 양도차익(이하 '이 사건 주식 양도소득')을 얻었다. 한편 미국 유한책임회사 B의 주주로는 미국법인 F, G와 홍콩법인 H가 있고, 이 중 H는 미국법인 I의 100% 자회사로서 미국의 피지배외국법인세제의 적용을 받아 I가 H의 특정소득에 대하여 과세된다.

이 사건 주식의 양수인으로서 원천징수의무자인 원고는 한·벨 조세조약 제13조 제3항에 따라 주식 양도소득은 양도인인 D의 거주지국인 벨기에에서만 과세된다는 이유로 D의 이 사건 주식 양도소득에 대한 법인세를 원천징수하지 아니하였다.

이에 원고의 관할 과세관청인 피고는 룩셈부르크법인 C와 벨기에법인 D는 한·벨 조세조약 등을 이용하여 우리나라의 조세를 회피할 목적으로 설립된 명목상의 회사에 불과하여 이 사건 주식 양도소득의 실질귀속자가 될 수 없고, 이 사건 주식 양도소득 중 C의 지분 상당 부분의 실질귀속자는 케이만군도의 유한파

트너쉽 A와 미국의 유한책임회사 B의 주주 F, G, H라고 보아, 미국법인 F, G의
지분 상당 양도소득에 대해서는 한·미 조세조약을 적용하여 비과세·면제하되,
우리나라와 조세조약이 체결되지 아니한 케이만군도의 유한파트너쉽 A 및 홍콩
법인 H의 지분 상당 양도소득에 대하여는 법인세법을 적용하여 원천징수 법인세
를 고지하였다(이하 '이 사건 처분').

    이에 대하여 원심은 룩셈부르크법인 C와 벨기에법인 D는 조세회피의 목적
으로 이 사건 주식의 취득과 양도에 관한 형식상 거래당사자의 역할만을 수행한
명목상의 회사에 불과하고, 케이만군도의 유한파트너쉽 A와 미국의 유한책임회
사 B는 구성원의 개인성과는 별개로 권리·의무의 주체가 된다는 이유로 법인세
법상 외국법인으로서 이 사건 주식 양도소득의 실질귀속자에 해당하며, 나아가
B는 한·미 조세조약상 미국의 거주자로서 B에게 귀속되는 양도소득 전부에 대
하여 한·미 조세조약이 적용되어 비과세·면제되므로 이 사건 처분 중 B의 주주
인 홍콩법인 H의 지분에 대하여 원천징수 법인세를 고지한 부분은 위법하다고
판단하였다.

2. 판결 요지

    대법원은 실질과세의 원칙은 법률과 같은 효력을 가지는 조세조약의 규정의
해석과 적용에 있어서도 이를 배제하는 특별한 규정이 없는 한 그대로 적용된다
는 종전 판례[1]를 인용하면서 과세관청과 달리 이 사건 주식 양도소득의 실질귀
속자를 케이만군도의 유한파트너쉽 A와 미국의 유한책임회사 B라고 본 원심판결
을 정당한 것으로 수긍하였다.

    그러나 미국의 유한책임회사 B가 한·미 조세조약상 미국 거주자에 해당함
을 전제로 B에게 귀속된 양도소득 중 홍콩법인 H 지분에 해당하는 부분에 대한
과세처분이 위법하다고 본 원심의 판단에 대해서는 다음과 같은 이유에서 받아
들이기 어렵다고 판단하였다. 한·미 조세조약 제3조 제1항 (b)호는 '미국의 거주
자'로 (i)목에서 '미국법인'을, (ii)목에서 '미국의 조세 목적상 미국에 거주하는 기
타의 인(법인 또는 미국의 법에 따라 법인으로 취급되는 단체를 제외함), 다만 조합원
또는 수탁자로서 행동하는 인의 경우에, 그러한 인에 의하여 발생되는 소득은 거
주자의 소득으로서 미국의 조세에 따라야 하는 범위에 한한다'고 하면서, 제2조

---

1) 대법원 2012. 4. 26. 선고 2010두11948 판결 등.

제1항 (e)호 (ii)목에서는 '미국법인(corporation)'을 미국 또는 미국의 제 주 또는
콜럼비아 특별구의 법에 따라 설립되거나 또는 조직되는 법인(corporation), 또는
미국의 조세 목적상 미국법인으로 취급되는 법인격 없는 단체로, 같은 항 (d)호
에서는 '인'을 개인, 조합, 법인, 유산재단, 신탁재단 또는 기타 인의 단체를 포함
하는 개념으로 각 규정하고 있는데, 한·미 조세조약 제3조 제1항 (b)호 (ii)목 단
서(이하 '쟁점규정')는 그 문언과 체계상 미국의 거주자 중 조합과 같이 미국법인
에 이르지 아니하는 단체 등과 관련된 규정으로 보이는 점, 쟁점규정은 조약의
문맥에 비추어 볼 때 미국 세법에 따라 어떠한 단체의 활동으로 얻은 소득에 관
하여 단체가 아니라 그 구성원이 납세의무를 부담하는 이른바 투과과세단체
(Fiscally Transparent Entity)의 경우 원칙적으로 한·미 조세조약의 적용을 받을 수
있는 미국의 거주자가 될 수 없으나 그 구성원이 미국에서 납세의무를 지는 경우
예외적으로 그 단체에게 조세조약의 혜택을 부여하려는 특별규정으로 이해할 수
있는 점, 조합과 유한책임회사 등 조합의 형식을 취하지 아니한 단체가 미국 세
법상 투과과세 단체로서 취급이 같은 이상 그 조합의 형식을 취하지 아니한 단체
를 위 단서 규정의 적용대상에서 배제할 만한 뚜렷한 이유를 찾기 어려운 점, 그
밖에 한·미 조세조약의 체결목적이 소득에 대한 이중과세의 방지라는 점 등을
종합하여 보면, 쟁점규정에서 규정한 '미국의 조세 목적상 미국에 거주하는 기타
의 인' 중 '조합원으로서 행동하는 인'이란 미국 세법상 조합원 등의 구성원으로
이루어진 단체의 활동으로 얻은 소득에 대하여 그 구성원이 미국에서 납세의무
를 부담하는 단체를 뜻한다고 보아야 하고, '그러한 인에 의하여 발생되는 소득은
거주자의 소득으로서 미국의 조세에 따라야 하는 범위에 한한다'는 의미는 그러
한 단체의 소득에 대하여 그 구성원이 미국에서 납세의무를 부담하는 범위에서
그 단체를 한·미 조세조약상 미국의 거주자로 취급한다는 뜻으로 해석함이 옳다
고 전제한 후, 우리나라의 사법(私法)상 외국법인에 해당하는 미국의 어떠한 단체
가 우리나라에서 소득을 얻었음에도 미국에서 납세의무를 부담하지 않는 경우
그 구성원이 미국에서 납세의무를 부담하는 범위에서만 한·미 조세조약상 미국
의 거주자에 해당하여 조세조약을 적용 받을 수 있고, 그 단체가 원천지국인 우
리나라에서 얻은 소득 중 그 구성원이 미국의 거주자로 취급되지 아니하는 범위
에 대하여는 한·미 조세조약을 적용할 수 없다고 하면서, 이 사건에서 미국 유한
책임회사 B는 미국 세법상 구성원과세를 선택하여 미국 세법상 투과과세단체에

해당하므로, 이러한 경우 원심으로서는 그 구성원이 미국에서 납세의무를 부담하는지 등을 심리하여 B가 한·미 조세조약상 미국의 거주자에 해당하는지 여부나 한·미 조세조약의 적용을 받는 범위를 확정한 다음, 그에 따라 이 사건 처분 중 B에 귀속된 홍콩법인 H 지분 상당의 양도소득 부분을 과세대상으로 볼 수 있는지를 판단해야 함에도 이 부분 심리를 다하지 않았다고 하여 원심 판결을 파기하였다.

II. 대상판결의 평석

1. 이 사건의 쟁점 및 논의의 범위와 순서

위 사실관계와 과세처분의 경위 등에 의하면 이 사건의 쟁점은 이 사건 주식 양도소득이 실질적으로 B 등에게 귀속되는지, 만일 귀속된다면 B가 한·미 조세조약상 거주자에 해당하는지 여부이다. 전자의 쟁점에 대해서는 이미 대법원에서 수 차례 판단[2])되었으므로 본 평석에서는 후자의 쟁점을 중심으로 논의한다. 이 사건에서 B는 미국법에 따라 구성원과세를 선택하여 과세상 투명한 단체가 되었는데, 이러한 단체를 투과과세단체(Fiscally Transparent Entity)라고도 한다. 후자의 쟁점과 관련해서 쟁점조항의 해석상 미국의 유한책임회사가 구성원과세를 선택하여 투과과세단체가 되었다는 이유로 한·미 조세조약상 미국 거주자가 아니라고 해석될 수 있는지 여부가 문제되는바, 우선 일반론으로 설립지국에서 구성원과세를 적용 받는 단체가 OECD 모델조약(OECD Model Tax Convention, 이하 'OECD 모델조약')상 거주자에 해당하는지 여부를 검토하여 위 쟁점의 전제상황을 살펴보고, 다음으로 대상판결의 특유한 쟁점인 한·미 조세조약상 거주자의 판단 문제에 대하여 자세히 분석한다.

2. OECD 모델조약상 거주자와 단체분류의 문제

가. 조세조약의 적용요건으로서의 거주자 개념

조세조약은 기본적으로 어느 소득의 원천지국과 그 소득의 귀속자 소재지국 사이에 과세권이 중첩되는 경우 이중과세를 방지하기 위하여 원천지국의 과세권

---

2) 대법원 2012. 4. 26. 선고 2010두11948 판결, 대법원 2012. 10. 25. 선고 2010두25466 판결, 대법원 2013. 7. 11. 선고 2010두20966 판결.

을 일정한 경우 제한하는 내용을 담고 있다. 대상판결의 사안에서는 이 사건 주식 양도소득의 원천지국인 우리나라와 귀속자 소재지국인 미국의 과세권이 충돌한다. 이때 과연 어느 경우에 원천지국의 과세권을 제한할 것인지가 문제되는데, 조세조약은 일반적으로 이를 위해 '거주자'라는 개념을 사용하고 있고, 조세조약상 그 귀속자가 거주자에 해당하는 경우 조세조약을 적용하여 원천지국 과세권을 제한한다.

OECD 모델조약 제4조 제1항에서는 "이 조약에서 '한 체약국의 거주자(Resident)'란 그 국가에서 납세의무가 있는 자로서, 주소, 거소, 관리장소 기타 이와 비슷한 기준을 이유로 그 국가의 법에서 납세의무를 지는 자를 말한다. 그러나 이 말은, 그 국가에서 납세의무를 지기는 하지만 오로지 그 국가에 원천이 있는 소득에만 세금을 내는 자는 포함하지 않는다"라고 규정하고 있으며, 그에 따라 일반적으로 거주자란 각 국의 내국세법에 따라 전 세계소득에 대한 납세의무를 부담하는 자라고 해석된다. 나아가 제1조에서는 "이 조약은 일방 또는 쌍방 체약국의 거주자에 대해서 적용한다"라고 하여, 오직 거주자만이 조세조약상의 혜택을 적용 받을 수 있다고 규정하고 있다. 즉, OECD 모델조약에 따르면 어느 소득의 귀속자가 조세조약상 혜택을 주장하기 위해서는 적어도 일방 체약국의 내국세법에 따라 납세의무를 부담해야 한다.

대상판결에서 문제되는 한·미 조세조약상 거주자 규정은 OECD 모델조약의 그것과는 다르지만, 한·미 조세조약 제4조 제1항에서는 "일방 체약국의 거주자는, 이 협약에서 정한 제한에 따를 것으로 하여, 타방 체약국 내에 원천을 둔 소득에 대하여 또한 그러한 소득에 대해서만 동 타방 체약국에 의하여 과세될 수 있다"라고 하여 '거주자'에 대해서만 조세조약이 적용된다는 점은 OECD 모델조약과 동일하고, OECD 모델조약은 우리나라가 체결하는 대부분의 조약의 기초가 되고 있다는 점에서 대상판결에서 문제되는 한·미 조세조약의 해석에 지침이 될 수 있다.

나. 단체분류에 따른 과세체계와 OECD 모델조약상 거주자 여부

OECD 모델조약에 의하면 어느 단체에 대해 조세조약이 적용되기 위해서는 일단 어느 국가의 내국세법에 따라 납세의무를 부담하여 '거주자'로 인정되어야 한다. 그런데 어느 단체에 대한 과세방식은 크게 2가지로 구분된다. 단체 자체를 납세의무자로 보아 단체에 대하여 직접 과세하거나, 아니면 단체를 무시하고 그 구성원을 납세의무자로 보아 구성원에 과세하는 방식이 그것이다. 전자를 법인과세, 후자를 구성원과세라고 한다. 이는 곧 어느 단체에 대해 각 국에서 법인과세 혹은 구성원과세 방식 중 무엇을 적용할 것인지의 문제(단체분류의 문제)이며, 달리 말하면 당해 소득이 단체에 귀속되는지 아니면 구성원에게 귀속되는지의 문제이다(소득귀속의 문제).[3]

대상판결의 사안은 미국의 유한책임회사 B가 설립지국인 미국에서 구성원과세를 적용 받아 단체 자체는 미국에서 납세의무를 부담하지 않는 경우로서 OECD 모델조약에 의하면 그러한 단체는 설립지국의 거주자에 해당하지 않아 조세조약의 적용은 배제된다. 하지만 그렇다고 해서 바로 이중과세의 문제가 생기는 것은 아니다. 만약 원천지국인 우리나라가 문제되는 국내원천소득이 당해 단체가 아니라 그 구성원에게 귀속된다고 보아 구성원과세를 적용한다면, 구성원은 조세조약상 거주자에 해당하게 되어 조약상 혜택을 원용할 수 있고 이중과세의 문제는 생기지 않는다. 그러나 만약 그 단체가 우리나라에서 법인과세가 되고 조세조약상 혜택을 주장할 수 없다면 이중과세의 문제가 생길 수 있다. 물론 이때 이중과세문제는 외국납부세액공제와 같은 방식으로 다시 조정될 수도 있으나 그 경우에도 이 사건과 같이 구성원이 단체를 설립하지 않고 직접 투자했을 경우 조세조약상 혜택을 주장할 수 있었음에도 단체를 설립하였다는 이유만으로 그 혜택이 배제된다는 것은 받아들이기 어려운 결과이다.[4] 이러한 문제(이하 '구성원과세 단체의 문제')를 해결하기 위해서 OECD는 다음과 같이 일정한 해석을 제시한다.

다. 구성원과세 단체의 문제에 대한 OECD의 입장

OECD 주석서(OECD Model Tax Convention Commentaries, 이하 'OECD 주석서') 및 OECD 파트너쉽 보고서(The Application of the OECD Model Tax Convention to Partnership, 이하 'OECD 파트너쉽 보고서')에 따르면 어떤 단체에 대해 설립지국에서 법인과세가 이루어지는 경우 그 단체는 조세조약상 설립지국의 거주자로 취급되나, 반대로 구성원과세가 되는 경우 그 단체는 조세조약상 설립지국의 거주

---

3) 윤지현, "단체분류에 관한 대법원 판례와 경제협력개발기구(OCED)의 파트너쉽 보고서의 조화 가능성에 관한 검토", 조세학술논집 제39호, 2014, 252면 및 263면 참조.
4) 윤지현, 전게논문, 270–271면.

자에 해당하지 않는다는 결론은 동일하나,[5] 다만 그와 같은 경우 설립지국의 법체계를 존중하여 원천지국에서도 당해 단체가 아닌 그 구성원에게 소득이 귀속되는 것으로 보아 구성원과세를 적용할 것을 제안하고 있다.[6] 그렇다면 이제 이러한 OECD 주석서 및 파트너쉽 보고서의 제안과 같이 외국에서 구성원과세가 되는 단체에 대해 우리 세법상으로도 구성원과세를 적용할 수 있는지 여부가 문제된다.

라. 외국단체에 대한 우리 세법의 분류 및 과세체계

대상판결의 사안에 적용되는 구 법인세법(2005. 12. 31. 법률 제7838호로 개정되기 전의 것, 이하 '구 법인세법')은 제2조 제1항에서 내국법인과 국내원천소득이 있는 외국법인은 법인세 납세의무가 있다고 하고, 제1조 제3호는 이때 외국법인은 외국에 본점 또는 주사무소를 둔 법인이라고 규정하고 있었는데, 정작 이때 '법인'이 무엇인지에 대해서는 정의하고 있지 아니하였다. 내국법인이라면 우리 법에 따른 법인격 유무를 기초로 법인여부를 판단하면 되지만, 외국단체의 경우 그것이 '법인'인지 여부는 분명하지 않았고 그 해석론에 관한 다툼이 있었다. 이후 대법원은 외국단체가 설립된 국가의 법령 내용과 단체의 실질에 비추어 우리나라의 사법(私法)상 단체의 구성원으로부터 독립된 별개의 권리·의무의 귀속주체로 볼 수 있는지 여부를 기초로 법인세법상 외국법인에 해당하는지 여부를 판단해야 한다고 하여 논란을 정리하였다.[7] 그 후 이러한 대법원의 입장은 이후 2013. 2. 15. 개정으로 법인세법 및 동법 시행령에 반영되었다.[8]

구체적으로 외국 단체의 분류에 관한 최초의 선례인 대법원 2012. 1. 27. 선고 2010두5950 판결은 "외국의 법인격 없는 사단·재단 기타 단체가 구 소득세법

---

5) OECD 모델조약 제1조에 대한 주석 5문단, 제4조에 대한 주석 8.8. 문단.
6) OECD 파트너쉽 보고서 문단 53.
7) 대법원 2012. 1. 27. 선고 2010두5950 판결, 대법원 2012. 10. 25. 선고 2010두25466 판결 등.
8) 현행 법인세법 제1조 제3호는 '외국법인'이란 외국에 본점 또는 주사무소를 둔 단체(국내에 사업의 실질적 관리장소가 소재하지 아니하는 경우만 해당한다)로서 대통령령으로 정하는 기준에 해당하는 법인을 말한다고 규정하고 있고, 법인세법 시행령 제1조 제2항. 「법인세법」 제1조 제3호에서 '대통령령으로 정하는 기준에 해당하는 법인'이란 1. 설립된 국가의 법에 따라 법인격이 부여된 단체, 2. 구성원이 유한책임사원으로만 구성된 단체, 3. 구성원과 독립하여 자산을 소유하거나 소송의 당사자가 되는 등 직접 권리·의무의 주체가 되는 단체, 4. 그 밖에 해당 외국단체와 동종 또는 유사한 국내의 단체가 「상법」 등 국내의 법률에 따른 법인인 경우의 그 외국단체 중 어느 하나에 해당하는 단체를 말한다고 규정하고 있다.

제119조 또는 구 법인세법 제93조에서 규정한 국내원천소득을 얻어 이를 구성원들에게 분배하는 영리단체에 해당하는 경우, 구 법인세법상 외국법인으로 볼 수 있다면 그 단체를 납세의무자로 하여 국내원천소득에 대하여 법인세를 과세하여야 하고, 구 법인세법상 외국법인으로 볼 수 없다면 단체의 구성원들을 납세의무자로 하여 그들 각자에게 분배되는 소득금액에 대하여 그 구성원들의 지위에 따라 소득세나 법인세를 과세하여야 한다. 그리고 여기서 그 단체를 외국법인으로 볼 수 있는지에 관하여는 구 법인세법상 외국법인의 구체적 요건에 관하여 본점 또는 주사무소의 소재지 외에 별다른 규정이 없는 이상 단체가 설립된 국가의 법령 내용과 단체의 실질에 비추어 우리나라의 사법상 단체의 구성원으로부터 독립된 별개의 권리·의무의 귀속주체로 볼 수 있는지에 따라 판단하여야 한다"고 하면서 구성원과세가 적용되는 미국 델라웨어주 유한파트너쉽을 앞서 본 판정기준에 따라 법인세법상 외국법인으로 보았다. 이는 묵시적으로 미국에서 구성원과세가 적용되는지 여부를 불문하고 구성원인 파트너가 아니라 단체인 유한파트너쉽 자체에 소득이 귀속된다고 본 것이었다. 이러한 대법원의 태도는 이후 대법원 2013. 9. 26. 선고 2011두12917 판결 등에서 동일한 내용의 판시가 다시 행해짐으로써 보다 명확해졌다. 즉, 우리 대법원은 어떤 외국 단체에 대해 외국에서 구성원과세가 적용되는지 여부를 불문하고 우리 법인세법상의 판단기준에 따라 외국법인에 해당하면 그 단체에 소득을 귀속시켜 과세하는 법인과세를 택하였다고 이해할 수 있다.

    이상과 같이 우리 대법원은 설립지국에서 구성원과세가 적용되는 단체인지 여부와 무관하게 오직 우리 법인세법의 기준에 따라 외국법인에 해당하면 법인과세를 적용하여야 한다는 입장이므로, 원천지국이 설립지국의 법체계를 존중하여 구성원과세를 적용해야 한다는 OECD 주석서 및 파트너쉽 보고서의 제안은 우리나라에서는 적용될 수 없는 것으로 사실상 정리되었다. 그럼에도 조세조약의 적용에 있어서 구성원과세가 적용되는 외국단체를 조약상 거주자로 보지 않는다면 그 단체에 대한 조세조약의 적용이 배제되어 이중과세 문제가 생길 수 있으므로 조세조약의 맥락에서 여전히 구성원과세 단체의 문제는 잔존한다. 이 점에서 OECD 모델조약의 해석상으로도 거주자가 아니라고 계속 해석해야 하는지 여부에 대해서도 의문이 있을 수 있다.

    그런데 앞서 언급한 것처럼 한·미 조세조약상 거주자의 정의는 OECD 모델

조약에서의 정의와 상당한 차이가 있다. 만약 소득의 귀속자 소재지국에서 구성
원과세가 적용되는 외국단체가 한·미 조세조약상 거주자로 볼 수 있다면 구성원
과세 단체 문제는 해결될 수 있는바, 이하에서는 이 사건에 대하여 적용되는 한·미
조세조약상의 거주자 문제에 대하여 검토한다.

3. 한·미 조세조약상 구성원과세 단체의 거주자 판정문제

가. 한·미 조세조약상 거주자 규정과 그 해석

우선 거주자 판정을 명확하게 하기 위해서 (i)목부터 검토한다. 한·미 조세
조약 제3조 제1항 (b)호는 '미국의 거주자' 중 하나로 (i)목에서 '미국법인'을 규정
하고 있는데, 이때 미국법인은 제2조 제1항 (e)호 (ii)목에 따라 법인(corporation)
과 미국의 조세 목적상 미국법인으로 취급되는 법인격 없는 단체를 포함한다. 그
런데 대상판결에서 문제되는 유한책임회사(Limited Liability Company)는 회사 내
지 단체(company)로서 법인(corporation)과 구별되고, 미국 세법상 소위 납세주체
선택규정(check-the-box rule)[9]에 따라 법인과세를 선택할 수는 있으나 본 사안
에서는 구성원과세를 선택하였으므로 미국 조세 목적상 미국법인으로 취급되는
단체에도 해당하지 않는다. 즉, 대상판결에서 유한책임회사 B는 일단 (i)목에는
해당하지 않는다.

이제 문제는 B가 (ii)목에 해당되는지 여부이다. 우선 (ii)목 본문에서 규정하
는 '기타의 인'에는 제2조 제1항 (d)호에 의하여 개인, 조합, 법인, 유산재단, 신탁
재단 또는 기타 인의 단체가 포함되는 것이므로 유한책임회사 B가 여기에 포함되
는 것은 명백해 보인다. 남은 문제는 쟁점규정인 (ii)목 단서에 따라 B가 거주자에
서 제외되는지가 여부이다. 이에 대해서는 크게 2가지 견해, 즉 쟁점규정의 해석
상 B가 한·미 조세조약상 거주자라는 견해와 거주자가 아니라는 견해가 있다.

나. 두 가지의 견해

부정설은 우선 B가 미국에서 구성원과세를 적용 받고 그에 따라 단체인 B
자체는 미국에서 납세의무를 부담하지 않으며 따라서 조세조약의 목적인 이중과
세의 조정 필요성이 없다는 점을 주된 이유로 든다. 나아가 쟁점규정에서 "다만

---

9) 법인으로 간주되는 단체를 제외하고 과세의 목적상 납세단위로서의 법적 성격을 납세자가 선택
할 수 있는 규정이다. Reg. §301.7701-1~4.

조합원 또는 수탁자로서 행동하는 인의 경우에, 그러한 인에 의하여 발생되는 소
득은 거주자의 소득으로서 미국의 조세에 따라야 하는 범위에 한한다"라고 규정
하는데 B의 소득은 미국에서 거주자의 소득으로서 과세되지 않으므로, B는 문언
상으로도 쟁점규정에 따른 미국 거주자가 아니며, OECD 모델조약 제1조에 대한
주석 5문단 역시 구성원과세가 적용되는 단체는 조세조약상 거주자가 아니라고
규정하고 있다는 점을 추가적인 근거로 제시한다.

　　반면 긍정설은 B가 미국에서 구성원과세의 적용을 받더라도 여전히 이중과
세의 문제가 있으므로 조정의 필요성이 존재하고, 문언상 B가 쟁점규정에 의해
미국 거주자가 아니라고 해석할 수 없으며, OECD 모델조약과 한·미 조세조약
의 거주자 규정이 상이하므로 OECD 주석서가 바로 한·미 조세조약의 해석에
적용될 수 없다는 점을 근거로 한다.

다. 한·미 조세조약상 거주자 여부에 대한 종전 판례

　　이상의 견해에 대한 검토를 하기 전에 한·미 조세조약상 거주자 문제와 관
련이 있는 기존의 판례를 먼저 살펴본다. 우선 대법원 2012. 1. 27. 선고 2010두
5950 판결은 미국 델라웨어주 법률에 따라 유한 파트너쉽으로 설립된 갑 등을
그 구성원으로 하는 국제적 사모펀드 '론스타펀드III'가 을 벨기에 법인 및 병 내
국법인을 통해 국내 부동산에 투자하여 국내원천소득인 양도소득이 발생하자, 과
세관청이 갑 등을 양도소득의 실질적 귀속자로 보아 구 소득세법 제119조 제9호
등에 따른 양도소득세 부과처분을 한 사안에서, 갑은 구성원들과 독립된 별개의
권리·의무 주체이므로 법인세법상 외국법인으로 보아 과세해야 하고, 가령 외국
법인으로 볼 수 없더라도 구성원들에게 이익을 분배하는 영리단체이므로 갑 자
체를 하나의 비거주자나 거주자로 보아 소득세를 과세할 수 없다고 판시하였다.
위 대법원 판결은 외국 유한 파트너쉽에 대한 소득세 부과처분이 적법한지, 달리
말하면 국내 세법상 외국 유한 파트너쉽을 외국법인으로 볼 것인지 여부에 대하
여 판단한 것으로 조세조약의 적용 단계에서 그 유한 파트너쉽을 체약국의 거주
자로 볼 것인지에 대한 것은 아니었다. 다만, 그 원심인 서울고등법원 2010. 2.
12. 선고 2009누8016 판결에서는 이때 유한 파트너쉽이 한·미 조세조약상 미국
거주자임을 전제로 부동산 과다법인의 주식양도 소득은 한·미 조세조약 제16조
제1항에 따른 부동산 양도소득으로 보아 과세할 수 있다고 판단했다.

한편, 대법원 2013. 10. 24. 선고 2011두22747 판결에서는 미국 유한 파트너십으로서 사모펀드인 갑 등이 말레이시아 라부안에 설립한 을 회사를 통하여 국내 병 주식회사가 발행한 전환사채를 취득하였고 위 전환사채가 주식으로 전환되는 과정에서 을 회사에 배당금이 지급되었는데 병 회사가 을 회사를 수익적 소유자로 보고 법인세를 원천징수하였으나 과세관청이 한·미 조세조약 제12조 제2항 (a)에 따라 병 회사에 법인세 징수처분을 한 사안에서 미국 유한 파트너십인 사모펀드 갑이 한·미 조세조약 제12조 제2항 (b) 소정의 법인(corporation)에 해당하는지가 문제가 되었는데, 대법원은 한·미 조세조약은 법인(corporation)과 파트너십(partnership)을 명백히 구분하고 있고 미국 국내법상으로도 법인과 파트너십은 그 설립 내지 등록 준거법을 달리하고 있는 점 등에 비추어 보면 이 사건 배당소득의 수취인인 갑 등이 구 법인세법상으로는 외국법인으로 취급되어 법인세 납세의무자가 된다고 하더라도 한·미 조세조약 제12조 제2항 (b)가 규정한 법인으로 볼 수 없다고 본 원심의 판단을 정당한 것으로 수긍하였다. 즉, 대법원은 미국 유한 파트너십이 배당소득의 실질적인 귀속자라고 보면서, 이때 미국 유한 파트너십이 미국 거주자에 해당하여 한·미 조세조약이 적용됨을 전제로 그 배당소득의 수취인인 유한 파트너십을 한·미 조세조약 제12조 제2항 (b)호의 미국법인에 해당하지 않는다고 판시하였는바,[10] 이는 한·미 조세조약의 거주자 문제를 직접 판단한 것은 아니지만 외국단체를 법인세법상 외국법인으로 판정하는 문제와 외국법인으로 판정된 외국단체에 대한 조세조약의 적용문제가 동일한 차원의 논의는 아니라고 보았다는 점에서 의미가 있다.

즉, 이상과 같이 미국에서 구성원과세의 적용을 받는 단체가 한·미 조세조약상 미국 거주자에 해당하는지 여부에 대해 명시적으로 판단한 선례는 없는 것으로 보이는바, 우선 한·미 조세조약의 해석지침이 될 수 있는 기술적 설명서(technical explanation)에 대하여 살펴본다.

라. 한·미 조세조약에 대한 기술적 설명서의 해석지침으로서의 가능성

미국의 조세조약 체결과정을 보면 조약체결의 실무를 맡은 재무부(Department of Treasury)는 그 이해를 돕기 위해서 상원에 기술적 설명서를 제시하고 있

---

10) 위 판례에 대한 평석으로는 윤지현, "파트너십과 조세조약에서의 거주자", 법학 제55권 제2호, 2014. 6., 695−727면. 윤지현 교수는 대법원이 위 판례에서 한·미 조세조약의 적용을 당연한 전제로 삼은 점을 비판적 시각에서 논의하고 있다.

는데, 위 기술적 설명서는 한·미 조세조약의 쟁점조항 중 "다만 조합원 또는 수탁자로서 행동하는 인의 경우에, 그러한 인에 의하여 발생되는 소득은 거주자의 소득으로서 미국의 조세에 따라야 하는 범위에 한한다" 부분에 대하여 "파트너들이 미국의 거주자로서 미국의 세금을 부담하는 범위 내에서, 파트너쉽은 미국의 거주자로 취급될 것이다"라고 설명하고 있다. 위 기술적 설명서는 미국의 입장을 적은 것이므로 그것이 반드시 우리나라에서 한·미 조세조약을 해석하는 데 적용되어야 한다고 볼 수는 없으나 적어도 미국이 체결한 조약에 대한 일종의 주석 겸 하나의 해석지침으로의 의미는 있다고 보인다.11)

마. 두 가지 견해에 대한 검토

이상의 논의를 종합적으로 검토하여 볼 때 다음과 같은 점에서 한·미 조세조약의 적용을 긍정하는 견해가 보다 타당하다고 보인다. 우선 앞서 본 바와 같이 B가 구성원과세를 선택하여 미국에서 B는 과세되지 않더라도 그 구성원 중 미국법인 F, G는 미국에서 납세의무를 부담하므로 이중과세 조정의 필요성은 여전히 존재한다. 일반론에 해당하는 OECD 모델조약 제1조에 대한 주석 5문단에서 어떤 단체가 설립지국에서 과세되지 않는 경우 그 단체는 조약상 거주자가 아니지만 이 경우 구성원이 조약상 혜택을 주장할 수 있어야 한다고 규정하는 것도 이중과세의 문제가 여전히 존재함을 전제하는 것이다. 한편 B의 주주 중 홍콩법인 H는 미국에서 납세의무를 부담하지 않으므로 이 사건 주식 양도소득 중 H 귀속 분에 대해서는 B가 미국 거주자가 아니라는 반론이 있을 수 있으나 H는 다른 미국법인 I의 100% 자회사로서 미국의 피지배외국법인세제의 적용을 받는다는 점에서 결국 실질적으로 이 사건 주식 양도소득 중 홍콩법인 H 지분에 대해서도 미국법인 I가 미국에서 납세의무를 부담하게 되므로 여전히 이중과세 조정의 필요성은 존재한다고 보인다.

또한 쟁점규정의 문언만을 놓고 보면 B가 한·미 조세조약상 미국 거주자가 아니라고 보기 어렵다. 문언상 B가 일단 (ii)목 본문의 기타의 인으로서 원칙적으로 거주자임은 이미 살펴보았다. 그런데 쟁점규정의 문언은 '조합원으로서 행동하는 인의 경우'를 규정하고 있으므로 문언만 놓고 보면 조합과 별도로 조합원을 거주자로 포섭하는 의미로만 읽힐 뿐, 조합자체를 거주자에서 배제하는 의미로

---

11) 윤지현, 전게논문, 714-716면.

보이지 않는다.

마지막으로 OECD 모델조약과 한·미 조세조약의 거주자 규정이 상이하므로 OECD 주석서의 해석이 바로 한·미 조세조약의 해석에 적용될 수 없다고 보인다. 나아가 이미 살펴본 것처럼 우리 대법원이 외국에서 구성원과세의 적용을 받는 단체인지 여부를 불문하고 우리 법인세법에 따라 외국법인에 해당하면 법인과세를 적용하는 상황에서 그 단체를 OECD 주석서가 제시하는 것처럼 여전히 거주자가 아니라고 판단하게 되면 여전히 구성원과세 단체의 문제는 해결되지 않는 상황이 발생할 수 있다는 것은 이미 살펴본 바와 같다.

요컨대, 이 사건 양도소득의 실질귀속자를 미국 유한책임회사 B라고 보면서 B를 도외시하고 실질귀속자도 아닌 그 구성원을 거주자로 보아 한·미 조세조약을 바로 적용하는 것은 논리적으로도 수긍하기 어려운 측면이 없지 않은바, OECD 주석서의 해석을 그대로 한·미 조세조약 사건에 적용하는 것보다는 B를 한·미 조세조약상 미국 거주자로 판정하여 이중과세문제를 해결하고자 하는 긍정설이 보다 합리적으로 사료된다.

4. 대상판결의 의의와 평가

대상판결은 이중과세문제의 조정이 필요하다는 점을 인정하면서도 조합과 같이 구성원과세가 적용되는 단체는 원칙적으로 미국 거주자가 아니나 쟁점규정에 따라 그 구성원이 미국에서 납세의무를 부담하는 경우에만 거주자로 보아 오직 구성원이 미국에서 납세의무를 부담하는 범위에 한하여 B가 한·미 조세조약상 미국 거주자라고 보았다. 즉, 구성원 과세단체 내지는 투과과세단체의 조세조약상 거주자의 판정문제가 그 주주의 미국에서의 납세의무의 부담 여하에 따라 가분적으로 판단될 수 있다는 것이다. 대법원이 의도한 것인지는 분명치 않으나 이는 위에서 살펴본 한·미 조세조약에 대한 기술적 설명서의 내용과 거의 유사하다. 조세조약상 혜택을 논하기 전에 외국단체의 거주자인지 여부에 대한 판정이 선행되어야 함에도 기존에 대법원은 묵시적으로 외국 유한 파트너쉽 등 외국단체가 한·미 조세조약상 미국 거주자임을 전제로 판단하였을 뿐 명시적으로 거주자 판정기준을 제시한 적은 없었는바, 대상판결은 그 논리적 과정을 명확하게 밝힌 최초의 선례라는 점에서 중요한 의미를 갖는다.

그러나 대상판결에서 쟁점조항을 해석함에 있어서 구성원과세를 적용 받는 단체는 원칙적으로 한·미 조세조약상 미국 거주자가 아니라고 본 부분은 문언해석의 범위를 넘는 것으로서 해석론적으로 다소 문제가 있다. 또한, 대상판결에 의하더라도 추가적으로 논의가 필요한 부분은 여전히 존재한다. 대상판결은 우리나라의 사법상 외국법인에 해당하는 미국의 어떠한 단체가 미국에서 납세의무를 부담하지 않는 경우 그 구성원이 미국에서 납세의무를 부담하는 범위에서만 한·미 조세조약상 미국 거주자라고 판단하고 있는데, 우선 그 구성원을 직접 구성원에 국한할 것인지, 아니면 그 상위 구성원도 포함할 것인지가 명확하지 않다. 또한, 구성원 과세를 선택한 단체나 투과과세단체가 있는 경우 그 단체가 어느 국가의 단체인지를 판정하는 기준도 제시된 바 없다. 예컨대, 미국법에 의하여 설립된 단체라도 그 구성원이 전부 제3국의 거주자인 경우 과연 그 단체를 미국의 단체로 보아야 하는지, 제3국의 단체로 보아야 하는지 불분명하다. 그 단체의 주주가 일부는 미국 주주이고 일부는 제3국 주주인 경우 미국 주주의 지분에 해당하는 부분은 미국 단체이고 제3국 주주의 지분에 해당하는 부분은 제3국 단체로 볼 수 있는지의 문제도 이와 관련된다. 외국의 단체를 국내세법에 따라 외국법인으로 판정하는 문제와 그 단체를 어느 국가의 단체로 볼 것인지는 별개의 문제이기 때문이다.

대상판결의 사안을 보면 미국법인 I가 홍콩법인 H를 거치지 않고 직접 미국 유한책임회사 B에 투자했다면 B는 이 사건 주식 양도소득 전부에 대해 미국 거주자로 판단되었을 것인데 100% 자회사인 H를 거쳤다는 이유만으로 결론이 달라진다면 수긍하기 어렵다. 특히 H의 소득에 대하여 바로 I가 직접 미국에서 과세가 되는 상황이라면 더욱 그러하다. 이러한 점에 비추어 직접 구성원이 아니라 그 상위의 구성원이라도 그가 특수목적법인으로서 세법상 부인될 수 있는 경우이거나 H의 주주인 I와 같이 미국에서 직접적인 납세의무를 부담한다면 그 부분에 대한 거주자의 지위를 인정하는 것이 이중과세를 조정하는 조세조약의 취지에 부합할 것이다.

이러한 불합리한 결과는 만약 H가 홍콩이 아니라 우리나라와 주식양도소득에 대한 과세권 제한을 내용으로 하는 조세조약을 체결한 다른 국가, 예컨대 한·벨 조세조약 제13조 제3항이 적용되는 벨기에 법인인 경우 더욱 두드러진다. 대상판결에 따르면 H가 벨기에 법인이었다고 해도 H는 미국에서 납세의무를 부담하지 않으므로 B는 여전히 이 사건 주식 양도소득 중 H 지분 상당에 대해서는 미국 거주자가 아니라고 판단되는지, 달리 H 지분 상당에 대해서는 한·벨 조세조약이 적용되는지 여부는 불분명하다. H에게도 조세조약상 혜택을 부여함이 그 조약을 체결한 목적이고, 타국의 재무적 투자자와의 공동투자를 위해 미국 유한책임회사 B에 투자했다는 이유만으로 그 조약상 혜택이 배제되는 것은 부당하다는 점[12]에서 H 지분에 상당하는 부분에 있어서는 B를 벨기에 단체로 보아 한·벨 조세조약을 적용하는 것이 타당하다고 할 것이다. B가 미국 구성원의 지분에 상응하는 만큼 미국에서의 가분적 거주자에 해당한다면 나머지 잔여부분에 대한 거주자의 지위는 B의 다른 국외 구성원의 거주지국이 가져가야 하고 그리하여 그 다른 국외 구성원의 거주지국과의 조세조약이 적용되도록 함으로써 잔여 부분에 대한 이중과세문제를 해결해 주는 것이 바람직하기 때문이다.

　나아가 대상판결은 OECD 모델조약과는 규정이 상이한 한·미 조세조약에 국한된 것이기는 하나, 설립지국에서 구성원과세가 적용되는 외국 단체에 대해 조약상 외국 거주자인지 여부에 대한 기준을 제시한 최초의 판결이므로, 그 판시가 OECD 모델조약과 규정이 유사한 다른 조약의 해석에도 그대로 적용될 수 있을지가 문제가 되었는데 최근 한·미 조세조약과는 그 문언이 상이한 다른 조세조약에 대해서도 그 적용 사례가 등장하였다. 대법원 2015. 3. 26. 선고 2013두7711 판결은 우리나라의 법인세법상 '외국법인'에 해당하는 독일의 투과과세단체가 거주지국인 독일에서 포괄적인 납세의무를 부담하지 않는다고 하더라도 그 구성원이 위 단체가 얻은 소득에 관하여 독일에서 포괄적인 납세의무를 부담하는 범위에서는 조세조약상 독일의 거주자에 해당하여 한·독 조세조약의 적용을 받을 수 있는 반면, 그 구성원이 독일에서 포괄적인 납세의무를 부담하지 아니하는 범위에서는 당해 단체가 한·독 조세조약의 적용을 받을 수 없다고 판시하였다. 구성원 과세를 선택한 경우가 아니라 일반 투과과세단체에 대해서도, 그리고 한·미 조세조약과 같은 쟁점 조항의 문언을 두고 있지 않는 다른 조세조약에서도 동일한 취지의 판시가 등장한 것이다. 이는 일반적 조세조약에서도 그 적용의 서막이 열린 것으로도 볼 수 있는바, 그 적용 범위의 확대에 따라 앞서 언급한 납세의무를 부담하는 구성원의 범위와 수준, 구성원 과세를 선택한 단체나 투과과세 단체를 판정하는 기준, 제3국 구성원의 거주지국과의 조세조약의 적용 여부에 대한 관심도 더욱 증대되고 있다. 향후 판례의 추이가 주목된다.

---

12) 동일한 취지의 지적으로 윤지현, 전게논문, 718면.

국제상속과세와 상속세조약

I. 들어가는 말

　　전 세계가 하나의 공동체로 나아감에 따라 둘 이상의 국가에 가족을 두거나 국제적 투자와 사업을 하기 위하여 외국에서 거주하는 사람들의 수가 증가하고 있다. 고국을 떠나 해외 자회사의 CEO 내지 주재원으로서 적게는 수년 내지 길게는 수십 년을 외국에서 근무하는 경우도 있고 유학을 하기 위하여, 또는 은퇴 후에 새로운 생활의 터전을 마련하는 등으로 세법의 목적상 외국의 거주자로 되는 사람들이 점점 늘고 있다. 또한, 해외투자에 대한 규제의 완화 등으로 인하여 외국에 재산을 보유하고 있는 사람들의 숫자도 역시 증가하고 있다.

　　이와 같은 계기로 외국에서 주로 생활하거나 외국에 재산을 보유하는 자들은 자신이나 가족의 사망시에 여러 국가에 흩어져 있는 상속재산에 대하여 관련 국가에서 어떠한 방식으로 상속과세가 행해지는지에 대하여 관심을 가지지 않을 수 없다. 일반적으로 상속세의 경우 거주자는 무제한적 납세의무자로서 전 세계 소재 상속재산에 대하여 납세의무를 부담하고 비거주자는 제한적 납세의무자로서 그 국가에 소재하는 상속재산에 대해서만 납세의무를 부담하게 되는바, 각국의 상속과세제도는 상속세가 존재하지 않는 국가에서부터 자국의 입장에서 거주자와 상속재산의 소재지의 범위를 폭넓게 인정하여 적극적으로 상속과세를 행하는 국가까지 다양한 형태를 띠고 있다. 무제한적 납세의무자를 판정함에 있어서 어느 국가는 국적지 기준을 채용하는 반면 다른 국가는 거주지 기준을 선택하기도 하고 또한 상속재산의 소재지를 판정함에 있어서도 각기 다른 기준을 가지고 있는 등 국가별로 상속세 과세제도에 상당한 차이가 있다. 따라서, 어느 국가의 시민권자로서 대규모의 상속재산을 보유하고 있는 자가 다른 국가에서 일정기간 체류하였다는 이유로 그 국가의 거주자로도 간주되어 양 국가에서 무제한적 납세의무자로서 이중으로 다액의 상속과세를 당하는 경우도 충분히 예상해 볼 수 있다. 제한적 납세의무자의 경우에도 상속재산의 소재지의 판정기준이 국가마다 달라 양 국가에서 상속세 납세의무를 부담하는 경우도 있을 수 있다.

이와 같이 각국의 상속과세제도상의 납세의무자와 상속재산 소재지 판정기준의 차이에 따라 다양한 형태의 이중과세의 문제가 발생하는데 이러한 문제점은 국제적 인적 교류와 인적 이동을 수반하는 국제 투자활동에 있어 심대한 저해요인으로 작용할 수 있다. 각국이 무제한 납세의무를 유발하는 거주자와 제한적 납세의무의 근거가 되는 상속재산 소재지의 개념을 확대하여 과세권을 강화하고 있는 추세에 비추어 보더라도 점점 더 이중과세의 문제는 심각해질 가능성이 높다.

이하에서는 우리나라의 국제상속과세제도와 함께 각국의 국제상속과세제도의 유형을 개괄적으로 살펴보고 그로 인하여 발생하는 이중과세의 문제와 이를 해결하기 위한 상속세 조약의 도입필요성에 대하여 언급하도록 한다.1)

Ⅱ. 각국의 국제상속과세제도

1. 개   설

국제상속과세란 특정국가의 상속세 과세권이 국경을 넘어 비거주자나 국외소재 상속재산에 대하여 어떠한 범위에서 어떠한 방식으로 행사가 되는지를 다루는 상속과세 분야로서 그 명칭이 일반화된 것은 아니지만 편의상 국제상속과세라는 용어를 사용하기로 한다. 그리고 각국은 사망을 계기로 상속세(inheritance tax)나 유산세(estate tax) 그리고 자본이득세(capital gains tax, 양도소득세) 등 여러 방식의 과세를 하고 있고 사망으로 인하여 상속재산의 이전이 이루어지는 당사자에 대하여도 여러 호칭을 사용하는바, 여기서는 논의의 편의상 위 세 가지의 세금에 대하여 상속세라는 단일한 명칭을, 사망으로 상속재산을 이전하여 주는 자에 대하여는 피상속인, 상속재산을 이전받는 자에 대하여는 상속인이라는 단일한 용어를 주로 사용하기로 한다.

---

1) 바람직한 상속세 조약의 형태나 국제상속과세의 구체적인 내용은 향후의 논의에서 다루어질 것을 기대한다.

통상 국제조세라 함은 국제소득과세를 의미하나 광의의 국제조세의 범위에
는 국제상속과세도 포함된다고 할 것이다. 국제소득과세는 특정국가의 소득세 과
세권이 비거주자나 국외원천소득에 대하여 어떻게 행사되는지를 다루는 분야인
반면 국제상속과세는 비거주자나 국외소재재산에 대한 상속세 과세권의 행사문
제를 다룬다는 점에서 국제소득과세와 비교된다. 구체적으로 국제소득과세의 경
우 일반적으로 특정국가는 그 국가의 거주자의 전 세계소득에 대하여 과세를 하
고 비거주자에 대하여는 국내원천소득에 대하여만 과세를 한다. 반면, 국제상속
과세는 특정국가의 거주자에 대하여는 그 특정국가가 그의 전 세계 소재 상속재
산에 대하여 상속세 과세권을 행사하고 비거주자에 대하여는 특정국가에 소재한
상속재산에 대해서만 과세권을 행사하는바, 국제소득과세와 국제상속과세의 경
우 공히 특정국가의 거주자를 누구로 보아야 하는지가 문제된다는 점에서는 공
통되나[2] 국제소득과세에서는 소득의 원천지를 어디로 볼 것인지가 문제가 되고
국제상속과세에서는 상속재산의 소재지를 어디로 볼 것인지가 문제가 된다는 점
에서 차이가 있다.

이러한 차이에 더하여 국제소득과세는 소득세의 과세기간이 1년 단위이므로
그 기간 동안의 납세의무자의 소득 증가가 고려대상이 되나 국제상속과세에 있
어서는 상속세가 기본적으로 피상속인의 사망 전의 일정기간 동안의 재산이전을
고려한다는 점에서 그 과세기간이 실질적으로 장기간이다. 예컨대, 우리나라의
상속과세는 일정 증여재산가액을 상속세 과세가액에 더하여 상속세를 산출한 다
음 그 증여재산에 대한 증여세액을 공제하여 신고납부세액을 정하는 구조로 이
루어져 있고 다른 나라도 이와 유사한 구조를 택하고 있다. 이는 결국 상속과세
가 피상속인의 사망시점에서의 재산에 대해서만 과세가 이루어지는 것이 아니라
피상속인의 일정 기간의 생전 증여행위도 고려가 되므로 그 실질적 과세기간은
소득세보다는 훨씬 길고,[3] 그러한 사정 때문에 소득세보다는 복잡한 과세구조를
가지고 있다.

---

[2] 이 경우에도 소득세 목적에서의 거주자가 그대로 상속세 목적에서 거주자로 인정되는 것은 아
니다.
[3] 이러한 점 때문에 뒤에서 설명하는 바와 같이 복잡한 이중과세의 문제들이 발생하게 된다.

2. 상속과세의 기본적 형태

가. 개   설

상속과세는 피상속인의 사망 자체가 과세계기가 되는데 상속과세 방식은 상속재산의 이전에 초점을 맞추어 그 재산의 시가에 대하여 과세를 하는 재산이전 과세방식과 상속재산의 미실현이익에 대하여 과세를 하는 자본이득과세 방식으로 크게 대별된다. 전자가 일반적인 형태이다. 위 두 가지 방식의 과세가 동시에 이루어질 수도 있고 선별적으로 행해질 수도 있다.

나. 재산이전 과세방식

재산이전 과세방식에서는 상속재산의 시가에 대하여 과세를 하는데 그 과세 대상에 따라 유산세 방식과 유산취득세 방식으로 구분된다. 유산세 방식은 피상속인의 유산에 대하여 과세하는 방식이고 유산취득세 방식은 유산을 취득하는 자의 취득재산에 대하여 과세하는 방식이다. 전자는 주로 상속세의 자산세적 성격을, 후자는 수익세적 성격에 주안을 둔 것이다.[4]

(1) 유산세 방식

유산세 방식은 피상속인의 유산에 대하여 그 액수에 따라 누진율로 과세하는 방식으로서 부의 집중을 억제한다고 하는 사회정책적인 의미를 가지고 있다.[5] 또한 사람의 사망시점은 그 사람이 생전에 세제상의 특전이라든가 조세의 회피 등에 의하여 축적한 재산을 파악하기 위한 가장 적절한 시점이므로 이 기회에 소득세 혹은 재산세의 후불적 성격을 가지는 상속세를 과세함에 있어서는 유산총액을 과세표준으로 하는 것이 타당하다는 것이다.

영미법 국가에서는, 대체로는 피상속인의 유산의 일부 혹은 전부가 이를 맡아 관리해야 하는 유언집행자나 유산관리인에게 이전되고 유언집행자 등은 그 유산에서 채무를 변제하고 잔여재산을 상속인들에게 분배한다. 이는 피상속인의 유산에 대하여 상속세가 부과되는 것인데 피상속인을 대리하는 유언집행자 등이

---

4) 임승순, "상속과 세제", 재판자료 제78집, 1998, 86면.
5) 개인의 생존 중 부의 축적이 가능한 것은 그 사람이 보유한 경제적 수완에 의하여 사회로부터 위탁받은 재산을 관리·운용한 결과로 볼 수 있는데 상속인이 반드시 피상속인과 같은 수준의 경제적 수완을 가진다고 단정할 수는 없기 때문에 상속의 개시에 의하여 피상속인으로부터 상속인 앞으로 재산이 이전되는 기회에 피상속인의 유산의 일부가 사회에 반환되어야 한다는 것을 그 이론적 바탕으로 하고 있다. 사법연수원, 상속세 및 증여세법, 2006, 15-16면.

유산세에 대한 신고납부의무를 부담한다. 일반적으로 이러한 유산세제에서는 피상속인의 친족에 대한 별다른 우대조치 없이 순재산(net estate)에 대해 정률과세나 누진세가 부과된다.[6] 하지만 이러한 원칙에는 예외가 있는데, 미국에서 혼인공제(marital deduction)를 통해 보호받도록 규정된 잔존 배우자를 위한 유산이 그 예외에 해당한다.[7] 미국과 영국이 대표적으로 유산세 방식에 기초하고 있는 것으로 설명되고 있다.[8]

(2) 유산취득세 방식

유산취득세 방식은, 개인은 본래 경제적으로 기회가 균등한 것이 바람직하다는 전제에서 상속에 의하여 무상취득한 재산은 그 일부를 국가가 조세형태로 흡수하는 것이 적절하고 공평하다는 사고에 바탕을 두고 있다. 상속세는 유산의 취득에 대한 특수한 형태의 소득세라고 보는 것이고 일본과 독일이 이 방식을 채택하고 있다.[9]

대륙법 국가에서는 피상속인의 모든 자산이 이전되는 고유의 상속재단(estate)은 없다. 대부분의 유산취득세 방식의 국가에서는, 상속인의 부의 증가분에 대하여 상속세를 부과하는 형태를 취한다. 일반 소득과세에서 근친에 대한 공제 등의 세제혜택이 있는 것과 같이 유산취득세 방식에 있어서는 그 상속인이 피상속인의 근친, 특별히 잔존배우자나 이들의 자녀인 경우에는 혈연관계가 없는 상속인에 비해 가령 낮은 세율이 적용되는 등의 과세혜택을 누릴 수도 있다.[10]

(3) 우리나라의 경우

우리나라는 유산세 과세방식을 채택하고 있는 것으로 설명된다.[11] 즉 상속

---

6) Jürgen Killius, "Introduction", *Inheritance and Wealth Tax Aspects of Emigration and Immigration of Individuals* (2002), pp. 1–2.
7) Bittker and Lokken, *Federal Taxation of Income, Estates and Gifts*, Warren Gorham & Lamont (1994), p. 129.
8) 자세한 내용은, 최명근, 상속과세론, 세경사, 1990, 75면 이하; 한만수, "상속세의 과세표준 산정제도", 조세법연구 제3집, 1997, 78면 이하 각 참조. 특히 미국 상속세제의 간략한 입법연혁은 박민, "미국의 상속과세제도에 관한 연구", 조세법연구 제9-2집, 2003, 231–234면 참조.
9) 최명근, 전게서, 100면 이하. 한편, 일본은 1905인 상속세를 처음 도입할 무렵에는 유산세 방식이었으나 그 후인 1950년에 유산취득세 방식으로 바뀐 경우라고 한다. 한만수, 전게논문, 78면.
10) Killius, *op. cit.*, pp. 1–2.
11) 대법원 1984. 3. 27. 선고 83누710 판결, 대법원 1986. 2. 25. 선고 85누962 판결 등. 이에 대하여 상속세의 보완세의 위치에 있는 증여세를 규정함에 있어서 유산세 방식을 관철하려면 이를 증여자에게 과세하여야 하는데 우리 법은 수증자에게 과세하고 있다는 점, 가족공제를 과세금액이 아닌 과세가액의 산정에서 공제하도록 하고 있는 점, 상속세 납부의무를 상속인 및 수유자

세및증여세법(이하 '상증세법') 제3조는 상속이 개시된 경우 피상속인이 거주자인 경우에는 모든 상속재산(1호), 비거주자인 경우에는 국내에 있는 모든 상속재산(2호)에 대하여 상속세를 부과한다고 규정하고, 같은 법 제13조 제1항은 상속세 과세가액을 상속재산의 가액에 상속개시 전 일정한 기간 내의 증여재산을 가산한 금액에서 법 제14조의 공과금 등을 차감한 금액으로 할 것을 규정하고 있는바, 이와 같이 상속세 과세가액을 피상속인을 기준으로 산정하고 공동상속의 경우에도 유산을 상속분으로 분할하기 전의 총유산액에 누진세율을 적용하여 세액을 산출하는 구조를 취한 것은 유산세 방식의 가장 핵심적인 내용12)을 채택하고 있다고 설명된다.13)

다. 자본이득 과세방식

(1) 외국의 경우

자본이득과세 방식은 피상속인이 보유하는 상속재산의 미실현이익을 상속을 계기로 과세하는 방식이다. 자산의 소유자가 자산의 매각을 연기해 오다가 사망하여 상속이 개시되는 경우 그 자산의 취득시부터 사망시까지 상승된 가치의 증가분 즉 미실현 자본이득을 어떻게 처리할 것인지가 문제되는데 이에 대하여는 세 가지의 입장이 있다. 부의 무상이전에 대한 과세 즉 상속세와는 별도로 어떠한 형태로든 피상속인이 보유한 기간 동안의 자본이득에 대하여 과세하여야 한다는 과세론과 이 경우 피상속인의 자본이득에 대한 별도의 과세는 불필요하다는 비과세론, 그리고 상속인이 상속으로 인하여 취득한 자산을 매각할 때 그 취득가액을 피상속인의 취득시점을 기준으로 하여야 한다는 절충형인 승계취득가액 기준설이 주장되고 있다.14) 피상속인의 재산의 미실현이익이 과세된다는 점에서 상속재산의 시가가 과세대상이 되는 이전세와는 구별된다.

가 부담하도록 한 법 제3조 제1항 등을 들어 우리 법이 유산취득세 방식을 취하고 있다는 견해도 있다. 사법연수원, 전게서, 19면.

12) 사법연수원, 전게서, 19면.

13) 다만, 상증세법 제3조의2 제1항은 이렇게 계산된 세액의 납부에 관하여는 "상속인 또는 수유자는 상속재산 중 각자가 받았거나 받을 재산을 기준으로 대통령령으로 정하는 비율에 따라 계산한 금액을 상속세로 납부할 의무가 있다"고 규정하여 분할 전의 상속재산에 대한 세액을 원칙적으로 공동상속인 각자의 상속분에 따라 배분 계산하여 각 상속인이 그 배분된 세액을 납부하는 것으로 하면서, 상증세법 제3조의2 제3항에서 공동상속인 사이에 각자가 받았거나 받을 재산을 한도로 연대납부책임을 지우고 있다는 점에서 다소 절충적인 요소를 부가하고 있다.

14) 임승순, 조세법, 박영사, 2007, 728면.

피상속인의 사망으로 인한 양도소득세는 지금까지 일부 국가에서만 도입되었는데, 대표적인 국가로 캐나다와 호주를 들 수 있다. 캐나다는 1972년 자본이득에 대한 소득세를 도입하면서 상속세와 증여세를 폐지하고 가치증가분에 대한 소득과세의 방식으로 변경하였다. 이는 피상속인의 사망을 계기로 생길 수 있는 미실현이익에 대한 항구적인 과세이연을 방지할 필요가 있다는 인식에서 비롯되었다.15) 캐나다와 호주에서는, 개인이 자신의 거주지를 다른 나라로 이전하거나 사망하는 때에는 양도소득세가 부과되고, 개인이 호주나 캐나다로 이민을 오는 경우에는 그의 재산은 재평가가 되어 사망시의 양도소득세의 부담을 경감시키게 된다. 거주를 외국으로 이전하는 경우에 담보를 제공하는 방법으로 그 재산의 처분시까지 과세부담을 연기시킬 수 있다. 이러한 과세상의 차이 때문에 사망시에 한 국가에서는 양도소득세가, 다른 국가에서는 상속세가 부과될 수 있다. 한편 영국은 원래 상속세제를 가지고 있었는데, 이에 더하여 사망시점에 상속재산의 간주양도조항을 포함하는 양도소득세제를 도입하였다. 그 결과 개인의 사망을 계기로 그의 재산에 대해 다중과세가 되는 문제가 생겼다. 이는 자산에 대한 취득원가를 정하는데 문제를 야기할 뿐만 아니라 자본에 대한 이중과세가 된다는 점을 인식하고서, 영국은 소득세제를 원래의 자리로 되돌렸고, 간주양도규정은 폐지해버렸다.16)

(2) 우리나라의 경우

우리 상속세법에 상속이나 증여에 의하여 재산이 무상으로 이전될 때 양도소득세 과세를 어떻게 한다는 직접적인 규정은 없다. 그러나 소득세법 제4조 제1항 제3호는 양도소득을 거주자의 소득 중 하나로 정의하면서, 같은 법 제88조 제1항에서 "제4조 제1항 제3호 및 이 장에서의 양도란 자산에 대한 등기 또는 등록에 관계없이 매도, 교환, 법인에 대한 현물출자 등으로 인하여 그 자산이 유상으로 사실상 이전되는 것을 말한다"고 규정하여 무상이전의 경우를 양도소득세 과세대상에서 제외하고 있음을 분명히 하고 있고, 이에 따라 소득세법 시행령 제162조 제1항 제5호는 '상속 또는 증여에 의하여 취득한 자산에 대하여는 그 상속이 개시된 날 또는 증여를 받은 날'의 가액을 취득가액으로 보도록 규정하고 있다. 결국 상속이나 증여에 의하여 취득한 양도소득 과세대상이 되는 자산을 상속

---

15) Sanford H. Goldberg, "Estate Tax Conflicts Resulting from a Change in Residence", *Inheritance and Wealth Tax Aspects of Emigration and Immigration of Individuals* (2002), p. 36.

16) Goldberg, *op. cit.*, p. 36.

인이나 수증자가 양도할 때 양도가액에서 공제하는 취득가액은 피상속인이나 증여자의 취득가액이 아니고 상속 개시 당시 또는 수증 당시의 기준시가가 된다.[17] 이는 우리 세법이 자본이득세 과세방법이나 승계취득가액 방식을 모두 배제하고 자산의 무상이전시 자본이득에 대하여 과세하지 않는 신취득가액방식을 채택한 것을 의미한다.

3. 국제상속과세의 구체적 유형

가. 개   설

특정국가의 상속세 과세의 연결점으로 작용하는 요소로서는 거주지, 국적지, 자산소재지 등이 있다. 거주지, 국적지와 관련해서는 이들 기준을 피상속인에게 적용할 것인지 아니면 상속인에게 적용할 것인지의 문제가 있는바, 각국은 동일한 입장을 취하고 있지 않다. 일반적으로 각국은 피상속인이나 상속인에 대하여 거주지 등의 연결고리가 존재하는 경우에 전세계 상속재산에 대하여 과세권을 행사하고 그러한 연결고리가 없는 경우에는 국내에 소재하는 상속재산에 대하여 과세권을 행사한다. 전자의 경우를 무제한적 납세의무라 하고 후자의 경우를 제한적 납세의무라 한다. 또한 각국은 상속과세를 함에 있어 증여세액공제나 외국납부세액 공제 등 관련 조세부담을 완화하는 장치를 마련해 놓고 있다.

그러므로 국제상속과세에서는 무제한적 납세의무를 부담하는 상속세 납세의무자를 어떠한 기준에 의하여 판정할 것인지, 제한적 납세의무를 부담하는 상속재산의 소재지를 어떠한 기준에 의하여 파악할 것인지, 그리고 상속세 최종 납부세액을 정함에 있어 관련 조세부담 완화를 어떠한 범위에서 인정할 것인지가 중요한 문제가 된다.

나. 무제한적 납세의무자의 판정 기준

(1) 상속인 기준과 피상속인 기준

대부분의 국가에서는 피상속인을 기준으로 그가 그 국가의 거주자의 요건 등을 충족하는 경우 피상속인의 전세계 상속재산에 대하여 과세를 한다. 미국, 영국, 프랑스 등이 그러한 기준을 적용하여 상속세를 과세한다.

반면 일부 국가들은 상속인이 그 국가의 거주자인 경우에 그 상속인이 상속

---

17) 소득세법 제97조 제1항 제1호.

받는 전세계 재산에 대하여 상속세를 과세한다. 일본, 독일과 오스트리아가 그 예이다. 그러나 이들 국가에서는 피상속인의 거주지에 기초하여 전세계 재산에 과세하는 보충적 기준을 가지고 있다.[18]

(2) 거주지 기준과 국적지 기준

거주지 기준에서는 거소지나 주소지가 무제한적 납세의무를 부과하는 기준이 된다. 거소지가 상속세 납세자의 납세의무의 범위를 정함에 있어 가장 자주 사용되는 기준이 된다. 벨기에,[19] 덴마크,[20] 룩셈부르크,[21] 네덜란드,[22] 스웨덴[23] 등이 그 예이다. 거소지 개념은 개인의 실제 사는 곳의 중심을 의미한다.[24] 일본에서는 住所(じゅうしょ)가 거소지 개념으로 지칭되기도 하는데, 이는 종종 주소지 개념에 비견되기도 한다.[25] 하지만 일본의 住所(じゅうしょ)가 주소지 개념과 정확히 일치하는 것은 아니다. 한편, 거소지라는 개념은 국가마다 해석을 달리한다는 점에 주의할 필요가 있다. 일부 국가에서는 거소지 개념을 사법(私法)에 따라 파악하고 있지만, 일부 국가에서는 좀 더 사실관계에 기초하여 파악하고 있다.[26] 뿐만 아니라 거소지 기준의 내용도 소득세법상의 거소지 기준과 상속세법상의 거소지 기준이 차이가 있는 경우도 있다.

영미법 국가에서 주소지는 무제한납세의무를 생기게 하는 기준으로 활용된다. 주소란 대개 한 개인의 항구적 근거지(permanent home)이거나 항구적 근거지

---

18) Wolfe D. Goodman, "General Report", *International Double Taxation of Inheritance and Gifts* (1985), p. 21.

19) Arts. 1, 2 and 15, *Code des droits de succession/Wetboek der Successierechten*.

20) 덴마크 상속세의 목적에서 법무행정법에 따라 사망자의 상속재산이 덴마크에서 검인되어야 한다면 그 사망자는 덴마크의 거주자로 간주된다. 어느 개인의 덴마크와의 관련성이 다른 나라의 그것보다 같거나 높은 경우가 이에 해당한다. Frans Sonneveldt, "Application of Death Taxes in the Emigration and the Immigration Countries", *Inheritance and Wealth Tax Aspects of Emigration and Immigration of Individuals* (2002), p. 11.

21) 그러나 룩셈부르크에서는 외국부동산은 과세대상에서 제외된다. Sonneveldt, *op. cit.*, p. 11.

22) Art. 1, §1, under 1° and 3°, Inheritance and Gift Tax Act 1956.

23) Arts. 4 and 35, Inheritance and Gift Tax Act 1941.

24) Masatami Otsuka, "Branch Report(Japan)", *International Double Taxation of Inheritance and Gifts* (1985), p. 430

25) 세계 각국에 공통되는 주소, 거소 개념이 있다고 보기는 힘들다. Goldberg, *op. cit.*, pp. 29－30. 가령 소득세에 관한 OECD모델조약 주석에서도 "통상 자국법(사법)에서 해석되는 뜻에서만 일방국에 주소가 있는 그런 사람은 납세의무를 지지 않는다"라고 적고 있는데(OECD모델 제4조 주석 3문단), 이처럼 주소 기준은 일단 각국 법에 따라 다르다고 봐야 할 것이다. 입법례에 비추어 조세목적상 주소가 다양하게 정의되고 있음은 Goodman, *op. cit.*, pp. 22－24 참조.

26) 전자가 상속세법이 폐지되기 전의 이탈리아의 경우이고, 후자의 예로서는 벨기에, 네덜란드, 스페인을 들 수 있다. Sonneveldt, *op. cit.*, pp. 11－12.

로 법률에 의하여 추정되는 장소를 의미한다.[27] 미국은 재무부규칙(Regulation)
에서 재산이전세 목적상 주소에 관하여 "사람은 어느 곳에 산다는 것에 의해 그
장소에 대한 주소를 획득한다. 비록 아무리 짧은 기간 동안 산다고 하더라도 동
일하며, 심지어는 거기에서부터 이동할지에 대한 어떠한 명확한 현재적 의사가
없더라도 마찬가지이다. 무한정 머무를 의도가 없는 거소는 주소를 형성하지 않
으며, 그리고 실제로 이동하지 않는다면 주소를 옮기려는 의도만으로 주소변경
의 효과가 생기지도 않는다"라고 명확하게 설명하고 있다.[28] 이 개념은 실질적
거주와 그 나라에서 항구적으로 머무르겠다는 의도라는 두 가지 요소를 담고
있다.

　　한편, 거주지 기준과는 달리 국적지 기준을 택하고 있는 경우도 있다. 대표
적인 국가가 미국으로서 미국의 거주자가 아닌 경우에도 미국 국적자라는 이유
로 무제한적 납세의무를 부과한다. 오스트리아,[29] 독일,[30] 네덜란드,[31] 스웨덴[32]
에서도 국적이 상속세를 부과하는 중요한 기준으로 사용된다. 국적지 기준은 거
주지 기준과 결합하여 사용되기도 한다. 그러나 어느 나라도 미국처럼 국적지 기
준을 무제한적으로 적용하는 나라는 없다.[33]

　　(3) 무제한적 납세의무 기준의 확대[34] [35]

　　국가들은 각각 무제한적 납세의무를 가급적 많은 자들에게 지우려고 한다.
그리하여 각국은 무제한적 납세의무가 생기게 하는 기준들 가운데 하나를 쓰기
보다는 둘 다 사용하는 경우가 있다. 미국에서는 주소와 시민권이 전 세계 과세
의무의 적용여부를 결정하는 데 이용된다. 국가에 따라 피상속인과 상속인 두 사

---

27) 영국의 예로서 Anderson(Anderson's Executors) v. IRC[1998] STC(SCD) 43; Re Clore(No. 2),
　　Official Solicitor v. Clore[1984] STC 609 참조.
28) Reg. Par. 25.2501−1, (5)(b).
29) Art. 6, §2, subpar. 1, Austrian Inheritance Tax Act.
30) §2 Abs. 1 No. 1 Satz 2 Buchst. B, *Erbschaftsteuer−und Schenkungsteuergesetz*.
31) Arts. 3, §1, Inheritance and Gift Tax Act 1956.
32) Arts. 4 and 35, Inheritance and Gift Tax Act 1941.
33) IRC s. 2001은 연방 상속세(유산세)는 미국의 국적자나 거주자인 모든 사망자의 유산의 이전에
　　대하여 부과된다고 규정하고 있다.
34) 이와 관련된 것으로 출국세(exit tax)가 있다. 출국세는 출국행위가 있을 때 납세자가 보유하고
　　있는 상속재산의 미실현이익이 실현되었다고 간주하여 과세하는 것이다. 출국에 의하여 납세자
　　의 거주지가 변경되고 이는 종전 거주지국 입장에서는 과세권의 이탈을 의미하므로 출국을 과
　　세의 계기로 삼아 과세를 하는 것이다. 이는 소득과세와 보다 밀접하게 관련이 있으므로 여기서
　　는 자세히 논의하지 않기로 한다.
35) Sonneveldt, *op. cit.*, p. 27.

람 모두에게 이러한 기준을 적용하는 경우가 있다. 오스트리아,[36] 핀란드,[37] 독일,[38] 아일랜드[39]가 그 예이다. 즉, 피상속인이나 상속인의 거소지가 해당 국가에 있기만 하면 무제한적 납세의무를 지게 된다. 프랑스에서는 1999년부터는 상속인에 대해서도 거소지 기준이 적용되어 왔다.[40]

나아가 일부 국가는 거주지를 이탈한 자에 대하여도 간주거주지 조항을 적용하여 자국의 과세권을 예외적으로 확대하기도 한다. 다른 거주지를 설정한 납세자를 추적하여 과세한다는 점에서 추적과세(trailing tax)로도 불린다. 네덜란드의 법률에 의하면 네덜란드에 거주지를 두었던 개인은 사망일로부터 10년 이내에 거주지를 변경하였다면 사망 당시 네덜란드의 거주자로서 간주된다. 영국의 경우에는 3년 기준의 간주거주지 조항을 가지고 있다.[41] 간주국적지 조항이 적용되는 경우도 있는데 자국 국민이 거주지를 이전한 경우 네덜란드와 스웨덴에서는 10년 동안, 오스트리아에서는 2년 동안, 독일에서는 5년 동안에 한하여 국적지 기준을 적용한다.[42]

다. 제한적 납세의무의 판정기준

(1) 개   설

상속세 납세의무는 상속재산의 소재지(situs)에 따라 결정될 수 있다. 일반적으로 특정국가와의 사이에 거소지, 주소지, 국적지의 연결점이 없는 자라도 그 특정국가에 상속재산이 소재하는 경우에는 그 국가에 상속세 납세의무를 부담하게 된다. 각국은 상속재산의 소재지를 판정함에 있어서도 다양한 기준을 가지고 있다. 특기할 점은 재산의 소재지의 판정기준은 특정세법의 목적에 따라 달리 정해질 수 있다는 것이다. 벨기에와 룩셈부르크의 경우에 제한된 소재지 기준이 상속세에 적용되고 있으며 반면 증여세에는 권리증서의 등록지라는 단일한 기준이 적용된다.[43] 자산소재지에 대한 명백히 다른 두 가지의 정의규정은 미국세법 규정에서도 찾

---

36) Art. 6, Austrian Inheritance Tax Act.
37) Arts. 4 and 18, Inheritance and Gift tax Act.
38) §2 Abs. 1 No. 1, *Erbschaftsteuer—und Schenkungsteuergesetz*.
39) Ss. 6 and 12, Capital Acquisition Tax, 1976.
40) Art. 750 ter 3, *Code Général des Impôts*.
41) S. 267, IHTA 1984.
42) Sonneveldt, *op. cit.*, pp. 13 — 14.
43) Sonneveldt, *op. cit.*, p. 17.

아볼 수 있다. 연방증여세 목적상 자산소재지의 정의는 연방상속세의 목적상 자산소재지 정의보다 적용범위의 면에서 훨씬 제한된다. 가령 미국시민도 아니며 동시에 거주자도 아닌 자로부터 미국 소재의 무형자산이 이전되는 때에 연방상속세는 부과되더라도 연방증여세 문제는 생기지 않을 수 있다.[44]

(2) 상속세 과세대상의 범위

피상속인이 비거주자인 경우에 상당수의 국가들이 그 국가에 소재하거나 소재한 것으로 간주되는 제한적 범주의 상속재산에 대해서만 과세를 하고 있다. 오스트리아의 경우 농림업 재산, 부동산, 사업시설 등에 대해서만 과세를 하고 벨기에의 경우에는 부동산에 대해서만 과세를 한다. 일부 국가에서는 그 국가에 소재하거나 소재하는 것으로 간주되는 모든 재산에 대하여 과세를 한다. 미국의 경우 공공 화실이나 박물관에 전시된 미술작품을 제외한 나머지 모든 유체재산에 대하여 과세하고, 무체재산에 대하여도 극히 일부를 제외하고 과세를 한다.[45]

미국은 상속세 과세를 회피하기 위하여 사망일로부터 10년 이내에 미국 시민권을 포기한 피상속인의 재산에 대하여 확장된 과세책임을 부여한다. 그와 같은 경우에는 미국 소재 모든 재산에 대하여 과세하는 외에 피상속인의 외국회사의 주식에 대한 일부 가치에 대하여도 과세를 하는데 그 일부 주식 가치는 그 외국회사의 미국자산의 비율에 의하여 산정된다.[46] 조세회피에 대항하기 위해 몇몇 국가는 특정한 조건 하에서 팔린 소재지국의 상속재산은 상속세 목적상 과세표준에 산입된다는 식의 상속재산 소재지의 범위를 확대하는 규정을 개발한 경우도 있다.[47] 네덜란드에서는 사망 전 1년의 범위 내에서 일정한 친척에게 소재지 물건을 양도한 경우에 이는 상속세 목적상으로는 무시된다.[48] 상속재산의 소재지에 관하여 추적과세가 이루어지는 셈이다.

(3) 무체재산의 소재지의 판정기준

무체재산의 소재지를 정의하는 것은 유형자산의 소재지를 정의하는 것보다는 훨씬 더 복잡하다. 유체재산의 경우는 자산의 물리적 소재지가 결정적인 기준이며, 무형자산의 경우 그 정의는 관념적 개념에 터잡게 된다.[49] 오늘날 매일매

---

44) IRC §2104 and 2501.

45) Goodman, *op. cit.*, pp. 25 – 27.

46) IRC §2107(b).

47) Sonneveldt, *op. cit.*, p. 17.

48) Art. 15, Inheritance and Gift Tax Act 1956.

49) 이러한 이유 때문에 Goodman은 무형재산에 관해 '관념적 장소(*notional situs*)'라고 언급하고

일이 가상화되어가는 세계에서는, 그 경제활동의 중점도 유형자산에서 무형자산으로 옮겨가고 있으며 무형재산의 '소재지'라는 관념도 이러한 측면에서 더욱 중요해지고 있다.

무형재산의 소재지를 구체적으로 보면 다음과 같다.50) 은행예금은 국가에 따라 차이가 있으나 그 계좌가 관리·유지되는 지점에 소재하는 것으로 본다. 프랑스, 이탈리아, 일본, 영국이 그 예이다. 그러나 미국에서는 피상속인의 은행예금이 피상속인의 상업적, 직업적 활동과 유효하게 관련이 되어 있지 않다면 미국에 소재한 것으로 간주되지 않는다. 생명보험금의 경우 국가에 따라 큰 차이가 있다. 뉴질랜드, 콜롬비아에서는 생명보험금이 지급되는 곳에 소재하는 것으로 보지만, 일본, 프랑스 등은 보험증권이 발행된 곳에 생명보험금이 소재하는 것으로 본다. 일반 채권의 소재지는 국가에 따라 차이가 있는데 콜롬비아에서는 그 채권이 지급되는 곳에 소재하는 것으로 보는 반면 일본에서는 채무자의 사업이 위치하고 있는 곳에, 프랑스, 이탈리아에서는 채무자의 거주지에 각 소재하는 것으로 본다. 프랑스, 독일의 경우 저당권은 담보물이 있는 곳에 소재하는 것으로 보나 일본에서는 채무자의 사업장이 있는 곳에, 스페인에서는 저당권이 등기되거나 실행이 될 수 있는 곳에 소재하는 것으로 본다. 콜롬비아에서는 주식의 소재지는 회사의 주소지에 소재하는 것으로 보는 반면 프랑스, 일본에서는 주사무소 소재지에 소재하는 것으로 본다. 미국, 독일에서는 회사의 설립지에 소재하는 것으로 본다. 회사채와 국채의 경우 콜롬비아, 핀란드에서는 그 발행지가 회사채 등의 소재지이나 프랑스에서는 법령상의 주사무소가 위치한 장소가 소재지가 된다.

라. 관련 조세부담의 완화 문제

(1) 증여세액공제

많은 국가들은 상속세의 목적상 과세가액에 생전증여가액을 포함시키고 있다. 그 논거는 대체로 피상속인이 생전에 증여한 재산의 가액을 가능한 한 상속세 과세가액에 포함시킴으로써 조세부담에 있어서의 상속세와 증여세의 형평을 유지함과 아울러 상속세의 부과대상이 될 재산을 미리 증여의 형태로 이전하여

있다.
50) Goodman, *op. cit.*, pp. 28−31.

상속재산을 분산·은닉시켜 고율의 상속세의 부담을 부당하게 감소시키는 행위를 방지하려는 데 목적이 있다. 그러나 일부 국가에서는 사망을 원인으로 한 자산의 이전에 대하여 상속세만을 과세할 뿐 생전증여로 인한 양도에 대해서는 과세하지 않는 경우도 있다.[51] 그 결과 피상속인은 생전증여를 통해 자산의 양도를 함으로써 상속세의 부담을 회피하게 된다.

이러한 점 때문에 생전 증여가액 전체가 기간에 관계없이 상속세 과세가액에 일체로 통합되어 있는 경우가 있고 사망시로부터 일정기간 동안의 증여가액만이 상속세 과세가액에 합산되는 경우가 있다. 전자의 경우가 미국의 예인데 미국의 상속세제는 증여세제와 완전히 통합되어 있다. 생전 재산의 무상이전은 증여세의 과세대상이 된다. 사망시에 증여재산은 피상속인의 과세대상 상속재산에 포함되지만 증여재산에 대하여 이미 납부한 증여세는 공제된다.[52]

(2) 외국납부세액 공제

피상속인의 거주지국은 피상속인의 전 세계 상속재산에 대하여 상속세를 부과할 수 있고 상속재산의 소재지국은 그 국내 소재 재산에 대하여 상속세를 부과할 수 있는바, 외국에 소재하는 상속재산에 대하여 부과된 세금을 피상속인 거주지국에서 외국납부세액으로 공제해 줄 수 있는지의 문제가 있다. 그리고 외국에서 증여재산에 대하여 부담했던 증여세를 자국에서 외국납부세액으로 공제할 수 있는지도 문제된다.

미국과 우리나라는 국내 세법에 의하여 외국 소재 상속재산에 대하여 부과된 상속세를 피상속인의 신고납부세액을 산정함에 있어 일방적으로 공제해 주고 있다.[53] 그와 같은 경우에도 일반적으로는 외국납부세액이 전부 공제가 되는 것이 아니라 그 재산이 국내에 소재하였더라면 부담하였을 상속세액의 범위 내에서 공제가 이루어진다.

마. 우리나라의 경우

상속개시일 현재 피상속인이 국내에 주소를 두거나 1년 이상 거소를 둔 거주자인 경우에는 상속재산의 소재지가 국내인가 국외인가를 불문하고 전체 상속

---

51) 가령 1924년 이전의 미국의 경우가 이에 해당한다. 자세한 내용은, Bittker and Lokken, *op. cit.*, pp. 120-122.

52) Goldberg, *op. cit.*, p. 35.

53) 우리나라의 경우는 상증세법 제29조, 같은 법 시행령 제21조.

재산을 대상으로 상속세를 부과하고,[54] 비거주자인 경우에는 국내에 있는 상속
재산에 대해서만 상속세를 부과한다.[55] 상증세법은 위와 같은 두 종류의 납세의
무에 대하여 여러 가지 면에서 다른 취급을 하고 있다. 과세가액 계산에 있어, 비
거주자의 경우에는 생전증여재산 중 국내 소재 재산가액만이 가산대상이 되
고,[56] 과세가액에서 차감하는 공과금 등의 범위가 상이하며,[57] 상속공제에 있어
기초공제 이외의 배우자 공제 등 각종 상속공제는 거주자에 한하여 적용되고,[58]
이중과세의 방지를 위한 제도인 외국납부세액공제 역시 거주자에 한하여 인정될
뿐이다.[59]

거주자의 사망으로 인하여 상속이 개시되는 경우에는 상속재산의 소재가 국
내, 국외 어디인가에 관계없이 모든 상속재산이 과세대상이 되므로 재산의 소재
지가 문제되지 아니하나, 비거주자의 사망으로 인하여 상속이 개시되는 경우에는
국내에 소재하는 상속재산만이 상속세 과세대상이 되므로 재산의 소재지가 과세
관할 결정의 기준이 된다. 상속재산에 대한 재산 소재지의 판정은 상속 개시 당
시의 현황에 의한다. 상증세법은 부동산 또는 부동산에 관한 권리는 그 부동산
의 소재지, 광업권 또는 조광권은 광구의 소재지, 어업권 또는 입어권은 어장에
가장 가까운 연안, 선박은 선적 소재지, 항공기는 항공기 정차장 소재지, 주식
및 출자지분 또는 사채는 그 주식 또는 출자지분 또는 사채를 발행한 법인의 본
점 또는 주된 사무소 소재지, 자본시장법을 적용받는 신탁업을 경영하는 자가
취급하는 금전신탁은 그 신탁재산을 인수한 영업장의 소재지, 예금 등 금융재산
에 대하여는 당해 재산을 취급하는 금융기관의 영업장 소재지, 금전 채권에 대
하여는 채무자의 주소지, 기타 유형재산 또는 동산에 대하여는 그 유형재산의
소재지 또는 동산이 현재 존재하는 장소, 특허권 등 등록을 요하는 권리에 대하
여는 그 권리를 등록한 기관의 소재지 등이 당해 상속재산의 소재지라고 규정하

---

54) 상증세법 제3조 제1호.
55) 상증세법 제3조 제2호. 거주자의 범위에 관하여 1996. 12. 30. 전문개정 이전에는 국내에 주소
를 둔 자로만 규정되어 있었으나(구법 제2조 제1항), 신법에서 1년 이상 거소를 둔 자까지 확장
되었다. 그리고 2015. 12. 15. 일부개정에서 상속세과세대상에 관한 규정을 정비하면서 거주자
의 정의가 삭제되었다. 한편 재산소재지의 판정기준에 관하여는 법 제5조가 상세하게 규정하고
있다.
56) 상증세법 제13조 제2항.
57) 상증세법 제14조 제1항, 제2항.
58) 상증세법 제18조 내지 제23조.
59) 상증세법 제29조.

고 있다.[60]

상속재산에 가산된 증여재산이 있는 경우에는 당해 재산에 대한 증여 당시의 증여세 산출세액을 상속세 산출세액에서 공제한다.[61] 우리나라 상증세법은 상속인에게 상속세 납세의무를 부과하고 있으며 피상속인이 상속개시 전 10년 이내에 상속인에게 증여한 재산의 가액과 5년 이내에 상속인 이외의 자에게 증여한 재산의 가액을 상속재산에 가산하도록 규정하고 있다.[62] 외국에 있는 상속재산은 소재지국에 의하여 상속세가 과세되는 것이 일반적이며, 그 경우 피상속인의 주소가 국내에 있다면 우리 상속세법의 적용을 받기 때문에 재산소재지국과 피상속인의 주소지국인 우리나라에서 이중으로 과세되는 부담을 지게 된다. 그 부담을 경감시키기 위하여 상증세법은 상속세액 중 상속세가 부과되는 총상속재산가액에서 국외상속재산이 차지하는 비율에 상당하는 금액의 범위 내에서 외국납부세액을 공제하여 주는 외국납부세액공제제도를 택하고 있다.[63]

Ⅲ. 상속세의 국제적 이중과세의 발생원인

1. 개   설

각국의 상속과세에서 사용되는 수많은 다양한 연결요소의 상이가 이중과세 혹은 심지어 다중과세를 일으킬 수 있다. 다수의 나라들은 자국의 과세권을 확장시키기 위해 무제한적 납세의무를 부담하는 자와 상속재산 소재지의 범위를 넓히는 여러 방안들을 개발해왔는데[64] 국제상속과세에서는 이로 인하여 초래되는 이중과세문제에 대한 조화로운 해결이 보다 중요하다고 할 것이다. 이하에서는 상속세의 국제적 이중과세가 어떠한 원인에 의하여 발생하는지를 구체적으로 검토해 보고 이러한 이해를 바탕으로 상속세 조약을 통한 이중과세 해결의 방안을 모색하고자 한다.

---

60) 상증세법 제5조.
61) 상증세법 제28조 제1항.
62) 상증세법 제13조 제1항 제1, 2호. 사전증여의 과세가액 산입기간이 상속인과 비상속인에 대하여 처음에는 각 3년, 1년으로 되어 있었는데 1991. 1. 1.부터 5년, 3년으로 되고, 다시 1999. 1. 1. 부터 10년, 5년으로 확장되었다.
63) 상증세법 제29조, 상증세법시행령 제21조.
64) 이들 방안들은 소득과세의 목적상 이용되는 방안과는 전혀 다른 것처럼 보이는데, 이들 과세 제도들 간의 속성이 다르다는 점을 생각하면 그리 놀랄 일은 아니다.

2. 무제한적 납세의무와 제한적 납세의무의 중복 적용

가장 일반적인 형태의 이중과세는 피상속인의 상속재산에 대하여 어느 국가가 그 상속재산의 소재지가 자국이라는 이유로 과세권을 행사하고 다른 국가는 피상속인이 자국의 거주자라는 이유로 과세권을 행사하는 경우에 발생한다. 국제소득과세에서와 마찬가지로 각국이 독자적인 과세권을 주장한다면 당해 납세의무자가 직면하는 이중과세문제는 해결하기 어렵다. 오랜 기간 동안 많은 국가들이 외국에 소재하는 상속재산에 대하여 납부한 외국상속세에 대하여 단독으로는 법적 구제를 해주지 않았다. 프랑스의 경우에도 1976년에야 비로소 외국납부세액 공제를 단독으로 허용해 주었다.[65] 따라서 이러한 이중과세의 문제는 상속세조약의 체결을 통하여 양 국가간 이중과세방지 조항을 도입하지 않으면 그 구제가 어려웠다.

이러한 문제는 거주지국과 상속재산 소재지국 중 어느 하나에 과세상의 우선권을 주는 경우에 상당부분 해결될 수 있다. 이에 대한 기본적인 원칙은 없으나 일반적으로 부동산과 부동산에 밀접하게 관계되는 재산권에 대한 과세권은 부동산이 소재하는 국가가 가지고 동산이나 무체재산에 대한 과세권은 피상속인의 거주지국이 가지는 것이 타당한 것으로 인식되고 있다.[66] 상속재산 소재지국에 과세의 우선권을 주는 방식으로 문제를 해결한다면 이를 위하여 거주지국이 택할 수 있는 방안은 대체로 다음의 세 가지이다. 첫째는 거주지국에서 일방적으로 국외 소재 재산에 대하여 과세면제를 해주는 방법이다. 둘째는 국외 상속재산에 대하여 부과된 외국납부세액만큼 상속재산에서 이를 공제해주는 방법이며 셋째는 그 외국납부세액에 대하여 거주지국에서 세액공제를 인정해 주는 방법이다. 셋째의 경우에는 일반적으로 자국에 재산이 소재한 경우에 과세되는 금액을 한도로 세액공제를 허용하는 경우가 많다. 둘째의 방법보다 셋째의 방법이 이중과세 완화의 효과가 크다. 다수 국가들이 첫째의 방법을 사용하고 있고 스위스와 벨기에가 둘째의 방법을, 우리나라, 캐나다, 프랑스, 일본, 영국, 미국 등이 셋째의 방법을 각 사용하고 있다.

그러나 이와 같은 일방적인 외국 소재 상속재산에 대한 조세부담을 구제해

---

65) J. P. Chevalier, "Branch Report(France)", *International Double Taxation of Inheritance and Gifts* (1985), p. 408.

66) 자세한 내용은 Goodman, *op. cit.*, pp. 33 – 34 참조.

주는 장치를 마련한다고 하더라도 여전히 이중과세의 문제는 남게 된다. 첫째, 상속재산 소재지와 피상속인의 거주지에 대하여 양 국가가 다른 의견을 가지는 경우에 이중과세가 발생한다. 특히 무체재산의 경우에는 더욱 그러하다. 예컨대 피상속인의 거주지국의 상속재산 소재지 규정에 의하면 주식의 경우 주식 발행 회사의 설립지에 소재하는 것으로 보는데 피상속인의 사망 당시에 그 주식의 주권이 타국에 소재하고 있고 그 국가의 상속재산 소재지 규정에 의하면 주식은 주권이 있는 국가에 소재하는 것으로 되어 있다면 양 국가에서 서로 과세권을 행사하려 들 것이다.[67] 이러한 경우에는 피상속인의 거주지국에서 일방적인 외국 소재 상속재산에 대한 조세 부담을 완화해 주는 장치를 두었다고 하더라도 그 국가의 법률에 의하면 당해 상속재산은 국내 소재 상속재산이기 때문에 그러한 구제를 받을 가능성이 없다.

둘째, 외국납부세액 공제를 허용해 주는 것은 단지 두 국가의 세율 중 가장 높은 세율에 의하여 과세된다는 것을 의미한다. 예를 들어 피상속인이 100,000불의 재산을 그 거주지국에 보유하고 있고 50,000불 상당의 재산을 외국에서 보유하고 있다고 가정하자. 그 외국에서의 세율이 40%, 거주지국에서의 세율이 30%라고 할 경우 외국 상속재산에 대하여는 20,000불(50,000×40%)의 외국세금이 부과되고 거주지국에서는 전체 상속재산에 대하여 45,000불(150,000×30%)의 세금을 납부해야 한다. 이 경우 통상 20,000불의 외국납부세액은 전액 공제가 되지 않고 당해 상속재산이 국내에 소재하는 경우 부담하게 되는 15,000불(50,000×30%)까지만 공제가 된다.[68] 그러한 경우에는 일방적 외국납부세액 공제를 허용한다고 하더라도 부분적인 구제의 효과만이 있게 된다.

셋째, 상속재산에 대한 부채의 할당문제이다. 피상속인의 거주지국은 상속세 과세표준을 계산함에 있어 피상속인의 부채는 전적으로 공제하는 반면 상속재산 소재지국은 피상속인의 부채에 대하여 공제를 허용하지 않거나 이를 제한하는 경우가 많다. 만일 부채가 피상속인의 상속재산에서 상당히 많은 부분을 차지한다면 중대한 이중과세를 초래할 수 있다. 예를 들어 피상속인이 500,000불의 재산을 가지고 있는데 그 중 300,000불 상당은 거주지국에 소재하고 나머지 200,000불 상당은 외국에 소재하고 있다고 가정하자. 그리고 거주지국과 외국에

67) Goodman, *op. cit.*, p. 36.
68) Goodman, *op. cit.*, pp. 36−37.

서의 상속세율이 25%라고 하자. 만일 피상속인이 400,000불의 부채를 부담하고 있다면 외국납부세액 공제 전의 전체 상속재산에 대한 조세부담은 25,000불 [100,000(500,000 − 400,000) × 25%]이다. 이 경우 외국납부세액은 50,000불(200,000 × 25%)로 이 금액이 외국납부세액으로 공제되어 국내에서의 상속세 부담이 없게 된다고 하더라도 납세의무자는 전체적으로 50,000불의 조세부담을 지게 되는데, 이는 순 상속재산의 50%에 해당한다. 외국 소재 재산을 담보로 제공받는 부채에 대하여도 그 외국 재산에서 공제가 이루어지지 않는다면 심각한 이중과세문제가 생기게 된다.69)

3. 무제한적 납세의무 판정기준과 판정대상의 상이

가. 납세의무 판정기준의 상이

각국은 무제한적 납세의무를 판정함에 있어 각기 다른 기준을 가지고 있다. 예를 들면 피상속인은 A국가의 국적자이고 B국가에 항구적인 주소를 두고 있는데, A국가는 국적지 기준에 의하여, B국가는 주소지 기준에 의하여 무제한적 상속세 납세의무를 지우고 있다고 하자. 피상속인이 사망하기 전에 C국가에 소재하는 다국적 회사에 근무하기 위하여 거소를 두게 되었는데 C국가는 거소지 기준에 의하여 상속세 과세를 한다. 상속세 조약이 없는 경우에는 세 국가에서 그 피상속인에 대하여 무제한적 납세의무를 부과하려고 할 것이다. 만일 피상속인의 재산이 세 국가 중 어느 하나에 소재하고 있다면 외국납부세액 공제제도에 의하여 조세부담이 완화될 수 있으나 만일 그의 상속재산 전부가 무과세국인 제3의 D국에 소재하고 있다면 세 국가는 그 재산에 대하여 모두 과세권을 행사하게 되고 외국납부세액 공제의 여지도 없게 될 것이다.

무제한적 납세의무자 판정기준의 상이에 따라 발생하는 이중과세 유형은 다음의 네 가지로 구분될 수 있다.70) 첫째, 각 국가가 사법상의 의미에서 거주지의 개념에 의지하는 등 국가 상호간에 거주자의 판정기준에 차이가 존재하는 경우이다. 해외 관계회사의 주재원으로 파견되거나 은퇴 후 타국에서 거주하는 자의 수가 증가하고 있는데 예컨대 종전 거주지국에서는 그곳에 개인의 재산이나 가족 등의 존재를 이유로 당해 주재원 등을 자국의 거주자로 주장하는 반면 새로운

---

69) Goodman, *op. cit.*, pp. 37 − 38.
70) Goodman, *op. cit.*, p. 39.

국가에서는 객관적인 거주사실을 근거로 그 국가의 거주자로 주장하는 경우가 이에 해당한다. 둘째, 한 국가가 주소지나 거소지의 개념에 의하는 반면 다른 국가는 국적지 기준에 의하는 경우이다. 셋째, 두 국가가 모두 국적지 기준에 의지하는 경우이다. 넷째, 한 국가가 거주지 개념을 확장하여 거주지를 포기하거나 국적을 포기한 경우에도 거주자로 보아 과세하는 반면 다른 국가는 그 사망 당시의 피상속인의 실제 거주지에 근거하여 과세를 하는 경우이다. 즉 자국의 거주지를 이탈한 개인에 대하여도 추적과세의 이름으로 납세의무를 부과하는 경우이다.71) 요컨대, 이러한 각국의 서로 다른 제도로 인하여 특정 납세자가 두 국가 이상의 무제한적 납세의무자로 분류되어 그의 전 세계 재산에 대하여 이중과세가 행하여질 여지가 있는 것이다.

나. 피상속인 기준과 상속인 기준

무제한적 납세의무의 판정기준을 어떠한 자에게 적용하느냐에 따라 이중과세가 발생할 수 있다. 만일 어느 국가는 피상속인에 대하여 판정기준을 적용하고 다른 국가는 상속인에 대하여 판정기준을 적용하여 무제한적 납세의무를 부과한다면 이로 인하여 이중과세문제가 발생할 수 있다. 예컨대 피상속인이 거주지를 타국으로 변경하면서 자신의 상속재산을 종전 거주지국의 상속인들에게 상속시키고자 하는 경우에 생길 수 있다. 양 국가는 모두 상속재산의 총액에 대하여 과세권한을 행사하게 된다. 미국의 경우를 예로 들면 피상속인의 거주지가 미국에 있고 상속인의 거주지는 다른 나라에 있는 경우, 미국은 다른 나라에서 납부된 상속세를 외국납부세액으로 공제할 것인데, 그 세액공제는 상속재산이 외국에 소재하여야 한다는 조건에서 가능하다. 만약 상속재산이 외국에 소재하지 않는다면 어떠한 세액공제도 허용되지 않아 결과적으로 이중과세가 될 것이다. 상속인의 거주지에 기하여 과세를 하는 국가는 많지 않은데 이들 국가에서는 피상속인의 거주지를 기준으로 타 국가가 과세하는 경우에 야기되는 이중과세문제를 구제해 주기 위한 별도의 규정은 두고 있지 않는 경우가 일반적이다.72)

---

71) 넷째 유형에 대하여는 거주자 개념의 정책적 확대를 의미하므로 아래에서 따로 살펴보도록 한다.
72) Goodman, *op. cit.*, pp. 40-41.

다. 무제한적 납세의무의 확대

거주지 개념의 확대에 의해서도 이중과세가 발생하는데 이는 추적과세가 행해지는 경우이다. 네덜란드의 법률에 의하면 네덜란드에 거주지를 두었던 개인은 사망일로부터 10년 이내에 거주지를 변경하였다면 네덜란드의 거주자로 간주된다.[73] 영국에서는, 일반 법원칙상 자신의 주소를 포기한 개인은 다음 3년간 영국의 간주주소를 보유한다. 이에 따라 영국은 피상속인의 전 세계재산에 대해 간주거주자기간 동안에는 계속적으로 과세한다. 이와 같은 경우 종전 거주지국과 신거주지국에 의한 이중과세의 발생은 당연히 예상된다. 앞서 본 국적지 기준의 확대에 의해서도 동일한 이중과세의 문제가 발생한다.

4. 제한적 납세의무의 판정기준의 상이

가. 상속재산 소재지의 상이

비거주자의 경우 국내에 소재한 상속재산에 대하여 상속과세가 이루어진다. 각국은 상속재산의 소재지에 관하여 자세한 규정을 두고 있는데 대부분은 일치하지만 그 소재지의 정의에 대하여 차이가 있는 경우 특정의 상속재산이 양 국가에 동시에 소재하는 것으로 취급될 수가 있다. 특히 무체재산의 경우 그 소재지에 다툼이 생길 가능성이 높다.[74] 그와 같은 경우 동일한 상속재산에 대하여 이중으로 과세가 될 수 있다. 이 경우 일방적 외국납부세액 공제를 허용하는 조항이 있더라도 그 상속재산의 상속인은 그 이중과세금액에 대하여 자국에서 외국납부세액을 공제를 받지 못할 가능성이 높다.

그 밖에 상속재산의 소재지에 관하여 구체적인 조항이 없는 경우도 있을 수 있다. 일반적으로 상속재산의 소재지는 상속개시 당시의 현황에 의하여 결정이 되는데 피상속인의 사망 당시 보석 등의 유체동산이 역외에서 선박에 의하여 이동 중에 있는 경우 위 재산의 소재지에 대하여 출발지 국가와 도착지 국가, 그리고 선적지 국가가 서로 자국에 소재한다는 이유로 과세권을 주장할 가능성이 있다.

---

73) 1956 Inheritance Gift and Transfer Act §3(1). W. E. de Vin, "Branch Report(Netherlands)", *International Double Taxation of Inheritance and Gifts* (1985), p. 473.

74) 이는 근본적으로 무체재산 소재지를 관념적 정의에 터잡아 정의해야 하기 때문에 유체재산에 비해 그 소재지를 정의하는 것이 훨씬 더 복잡하다는 점에 기인한다. 오늘날 세상이 더욱 가상화되어간다는 점을 생각하면 무체재산의 소재지 다툼은 점점 더 심각해질 것이다. Sonneveldt, *op. cit.*, p. 14.

나. 상속재산 소재지의 확대

한편 국가에 따라서는 상속재산의 소재지 개념을 정책적으로 확장하는 경우도 있다. 미국은 비거주자의 미국 소재 자산에 대하여 과세하는데, 미국회사의 주식도 이에 포함된다. 미국은 비거주자가 외국회사를 통해 투자함으로써 미국 자산 소재지의 적용을 받지 않으려고 한다면, 일정한 조건하에서 외국회사의 주식이라 하더라도 미국 소재 재산으로 간주하는 조항을 두고 있음은 이미 본 바와 같다.[75]

국가에 따라서는 일정한 경우 법인에 대하여 상속세 납부의무를 지우는 경우도 있다. 이를 Company Death Duties Legislation이라고 하는데 이에 의하면 어느 법인이 내국법인이 아니고 피상속인, 상속인이 당해 국가의 거주자가 아니더라도 그 법인이 그 국가에 재산을 소유하고 있는 경우 그 법인의 주식이 사망을 계기로 이전되는 경우 그 주식 범위에서 당해 법인에 상속세를 부과한다. 이러한 국가들이 당해 법인의 법적 형식을 부인해서 그 법인의 소유로서 그 국가에 소재하는 재산을 그 법인의 주주가 직접 소유하는 것으로 간주하겠다는 것이다. 그러나 이러한 규정은 당해 회사의 주식에 대하여 과세하는 다른 국가의 과세권과 상충되는 문제를 야기할 수 있다.[76]

5. 관련 조세부담의 완화 문제

가. 개   설

상속과세는 일반적으로 피상속인의 사망 이전 일정 기간 동안의 재산이전을 반영하여 결정된다. 원칙적으로 일정 기간의 재산이전 분에 대하여 이를 상속재산에 포함시키고 그 재산의 이전을 원인으로 부담하게 된 조세를 공제해 주는 구조이다. 동일 과세관할 내에서 그러한 공제가 이루어지는 경우에는 별 문제가 없으나 각국이 다른 공제기준에 의하여 이를 적용하거나 타국에서의 납부세액에 대하여 그 공제를 제한하는 경우에는 이중과세의 문제가 발생할 수 있다.

나. 증여세액 공제의 문제

피상속인이 어느 국가에 거주하면서 상속재산을 증여하고 그 국가에서 증여세를 납부하였는데 그 이후에 다른 국가로 거주지를 이전하여 사망한 경우 새 거

---

75) IRC §2107(b).
76) Goodman, *op. cit.*, p. 41.

주지국이 그 증여재산을 상속세 과세표준에 포함시켰으나 그 증여세액을 공제해 주지 않는다면 이중과세의 문제가 생겨날 수 있다.[77] 이 경우 거주지를 변경하기 전에 종전 거주지에서 납부한 증여세액에 대하여도 증여세액공제를 적용해 줄 것인지가 문제된다. 새로운 거주지국이 종전 거주지국의 증여재산을 상속재산에 포함시켜 과세하는지에 따라 그 허용여부를 정하는 것이 타당할 것으로 보이나 그렇다고 무작정 외국에서 납부한 증여세액을 전액 공제해 준다면 새 거주지국 의 과세기반이 잠식당할 위험도 있다. 만일 외국에서의 증여재산을 상속재산에 포함시킨 다음 증여세액 공제를 허용한다면 새로운 거주지국으로서는 재정수입 에는 별로 기여하지는 못하고 과세관청으로서는 외국의 과거 증여재산 가액을 파악해야 한다는 점에서 과세행정상의 번거로움만을 초래할 가능성이 높아 보이 므로 이 부분은 입법적으로 명확히 할 필요가 있다고 생각된다.

다. 자본이득세의 문제

국가에 따라서는 피상속인의 타 국가로의 거주 이전시에 자본이득세 내지 양도소득세를 부과하는 경우도 있다. 이러한 자본이득세는 종전 거주지국가에서 부담하는 것으로서 새로운 거주지국이 상속세를 부과하면서 이를 외국납부세액 으로 공제할 수 있는지가 문제된다. 상속과세가 일정 기간에 소급하여 이루어진 재산이전에 대한 세부담을 고려대상으로 한다는 점에서 과거에 이민을 계기로 부담한 자본이득세도 공제해 주는 것이 타당하다는 견해가 있을 수 있다.

이와 관련하여 독일연방재정법원은 캐나다의 양도소득과세는 독일상속세에 대해 공제될 수 없다고 판시하였다. 독일·캐나다 간에는 상속세 조약이 없기 때 문에, 법원으로서는 독일의 국내법, 즉 상속세법 section 21(2)에 의거해야 하는 데 이 법에서는 외국납부세액이 상속세에 상응하는 경우에만 독일상속세에 대한 세금공제가 허용되는 것이라고 하고 있다. 본질적으로, 독일법원은 캐나다의 자 본과세제도가 독일의 세금에 상응하지 않는다고 보았는데, 이는 캐나다의 조세는 자본소득에 부과되는 것이지, 상속재산의 가액에 대하여 부과되는 것은 아니라고 보았기 때문이다.[78] 또한 미국도 Estate of Ballard 사건에서 동일한 입장을 취하

---

77) R. Senn & C. Borschel, "The Inclusion of Inter—vivos Gifts in the Taxable Estate for Death Tax Purposes", *Inheritance and Wealth Tax Aspects of Emigration and Immigration of Individuals* (2002), p. 41.

78) 독일연방재정법원 1995. 4. 26.자 결정(Bundessteuerblatt, 1995 II 540).

였다. 위 사건에서 피상속인은 미국의 시민권자 겸 거주자이었는데 캐나다에 부
동산을 소유하고 있었다. 피상속인의 유산재단은 캐나다 정부에 위 부동산에 대
한 양도소득세를 납부한 다음 미국 정부에 위 양도소득세에 대하여 외국납부세
액 공제를 신청하였다. 이에 대하여 미국조세법원은 캐나다 정부에 납부한 양도
소득세는 미국의 상속세와 실질적으로 유사한 조세에 해당하지 않기 때문에 외
국납부세액공제를 받을 수 없다고 판결하였다.[79] 만약 캐나다의 양도소득세가
독일과 미국의 상속세에서 공제되고자 한다면 그 해법은 그러한 공제제도를 명
확히 규정한 조세조약에 의하는 것이어야 한다.

Ⅳ. 상속세조약의 도입필요성

1. 개   설

앞서 본 바와 같이 국제상속과세에 있어 다양한 형태의 이중과세가 발생한
다. 국제상속과세에 있어서 각국은 과세권을 확대하고자 하는 입장에 있는바, 1
년 단위로 이루어지는 소득과세보다 상속세의 경우에는 피상속인의 전생애 동안
에 축적된 상속재산에 대하여 이중과세가 이루어진다는 점에서 그 이중과세의
규모가 훨씬 더 크다고 할 수 있다.

이러한 이중과세를 방지하기 위해서 한 국가의 일방적이고 편면적인 구제조
항에 의존하는 경우에는 앞서 본 바와 같이 그 한계가 있으며 이중과세문제를 해
결하기 위해서는 인적 교류가 활발한 국가들 사이에서 상속세 조약을 체결하는
것이 필요하다고 하겠다. 그러나 소득세에 관한 조세조약과는 달리 상속세에 관
한 조세조약의 예는 그다지 많지 않다. 종전에는 국가간 인적 교류가 있기는 하
였지만 그 정도와 빈도가 많지 않았고, 과세관청이 외국인에 대한 과세정보 입수
의 곤란 등의 이유로 상속과세권 행사에 적극적이지 않아 외국인의 사망을 계기
로 이중과세가 발생한 사례가 적었을 것이라는 점에서 각국이 상속세의 이중과
세문제를 해결하는 데 관심을 기울이기는 어려웠을 것이다.

그러나 전 세계가 하나의 공동체로 나아가는 현시점에서 국제적 인적 교류
의 정도와 규모는 과거의 그것과는 사뭇 다르고 국가간의 과세정보의 교환 등으
로 외국인에 대한 과세권 행사가 비교적 용이하게 되었으므로 이제는 국제적 이

---

79) Estate of Ballard(85 TC 300, 1985).

중과세를 방지하기 위한 상속세 조약의 체결문제에 대하여 진지하게 검토를 해야 할 것으로 보인다. 이하에서는 상속세 조약의 사례와 모델조약의 연혁에 대하여 간단히 살펴보고 상속세 조약의 체결을 통한 이중과세의 방지문제에 대하여 검토하도록 한다.

2. 상속세 조약의 사례

과거에도 상속세의 이중과세의 문제를 해결하기 위한 국제적인 노력은 존재하였다. 1927년 국제연맹은 상속세에 있어 이중과세를 방지하기 위한 쌍무적 조세조약 초안을 마련하였고, 이 조약 초안에 대하여는 수 차례에 걸친 개정작업이 있었다. OECD에서는 1966년 OECD 상속세에 관한 이중과세 방지조약 초안을 만들었는데 1982년 위 조약 초안을 개정하고 증여세 이중과세문제까지 반영하여 OECD 모델 상속세 및 증여세 조약을 제정하였다.[80] 미국도 별도의 US 모델 상속세·증여세 조약을 두고 있고 1955년도에 미일 상속세 조약을 체결하는 등 다른 나라와 비교적 많은 상속세 조약을 체결하였다.[81] 미국의 조세조약 중 소수만이 증여세와 세대생략 상속세를 포함하고 있는데 스웨덴과의 상속세 조약이 그 예이다.[82] 유럽의 경우에 상속세 조약의 대부분은 독일, 스위스, 오스트리아 혹은 스칸디나비아국가들(덴마크, 노르웨이, 스웨덴) 사이에서와 같이 전통적으로 각국 시민들이 한 나라에서 다른 나라로 자주 이동할 수 있는 인접 국가들 간에 체결되어 왔다.

3. 무제한 납세의무와 제한적 납세의무 중복 적용의 해결

무제한 납세의무와 제한적 납세의무가 중복되는 경우가 가장 일반적으로 발생하는 이중과세의 예이다. 국외 상속재산에 대하여 광범위하게 과세하는 국가가 있고 제한적으로 과세하는 국가가 있다. 미국, 영국이 전자의 예이고 독일, 오스트리아가 후자의 예이다. 만일 양 국가가 전자에 해당한다면 상속세 조약은 다양한 형태의 무체재산의 소재지에 대한 정의규정을 두어야 할 것이다. 미국과 영국

---

80) Goodman, *op. cit.*, p. 43.

81) 참고로 미일상속세조약은 재산의 소재지(제3조), 공제의 배분(제4조), 이중과세의 배제(제5조) 등 총 9조의 조문으로 이루어져 있다.

82) McDaniel·Repetti, and Caron, *Federal Wealth Transfer Taxation*, Foundation Press (2003), p. 921.

사이에서 1945. 4. 16. 체결된 상속세 조약이 대표적인 예이다.[83]

로마법에 근거를 두고 있는 유럽대륙의 국가들은 일반적으로 소재지 과세권을 제한하고 있다. 이들 국가들은 그 국가에 소재한 부동산이나 그 국가와 연결되어 있는 것으로 선언된 고정사업장과 같은 소수의 동산에 대하여 상속재산 소재지국으로서 과세한다. 다른 형태의 동산은 피상속인의 거주지국에서 과세하는 것이 적절하다고 생각한다. 이들 국가들 사이의 상속세조약에서는 상속재산의 소재지에 대한 문제보다는 거주자 개념 등 무제한 납세의무자의 판정 그리고 거주지국에서 제공하는 외국세액 공제 등의 조세부담 완화 수단에 주안점을 둔다. 1949. 12. 7. 노르웨이와 스웨덴 사이의 상속세 조약이 그 예인데 그 조약에서는 상속재산 소재지에 관하여 부동산과 고정사업장에 관한 두 조항만을 두었다.

전자에 속하는 국가와 후자에 속하는 국가 사이에서의 상속세 조약의 협상은 상속재산의 소재지 문제에 대한 광범위한 인식차이 때문에 역사적으로 아주 어려운 것이었다. 그러나 1996년 OECD 초안과 이에 대한 전자 그룹 국가의 OECD 초안의 채택 이래로 이 부분에 대한 많은 변화가 있었는데 위 초안에서는 부동산이나 고정사업시설 이외의 다른 상속재산에 대하여는 거주지국에 우선권을 부여하였다.

4. 무제한 납세의무의 중복 적용의 해결

무제한 납세의무의 중복적용으로 인하여 초래되는 이중과세문제는 관련 당사국이 무제한 납세의무자의 판정을 통일하는 조세조약을 체결하는 방법에 의하여 해결할 수 있다. 1982년의 OECD 모델조약은 피상속인의 주소를 결정함에 있어 두 국가 중 어디에 우선권을 부여할 것인가에 대한 다음과 같은 방안을 제시하고 있다. 그와 같은 우선권은 항구적 주거, 밀접한 인적·경제적 이해관계지(중요한 이해관계의 중심), 상시의 주거지, 국적지를 관할하는 국가의 순서로 부여된다. 만약 두 국가가 동의할 수 없다면 양국의 과세당국이 상호합의를 할 수 있다.[84]

이와 관련하여 미국의 US 모델조약도 다음과 같은 조항을 두고 있다. 일방 체약국의 시민이지만, 타방체약국의 시민은 아닌 경우, 양 체약국에 주소를 둔 경우, 앞선 10년의 기간 동안 합해서 7년보다 적은 기간 동안 타방체약국에 주소

---

83) Goodman, *op. cit.*, pp. 43－44.
84) OECD 모델상속세조약 제4조.

를 두고 있는 경우에는, 그 개인은 그가 시민인 체약국에서 주소를 보유해왔던 것으로 간주된다.[85] 해당규정은 시민권자에 국한되어 적용되는데, 아마도 시민권이라는 것이 항구적 거주를 실질적으로 대신하는 것으로 보았기 때문으로 생각된다. 이러한 미국모델조약에도 불구하고, 해당규정은 미국이 오스트리아, 프랑스, 네덜란드, 독일, 영국과 맺은 5개의 조세조약에서만 규정되었다.

OECD 모델조약은 피상속인의 국적지국이 무제한적 납세의무를 부과하는 것은 바람직하지 않다고 보았다. 그러나 위 조약은 국적지국이 일정한 시간적 제약하에서 피상속인의 재산에 관하여 최소한 보조적인 과세권을 합법적으로 가질 수 있는 것으로 인식하였다.[86] 또한, OECD 모델조약은 상속인의 거주지국의 과세권보다 피상속인의 거주지국의 과세권을 우위에 두고 있다. 모델조약 제7조에 대한 주석 제8단락은 체약국 거주자의 사망시에 조약에 의한 과세권은 그 피상속인의 거주지국에 귀속하고 상속인의 거주지국이라는 이유로 다른 국가에서 상속세가 부과되는 것을 배제한다고 언급하고 있다.

그러나 모델조세조약의 적용범위는 양국에 거주지를 둔 개인의 상속세 문제에 국한되며, 또한 어느 회원국이 자국법에 의하여 다른 여타 기준으로 무제한적 납세의무를 부과하는 경우를 고려하지 않고 있다. 그리하여 모델조약 하에서도, 어느 일방국이 주소 혹은 자산의 소재지 기준이 아닌 다른 기준으로 과세를 하거나 간주 주소에 의하여 과세하는 경우, 그리고 추적과세에 의하여 과세하는 경우에는 이중과세문제가 해결되지 못한다.

5. 제한적 납세의무 중복 적용의 해결

양 국가가 특정 상속재산을 자국의 소재재산이라고 주장하는 경우에는 이중과세가 발생할 수 있다. 캐나다와 미국은 조세조약에 의해 이들 문제 중 일부를 해결해왔다. OECD 모델조약은 제5조와 제6조에서 부동산과 고정사업장에 대하여는 그 소재지국에서 과세할 수 있다고 규정하고 있고 제7조는 그 밖의 상속재산에 대하여는 거주지국이 과세권을 가지는 것으로 규정하고 있는데 이러한 방식에 의하여 상당 부분 이중과세문제가 해결될 수 있다. 그러나 어느 국가가 상속재산이 다른 국가로 이전되는 경우에도 일정기간 그 상속재산의 소재지를 자

85) 미국 모델상속세조약 제4.3조.
86) Goodman, *op. cit.*, p. 48.

국으로 의제하는 규정을 두는 경우에는 조세조약에 의하더라도 이중과세문제가 해결되지 않을 가능성이 높다. Company Death Tax Legislation의 경우도 같은 문제를 초래한다.

상속재산에 대한 부채의 할당문제로 인하여 이중과세가 발생할 수 있는데 OECD 모델조약이 이 문제를 다루고 있다. 즉 제8조는 채무공제라는 이름으로 부동산에 대해 특히 담보된 채무는 그 자산가치에서 공제되어야 하고 부동산에 대해 특히 담보되지 않은 채무라도 취득, 전환, 자산의 보수나 유지로 인한 것은 그 자산가치에서 공제되어야 한다고 규정하는 등 자세한 조항을 두고 있다. 이러한 조항에 의하여 부채의 할당문제로 인한 이중과세문제가 상당 부분 해결될 수 있다.

6. 관련 조세부담의 완화 문제

가. 증여세액 공제

미국은 증여세액 공제문제에 대하여 고심했지만, 이 문제는 너무 난해하여 미국모델 상속세조약에서 심도있게 다루기는 어렵다고 결론을 내렸다.[87] 반대로 OECD는 피상속인의 거주지국에 대해 종전 거주지국에서 기납부한 증여세에 대한 세액공제를 해줄 것을 요구함으로써 이 문제를 처리하려는 입장이다. 이 문제를 해결하려는 시도는 필연적으로 증여세 납세의무자의 문제, 증여세 비과세국의 문제, 증여의 시기문제 등을 다루어야 한다는 점에서 매우 복잡해진다.[88] 실제 조세조약을 체결함에 있어서는 보다 신중하게 검토되어야 할 부분이다.

나. 자본이득세 공제

피상속인의 타 국가로의 거주 이전시에 그 국가 소재 재산에 대하여 양도소득세를 부과하는 경우에 이를 피상속인 사망시에 상속세에서 공제해 주지 않는다면 실질적으로 상속재산에 대한 외국납부세액 공제를 인정해 주지 않는 것과 마찬가지가 될 수 있다. 그와 같은 경우에는 거주 이전시에 부담하는 양도소득세는 당해 상속재산에 대하여 부과되는 외국세금이므로 이 부분에 대한 조세부담을 완화해 줄 필요는 있다고 본다. 다만, 이에 대하여는 자본이득세는 소득과세

---

87) 미국모델조약에 관한 기술보고서 중 제9조에 대한 논의를 참조.
88) OECD 모델조약 제9조에 대한 주석 제40-69문단 참조.

이고 상속세는 재산이전과세라는 점에서 차이가 있고 그 재산이 국외에 소재하
므로 피상속인의 사망시 부담하는 외국상속세를 외국납부세액으로 공제해 주면
족하지 과거에 있었던 양도소득세까지 공제해 주는 것은 무리라는 입장도 가능
하다. 이 부분은 양 국가의 조세조약에 의하여 해결될 수 있는 부분이기는 하나
만일 일방국은 양도소득세를 부과하고 타방국은 부과하지 않는다면 쌍무적 조세
조약에서 일방국의 세수만을 보장하는 이러한 구제조항이 들어갈 가능성은 높지
않다고 보인다.

Ⅴ. 결   어

이상에서 본 바와 같이 국제상속과세제도는 국가마다 무제한적 납세의무와
제한적 납세의무의 판정, 관련 조세부담의 완화조항에 있어 현저한 차이가 있다.
국가의 고유한 특성이 상속과세제도에 좀더 많이 반영되어 있다는 점에서 국제
소득과세보다 국제상속과세에 있어서 국가별 차이점이 크다고 하겠다. 그러한 차
이에 따라 이중거주자의 발생, 이중소재 상속재산의 발생 등으로 중대한 이중과
세의 문제가 생길 수 있다는 점에 대하여 앞서 개괄적으로 검토하였다. 그리고
이러한 이중과세의 문제를 해결하기 위해서 OECD는 1982년 모델상속세 조약을
제정하였고, 인적 교류가 활발한 국가들 사이에서는 오래 전부터 상속세조약이
체결되어 있다는 점에 대하여 언급하였다.

우리나라의 경우 국제상속과세에 관한 조항을 두고 있지만 지금까지 실제로
그 조항에 근거하여 과세한 경우는 많지 않은 것으로 보인다. 외국인이 국내에서
장기간 체류하다가 사망한 경우 그의 전 세계 상속재산에 대하여 상속과세를 하
는 것이 과세정보의 수집 등의 문제로 실무상 어려웠다는 사정이 반영되었을 것
으로 추측되고 그와 같이 국제상속과세의 사례가 적었기 때문에 이중과세 문
제의 심각성에 대한 인지도는 소득과세에 비하여 상대적으로 낮았던 것으로
보인다.

그러나 우리나라도 국가간 인적 이동의 범위와 규모가 날로 점증하고 있으
므로 국제상속과세제도를 보유하고 있는 이상 그 과세권 행사를 만연히 보류할
수만은 없을 것이다. 다국적 기업의 투자에 있어서도 인적 교류가 수반되는 경우
가 많으므로 상속세의 이중과세 문제가 해결되지 않는다면 다국적 기업의 주재

원 등의 자격에서 국내외에서 상당기간 체류해야 하는 자와 그의 가족들은 이중
과세문제에 대하여 염려를 하지 않을 수가 없다. 유언과 상속세문제에 대한 사전
계획을 면밀히 검토하며 생활하는 미국인들의 입장에서 상속세 이중과세의 위험
은 그들의 투자나 국내 체류의 의사결정에 부정적인 영향을 줄 가능성이 높다.[89)]
또한, 이러한 문제는 외국인의 인바운드 거래에서만 국한되는 것이 아니라 아웃
바운드 거래가 날로 증가하는 우리나라의 입장에서도 관심을 기울여야 할 부분
이다. 우리나라 국민 역시 외국에서 장기간 체류하다가 사망하는 경우 그 국가에
서 전 세계 상속재산에 대한 상속세 과세를 당할 가능성도 충분히 있는바, 이 문
제를 그대로 방치할 수만은 없을 것이다. 미국과 일본은 1955년도에 이미 상호
상속세 조약을 체결할 정도로 이 문제에 대하여는 일찍이 관심을 두고 있다는 점
을 감안해 보더라도 우리나라도 이제는 상속세 조약의 도입문제를 적극적으로
검토해 볼 시점에 이르렀다고 생각된다. 그리고 그러한 검토를 함에 있어서는 특
히 우리나라와 인적 교류와 투자가 많은 미국, 일본, 중국과의 상속세 조약의 체
결문제가 우선적으로 고려되어야 할 것이다.

---

89) 실제로 미국 뉴욕바에서는 2006. 10. 중국 상하이에서 미국의 동북아 지역의 직접 투자와 관련
하여 중국, 일본, 한국 등에서의 상속과세문제에 관하여 컨퍼런스를 개최한 바 있다.

조세조약상 외국법인 고정사업장의 구성요건

〈대법원 2011. 4. 28. 선고 2009두19229 판결〉

Ⅰ. 대상판결의 개요

1. 사실관계의 요지

미국법인 A는 세계각국의 정보수집요원들이 각국의 금융정보 등을 수집하여 미국본사에 송부하면 그 정보의 정확성을 검증한 후 이를 가공·분석하여 데이터베이스로 미국본사의 서버에 저장한 다음, 전 세계 고객에게 그 금융정보를 노드장비와 고객수신장비 등을 통해서 전자적인 방식으로 제공, 판매하는 서비스업(이하 '쟁점 서비스')을 영위하였다. 원고는 A의 한국 자회사로서 A에게 한국의 금융정보 등을 수집하여 전달하고, 노드장비와 고객수신장비 등의 설치 및 유지관리용역(이하 '쟁점 장비관리용역')을 제공하고 그 대가를 지급받았는데, 그 중 쟁점 장비관리용역은 내국법인 갑에게 하도급을 주어 갑이 자신의 사업장에 설치된 노드장비 및 한국고객들의 사무실 등에 소재한 고객수신장비를 유지관리하였다. 한편, A의 해외지점 직원들은 한국을 방문하여 고객의 사무실 등에서 쟁점 서비스의 판촉활동을 수행하면서 정보이용료 등의 계약조건을 안내해 주고(이하 '쟁점 홍보활동'), 원고의 사무실에서 한국고객에게 고객수신장비의 사용법 등에 대한 교육활동을 실시하였다(이하 '쟁점 교육활동').

A는 한·미조세조약상 국내에 고정사업장이 존재하지 아니한다고 보아 한·미조세조약 제8조에 따라 한국고객의 쟁점 서비스 대가에 대하여 별도 법인세를 신고·납부하지 않았고, 부가가치세는 한국고객들이 부가가치세법 제34조에 따라 대리납부 방식으로 납부하였다. 원고는 A로부터 지급받은 용역대가에 대하여 법인세를 신고·납부하였으나, 부가가치세는 부가가치세법 제11조 소정의 외국법인

본사에 대한 외화획득용역으로서 영세율 적용대상으로 보아 이를 납부하지 않았다. 한편, 갑은 원고로부터 수취한 용역대가에 대하여 법인세 및 부가가치세를 신고·납부하였다. 이에 대하여 과세관청은 A가 원고, 갑, 해외지점의 직원 등을 통하여 국내에서 본질적이고 중요한 사업활동을 수행하였으므로 노드장비와 고객수신장비 소재지나 원고의 사무실에 고정사업장을 두고 있고 쟁점 서비스를 그 고정사업장을 통해서 제공하였다고 판단하고 이를 전제로 위 고정사업장에 귀속되는 국내 소득의 상당 부분에 대한 법인세와 부가가치세를 신고·납부하지 않았다고 하면서 법인세 및 부가가치세를 과세하였고 또한 원고 및 갑 등에 대하여도 쟁점 장비관련용역 등을 실질적으로 A의 본사가 아니라 위 고정사업장에 제공하였다고 하면서 위 영세율 적용을 배제하는 등으로 부가가치세를 과세하였다.

2. 판결요지

대법원은 한·미조세조약상 국내에 미국법인의 고정사업장이 존재한다고 하기 위하여는, 미국법인이 '처분권한 또는 사용권한'을 가지는 국내의 건물, 시설 또는 장치 등의 '사업상 고정된 장소'를 통하여 미국법인의 직원 또는 그 지시를 받는 자가 예비적이거나 보조적인 사업활동이 아닌 '본질적이고 중요한 사업활동'을 수행하여야 하고, '본질적이고 중요한 사업활동'인지 여부는 그 사업활동의 성격과 규모, 전체 사업활동에서 차지하는 비중과 역할 등을 종합적으로 고려하여 판단하여야 하는데, 원심판결은 A의 사업활동에서 가장 본질적인 부분은 정보를 수집하고 이를 가공·분석하여 그 부가가치를 극대화하는 부분과 이를 판매하는 부분이라고 전제하고, 국내에 설치되어 있는 노드장비는 미국의 주 컴퓨터로부터 가공·분석된 정보를 수신하여 고객에게 전달하는 장치에 불과한 점, 고객수신장비의 주된 기능은 A로부터 송부된 정보를 수신하는 장비인 점 등에 비추어 A가 위 각 장비를 통하여 국내에서 수행하는 활동은 A의 전체 사업활동 중 본질적이고 중요한 부분을 구성한다고 볼 수 없으므로 노드장비와 고객수신장비 소재지에 A의 고정사업장이 존재한다고 할 수 없고, 나아가 A의 해외지점의 쟁점 홍보활동 및 교육활동 역시 A의 본질적이고 중요한 사업활동으로 볼 수 없으므로 그곳에도 A의 고정사업장이 존재한다고 할 수 없다는 등의 이유로 이 사건 부과처분은 위법하다고 판단하였는바, 원심의 판단은 정당하고 한·미조세조약상 고정사업장의 법리를 오해하는 등의 위법이 없다고 판시하였다.

Ⅱ. 대상판결의 평석

1. 쟁점의 정리

이 사건의 쟁점은 한·미조세조약상 A의 고정사업장이 국내에 존재하는지 여부로서 구체적으로는 노드장비와 고객수신장비 또는 원고의 교육장이 A가 '처분권한 또는 사용권한'을 가지는 국내의 건물, 시설 또는 장치 등의 '사업상 고정된 장소'에 해당하는지, 노드장비와 고객수신장비를 통하여 수행되는 정보의 전달, A의 해외지점 직원들에 의하여 원고의 사무실 등에서 이루어지는 홍보 및 교육활동 등이 A의 본질적이고도 중요한 사업활동에 해당하는지 여부이다.

2. 조세조약상 고정사업장의 의의 및 구성요건

국제거래에 있어서 고정사업장 내지 국내사업장의 존재 여부에 따라 세법상 과세방식의 중요한 차이가 발생한다. 조세조약 미체약 국가의 외국법인이 국내에서 사업소득을 얻는 경우에 그 국내원천 사업소득에 대해서는 두 가지 방식으로 과세된다. 외국법인이 국내사업장을 두고 있으면 그 국내사업장에 귀속되는 소득에 대하여 법인세를 신고 납부하여야 하고, 국내사업장이 없는 경우에는 국내원천 사업소득의 지급자가 원천징수하는 방식으로 과세된다. 우리나라의 대부분의 조세조약에서는 법인세법상의 국내사업장과 유사한 고정사업장 개념을 두어 국내원천 사업소득을 얻은 체약국의 외국법인이 우리나라에 고정사업장을 두고 있지 않거나 고정사업장을 두고 있더라도 해당 사업소득이 그 고정사업장에 귀속되지 않는 경우에는 과세대상에서 제외하고, 반면 고정사업장이 있고 해당 사업소득이 고정사업장에 귀속되는 경우에는 내국법인의 소득과 동일한 방식으로 과세한다. 또한, 고정사업장이 존재하는 경우에는 통상 부가가치세법상의 사업장에도 해당하기 때문에 외국법인은 부가가치세도 신고·납부할 의무를 부담하게 된다.

조세조약상 고정사업장의 구성요건으로 통상 세 가지가 제시된다. 첫째, 물적 시설의 고정적 존재로서 객관적 요건으로 불린다. 기계나 장비 등도 물적 시설에 포함되고 물적 시설이 고정되기 위해서는 어느 정도 항구적으로 특정 장소에 위치하고 있어야 한다. 둘째, 물적 시설을 사용할 권한을 갖거나 지배하고 있어야 한다는 요건으로 주관적 요건이라 한다. 이는 고정된 장소와 사업의 수행간의 관계로서 사업이 그 장소를 통하여 수행되어야 하는 요건이다. 기업이 어떤 장소를 통하여 사업을 수행한다는 것은 그 장소에 대하여 처분권이 있음을 의미하는 것이고 자신의 의사에 따라 그 장소를 사용하거나 사용 중단할 수 있어야 한다. 셋째, 그 물적 시설을 통하여 기업의 본질적이고 중요한 사업활동이 수행되어야 한다는 요건으로서 기능적 요건이라고 한다. 외국법인의 사업활동이 본질적이고 중요한 사업활동인지 아니면 예비적이고 보조적인 사업활동인지는 상대적 가치에 의하여 판단된다. 예컨대, 파이프라인을 통한 석유수송의 경우 석유판매업자에게는 보조적 기능을 수행하므로 고정사업장을 구성하지 않으나, 석유운송업자에게는 본질적 기능을 수행하므로 고정사업장을 구성하는 것이다. 통상 어떤 기업이 여러 물리적 장소에서 예비적·보조적 성격의 개별활동을 수행하고 있다고 하더라도 이들 개별활동을 모두 결합하여 한 사업장에서 수행한다고 가정할 경우 그 결합된 사업활동이 본질적이고 중요한 사업활동의 성격을 가지는 것으로 볼 수 있다면 해당기업은 사업활동의 기능적 요건을 충족하였다고 보고 있다.

   한·미조세조약도 다른 조세조약과 같이 제9조 제1항에서 "이 협약의 목적상 '고정사업장'이라 함은 어느 체약국의 거주자가 산업상 또는 상업상 활동에 종사하는 사업상의 고정된 장소를 의미한다"고 하고 제2항에서 지점, 사무소, 공장 등 다수 유형의 고정사업장을 예시적으로 열거하고 있고 제3항에서는 고정사업장에는 다음의 어느 하나 또는 그 이상의 목적만을 위하여 사용되는 사업상의 고정된 장소가 포함되지 아니한다고 규정하면서 (a)목에서 '거주자에 속하는 재화 또는 상품의 보관, 전시 또는 인도를 위한 시설의 사용'을, (e)목에서 '거주자를 위한 광고, 정보의 제공, 과학적 조사 또는 예비적 또는 보조적 성격을 가지는 유사한 활동을 위한 사업상의 고정된 장소의 보유'를 들고 있다. 즉, 한·미조세조약도 고정사업장의 구성요건으로 객관적 요건과 주관적 요건 및 기능적 요건을 규정하고 있으나 다만, 예비적·보조적 행위의 어느 하나 또는 그 이상의 목적만을 위하여 사용되는 사업상의 고정된 장소가 고정사업장에 포함되지 아니한다고 하여 개별행위가 예비적·보조적 성격을 지니는 이상 그 개별행위를 결합하여 본질적이고 중요한 행위를 구성하는지를 판단하지 않는 점이 특색이다.

3. 평석: 한·미조세조약상 고정사업장의 구성요건과 전자상거래

대상판결은 외국법인의 고정사업장의 구성요건으로 객관적 요건, 주관적 요건 및 기능적 요건을 제시하면서 전자적 방법으로 금융정보를 판매하는 외국법인의 경우 정보전달활동과 홍보 및 교육활동은 본질적이고 중요한 사업활동에 해당하지 않으므로 기능적 요건을 구성하지 않는다고 판시하였다. 전자상거래란 당사자가 물리적으로 동일한 장소에 소재하지 않고 전자적 수단을 통해서 이루어지는 재화와 용역에 관한 사업상의 거래로 정의되는데, 이는 일반 상거래와는 달리 컴퓨터 이외의 물적 시설의 존재 없이 이루어지기 때문에 일반 고정사업장의 구성요건을 기준으로 고정사업장의 존재여부를 판단할 것인지, 본질적이고 중요한 활동을 무엇으로 볼 것인지 등의 문제가 제기된다. 우선, 전자상거래에 있어서의 고정사업장의 객관적 요건은 컴퓨터 서버의 존재 여부에 따라 판단하는 것이 타당하다. 특정 장소에 고정될 수 있는 것은 다양한 서비스를 제공할 수 있는 능력을 가진 컴퓨터 프로그램을 구동하는 컴퓨터 하드웨어 즉 컴퓨터 서버일 수밖에 없기 때문이다. OECD 모델조세조약도 같은 입장이다. 둘째, 외국법인이 컴퓨터 서버를 자신의 사업에 사용하거나 그 사용을 중지할 수 있는 권능을 가져야 주관적 요건을 구성한다고 할 것이다. 단지 타인이 설치, 운용하는 통신시설을 이용하여 거래하는 경우에는 그 통신시설에 대한 처분권을 가지지 않으므로 주관적 요건을 충족하지 않을 것이다. 셋째로 기능적 요건의 충족을 위해서는 전자상거래의 전자적 수단의 운용이 소득의 획득에서 본질적이고 중요한 행위가 되어야 할 것이다. 본질적이고 중요한 활동으로는 상품의 매도인이 매수인과의 매매계약의 체결을 컴퓨터 서버에 게재된 웹사이트를 통해서 수행하거나 판매대금을 서버에 게재된 웹사이트를 통해서 결제받는 행위를 들 수 있다. 전자적 상품을 판매하는 경우에는 그러한 상품을 가공·제조하는 일이 본질적이고 중요한 사업활동이 될 것이다. 원심판결도 같은 논거에서 A의 사업활동에서 가장 본질적인 부분은 정보를 수집하고 이를 가공·분석하여 그 부가가치를 극대화하는 부분과 이를 판매하는 부분이라고 전제하였던 것이다. 일반 상거래에서 상품의 인도, 광고 및 홍보활동 등이 예비적·보조적 행위로 인정되는 것과 같이, 전자상거래에 있어서도 서버에 게재된 전자상품을 인도하는 행위는 상품의 인도적 성격을 가지고 있으므로 예비적·보조적 행위에 해당한다고 할 것이다. OECD 모델조세조약도 보안성과 효율성을 높이기 위한 미러 서버를 통해 정보를 전달하는 행위를 예비적·보조적 행위로 열거하고 있다. 대상판결은 노드장비나 고객수신장비는 미러 서버와 마찬가지로 고유의 기능이 정보전달에 불과하므로 이러한 장비를 통하여 전자상품을 인도하는 행위는 여전히 예비적·보조적 행위에 해당한다고 판단하여 전자상거래의 경우에도 일반 고정사업장의 기능적 요건의 법리가 적용된다는 점을 확인하였다. 또한, A의 해외지점 직원의 쟁점 홍보활동과 교육활동은 한·미조세조약 제9조 소정의 예비적·보조적 행위로 판단하였는바, 전자상거래에 수반되는 홍보와 교육활동은 여전히 예비적·보조적 행위로 보았다는 점에서 의미가 있다.

4. 결   어

대상판결은 조세조약상 고정사업장을 정면으로 다룬 최초판결로서 고정사업장을 구성하는 객관적 요건, 주관적 요건 및 기능적 요건을 명확히 제시하였다는 점에서 큰 의미가 있다. 또한, 금융정보를 판매하는 전자상거래에 종사하는 외국법인의 경우 노드장비 등을 통한 정보의 전달, 해외지점의 직원들에 의한 홍보 및 교육활동은 본질적이고도 중요한 사업활동에 해당하지 않는다고 보았는바, 전자상거래의 경우에도 기본적으로 일반 고정사업장의 기능적 요건이 유효함을 확인하였다는 점에서 그 선례적 가치가 있다. 다만, 대상판결이 한·미조세조약상의 고정사업장의 객관적 요건과 주관적 요건 및 기능적 요건 중 예비적·보조적 행위의 결합 금지 부분에 대하여 구체적인 판시를 하지 않은 점은 다소 아쉬움이 있지만, 대상판결의 판시 논거와 결론은 정당하다고 판단된다.

한·일 조세조약상 제한세율 적용요건으로서의 '소유'의 의미

〈대법원 2013. 5. 24. 선고 2012두24573 판결〉

Ⅰ. 대상판결의 개요

1. 사실관계의 요지와 과세처분의 경위

원고는 말레이시아 라부안 소재 A 법인이 100% 출자한 내국법인이고, A 법인은 일본 소재 B 법인이 100% 출자한 외국법인이다. 원고는 A 법인에 배당금(이하 '이 사건 배당소득')을 지급하고 법인세법상 외국법인의 국내원천소득에 대한 원천징수 특례세율 25%를 적용하여 법인세를 원천 징수하였다. 그 후 A 법인은 한·말레이시아 조세조약 제10조 제2항 (가)목의 제한세율 10%를 적용받고자 피고에게 원천징수특례 적용을 위한 경정청구를 하였으나, 피고는 이 사건 배당소득의 수익적 소유자가 A 법인이 아니라는 이유로 이를 거부하였다.

한편, 한·일 조세조약 제10조 제1항은 일방체약국의 거주자인 법인이 타방체약국의 거주자에게 지급하는 배당에 대하여는 동 타방체약국에서 과세할 수 있다고 규정하고 있고, 같은 조 제2항은 위 제1항의 배당에 대하여는 배당을 지급하는 법인이 거주자인 일방체약국에서도 동 체약국의 법에 의하여 과세할 수 있으되, 다만, 그 배당의 수익적 소유자가 타방체약국의 거주자인 경우 그 부과되는 조세는 다음을 초과할 수 없다고 하면서, 그 (가)목에서 그 수익적 소유자가 이윤배분이 발생한 회계기간의 종료 직전 6월 동안 배당을 지급하는 법인이 발행한 의결권 주식을 적어도 25퍼센트를 소유하고 있는 법인인 경우에는 배당총액의 5%, (나)목에서 기타의 경우에는 배당총액의 15%라고 각 규정하고 있다.

이에 A 법인의 단독 주주인 B 법인은 한·일 조세조약 제10조 제2항(이하 '쟁점규정') (가)목의 제한세율 5%를 적용받기 위하여, 피고에게 원천징수특례적용을 위한 경정청구를 하여 피고로부터 기 납부세액에서 쟁점규정 (가)목의 제한세율 5%를 적용한 세액을 공제한 차액을 환급받았다.

그런데, 피고는 쟁점규정의 '주식의 소유'는 '직접 소유'만을 의미하므로, 수익적 소유자로서 A 법인을 통하여 주식을 소유하는 B 법인은 원고의 주식을 25% 이상 '직접 소유'하고 있지 않으므로 쟁점규정 (가)목이 적용될 수 없다고 하면서, 이 사건 배당소득에 쟁점규정 (나)목의 제한세율 15%를 적용하여 법인 세액을 재계산한 다음, 그 차액 상당의 원천징수 법인세를 추가로 징수하였다(이하 '이 사건 징수처분').

2. 판결 요지

대법원은 쟁점규정의 취지는 배당소득에 대하여 거주지국 과세 및 원천지국 과세를 모두 허용하되, 다만 이중과세를 최소화하고 국제투자를 촉진하기 위하여 제한세율의 한도 내에서만 원천지국 과세를 인정하며, 특히 배당의 수익적 소유자가 배당을 지급하는 법인이 발행한 의결권 있는 주식을 25% 이상 소유하고 있는 법인인 경우에는 그와 같은 필요성이 크다고 보아 일반적인 경우보다 낮은 세율, 즉 5%의 제한세율을 적용하도록 하고 있는 것으로 볼 수 있다고 하면서 원심 판결의 판시 사항 즉, 한·일 조세조약 제10조 제2항 (가)목에서 배당의 수익적 소유자가 배당을 지급하는 법인이 발행한 주식을 '소유'하고 있을 것을 요건으로 하고 있을 뿐 수익적 소유자가 '직접' 소유할 것을 명시적으로 규정하고 있지 않은 이상 위 조항의 '소유'의 의미를 '직접 소유'만으로 축소하여 해석할 수 없다고 전제한 다음, 원고의 100% 출자자인 A 법인이 이 사건 배당소득의 형식적 귀속자에 불과하고, 이 사건 배당소득의 실질귀속자를 위 투자법인의 100% 출자자인 일본 법인 B로 보는 이상 쟁점규정에서 정한 수익적 소유자에 해당하는 B 법인이 원고가 발행한 의결권 있는 주식을 25% 이상 '소유'하고 있다고 보아 이 사건 배당소득에 대하여 쟁점규정의 제한세율 5%가 적용되어야 한다는 이유로, 15%의 제한세율이 적용되어야 함을 전제로 한 이 사건 징수처분이 위법하다는 원심 판시부분을 정당한 것으로 수긍하였다.

Ⅱ. 대상판결의 평석

1. 이 사건의 쟁점

위 사실관계와 과세처분의 경위 등에 의하면 이 사건의 쟁점은 실질과세의 원칙에 따라 이 사건 배당소득의 수익적 소유자를 형식적 주주인 A 법인이 아니라 실질적 주주인 B 법인으로 보는 경우, 쟁점규정의 제한세율을 적용함에 있어서 B 법인이 사법상으로 원고의 주식을 간접적으로 소유한 경우에도 쟁점규정 (가)목의 5%가 적용되는지, 아니면 쟁점규정 (나)목의 15%가 적용되는지 여부, 달리 말하면 쟁점규정의 (가)목의 '소유'에 '직접 소유'하는 경우 외에 다른 법인을 통하여 '간접 소유'하는 경우도 포함되는지 여부이다.

2. 조세조약의 지위 및 조세조약 해석의 원칙

조세조약은 국제적 거래에서 발생하는 이중과세를 회피하고 탈세를 방지할 목적으로 어느 일방 국가가 타방 국가와 소득·자본·재산에 대한 조세 또는 조세행정의 협력에 관하여 체결한 조약을 말한다. 즉, 국제적 이중과세를 제거하여 국가 간의 재화, 자본, 기술의 상호 이전을 원활히 촉진하고, 또한 국제적 경제교류의 활성화를 위한 목적으로 철저한 상호주의 정신에 입각하여 일국의 과세권을 제한하는 것을 주요 내용으로 하는 조약이다.

우리나라가 1980. 1. 27. 가입한 '조약법에 관한 비엔나 협약(Vienna Convention the Law of Treaties)'(이하 '비엔나 협약') 제31조는 조약해석의 일반원칙 제1호에서 "조약은 조약문의 문맥 및 조약의 대상과 목적에 비추어 그 조약의 문구에 부여되는 통상적 의미(the ordinary meaning to be given to the terms of the treaty)에 따라 성실하게 해석되어야 한다"고 규정하고 있다. 따라서 조세조약의 경우에도 비엔나 협약 제31조에 따라 '조약의 문구의 통상적 의미'에 따라 해석되어야 한다.

한편, 헌법 제6조 제1항은 "헌법에 의하여 체결·공포된 조약과 일반적으로 승인된 국제 법규는 국내법과 같은 효력을 가진다"고 규정하고 있으므로, 국회의 동의를 얻어 체결된 조세조약은 법률에 준하는 효력을 가진다. 따라서 조세법규에 해당하는 조세조약도 헌법 제38조 및 제59조의 조세법률주의 원칙에 따라

'과세요건', '비과세요건'을 막론하고 특별한 사정이 없는 한 법문대로 하여야 하고, 법률에 규정된 내용을 함부로 유추 해석하거나, 확장 해석하는 것은 조세법률주의 원칙에 위배된다(대법원 2004. 3. 12. 선고 2003두7200 판결, 대법원 2004. 3. 12. 선고 2002두5955 판결, 대법원 2000. 3. 16. 선고 98두11731 판결, 대법원 1989. 1. 31. 선고 85누883 판결 등 다수).

또한, 조세조약에서 규율하고 있는 법률관계에 있어서는 국내법의 특별법적인 지위에 있는 당해 조약이 국내법보다 우선하여 적용된다(대법원 2006. 4. 28. 선고 2005다30184 판결, 대법원 2004. 7. 22. 선고 2001다67164 판결 등 참조). 그런데 조세조약은 다수 국가의 과세권 조정을 통하여 이중과세와 조세회피를 방지하고, 이를 통하여 국제거래의 여건을 조성하기 위하여 체결되는 것이므로, 원칙적으로 독자적인 과세권을 창설하는 것이 아니라 각국의 세법에 의하여 이미 창설된 과세권을 배분하거나 제약하는 기능을 한다. 따라서 과세권의 발생에 관한 사항은 일차적으로 각국의 세법에 의하여 규율되는 것이되, 조세조약이 국내 세법과 달리 정하는 사항에 대해서는 조세조약에서 달리 정의하거나 문맥상 달리 해석하여야 하는 경우가 아닌 한, 그 국가의 과세권의 근거가 되는 국내 세법의 규정에 내포된 의미대로 적용되는 것으로 보아야 한다.

3. 한·일 조세조약상 제한세율 적용 요건인 '소유'의 의미

가. 논의의 범위와 순서

대상판결은 제한세율 규정의 입법취지를 설시하고 그에 비추어 원고의 청구를 인용한 원심 판결이 정당하다고 하였으나, 원심 판결이 인용하고 있는 제1심 판결(서울행정법원 2011. 11. 10. 선고 2011구합16796 판결)은 제한세율 규정의 입법취지 외에도 조세법률주의의 원칙, 경제협력개발기구 모델조세조약(OECD Model Tax Convention, 이하 'OECD 모델조약') 및 다른 조세조약의 제한세율 요건 규정 방식 등을 종합적으로 검토하여 쟁점규정 (가)목의 '소유'는 '직·간접 소유'를 의미한다고 해석하였는바, 이하에서는 대상판결 및 제1심 판결의 위와 같은 근거들을 자세히 살펴보도록 한다.

나. 쟁점규정 (가)목의 해석

(1) 제한세율 규정의 취지에 따른 해석

조세조약상의 이중과세 방지는 기본적으로 타방 체약국에게 자국의 과세권을 일부 양보하는 방법으로 이루어지며 이는 납세의무자 입장에서는 과세표준 또는 세율 감면의 형태를 띄게 된다. 쟁점규정과 같은 조세조약상 제한세율 규정은 배당소득에 대하여 거주지국 과세 및 원천지국 과세를 모두 허용하면서도, 이중과세를 최소화하기 위하여 원천지국의 과세권을 제한세율 내로 한정한 대표적인 예이다.

대상판결은 쟁점규정 (가)목의 '소유'를 배당소득의 수익적 소유자가 배당지급법인의 주식을 직접 소유하고 있는 경우뿐만 아니라 이 사건에서와 같이 배당소득의 형식적 귀속자와 경제적, 실질적 귀속자가 달라 실질적 귀속자인 법인이 형식적 귀속자를 통하여 배당지급법인의 주식을 간접적으로 소유하고 있는 경우까지 포함하는 것으로 보더라도, 위와 같이 제한세율 규정을 둔 취지에 배치된다고 볼 수 없고, 오히려 간접적으로 소유하고 있는 경우에도 제한세율 적용의 필요성이 존재한다는 점을 주시하였다.

조세법률관계상 A 법인의 실체성이 완전히 부인되는 이상, 이 사건 배당소득에 관한 법률관계의 당사자는 원고와 B 법인이 되고, 그렇다면 당연히 이중과세 방지를 위한 과세권의 조정도 원고와 B 법인의 각 소재국을 기준으로 이루어져야 한다. 조세법률관계상의 애초 거래상대방인 일본 법인 B를 착오로 말레이시아 법인 A로 보았다가 이를 바로 잡으면서 당해 거래에 적용되는 조세조약을 한·말레이시아 조세조약에서 한·일 조세조약으로 변경하였다고 하여 한·일 조세조약상의 제한세율 적용 필요성이 인정되지 않는 것은 아니다.

(2) 조세법률주의 원칙에 따른 해석

조세조약은 조세법의 법원으로서 조세조약의 해석에 있어서도 조세법률주의의 원칙이 적용되어야 한다. 조세조약에 있어서 비엔나 협약 제31조의 '조약 문구의 통상적 의미에 의한 해석 원칙'은 곧 조세법률주의의 다른 표현이라고 할 수 있다. 조세법률주의상의 엄격해석의 원칙에 의하면, 과세범위를 확대하는 적극적 과세요건에 관한 조세법규의 경우 법률 문언의 범위를 넘어 과세범위를 확장시키는 확장해석 또는 유추해석을 경계하여야 하는 것과 마찬가지로, 조세감면의 혜택을 부여하는 소극적 과세요건에 관한 조세법규의 경우에는 문언 자체의 의미를 벗어나는 부당한 축소해석은 조세법률주의의 원칙에 위배되어 허용될 수 없다.

그런데 쟁점규정의 (가)목은 배당소득에 대한 제한세율 적용의 요건으로 '수익적 소유자가 당해 회계기간 종료 전 6월 동안 배당지급법인의 주식을 25% 이상을 소유할 것'만을 요구하고 있지, 어디에도 '주식의 직접 소유'라고 제한하고 있지 않다. 따라서 달리 조세조약 또는 국내세법상 명시적인 근거가 없는데도, '주식의 소유'를 '주식의 직접 소유'라고 축소 해석한다면, 납세자의 조세혜택을 부당히 축소하고 동시에 납세의무를 부당히 확장하게 되는바, 이는 조세법률주의 원칙에 위배된다. 대상판결도 쟁점규정 (가)목이 단지 배당지급법인의 주식을 '소유'할 것만을 규정하고 있고, '주식의 소유'의 개념에 대하여 별도의 정의 규정을 두고 있지 않다는 점을 근거로, 조세법률주의 원칙상 쟁점규정의 주식의 '소유'를 '직접 소유'만으로 축소 해석할 수 없다고 하였다.

(3) OECD 모델조약 및 그 주석서에 따른 해석

OECD 모델조약 제10조 제2항 (a)는 주식의 '직접 소유'를 5% 제한세율 적용 요건으로 명시하고 있다.

OECD 모델조약 중 제한세율 규정	
제10조 배당(dividends) 2. 그러나 그러한 배당에 대하여는 배당을 지급하는 회사가 거주자로 되어 있는 국가에서도 그 국가의 법에 따라 과세할 수 있는데, 다만 배당의 실질적소유자(beneficial owner)가 다른 체약국의 거주자인 경우, 부과되는 조세는 다음을 초과할 수 없다.	ARTICLE 10 DIVIDENDS 2. However, such dividends may also be taxed in the Contracting State of which the company paying the dividends is a resident and according to the laws of that State, but if the beneficial owner of the dividends is a resident of the other Contracting State, the tax so charged shall not exceed:
가. 실질적 소유자가 배당을 지급하는 회사자본의 최소한 25% 이상을 직접 소유하는 회사(파트너쉽 'partnership' 제외)인 경우에는 배당총액의 5%	(a) 5 per cent of the gross amount of the dividends if the beneficial owner is a company (other than a partnership) which holds directly at least 25 per cent of the capital of the company paying the dividends;
나. 기타의 모든 경우 배당총액의 15%	(b) 15 per cent of the gross amount of the dividends in all other cases.

OECD 모델조약 주석서는 "한 국가의 회사가 다른 국가의 회사 지분을 25% 이상 직접 소유한다면, 자회사가 외국 모회사에게 주는 소득은 반복과세를 피하고 국제투자를 촉진하기 위해 더 가볍게 과세하는 것이 합리적이다"라고 그 이유를 밝히고 있다.

피고는 OECD 모델조약과 그 주석서는 OECD 회원국 간의 조세조약을 해석하는 기준이 되는데, 한국과 일본 모두 OECD 모델조약 제10조 주석에 아무런 이견(Observation)이나 유보(Reservation) 의사를 표명한 바 없으므로, 쟁점규정의 (가)목의 '소유'를 OECD 모델조약 및 그 주석과 같이 '직접 소유'로 보아야 한다고 주장하였다.

그러나 OECD 모델조약은 OECD 회원국 상호 간에 조세조약을 체결하거나 이미 체결된 조약을 개정하는 경우에 그 내용을 채택하도록 권고하는 효력만 있을 뿐, 각 회원국에게 동 모델조약을 반드시 채택하도록 강요하는 것은 아니기 때문에 OECD 모델조약과 달리 체결해야 할 특수한 사정이 있는 경우에는 회원국 간의 조세조약이라도 달리 체결할 수 있다. 실제로 개별 조세조약의 체결 과정에서의 협상결과에 따라 각기 OECD 모델과는 다른 내용의 조세조약이 체결되는 경우가 많은바, UN 모델조약, US 모델조약 등 여러 모델조약이 있는 점에 비추어 보더라도 OECD 모델조약 주석서는 당해 개별 조세조약 규정이 OECD 모델조약과 동일하게 체결한 경우에 한하여 개별 조세조약의 구체적 의미 해석의 참고자료가 될 수 있을 것이다.

이 사건의 경우 OECD 모델조약 제10조 제2항 (가)목은 제한세율 적용 요건을 '25% 이상 직접 소유'라고 정한 반면, 쟁점규정의 (가)목은 '이윤배분이 발생한 회계기간의 종료 직전 6월 동안 25% 이상 소유'라고 하여 OECD 모델조약의 규정을 그대로 따르지 않고 일부 변형하였다. 따라서 OECD 모델조약과 문언을 달리하는 쟁점규정 (가)목의 해석에 있어 OECD 모델조약 및 동 주석을 그대로 적용할 수는 없다. 대상판결도 OECD 모델조약과 그 주석은 OECD 모델조약의 내용을 채택한 조세조약의 해석기준이자 참고자료로서 법적 구속력이 없고, 무엇보다도 OECD 모델조약은 '직접 소유'라고 하여 쟁점규정 (가)목과 달리 규정하고 있다는 점을 들어 피고의 주장을 받아들이지 않았다.

가사 OECD 모델조약 주석서가 한·일 조세조약의 쟁점조항 해석의 하나의 기준이 된다고 하더라도 동 주석서는 실질과세원칙과 조세조약의 적용과 관련하여 의미 있는 언급을 하였다. 즉, 한 · 일 조세조약 제1조가 그대로 채용한 OECD 모델조약 제1조에 대한 주석 22 및 22.1은 국내세법상의 실질과세 규정의 조세조약에의 적용은 조세조약과 상충되지 않는다고 하면서, 아래와 같이 이러한 실질과세 원칙의 적용 결과 납세자가 바뀐 경우에는 조세조약의 규정들도 이러한 변경을 고려하여 적용하는 것이라고 명시하고 있다.

> "To the extent the application of the rules referred to in paragraph 22 results in a recharacterization of income or in a redetermination of the taxpayer who is considered to derive such income, the provisions of the Convention will be applied taking into account these changes."

이는, 원고 주식의 법적 소유자인 A 법인의 주주 자격을 부인하고 B 법인을 이 사건 배당소득의 수익적 소유자로 변경한다면, 조세조약을 적용함에 있어서 마땅히 이러한 변경사항을 고려해야 한다는 것이다. 여기서 이러한 변경사항을 고려한다는 것은 결국, 변경 전에는 A 법인이 원고 주식을 100% 직접 소유, B 법인은 100% 간접 소유하고 있으나, 변경 후에는 B 법인을 기준으로 보면, B 법인이 원고의 발행주식을 100% 직접 소유하는 것으로 재구성하여 조세조약을 적용하여야 한다는 것이다. 따라서 OECD 모델조약 주석서에 의하더라도 실질과세 원칙에 의하여 형식상 소득자를 부인하고 실질적 소득자를 주식의 소유자라고 간주하는 경우에는, 비록 조세조약상 제한세율 규정에 '직접 소유'라고 명시된 경우라고 하더라도 실질적 소득자에 대하여 당연히 제한세율이 적용되어야 한다는 결론이 도출된다.

(4) US 모델조약과 그 설명서에 따른 해석

미국의 모델조세조약(United States Model Income Tax Convention of November 15, 2006, 이하 'US 모델조약') 제10조(배당금) 제2항은 a.항에서 수익적 소유자가 주식을 10% 이상 직접 소유하는 경우에는 5%의, b.항에서 기타의 경우는 15%의 각 제한세율을 적용하도록 규정하고 있다. 이에 대한 설명서(Technical Explanation)는 조세목적상 도관취급을 받는 파트너쉽은 비록 법적으로 주식을 직접 소유하더라도 수익적 소유자가 아닌데, 그 뒤의 수익적 소유자를 기준으로 조세조약을 적용함에 있어 그 뒤의 수익적 소유자가 비례적으로(pro rata)로 소유하고 있는 비율이 10% 이상이면 제10조 제2항 a.항의 규정이 적용된다고 설명하고 있다. 즉 US 모델조약은 도관회사를 부인하는 경우에는 제한세율 적용 여부도 도관회사가 아니라 배후의 수익적 소유자를 기준으로 판단하도록 하고 있다.

　대상판결이 US 모델조약 설명서의 내용을 언급하지는 않았지만, 수익적 소유자로 판명된 B 법인을 기준으로 제한세율을 적용한다고 하여 제한세율 규정의 취지에 배치되지 않는다고 한 것은 US 모델조약의 설명서의 위와 같은 일관된 해석 지침과도 같은 맥락이라고 할 수 있다.

(5) 우리나라가 체결한 다른 조세조약과의 비교에 따른 해석

　현재 우리나라가 체결하고 있는 조세조약의 제한세율 규정은 크게 두 가지 유형으로 나눌 수 있다.

　우선, OECD 모델조약과 같이 배당소득에 대한 제한세율 적용 요건으로 수익적 소유자가 배당지급법인의 주식을 '직접 소유'할 것을 규정하고 있는 유형으로, 한·말레이시아 조세조약, 한·룩셈부르크 조세조약, 한·네덜란드 조세조약 등이 이에 속한다.

조세조약	배당소득에 대한 제한세율 규정
한국·말레이시아	제10조 (배당) 2. 한국의 거주자인 법인이 말레이시아의 거주자에게 지급하는 배당은 한국의 법에 따라 한국에서 과세될 수 있다. 그러나 수취인이 동 배당의 수익적 소유자인 경우에는 그렇게 부과되는 조세는 다음을 초과해서는 아니 된다. (a) 수익적 소유자가 배당을 지급하는 법인의 자본금을 최소한 25퍼센트 이상을 직접 소유하는 법인인 경우에는 배당 총액의 10퍼센트 (b) 기타의 경우에는 배당 총액의 15퍼센트
한국·룩셈부르크	제10조 (배당) 2. 그러나 그러한 배당은 동배당을 지급하는 법인이 거주자로 되어 있는 체약국에서도 동체약국의 법에 따라 과세할 수 있다. 그러나 수취인이 동배당의 수익적 소유자인 경우에는 그와 같이 부과되는 조세는 다음을 초과하여서는 아니 된다. 가. 수익적 소유자가 배당소득을 지급하는 법인의 자본금의 최소한 25퍼센트 이상을 직접 소유하는 법인(조합은 제외)인 경우에는 총 배당액의 10퍼센트 나. 기타의 경우는 총 배당액의 15퍼센트

한국·네덜란드	제10조 (배당) 2. 그러나 그러한 배당은 동배당을 지급하는 법인이 거주자로 되어 있는 국에서 동국의 법에 따라 과세될 수 있다. 그러나 그렇게 부과되는 조세는 다음을 초과할 수 없다. 　가. 배당수취인이 자본금의 전부 또는 일부가 지분으로 나누어지고 배당을 지불하는 법인의 자본금의 최소한 25퍼센트를 직접 소유하는 법인인 경우에는 총 배당액의 10퍼센트 　나. 기타의 경우는 총 배당액의 15퍼센트

그러나 다른 조세조약, 즉 대상판결의 한·일 조세조약이나 한·미 조세조약은 '주식의 소유'라고만 규정하고 있어, 앞서 본 조세조약들과는 명백히 구별된다.

조세조약	배당소득에 대한 제한세율 규정
한국·미국	제12조 (배당) 2. 타방 체약국의 거주자가 일방 체약국내의 원천으로부터 받는 배당에 대하여 동 일방 체약국이 부과하는 세율은 아래의 것을 초과해서는 아니 된다. 　(a) 총 배당액의 15퍼센트, 또는 　(b) 배당 수취인이 법인인 경우에는 다음의 사정하에서 총 배당액의 10퍼센트 　　(i) 배당지급 일자에 선행하는 지급법인의 과세연도의 일부 기간 중 및 그 직전 과세연도의 전체 기간 중에 지급법인의 발행된 의결권 주식 중 적어도 10퍼센트를 배당수취 법인이 소유하며,

한·일 조세조약이나 한·미 조세조약이 '소유'라고만 규정한 이유를 명시적으로 밝히고 있지 않더라도, 굳이 '직접 소유'임을 명기한 다른 조세조약과 비교하면, 한국·일본, 한국·미국 각 당사국들은 '소유'에 '간접 소유'까지 포함되는 것을 의도하였다고 보는 것이 합리적이다. 대상판결 역시 이 점을 지적하고 있으며, 타당한 해석이라고 생각된다.

(6) 조세조약의 쌍무계약적 성격에 따른 해석

조세조약은 본질적으로 '계약(Contract)'으로서 체약국을 구속한다. 조세조약의 본질이 계약이라는 점은 조약의 당사국을 'Contracting State(체약국)'이라고 지칭하고 어느 당사자도 "조세조약의 종료"를 통해 계약관계에서 벗어날 수 있다는 점에서도 잘 드러나 있다. 즉 조세조약은 체약당사국 상호 간의 교섭을 거쳐 각국이 자국의 이익을 최대한 보장하면서도 상대국의 합의를 이끌어 낼 수 있는 수준에서 각 조문의 문언이 확정되는 것이므로, 그와 같은 절차에 의하여 확정된 문언을 일방 체약국이 임의로 확대하거나 축소 해석할 수 없다. 이와 같이 조세조약을 쌍무계약적인 측면에서 본다면, 조세조약의 문언은 체결 당시의 체약국 간의 일치된 의사대로 해석되어야 하고, 조약의 해석에 다툼이 있는 경우에는 조세조약의 명시적인 문언에 따라 분쟁을 해결하여야 하며, 조세조약 문구에 삽입하지 않은 내용을 일방 체약국의 행정해석만에 의해서 변경할 수 없음은 명백하다. 일방 체약국이 다의적 해석이 가능한 조세회피목적이나 실질과세의 원칙을 들어 조세조약의 내용을 독자적으로 해석하는 것은 그 자체로 계약의 구속력에도 위배된다.

또한 어느 일방 체약국이 과세권 조정에 관한 조세조약의 내용이 부당하다고 생각된다면, 상대국과의 합의를 거쳐 조세조약을 개정하거나, 합의가 어려운 경우에는 계약의 해지에 대응하는 '조세조약의 종료' 조항에 따라 일방적으로 종료의 통지를 함으로써 조세조약의 구속에서 벗어날 수 있다. 따라서 체약국 간 합의된 조세조약 문언의 객관적인 어의(語義)를 벗어나 일방적인 법 해석에 따라 조세조약을 적용하는 것은 허용될 수 없고, 특히 그로 인한 결과가 이 사건과 같이 조세조약의 문언에 정면으로 배치되는 것은 더욱 허용되기 어렵다.

대상판결이 한·일 조세조약이 1970년에 체결되어 1998년에 개정되기까지 쟁점규정 (가)목이 개정된 바 없으므로, 위 제정 및 개정 당시 '주식의 소유'를 '직접 소유'에 한정한다는 한국과 일본 양국의 일치된 의사를 확인할 만한 객관적인 자료가 없는 한, 위 규정의 의미를 '직접 소유'에 한정할 수 없다고 한 것은 이와 같이 조세조약을 그 본질인 쌍무계약적 측면에서 해석한 결과라고 생각된다.

(7) 국내 세법의 규정에 내포된 의미에 의한 해석

한편 대상판결은 조세조약의 일방체약국의 조세에 대하여 조세조약을 적용함에 있어서는 조세조약에서 달리 정의하는 경우이거나 문맥상 달리 해석하여야 하는 경우가 아닌 한, 그 국가의 과세권의 근거가 되는 국내 세법의 규정에 내포된 의미대로 적용되어야 하는 점을 지적하면서, 국내 세법 중 주식 소유에 관한 규정인 국제조세조정에 관한 법률 제2조 제1항 제8호, 동법 제17조 제2항이나, 법인세법 시행령 제138조의5 제2항 제4호는 주식의 '소유'의 개념을 직접 소유에 한정하지 않고 간접 소유하는 경우까지 포괄하는 의미로 규정하고 있으므로, 쟁점규정 (가)목의 '소유'를 '직접 소유'에 한정하여 해석할 수 없다고 하였다.

국제조세조정에 관한 법률

제2조(정의)

① 이 법에서 사용하는 용어의 뜻은 다음과 같다.

8. "특수관계"란 다음 각 목의 어느 하나에 해당하는 관계를 말하며 그 세부기준은 대통령령으로 정한다.

　가. 거래 당사자의 어느 한 쪽이 다른 쪽의 의결권 있는 주식(출자지분을 포함한다. 이하 같다)의 100분의 50 이상을 직접 또는 간접으로 소유하고 있는 관계

　나. 제3자가 거래 당사자 양쪽의 의결권 있는 주식의 100분의 50 이상을 직접 또는 간접으로 각각 소유하고 있는 경우 그 양쪽 간의 관계

제17조(특정외국법인의 유보소득의 배당간주)

② 제1항을 적용받는 내국인의 범위는 특정외국법인의 각 사업연도 말 현재 발행주식의 총수 또는 출자총액의 100분의 10 이상을 직접 또는 간접으로 보유한 자로 한다. (후문 생략)

법인세법 시행령

제138조의5(조세조약상의 비과세·면제 또는 제한세율 적용을 위한 사전승인 절차)

② 제1항에 따라 사전승인의 신청을 받은 국세청장은 법 제93조 제1호·제2호·제8호 또는 제9호에 따른 소득(이하 이 조 및 제138조의6에서 "국내원천소득"이라 한다)을 직접 또는 간접적으로 수취할 법인(이하 이 조에서 "소득수취법인"이라 한다)이 해당 국내원천소득과 관련하여 다음 각 호의 어느 하나에 해당하는 경우 사전승인할 수 있다.

4. 소득수취법인의 발행주식총수(지분을 포함한다)의 100분의 50 이상이 체약상대국의 개인·정부기관 등 또는 상장법인에 의하여 직접 또는 간접으로 소유되는 법인인 경우

　　한·일 조세조약 제3조 제2항은 "일방체약국이 이 협약을 적용함에 있어서 이 협약에 정의되어 있지 아니한 용어는, 문맥에 따라 달리 해석되지 아니하는 한, 이 협약이 적용되는 조세의 목적상 동 체약국의 당시 법이 정하는 의미와, 그 체약국의 다른 법상의 용어에 주어진 의미보다 우월한 동 체약국의 적용 가능한 세법에서의 의미를 가진다"고 하여 일방 체약국 세법상의 용어의 정의를 적극적으로 인용하고 있다. 따라서 국내 세법상 간접 소유를 포괄하는 '주식의 소유'의 개념에 비추어 쟁점규정 (가)목의 '소유'를 해석한 대상판결의 논지에 동의한다.

4. 대상판결의 의의

대상판결은 주식보유 비율에 따른 배당소득에 대한 조세조약의 제한세율의 적용 취지를 설명하면서 조세조약의 배당소득에 대한 제한세율 적용 요건으로서의 '주식의 소유'의 의미에 관하여 판시한 선례적 판결이다. 과세관청이 실질과세원칙에 의하여 형식적 소유자를 부인하고 그 배후의 실질적 소유자를 수익적 소유자로 보아 조세조약을 적용한 사안에서 조세조약의 제한세율 적용 취지상 그 적용 요건인 '주식의 소유'에 '간접 소유'까지 포함된다고 보았는바, 배당소득의 수익적 소유자를 판단할 때는 경제적인 관점을 적용하고, 소유 비율을 판단할 때는 법적 관점을 적용하는 과세관청의 입장에 대하여 동일 조항 내에 같이 규정된 개념인 '수익적 소유자'와 '주식의 소유'를 해석함에 있어 수익적 소유자의 소유를 경제적 관점에서 파악하였다면 주식의 소유 역시 같은 관점에서 판단하는 것이 타당하다는 것으로도 사료된다. 그러한 맥락에서 문언상 '직접 소유'를 명기한 조세조약의 적용에 있어서도 OECD 모델조약 제1조 주석 22 및 22.1에서 실질과세원칙의 적용 결과 납세자가 바뀐 경우에는 조세조약의 규정들도 이러한 변경을 고려하여 적용하도록 규정하고 있는 점 등에 비추어 그 소유의 의미는 수익적 소유자의 판단과 동일하게 경제적 관점에서 해석하는 것이 타당하다고 사료되는바, 향후 조세조약에서 주식의 '직접 소유'를 제한세율 적용 요건으로 명기하고 있는 조세조약에서의 소유의 의미에 관한 대법원의 판단이 주목된다.

5

관 세 법

관세법상 납세의무자인 '물품을 수입한 화주'의 의미와 실질과세원칙의 적용범위

〈대법원 2014. 11. 27. 선고 2014두8636 판결〉

Ⅰ. 대상판결의 개요

1. 사실관계의 요지와 부과처분의 경위

원고는 2001년경부터 2009년경까지 중국 농산물 수입전문 무역업체인 내국법인 A와 사이에, 중국 길림성 지역에서 생산된 유기농 콩을 공급받는 구매계약을, 거래업체의 다변화를 위하여 2004년경부터 2008년경까지는 농산물 도매·수입업체인 내국법인 B(이하 내국법인 A, B를 '이 사건 수입업체')와 사이에, 중국 흑룡강성 지역에서 생산된 유기농 콩을 공급받는 구매계약을 각 체결한 다음, 이 사건 수입업체로부터 유기농 콩을 납품 받아 유기농 두부와 유기농 콩나물을 생산하여 국내에 판매하였다.

원고는 유기농 인증이나 생산물 이력 추적을 위하여 위 유기농 콩의 재배지를 선정하고 생산과정을 수시로 확인하였으며 수입 전 검수절차를 통하여 최종 합격품을 선정하거나 수입물량과 가격에 관하여 부분적으로 중국 수출업체와 협상을 하였다. 원고와 이 사건 수입업체는 2002년 기준가격 산정내역서에서 물품대를 산정하면서 단가를, 유기농 나물콩은 $650, 유기농 두부콩 $500로 하였으나 관세를 산정하면서는 단가를 모두 $250로 하여 물품대보다 저가로 하였고, 원고의 2003년 내부 구매기준가격 산정내역서에서도 같은 방식으로 관세가 산정되었다.

한편, 이 사건 수입업체는 유기농 콩에 관하여 중국 수출업체와 구매계약을 체결하고, 수입대행업체와는 수입대행계약을 체결하여 이들로 하여금 수입신고 및 통관절차를 수행하게 하였다.

피고는 이 사건 수입업체가 2005. 6.경부터 2009. 4.경까지 유기농 콩(이하 '이 사건 수입물품')을 수입하면서 수입가격을 통관지 세관에 낮게 신고하는 방법으로 관세를 적게 신고·납부하였다고 보아 관세의 과세가격에 대하여는 이 사건 수입물품의 구매기준가격 산정내역서에 제시된 물품대 등에 기초하여 관세법 제30조 제1항에 의하여 구매자가 수출자에게 실제로 지급한 과세가격으로 산정하고 관세의 납세의무자에 대하여는 이 사건 수입업체는 수입물품의 중개업자에 불과하고 원고가 관세법 제19조 제1항 제1호에서 정한 수입물품의 실제 화주라고 보아 2010. 6. 1.부터 2010. 11. 15.까지 원고에 대하여 합계 관세 378억여 원의 부과처분(이하 '이 사건 부과처분')을 하였다.

2. 대상판결의 요지

가. 원심의 판단[1]

원심은 "관세법 제19조 제1항은 관세의 납세의무자에 대하여 규정하면서 제1호에서 특정물품을 신고한 경우 '그 물품을 수입한 화주'를 납세의무자로 규정하고 있는데, 이는 수입한 물품의 실제 소유자를 의미한다. 다만 그 물품을 수입한 실제 소유자인지 여부는 구체적으로 ① 수출자와의 교섭, 신용장의 개설, 대금의 결제 등 수입절차의 관여 방법, ② 수입화물의 국내에서의 처분·판매 방법의 실태, ③ 당해 수입으로 인한 이익의 귀속관계 등의 사정을 종합하여 판단하여야 한다(대법원 2003. 4. 11. 선고 2002두8442 판결 참조, 이하 '선행판결'). 결국 수입물품의 화주의 핵심적 개념은 해당 물품이 수입되기 전 단계에서 그 물품의 소유권자가 누구인지에 달려있고, 위 ① 내지 ③은 그 소유자성 유무에 관한 세부적 판단인자이다. 이 사건에서는 수입물품이 선적되어 통관절차를 거치기 이전 단계에서 소유자를 원고로 보아야 할지, 이 사건 수입업체로 보아야 할지가 문제된다. ㉠ 원고의 제조공장 등에서 이 사건 수입물품을 인수하는 시점이 물품의 소유권 변동이 이루어지는 인도시점으로 보이고, 구매계약서에 의하면 이 사건 수입업체 등은 국내 지정 장소에 입고될 때까지 물품의 관리에 대하여 책임을 부담하도록 되어 있으며 실제로도 원고에 납품되기 이전에 발생한 물품 하자에 대하여 원고가 중간 납품업체에 책임을 추궁하였던 사정 등에 비추어 인도시까지

---

[1] 원심은 제1심의 판결이유를 그대로 인용하였는바, 제1심 판결의 요지와 같다.

이 사건 수입물품에 대한 위험을 이 사건 수입업체가 부담하는 것으로 보여 수입 이전 단계의 법률상 소유자는 이 사건 수입업체임이 분명한 점, ⓒ 선행판결이 제시하는 판단인자에 의하더라도 수출자와의 교섭, 신용장의 개설, 수출자에 대한 대금의 결제 등은 모두 이 사건 수입업체나 그 위임을 받은 수입대행업체가 주도하였고, 수입화물의 국내에서의 처분실태에 있어서도 원고가 이 사건 수입업체로부터 이 사건 수입물품을 인도받기 전까지는 이 사건 수입업체가 소유자로서 보관·관리하였으며 이 사건 수입물품의 판매로 인한 이득이 이 사건 수입업체에 귀속되어 원고를 이 사건 수입물품의 화주로 볼 여지가 없는 점, ⓒ 선행판결은 국세기본법 제14조 제1항의 귀속에 관한 실질과세원칙의 연장선에서 수입물품의 화주를 당사자들의 거래내용을 법률적 관점에서 판단하라는 취지일 뿐이고, 법적 소유권 질서를 넘어서 당사자의 거래내용 자체를 경제적으로 관찰하여 일련의 수입과정을 주도한 당사자가 수입물품의 화주로서 납세의무자가 된다는 취지로 보기는 곤란한 점 등을 종합하여 보면 이 사건 수입물품의 화주는 원고가 아니라 이 사건 수입업체로 판단된다"고 판시하였다.

나. 대법원의 판단

대상판결은 원심의 ㉠, ㉡ 부분 판시를 언급하면서 비록 원고가 유기농 인증이나 생산물 이력추적을 위하여 이 사건 수입물품의 재배지를 선정하고 생산과정을 수시로 확인하였으며, 수입 전 검수절차를 통하여 최종 합격품을 선정하거나 때로는 수입물량과 가격에 관하여 부분적으로 중국 수출업체와 협상한 적이 있다고 하더라도, 원고는 관세법 제19조 제1항 제1호 본문에서 정한 관세의 납세의무자인 '이 사건 수입물품의 화주'로 볼 수 없다는 이유로 이 사건 부과처분을 위법하다고 한 원심의 판단은 정당하다"고 판시하였다.

Ⅱ. 대상판결의 평석

1. 이 사건의 쟁점과 문제의 소재

이 사건의 쟁점은 관세법상 납세의무자인 이 사건 수입물품의 화주가 이 사건 수입업체인지 아니면 원고인지 여부이다. 구체적으로는 국세기본법 제14조의 실질과세원칙을 적용하여 관세법상 납세의무자인 '물품을 수입한 화주'의 범위를

확대해석하여 원고가 단계적 거래에서 최종 구매자의 지위에 있고 수입 당시의
수입물품의 법률적 소유자가 아님에도 수입과 관련된 주요 업무를 수행하였다는
이유로 원고를 수입물품의 화주로 보아 관세의 납세의무를 부담시킬 수 있는지
여부가 쟁점이 된다.

관세법 제19조 제1항 제1호는 관세의 납세의무자를 '물품을 수입한 화주'라
고 규정하고 있다. 그런데 여기서의 '물품을 수입한 화주'에 관한 명문의 정의규
정이 없어 그 구체적 의미가 무엇인지 문제되었는데, 관세법상 실질과세원칙에
관한 규정이 없음에도 국세기본법상의 실질과세원칙의 규정을 적용하여 위 화주
의 의미를 해석하는 것이 가능한지 논란이 있었다.

이에 대하여 선행판결이 사업자등록명의를 대여하여 그 명의로 수입신고가
이루어진 경우 그 수입신고명의인이 관세법상 물품을 수입한 화주에 해당하지
않고 그 물품을 수입한 실제 소유자가 관세의 납세의무자라고 하여 관세법상으
로도 실질과세의 원칙이 적용된다고 판시하였다. 다만, 선행판결은 전형적으로
실질과세원칙이 적용되는 명의대여의 사안이었으므로 통상의 명의대여와는 달리
수출업체, 수입대행업체, 수입업체, 최종 구매자 등 다단계 거래구조로 이루어진
대상판결의 사안에서 실질과세원칙을 적용하여 실질 화주의 의미를 확대해석할
수 있는지 여부는 여전히 쟁점이 되었다. 즉, 선행판결은 명의대여에 따라 타인
의 명의로 수입신고가 이루어졌으나 실질적으로 물품을 수입한 화주가 별도로
존재하는 경우 실질과세의 원칙을 적용하여 수입한 물품의 실제 소유자를 관세
의 납세의무자로 해석하여 실제로 당해 물품을 수입한 자가 관세의 납세의무를
부담한다고 판단한 사안인 반면, 대상판결은 다단계 거래구조에서 물품의 최종
구매자가 계약을 통해 수입전문업체에 수입업무를 위탁하고 수입전문업체의 위
임을 받은 수입대행업체가 수입신고 및 통관업무를 담당한 경우 실질적으로 그
물품을 수입한 화주가 누구인지가 문제되는 사안이라는 점에서 구별된다.

대상판결이 선고되기 전까지 위와 같은 다단계 거래구조로 이루어진 수입물
품의 수입 과정에서 실질과세의 원칙의 적용범위를 선언한 판례는 존재하지 않
았는바, 결국 이 사건에서는 관세법에 있어서 실질과세의 원칙을 확대해석하여
관세의 납세의무자를 '수입으로 인한 경제적 효과가 귀속되는 자'로 할 수 있는
것인지 여부가 판단대상이 되었다.

2. 관세법상 납세의무자와 실질과세의 원칙의 적용

가. 관세법상 납세의무자

(1) 현행 규정

납세의무자란 조세를 납부할 법적 의무를 부담하는 자로서 원칙적으로 수입물품에 대한 관세의 납세의무자는 그 수입물품을 수입하는 화주이다.[2] 물품을 수입하기 위해서는 해당 물품의 품명·규격·수량 및 가격 등을 세관장에게 신고하여야 하는데,[3] 수입신고의 경우에는 그 물품을 수입한 화주가 납세의무자가 되는 것이다. 만일 화주가 불분명하다면, 수입을 위탁받아 수입업체가 대행수입한 물품인 경우는 그 물품의 수입을 위탁한 자, 수입을 위탁받아 수입업체가 대행수입한 물품이 아닌 경우는 송품장, 선하증권 또는 항공화물운송장에 기재된 수하인, 수입물품을 수입신고 전에 양도한 경우는 양수인이 납세의무자가 된다.[4]

관세법에 의한 수입신고를 하지 않았으나 예외적으로 납세의무가 발생하는 경우가 있다.[5] 이 경우에는 화주가 아니라 관세징수의 원인행위자 내지 실질적 책임자가 납세의무자가 된다. 이들을 특별납세의무자라고 한다. 관세가 유보된 보세구역 외에서 보수작업 등을 하는 것을 승인한 경우 승인기간이 경과하면 수입신고를 하지 않고 수입된 상태가 되는데, 이 경우 그 허가 승인을 받은 자에게 관세의 납세의무를 지우고 있다. 또한, 관세법상 소비 또는 사용을 수입으로 보지 아니하는 물품이 아닌 경우로서 수입신고가 수리되기 전에 소비하거나 사용하는 물품인 경우에는 그 소비자 또는 사용자를, 그 밖에 우편으로 수입되는 물품인 경우에는 그 수취인을, 이상에서 열거된 경우는 제외한 나머지 경우에는 그 소유자 또는 점유자를 납세의무자로 본다.

(2) 관세법상 납세의무자 규정의 개정 및 외국의 경우

1949년 관세법 제정 당시 관세법 제4조 제1호는 관세의 납세의무자를 '수입신고를 한 물품의 경우 그 신고인'으로 규정하고 있었다. 그 후 1972. 12. 30. 법률 제2423호로 개정되기 전의 관세법 제6조 제1항 제1호는 관세의 납세의무자를 '수입신고를 한 물품에 대하여는 그 신고인, 신고인으로부터 징수할 수 없는 때에

---

2) 관세법 제19조 제1항 제1호.
3) 관세법 제241조 제1항.
4) 관세법 제19조 제1항 제1호 가목 내지 다목, 관세법 시행령 제5조.
5) 관세법 제19조 제1항 제2호 내지 제12호.

는 그 물품을 수입한 화주'로 규정하였다. 그러다가 1972. 12. 30. '그 물품을 수입한 화주'로 개정됨으로써, 관세의 원칙적인 납세의무자가 신고인에서 '물품을 수입한 화주'로 변경되었고, 이는 현행 관세법에서도 그대로 유지되고 있다.[6]

미국의 경우에는 '서류상의 수입자'가 수입신고를 하도록 규정하고 있다.[7] 서류상의 수입자는 관세를 납부하여야 하는데 수입물품의 소유자나 구매자를 의미한다.[8] 서류상의 수입자가 수입물품의 소유자가 아닌 경우 그 내용과 실제 소유자를 사전에 보고하면 그 수입자는 추가적으로 부과하는 관세의 납부의무를 지지 않는다.[9] 일본의 경우에는 원칙적으로 '화물을 수입하는 자'가 관세의 납세의무자가 된다.[10] 화물을 수입하는 자는 통상의 수입거래에 따른 수입화물에 대하여는 원칙적으로 송품장에 기재된 수하인을 말하고, 그 화물이 수입허가 전에 보세구역 등에서 전매된 경우에는 그 전득자를 말한다.[11]

나. 관세법에서의 실질과세원칙의 적용

(1) 국세기본법상 실질과세의 원칙

실질과세의 원칙이란 세법의 해석 및 과세요건의 확정은 조세공평이 이루어지도록 실질에 따라야 하는 세법 고유의 원칙이다. 국세기본법 제14조 제1항은 과세대상의 귀속자를 판정함에 있어 법률상의 귀속자는 단순 명의일 뿐이고 사실상의 귀속자가 따로 있는 때에는 사실상의 귀속자를 납세의무자로 하여 조세를 부과한다는 귀속에 관한 실질주의를, 제2항은 세법 중 과세표준의 계산에 관한 규정은 소득·수익·재산·행위 또는 거래의 명칭이나 형식에 불구하고 그 실질내용에 따라 적용한다는 거래내용에 관한 실질주의를 규정하고 있다.

여기서 실질을 파악하는 데에 두 가지의 흐름이 있다. 먼저 경제적 실질설은 조세부담의 공평을 실현하기 위하여 거래 등을 경제적 관점에서 파악하여 그 경제적 효과에 기초한 과세가 이루어져야 한다는 견해이다. 다음으로 법적 실질설은 세법도 법인 이상 헌법을 정점으로 하는 법질서에 편입되어야 하고, 과세관계

---

6) 1972. 12. 30. 법률 제2423호로 개정된 이후에도 여러 차례 개정이 이루어졌으나 관세의 납세의무자가 '물품을 수입한 화주'라는 내용에는 변경이 없었다.
7) Tariff Act §1484.
8) Tariff Act §1505.
9) Tariff Act §1485.
10) 關稅法 第6條.
11) 關稅法 基本通達 6-1 ①.

역시 사법상의 거래관계를 전제로 하는 이상 당사자가 선택한 사법상의 법 형식을 존중하고 그 기초 위에서 형성되어야 하며, 사법상의 거래에서 실제로 행하여진 법 형식에 의하지 않고 경제적 개념 및 경제적 관점에서 상정한 법 형식에 의하여 과세하는 것은 그것을 위한 특별한 규정이 없는 이상 납세자의 법적 안정성 내지 예측가능성을 해치고 재산권을 부당히 침해하는 것이 되어 부당하다는 견해이다. 두 가지 견해 중 법적 실질설이 통설적 지위에 있는데[12] 명의대여의 경우에는 판례는 명의차용자에 대한 과세가 타당하다고 본다.[13]

(2) 관세법과 실질과세원칙의 적용

관세도 국세의 일종이기는 하지만 수입물품에 부과되는 국경세 내지 물품세 등의 특성 때문에 국세기본법 제2조에서는 국세의 하나로 규정되어 있지 않고 기본적인 사항에 대해서는 관세법에 별도로 규정하고 있는데, 국세기본법과는 달리 실질과세원칙에 관한 규정을 두고 있지 않다. 법인세법 제4조 제1항, 국제조세조정에 관한 법률 제2조의2, 상속세 및 증여세법 제4조의2 등에서는 국세기본법과 별도로 실질과세원칙을 추가로 규정하고 있는 것과 비교된다. 이러한 관세법의 규정 체계와 형식 때문에 관세법의 영역에서 국세기본법상의 실질과세의 원칙이 적용되는지 여부와 관련하여 견해 대립이 있었다.

(가) 긍 정 설

긍정설은 국세기본법 제14조의 실질과세의 원칙은 조세법의 대원칙이므로 이를 관세법 영역에 준용할 법률적인 근거가 있는지 여부와는 상관없이 조세의 부과·징수에 관한 기본원리로서 관세를 포함한 모든 조세의 부과·징수에 '귀속에 관한 실질주의'와 '거래 내용에 관한 실질주의'가 적용된다고 보는 것이 조세형평이나 법적 안정성에 합치한다는 견해이다.[14] 이와는 다소 달리 국세기본법은 관세의 부과·징수에는 적용되지 않으므로 국세기본법 규정에 의해서가 아니라 헌법의 원칙에 의해 관세의 부과·징수에도 실질과세원칙이 적용되어야 한다는 견해[15]와 조세법의 기본원칙 중의 하나가 조세평등주의이고 조세의 본질이 경제적 부담이기 때문에 경제적 실질을 기초로 과세해야 한다는 것은 조세법에

12) 사법연수원, 조세법총론 I, 2014, 51면.
13) 대법원 1981. 6. 9. 선고 80누545 판결 등 다수.
14) 강석훈, "구 관세법 제6조 제1항 제1호 소정의 '물품을 수입한 화주'에 해당하는지 여부의 판단 기준", 대법원 판례해설 제45호, 2004. 1., 385면.
15) 정재완, 관세법, 무역경영사, 2014, 42면.

내재하는 조리라는 견해16)도 긍정설의 입장이라고 하겠다.

(나) 부 정 설

반면, 부정설은 관세가 국세기본법 제2조 제1호가 정의하는 국세의 범위에 포함되지 않고, 관세법이 제2호에서 정하는 세법의 범위에도 포함되어 있지 않으며, 관세법에서 실질과세의 원칙에 대하여 명문의 규정을 두고 있지 않다는 점을 근거로 국세기본법상의 실질과세의 원칙이 관세법에도 당연히 적용되는 것은 아니라는 입장이다. 관세는 그 성격상 과세대상이 수입물품에 부과되는 대물세에 해당하여 수입신고시점에서 납세의무자가 확정되고 납세자와 실질적인 담세자가 반드시 일치하지 않는 간접세의 성격을 갖는 것으로서 명의의 사용여부와 관계없이 '실질적인 소득의 귀속'에 과세한다는 국세기본법상의 실질과세원칙을 그대로 적용할 수 없다는 것이다.17)

또한 대부분의 수입신고를 전자신고만으로 수리하는 관세행정 실무상 실질적으로 수입효과가 귀속되는 자가 별도로 있다고 하더라도 그 실질 귀속자를 가리기 위한 별도의 심사절차를 수행하게 되면 그만큼 수입통관이 지체되고 하루에 4만여 건이 수입되는 대규모 통관물량에 대하여 실질 화주를 찾아내는 것이 현실적으로 어려우며, 거래상대방이 외국에 있어 그를 조사하는 것도 불가능하다는 것을 근거로 삼는 견해도 있다.18)

(다) 판례의 입장

종전 대법원은 관세형사사건에서 실질과세원칙이 적용된다는 전제 하에 중국산 농산물을 휴대품 통관 방식으로 밀수입한 경우, 대신 통관해준 자가 아니라 수입농산물의 실제 화주인 피고인이 무신고 수입죄의 죄책을 진다고 하거나19) 외국의 선박을 편의치적의 방법으로 사실상 소유권 내지 처분권을 취득한 후 국내에 반입하여 사용한 행위에 대한 관세법 위반 사건에서 실질에 따라 수입에 해당하는지를 판단하기도 하였다.20) 한편, 하급심은 땅콩상회를 경영하는 원고 갑

---

16) 이준규, 세법개론, 영화조세통람, 2009, 20−21면.

17) 관심 제2004-002호, 2004. 8. 17.

18) 김민정·박훈, "실질과세원칙의 관점에서 바라본 관세법상 물품을 수입한 화주의 범위", 조세와 법 제8권 제1호, 2015, 151면.

19) 대법원 2002. 8. 27. 선고 2001도2820 판결, 대법원 1995. 5. 12. 선고 94누6680 판결도 명시적 이지는 않지만 원고가 수입대행자이고 소외회사가 위탁자인 경우 실제 화주는 소외회사가 된다는 취지로 보인다.

20) 대법원 2000. 5. 12. 선고 2000도354 판결.

이 을, 병, 정과 함께 자금을 투자하여 중국산 땅콩을 수입하면서 원고 갑 명의
수입통관을 한 관세행정사건에서 법원은 공동투자자들 중 을, 병, 정은 실수요자
이지만 원고 갑에게 사실상 수입을 위탁하였고 원고 갑이 관세와 부가가치세를
모두 납부하였다는 이유로 수입신고 명의자인 원고 갑을 관세의 납세의무자로
판단하였다.21) 위 사안이 명의대여의 경우로 단정하기는 어려우나 실질과세원칙
의 관세법에의 적용여부에 대한 법원의 입장은 명확하지 않았다.

　　그러다가 선행판결, 즉 대법원 2003. 4. 11. 선고 2002두8442 판결에서는 '물
품을 수입한 화주'라 함은 그 '물품을 수입한 실제 소유자'라고 그 의미를 확정하
고, 다만 그 물품을 수입한 소유자인지 여부는 구체적으로 수출자와의 교섭, 신
용장의 개설, 대금의 결제 등 수입절차의 관여 방법, 수입화물의 국내에서의 처
분·판매의 방법의 실태, 당해 수입으로 인한 이익이 귀속관계 등의 사정을 종합
하여 판단하여야 하며 이와 같이 해석하는 것이 관세법에도 적용되는 실질과세
원칙에 부합한다고 판시함으로써, 국세기본법 제14조의 실질과세의 원칙은 명시
적인 준용 규정이 없더라도 조세법의 일반원리로 관세법에도 당연히 적용될 수
있음을 선언하였다.

　　대상판결의 원심도 국세기본법 제2조에서 정의하는 국세에 관세는 포함되어
있지 아니하므로 국세기본법 규정이 관세에도 당연히 적용된다고 보기는 어려우
나 실질과세의 원칙은 세법의 해석·적용에 관한 중심적 원리이므로 국세기본법
제14조는 관세에도 당연히 유추적용된다며 같은 입장으로 판시하였다.

　　국세기본법 제14조의 실질과세원칙은 과세부담의 공평과 응능부담의 원칙을
구현하기 위한 것으로서 국내법상 납세의무자인 거주자와 비거주자에 공평하게
적용되는 것이므로 국내법상 실질과세원칙을 국가 간의 조세조약의 규정에 대한
해석의 기준으로 삼을 수 있다는 하급심 판결22)에 비추어 보더라도 관세법의 영
역에서 실질과세원칙의 적용을 부인할 근거는 없다고 보인다. 그러나 선행판결은
관세법상 실질과세원칙이 적용됨을 확인하면서도 그 근거에 대해서 따로 설시하
지 않고, 실질과세원칙에 따른 납세의무자의 판단기준을 제시하면서도 각 판단기
준 상호 간의 관계, 비중에 대하여 언급하지 않아 관세법상 실질과세원칙의 의미
또는 적용범위에 대해 논란의 여지를 남긴 측면이 있다.23) 요컨대, 선행판결이

21) 부산고등법원 2000. 12. 29. 선고 2000누2860 판결.
22) 서울행정법원 2009. 2. 16. 선고 2007구합37650 판결.
23) 김민정·박훈, 전게논문, 154면.

관세법에도 실질과세의 원칙이 적용된다고 판단하였으나 이는 법적 실질설의 입장에서도 그 적용을 긍정하는 명의대여의 사안에 관한 것이므로 그 전형적인 범위를 벗어난 사안에 대해서는 여전히 실질과세원칙의 적용 범위에 관한 판례의 입장은 주목되었다.

3. 실질과세원칙의 적용에 따른 관세법상 물품을 수입한 화주의 의미

앞서 살펴본 바와 같이 선행판결이 관세법상 국세기본법 제14조를 준용하는 규정이 없더라도 실질과세원칙은 조세법의 기본원칙으로서 관세의 영역에도 당연히 적용됨을 확인하였다. 그런데 대상판결의 사안은 단순 명의대여가 아니라 다단계 거래로 이루어진 사안이었으므로 이에 더하여 실질과세원칙의 '실질'의 의미를 '법적 실질'로 볼 것인지, '경제적 실질'로 볼 것인지가 문제되었다. 화주의 의미를 법적 실질에 따라 판단하면 수입 당시의 수입물품에 대한 법률적 소유관계가 중시되고 만일 경제적 실질에 의한다면 그 경제적 효과가 누구에게 귀속되는지가 중요하게 된다.

가. 경제적 실질설의 입장

실질과세원칙의 실질을 '경제적 실질'로 해석하는 입장에 따르면, '법적 실질'을 의미하는 것으로 보아 수입신고 전 법률상 소유권자를 납세의무자로 해석하면 수입신고 전 단계에서 사법상 소유권만 형식적으로 이전하는 형태를 끼워 넣는 우회행위·다단계행위를 조세회피행위로 보아 규제할 수 없고 그 결과 관세제도의 국내사업보호의 목적도 달성할 수 없게 되므로 입법취지나 관세제도의 목적에 맞지 않는다고 한다.[24]

다만, 수입으로 인한 이익만을 경제적으로 관철할 경우 수입 직후 여러 번의 매매가 예정되어 있는 사안에서 납세의무자에 대한 판단이 불분명하게 될 우려가 있으므로 이러한 점을 고려하여 수입물품을 매개로 수입신고 전부터 수입을 주도하고 수입 이후에 이를 실질적으로 지배하거나 향유하는 자로 해석하는 것을 합리적인 방법으로 제시하기도 하였다.[25]

한편, 이 사건에서 피고도 실질과세원칙의 실질은 '경제적 실질'이라는 입장

---

24) 김민정·박훈, 전계논문, 159－160면.
25) 김민정·박훈, 전계논문, 158면.

에서 관세에 있어서 실질과세의 원칙을 적용한다는 것은 관세의 납세의무의 주체를 '수입으로 인한 경제적 효과가 귀속되는 자'로 확장하는 것까지 의미한다고 주장하였다.

나. 법적 실질설의 입장

반면, 실질과세원칙의 실질을 '법적 실질'로 해석하는 입장에 따르면, '경제적 실질'을 의미하는 것으로 보아 수입으로 인한 경제적 효과가 귀속되는 자를 납세의무자로 해석하게 되면, 납세의무의 주체와 담세자는 구별되는 관세의 특성상 그 경제적 효과 내지 이익의 궁극적 귀속자가 구체적으로 누구를 의미하는 것인지 불명확해지고, 이와 같은 해석은 관세법 제19조 제1항 제1호에서 관세의 납세의무자를 '수입물품의 화주'라고 규정한 것에도 반하는 것이라고 한다.[26]

대상판결의 원심도 같은 맥락에서 "선행판결은 국세기본법 제14조 제1항의 귀속에 관한 실질과세원칙의 연장선상에서 수입물품의 화주를 법률적인 관점에서 실질적으로 판단하라는 취지일 뿐이고, 법적 소유권 질서를 넘어서 당사자들의 거래내용 자체를 경제적으로 관찰하여 일련의 수입과정을 주도한 당사자가 수입물품의 화주로서 납세의무자가 된다는 취지로까지 해석하기는 곤란하다"고 판시하여 '법적 실질'에 따라 해석하였다.

4. 대상판결의 평가

그동안 법원은 형식적인 수입신고 명의인과 실제 수입한 화주가 별도로 존재하는 사안에서 누구를 납세의무자로 볼 것인가에 대해 불분명한 입장을 보이다가 선행판결을 기점으로 관세법 제19조 제1항 제1호의 '물품을 수입한 화주'는 실질과세원칙을 적용하여 '실제 물품을 수입한 화주'로 해석하는 것으로 정리하였다. 즉, 국세기본법상의 국세의 범위에 관세가 포함되지 않고 세법의 범위에 관세법이 언급되어 있지 않다 하더라도 실질과세의 원칙은 조세법의 대원칙으로서 관세법의 영역에서도 당연히 존중되어야 한다는 입장이었다.

대상판결은 이러한 종전 대법원의 판단을 다시 한번 확인함과 동시에 나아가 관세의 납세의무자의 판단에 있어서의 실질과세의 원칙은 '수입물품의 실제

---

26) 김주석, "관세법 제19조 제1항 제1호 본문에서 정한 관세의 납세의무자인 물품을 수입한 화주의 의미", 조세실무연구 6, 2015, 357－358면.

소유자'의 판단에 한정되는 것이지 다단계거래에 있어서 수입물품의 수입으로 인한 경제적 효과 등의 귀속 여부를 따져 납세의무자를 판단하는 것은 아니라고 하면서, 수입물품의 화주 판정의 핵심적 개념은 해당 물품의 수입 당시 누가 소유권을 가지는지에 달려있다는 취지로 판시함으로써 관세법상 물품을 수입한 화주의 판단기준을 보다 분명하게 제시하였다. 대상판결은 관세법상 납세의무자를 판단함에 있어서 실질과세의 원칙을 법적 실질설에 따라 엄격하게 적용한 선례적 판결이라는 점에서 의미가 크다.

대법원은 갑이 자신의 명의로 발행한 사채자금을 특수관계에 있는 자에게 대여한 것을 이유로 과세관청이 갑을 사채의 실질적 채무자로 보아 그 지급이자를 손금불산입하고 인정이자 상당액을 익금산입하였으나 실제로 사채발행으로 인한 자금의 사용자는 을이고 을이 사채발행 과정의 전면에 나서서 사채발행을 실질적으로 주도한 사안에서 을을 위 사채의 실질적인 발행자 또는 채무자로 볼 수 없다고 판단[27]하였는바, 대상판결의 입장은 실질과세원칙에 관한 규정을 두고 있는 법인세법이 적용되는 사안에서의 위 대법원의 입장과 맥락을 같이한다. 소득의 귀속을 판정하면 되는 소득세나 법인세와는 달리 여러 단계의 거래구조를 전제하는 관세에서는 거래의 예측가능성과 법적 안정성을 보장할 필요성이 더욱 요구된다는 점에서 실질과세원칙의 적용범위를 제한한 대상판결의 입장은 정당하다.

여러 단계의 거래구조에 대해서 적용되는 부가가치세법이 소득세법이나 법인세법과는 달리 별도의 실질과세원칙에 관한 규정을 두고 있지 않는 것도 거래구조를 재구성하는 실질과세원칙의 확대적용이 납세자의 예측가능성과 법적 안정성을 침해하는 측면을 고려한 것으로도 볼 수 있는바, 상시적·대량적 통관이 행해지는 수입거래에 대하여 부과되는 관세의 경우에도 법적 거래형식을 존중할 필요성이 크다.

구체적으로, 대상판결은 선행판결이 물품을 수입한 화주의 판단기준으로 제시한 ① 수출자와의 교섭, 신용장의 개설, 대금의 결제 등 수입절차의 관여 방법, ② 수입화물의 국내에서의 처분·판매 방법의 실태, ③ 당해 수입으로 인한 이익의 귀속관계를 적용하여 이 사건에서의 수입물품의 화주 해당 여부를 판정하면서 특히, ① 기준과 관련하여 "중국 농산물의 특성상 소비자인 원고가 품질관리

27) 대법원 2000. 9. 29. 선고 97누18462 판결.

등을 위하여 수입물품의 재배지를 선정하고, 생산과정을 확인하였으며 최종 합격품을 선정하는 등의 수입물품 수입 이전의 과정에 일부 관여한 사정을 인정하면서도 그러한 사정만으로는 수입물품의 소유자 내지 화주의 판단에는 영향을 미칠 수 없다"고 함으로써 수입물품의 화주로서의 지위를 엄격하게 판단하였는바, 대상판결은 통상 여러 단계를 거치는 수입물품의 수입과정에서 경제적인 이익의 귀속 측면만을 고려하지 않고 거래의 법적 형식을 존중하여 납세의무자를 판단함으로써 관세법의 영역에서도 실질과세원칙의 적용 한계를 설정하였다고 하겠다.

구매자가 부담하는 광고선전비가 관세법상 수입물품의 과세가격에 포함되는 '간접적인 지급액'에 해당하는지 여부

〈대법원 2015. 2. 26. 선고 2013두14764 판결〉

Ⅰ. 대상판결의 개요

1. 사실관계의 요지와 부과처분의 경위

가. 원고들과 라이센서들 사이의 프랜차이즈 계약

원고들은 미국 등 해외영화배급사가 한국에서의 영화의 수입 및 배급사업을 목적으로 출자하여 설립한 내국법인이다.

원고들은 해외영화배급사와 직접 또는 그로부터 영화배급에 관한 권리를 허여받은 라이센서(이하 총칭하여 '라이센서들')와 사이에 한국 내 영화배급 활동에 관한 프랜차이즈계약(이하 '이 사건 계약')을 체결하였다. 이 사건 계약에 의하면 원고들은 라이센서들로부터 그들이 배급권을 가지는 영화를 수입하여 국내에서 상영할 수 있고 라이센서들에게 그 대가로 다음 산식에 의하여 산정한 로열티를 지급하여야 한다.

> 로열티 = 영화의 총 매출액 - 배급수수료(총 매출액 중 12%) - 배급비용*
>
> *배급비용 = 영화의 광고선전비, 수입허가비용, 개봉수수료, 번역 등 제반 비용

이에 따라 원고들은 라이센서들로부터 국내에서 흥행가능성이 있는 영화 등

을 선별·수입하여 국내에서 상영하면서 수입영화 등에 대한 광고선전을 위한 광고대행사의 선정과 광고선전계약의 체결 및 광고선전비의 지급, 구체적인 광고내용·매체·시기·비용의 결정 등의 업무를 직접 수행하였고 라이센서들에게 로열티로서 원고들의 매출액인 관객입장수입의 비율에 따라 산정되는 영화필름 대여료에서 12%의 배급수수료와 광고선전비 등 배급비용을 공제한 금액을 지급하였다.

한편 라이센서들은 광고선전의 시안을 원고들에게 제공하고 광고선전비의 총액한도를 설정하며 배급비용에 관하여 예산승인권을 행사하고 원고들의 장부 기장에 대하여 검사하는 등으로 원고들의 광고선전활동에 대하여 통제와 지시를 하였다.

나. 이 사건 부과처분의 경위

원고들은 2010. 6.경 라이센서들로부터 수십건의 영화용 필름(이하 '이 사건 수입물품')을 수입하면서 통관지 세관장에게 관세로서 필름 길이당 부과되는 종량세를 납부하는 한편, 수입부가가치세로서 필름의 수입시에 신고하는 금액1) 이외에 관세법 제30조 제1항 제4호에 따라 추가로 과세가격에 가산되는 로열티가 수입영화의 국내 상영 종료 후에야 확정되므로 관세법 제28조 제1항에 의하여 잠정가격으로 로열티를 신고하여 부가가치세를 납부한 다음, 영화의 상영 종료 후 원고들의 매출액에서 배급수수료 및 광고선전비 등 배급비용을 차감한 금액을 라이센서들에게 송금하고 그 로열티의 확정가격을 신고하여 부가가치세를 정산하였다.

그런데 피고는 원고들이 로열티에서 공제한 광고선전비가 구 관세법(2010. 12. 30. 법률 제10424호로 개정되기 전의 것, 이하 '관세법') 제30조 제2항의 간접지급액에 해당한다고 보아 2010. 5. 11.부터 2010. 6. 18.까지 사이에 원고들에 대하여 이 사건 수입물품의 과세가격으로 신고한 로열티에 광고선전비 상당액(이하 '이 사건 광고선전비')을 더한 금액으로 부가가치세 과세표준을 다시 산정하여 부가가치세 3,393,895,735원 및 가산세 958,813,653원 합계 4,352,710,828원의 부과처분을 하였다(이하 '이 사건 부과처분').

---

1) 통상 수입시 필름당 100만원 내외를 신고한다.

2. 판결 요지

구 부가가치세법(2013. 6. 7. 법률 제11873호로 전부 개정되기 전의 것, 이하 '부가가치세법') 제13조 제4항은 재화의 수입에 대한 부가가치세의 과세표준은 관세의 과세가격과 관세·개별소비세·주세·교육세·농어촌특별세 및 교통·에너지·환경세를 합한 금액으로 하도록 정하고 있고, 관세법 제30조는 제1항 본문에서 "수입물품의 과세가격은 우리나라에 수출하기 위하여 판매되는 물품에 대하여 구매자가 실제로 지급하였거나 지급하여야 할 가격에 다음 각 호의 금액을 가산하여 조정한 거래가격으로 한다"고 규정하고 있으며, 제2항 본문에서 관세의 과세가격 산정의 기준이 되는 실제지급가격에는 '구매자가 당해 수입물품의 대가와 판매자의 채무를 상계하는 금액, 구매자가 판매자의 채무를 변제하는 금액 및 기타의 간접적인 지급액'이 포함된다고 규정하고 있다. 그리고 구 관세법 시행령(2011. 4. 1. 대통령령 제22816호로 개정되기 전의 것, 이하 '관세법 시행령') 제20조 제6항은 "법 제30조 제2항 본문의 규정에 의한 '기타의 간접적인 지급액'에는 다음 각 호의 금액이 포함되는 것으로 한다"고 규정하면서 제1호에서 '판매자의 요청에 의하여 수입물품의 대가 중 전부 또는 일부를 제3자에게 지급하는 경우 그 지급금액'을 들고 있다.

한편, 『1994년도 관세 및 무역에 관한 일반협정 제7조의 이행에 관한 협정』(이하 'WTO 관세평가협약') 부속서 1의 제1조에 관한 주해는 "제8조에 조정하도록 규정된 사항 이외에 구매자가 자신의 계산(on his own account)으로 행한 활동은, 비록 판매자에게 이익이 되는 것으로 보인다 할지라도 판매자에 대한 간접지급액으로 간주될 수 없다. 따라서 이러한 활동의 비용은 과세가격을 결정할 때 실제지급가격에 부가될 수 없다"고 규정하고, 나아가 "구매자가 자신의 계산(on his own account)으로 수입물품의 시장판매에 관련되는 활동을 수행할 경우 그 활동의 가치는 관세 과세가격의 일부가 되지 아니하며, 또한 이러한 활동이 거래가격을 거부하는 원인이 되지 못한다"고 규정하고 있다.

원심은 수입물품의 판매 촉진을 위하여 행하는 광고선전 활동은 시장판매에 관련되는 활동인 점, 배급수수료의 증가를 위하여 광고선전 활동을 할 필요가 있는 원고들이 수입물품인 영화용 필름 등에 관한 광고선전 계약의 체결과 비용 지급 등 광고선전 활동을 직접 하고 있으므로, 광고선전비의 지급은 구매자인 원고들의 광고대행사 및 광고회사에 대한 의무일 뿐 판매자의 의무가 아닌 점 등을 종합하면, 원고들이 광고선전비를 지급함으로써 결과적으로 판매자에게도 이익이 된다 하더라도 이는 이 사건 수입물품의 과세가격에 포함되는 간접적인 지급액에 해당하지 아니한다는 이유로, 피고의 이 사건 광고선전비 상당액을 과세표준에 포함하여 이 사건 수입물품에 대한 부가가치세를 부과한 이 사건 부과처분은 위법하다고 판단하였는바, 이러한 원심의 판단은 정당하고, 위 판단에 논리와 경험칙에 반하여 사실을 인정하거나 과세가격에 포함되는 간접적인 지급액 등에 관한 법리를 오해한 위법이 없다.

Ⅱ. 대상판결의 평석

1. 이 사건의 쟁점 및 문제의 소재

이 사건의 쟁점은 이 사건 광고선전비가 로열티의 간접적인 지급액(이하 '간접지급액')으로서 이 사건 수입물품의 부가가치세 과세표준을 구성하는 관세의 과세가격에 포함되는지 여부이다. 구체적으로 이 사건 광고선전비의 지급이 관세법 시행령 제20조 제6항 제1호에서 간접지급액으로 규정하고 있는 '판매자의 요청으로 수입물품의 대가 중 전부 또는 일부를 제3자에게 지급하는 경우'에 해당하는지, 아니면 WTO 관세평가협약 부속서 1의 제1조에 관한 주해에서 간접지급액에서 제외하는 '구매자가 자기의 계산으로 수입물품의 시장판매에 관련되는 활동을 수행하는 경우'에 해당하는지 여부이다.

수입물품에 대한 부가가치세의 과세표준은 관세·개별소비세·주세·교육세·농어촌특별세 및 교통·에너지·환경세를 합한 금액이고(부가가치세법 제13조 제4항) 관세의 과세표준은 수입물품의 가격 또는 수량이다(관세법 제15조). 관세법상 대부분의 품목이 수입물품의 가격을 관세의 과세가격으로 한다. 이 사건 수입물품은 종량세의 대상이 되므로 관세 목적에서는 과세가격을 파악할 필요가 없지만 부가가치세 과세표준을 산정하기 위해서는 관세의 과세가격을 결정하여야 한다. 단순히 수입자가 수출자에게 지급하는 물품대금만이 수입물품의 과세가격이 되는 것은 아니고 그와 관련하여 지급되는 지적재산권의 대가, 물품대금 외에 발생하는 비용, 수입자나 중개업자의 이윤 등의 요소가 과세가격에 포함될 수 있는데, 이러한 관세법상 수입물품의 과세가격을 결정하는 방법과 절차가 관세평가이다. 개별 국가가 독자적인 방법으로 과세가격을 결정하는 경우 발생할 수 있는 국제무역의 저해를 방지하고, 국제무역의 확대와 원활을 위하여 국제적으로 표준화된 관세평가제도를 두고 있다.

관세법 제30조 제1항 본문은 "수입물품의 과세가격은 우리나라에 수출하기 위하여 판매되는 물품에 대하여 구매자가 실제로 지급하였거나 지급하여야 할 가격(이하 '실제거래가격')에 다음 각호의 금액을 더하여 조정한 거래가격으로 한다"고 규정하여 원칙적으로 실제거래가격을 과세가격으로 채택하면서, 단서에서 "다음 각호의 금액을 더할 때에는 객관적이고 수량화할 수 있는 자료에 근거하여야 하며, 이러한 자료가 없는 경우에는 이 조에 규정된 방법으로 과세가격을 결정하지 아니하고 제31조부터 제35조까지에 규정된 방법으로 과세가격을 결정한다"고 하여 보충적 관세평가방법을 두고 있다. 관세법 제30조 내지 제35조에서 규정된 관세평가방법을 실무상 제1 방법 내지 제6 방법[2]으로 칭한다. 대부분의 관세평가는 제1 방법에 따라 행해지는데 우리나라의 경우에도 97% 이상의 수입물품에 대한 과세가 제1 방법에 의하여 이루어지고 있다.[3]

관세법 제30조 제2항은 "실제거래가격이란 당해 수입물품의 대가로서 구매자가 지급하였거나 지급하여야 할 총 금액을 말하며, 구매자가 당해 수입물품의 대가와 판매자의 채무를 상계하는 금액, 구매자가 판매자의 채무를 변제하는 금액 및 기타의 간접지급액을 포함한다"고 규정하고 있다. 즉 실제거래가격이란 거래당사자 간의 합의에 의하여 수입물품에 대한 대가로서 그리고 수입물품의 판매조건으로 판매자에게 또는 판매자를 위하여 지급되는 간접지급액을 포함한 총 금액을 말한다.

이 사건에서는 이 사건 수입물품의 실제거래가격에 원고들이 부담하는 광고선전비가 관세법상 간접지급액으로서 과세가격에 포함되는지가 문제되었다. 피고 주장의 요지는 원고들의 이 사건 광고선전비의 지급으로 인하여 매출액이 증가하는 경우 배급수수료도 증가하지만 그보다는 라이센서들이 수취하는 로열티

---

2) 제1 방법은 해당수입물품의 실제거래가격을 기초로 한 과세가격의 결정방법, 제2 방법은 동종·동질물품의 거래가격을 기초로 한 과세가격의 결정방법, 제3 방법은 유사물품의 거래가격을 기초로 한 과세가격의 결정방법, 제4 방법은 국내판매가격을 기초로 한 과세가격의 결정방법, 제5 방법은 산정가격을 기초로 한 과세가격의 결정방법, 제6 방법은 합리적인 기준에 의한 과세가격의 결정방법이다. 관세평가방법은 제1 방법부터 제6 방법까지 순차로 적용된다(관세법 제30조 내지 제35조).

3) 정재완, 관세법, 무역경영사, 2016, 228면.

의 증가가 더 크므로 이 사건 광고선전비 지출의 실질적 이해관계자는 라이센서들이고 라이센서들이 사실상 이 사건 광고선전비를 원고들로 하여금 대신 지급하게 하는 방법으로 관세의 과세가격을 낮추어 수입부가가치세의 부담을 회피한 것이므로 이 사건 광고선전비는 관세법 제30조 제2항의 위임을 받은 관세법 시행령 제20조 제6항 제1호의 '판매자의 요청으로 수입물품의 대가 중 전부 또는 일부를 제3자에게 지급하는 경우'에 해당한다는 것이다.

반면 원고 주장의 요지는 이 사건 광고선전비의 지급은 시장판매활동의 일환으로 자신의 배급수수료 수익을 얻기 위하여 체결한 광고선전계약상의 의무를 이행한 것이고 그로 인하여 판매자인 라이센서들에게 이익이 발생한다고 하더라도 이는 간접지급액으로 간주될 수 없는 것이므로, 관세법 시행령 제20조 제6항의 '판매자의 요청으로 수입물품의 대가의 일부를 제3자에게 지급하는 경우'에 해당하지 아니하고 WTO 관세평가협약 부속서 1의 제1조에 관한 주해에서 간접지급액에서 제외하는 '구매자가 자기의 계산으로 수입물품의 시장판매에 관련되는 활동을 수행하는 경우'에 해당한다는 것이다.

예를 들면 라이센서들이 광고선전비 100을 직접 부담하고, 원고들로부터 로열티 200을 받아 오다가 원고들로 하여금 광고선전비 100을 지출하도록 하면 라이센서들로서는 광고선전비 100을 줄일 수 있어 로열티 100을 받더라도 전체 수익에는 변화가 없고 그 경우 종전보다 수입물품의 과세가격이 100만큼 감소하여 원고들의 부가가치세 부담이 회피된다는 것이 피고의 입장이고, 라이센서들이 원고들로부터 로열티 200을 받아오다가 원고에게 광고선전비 100을 부담하고 로열티 100을 지급하는 것으로 거래조건을 변경하지도 않았고 광고선전비 100은 자신의 계산과 판단에 의하여 부담한 지출이라는 것이 원고들의 입장이다.

2. 관세법상 '실제거래가격'에 포함되는 간접지급액의 범위

가. 관세법상 간접지급액의 규정

앞서 본 바와 같이 관세법 제30조 제1항은 수입물품의 과세가격은 실제거래가격에 법정가산요소와 법정공제요소를 조정한 금액으로 하고 관세법 제30조 제2항은 실제거래가격에는 당해 수입물품의 대가에 더하여 구매자가 판매자의 채무를 변제하는 금액 등 간접지급액을 포함한다고 규정하고 있다. 관세법 시행령 제20조 제6항은 간접지급액에 관하여 대가의 제3자 지급, 하자보증비, 외국훈련

비나 외국교육비, 금융비용 등을 예시하고 있을 뿐 간접지급액'의 범위에 관한 상
세한 규정을 두고 있지 않다.

수입물품의 실제거래가격에 포함되는 간접지급액은 실제거래가격의 조정항
목에 해당하는 법정가산요소 및 법정공제요소와 구분된다. 관세법 제30조 제1항
은 그 법정가산요소로서 구매자가 부담하는 수수료와 중개료(다만, 구매수수료는
제외)(제1호), 구매자가 부담하는 해당 수입물품과 동일체로 취급되는 용기비용과
수입물품의 포장비용(제2호), 생산지원비용, 즉 구매자가 해당 수입물품의 생산
및 수출거래를 위하여 관세법 시행령에 정하는 물품 및 용역을 무료 또는 인하된
가격으로 공급한 경우 그 인하차액을 법정기준으로 배분한 금액(제3호), 특허권,
상표권 등의 권리사용료(제4호), 해당 수입물품의 사후귀속이익4)(제5호) 및 수입
항까지의 운임·보험료와 운송관련 비용을 규정하고 있고, 관세법 제30조 제2항
은 그 법정공제요소로서 수입 후에 행해지는 해당 수입물품의 건설·설치·조립·
정비·유지 또는 해당 수입물품에 관한 기술지원에 필요한 비용(제1호), 수입항에
도착한 후 해당 수입물품의 운송에 필요한 운임·보험료와 그 밖에 운송에 관련
되는 비용(제2호), 우리나라에서 해당 수입물품에 부과된 관세 등의 세금과 그 밖
의 공과금(제3호), 연불조건의 수입인 경우에는 해당 수입물품에 대한 연불이자
(제4호)를 규정하고 있다.

관세법은 실제거래가격에 포함되는 간접지급액에 대해서는 예시주의 입장을
취하는 반면 실제거래가액에서 조정되는 법정가산요소와 법정공제요소에 대해서
는 열거주의 입장을 취하고 있다는 점에서 차이가 있다. 간접지급액이나 법정가
산요소는 관세의 과세가격을 구성한다는 점에서 구별의 실익은 크지 않으나 특
정지급액의 성격이 분명하지 않은 경우 그 지급액이 법정공제요소에 해당한다면
반대로 간접지급액이 되지 않아 관세의 과세가격에서 제외된다는 점에서 의미가
있다.

나. WTO 관세평가협약의 규정

우리나라는 1994. 12. 30. WTO 관세평가협약에 가입하여 WTO 평가협약의
회원국이 되었으므로 위 협약은 국내법과 동일한 효력을 가지게 되었다(헌법 제6

---

4) 해당 수입물품을 수입한 후에 전매·처분 또는 사용에 따른 수익금액 중 판매자에게 직접 또는
간접적으로 귀속되는 금액을 말한다.

조 제1항).5) WTO 평가협약은 일반서설(general introductory commentary), 24개의 본문조항(article), 3개의 부속서(annex)로 구성되어 있다. 3개의 부속서 중 부속서 1은 주해(interpretative notes)이다.6) 위 협약 제14조는 부속서 1 주해(Interpretative Notes) 및 부속서 2, 3도 WTO 관세평가협약의 불가분의 일부로 규정하고 있으므로, 부속서도 국내법과 동일한 효력을 가진다.

WTO 관세평가협약은 간접지급액을 '실제거래가격'에 포함시키기 위해서는 다음의 요건을 구비하여야 한다고 제시하고 있다.

첫째, '당해 수입물품'에 대한 '대가'로 지급되어야 한다. 즉, 수입물품을 이전받는 데에 대한 대가이어야 하므로, 수입물품과 관련없이 구매자가 판매자에게 지급하는 배당이나 기타의 지급 등은 과세가격에 포함할 수 없다(WTO 평가협약 제1조에 대한 주해 제1항 및 제4항). '당해 수입물품'과의 관련 요건은 경우에 따라 특정지급액이 간접지급액에서 제외되는 범위가 지나치게 확대될 수 있어 '수입물품의 판매조건'으로 지급된 모든 금액은 간접지급액에 포함된다고 규정하고 있다(WTO 평가협약 부속서 3. 제7항). 판매조건 내지 거래조건은 대가보다는 상대적으로 포괄적인 개념이다. 이에 대하여 수입물품과 불가분의 일체를 형성하는 포장이라든가 서비스에 대한 대가를 포함시키기 위하여 판매조건이라는 개념을 추가로 규정한 것이라는 견해가 있다.7)

둘째, 적극적 요건으로서 판매자의 이익을 위하여(for the benefit of the seller) 지급되는 것이어야 한다(WTO 평가협약 제1조에 대한 주해 1항). 실제거래가격은 수입물품에 대한 대가로 구매자가 판매자의 이익을 위하여 지급하였거나 지급하여야 할 금액이다(WTO 평가협약 제1조의 주해 제1항). 다만, 결과적으로 판매자에게 이익이 된다고 하더라도 구매자가 자신의 계산(on his own account)으로 하는 활동에 대한 비용은 제외된다. 즉, 소극적 요건으로서, 구매자가 자신의 계산으로 행한 활동이 아니어야 한다. WTO 평가협약 제8조에 조정하도록 규정된 사항8)

---

5) 대법원 2012. 11. 29. 선고 2010두14565 판결 등 참조.

6) 관세평가제도의 정책적인 문제를 다루기 위하여 WTO에 관세평가위원회를 설치하고 있다. 관세평가위원회의 결정사항은 결정(decision)의 형식으로 발표된다. 관세평가제도를 운영하면서 발생하는 구체적인 기술적 문제는 세계관세기구(WCO, world customs organization)의 관세평가기술위원회에서 다루고 있다. 관세기술평가위원회의 결정사항은 권고의견(advisory opinions), 예해(commentary), 해설(explanatory note), 사례연구(case study) 및 연구(study)라는 형식으로 발표되고 있다.

7) 성원제, "관세법상 간접지급에 대한 관세평가", 재판자료 제125집, 2013, 214면.

8) 관세법 제30조 제1항 각호의 가산요소와 같다.

이외에 구매자 자신이 부담한 활동은 비록 판매자에게 이익이 되는 것으로 보인다고 하더라도 판매자에 대한 간접지급액으로 간주될 수 없다(WTO 평가협약 제1조에 대한 주해 제2항). '구매자가 자신의 계산으로 행한다'는 의미는, 비용이 구매자에 의해 발생되고 또한 지급된다는 의미이다. 위와 같은 활동은 구매자 자신의 이익을 위하여 이루어지는 것이기 때문에 간접지급액에서 제외되는 것이다.[9]

위 요건에 관하여, 제1조에 대한 주해 제2항을 엄격하게 해석하여 WTO 관세평가협약 제8조에 규정된 가산요소는 간접지급으로 간주하되, 협약이 별도로 규정하지 않은 어떠한 지급금액도 간접지급액이 아니라는 견해[10]도 있지만 WTO 관세평가협약이 실제지급가격에 관하여 '지급했거나 지급할 총지급금액'으로 포괄적으로 규정하는 취지 및 간접지급액의 유형을 열거하고 있지 않은 점 등에 비추어보면 이하에서 보는 바와 같이 구매자가 자신의 계산으로 행한 활동을 제외하면 족할 것으로 보인다.

위 요건과 관련하여 구매자가 자신의 계산으로 행한 행위가 간접지급액에서 제외된다는 것은 수입 이후 발생한 활동이라도 동일하다(WCO 예해 9.1 수입국에서 발생한 활동에 대한 비용의 처리). 또한 수입물품 구매 이후 실제 수입 이전에 구매자가 자신의 계산으로 한 광고선전비는 비록 그것이 판매자의 이익이 되더라도 간접지급액으로 보아서는 안된다(WCO 예해 16.1 물품구입 후 수입 전에 구매자의 계산으로 수행된 활동). 다만, 구매자가 자신의 계산으로 행한 행위인지 여부와 무관하게, WTO 평가협약 제8조의 조정사항은 당연히 거래가격에 가산되어야 한다(WTO 평가협약 제1조에 대한 주해 2항).

다. 관세법상 간접지급액의 유형

(1) 상계지급과 판매자의 채무변제

판매자가 구매자에 대하여 부담하는 채무를 구매자가 수입물품의 대가와 상계하거나 판매자의 요청에 따라 판매자가 제3자에 대하여 부담하는 채무를 구매자가 대신 변제하는 경우 그 상계지급액과 제3자 채무변제액은 간접지급액에 해당한다(관세법 시행령 제20조 제6항 제1호). 구매자가 거래조건으로 판매자가 부담하여야 할 채무를 자신의 비용으로 부담하고 수입물품의 대가를 할인받은 경우

---

9) 김기인, 관세평가정해, 한국관세무역개발원, 2015, 116면.
10) 김기인, 전게서, 114면.

에도 그 할인액은 수입물품의 과세가격에 포함된다. 수입물품의 대가를 지급하는 경우와 실질이 같으므로 그 지급액은 과세가격에 포함되어야 한다.

대법원은 원고가 외국회사로부터 자동차를 수입하여 한국에서 독점판매하면서 자동차의 전시, 판매망 구축, 광고 및 판촉계획의 수립, 자동차에 대한 보증·유지 등을 원고가 수행하고 그에 필요한 비용 역시 원고가 부담하기로 하는 '디스트리뷰터 방식'에 의하되, 이 방식은 외국회사가 판매대리상을 두어 위와 같은 용역을 부담하고 판매대리상에 대하여는 판매에 따른 일정 비율의 이익만을 보장하여 주는 통상의 판매방식인 '딜러 방식'보다 원고에게 불리하였으므로 이를 감안하여 원고에게 통상의 판매가격보다 5% 할인된 금액으로 자동차를 판매하기로 약정하고 그에 따라 원고가 자동차를 할인가격에 수입한 사안에서 외국회사가 부담하여야 할 의무 등을 자신의 비용으로 대신 부담하여 원고가 외국회사에게 자동차에 대한 가격 일부를 간접적으로 지급한 것으로 보아 위 할인금액이 과세가격에 포함됨을 전제로 한 부과처분이 적법하다고 판단하였다(대법원 1993. 12. 7. 선고 93누17881 판결).

반면 대법원은 원고가 외국회사들로부터 애프터서비스용 부품을 수입하면서 할인을 받은 사안에서 원고가 외국회사들이 최종소비자에 대하여 부담하여야 할 무상보증수리의무를 대신 부담하고 그 대가로 애프터서비스용 부품의 통상 판매가격보다 일정 비율만큼 할인받기로 하는 약정이 있었다면 그 할인액이 과세가격에 포함될 여지가 있지만 원고와 외국회사들 사이에는 그러한 약정이 없을 뿐만 아니라 애프터서비스용 부품은 할인가격이 통상의 가격이라는 이유로 원고가 외국회사들로부터 애프터서비스용 부품을 수입하면서 할인받은 금액은 간접적인 지급액에 해당하지 않는다고 판단하였다(대법원 1998. 12. 8. 선고 97누12495 판결).

(2) 하자보증비

판매자가 수입물품의 거래조건으로 하자보증책임을 부담하면서 별도로 구매자에게 하자보증비의 지급을 요구하여 구매자가 하자보증비를 지급하는 경우 그 하자보증비는 간접지급액에 해당한다(관세법 시행령 제20조 제2항 제2호). 수입거래의 조건으로 구매자가 하자보증을 하기로 정하고 하자보증비만큼 할인을 받은 경우에도 그 할인금액은 수입물품의 거래조건이므로 과세가격에 포함된다.

대법원은 원고가 외국회사로부터 네트워크통신기기를 수입하여 최종 사용자에게 판매하고 이를 본래의 시스템 성능대로 사용하기 위해 필요한 하드웨어의

수리·교체, 소프트웨어 업그레이드 등 지원, 기타 기술지원 등의 서비스를 외국
회사가 하고 원고가 그 유지비용 명목으로 그 대가를 외국회사에게 지급한 사안
에서 수입물품의 과세가격에는 구매자가 당해 수입물품의 거래조건으로 별도로
지급한 하자보증비가 포함되는 반면, 관세법 제30조 제2항 단서 제1호에 정한 '수
입 후에 행하여지는 당해 수입물품의 정비·유지 또는 당해 수입물품에 관한 기술
지원에 필요한 비용'은 이를 명백히 구분할 수 있는 때에는 거래가격에서 공제하
도록 규정되어 있는바, 여기에서 말하는 하자보증이란 수입물품에 대한 하자 등
에 대하여 그 수입물품의 종류나 성질에 따라 상거래관행상 통상적으로 요구되는
일정기간 동안 수출자의 책임으로 보상하는 것을 의미하고 하자보증비는 그것이
당해 수입물품의 거래조건으로 지급된 경우에만 과세가격에 포함되며 유지의 개
념에는 하자보증기간이 경과한 이후 그 내구연한 동안 당해 수입물품이 구매목적
에 부합하는 기능을 수행할 수 있도록 보장하기 위하여 수시로 이루어지는 수리
가 포함된다고 하면서 수입물품에 대한 기술지원서비스의 대가로 지급한 금액이
관세법 제30조 제2항 단서 제1호의 비용에 해당하므로 당해 수입물품의 관세 과
세가격에서 제외된다고 판시하였다(대법원 2006. 1. 27. 선고 2004두11305 판결).

(3) 외국훈련비와 외국교육비 및 금융비용

판매자가 수입물품의 거래조건으로 별도로 구매자에게 훈련비 또는 교육비
의 지급을 요구하여 구매자가 그 비용을 지급하는 경우 그 지급액은 간접지급액
에 해당한다(관세법 시행령 제20조 제6항 제3호). 이는 수입물품의 대가는 아니지만
거래조건으로 훈련 또는 교육을 제공하고 비용을 지급받는 것이므로 그 비용은
과세가격에 포함된다. 반면에 그 훈련 등을 구매자가 선택할 수 있다면 그 비용
은 과세가격에서 제외된다.

판매자가 부담해야 하는 금융비용을 구매자와의 특약에 의하여 구매자가 부
담하도록 하는 경우 그 비용은 간접지급액이 된다(관세법 시행령 제20조 제6항 제4
호). 일반적으로 판매자의 이익을 위하여 금융서비스가 이루어지기 때문에 거래
조건으로 그 비용을 구매자에게 부담시킨다면 이는 과세가격에 포함된다.

대법원은 해당물품을 수입하는 구매자의 요청에 따라 판매자가 그 대금지급
기한 등을 연장해 주는 과정에서 추가적인 금융비용이 발생한 사안에서 이러한
비용은 성질상 해당 수입물품의 대가나 거래조건에 해당한다고 보기 어렵기 때
문에 수입 관련 서류 등에 의하여 위와 같은 추가적인 금융비용을 해당 수입대가

등과 명백하게 구분할 수 있는 경우에는 이를 실제거래가격에 포함시킬 수 없다고 판단하였다(대법원 2007. 6. 14. 선고 2007두6267 판결).

3. 관세법상 간접지급액의 판단기준과 이 사건 광고선전비의 해당여부

가. 간접지급액의 판단기준

(1) 관세법과 WTO 평가협약상의 판단기준

간접지급액에 관한 관세법령과 WTO 평가협약의 규정을 정리하면 간접지급액의 해당여부는 특정지급액이 거래조건에 해당하는지와 그 지급액이 구매자 자기의 계산에 의하여 행하여졌는지의 기준에 따라 판단할 수 있다. 전자는 거래조건 기준, 후자는 자기계산 기준이라고 할 수 있다. 구매자의 특정지급액이 판매자와 구매자 사이의 거래조건에 해당하면 이는 판매자의 이익을 위한 것이 된다. 단순히 판매자와 합의나 양해 정도로는 부족하고 그 지급액이 거래조건으로 볼 수 있어야 한다. 거래조건에 따라 행해지는 지급액은 명시적인 거래약정에 의한 경우와 묵시적인 약정에 의한 경우로 구분할 수 있다. 또한, 특정지급액은 수입물품의 거래약정과 관련이 있어야 그 거래의 간접지급액이 된다. 그러한 관련이 없다면 판매자의 이익을 위한 지급액이라고 하더라도 관세법상의 간접지급액이 될 수 없다(WTO 평가협약 제1조에 대한 주해 제4항). 거래조건 기준에 해당하면 간접지급액이 되므로 이를 적극적 기준, 자기계산 기준에 해당하면 간접지급액에서 제외되므로 소극적 기준이라고도 할 수 있다.

(2) 거래조건 기준

명시적 거래조건 기준에 해당하는 대표적인 간접지급액으로서 관세법 시행령 제20조 제6항 제1호의 판매자의 요청으로 수입물품의 대가 중 전부 또는 일부를 제3자에게 지급하는 경우를 들 수 있다.[11] 판매자가 요청하고 구매자가 승낙하여 판매자와 구매자 사이에 명시적 약정이 있는 경우이다. 묵시적 거래조건 기준에 해당하는 경우로서는 관세법 제30조 제2항 본문의 구매자가 판매자의 채무를 변제하는 금액을 들 수 있다. 통상 구매자가 타인의 채무를 변제할 이유가 없다는 점에서 판매자의 요청 등이 없다고 하더라도 묵시적 약정이 추정된다. 구매자의 채무변제는 특정의 거래와 관련성이 있어야 간접지급액이 된다. 그 밖에

---

11) 관세법 제30조 제2항 본문의 구매자가 해당 수입물품의 대가와 판매자의 채무를 상계하는 금액은 간접지급액의 예시로 규정되어 있으나 수입물품에 대가에 대한 거래약정이 존재하고 다만 대가의 지급에 관하여 상계의 방식을 택하였다는 점에서 직접 지급액으로도 볼 수 있다.

판매자의 요청으로 수입물품의 대가 중 전부 또는 일부를 제3자에게 지급하는 경우 그 지급금액(관세법 시행령 제20조 제6항 제1호), 구매자가 해당 수입물품의 거래조건으로 판매자 또는 제3자가 수행하여야 하는 하자보증을 대신하고 그에 해당하는 금액을 할인받았거나 하자보증비 중 전부 또는 일부를 별도로 지급하는 경우 해당금액(제2호), 수입물품의 거래조건으로 구매자가 지급하는 외국훈련비 또는 외국교육비(제3호), 그 밖에 일반적으로 판매자가 부담하는 금융비용 등을 구매자가 지급하는 경우 그 지급금액(제4호)이 거래조건 기준에 해당하는 간접지급액이다. 지급금액의 거래조건은 명시적이거나 묵시적으로 약정될 수 있고, 거래조건에 해당하는지 여부는 사실판단의 문제이다.

(3) 자기계산 기준

자기의 계산으로 행한 지급액이란 자신의 이익을 위하여 그 지급이 행해지는 경우이다. 자기계산 기준에 의하여 간접지급액에서 제외되는 대표적인 경우가 판매활동 비용이다. 비록 판매자와 합의에 의하더라도 구매자가 그 자신의 계산으로 수입물품의 마케팅에 관련되는 활동을 하는 경우 그 지급액은 간접지급액이 아니다(WTO 평가협약 제1조 주해 제1단락 (b), 2), 구매자가 기계를 구입한 후에 그 기계가 판매계약의 조건대로 제작되었는지를 확인하기 위하여 선적 전 시험검사를 한 경우 그 검사비용도 간접지급액에 해당하지 않는다(WCO 예해 16.1 제3항).

일반적으로 특정지급액이 수입물품의 거래조건에 해당하여 간접지급액의 적극적 기준을 충족하면 이는 자신의 약정상의 의무이행으로서 통상 판매자의 이익을 위한 지급액이 되므로 자기계산 기준에는 해당하지 않게 된다. 명시적 거래약정이 있다면 간접지급액의 판단은 용이할 것이나 묵시적 거래약정의 유무가 명확하지 않은 경우라면 자기계산 기준이 유용한 잣대가 될 수 있다. 특정지급액에 관하여 명시적 거래약정에 없는 상태에서 자기계산 기준이 충족된다면 그 지급액에 관하여 묵시적 거래약정이 없는 것으로 판단될 수 있다.

나. 이 사건 광고선전비의 관세법상 간접지급액 해당

(1) 제1설

제1설은 이 사건 광고선전비가 간접지급액에 해당한다는 견해로서 피고의 주장이다. 영화의 판권은 라이센서들에게 귀속되고, 판권자는 자신의 이익을 위해 광고선전활동을 할 필요가 있는데, 원고들은 라이센서들이 해야 할 역할을 대신 수행한 것인 점, 실제로 라이센서들은 광고선전의 시안을 만들어 원고들에게 제공하고 원고들은 이를 단순히 복사하여 국내 매체에 전달하는 역할만을 수행할 뿐이며, 광고선전활동을 통해 매출이 증가될 경우 라이센서들의 로열티 이익 증가분이 원고들의 배급수수료 증가분보다 크다는 점, 이 사건 계약은 라이센서들이 배급비용에 관해 예산승인권이 있으며, 원고들에게 장부 기장을 요구하고 이를 검사할 권리를 가진다고 규정하는 등 원고들의 광고선전활동은 라이센서들의 직접적인 통제와 지시에 따라 이루어진 것이라는 점, 투자주간사가 영화의 수익과 비용의 주체이며 원고들과 같은 배급대행사는 배급수수료만을 수취할 뿐이므로, 원고들의 본래 역할이 광고선전이라고 볼 수 없고, 원고들과 라이센서들과 같은 특수관계자가 아닌 경우 광고선전비를 영화제작사가 부담한다는 점 등을 그 근거로 들고 있다. 요컨대, 제1설은 이와 같은 제반 사정에 비추어 이 사건 광고선전비는 간접지급액의 판단기준인 묵시적 거래조건 기준에 해당하고 소극적 요건인 자기계산 기준에는 해당하지 않는다는 것이다.

(2) 제2설

제2설은 이 사건 광고선전비는 간접지급액에 해당하지 않는다는 견해로서 원고들의 주장이다. 수입물품의 국내 판매촉진을 위하여 행하는 광고선전 활동은 그 성격상 판매자가 행해야 하는 활동이 아니라 구매자가 행해야 하는 활동이고, 효과적인 광고활동의 수행은 원고들 및 라이센서들 모두의 이익에 영향을 미치며, 원고들은 자신의 고유한 사업활동으로서 광고선전 등의 국내배급활동을 한 것인 점, 원고들은 직접 라이센서들이 저작권을 가진 영화 중 국내에서 흥행 가능성이 있는 영화를 선별하며, 흥행가능성 등을 고려하여 광고선전비 지출규모를 정하고, 라이센서들은 경영관리 목적에서 광고선전비를 총액 기준으로 승인할 뿐, 개별 지출규모에 대한 원고 판단을 존중하였던 점, 원고들은 광고선전 계약의 당사자가 되며, 해당 계약상 모든 권리·의무의 주체가 되며 광고시안을 제작 기초자료를 가진 라이센서들이 만드는 것은 당연한 것인 점, 원고들은 해외 제작 영화를 국내에 배급할 독점적 권한을 가지고 있으므로, 국내제작 영화 기준으로는 판권소유 투자회사에 해당하며, 실제로 상영관으로부터의 매출액 전액을 수입 금액으로 회계처리하고 있으며, 이 사건 계약에 따른 로열티 산정방식은 전 세계 영화산업에 보편적으로 인정되는 객관적인 방법이라는 점 등을 그 논거로 제시한다. 요컨대, 제2설은 위 사실관계에 비추어 이 사건 광고선전비의 부담은 원고와 라이센서들 사이의 거래조건에 해당하지 않고 원고들의 자기계산에 따른 지출이라는 것이다.

(3) 대상판결의 입장

대상판결은 관세법과 WTO 평가협약상의 관련 규정을 판단의 전제로서 언급한 다음 수입물품의 판매촉진을 위하여 행하는 광고선전활동이 시장판매에 관한 활동인 점, 배급수수료의 증가를 위하여 광고선전활동을 할 필요가 있는 원고들이 수입물품인 영화용 필름 등에 관한 광고선전계약의 체결과 비용 지급 등 광고선전활동을 직접 하고 있으므로 이 사건 광고선전비의 지급은 구매자인 원고들의 광고대행사 및 광고회사에 대한 의무일 뿐 판매자에 대한 의무는 아니라는 원심의 판단을 정당한 것으로 판시함으로써 제2설의 입장을 택하였다. 대상판결이 언급한 광고선전의 시장 판매 관련성, 구매자의 수익증대 관련성 부분은 간접지급액의 적극적 기준인 자기계산 기준과, 광고선전비의 지급의무 부분은 거래조건 기준과 각 관련이 있는바, 이 사건 수입물품에 대한 광고선전활동은 정상적인 시장판매 활동이고, 광고선전비의 지급은 판매자에 대한 의무는 아니므로 이 사건 광고선전비는 자기계산 기준과 거래조건 기준에 따라 간접지급액이 아니라는 취지이다.

대상판결은 광고선전비가 간접지급액에 해당한다고 판단한 대법원 1993. 12. 7. 선고 93누17881 판결과 비교된다. 위 대법원 판례는 해외 제조업체가 생산한 자동차의 국내 독점판매권자가 국내에서의 판매효율성을 높이기 위한 모든 용역, 즉 자동차 전시장 건물의 설치, 판매망의 구축, 광고 및 판촉계획의 수립 등에 관한 사항, 자동차 판매 이후 애프터서비스 등을 구매자가 수행하고, 이에 필요한 비용까지 구매자가 부담하는 이른바 디스트리뷰터 방식에 의하는 대신 통상적인 방식인 딜러 방식의 판매가격보다 5% 할인된 가격으로 자동차를 수입한 사안에서, '구매자는 판매자가 부담하여야 할 의무 등을 자신의 비용으로 대신 부담하여 자동차에 대한 가격의 일부를 간접적으로 지급한 것이고, 그 가치를 정상적인 거래가격의 5%인 것으로 평가한 것'이라고 판시하였다.

위 대법원 판례는 5%의 할인액이 광고선전비 등의 지출에 대한 반대급부의 성격으로 약정된 자동차 판매의 거래조건에 해당한다는 것이고 결국 그와 같은 지출은 거래약정에 따라 판매자의 이익을 위하여 행하여진 것이며 그러한 지출이 거래계의 관행에 해당한다는 점에 대한 입증도 없는 것으로 보이므로 간접지급액의 거래조건 기준과 자기계산 기준에 따르면 간접지급액에 해당한다고 판단한 반면, 대상판결 사안은 판매자와 구매자 사이에 구매자가 광고선전비를 부담하는 대가로 이 사건 수입물품의 가격을 할인하는 사정이 없고 원고들의 광고선전비의 부담이 해외영화의 국내 배급사의 일반적인 거래형태이며 이로 인하여 원고들의 수익에도 기여함으로써 거래조건 기준과 자기계산 기준을 충족하였다고 볼 수 있어, 위 대법원 판례의 사안과는 구별된다.

4. 대상판결의 의미와 평가

대상판결은 이 사건 광고선전비가 관세법상 이 사건 수입물품의 실제거래가격인 로열티에 포함되는 간접지급액에 해당하는지를 내국세법인 관세법 제30조 제2항, 관세법 시행령 제20조 제6항 제1호 및 그와 동일한 효력을 가지는 WTO 관세평가협약에서 간접지급액의 판단기준으로 제시되는 거래조건 기준과 자기계산 기준을 적용하여 판단하였고 이 사건 광고선전비가 이 사건 수입물품의 관세의 과세가격에 포함되지 않는다고 하면서, 그 근거로서 구매자가 자신의 계산으로 행한 활동으로 볼 수 있는 사정들을 구체적으로 예시했다는 점에서 의의가 있다. 즉, 관세법 제30조, 관세법 시행령 제20조 제6항은 간접지급액을 예시하고 있을 뿐, 그 범위에 관한 상세한 규정을 두고 있지 않고, 반면 WTO 관세평가협약은 구매자가 자신의 계산으로 활동한 경우에는 간접지급액에 해당하지 않는다고 하였으나 그 구체적인 요건에 대해서는 불분명한 부분이 있었는데, 대상판결은 특정지급액이 시장판매와 관련되는 활동인지 여부, 구매자의 수익증대와 관련이 있는지 여부, 광고선전활동을 실제 누가 수행하는지, 광고선전비의 지급의무는 누구에 부담하는지 등을 간접지급액의 판단을 위한 자기계산 기준과 거래조건 기준의 구체적 요소로 제시하였는바, 명시적인 거래약정이 존재하지 않고 그 지급액이 판매자와 구매자에게 모두 이익이 되는 상황에서 이러한 사항들은 관세법상 간접지급액을 판단함에 있어 중요한 지침이 될 수 있다.

다만, 대상판결의 이러한 판단은 광고선전의 시장 판매 관련성, 구매자의 수익증대 관련성 부분 및 광고선전비의 지급의무 부분을 근거로 이 사건 광고선전비가 간접지급액에 해당하지 않는다는 원심의 판단을 정당하다고 하여 간접지급액의 판단기준에 대한 직접적인 판시로 보기에는 다소 어려운 측면이 있는바, 추후 다른 유사 사안에서 간접지급액의 적극적 판단기준인 거래조건 기준과 소극적 판단기준인 자기계산 기준에 대한 구체적이고 직접적인 판시가 있기를 기대한다.

부　　록

2013년 조세법 중요판례분석

Ⅰ. 국세기본법

1. 증액경정처분의 취소를 구하는 항고소송에서 증액경정사유만이 아니라 당초신고의 하자를 다툴 수 있는지 여부: 대법원 2013. 4. 18. 선고 2010두 11733 전원합의체 판결

대상판결의 쟁점은 당초 신고내용에 하자가 있었는데 그 후 증액경정처분이 있는 경우 납세의무자는 그 처분에 대한 불복절차에서 당초 신고내용의 하자를 다툴 수 있는지, 아니면 당초 신고내용의 하자를 이유로 경정청구를 하여 그에 대한 불복절차에서 별도로 구제를 받아야 하는지 여부이다. 원심은 신고납세방식의 조세인 부가가치세에 있어서는 납세의무자가 매출로 신고한 부분은 그대로 확정되는 것이어서 매출세액이 과다신고된 경우라면 납세의무자가 감액경정청구의 절차를 밟아야 한다는 대법원 2005. 11. 10. 선고 2004두9197 판결에 터잡아 신고에 의하여 확정된 과세표준과 세액은 증액경정처분의 취소를 구하는 소송에서는 더 이상 다툴 수 없다고 판단하였다.

그러나 대상판결은, 과세표준과 세액을 증액하는 증액경정처분은 당초 납세의무자가 신고하거나 과세관청이 결정한 과세표준과 세액을 그대로 둔 채 탈루된 부분만을 추가로 확정하는 처분이 아니라 당초신고나 결정에서 확정된 과세표준과 세액을 포함하여 전체로서 하나의 과세표준과 세액을 다시 결정하는 것이므로, 당초신고나 결정에 대한 불복기간의 경과 여부 등에 관계없이 오직 증액경정처분만이 항고소송의 심판대상이 되는 점, 증액경정처분의 취소를 구하는 항고소송에서 증액경정처분의 위법여부는 그 세액이 정당한 세액을 초과하는지 여부에 의하여 판단하여야 하고 당초신고에 관한 과다신고사유나 과세관청의 증액경정사유는 증액경정처분의 위법성을 뒷받침하는 개개의 위법사유에 지나지 않는 점, 경정청구나 부과처분에 대한 항고소송은 모두 정당한 과세표준과 세액의 존부를 정하고자 하는 동일한 목적을 가진 불복수단으로서 납세의무자로 하여금 과다신고사유에 대하여는 경정청구로써, 과세관청의 증액경정사유에 대하여는 항고소송으로써 각각 다투게 하는 것은 납세의무자의 권익보호나 소송경제에도 부합하지 않는 점 등에 비추어 볼 때, 납세의무자는 증액경정처분의 취소를 구하는 항고소송에서 과세관청의 증액경정사유뿐만 아니라 당초신고에 관한 과다신고사유도 함께 주장하여 다툴 수 있다고 판시하였다. 그 동안 대법원은 국세기본법 제22조의2가 신설되기 전뿐만 아니라 그 이후에도 일관되게 증액경정처분이 있는 경우 당초신고나 결정은 증액경정처분에 흡수·소멸되므로 납세의무자는 그 항고소송에서 당초신고나 결정에 대한 위법사유도 함께 주장할 수 있다고 판시해 왔는데, 위 판례들의 연장선상에서 전원합의체 판결로써 대법원 2005. 11. 10. 선고 2004두9197 판결을 폐기하고 이러한 일관된 입장을 다시 확인한 것으로 보인다.

2. 당초 과세처분과 증액경정처분의 위법사유가 공통되는 경우 증액경정처분 취소소송의 전심절차 및 제소기간 준수 여부 판단: 대법원 2013. 2. 14. 선고 2011두25005 판결

원고가 종합소득세 신고 시 부동산매매업에 따른 수입금액의 일부를 누락하였다는 이유로 과세관청이 종합소득세를 증액경정하였고(이하 '제1 증액경정처분'), 그 후 위 증액경정처분에 대한 심사청구 중 피고가 다시 손금불산입액을 원고에 대한 상여로 소득처분하고 종합소득금액에 합산하여 다시 종합소득세를 증액경정(이하 '제2 증액경정처분')하였는데, 원고가 제1 증액경정처분에 대한 불복만을 유지한 채 제2 증액경정처분에 대하여는 불복하지 않고 제2 증액경정처분일로부터 2년 이상 경과한 제1심 소송계속 중에 청구취지 변경을 통해 제2 증액경정처분을 다툰 사안에서 대법원은 형식적으로는 원고가 제2 증액경정처분의 제소요건을 준수하지 못하였지만 제2 증액경정처분이 이루어졌음에도 불구하고 제1 증

액경정처분에 대한 심사절차를 그대로 진행한 원고의 행위 속에는 제2 증액경정
처분의 취소를 구하는 의사가 묵시적으로 포함되어 있다고 봄이 타당하다고 하
여, 제2 증액경청처분에 대하여도 제소요건을 갖추었다고 판단하였다. 대상판결
은 당초처분에 대한 소 제기 전에 증액경정처분이 있었음에도 그 증액경정처분
에 대한 전심절차를 거치지 않은 경우 제소기간 준수 및 전심절차 경료 여부에
관하여 판단한 최초의 판결로서 납세자의 묵시적인 불복 의사를 추정하여 그 증
액경정처분에 대한 제소요건을 준수한 것으로 보아 흡수설에 따라 발생할 수 있
는 제소요건 미준수의 문제점을 보완하고 납세자에게 불복의 기회를 보장하였다
는 점에서 의미가 크다.

3. 납세의무의 단위를 달리하는 징수처분에 증액경정처분에 관한 법리가 적용 되는지 여부: 대법원 2013. 7. 11. 선고 2011두7311 판결

해외 사모투자펀드가 케이만 군도에 설립한 유한파트너쉽과 미국투자자들이
설립한 미국의 유한책임회사 등이 컨소시엄을 구성하여 설립한 벨기에 법인이
내국법인을 인수하여 경영한 후 원고에게 내국법인의 주식을 양도하였고, 원고는
주식 양도대금을 지급하면서 한·벨기에 조세조약에 따라 법인세를 원천징수하지
아니하였다. 피고는 벨기에 법인을 조세회피목적을 위해 설립된 회사로 보아 한
·벨기에 조세조약의 적용을 부인하고 그 주주인 미국 유한책임회사와 케이만 유
한파트너쉽을 실질귀속자로 보아 미국 유한책임회사 투자분에 대해서는 한·미
조세조약을 적용하여 과세제외를 하면서 케이만 유한파트너쉽 투자분에 대해서
는 원고에게 법인세 원천징수처분을 하였다(이하 '제1징수처분'). 원고는 제1징수처
분의 취소를 구하는 이 사건 소를 제기하였는데, 피고는 소송계속 중 미국 유한
책임회사 투자분에 대하여도 미국 유한책임회사를 부인하고 그의 주주로서 미국
투자자들이 설립한 홍콩법인이 실질귀속자라는 이유로 추가로 법인세 원천징수
처분을 하였다(이하 '제2징수처분'), 이에 원고는 제1징수처분의 세액이 포함된 제2
징수처분의 취소를 구하는 것으로 청구취지를 변경하였고 원심은 제2징수처분의
취소여부에 대하여만 판단하였다.

대상판결은 제1, 2 징수처분은 납세의무의 단위를 달리하여 이루어진 별개
의 징수처분으로서 당초처분과 증액경정처분에 관한 법리가 적용되지 아니하므

로, 제1징수처분이 제2징수처분에 흡수되어 독립한 존재가치를 잃는다고 볼 수
없다는 이유로 제1징수처분의 제소요건 등을 판단하지 않고 제2징수처분의 취소
여부에 대하여만 판단한 원심 판결이 위법하다고 판시하였다. 대상판결은 부과처
분에 관한 당초처분과 증액경정처분에 관한 흡수설의 법리가 납세의무의 단위를
달리하여 순차로 이루어진 징수처분에 대해서는 적용되지 않는다고 판단한 것으
로 증액부과처분과 증액징수처분에 있어서 그 불복의 절차와 방식을 각기 달리
보았다는 점에서 의의가 있다. 다만, 대상판결에 의하면 납세자로서는 각 징수처
분별로 제소요건을 갖추어야 하는 부담을 지게 되는바, 순차로 행해진 징수처분
이 기본적 사실관계와 쟁점을 공통으로 하는 경우라면 납세자의 절차상의 권리
와 예측가능성을 보호하기 위하여 당초처분과 증액경정처분에 있어서 전심절차
와 제소요건을 완화해 온 위 대법원 2013. 2. 14. 선고 2011두25005 판결의 입장
은 그대로 유지될 필요성이 있다고 사료된다.

Ⅱ. 법인세법

1. 외국법인의 국내원천소득에 대한 원천징수의무에 실질과세원칙이 적용되는지 여부와 그 적용의 한계: 대법원 2013. 4. 11. 선고 2011두3159 판결

내국법인인 원고가 그 주주인 네덜란드 법인에 배당을 지급하며 한·네덜란
드 조세조약에 따라 10%의 세율을 적용한 금액을 원천징수한 사안에서, 대상판
결은 네덜란드 법인이 조세회피목적으로 설립되었다는 이유로 한·네덜란드 조세
조약 적용을 부인하여 원천징수의무자인 원고에 대하여 징수처분을 할 수 있으
나 그 경우라도 국내원천배당소득을 지급하는 자가 거래 또는 소득금액의 지급
과정에서 성실하게 조사하여 확보한 자료 등을 통해서도 그 소득의 실질적인 귀
속자가 따로 있다는 사실을 알 수 없었던 경우까지 실질적인 귀속자를 기준으로
그 소득에 대한 법인세를 원천징수할 의무가 있다고 볼 수는 없다고 판시하였다.
즉, 대상판결은 실질과세원칙을 적용하여 원천징수의무자에 대하여 징수처분을
하는 경우 실질귀속자가 따로 있다는 사실을 알 수 없었던 점 등 원천징수의무자
에게 책임을 지울 만한 사정이 없는 때에는 원천징수의무자에게는 그에 대한 징
수의무가 없다고 함으로써 원천징수의무자에 대한 실질과세원칙 적용의 한계를

설정하였다.

그 동안 원천징수의무자에 대한 실질과세원칙의 적용 여부 및 범위에 관하여 다툼이 있었는데, 대상판결은 실질과세원칙이 외국법인의 국내원천소득에 대한 원천징수의무에 적용되는지 여부를 명확히 하고, 그 한계에 관한 법리를 최초로 제시하고 있다는 점에서 큰 의미를 지닌다. 원천징수제도는 조세수입 조기 확보와 징세비용 절감을 주된 목적으로 하므로 주로 국가의 편익을 위한 제도이고, 원천징수의무자에게 아무런 보상 없이 의무를 과한다는 점에서 제한적으로 인정될 필요가 있다. 실질과세원칙의 적용을 확대하여 법적 권한을 가지지 않은 원천징수의무자에게 실질귀속자를 조사·판단해야 할 부담을 제한 없이 지우는 것은 정당하지 않다고 할 것인바, 그 적용한계를 설정한 판례의 법리와 관련된 하급심과 대법원의 후속 판단이 주목된다.

2. 외국법인의 합병으로 인한 내국법인 주식의 이전이 법인세법상 '주식의 양도'에 해당하는지 여부: 대법원 2013. 11. 28. 선고 2010두7208 판결

외국법인이 그 모회사인 다른 외국법인인 원고에 흡수합병되었는데 합병 당시 외국법인이 보유하고 있던 내국법인 발행 주식이 원고에게로 이전되자, 피고가 원고에 대하여 법인세 및 증권거래세를 부과한 사안에서, 원심은 피합병법인의 권리의무는 합병으로 인하여 존속하는 합병법인에게 포괄적으로 승계되는 것이므로, 합병의 효과로서 발생하는 주식 기타 유가증권의 승계는 매매·교환 등을 원인으로 하여 소유권이 유상으로 이전되는 '주식의 양도'와 구별되는 점 등을 근거로 외국법인간의 흡수합병에 의하여 외국법인이 보유하고 있는 내국법인의 주식이 이전되는 것은 주식의 양도와는 그 법적 성질 및 효과 등을 달리한다고 판단하였다.

그러나 대상판결은 합병에 따른 주식의 이전이 과세대상이 되는 '주식의 양도'에 해당하는지 여부는 합병을 계기로 당해 주식에 내재된 가치증가분이 양도차익으로 실현되었다고 보아 이를 과세대상 소득으로 삼을 수 있는지 여부에 따라 판단해야 한다고 하면서, 내국법인의 경우 구 법인세법은 합병에 따른 자산의 이전도 양도차익이 실현되는 자산의 양도에 해당한다고 보아 그 양도차익의 산정방법을 규정하면서 예외적으로 일정한 요건을 갖춘 경우에 한하여 피합병법인이 대가로 받은 주식의 액면가액을 양도대가로 의제함으로써 사실상 양도차익이 산출되지 않도록 하여 합병법인이 당해 자산을 처분하는 시점까지 그에 대한 과세를 이연하는 정책적 특례를 제공하고 있는 점 등에 비추어 외국법인 간 합병에 따른 내국법인 주식의 이전도 '주식의 양도'에 해당하여 법인세 및 증권거래세 부과가 정당하다고 판단하였다. 그 동안 외국법인 간의 합병·분할 등 구조조정 과정에서 내국법인의 주식이 이전되는 경우 과세대상이 되는 주식의 양도에 해당하는지에 관하여 논란이 많았는데 대상판결은 합병·분할 등에 따른 내국법인 주식의 이전이 주식의 양도에 해당함을 확인함으로써 외국법인의 구조조정시 주식양도소득의 과세문제에 대하여 명확한 가이드라인을 제시하였다고 할 것이다.

Ⅲ. 소득세법

1. 원금의 회수불능사유 발생과 전 과세연도의 이자소득에 대한 과세 여부: 대법원 2013. 9. 13. 선고 2013두6718 판결

소득세법상 이자소득의 발생 여부는 그 소득 발생의 원천인 원금채권의 회수가능성 여부를 떠나서는 논할 수 없는바, 대법원 2003. 5. 27. 선고 2001두8490 판결 등은 "채권의 일부 회수 당시를 기준으로 나머지 채권의 회수가 불가능함이 객관적으로 명백하게 된 경우에는 그 회수금원이 원금에 미달하는 한, 이자소득 자체의 실현은 없었다고 볼 수밖에 없다"고 판단하여 왔다. 같은 취지에서 소득세법 시행령 제51조 제7항은 "원금 및 이자의 전부 또는 일부를 회수할 수 없는 경우에는 회수한 금액에서 원금을 먼저 차감하여 계산한다. 이 경우 회수한 금액이 원금에 미달하는 때는 총수입금액은 이를 없는 것으로 한다"고 규정하고 있다. 그러나 대법원 2005. 10. 28. 선고 2005두5437 판결은 그 적용범위에 관하여 "회수불능사유가 발생하기 이전에 이미 구체적으로 실현된 이자소득에 대하여는 어떠한 영향을 미칠 수 없다"고 하여, 이자가 회수된 과세연도에 객관적으로 회수불가능한 사정이 있어야 과세대상에서 제외할 수 있다는 입장을 취하였고, 대상판결의 원심 역시 동일한 입장이었다.

그러나 대상판결은 "대여원리금 채권을 회수할 수 없는 일정한 사유가 발생하여 그때까지 회수한 금액이 원금에 미달하는 때에는 그와 같이 회수불능사유

가 발생하기 전의 과세연도에 실제로 회수한 이자소득이 있다 하더라도 이는 이
자소득세의 과세대상이 될 수 없다"고 하여 기존 판례 및 소득세법 시행령 제51
조 제7항의 규정을 재확인하면서, 나아가 "대여원리금 채권의 회수불능사유가 발
생하였는지는 이자를 수입한 때를 기준으로 판단할 것이 아니라 과세표준확정신
고 또는 과세표준과 세액의 결정·경정이 있은 때를 기준으로 판단하여야 한다"
고 보아 원심판결을 파기하였다. 종전 판례는 회수불능사유가 발생하기 이전에
이미 확정된 이자소득은 과세대상에서 제외되지 않는다고 판단하였지만 대상판
결은 회수불능사유 발전 전 과세연도에 회수한 이자소득이라고 하더라도 과세처
분 전에 회수불능사유가 발생하였다면 이자소득세 과세대상이 되지 않는다고 보
아 과세연도를 달리하는 경우에도 대여금의 회수불능에 대한 구제의 범위를 넓
히고 회수불능사유의 판단시점을 명확하게 제시하였다는 점에서 의미가 있다.

2. 법인과 소득귀속자에 대한 소득금액변동통지에 대하여 당사자가 아닌 소득 귀속자와 법인이 취소를 구할 수 있는지 여부: 대법원 2013. 4. 26. 선고 2012두27954 판결, 대법원 2013. 9. 26. 선고 2010두24579 판결

대법원 2006. 4. 20. 선고 2002두1878 전원합의체 판결은 법인에 대한 소득
금액변동통지의 처분성을 인정하였는데, 대법원 2013. 4. 26. 선고 2012두27954
판결에서는 소득처분에 따른 소득의 귀속자가 법인에 대한 소득금액변동통지의
취소를 구할 법률상 이익이 있는지 여부가 문제되었다. 위 대상판결은 소득 귀속
자의 원천납세의무는 법인에 대한 소득금액변동통지와 상관없이 확정되고, 원천
납세의무자에게 소득세 등을 부과할 경우 원천납세의무자는 이에 대한 항고소송
으로써 직접 불복할 수 있는 기회가 별도로 보장되어 있다는 점에서, 소득의 귀
속자는 법인에 대한 소득금액변동통지를 다툴 법률상 이익이 없다고 판단하였다.
이러한 법리에 의하면 소득귀속자로서는 원천징수의무자가 원천징수세액를 납부
한 후 소득귀속자에 대하여 제기한 구상금 청구의 소에 가서야 비로소 소득처분
및 그에 따른 소득금액변동통지의 당부를 다툴 수 있을 것이다.

한편, 대법원 2013. 9. 26. 선고 2010두24579 판결에서는 원고 법인이 폐업
하여 소득세법 제192조 제1항 단서에 따라 소득귀속자에게 소득금액변동통지를
한 경우에, 원고 법인은 소득귀속자에 대하여 한 소득금액변동통지를 다툴 수 없

다고 판단하였다. 위 대상판결은 소득세법 제192조 제1항 단서를 법인에게 소득금액변동통지서를 송달할 수 없는 경우에 소득처분을 받은 거주자에게 보충적으로 송달을 이행함으로써 법인에게 원천징수의무를 발생시키기 위한 규정이 아니라, 소득처분을 받은 거주자에게 종합소득 과세표준의 추가신고 및 자진납부의 기회를 주기 위하여 마련한 특칙이라고 보았다. 원고가 원천징수의무를 부담하지 않으므로 소득 귀속자에 대한 소득금액변동통지는 원고 법인에 대한 행정처분으로 볼 수 없다는 것이다.

대상판결은 법인이 소득귀속자에 대한 소득금액변동통지를, 소득귀속자가 법인에 대한 소득금액변동통지를 모두 다툴 수 없다고 판시함으로써 소득금액변동통지에 있어서도 부과처분에 있어서의 당사자 적격의 범위를 제한한 기존의 대법원 판례의 입장을 유지하였다고 할 것이다. 이후 대법원 2014. 7. 24. 선고 2011두14227 판결은 소득세법 시행령 제192조 제1항 단서에 따른 소득귀속자에 대한 소득금액변동통지는 원천납세의무자인 소득귀속자의 법률상의 지위에 직접적인 법률적 변동을 가져오는 것이 아니어서 항고소송의 대상이 되는 행정처분이 될 수 없다고 판단하였는바, 이로써 실무상 소득금액 변동통지에 관한 권리구제 방식 중 법인의 법인용 소득금액변동통지에 대한 불복방식 이외의 나머지 방식 모두에 대해서는 그 적법성이 인정되지 않는 것으로 확인·정리되었다.

IV. 부가가치세법

1. 부가가치세 환급세액의 지급청구가 당사자소송의 대상인지 여부: 대법원 2013. 3. 21. 선고 2011다95564 전원합의체 판결

부가가치세 환급세액 지급청구가 당사자소송의 대상인지 아니면 민사소송의 대상인지가 쟁점이 된 사건이다. 대법원의 다수의견은 납세의무자에 대한 국가의 부가가치세 환급세액 지급의무는 그 납세의무자로부터 어느 과세기간에 과다하게 거래징수된 세액 상당을 국가가 실제로 납부받았는지와 관계없이 부가가치세 법령의 규정에 의하여 직접 발생하는 것으로서, 그 법적 성질은 정의와 공평의 관념에서 수익자와 손실자 사이의 재산상태 조정을 위해 인정되는 부당이득 반환의무가 아니라 부가가치세법령에 의하여 그 존부나 범위가 구체적으로 확정되

고 조세 정책적 관점에서 특별히 인정되는 공법상 의무라고 봄이 타당하다는 이
유로, 납세의무자에 대한 국가의 부가가치세 환급세액 지급의무에 대응하는 국가
에 대한 납세의무자의 부가가치세 환급세액 지급청구는 민사소송이 아니라 행정
소송법 제3조 제2호에 규정된 당사자소송의 절차에 따라야 한다고 판시하였다.
이에 대하여 소수의견은 일반 국민에게 부가가치세 환급세액의 지급청구는 민사
소송의 대상이라는 인식이 확고하게 자리잡고 있다는 점에 비추어 볼 때 이를 당
사자소송에 의해서만 구제받을 수 있도록 하는 것은 국민의 권리구제수단 선택
이나 소송실무상 혼란만 일으킬 우려가 있다는 측면에서 바람직하지 않다고 하
였다.

　　대상판결은 확정된 부가가치세 환급세액의 지급청구소송을 민사소송으로 허
용해오던 종래 판례를 변경하여 행정법률관계의 다툼이라는 점을 명확히 하였다
고 할 것이다. 그러나 부가가치세를 제외한 나머지 국세·지방세·관세에 관한 과
오납금의 환급금 지급을 구하는 소송은 여전히 민사소송의 대상인 것으로 해석
된다는 점과 부가가치세 환급세액은 납세의무의 확정을 전제하므로 그 확정과
관련된 경정거부처분 등을 다투는 소송은 여전히 항고소송인 취소소송의 대상이
라는 점을 주의하여야 한다.

V. 상속세 및 증여세법

1. 상속세 물납을 청구할 수 있는 납부세액의 한도에 관한 시행령 규정의 모
　법위반 여부: 대법원 2013. 4. 11. 선고 2010두19942 판결

　　대상판결은, "구 상속세법 및 증여세법(이하 '상증세법') 제73조 제1항 본문(이
하 '이 사건 법률조항')은 물납의 요건으로서 상속받은 재산 중 부동산과 유가증권
의 가액이 상속재산가액의 2분의 1을 초과할 것을 규정하면서 물납이 허용되는
재산을 부동산과 유가증권으로 한정하고 있으나 물납이 허용되는 납부세액의 한
도는 구체적으로 규정하고 있지 않다. 그런데 물납제도는 조세의 현금납부원칙에
대한 예외로서 인정되는 것이고, 상증세법 제73조가 물납이 허용되는 재산의 범
위를 부동산과 유가증권으로 한정하고 있는 점에 비추어 보면, 동 조항의 취지가
상속세 납부세액 전부에 대하여 물납을 허용하려는 데 있다고 보기 어렵다. 또한

그 문언에 의하더라도 물납신청의 방법과 허가의 절차뿐만 아니라 물납의 허가에 관한 사항도 시행령에서 정하도록 위임한 것으로 보이므로 상증세법 시행령 제73조 제1항이 물납이 허용되는 납부세액의 한도를 규정한 것은 이 사건 법률조항의 위임에 근거한 것이라고 할 것이다. 그리고 이 사건 법률조항이 상속재산 중 부동산과 유가증권의 가액이 차지하는 비율을 물납요건의 하나로 규정하면서 물납이 허용되는 재산을 부동산과 유가증권으로 한정하고 있는 점에 비추어 보면 시행령 제73조 제1항이 물납을 청구할 수 있는 납부세액의 한도를 '당해 상속재산인 부동산 및 유가증권의 가액에 대한 상속세 납부세액'으로 규정한 것이 이 사건 법률조항의 취지에 반한다고도 볼 수 없다. 따라서 모법의 위임이 없거나 그 위임범위를 벗어나 무효라고 할 수 없다"고 판단하면서 원고와 그 공동상속인들에게 이 사건 비상장주식 외에는 물납이 허용되지 않는 잔여 상속세를 납부할 만한 다른 상속재산이 없고, 이 사건 비상장주식을 환가하는 방법을 찾기가 어렵다는 사정이 있다고 하더라도 명문의 규정이 없는 이상 그러한 사정만을 이유로 시행령 제73조 제1항에서 규정한 한도를 초과하여 물납을 허가할 수는 없다고 판시하였다.

대상판결은 실무적으로 빈번하게 문제가 되는 물납을 청구할 수 있는 납부세액의 한도에 대한 이 사건 법률조항에 관하여 위임근거가 있음을 명확히 하였고 물납제도의 취지를 구체적으로 밝혔다는 점에서 의미가 있다.

2014년 조세법 중요판례분석

I. 국세기본법

1. 허위의 세금계산서를 교부받고 매입세액을 공제하여 부가가치세를 신고한 경우 10년의 부과제척기간이 적용되기 위한 요건: 대법원 2014. 2. 27. 선고 2013두19516 판결

원고가 건물을 직접 신축하였으면서도 마치 소외 회사에 건물의 신축공사를 도급한 것처럼 허위의 도급계약서를 작성한 다음 소외 회사로부터 세금계산서를 교부받고 그 매입세액을 공제하여 부가가치세를 신고한 사안에서, 대상판결은 구 국세기본법 제26조의2 제1항 제1호가 규정한 '사기 기타 부정한 행위로써 국세를 포탈하거나 환급·공제받은 경우'에 해당하여 10년의 부과제척기간이 적용되기 위하여는 납세자에게 허위의 세금계산서에 의하여 매입세액의 공제 또는 환급을 받는다는 인식 외에 허위의 세금계산서를 발급한 자가 세금계산서상의 매출세액을 제외하고 부가가치세의 과세표준 및 납부세액을 신고·납부하거나 또는 세금계산서상의 매출세액 전부를 신고·납부한 후 경정청구를 하여 이를 환급받는 등의 방법으로 세금계산서상의 부가가치세 납부의무를 면탈함으로써 납세자가 매입세액의 공제를 받는 것이 결과적으로 국가의 조세수입 감소를 가져오게 될 것이라는 점에 대한 인식이 있어야 한다고 판시하였다.

과거 대법원 2007. 6. 1. 선고 2005도5772 판결은 조세포탈 사건에서 피고인에게 조세포탈죄의 고의가 있다고 하려면 허위 세금계산서에 의하여 매입세액을 환급받는다는 인식 이외에 결과적으로 국가의 조세수입의 감소를 가져오게 될 것이라는 인식이 있어야 한다고 판시한 바 있는데, 대상판결은 부과제척기간이 문제된 사안에서 동일한 내용으로 판시함으로써, 10년의 부과제척기간의 적용요건과 조세포탈죄의 구성요건상의 '사기 기타 부정한 행위'가 동일한 개념임을 다시 한번 확인하였다.

2. 증액경정처분에 대한 구 국세기본법(2007. 12. 31. 법률 제8830호) 상 불복 가능범위: 대법원 2014. 6. 26. 선고 2012두12822 판결

피고가 원고들에게 상속세 부과처분을 하고, 이에 대한 90일의 불복기간이 경과한 후 다시 증액경정처분을 하자, 원고들이 그 증액경정처분에 대하여 불복한 사안에서, 원심은 원고들이 증액경정처분에 대한 항고소송에서 당초 신고나 결정에 대한 위법사유를 함께 주장할 수는 있으나, 당초처분의 세액은 불복기간의 경과로 확정되었으므로 당초처분 세액에 대해서는 취소를 구할 수 없고, 증액경정처분에 의하여 증액된 세액의 범위 내에서만 취소를 구할 수 있다고 판단하였다. 그러나 대상판결은 과세표준신고서를 법정신고기한 내에 제출한 납세자가 그 후 이루어진 과세관청의 결정이나 경정으로 인한 처분에 대하여 소정의 불복기간 내에 다투지 아니하였더라도 3년의 경정청구기간 내에서는 당초 신고한 과세표준과 세액에 대한 경정청구권을 행사하는 데에는 아무런 영향이 없다고 보아야 하며, 구 국세기본법 제45조의2 제1항에 의하여 경정청구기간이 이의신청, 심사청구 또는 심판청구 기간으로 제한되는 '세법에 따른 결정 또는 경정이 있는 경우'란 과세관청의 결정 또는 경정으로 인하여 증가된 과세표준 및 세액 부분만을 의미한다고 판단하여, 원고들이 당초처분에 의하여 부과된 세액에 대해서도 다툴 수 있다고 판시하였다.

동 조항의 문언상으로는 납세의무자가 90일 이내에 불복하지 않으면 불가쟁력이 발생하여 그 이후로는 경정청구를 할 수 없는 것으로 볼 여지가 있었는데 대상판결은 당초 신고된 세액 부분에 대하여 불가쟁력이 발생하기 위해서는 경정청구기간이 경과하여야 한다고 해석함으로써 납세자의 절차적 권리를 보장하였다는 점에서 의미가 크다.

3. 세무조사대상 선정사유가 없는 세무조사에 기한 과세처분의 효력: 대법원 2014. 6. 26. 선고 2012두911 판결

과거 과세당국은 개별 세법상의 질문·조사권에 근거하여 세무조사를 실시하여 왔는데, 조사대상자의 선정과 관련하여서는 별다른 규정이 마련되어 있지 않았다. 그러다 구 국세기본법(2003. 12. 30. 법률 제7008호로 개정되기 전의 것)은 세무조사의 공정성과 객관성을 확보하고, 세무조사가 과세목적 이외에 다른 목적으로 이용되거나 자의적인 세무조사권 발동으로 오·남용된다는 시비를 차단하고자 제81조의3 제1항에서 "세무공무원은 적정하고 공평한 과세의 실현을 위하여 필요한 최소한의 범위 안에서 세무조사를 행하여야 하며, 다른 목적 등을 위하여 조사권을 남용하여서는 아니 된다"는 규정을 신설하는 한편, 제81조의5 제2항 각 호의 사유가 있는 경우 우선적으로 세무조사대상으로 선정할 수 있도록 함과 아울러, 제3항에서는 일정기간 세무조사를 받지 않은 경우 또는 표본조사대상으로 선정된 경우 필요한 최소한의 범위 안에서 세무조사를 할 수 있도록 규정하였다.

대상판결은 세무조사대상 선정사유가 없음에도 세무조사대상으로 선정하여 과세자료를 수집하고 그에 기하여 과세처분을 하는 것이 위법한지 여부에 대한 것으로, 대상판결은 개별 세법이 정한 질문·조사권은 제81조의5가 정한 요건과 한계 내에서만 허용되고, 동 규정이 정한 세무조사대상 선정사유가 없음에도 세무조사대상으로 선정하여 과세자료를 수집하고 그에 기하여 과세처분을 하는 것은 제81조의5와 제81조의3 제1항을 위반한 것이므로, 특별한 사정이 없는 한 위법하다고 판시하였다. 종전 대법원 2006. 6. 2. 선고 2004두12070 판결 등은 국세기본법상 허용되지 않는 위법한 중복세무조사에 따른 부과처분 역시 위법하다고 보았는바, 대상판결은 이러한 연장선상에서 세무조사시 적법절차를 준수할 것을 강조하였다는 점에서 의의가 있다.

Ⅱ. 소득세법 및 법인세법

1. 합병으로 취득한 주식의 취득가액에 취득부대비용이 포함되는지 여부: 대법원 2014. 3. 27. 선고 2011두1719 판결

대상판결의 쟁점은 합병으로 취득한 주식의 취득가액에 취득부대비용이 포함되는지 여부이다. 구 법인세법(2010. 12. 30. 법률 제10423호로 개정되기 전의 것) 제41조 제2항은 자산의 매입가액 및 부대비용의 범위 등 자산의 취득가액 계산에 필요한 사항을 시행령에 위임하고 있고, 그 위임을 받은 구 법인세법 시행령(2006. 2. 9. 대통령령 제19328호로 개정되기 전의 것) 제72조 제2항 제4호 단서는 합병으로 취득한 주식의 경우 장부가액에서 합병시 의제배당소득금액을 가산한 금액을 그 취득가액으로 규정하고 있었다. 이에 합병으로 취득한 주식의 취득가액에는 취득 부대비용은 포함되지 않는다는 반대해석이 가능하였다.

대상판결은 구 법인세법 제41조 제1항 제1호 및 제2호에서 매입자산 및 제조자산의 경우에는 수익비용대응의 원칙에 따라 기간손익을 적정하게 계산하기 위하여 부대비용 역시 취득가액으로 규정하고 있는데 다른 자산의 경우에 이와 달리 취급할 합리적인 이유가 없으며, 합병으로 취득한 주식의 가액에 관한 구 법인세법 시행령 제72조 제2항 제4호 단서는 의제배당으로 과세된 부분에 대한 이중과세를 방지하기 위한 규정이지 수익비용대응의 원칙에 대한 예외조항으로 볼 수는 없으므로, 합병으로 취득한 주식의 취득 부대비용도 취득가액에 포함된다고 판시하여 논란을 종식하였다. 대상판결은 수익비용대응의 원칙에 기초하여 취득 부대비용이 취득가액에 포함된다는 점을 명확히 하였다는 점에서 의의가 있다. 특히 수익비용대응원칙에 따라 취득 부대비용이 취득가액에 가산되어야 한다는 일반론은 구 법인세법 시행령 제72조 제2항 제3호 및 제5호의 자산의 경우에도 그대로 적용될 수 있다고 보인다. 향후 판례의 추이가 주목된다.

2. 동일인에 대한 다수의 대여원리금 채권 중 일부는 회수되고 일부는 회수불능인 경우 비영업대금 이자소득의 산정방식: 대법원 2014. 5. 29. 선고 2014두35010 판결

대상판결의 쟁점은 동일인에 대한 여러 개의 대여원리금 채권 중 일부는 회수되고 일부는 회수불능이 된 경우 비영업대금의 이자소득이 발생하였는지 여부이다. 대상판결은 비영업대금의 이자소득이 있는지는 개개 대여금 채권별로 구 소득세법 시행령(2010. 2. 18. 대통령령 제22034호로 개정되기 전의 것) 제51조 제7항을 적용하여 판단하여야 하므로, 여러 개의 대여원리금 채권 중 과세표준확정신고 또는 과세표준과 세액의 결정·경정 당시 이미 회수되어 소멸한 대여원리금 채권이 있다면 특별한 사정이 없는 한 그 채권에 대하여는 이자소득이 있다고 보아야 하고, 이는 여러 개의 대여원리금 채권이 동일한 채무자에 대한 것이라고 하여도 마찬가지라고 판단하였다.

구 소득세법 제51조 제7항은 "비영업대금의 원리금을 전부 또는 일부 회수할 수 없는 경우에는 회수한 금액에서 원금을 먼저 차감하여 계산하고, 이 경우 회수한 금액이 원금에 미달하는 경우에는 총수입금액은 이를 없는 것으로 한다"고 규정하고 있었는데, 대상판결은 각 대여원리금 채권별로 동 조항을 적용하게 되면, 특정 채무자에 대한 회수금액 총액이 해당 채무자에 대한 채권원금 총액에 미치지 못하더라도 이자소득이 발생하게 되어 납세자에게는 불리한 결과가 발생할 수 있으나, 여러 채권의 손익을 통산하는 경우에는 결과적으로 이자소득에 대하여 필요경비나 결손금을 인정하는 것이 되어 소득세법의 과세체계에 어긋난다는 점을 고려한 것으로 보인다.

3. 신주의 고가인수가 주주와 발행법인 사이에서 부당행위계산 부인의 대상이 되는지 여부: 대법원 2014. 6. 26. 선고 2012두23488 판결

도산위기에 처한 소외회사가 평가액을 초과하는 금액으로 신주를 발행하였고, 최대주주인 원고는 이를 인수하였는데, 피고는 위 주식인수가 법인세법 시행령 제88조 제1항 제1호 소정의 '고가매입'으로서 원고가 소외회사에게 이익을 분여하였다고 보아 과세하였다. 그러나 대법원은 주식의 고가인수는 제1호 소정의

'고가매입' 또는 제9호 소정의 '그에 준하는 행위'에 해당하지 않으며, 다만 그 고가인수로서 특수관계가 있는 주주에게 이익을 분여하였다면 제8호 나목 소정의 부당행위계산부인이 적용될 수 있을 뿐이라고 하여 과세처분을 취소하였다.

1998. 12. 31. 법인세법 시행령이 개정되어 제8호가 신설되기 전에 주식의 고가인수를, 대법원 2004. 2. 13. 선고 2002두7005 판결은 제1호 소정의 '고가매입'에 해당한다거나, 대법원 2009. 11. 26. 선고 2007두5363 판결은 제9호 소정의 고가매입에 '준하는 행위'에 해당한다고 판시한 바 있다. 그러나 부당행위계산 부인은 특수관계자와의 거래를 통한 손익 조작을 방지하기 위한 규정인데, 유상증자는 자본거래로서 법인의 소득과는 무관한 것이므로 주식의 고가인수를 통해서 법인에게 이익이 분여되었다고 보는 것은 타당하지 않다는 비판이 많았다. 특히 시행령이 개정되면서 유상증자를 포함한 자본거래에 대해 제8호에서 그 유형을 명문화한 이상, 신주의 고가인수는 제8호 소정의 유형에 해당하는지 여부가 문제될 뿐, 제1호(고가매입) 또는 제9호(그에 준하는 행위)에 해당하지는 않는다는 견해가 유력했고, 대상판결은 바로 이러한 점을 받아들여 명시적으로 선언한 최초의 판결이라는 점에서 의의가 있다.

Ⅲ. 국제조세법

1. 한·미 조세조약상 투과과세단체의 거주자성 판단의 법리: 대법원 2014. 6. 26. 선고 2012두11836 판결

케이만군도 유한파트너쉽 A와 미국 유한책임회사 B는 합작으로 룩셈부르크 법인 C를 설립하고, C는 벨기에 법인 D를 통해 내국법인의 주식을 취득한 후 원고에게 양도하였다. 원고는 D가 실질귀속자라는 이유로 주식양도소득에 대하여 비과세·면제하는 한·벨 조세조약을 적용하여 원천징수를 하지 않자 피고는 C, D 및 B를 부인하고 실질귀속자를 A와 B의 구성원으로 보아 원고에게 징수처분을 하였다. 한편, B는 미국에서 구성원만이 과세되는 이른바 투과과세방식을 선택하고 있었다. 대법원은 실질귀속의 원칙에 따라 C, D를 부인하고 A, B에게 소득이 귀속된다고 보았는데, 대상판결의 특유한 쟁점은 투과과세단체 B를 한·미 조세조약상 미국 거주자로 보아 동 조약을 적용할 수 있는지 여부이다.

일반적으로 조세조약에서는 거주자를 일방 체약국에서 포괄적인 납세의무를 부담하는 자로 정의하는데, 투과과세단체는 구성원이 납세의무를 부담할 뿐 그 단체 자체는 납세의무를 부담하지 않기 때문에 원칙적으로는 조세조약상 거주자에 해당하지 않는 것으로 보고 있다. 한편 대상판결에서 문제된 한·미 조세조약의 경우에는 일반적인 조약과 달리 조약상 미국 거주자를 미국법인 및 미국 조세목적상 미국에 거주하는 기타의 인으로 하면서, 그 단서에서 "조합원 또는 수탁자로서 행동하는 인의 경우에, 그러한 인에 의하여 발생되는 소득은 거주자의 소득으로서 미국의 조세에 따라야 하는 범위에 한한다"라고 규정하고 있다. 원고는 미국 유한책임회사 B가 조합원 또는 수탁자로서 행위하는 인이 아니어서 위 단서는 적용이 없으므로 B가 한·미 조세조약상 미국 거주자라고 주장하였으나, 대법원은 위 단서의 취지는 원칙적으로 미국 거주자가 아닌 투과과세단체에 대해 그 구성원이 미국에서 납세의무를 부담하는 범위에 한하여 미국 거주자로 인정하는 특별규정이라고 해석하였다.

대상판결은 투과과세단체라도 그 구성원이 납세의무를 부담하는 경우에는 그 범위에서는 거주자로 인정된다고 판시한 최초의 사례로서 중요한 의미를 가진다. 참고로 그 이후 대법원 2015. 3. 26. 선고 2013두7711 판결 등은 거주자에 대하여 한·미조세조약과 달리 규정하고 있는 한·독 조세조약의 적용과 관련하여 독일 투과과세단체도 그 구성원이 위 단체가 얻은 소득에 관하여 독일에서 포괄적인 납세의무를 부담하는 범위에서 조세조약상 독일의 거주자에 해당한다고 판단한 바 있다.

2. 국내미등록 특허권 사용료가 한·미 조세조약상 국내원천소득인지 여부: 대법원 2014. 11. 27. 선고 2012두18356 판결

법인세법은 사용료 소득의 원천지국 결정기준으로서 ① 특허권 등의 권리를 국내에서 사용하는 경우에는 사용지주의를, 그 대가를 국내에서 지급하는 경우에는 지급지주의를 병용하면서, ② 조세조약에서 사용지주의를 채택하고 있는 경우에는 이에 따르도록 규정하고 있었는데, 한·미 조세조약 제6조 제3항에서는 사용료 소득의 원천지국 결정기준으로 사용지주의를 채택하고 있다.

종래 대법원 2007. 9. 7. 선고 2005두8641 판결 등은 내국법인이 미국법인에 국내 미등록 특허에 대한 대가로 지급한 금액이 국내원천소득인지 여부에 관하여, 특허권의 속지주의 원칙상 특허에 관한 권리는 특허권이 등록된 국가의 영역 내에서만 그 효력이 미치므로 국내 미등록 특허권에 대한 대가는 국내 사용에 대한 대가로 볼 수 없어 국내원천소득이 아니라고 판시하였다. 그런데 2008. 12. 26. 법률 제9267호로 법인세법이 개정되어 제93조 제8호에 위 ① 및 ② 외에 ③ 국외 등록 특허가 국내에서 제조·판매 등에 사용된 경우에는 국내 등록 여부와 관계없이 국내에서 사용된 것으로 본다는 규정이 추가됨에 따라, 법인세법 개정 이후에도 위 대법원 판결의 결론이 그대로 유지될 수 있는지가 문제되었다.

이에 대해 대상판결은 국내원천소득의 구분에 관해서는 국제조세조정에 관한 법률 제28조 등에 따라 법인세법 제93조보다 조세조약의 규정이 우선하는 점을 확인하면서, 내국법인이 미국법인에 국내 미등록 특허에 대한 대가로 지급한 금액은 한·미 조세조약상 국내원천소득이 아니라고 판시하였다. 대상판결은 간접적인 방식으로 조세조약의 적용을 배제하는 국내세법의 개정에도 불구하고 조세조약이 우선 적용된다는 것을 확인한 것으로서, 조세조약과 국내세법 간의 관계를 명확하게 하였다는 점에서 의의가 있다.

Ⅳ. 상속세 및 증여세법

1. 회수가능성을 의심할 만한 중대한 사유가 발생한 금전채권의 상속재산가액을 원본가액으로 평가하여야 하는지 여부: 대법원 2014. 8. 28. 선고 2013 두26989 판결

원고가 상속한 금전채권에 대하여 상속개시 시점에서 회수불가능한 상태에 있다고 단정할 수는 없으나 '회수가능성을 의심할 만한 중대한 사유'가 발생한 경우, 금전채권의 상속재산가액을 원본가액으로 평가해야 하는지가 문제된 사안에서, 원심은 상증세법 시행령 제58조 제2항 단서 상의 '회수불가능'의 의미는 채권회수가 불가능하다는 사실이 객관적으로 확정된 것을 의미하므로, 위 금전채권을 원본가액으로 평가하여야 한다고 판단하였다. 그러나 대상판결은 상증세법 제60조의 문언 내용과 취지 및 관련 규정의 체계, 응능과세 원칙 등에 비추어 보면, 상속재산인 금전채권의 전부 또는 일부가 상속개시일 현재 회수불가능한 것으로 인정되지 않더라도, 상속개시일 당시에 이미 채무자의 자금사정이 어려워 상당 기간 채권의 회수가 지연되거나 채무자의 신용상태가 급격히 악화되는 등 그 회수가능성을 의심할 만한 중대한 사유가 발생하여 액면금액에 상속개시일까지의 미수이자 상당액을 가산한 금액으로 그 채권의 가액을 평가하는 것이 현저히 불합리하다고 인정되는 경우에는 그 금액을 상속재산의 가액으로 평가할 수 없고 다른 객관적이고 합리적인 방법에 의하여 평가하여야 할 것이라고 판시하였다.

대상판결은 상증세법 시행령 제58조 제2항 및 동법 시행규칙 제18조의2 제2항 제2호를 모법의 취지에 맞게 합목적적으로 해석함으로써 납세자의 정당한 권리를 보호할 수 있는 근거를 마련했다는 점에서 큰 의의가 있다. 회수가 불확실한 채권의 구체적 평가방법에 대하여는 향후 판례에서 그 기준이 제시될 것으로 기대한다.

Ⅴ. 지방세법

1. 신탁부동산을 위탁자의 소유로 보아 그 과점주주에게 간주취득세를 부과할 수 있는지 여부: 대법원 2014. 9. 4. 선고 2014두36266 판결

지방세법 제7조 제5항에서는 법인의 주식 또는 지분을 취득함으로써 과점주주가 되었을 때에는 그 과점주주가 해당 법인의 부동산 등을 취득한 것으로 보아 취득세를 부과한다고 규정하고 있다. 이처럼 간주취득세를 부과하는 취지는 과점주주가 되면 해당 법인의 재산을 사실상 임의 처분하거나 관리·운용할 수 있는 지위에 서게 되어 실질적으로 그 재산을 직접 소유하는 것과 다를 바 없다는 점에서 담세력이 있다고 보기 때문이다. 그런데 당해 법인이 그 소유의 부동산을 신탁한 경우, 신탁 부동산을 위탁자인 당해 법인의 소유로 보아 그 과점주주에게 취득세를 부과할 수 있는지 문제된다. 대상판결은 신탁계약이나 신탁법에 의하여 수탁자가 위탁자에 대해 일정한 의무를 부담하거나 제한을 받게 되더라도 그것만으로는 위탁자의 과점주주가 신탁 부동산을 임의 처분하거나 관리·운용할 수 있는 지위에 있다고 보기 어렵다는 이유로, 부동산 신탁 후 위탁자의 과점주주가 된 자에게 간주취득세를 부과할 수 없다고 판시하였다.

　　대상판결은 위탁자의 과점주주에게 간주취득세를 부과할 수 없음을 분명히
하였다는 점에 의의가 있다. 다만 수탁자나 수익자의 과점주주에게 간주취득세가
부과되는지 등에 대해서는 아직 대법원의 판단이 없는 상태이므로 향후 판례의
추이를 지켜볼 필요가 있다.

2015년 조세법 중요판례분석

I. 국세기본법

1. 부분조사와 중복세무조사금지: 대법원 2015. 2. 26. 선고 2014두12062 판결

구 국세기본법 제81조의4 제2항은 "세무공무원은 다음 각 호의 어느 하나에 해당하는 경우가 아니면 같은 세목 및 같은 과세기간에 대하여 재조사를 할 수 없다"라고 하여 중복세무조사를 원칙적으로 금지하고 있고, 각 호에서 재조사가 허용되는 예외를 규정하고 있다. 대상판결은 세무공무원이 어느 세목의 특정 과세기간에 대하여 특정 항목에 대하여만 세무조사를 한 경우에도 다시 그 세목의 같은 과세기간에 대하여 세무조사를 하는 것은 당초 부분세무조사를 한 특정항목을 제외한 다른 항목에 대하여만 세무조사를 함으로써 세무조사 내용이 중첩되지 아니하더라도 원칙적으로 국세기본법에서 금지하는 재조사에 해당한다고 했다. 다만 당초의 세무조사가 다른 세목이나 다른 과세기간에 대한 세무조사 도중에 해당 세목이나 과세기간에도 동일한 잘못이나 세금탈루 혐의가 있다고 인정되어 관련 항목에 대하여 세무조사 범위가 확대됨에 따라 부분적으로만 이루어진 경우와 같이, 당초 세무조사 당시 모든 항목에 걸쳐 세무조사를 하는 것이 무리였다는 등의 특별한 사정이 있는 경우에는 당초 세무조사를 한 항목을 제외한 나머지 항목에 대하여 향후 다시 세무조사를 하는 것은 구 국세기본법 제81조의4 제2항에서 금지하는 재조사에 해당하지 아니한다고 판시하였다.

대상판결은 이른바 부분세무조사의 경우에도 다시 그 세목의 같은 과세기간에 대하여 세무조사가 행해지면 세무조사 내용이 중첩되지 않더라도 원칙적으로

구 국세기본법 제81조의4 제2항에서 금지하는 중복세무조사에 해당한다고 보면
서도 중복세무조사가 허용되는 특별한 사정을 인정하여 부분조사와 중복세무조
사의 허용 여부의 판단기준을 제시하였다는 점에서 의미가 크다. 최근 대법원은
재조사가 허용되는 예외사유를 제한적으로 인정하는 등 세무조사의 절차적 적법
성을 엄격하게 준수할 것을 요구하는 입장을 계속하여 견지해오고 있는데, 대상
판결은 그러한 흐름이 반영된 결과물로 판단된다. 구체적으로 중복세무조사를 허
용하는 특별한 사정이 어느 범위에서 인정될 수 있는지 향후 판례의 태도가 주목
된다.

2. 조세회피의 목적과 실질과세원칙의 적용범위: 대법원 2015. 7. 23. 선고 2013두21373 판결

　　납세의무자인 아랍에미리트 회사가 자신의 지배·관리 아래에 있는 네덜란
드 법인들인 양도인과 양수인을 거래당사자로 내세워 양도인이 보유하던 일부
국내주식에 대한 양도거래(이하 '제1 양도')를 하였고, 이어서 양수인이 내국법인에
게 보유하던 국내주식을 양도(이하 '제2 양도')하였는데, 제2 양도에 관하여 선행판
결은 양도인이나 양수인이 주식양도소득에 대해서 비과세하는 한·네덜란드 조세
조약의 편승을 위한 형식상의 당사자이고, 그 양도소득은 납세의무자에게 귀속된
다고 보아 위 조세조약의 적용을 부인하였다. 대상판결의 사안은 제1 양도에 대
한 것으로서 과세관청이 양도인이 얻은 소득이 납세의무자에 귀속된다는 이유로
원천징수의무자인 양수인에게 한 과세처분에 대하여, 양수인은 선행판결에 의하
면 실질과세원칙에 따라 양수인과 양도인은 법적 실체가 부인되므로 그들 간의
주식양도는 하나의 법인 내에서 이루어진 자산의 내부적 이동에 불과하여 과세
대상이 되지 않는다고 주장하였다.

　　이에 대하여 양설이 대립하고 있다. 비과세설은 위 유형의 거래구조에 대해
실질과세원칙을 적용하여 재구성하면 제1 양도와 제2 양도가 명목상 거래에 불
과하여 각각은 부인되는 거래로서 세법상 독자적인 의미가 없으므로 전체로 보
아 하나의 거래만 있을 뿐이고, 제2 양도에 의하여 국내주식이 내국법인에게 완
전히 양도될 때 제1 양도를 포함한 양도소득 전체에 대해 과세하면 된다는 견해
이다. 반면, 과세설은 제1, 2 양도는 하나의 통합된 계획에 따라 예정된 일련의

행위가 아니고 제1 양도에도 사업상의 목적이 있으며, 국제거래에서의 실질과세원칙은 조세회피에 대처하기 위한 수단으로서 제1 양도에서 조세회피 목적이 있는 국면은 제1 양도로 인한 양도소득의 실질귀속이나 양도의 주체를 따질 때만으로 실질과세의 원칙은 그 한도에서 적용될 뿐이고, 양도거래의 존부의 판정에 있어서는 그 상황을 달리하기 때문에 제1 양도는 별개의 양도거래로 보아야 한다는 견해이다.

대상판결은 납세의무자가 자신의 지배·관리 아래에 있는 명목상의 양도인과 양수인을 거래당사자로 내세워 양도거래를 한 경우 양도와 양수 주체 모두에 관하여 명의와 실질에 괴리가 있는 것처럼 보이더라도 납세의무자 대신 양도인을 내세운 것만이 조세회피의 목적에서 비롯된 것일 뿐 양도거래에서 양수인을 내세운 것에는 아무런 조세회피목적이 없다면 특별한 사정이 없는 한 양도의 사법상 효과를 양수인에게 귀속시키는 것까지 부인할 것은 아니므로 이러한 경우에는 실질과세의 원칙에 따라 과세상 의미를 갖지 않는 양도인과 양수인 간의 양도거래를 제외하고 납세의무자와 양수인 간에 직접 양도거래가 이루어진 것으로 보아 과세할 수 있고, 이후 납세의무자가 조세회피의 목적에서 동일한 양수인을 형식상의 거래당사자로 내세워 제3자와 새로운 양도거래를 한 경우 새로운 양도거래의 실질귀속자를 납세의무자로 보아야 한다고 하더라도 그러한 사정만으로 당초의 양도거래가 자산의 이전이 없는 명목상의 양도에 지나지 않는다고 볼 것도 아니라고 판시하였다.

대상판결은 과세설의 입장에서 조세회피목적의 국면에 따라 실질과세원칙의 적용범위를 달리하여 실질귀속자의 판단 목적에서 부인되는 제1 양도를 과세대상거래로 판정하였는바, 조세회피 목적의 국면과 상황에 따라 실질과세원칙의 적용범위를 달리하였다는 점에서 주목된다. 대상판결은 국제거래에서의 조세회피목적은 단일거래에 대하여도 실질과세원칙의 적용범위를 달리 결정할 정도로 중요한 판정기준이 된다는 전제에서, 제1 양도에서는 국내 조세회피의 의도가 엿보이지 않는다는 점을 고려한 것으로 사료된다. 그와 같은 논리의 연장선에 선다면 조세회피의 목적을 국내 및 국외 조세회피, 세목별 조세회피 등으로 세분하여 실질과세원칙의 적용범위가 달라질 여지도 있는바, 추후 대법원의 판단에 관심이 모아진다.

Ⅱ. 소득세법 및 법인세법

1. 위법소득의 몰수·추징과 후발적 경정청구: 대법원 2015. 7. 16. 선고 2014 두5514 전원합의체 판결

종전 대법원 2002. 5. 10. 선고 2002두431 판결 등은 범죄행위로 인한 위법소득이더라도 귀속자에게 환원조치가 취해지지 않는 한 이는 과세소득에 해당하고, 납세자가 범죄행위로 금원을 교부 받은 후 그에 대하여 원귀속자에게 환원조치를 취하지 아니한 이상 그로써 소득세법상의 과세대상이 된 소득은 이미 실현된 것이기 때문에, 그 후 납세자에 대한 형사사건에서 그에 대한 추징이 확정됨으로써 결과적으로 그 금원을 모두 국가에 추징당하게 되었더라도, 이는 납세자의 그 금품 수수가 형사적으로 처벌대상이 되는 범죄행위가 됨에 따라 그 범죄행위에 대한 부가적인 형벌로서 추징이 가하여진 결과에 불과하여 이를 원귀속자에 대한 환원조치와 동일시할 수 없다고 보았다.

그러나 대상판결은 기존의 판례를 변경하여 일단 납세의무가 성립되었더라도 이후 몰수나 추징 등으로 납세의무의 전제가 되는 경제적 이익이 상실되었다면 당초 성립하였던 납세의무는 그 전제를 잃어 그 이후에 한 과세처분은 위법하다고 판시하였다. 즉, 대법원은 위법소득의 지배·관리라는 과세요건이 충족됨으로써 일단 납세의무가 성립하였다고 하더라도 그 후 몰수나 추징과 같은 위법소득에 내재되어 있던 경제적 이익의 상실가능성이 현실화되는 후발적 사유가 발생하여 소득이 실현되지 아니하는 것으로 확정되었다면 특별한 사정이 없는 한 납세자는 후발적 경정청구를 하여 납세의무의 부담에서 벗어날 수 있다고 판단하였다.

종전의 판결들은 범죄행위로 인한 위법소득이더라도 귀속자에게 환원조치가 취해지지 않는 한 과세소득에 해당한다고 보았는바, 대상판결은 원귀속자에게 환원하지 않더라도 뇌물을 국가가 몰수나 추징해갔다면 과세소득이 있었다고 볼 수 없는 것이며, 납세의무가 성립했더라도 후발적 사유로 인해 소득이 실현되지 않은 것으로 확정된 이상 부과처분이 위법하다는 것을 명확히 하였다는 점에서 의미가 있다.

2. 위법비용의 손금판단기준: 대법원 2015. 1. 15. 선고 2012두7608 판결

대상판결은 의약품 도매업체인 원고가 제약회사나 도매상에게 지급한 사례금은 거래 상대방에게 지급된 판매부대비용에 해당하여 손금대상이라고 보았으나, 약국 등 개설자에게 금전을 제공하는 것은 약사법 등 관계 법령에 따라 금지된 행위가 아니라고 하여 곧바로 사회질서에 위반하여 지출된 비용이 아니라고 단정할 수는 없다고 하면서, 그것이 사회질서에 위반하여 지출된 비용에 해당하는지 여부는 그러한 지출을 허용하는 경우 야기되는 부작용, 그리고 국민의 보건과 직결되는 의약품의 공정한 유통과 거래에 미칠 영향, 이에 대한 사회적 비난의 정도, 규제의 필요성과 향후 법령상 금지될 가능성, 상관행과 선량한 풍속 등 제반 사정을 종합적으로 고려하여 사회통념에 따라 합리적으로 판단하여야 한다는 기준을 제시하였다. 이러한 기준에 비추어 리베이트의 지급은 의약품의 오·남용을 초래하고 국민 건강에 악영향을 끼칠 수 있는 점, 유통질서를 해치고 가격을 상승시켜 국민들의 부담을 증가시킬 수 있는 점, 약사법의 개정으로 경품류 제공 이외에 일체의 경제적 이익 제공행위까지도 금지된 점, 상관행상 허용될 수 있는 정도의 견본품 제공을 넘는 사례금은 다른 도매상도 통상적으로 지출하는 것으로 보기 어려운 점 등을 고려할 때 사회질서에 위반하여 지출된 것에 해당하므로 손금에 산입할 수 없다고 판단하였다.

대상판결은 비록 비용의 지급시점에서 행정법규나 형사법규에 위반되지 않더라도 사회질서에 위반되는 것으로 보아 손금불산입 대상으로 판단할 수 있는 구체적인 기준을 제시하였다는 측면에서 선례적인 의미가 있다. 다만 대상판결은 원고가 제약회사나 도매상에게 지급한 사례금은 손금불산입대상으로 판단하지 아니하고, 약국 등 개설자에게 지급한 비용만을 손금불산입대상으로 판단하였다는 점에서 규제의 필요성과 향후 법령상 금지될 가능성이라는 기준이 중요하게 작용한 것으로 보인다.

3. 투과과세단체와 조세조약의 적용: 대법원 2015. 3. 26. 선고 2013두7711 판결

대상판결은 독일의 유한합자회사인 갑이 독일의 유한회사인 을을 설립하여 발행주식 전부를 보유하고, 을은 우리나라의 유한회사인 병을 설립하여 발행주식 전부를 보유하였는데, 병 회사가 을 회사에게 배당금을 지급하면서 한·독 조세조약 제10조 제2항 (가)목에 따른 5%의 제한세율을 적용하여 원천징수한 법인세를 납부하였으나, 피고는 위 배당소득의 실질귀속자를 갑 회사로 보아 구 법인세법 제98조 제1항 제3호에 따른 25%의 세율을 적용하여 원고에게 법인세 징수처분을 한 사안이다.

대상판결은 배당소득의 실질귀속자를 을 회사로 인정한 원심과는 달리, 갑 회사가 을 회사에 대한 지배권 등을 통하여 실질적으로 이를 지배·관리하였기 때문에 배당소득의 실질귀속자를 갑 회사로 인정하였는데, 갑 회사는 독일 세법에 따라 법인세와 같은 포괄적인 납세의무를 부담하지 않는 투과과세 단체(어떠한 단체의 활동으로 얻은 소득에 관하여 단체가 아니라 그 구성원이 포괄적인 납세의무를 부담하는 단체)에 해당하므로 한·독 조세조약상의 '법인'이 아니라고 하였고, 다만 갑 회사가 원천지국인 우리나라에서 얻은 배당소득에 대하여 그 구성원이 독일에서 포괄적인 납세의무를 부담하는 범위 안에서는 조세조약상 거주자에 해당하여 한·독 조세조약 제10조 제2항 (나)목에 따른 15% 제한세율의 적용을 받을 수 있다고 판단하였다.

어떠한 외국 단체가 조세조약상 거주자에 해당하는지 여부와 관련하여, 대법원 2014. 6. 26. 선고 2012두11836 판결은, 미국세법상 투과과세 단체에 해당하는 미국 유한책임회사의 경우 그 구성원이 미국에서 납세의무를 부담하는 범위에서 한·미 조세조약상 미국 거주자에 해당하여 조세조약을 적용받을 수 있다고 판시한 바 있다. 다만 위 판결은 미국 거주자의 정의 개념인 한·미 조세조약 제3조 제1항 (b)호 (ii)목 단서의 해석으로부터 위와 같은 결론을 도출하고 있어, 그러한 규정이 없는 일반적인 조세조약의 경우에도 동일한 결론이 도출될 수 있는지 의문이 없지 않았으나, 대상판결은 한·미 조세조약과 같이 거주자 규정에 특유한 문구가 없는 한·독 조세조약의 경우에도 그 구성원이 위 단체가 얻은 소득에 관하여 독일에서 포괄적인 납세의무를 부담하는 범위에서는 조세조약상 거주지국에 해당하여 해당 조세조약의 적용을 받을 수 있다고 판단하였다는 점에 그 의의가 있다.

Ⅲ. 상속세 및 증여세법, 부가가치세법 및 지방세법

1. 완전포괄주의 증여과세의 범위와 한계: 대법원 2015. 10. 15. 선고 2013두 13266 판결

대상판결은 변칙적인 상속·증여에 사전적으로 대처하기 위하여 세법 고유의 포괄적인 증여개념을 도입하고, 종전 증여의제규정을 일률적으로 증여시기와 증여재산가액의 계산에 관한 규정으로 전환한 점 등에 비추어 보면, 원칙적으로 어떤 거래·행위가 상증세법 제2조 제3항에서 규정한 증여의 개념에 해당하는 경우에는 같은 조 제1항에 의하여 증여세의 과세가 가능하다고 판단하였다. 그러나 종전에 증여의제규정이었다가 개별 가액산정규정으로 전환된 규정이 납세자의 예측가능성 등을 보장하기 위하여 특정한 유형의 거래·행위를 규율하면서 그 중 일정한 거래·행위만을 증여세 과세대상으로 한정하고 과세범위도 제한적으로 규정하여 증여세 과세의 범위와 한계를 설정한 것으로 볼 수 있는 경우에는, 전환된 규정이 규율하고 있는 거래·행위 중 증여세 과세대상이나 과세범위에서 제외된 거래·행위가 상증세법 제2조 제3항의 증여의 개념에 들어맞더라도 그에 대한 증여세를 과세할 수 없다고 판단하였다. 따라서 결손금이 있는 법인의 주주와 특수관계에 있는 자가 결손금이 있는 법인에 재산을 무상으로 제공하는 등의 거래를 하여 주주 등이 얻은 이익이 1억 원 이상인 경우를 증여세 과세대상으로 하여 증여재산가액 산정에 관하여 규정하고 있는 상증세법 제41조 제1항은 정상적으로 사업을 영위하면서 자산수증이익 등에 대하여 법인세를 부담하는 법인과의 거래로 주주 등이 얻은 이익을 증여세 과세대상에서 제외하고자 하는 입법의도에 기한 것이고 완전포괄주의 과세제도의 도입으로 이러한 입법의도가 변경되었다고 볼 수 없으므로, '결손법인과의 거래로 인한 이익 중 결손금을 초과하는 부분'에 대하여는 주주 등에게 증여세를 과세하지 않도록 하는 한계를 설정한 것으로 보아야 하기 때문에 흑자법인의 주주의 이와 같은 이익에 대하여는 이를 증여세 과세대상으로 하는 별도의 규정이 있는 등의 특별한 사정이 없는 한 상증세법 제2조 제3항 등을 근거로 주주 등에게 증여세를 과세할 수 없다고 판단하였다.

상증세법 제41조의 '특정법인과의 거래를 통한 이익의 증여' 규정과 관련하여 흑자법인의 재산증여와 그 주주에 대한 증여세 완전포괄주의 과세의 범위 및 한계가 문제되었는데, 대상판결은 상증세법 제2조 제3항을 과세근거조항으로 보면서도 개별가액산정규정이 과세의 범위와 한계를 설정한 것으로 판단하였다. 추후 다른 개별가액산정 규정에 대한 대법원의 판단이 기대된다.

2. 부가가치세법상 에누리와 판매장려금의 구분: 대법원 2015. 12. 23. 선고 2013두19615 판결

대상판결은 이동통신사업자인 갑 회사가 이동통신용역과 관련된 업무를 대행하는 대리점에게 단말기를 판매하면서 출고가격 전액을 공급가액으로 하여 부가가치세를 신고·납부하였다가, 이동통신용역의 가입자에게 지원한 단말기 구입보조금이 부가가치세법 제13조 제2항 제1호의 에누리액에 해당한다고 주장하면서 부가가치세 환급을 구하는 경정청구를 하였으나 피고가 이를 거부한 사안이다. 대상판결은 재화나 용역의 공급과 관련하여 그 품질·수량이나 인도·공급대가의 결제 등의 공급조건이 원인이 되어 통상의 공급가액에서 직접 공제되는 에누리액은, 발생시기가 재화나 용역의 공급시기 전으로 한정되지 아니하고 공제·차감의 방법에도 특별한 제한이 없으므로 공급자가 재화나 용역의 공급 시 통상의 공급가액에서 일정액을 공제·차감하는 방법뿐만 아니라, 공급가액을 전부 받은 후 그 중 일정액을 반환하거나 또는 이와 유사한 방법에 의하여 발생할 수 있다고 하면서, 갑 회사와 대리점 사이에 대리점이 보조금 지원 요건을 갖춘 가입자에게 보조금 상당액만큼 할인 판매하는 것을 조건으로 단말기의 공급가액에서 보조금 상당액을 감액하여 결제하기로 하는 약정이 있었으므로 보조금 상당액은 갑 회사의 대리점에 대한 단말기 공급가액에서 직접 공제되는 가액으로서 단말기의 공급과 관련된 에누리액에 해당한다고 판시하였다.

대상판결은 부가가치세법상 공급가액에서 차감되는 에누리액은 그 발생시기가 공급시기 전으로 한정되지도 아니하고 그 공제의 방법에도 특별한 제한이 없다고 하여 에누리액의 범위를 넓게 파악하였다. 실무상 이동통신업사업자가 지급하는 단말기 약정보조금을 대리점에 대한 단말기 공급가액에서 차감할 수 있는지 논쟁이 되어 왔는데, 대상판결은 이를 명확히 하였다는 점에서 그 의의가 있다. 최근 에누리액 해당 여부가 문제가 되고 있는 오픈마켓의 바이어쿠폰에 대하여도 대법원 2016. 6. 23. 선고 2014두298 판결은 이 역시 부가가치세법상 에누리액에 해당한다고 판시하여 대상판결과 같은 입장을 취하였다.

3. 주택법상 사업계획승인의 면제와 분리과세대상토지: 대법원 2015. 4. 16. 선고 2011두5551 전원합의체 판결

대상판결은 주택건설사업자인 원고가 도시정비법에 따른 사업시행인가와 건축법에 따른 건축허가를 받아 사업을 추진하다가 자금사정이 악화되어 이 사건 토지를 매도하면서 재산세 분리과세대상인 것으로 보아 종합부동산세를 신고·납부하지 않았으나, 피고는 이 사건 토지가 종합합산과세대상 토지라고 보아 종합부동산세 및 농어촌특별세를 각 부과한 사안이다. 대상판결에서 다수의견은 구 지방세법 시행령 제132조 제4항 제8호가 분리과세대상 토지의 한 요건으로 정한 '동법에 의한 사업계획의 승인'은 '주택법에 의한 사업계획의 승인'을 의미하고, 사업계획승인을 받은 토지만을 분리과세대상으로 제한한 이유는 사업계획승인을 받은 토지는 주택의 건설과 공급에 기여할 뿐만 아니라 주택건설사업의 시행과정에서도 주택법상 엄격한 규제를 받는다는 점을 고려한 것이므로 주택법상 사업계획승인 대상이 아닌 토지는 그것이 주택건설사업에 공여되고 있는 토지라고 하더라도 구 지방세법 시행령 제132조 제4항 제8호에서 정한 분리과세대상 토지에 포함되지 아니한다고 판단하였다. 한편 반대의견은 법관은 조세법률주의가 지향하는 법적 안정성 및 예측가능성을 해치지 아니하는 범위 내에서 입법 취지 및 목적 등을 고려한 법규의 합목적적 해석을 할 수 있으므로, 건축에 관한 행정절차의 간소화를 위하여 주택법상 사업계획 승인 대상에서 제외한 토지가 주택건설사업에 공여되고 있다면 분리과세 대상토지에 포함되며, 도시정비법에 의한 사업시행인가를 주택법에 의한 사업계획의 승인을 받은 것으로 해석할 수 있다고 보았다.

대상판결은 주택건설사업에 공여되고 있는 토지라고 하더라도 구 지방세법 시행령 제132조 제5항 제8호가 분리과세의 요건으로 정한 '주택법에 의한 사업계획승인'을 받지 않은 경우에는 분리과세대상 토지에 해당할 수 없음을 명확히 하였고, 공법상의 규제 내지 공익성 여부를 조세혜택의 부여의 중요한 기준으로 삼았다는 점에서 기본적인 의의가 있다.

참고문헌

국내문헌

단 행 본

강석훈 외 3인, 세법사례연습 I, 세경사, 2012.

고성춘, 조세형사법, 삼일인포마인, 2013.

국세청, 개정세법해설, 1994.

국세청, 다국적 기업의 조세회피에 관한 연구: Tax Haven을 이용한 회피에 관하여, 1984.

국세청, 조세피난처를 이용한 조세회피의 실태와 규제대책, 2002.

국세청·한국조세연구포럼, 증여세 완전포괄주의 과세제도 정착을 위한 법령 등 제도개선
　　　연구, 2010. 10.

김건식·노혁준(편저), 지주회사와 법, 도서출판 소화, 2008.

김기인, 관세평가정해, 한국관세무역개발원, 2015.

김두천, 세법학, 박영사, 1989.

김두형, 부가가치세법론, 피앤씨미디어, 2016.

김완석, 소득세법론, 광교이택스, 2007.

김진우, 조세법체계, 육법사, 1985.

김형환, 부가가치세 실무해설, 세경사, 2011.

사법연수원, 상속세 및 증여세법, 2006.

사법연수원, 조세법총론 I, 2014.

소순무, 조세소송, 영화조세통람, 2008.

안종석·최준욱, 국제조세 회피의 행태 및 경제적 효과분석, 한국조세연구원, 2003.

이준규, 세법개론, 영화조세통람, 2009.

이창복·윤창현, 금융선물·옵션거래, 한국금융연수원, 2008.

이창희, 법인세와 회계, 박영사, 2000.

이창희, 세법강의, 박영사, 2007, 2008.

이철송, 회사법강의, 박영사, 2011.

이태로, 조세법강의, 박영사, 1998.

이태로·안경봉, 조세법강의, 박영사, 2001.

이태로·한만수, 조세법강의, 박영사, 2012, 2015.

이하일, 파생금융상품, 한경사, 2005.

임승순, 조세법, 박영사, 2004, 2007, 2012.

전정구, 한국 조세법의 제문제, 조세통람사, 1989.

정성구, 상업지역의 개발밀도에 관한 연구, 광주전남발전연구원, 2006. 9.

정영민, 파생금융상품과 국제거래 조세제도해설, 법학사, 2003.

정재완, 관세법, 무역경영사, 2014, 2016.

최명근, 상속과세론, 세경사, 1990.

최명근, 세법학총론, 세경사, 1986, 2006.

논   문

강석규, "소득금액변동통지의 행정처분성 – 대법원 2006. 4. 20. 선고 2002두1878 전원합의체 판결 –", 판례연구 제18집, 2007.

강석규, "엔화스왑예금거래의 선물환차익이 이자소득세 과세대상인지 여부", 대법원 판례해설 제87호, 2011.

강석훈, "구 관세법 제6조 제1항 제1호 소정의 '물품을 수입한 화주'에 해당하는지 여부의 판단 기준", 대법원 판례해설 제45호, 2004. 1.

강석훈, "소득금액변동통지의 처분성", 행정판례평선, 2011.

강인철, "업무무관 가지급금의 손금불산입과 실질과세의 원칙에 대한 연구", 조세법연구 제16 – 2집, 2010.

고영구, "감액경정청구 거부처분에 대한 취소소송이 제기된 후 증액경정처분이 이루어져서 그 증액경정처분에 대하여 취소소송이 제기된 경우 감액경정청구 거부처분에 대한 취소소송의 소의 이익이 있는지 여부(소극)", 대법원 판례해설 제58호, 2006. 7.

고은경, "조세법상 경정청구제도에 관한 연구", 중앙대학교 박사학위논문, 2008. 6.

김낙회, "파생금융거래에 대한 조세정책방향", 조세법연구 제11 – 2집, 2005. 11.

김명섭, "부가가치세법상 부수재화 또는 용역", 재판자료 제121집, 2010.

김민정·박훈, "실질과세원칙의 관점에서 바라본 관세법상 물품을 수입한 화주의 범위", 조세와 법 제8권 제1호, 2015.

김성진, "가산세 부과 예외사로서의 정당한 사유", 국세월보 제409호, 2001. 3.

김연태, "당초의 과세처분과 경정처분의 관계", 안암법학 제12호, 2001.

김영식, "가산세에 있어서의 정당한 사유와 신의성실의 원칙", 법조 제39권 제6호, 1987.

김영식, "가산세에 있어서의 정당한 이유", 인권과 정의 제168호, 1990. 8.

김영식, "가산세에 있어서의 정당한 이유", 특별법연구 제4권, 1994.

김영심, "조세법상의 '사기 기타 부정한 행위' 관련 소고", 법학연구 제19권 제1호, 2009.

김완석, "국세기본법 제22조의2의 해석론", 중앙법학 제5집 제2호, 2003. 10.

김완석, "법인세의 후발적 경정청구", 세무와 회계연구 제2권 제1호, 2013. 6.

김유철, "엔화스왑예금의 과세문제와 그 해결", 조세와 법 제5권 제1호, 2012. 6.

김종보, "주상복합건축물의 개념과 특례", 법학논문집 제30집 제2호, 2006. 12.

김주석, "관세법 제19조 제1항 제1호 본문에서 정한 관세의 납세의무자인 물품을 수입한 화주의 의미", 조세실무연구 6, 2015.

김창석, "과세처분에 있어서 당초처분과 경정처분의 관계", 사법논집 제38집, 2004.

김해마중, "토지임차인이 지출한 토지조성공사비용의 매입세액 공제", 판례연구 제24-1집, 2010. 9.

김해마중, "해외사업 기업구조조정과 과세이연제도의 도입에 관한 연구", 조세법연구 제12-2집, 2006.

노혁준, "주식의 포괄적 교환 이전에 관한 연구", 서울대학교 박사학위논문, 2002.

류용호, "당초처분과 경정처분의 법률관계에 대한 재검토", 행정재판실무편람(IV), 2004.

박민, "미국의 상속과세제도에 관한 연구", 조세법연구 제9-2집, 2003.

박요찬, "증여세의 포괄증여규정 및 개별예시규정의 위헌성 연구", 서울시립대학교 박사학위논문, 2007. 2.

박일렬, "조세피난처대책세제에 관한 연구", 사회과학논총 제2호, 1996. 12.

박준, "파생금융거래를 둘러싼 법적 문제 개관", 파생금융거래와 법, 2012.

백승재, "국세기본법 제22조의2에 대한 합리적 해석", 조세연구 제5집, 2005. 10.

백제흠, "피지배외국법인의 유보소득 과세제도에 관한 연구", 서울대학교 박사학위논문, 2005.

백제흠, "해외지주회사의 과세문제", 조세법연구 제15-2집, 2009. 8.

변상구, "파생금융상품소득에 대한 과세제도 개선방안", 성균관대학교 박사학위논문, 2011. 8.

성원제, "관세법상 간접지급에 대한 관세평가", 재판자료 제125집, 2013.

손호철, "엔화스왑예금거래에 따른 선물환차익이 이자소득세 과세대상에 해당하는지 여부", 2012. 1. 16.자 법률신문.

신호영, "법인세법상 해외통신사업자가 받은 통신매체 이용대가의 소득구분", 안암법학 제30호, 2009. 9.

심경, "경정청구 사유에 관한 고찰", 사법논집 제40집, 2005. 12.

안경봉, "가산세 면제사유로서의 정당한 사유(I)", 월간조세 123호, 1998. 8.

안경봉, "가산세 면제사유로서 정당한 사유(II)", 월간조세 124호, 1998. 9.

오용식, "증여세 완전포괄주의 도입과 조세법률주의", 월간조세 제191호, 2004. 4.

윤지현, "가산세 면제사유로서의 정당한 사유의 개념 및 해석", 조세판례백선, 2005.

윤지현, "단체분류에 관한 대법원 판례와 경제협력개발기구(OECD)의 파트너쉽 보고서의 조화 가능성에 대한 검토", 조세학술논집 제39호, 2014.

윤지현, "파트너쉽과 조세조약에서의 거주자", 법학 제55권 제2호, 2014. 6.

윤현석·이기욱, "조세피난처 이용방지에 관한 연구", 법과 정책연구 제6권 제1호, 2006.

이문재, "조세부과처분에 있어서의 당초처분과 경정처분의 법률관계 및 그 구체적 적용", 사법논집 제15집, 1984.

이상신·오준석, "기본파생상품 과세에 관한 연구", 조세법연구 제11-2집, 2005. 11.

이수관, "우리나라 조세피난처 대책세제에 관한 연구", 산경연구 제9호, 1996. 12.

이승목, "특수관계인의 증여로 법인의 주식가치가 상승한 경우 주주에 대한 증여세 부과의 당부", 월간조세 제292호, 2012. 9.

이용우, "국세기본법 제26조의2 제1항 제1호에 따른 국세의 부과제척기간에 관한 연구", 조세법연구 제20-2집, 2014.

이의영, "소득처분에 따른 소득금액변동통지의 법적 성질-대법원 2006. 4. 20. 선고 2002 두1878 전원합의체 판결에 대한 비판적 검토-", 조세법연구 제12-2집, 2006. 11.

이전오, "증여세 완전포괄주의 시행 1년에 즈음하여", 월간조세 제200호, 2005. 1.

이종채 "증액경정처분이 있은 경우 당초처분에서 정한 납부기한의 경과로 인하여 발생한 가산금 징수처분의 효력", 재판과 판례 제12집, 2004.

이창희, "손금산입 요건으로서의 통상경비", 상사판례연구(V), 1992.

이철송, "현행 가산세제의 합리화", 조세법의 논점, 1992.

이태로, "조세피난처의 이용과 그 규제", 세무사 제76호, 1996. 12.

이효섭, "국제조세회피 및 규제에 관한 연구", 사회과학연구 제4권 제1호, 1997. 9.

임승순, "상속과 세제", 재판자료 제78집, 1998.

정계선, "당초처분과 경정처분의 법률관계", 행정재판실무편람(II), 2002.

정광진, "당초의 신고행위와 증액경정처분과의 관계", 조세법연구 제10-1집, 2004. 7.

정덕모, "증액경정처분이 있는 경우 당초처분에서 정한 납부기한의 도과로 인하여 발생한 가산금 징수처분의 효력 유무", 대법원 판례해설 제32호, 1999. 10.

정승영, "미국의 단계거래에 대한 과세와 우리 세법상의 시사점", 조세연구 제12-1집, 2012. 4.

정영민, "파생상품의 과세 및 주요 쟁점에 대한 고찰", 조세실무연구 III, 2012.

정운오·전병욱, "엔화스왑예금 과세사건 판결의 분석", 조세법연구 제16-3집, 2010. 12.

정인진, "부당행위계산 부인에 있어서 부당성의 요건", 조세판례백선, 2005.

정재훈, "가산세부과원인인 의무위반에 정당한 사유의 존부", 대법원 판례해설 제17호, 1992. 4.

정지선·권오현, "법률행위 해석을 통한 엔화스왑예금에서 발생한 소득의 성격 규명", 조세학술논집 제34호, 2011. 8.

정해남, "당초의 과세처분과 경정처분의 법률관계", 재판자료 제60집, 1993. 10.

정해남, "당초처분과 경정처분과의 법률관계 재고-증액경정처분을 중심으로", 경기법조 제11호, 2004.

조성권, "증여세 완전포괄주의와 흑자법인 과세문제", 조세실무연구 5, 2014. 5.

조윤희, "법인세와 후발적 경정청구", 사법 27호, 2014. 3.

조윤희, "상속재산인 금전채권의 평가", 조세와 법 제7권 제2호, 2014.

조윤희·하태흥, "2013년 조세 분야 판례의 동향", 특별법연구 제11권, 2014.

조일영, "가. 법인세법 기본통칙에 근거하여 행해진 과세처분의 당부, 나. 특수관계인에 대한 대여금 채권을 특수관계가 소멸할 때까지 회수하지 않은 것이 그 채권을 포기하거나 채무를 면제하여 그 금액 상당의 이익을 특수관계인에게 분여한 것으로서 법인세법 시행령 제88조 제1항 제9호 소정의 부당행위계산부인의 대상에 해당한다고 볼 수 없다고 본 사례", 대법원 판례해설 제69호, 2007. 12.

진성철, "피지배외국법인 유보소득과세제도", 조세법연구 제2집, 1996. 9.

최성근, "단계거래의 원칙이 실질과세원칙에서 차지하는 지위와 부당한 단계거래의 판단기준", 조세법연구 제14-2집, 2008. 8.

최성열, "조세피난처에 대한 과세규제에 관한 연구", 가톨릭상지전문대학 논문집 제27호, 1997. 12.

최진수, "부가가치세가 면세되는 부수재화 공급의 범위", 21세기사법의 전개, 2005.

최진영, "파생금융상품에 대한 과세방안 연구: 소득세법 개선방안 및 국세기본법 제14조 제1항의 적용론", 고려대학교 석사학위논문, 2012.

하태흥, "주상복합건축물의 주택 부분 부속토지와 분리과세대상토지", 대법원 판례해설 제104호, 2015.

하태흥·김성환, "2015년 조세분야 판례의 동향", 특별법연구 제13권, 2016.

한만수, "상속세의 과세표준 산정제도", 조세법연구 제3집, 1997.

해외문헌

단 행 본

金子宏, 租稅法, 弘文堂, 2005.

大崎滿, 國際的租稅回避: その對抗策を中心として, 大藏省, 1990.

武田昌輔, コンメンタール, 國稅通則法 1, 第一法規.

本庄資, 國際的租稅回避: 基礎硏究, 稅務經理協會, 2002.

本庄資·川田剛, 國際租稅計劃, 稅務經理協會, 2000.

小川英明·松澤智, 租稅爭訟法, 靑林書院, 1988.

田中二朗, 租稅法, 有斐閣, 1990.

A. Kochen, *Cleaning Up by Cleaning Up*, Euromoney (Apr. 1991).

Bittker & Eustice, *Federal Income Taxation of Corporations and Shareholders*, Warren Gorham & Lamont (2000).

Bittker & Lokken, *Federal Taxation of Income, Estates and Gifts*, Warren Gorham & Lamont (1989, 1994).

Bittker & Lokken, *Fundamentals of International Taxation*, Warren Gorham & Lamont (2001).

Christopher H. Hanna, *Comparative Income Tax Deferral: the United States and Japan*, Kluwer Law International (2000).

Deloitte Touche Tohmatsu, *Holding Company Matrix−Europe* (2009).

Deloitte Touche Tohmatsu, *International Tax & Business Guides* (2009).

IBFD, *Global Tax Surveys* (2009).

McDaniel·Repetti, and Caron, *Federal Wealth Transfer Taxation*, Foundation Press (2003).

Michael J. McIntyre, *The International Income Tax Rules of the United States*, Lexis Law Pub. (1995).

Milton Grundy, *Grundy's Tax Havens−Offshore Business Centers: A World Survey*, Sweet & Maxwell (1993).

OECD, *Harmful Tax Competition−An Emerging Global Issues* (1998).

OECD, *International Tax Avoidance and Evasion* (1987).

Pia Dorfmueller, *Tax Planning for U.S. MNCs with EU Holding Companies*, Kluwer Law International (2003).

Raffaele Russo et al., *Fundamentals of International Tax Planning*, IBFD (2007).

Richard A. Gordon, *Tax Havens and Their Use by United States Taxpayers*, Commissioner of Internal Revenue (1981).

Richard Goode, *The Individual Income Tax*, Brookings Institution (1976).

Richard L. Kaplan, *Federal Taxation of International Transactions*, West Pub. (1988).

Sumiye O. McGuire, *Direct Investment, Trade and Employment in the United States, in Foreign Direct Investment, Trade and Employment*, OECD (1995).

U.S. Department of the Treasury, *Tax Havens in the Caribbean Basin* (1984).

Walter H. Diamond, *Tax Havens of the World*, Matthew Bender (1974).

論　　文

宮武敏夫, "國際的脫稅及ひ租稅回避", 租稅法研究 10号, 1982.
藤井保憲, "國際的租稅回避について", 稅經通信 42卷 8号, 1987.
三本義一, "加算稅における 正當な理由の 再檢討", 稅理 30卷, 14号.
神田秀樹, "持株會社と商事法", 商事法務 No.1479, 1998.
佐藤英明, "過少申告加算稅を免除する正當な理由に關する一考察", 總合稅制研究 No.2, 1993. 12.
池本征男, "加算稅制度に關する若干の考察", 稅大論叢 第14號, 1982.

Chris Finnerty, "Tax Strategies for Investing & Structuring into China", *BNA−TM Journal* (2008).

Crinion, "Information Gathering on Tax Evasion in Tax Haven Countries", 20 *International Law* 1209 (1986).

Davis Ross, "Opportunities for Tax Haven with Tax Treaties," 19 *Tax Planning International Review* 18 (June 1992).

Dieter Endres et al., "Holding Companies Are Key International Tax Planning Tool", 17 *International Tax Review* 1 (2006).

Douglas J. Workman, "The Use of Offshore Tax Havens for the Purpose of Criminally Evading Income Taxes", 73 *Journal of Criminal Law & Criminology* 675 (Summer, 1982).

Ernest R. Larkins, "Multinational and Their Quest for the Good Tax Haven," 25 *The International Lawyer* 471 (1991).

Frans Sonneveldt, "Application of Death Taxes in the Emigration and the Immigration Countries", *Inheritance and Wealth Tax Aspects of Emigration and Immigration of Individuals* (2002).

Hale E. Sheppard, "Perpetuation of the Foreign Earned Income Exclusion: U.S. International Tax Policy, Political Reality, and Necessity of Understanding How the Two Intertwine", *Vanderbilt Journal of Transnational Law* (May 2004).

Joerg—Dietrich Kramer, "Tax Avoidance, Tax Evasion, and Tax Fraud—German National Rules", 23 *Tax Notes International* 1085 (Aug. 27, 2001).

John A. Calderwood, "Tax Havens: Concept, Magnitude of Problems and the Methods Used," 28 *European Taxation* 10 (1988).

J. P. Chevalier, "Branch Report(France)", *International Double Taxation of Inheritance and Gifts* (1985).

Jürgen Killius, "Introduction", *Inheritance and Wealth Tax Aspects of Emigration and Immigration of Individuals* (2002).

Lowell D. Yoder, "All Quiet on the Subpart F Income Front", *CCH—Journal* (Winter 2002).

Masatami Otsuka, "Branch Report(Japan)", *International Double Taxation of Inheritance and Gifts* (1985).

Maurice H. Collins, "Evasion and Avoidance of Tax at the International Level", 28 *European Taxation* 9 (1988).

R. Senn & C. Borschel, "The Inclusion of Inter—vivos Gifts in the Taxable Estate for Death Tax Purposes", *Inheritance and Wealth Tax Aspects of Emigration and Immigration of Individuals* (2002).

Sanford H. Goldberg, "Estate Tax Conflicts Resulting from a Change in Residence", *Inheritance and Wealth Tax Aspects of Emigration and Immigration of Individuals* (2002).

W. E. de Vin, "Branch Report(Netherlands)", *International Double Taxation of Inheritance and Gifts* (1985).

Wolfe D. Goodman, "General Report", *International Double Taxation of Inheritance and Gifts* (1985).

판례색인

대법원 판결

하급심 판결

헌법재판소 결정

저자 소개

❖ 김·장 법률사무소 백제흠 변호사

학 력

서울대학교 법과대학 (법학사, 법학석사, 법학박사)
연세대학교 경영대학원 (경영학석사)
Harvard Law School (International Tax Program)
NYU School of Law (LL.M. in Taxation)

경 력

제31회 행정고등고시(재경직) 합격
제30회 사법시험 합격
육군 법무관
서울지방법원, 인천지방법원, 창원지방법원 판사
국세청 국제조세법규정비개선위원회 위원
국세청 자체평가위원회 위원
중부지방국세청 과세전적부심사위원회 및 이의신청심의위원회 위원
기획재정부 국세예규심사위원회 위원
기획재정부 세제발전심의위원회 위원
기획재정부 세제실 고문변호사
한국세무사회 조세연구소 연구위원
법무부 사법시험 조세법 출제위원
대한변호사협회 세제위원회 위원
서울지방변호사회 조세연수원 원장

학술활동

서울대학교, 서울시립대학교, 고려대학교, 국민대학교, 성균관대학교, 이화여자대학교 조세법강의
사법연수원, 법무연수원, 대한변호사협회, 서울지방변호사회, 한국세무사회 조세법강의
한국세법학회, 한국세무학회, 한국조세연구포럼, 한국회계정보학회, 한국관세학회 부회장
한국국제조세협회, 금융조세포럼 상임이사, 한국지방세학회 감사
NYU Tax Practice Council Member

자격취득

변호사 (대한민국, 미국 뉴욕주)
공인회계사 (미국 일리노이주)

세법의 논점

초판인쇄	2016년 8월 20일
초판발행	2016년 9월 5일

지은이	백제흠
펴낸이	안종만

편 집	마찬옥
기획/마케팅	조성호
표지디자인	권효진
제 작	우인도·고철민

펴낸곳	(주) **박영사**
	서울특별시 종로구 새문안로3길 36, 1601
	등록 1959. 3. 11. 제300-1959-1호(倫)
전 화	02)733-6771
f a x	02)736-4818
e-mail	pys@pybook.co.kr
homepage	www.pybook.co.kr
ISBN	979-11-303-2920-8 93360

정 가	45,000원